Körper-Kränkungen

Uwe Israel ist Professor für Mittelalterliche Geschichte an der TU Dresden.
Jürgen Müller ist Professor für Mittlere und Neuere Kunstgeschichte an der TU Dresden.

Uwe Israel, Jürgen Müller (Hg.)

Körper-Kränkungen

Der menschliche Leib als Medium
der Herabsetzung

Campus Verlag
Frankfurt/New York

Gefördert mit Mitteln der Deutschen Forschungsgemeinschaft im Rahmen des Sonderforschungsbereichs 1285 »Invektivität. Konstellationen und Dynamiken der Herabsetzung« an der TU Dresden

Das Werk einschließlich aller seiner Teile ist urheberrechtlich geschützt. Der Text dieser Publikation wird unter der Lizenz Creative Commons Namensnennung-Nicht kommerziell-Keine Bearbeitungen 4.0 International (CC BY-NC-ND 4.0) veröffentlicht. Den vollständigen Lizenztext finden Sie unter: https://creativecommons.org/licenses/by-nc-nd/4.0/legalcode.de

Verwertung, die den Rahmen der CC BY-NC-ND 4.0 Lizenz überschreitet, ist ohne Zustimmung des Verlags unzulässig. Das gilt insbesondere für die Bearbeitung und Übersetzungen des Werkes. Die in diesem Werk enthaltenen Bilder und sonstiges Drittmaterial unterliegen ebenfalls der genannten Creative Commons Lizenz, sofern sich aus der Quellenangabe/Abbildungslegende nichts anderes ergibt. Sofern das betreffende Material nicht unter der genannten Creative Commons Lizenz steht und die betreffende Handlung nicht nach gesetzlichen Vorschriften erlaubt ist, ist für die oben aufgeführten Weiterverwendungen des Materials die Einwilligung des jeweiligen Rechteinhabers einzuholen.

ISBN 978-3-593-51339-3 Print
ISBN 978-3-593-44700-1 E-Book (PDF)
DOI 10.12907/978-3-593-44700-1

Trotz sorgfältiger inhaltlicher Kontrolle übernehmen wir keine Haftung für die Inhalte externer Links. Für den Inhalt der verlinkten Seiten sind ausschließlich deren Betreiber verantwortlich.
Copyright © 2021. Alle Rechte bei den Herausgebern, Erstveröffentlichung im Campus Verlag GmbH, Frankfurt am Main, 2021.
Umschlaggestaltung: Campus Verlag GmbH, Frankfurt am Main
Umschlagmotiv: Pieter Bruegel der Ältere, Kupferstich »Die fette Küche« (1563), 22,5 × 29 cm (Ausschnitt) © Basel, Kunstmuseum
Satz: DeinSatz Marburg | tn
Gesetzt aus: Adobe Garamond Pro
Druck und Bindung: Beltz Grafische Betriebe GmbH, Bad Langensalza
Printed in Germany

www.campus.de

Inhalt

Vorwort 9

Einleitung 11
Uwe Israel und Jürgen Müller

Körper-Figurationen

Verwerfung, Schändung, Kränkung des Körpers:
Kulturelle und ikonische Figurationen des Invektiven 17
Hartmut Böhme

Der deviante Körper

»Schönes Material zum Scherzen«?
Körperliche Besonderheiten in römischen Invektiven 57
Jan Meister

»Sofern man aus der stillen Körpergestalt etwas schließen
kann«: Der Körper in Ciceros Invektive 77
Christoph Schwameis

Affekte und Affizierbarkeit des Körpers

Hässliche Häresie: Bilder störender Körper als Aktanten
invektiver Prozesse 101
Josefine Kroll

Ikonoklasmus vor Gericht: Die Mausoleen von Timbuktu
als geschändete Körper 142
Jonas Bens

Körper-Metaphern

Verflucht von Kopf bis Fuß: Zur körperlichen Gewaltsemantik
mittelalterlicher Exkommunikationsrituale 175
Christian Jaser

Ihr Bauch, ihr Gott: Zur Funktion des Bauchtopos in
einigen reformatorischen Invektiven 196
Albrecht Dröse

corpus corruptum: Die Herabsetzung heiliger Körper in
den *Papistischen Lügen* Hieronymus Rauschers 227
Antje Sablotny

Heroen und Anti-Heroen – Luther als Exempel

Blumenfürze und Schmeißfliegen: Zwei neuentdeckte
Luther-Satiren 259
Jürgen Müller und Frank Schmidt

Invektive Verkörperungen: Luthers metonymischer Körper
in antireformatorischen Invektiven 296
Marina Münkler

Der Körper der Mächtigen

Die zwei Körper des Reichspräsidenten: Körperlichkeit,
Schmähung und Öffentlichkeit in der Weimarer Republik 337
Silke Fehlemann

Körperbilder/Bildkörper herabsetzen: Formeln des Schmähens
von Machthabenden in aktuellen Protestbewegungen 365
Kerstin Schankweiler

Körper und Geschlecht

Vom Kampfgeist der Vulva in der Kunst seit den 1960er Jahren 383
Bettina Uppenkamp

Von *What Not to Wear* bis *Queer Eye:*
Zur invektiven Produktion gegenderter Körper im Makeover TV 400
Katja Kanzler

Der pathologisierte Körper

Symptom, Deutung und Krankheitszeichen:
Zum Zusammenhang zwischen medizinischer Diagnostik
und Stigmatisierung 417
Heiner Fangerau

Autorinnen und Autoren 435

Vorwort

Der menschliche Körper ist alles zugleich: Täter und Opfer – Subjekt und Objekt – Zugang, aber auch Grenze zur Welt. Er verkörpert unsere Sinnlichkeit und bedeutet unsere Endlichkeit. Wie auch immer man Leib- oder Körperlichkeit denken will – mit ihr geht notwendig eine Perspektive des Übergangs zur Welt und auf die Gesellschaft einher. Wer darüber reflektiert, kann ganz unterschiedliche Traditionen und Schulen heranziehen. In ideengeschichtlicher Hinsicht wird deutlich, daß wir das Konzept des Körpers nicht ohne Komplementärbegriffe denken können. Geist, Seele, Verstand oder Psyche verbinden sich mit dem Leib zu Leitdifferenzen, die von unserem Zugang zur Welt, aber auch von den damit verbundenen Hierarchien ihrer Bewertung künden. Es macht bereits einen Unterschied, ob wir von »Körper« oder »Leib« sprechen, der den in Veränderung begriffenen lebendigen Körper meint, wie er im Rahmen phänomenologischer Tradition gedacht wird. Bezeichnen wir etwas als »bloß« körperlich, wird offenbar, welch geringe Fallhöhe wir dem Phänomen zusprechen. Vor allem aber wird deutlich, daß wir den Körper im Unterschied zu Geist, Seele oder Verstand herabsetzen.

Wie »intelligibel« unser Körper in Wirklichkeit jedoch ist und wie reflexiv unsere Sinne agieren, wird in den Forschungen von Maurice Merleau-Ponty und Jean Piaget deutlich. Denken und Fühlen sind permanent miteinander verschränkt, wie uns die Metapher vom »Begreifen« vor Augen führen kann. Heute erscheinen solche Geist-Körper-Dualismen im Hinblick auf eine Psychosomatik überwunden, aber sind sie nicht Teil unserer Alltagssprache und Maßstab spontaner Bewertung geblieben? In unserer alltäglichen Kommunikation ist der Körper denn auch weniger Gegenstand philosophischer Reflexion, als vielmehr Ursache von Repression und Herabsetzung.

Die hier versammelten Aufsätze wollen dafür sensibilisieren, wie der Körper als Matrix und Bewertungsmaßstab instrumentalisiert wird. Dick und dünn, lang und kurz sind in Bezug auf unseren Leib keine objektiven Feststellungen, sondern herauf- oder herabsetzende Wertungen. Zugleich ist der Körper ein symbolisches Instrument. Er besitzt mittels Gestik eine eigene Sprache, die zwar spontan erscheint, meist aber hochgradig ritualisiert ist. Wir geben uns die Hand, um jemanden zu begrüßen – womit zugleich ein direkter Körperkontakt hergestellt wird – oder zeigen ihm mit Abstand einen Vogel.

Von der Macht und Ohnmacht des Körpers und seiner vermeintlichen Unmittelbarkeit handelt der vorliegende Band. Mit der Formel »*Körper-Kränkungen*« werden unterschiedliche Aspekte des Invektiven aufgerufen: Einerseits Herabsetzung etwa durch Hervorhebungen bestimmter Körpermerkmale, durch Stigmatisierungen oder durch Gesten – andererseits körperliche Reaktionen, die mit einer erfahrenen Demütigung einhergehen können.

Die hier abgedruckten Beiträge gehen bis auf den von Josefine Kroll auf eine Tagung zurück, die der Dresdner Sonderforschungsbereich »Invektivität. Konstellationen und Dynamiken der Herabsetzung« vom 13. bis 15. November 2019 im Deutschen Hygienemuseum Dresden organisierte. Dem Gastgeber, den Referenten und Diskutanten wie all den helfenden Händen, die zur Realisierung mit beitrugen, sei an dieser Stelle herzlich gedankt.

Uwe Israel/Jürgen Müller
Dresden im Mai 2021

Einleitung

Uwe Israel und Jürgen Müller

Gegenstand der vorliegenden Aufsätze ist das invektive Potential des menschlichen Körpers aus historischer, gegenwartsbezogener und systematisch-konzeptueller Perspektive. Dabei bilden Suggestion und Manipulationskraft von Körperbildern und -idealen einen zentralen Gegenstand der Diskussion. Zwar erweist sich die Vorstellung von einer natürlichen Identität des menschlichen Körpers zunehmend als Illusion. Natürlichkeit oder Geschlecht haben als identitätsstiftende Konzepte ihre Bedeutung angesichts der Einsicht in die Möglichkeiten technischer oder diskursiver Überformung verloren. Die Resultate von Reproduktionsmedizin oder plastischer Chirurgie zeigen dies ebenso wie die Verschiebungen in der Wahrnehmung des Körpers durch die Diskussionen über Geschlechtsidentität oder Gesundheitsökonomie. Angesichts der Möglichkeiten von Koppelung des menschlichen Körpers mit Apparaten, seiner Vernetzung mit Computern oder der Perspektive von künstlicher Intelligenz mit eigenem Bewußtsein erscheint heute selbst die Leitdifferenz von Mensch vs. Maschine ungeeignet, das Spezifische des Humanen zu bestimmen. Trotzdem bleibt der Körper Bezugspunkt und Ausdruck individueller wie kollektiver Identitätsvorstellungen. Er findet sich immer schon eingebunden in Formen des Sozialen und markiert von politischen Zuschreibungen. Der Körper ist sowohl Produzent als auch Empfänger von Zeichen und unterliegt physischen wie symbolischen Handlungen. In dieser Funktion aber ist er angreifbar oder kann zum Aggressor werden. Zugleich erscheint er als Schnittstelle normativer Setzungen der Gesellschaft – und dies als Subjekt wie als Objekt.

Jeder menschliche Körper birgt invektives Potential, kann er doch selbst schmähend aktiv werden oder Erniedrigungen erleiden, was von affektiven Reaktionen begleitet sein kann. Dabei zeigen sich invektive Körpermechanismen in zweierlei Hinsicht: Erstens als Spielart der Ermächtigung, die in die Körperautonomie des anderen physisch eingreift oder den eigenen Körper zur Schmähung einsetzt; zweitens als symbolische Erniedrigung, die den anderen über vorgegebene Normen herabwürdigt, denen er angeblich nicht entspricht – wobei diese Normen wiederum nur ein Effekt voraufgegangener Invektiven sein können.

Mit der Körperrhetorik können Grenzen und Verbote formuliert oder Ausgrenzungen über Leibmetaphern angestrebt werden. Mit invektiven Prozessen gehen Eskalationsdynamiken einher, die bis hin zur körperlichen Gewalt führen können. Schmähgesten können neben der Ausgrenzung auch der Gruppenbildung dienen. Im Rahmen symbolischer Herabsetzung sind es zumeist Tiervergleiche oder Semantiken von Reinheit, Fruchtbarkeit und Gesundheit, mit denen Prozesse der Marginalisierung realisiert werden. Körperpolitik steht dabei nicht selten im Verbund mit Idealen und Normen, die den Grad von Abweichung überhaupt erst erfahrbar werden lassen. Körperideale definieren sich durch einen hohen Konformitätsdruck, der Prozesse von Selbsthass und -ekel auslösen kann. In derartigen psychosomatischen Wirkungen offenbart sich die emotionale Seite von Invektiven auf drastische Weise.

Die Arbeiten im Rahmen des Forschungsverbundes zu *Invektivität* haben gezeigt, daß der Körperbasiertheit von Invektivkommunikation eine Schlüsselrolle zukommt. Invektive Praktiken adressieren Einzelne oder Gruppen regelmäßig über ihre Leiblichkeit, zum Beispiel durch sexistische, rassistische oder ableistische Narrative, und artikulieren damit Normvorstellungen und Machtansprüche, die den Adressierten einen Platz im sozialen Gefüge zuzuweisen suchen. Gleichzeitig sind Körper auch Medien und Aktanten invektiver (Anschluß- und Meta-)Kommunikation, die beispielsweise körperpolitische Zuschreibungen reflexiv machen, sich ihnen widersetzen oder sie neu aushandeln können. Diese Prozesse, über die Subjekte und Körper in invektives Geschehen involviert werden, stellen auch weiterhin ein wichtiges Element der Arbeit des Forschungsverbundes dar.

Kränkung und Schmähung bedürfen eines Codes. Sie setzen Normen und Zeichensysteme voraus, die Sender und Empfänger verbinden, und funktionieren nur scheinbar als Auseinandersetzung von Ich und Du. Grundsätzlich geht mit dem Sprechen über den Körper ein Problem einher. Nicht nur die Darstellung, sondern bereits die Darstellbarkeit des Körpers wirft Fragen auf, ist er doch durch eine paradoxe Mischung aus Identität und Differenz bestimmt. Der menschliche Körper ist in der Zeit. Er verändert sich sichtbar vom Kind über den Jugendlichen zum Erwachsenen und kann zu einem dramatischen Austragungsort werden. Diesen veränderlichen Körper haben die Phänomenologen als Leib bezeichnet. Er ist kein Abstraktum, sondern eine Art Zuhause, in dem wir uns einrichten und eingerichtet sind. So gesehen meinen wir eigentlich immer den Leib, wenn wir vom Körper reden.

Die Identität des Leibes festzustellen, ist deshalb schwierig, weil wir ihn zwar traditionell in Opposition zum Geist denken und ihm damit eine funktionale und vermeintlich natürliche Seinsweise zusprechen, sich aber zeigt, daß er immer schon kulturell überformt ist und umgekehrt auf die Kultur zurückwirkt. Der Körper ist eingebunden in Formen des Sozialen und markiert von gesellschaftlichen Zuschreibungen, die invektiv aufgeladen werden können. Es gibt keinen Nullpunkt, keinen Anfang, den man aufsuchen könnte, um zu beantworten, was der Körper wirklich sei.

Wenn vom Körper in christlicher Tradition die Rede ist, dann als einem solchen, dem Verletzungen zugefügt werden und der erniedrigt wird. Antikem Lob und Stolz des Körpers stehen Endlichkeit, Schwäche und Verletzbarkeit gegenüber. In christlicher Tradition ist die Nichtdarstellbarkeit von Seele, Geist und Stimme ein Topos, der von den Kirchenvätern bis zu den Reformatoren reicht. Zugleich gibt es das Phänomen des sündhaften Körpers, der gleichsam die Ursache der Laster darstellt. In zahlreichen Personifikationen finden Völlerei, Geiz, Wollust, Neid, Zorn, Stolz oder Faulheit ihren häßlichen Ausdruck. Der menschliche Körper wird zur Folie all dieser Laster.

Der Band wird eröffnet mit einem breiten Überblick zu unserem Thema, der die kulturellen *Figurationen* des Invektiven im Hinblick auf die Kränkung des Körpers thematisiert. Im weiteren wird dann zuächst über die Möglichkeiten der Herabsetzung in der antiken Kultur durch zwei Vorträge im Abschnitt *Der deviante Körper* gehandelt. Es wird der Blick auf körperliche Merkmale gelenkt, die als abweichend von einer vorgegebenen Norm ausgewiesen und damit invektiv gewendet werden. Dabei wird klar, daß die entsprechenden Normen historisch bedingt und damit wandelbar sind. Die Illusion eines in ästhetischer und medizinischer Hinsicht überzeitlich perfekten Körpers wird gerade mittels invektiv bedingter Dynamik gebrochen und damit als solche erkennbar.

Das Kapitel *Affekte und Affizierbarkeit* untersucht die Frage sinnlicher wie symbolischer Empfänglichkeit für Invektiven. Wer über den Körper nachdenkt, wird schnell feststellen, daß ihm ein reflexives Moment eignet. Unsere Körper sind sehend sichtbar, wir sprechen und wir hören, wir tasten und wir fühlen, alle sinnlichen Wahrnehmungen zeichnen sich durch einen wechselnden Modus von aktiv und passiv aus. Körper sind nicht nur durch diese Fähigkeit zur Wahrnehmung gekennzeichnet, sondern sie können auch in Täter- und Opferkonstellationen auftauchen. Es stellt sich also die Frage nach körperlichen Reaktionen, die mit Invektiven einhergehen können. Inwiefern zeigt der Körper eines Invektierten Herabsetzungen wie ein Seismograph sicht- oder meßbar an? Kann bei einem Ausbleiben von körperlichen Reaktionen überhaupt von Invektiven gesprochen werden? Ein Abschnitt wird sich den *Körper-Metaphern* widmen. Mit einer Metapher kann zwar ein Angebot zur Orientierung einhergehen, es ist aber immer auch damit zu rechnen, daß sich Ideologien dahinter verbergen, indem beispielweise Kultur als Natur ausgegeben wird.

Das Kapitel *Heroen und Anti-Heroen* widmet sich Martin Luther, der in mehreren Teilprojekten des Sonderforschungsbereichs eine wichtige Rolle spielt. Fragen seiner Sprache und Rhetorik wie seines Körpers werden aufgeworfen. So soll das polemische Potential ausgelotet werden, das in den textlichen und bildlichen Repräsentationen des Reformators zu finden ist.

Dem Körper des Herrschers wurde traditionell eine besondere Würde zugesprochen, die in der Vormoderne regelmäßig religiös überhöht war. Persönliche Macht braucht normalerweise Visualisierung und Inszenierung und damit eine besondere Form der Körperlichkeit. Damit wird sie aber zugleich auch angreifbar. Mit dieser Dialektik geht eine besondere Herausforderung für die Forschung einher, was der Abschnitt über den *Körper der Mächtigen* zeigt. Hier wird der Begriff »Körperpolitik« jedenfalls wörtlich genommen und auch den mit Invektiven gegen Machthaber aufkommenden gesellschaftlichen Effekten nachgegangen.

Das Kapitel *Körper und Geschlecht* verweist auf ein aktuelles Feld, auf dem gesellschaftliche Rollen und Positionen mittels Zuschreibung von vermeintlich geschlechtsbezogenen Körpermerkmalen definiert und austariert werden. Erst kürzlich haben mehrere Bundestagsparteien der Opposition eine Aufnahme der »sexuellen Identität« als weiteres Merkmal in das Diskriminierungsverbot des Grundgesetzes gefordert. Seit Ende 2018 schon kann man im Personenstandsregister die Angabe »divers« eintragen lassen. Die überkommenen Grenzen zwischen den traditionell auseinandergerückten Polen »Mann« und »Frau« verschwimmen also immer mehr, was zu Verunsicherung und Abwehrreaktionen und damit auch zu Invektiven führen kann.

Mit den körperlichen Reaktionen liegt auch die Frage nach dem in medizinischer Hinsicht als krank oder abnorm definierten Körper nahe, worauf im Kapitel *Der pathologisierte Körper* eingegangen wird. Der Beitrag beschäftigt sich mit Phänomen der Stigmatisierung durch Diagnosen und mit erzwungener Scham. Es geht also um die performative Macht, die Abweichung zuallererst herstellt und eine vermeintlich objektive Deskription zu einer Herabsetzung werden läßt.

Körper-Figurationen

# Verwerfung, Schändung, Kränkung des Körpers: Kulturelle und ikonische Figurationen des Invektiven

Hartmut Böhme

1. Historische und konzeptuelle Merkmale des Invektiven

Untersucht werden solche aktiv ausgeübten wie passiv erlittenen Verwerfungen des Körpers, die Julia Kristeva mit dem Neologismus ›Abjection‹ belegt hat.[1] Es sind dehumanisierende Akte nicht nur der Kränkung oder Schändung, sondern auch der Diffamierung, Abweisung, Verfemung oder des Schimpfes. Auch die Beschämung ist ein möglicher Effekt der Invektive. Eine symmetrisch-duale Aufteilung in Aktiv und Passiv kann, aber muss es nicht geben, wie schon der Geist von Hamlets Vater weiß, wenn er über seine ehebrecherische Frau sagt: *And prey on garbage* (Vers 795). A. W. Schlegel übersetzt: *Und hascht nach Wegwurf.* Hubert Fichte spitzt zu: *Und giert nach Wegwurf.* Schon hier ist festzuhalten, dass die Verteilung von Aktiv und Passiv, von Subjekt und Objekt in der Invektive nicht eindeutig ist. Jede Seite kann die jeweils andere manipulieren. In jedem Fall geht es um »the state of being cast off« – und das löst den Horror aus, die Abjektion, von der Kristeva schreibt. Dieser Zustand des verworfenen, abgestoßenen und erniedrigten Körpers, an der Grenze seiner Destruktion, reicht von scheinbar nur symbolischen Schmähungen (wie sie unter den Kämpfern der »Ilias« üblich sind) bis zur psychotischen Dekomponierung des Körpers, wie sie Lacan als Motto einer seiner Psychose-Studien voranstellt: »Ich die Sau, ich komme vom Metzger, ich bin schon auseinandergenommen, zerstückelter Körper, *membra disjecta*, wahnsinnig, und meine Welt geht in Stücke, wie ich selbst.«[2]

Vor diesem Hintergrund wird die Frage gestellt, von welchen Körperselbstbildern aus eine invektive Verflechtung überhaupt als Kränkung, Schändung oder Zerstückelung erlebt werden kann und welche Formen der Abjektion dabei historisch entwickelt wurden. Das führt auf kulturelle, rhetorische

---

1 Kristeva 1983.
2 Lacan 1981, S. 63f; Braun 2007, S. 196.

und psychodynamische Konfigurationen, die als Ermöglichungs-Bedingungen invektiver Gewalten anzusehen sind. Voransteht ein kleiner Überblick über das Wortfeld der aus dem Lateinischen eingedeutschten, in allen europäischen Sprachen verbreiteten ›Invektive‹ (lat. *invehere*; *invectivus*): Herabsetzung, Schmähung, Schändung, Schmach, Beschämung, Bloßstellung, Verleumdung, Verhöhnung, Verunglimpfung, Verächtlichmachung, Beschimpfung, Kränkung, Beleidigung, Demütigung, Erniedrigung, Entwürdigung, Entehrung, Entheiligung, Entwertung, Erniedrigung, Verbalinjurie, Insult, Diffamierung, Rufmord. Auf dieser Grundlage werden in elf Punkten historische und theoretische Merkmale der Invektivität entwickelt.[3] Danach werde ich an invektiven Bildakten, an die man stets weniger denkt als an sprachliche Invektiven, zeigen, wie non-verbale Invektiven funktionieren. Eine fundamentale Studie zu ikonischen Gewaltakten und Invektiven hat, für den altertumswissenschaftlichen Bereich, Susanne Muth geschrieben.[4]

1.1 Aktiv und Passiv der Invektive: Valenzsteigerung und Valenzminderung

Zu fast allen genannten Begriffen gibt es Verben, wodurch klar wird: die Invektive ist eine *Aktionsform*, die sowohl *aktiv ausgeübt* wie *passiv erlitten* wird. Beide Seiten sind für das Zustandekommen einer Invektive konstitutiv. Dennoch ist die passive Seite in der Regel *valenzgemindert*.[5] Denn der pathischen Seite einer Invektive geht, wie wir durchschnittlich glauben, die Aktionsseite voraus. Das gilt, selbst wenn es auch hier ein Subjekt-Passiv geben kann, zum Beispiel im Satz: »Im Kosovo-Krieg wurden zahllose Frauen vergewaltigt«. Hier ist die Aktiv-Seite nominell leer. Das kann viele Gründe haben: die Täter bleiben ungenannt oder unbekannt; sie werden geschützt; die Per-

---

3 Eine wesentliche Grundlage für das Konzept der Invektive und den SFB 1285 »Invektivität. Konstellationen und Dynamiken der Herabsetzung« der TU Dresden bietet die Konzeptgruppe Dagmar Ellerbrock, Lars Koch, Sabine Müller-Mall, Marina Münkler, Joachim Scharloth, Dominik Schrage, Gerd Schwerhoff (2017), *Invektivität – Perspektiven eines neuen Forschungsprogramms in den Kultur- und Sozialwissenschaften*, in: Kulturwissenschaftliche Zeitschrift 2. Jg., H.1, 2017, S. 1–24. Neben der theoretischen Grundlegung finden sich dort auch umfangreiche Angaben zur Forschungslage. Vgl. dazu grundlegend Ellerbrock u. a. 2017.
4 Muth 2008.
5 Stöllger 2010, S. 141.

songebundenheit der Handlung wird verschwiegen; man will die Täter nicht haftbar machen; die Frauen werden zu einer diffusen Opfer-Gemeinschaft zusammengefasst etc. Theoretisch, aber auch politisch oder juristisch besteht die Möglichkeit, dass die Subjekt-Leerstelle der Vergewaltigungen gefüllt und die Fixierung auf die pathische Seite umgekehrt wird, zum Beispiel indem Anklage gegen die Täter angestrengt wird. Doch auch dann können das Subjekt-Passiv und das Objekt-Passiv verschleiert bleiben, zum Beispiel »Die Vergewaltigungen im Kosovo werden jetzt juristisch untersucht.« Hier bleiben sowohl Täter wie Opfer leer und diffus, wodurch die Passionsgeschichte der Frauen verlängert wird, der doch Stimme und Gesicht gegeben werden soll, um die Täter zu belangen.

Allgemein für die europäische Kultur- und Sprachgeschichte gilt, dass die Aktionsform des Duals, aber auch die des Passivs teils verschwindet, teils minderbewertet wird. Subjekt ist nur, wer aktiv ist. Der Geist ist aktiv und kreativ; die Materie unterliegend und passiv (aufnehmend). Das ist die philosophische Litanei seit Aristoteles. Die transzendentale *Valenzsteigerung des Aktivs*, weil dieses mit der Subjektkonstitution gleichgesetzt wird (im Handeln bringt sich das Subjekt selbst hervor), diskriminiert nicht nur die passiven Modalformen, sondern die pathischen Lebensvollzüge überhaupt. Dagegen muss leibphilosophisch argumentiert werden, erst recht kulturhistorisch. Denn die tiefere Wurzel des Subjekts ist gerade sein *Unterliegen* (*sub-iectum*, Unterworfensein), nämlich *das Sich-Vorfinden in leiblicher Betroffenheit*. Daraus könnte man folgern, dass das Subjekt einer Kränkung nicht der Ursprung der Invektive ›S kränkt O‹ ist. Sondern es ist umgekehrt: die aktive Kränkung wurzelt in der ursprünglichen Vulnerabilität des Menschen, wie sie ihm als Lebewesen zukommt. Hier also ist das Aktiv sekundär gegenüber dem Passiv. Besonders evident wird dies an der Beschämung. Sie ist die Aktivform des Verbs ›beschämen‹, die es nur geben kann, weil ihr die pathische, reflexive Gegebenheitsform des ›ich schäme mich‹ als Ermöglichungsbedingung vorausgeht. Im ›Beschämen‹ des Anderen befreie ich mich von der pathischen Seite meiner selbst, meinem Mich-Schämen. Indem ich in der Beschämung dem anderen die Scham zuschiebe – das ist die Invektive –, gewinne ich ›für mich‹ den Anschein von Freiheit und Souveränität. Wir haben, gesamteuropäisch, nicht gelernt, Freiheit und Souveränität mit Scham oder überhaupt mit dem Pathischen zusammenzudenken. Es könnte also sein, dass die Invektive ihre Wurzel im Pathischen findet: In der Scham, der Vulnerabilität, der Schwäche, der Demut, der Niedrigkeit, der Wertlosigkeit lagern jene mächtigen pathischen Energien, aus denen die Invektive ihren

Grund und ihre heiße Dynamik gewinnt. Die Invektive ist so attraktiv, weil sie das Pathische überwindet bzw. auf den Adressaten überträgt. Das gilt besonders für diejenigen, die womöglich schwach, ohnmächtig und verletzbar sind. Ein König kennt keine Invektive; das souveräne Subjekt hat sie nicht nötig.

1.2 Dipoligkeit der Invektive, Kopräsenz der Akteure. *Invectiva in effigie*

An denjenigen Substantiven, die die aktive wie passive Seite zugleich betonen – wie die Bloßstellung, Kränkung, Entehrung – zeigt sich die *strukturelle Dipoligkeit jeder Invektive*. So kann bei der ›Kränkung‹ der aktiv Kränkende ebenso gemeint sein wie der passiv Gekränkte: man fügt eine Kränkung zu oder erleidet sie. Wenn ich jemanden verleumde, so ist dies eine Invektive, die *zugleich* einem Adressaten widerfährt. Invektiven setzen also die *Kopräsenz* von invektivem Subjekt und Adressaten voraus. Dabei muss der Adressat nicht leiblich anwesend sein. Die *Kopräsenz* von Ludwig Börne bei den Invektiven Heinrich Heines gegen ihn ist keine leibliche, sondern eine symbolische Anwesenheit. Die Invektive erfolgt gleichsam *in effigie*, das heißt sie greift einen textuell zurechtgemachten Gegner an, nämlich die *Figuration* Börne. Dennoch enthält die Invektive Heines, und zwar intentional und strategisch, eine Referenz auf den realen Börne.[6] Der Invektierte, der Mensch hinter der Maske des Textes, *soll* getroffen werden. Dies gilt schon für die humanistischen und antiken Invektiven, zum Beispiel für die mehrjährige Invektiven-Kaskade zwischen Gianfrancesco Poggio Bracciolini und Lorenzo Valla, die Helmrath die »Invektive der Invektiven« nennt.[7] Der Invektierte soll getroffen werden in den *res extensae* (in den eine Person definierenden Umständen wie zum Beispiel Herkunft, Stellung/Gewerbe, Bildung, Klasse), am *corpus* (wie zum Beispiel *vultus*/Aussehen, körperliche Merkmale, Kleidung, Auftreten, Sex) und *animus* (Charakter, moralische Verfassung, Hypokrisie, Mut/Feigheit). Schon die antike, stark rhetorische Invektive kannte Empfindlichkeitszonen und Sphären eines Menschen, der invektiert werden soll, ganz besonders die Hypokrisie, also die Maskerade, Scheinheiligkeit, Heuchelei, Gleisnerei von Gegnern oder Herrschern: *invectiva ad hominem*.[8]

---

6 Vgl. Börne und Heine 1986/97.
7 Helmrath 2010, S. 265.
8 Vgl. Helmrath 2013, S. 349; Sasso 2019.

1.3 Triangulierung: Invektive vor Zeugen

Nun finden Invektiven in der Regel nicht nur dipolig statt, sondern sie müssen *trianguliert* werden: Wirksam werden sie erst, wenn der Andere sein Gesicht, will sagen, seine Ehre, sein Ansehen, seine soziale Identität verliert vor einem *Publikum*, auf einem Forum, einer Arena, einem Kampfplatz, kurz: vor Zeugen, vor einer *Öffentlichkeit* (zum Beispiel vor der Corona der Humanisten im Falle von Poggio Bracciolini versus Lorenzo Valla, vor der kritischen Öffentlichkeit des Vormärz im Falle Heine versus Börne). *Zeugen* und Publikum sind wichtig, weil erst ihre Gegenwart die schmerzhafte Invektive zuspitzt und erfolgreich macht.

Alle antagonistisch-dynamischen Positionen in invektiven Arenen funktionieren *trianguliert*. Es ist zwar möglich und manchmal vielleicht sogar ratsam, ganze Schmäh- und Beleidigungs-Tsunamis im Kopfkino gegen einen Gegner anrollen zu lassen. Doch es bleibt dann eine *kupierte Invektive*, die um ihren wesentlichen Effekt beschnitten ist: die Erniedrigung (humiliation) des Anderen *vor den Augen Dritter*. Eine einsame oder intime Invektive ist wie ein einbeiniger Kämpfer. Erst in der öffentlichen Inszenierung erfüllt sich das invektive Begehren und die invektive Aggression. Erst dann kann sie schließlich wieder zu einer beruhigten Selbstbegrenzung finden. Wenn aber keine Choreographie die Invektive reguliert, wird sie womöglich entgrenzt. Dies kann man beobachten bei Gang-Prügeleien auf der Straße, die sich zumeist aus verbalen Verhöhnungs-Spiralen entwickeln: eine sich selbst verstärkende und plötzlich enthemmte Gewaltspirale wird aus einem Wortwechsel freigesetzt.

1.4 Angriff und Gegenangriff: Reversibilität der Invektive

Die Szene auf dem trojanischen Schlachtfeld oder im Battle Rap setzt ein rasantes Hin und Her der Affekte frei, eine Klimax gegensätzlicher Gefühle zwischen Angst und Kampfeslust. Auch hier begegnet die *dichotomische Verteilung* von Aktiv und Passiv, ein erregtes und turbulentes Hin- und Her-Schwappen der Gefühle und Körperempfindungen, ein An- und Abschwellen der invektiven Energien und ihres Erleidens. Nicht nur um Klimax und Kaskade eines einzigen Affekttyps geht es. Sondern die aggressive und die pathische Seite der Szene können zwischen den Akteuren ständig getauscht werden. Daraus entstehen die Invektiv-Ketten, die, wie bei den

»arch-enemies« Poggio (1438–1452)[9] und Valla (1452)[10], mehrere Jahre dauern können (obwohl beide päpstliche Sekretäre waren)[11]. Wie die Akteure kann auch das Publikum zwischen *offensiv-aggressiven* wie *defensiv-abwehrenden Gefühlen* wechseln. Die *Urteile und Bewertungen* im Battle werden gerade nicht im Sinne von begründbaren Werturteilen, sondern als kathektisch aufgeladene Abwertungs- oder Identifikationsgesten sprachlicher, mimischer, gestischer, medialer Art ausagiert.

Wichtig sind dabei die *Kippmomente* im Battle, sei's vor Troja, im Artus-Roman oder in der HipHop-Szene von Detroit: Der Bloßgestellte und Verhöhnte, der in die Enge getrieben und lustvoll verächtlich gemacht wird, kann sich gegen den narzisstischen Einbruch unberührbar machen, sich anästhesieren, Selbstdistanz gewinnen und zum Gegenangriff übergehen. Man lässt die Invektive am Körperpanzer abprallen und dreht sie um. Der Zeitmodus der Invektive ist mithin durch *Reversibilität* gekennzeichnet: immer kann sie gedreht, umgekehrt, kontrapunktiert werden. Die Arena der Invektiven folgt dabei oft der Dramaturgie der *Stichomythie* (wie zum Beispiel in Euripides' »Alkestis«), wo es nicht um Entfaltung, Klimax und Conclusio *einer* Rede geht, sondern um den schnellen Rhythmus von Rede und Gegenrede: ein Hin und Her von Argument und Gegenargument oder von Schmähung und Gegenschmähung. Deren Verflechtung erzeugt erst eine Klimax bis zur Peripetie.

1.5 Dynamis und Energeia – Prosopopöie der Invektive

In der Invektive sind, so sahen wir, Aktiv und Passiv verflochten. Eine Invektive ohne einen Getroffenen ist eine *invectiva vana*, sie ist leer, ja, nichtig. Es gehört zum Modus der Invektive, dass sie weder im Konjunktiv, noch im Futur oder Präteritum irgendeine Agency entfaltet. Weil Invektiven kraftgeladen, energisch (*energeia*) sind, können sie ihre Wirksamkeit (ihre *enargeia*) nur im Präsenz, besser: in der präsentischen Verknüpfung von Akteur und Betroffenem entfalten.[12] Bei körperlicher Abwesenheit des Invektierten (also Börne oder Valla) hat die Invektive *dynamis*, aber keine *energeia*. Doch die *dynamis*, das heißt das nur potentielle ›Vermögen‹ reicht schon hin, dass die Invektive ihre Gattungsnormen erfüllt. Denn es gehört zur »Invektivrhetorik« (Helm-

---

9 Poggio 1967.
10 Valla 1978.
11 Vgl. Pittaluga 2010.
12 Rosen 2000.

rath), dass die Invektive eine *Prosopopöie* darstellt, also sich *eine Person macht*, besser: die *Maske*, das *Gesicht* einer Person. Sie macht es, um es zu destruieren. Dass dem Anderen das Gesicht verloren geht, ist das Ziel der Invektive, sei's einer Schmähung, Bloßstellung, Verhöhnung oder einer Entwürdigung. Darum hieß es, dass nicht der reale Börne angegriffen wird, sondern die *fictio personae*, die Prosopopöie.[13] Die Prosopopöie ist jene maskierte Identität, jenes künstliche, zurechtgemachte Gesicht, das einer Person, die abwesend und damit stimmlos ist, angehängt werden muss, um sie überhaupt zum Objekt einer Darstellung, sei's eines Narrativs oder eben einer Invektive, zu machen.

1.6 Verkörperte Bedeutungen und Werte

Invektiven müssen nicht gegen Personen oder Gruppen, sie können auch *gegen geweihte Objekte oder symbolische Werte* gerichtet werden, die *in Objekten verkörpert* sind. Personen, Objekte oder Symbole sind unter dem Aspekt der Invektive gar nicht so sehr verschieden. Bei Verbalinjurien, Beleidigungen oder Verunglimpfungen wird zumeist nicht die reale Person, sondern ihre *symbolische Repräsentanz* invektiert (auch wenn es sich um eine »invectiva ad hominem« handelt). Bei Invektiven zum Beispiel gegen den Bilderkult (vor oder während des Bildersturms) oder gegen heilige Objekte im sakralen Raum werden auch nicht ›diese Dinge da‹ angegriffen, sondern das, was sie *bedeuten* oder *darstellen*: zum Beispiel den häretischen Glauben an die Magie von Bildern, die Verletzung des biblischen Bilderverbots oder die Wirksamkeit von Fetischen, Votivgaben, Hostien und Reliquien. Protestierende Maschinenstürmer, etwa die englischen Ludditen oder die schlesischen Textilarbeiter im 19. Jahrhundert invektierten bzw. sabotierten den in den Maschinen *verkörperten* Fabrikherren, der sie ausbeutete oder überflüssig zu machen drohte. Noch abstrakter konnte das kapitalistische System und seine »Charaktermaske« invektiert werden, wie dies etwa Karl Marx tat. Es versteht sich, dass diese Art von Invektive sofort Repressionen seitens der Fabrikherren und juristische Verfolgung und Zensur seitens des Staates nach sich zog. Ähnlich gelagert ist der Fall, wenn die Nation in Flagge oder Emblem oder in ihrer Verfassung symbolisch hochgehalten wird, was ihre Entweihung oder Verunglimpfung erst ermöglicht. Auch die Majestätsbeleidigung meint nicht die Person; sondern das Majestätische, das sie darstellen soll, wird verunglimpft.

---

13 de Man 1993, S. 131–146; Menke 2000.

1.7 Rahmung (*framing*) und Einhegung (*containing*)

Invektiven benötigen, damit sie sich entfalten können, ein *framing*. Diese Rahmung definiert den Raum und die Zeit, in der die Invektive lizensiert ist. Diese *Einhegung* (das *containing*) wird ferner gestärkt durch die Regeln der Rhetorik und der Gattung, die die Invektive zur *Kunstform* machen. Als solche Kunstform wird die Invektive in Antike und Humanismus entwickelt und verzweigt sich literarisch in den satirischen oder ironischen Stil bzw. in Gattungen wie die Komödie, Parodie, Karikatur, Polemik – von Lessing über Karl Kraus bis zu Thomas Bernhard. Man könnte denken, die Invektive gehöre zu den *einfachen bzw. kleinen Formen* (André Jolles). Doch trotz ihrer pointierten Zuspitzung kann eine Invektive, etwa bei Valla, auf vierhundert Seiten ausgedehnt oder wie bei Kraus zu einem Großmonument einer lebenslangen, monomanischen Verachtung werden (»Die Fackel«, 922 Ausgaben, 1899–1936). In der *sozial flottierenden Invektive*, jenseits also der Literatur oder Rede, sind es Höflichkeit, Sitten, Etiketten, Codes, die das Invektivische einhegen. Die Invektive kennt auch eine Art *Ständeklausel* bzw. *sozialspezifische Ausprägungen*: sie bedient sich sprachlich und performativ am Hof anderer Tonlagen als bei Beschimpfungen unter Bauern oder beim Dissen unter Jugendlichen. Man kann die feine Florett-Form der Invektive, die als Ironie und eleganter Spott unter Gelehrten oder Höflingen kultiviert wird, klar unterscheiden von den volkstümlichen Schmähungen und Beschimpfungen, auch wenn Gelehrte oder Geistliche, zum Beispiel im Konfessionsstreit, nicht selten einen grobianischen Stil des Invektiven an den Tag legen. Narrentum und Karneval dagegen sind sorgsam geframte Einräumungen von oft radikalen Tabubrüchen, Normenverletzungen, Sakrilegien und Freveln.

1.8 Psychologie der Invektive

Parteien, Anfeuerer, Schiedsrichter, Beschwichtiger, ›Schaulustige‹, Provokateure sind, bei aller Unterschiedlichkeit ihrer Rollen, auf der Bühne der Invektive oft durch eine *voyeuristische und auditive Lust* verschweißt. Diese ist dem invektiven Akteur Anreiz genug, um seinen *Exhibitionismus* in Szene zu setzen. Und es verstärkt seitens des Invektierten den Schmerz, derart vor aller Augen entehrt, beschämt oder verhöhnt zu werden. Der Invektierte spürt sich im Kreuzungspunkt der Blicke arretiert, schutzlos, ausgesetzt – eben beschämt. Das ist das Schlimmste. Er möchte im Boden versinken, um nicht länger gesehen zu werden. Aber er ist in ein »gehindertes Weg!« gebannt.¹⁴ Das ist seine Angst, ein körperlicher Fluchtimpuls, der doch an Ort und Augenblick fesselt. Befreiung von der Angst wäre: Distanz zu gewinnen; aber das genau ist dem Invektierten unmöglich. Er spürt, dass er sein Gesicht verliert. Demaskiert oder entkleidet fühlt er sich als nackte Existenz. Umringt und umklungen von Hohn und Spott ist er gänzlich isoliert. Das ist der Schrecken. In invektiven Praktiken kann es deswegen keinen Masochismus geben, wohl aber einen nicht-komplementären Sadismus. Verächtlich zu machen oder zu erniedrigen gehört zur *sadistischen Lizenz und Lust* des Invektiven. Auf der passiven Seite ist nicht Schmerzlust das Ziel, sondern Standfestigkeit und Ungerührtheit. Sie stellen den Konter der Aggression bereit, nicht aber eine negative Lust, wie man es mit Kant nennen könnte. Die invektive Kultur favorisiert auf keinen Fall das gequälte Opfer, sondern die raffinierte und disziplinierte Zerstörung des Gegenübers. Der Invektierte ist nicht die masochistische Negativ-Figur des herabwürdigenden Aktes, sondern der Rivale.

Bei Straßenszenen unter Jugendgangs, im Battle Rap, auf dem Schlachtfeld zwischen homerischen Helden geht es, gleichsam im Vorraum körperlicher Gewalt, um die gerade eben noch rhetorisch gezügelten Verhöhnungen und Erniedrigungen, um das »Dissen« also (to diss, to disrespect). ›Dissen‹ – das heißt, den Anderen in seiner miserablen und abstoßenden Unglaubwürdigkeit, seiner sozialen Erbärmlichkeit und körperlichen Verwerflichkeit vorzuführen. Im Griechischen gab es dafür einen Terminus: die *Aischrologie*, αἰσχρολογία (von αἰσχρός, Schande, Schmach), die *Schmährede*, die jeder antike Held beherrschen musste.¹⁵

Der oder das Andere wird dabei, um Julia Kristeva zu wiederholen,¹⁶ zum *Abjekt* herabgewürdigt, zu einem Objekt des Ekels, des Auswurfs. Ekel ist die intensivste Negativfaszination, die wir kennen.¹⁷ Gewiss bleiben dabei einige Formen in Geltung, die zu den Typen des kulturellen Spiels gehören, das Ludische und Agonale also, die bis zu Exzess und Taumel, also zum Ilinx reichen können.¹⁸ Dabei sind die physischen und psychischen Effekte nicht zu unterschätzen. So spielt im Publikum die *Identifikation mit dem Aggressor* eine wichtige Rolle. Sie erlaubt es, sich aus der Schusslinie der aggressiven Kaskaden zu nehmen und spannungsreiche Lüste aus der symbolischen Ver-

---

14 Schmitz 1964, S. 169–211; Ders. 1965.
15 Rösler 1993.
16 Kristeva 1983.
17 Menninghaus 1999.
18 Caillois 1958.

höhnung und Hinrichtung des Invektierten zu ziehen: Lust durch *Partizipation*. Doch immer ist der Verhöhnte der Andere unserer selbst, während zugleich der Höhnende unsere eigenen aggressiven Dynamiken ausagiert.

1.9 Empfindlichkeitszonen. Freigabe des sonst Verbotenen

Alle diese Verregelungen der Invektive sind erforderlich, weil die Invektive potentiell Sprengstoff der Gesellschaft und das invektive Subjekt potentiell ein Rebell, Häretiker, Saboteur ist. Invektiven treffen *Empfindlichkeitszonen von Personen, Institutionen und Symbolsystemen*. Die Schmerzpunkte in personalen wie sozialen Systemen, die Kernbestände der Identität, der Integration und der Kommunität werden verletzt, verhöhnt, entwürdigt. Die soziale Synthesis gerät in Turbulenzen, wogegen sich die Mehrheitsgesellschaft oft genug durch Ausgrenzung der invektiven Subjekte zu erwehren versucht. Es handelt sich ja nicht um rücksichtsvolle Anfragen der Kritik, sondern es sind frontale Kränkungen und Verhöhnungen gerade dessen, was (uns) wert und teuer ist. Also tun Invektiven weh und sollen es auch. Das hat der Populismus genau verstanden.

Invektiven sind die *Freigabe des sonst Verbotenen*. Dies gilt auch auch für den Karneval oder das Fest, ebenso für Literatur und Kino. »Ein Fest«, so schreibt Freud, »ist ein gestatteter, vielmehr ein gebotener Exzeß, ein feierlicher Durchbruch eines Verbotes. [...] die festliche Stimmung wird durch die Freigabe des sonst Verbotenen erzeugt.«[19] Dieses »sonst Verbotene« – nämlich dasjenige, was die Kultur zerstört –, hat seinen modernen Ort in den Medien wie früher in den Ritualen. Die Medien und die Künste dürfen und sollen *das schlechthin Andere der Kultur* zur Darstellung bringen und zur Erlebbarkeit steigern, gerade damit Kultur stabilisiert wird. Zu dieser Gefährlichkeit gehört auch die freigegebene Invektivität, deren strategische Negativität just zur *Stabilisierung und Integration der Gesellschaft* beiträgt. Weil das, wovon Kultur sich abhebt und abgrenzt, eben das ist, was ihre Verlockung ist, muss sich jede Kultur an den eben auch wilden und wüsten Invektiv-Energien abarbeiten. Der invektive Exzess, die Transgression ist umso mehr »geboten«, weil darin auch dasjenige vergegenwärtigt wird, was in verwandelter Form ein Motor von Kulturleistungen ist.

---

19 Freud 1913/1974, IX, S. 425.

1.10 Kreative Zerstörung des invektiven Spiels

Eben darum wurden Künste geschaffen, welche die Dynamik des Invektiven kulturell zügeln und an *Regeln und Formen* binden. Mithilfe der Psychoanalyse kann die invektive Maschinerie bestimmt werden. Diese generiert mit *unheimlicher* Produktivität heute die manifesten wie die unbewussten Phantasmen und Imaginationen, welche unsere Kultur darstellen und unsere Gesellschaft zusammenhalten – vor ihrem Kollaps im Realen. *Das ›invektive Spiel‹ erzeugt eben auch jene kreativen Dynamiken*, von denen die Gesellschaft ihre Durchsetzung, Stärke und Selbstbehauptung bezieht – oder auch ihr Gesicht als entmenschlichte Diktatur. Diese *Ambivalenz der Invektivität*, der wir ebenso viel verdanken wie wir sie fürchten, wird allzu oft verdrängt. Vergessen wir nicht, dass der Ökonom Joseph A. Schumpeter die »*kreative Zerstörung*« als Strukturformel der Moderne bezeichnet hat.[20] Schumpeter meinte damit den paradoxen, den Wirtschaftsprozess regulierenden Mechanismus, demgemäß die Zerstörung mit der Schaffung von (neuen) Strukturen ineinsfällt, wie umgekehrt jede Wertschöpfung mit Zerstörung assoziiert ist. Dies ist eine Paradoxie, die über die Ökonomie hinaus soziale, politische, psychische und künstlerische Prozesse charakterisiert. *Zerstörung und Invektivität sind das Medium der Produktion der sozialen Ordnung*, der Hierarchien, der Macht, aber auch der symbolischen Ordnung. Das Invektive ist keineswegs nur eine negative Größe, sondern noch in ihren pervertierten Formen ein Moment der kreativen Dynamik der Kultur.

1.11 Zensurpolitik und Gesetzgebung

Besonders im 18. und 19. Jahrhundert entwickeln Aufsteiger-Gruppen, Literaten, Künstler und Journalisten, Gelehrte, Kritiker und engagierte Bürger, ›Ideologen‹ und Politiker ein erhebliches Ausmaß an polemischer Invektivität. Diese ist mit Konkurrenz, Aufstiegsaspirationen und Erneuerungsimpulsen assoziiert. Das Invektive ist eine risikoaffine Aufstiegstechnik und hat positive Funktionen für die *Selbstbehauptungskämpfe kritischer Minderheiten*.

Zugleich installiert der *Staat*, zunächst im Rahmen seiner *Zensurpolitik*, dann auf der Ebene von *Gesetzgebung und Rechtsprechung* sanktionsbewehrte Regulationen, die den Fächer der invektiven Sprech- und Bildakte ein-

---

20 Schumpeter 1950, 1954/1997.

schränken. Viele Invektiv-Akte wie Beleidigung, Verunglimpfung, Verleumdung, Ehrabschneidung und andere ›Verbalinjurien‹ finden Aufnahme ins Bürgerliche Straf-Gesetzbuch. Sie stehen bis heute in Spannung zu den Artikeln über Kunstfreiheit oder zum Anspruch auf eine kritische Öffentlichkeit. Dasselbe gilt im Bereich der Religion für invektive Akte der Gotteslästerung (Ehre Gottes) und der Beschimpfung von Bekenntnissen, Religionsgesellschaften und Weltanschauungs-Vereinigungen, für die Störung von Gottesdiensten und das Verüben beschimpfenden Unfugs an geweihten Orten (§ 166, 167 StGB) oder für die Herabwürdigung religiöser Lehren (§ 188 StGB). Gleichzeitig wurde ein formeller Schutz von Religion und Kirchen im Strafrecht und Verfahrensrecht eingeführt. Man erkennt sofort, dass hier (und in § 194, 3; § 132a, 3) ein geradezu klassisches Aktionsfeld der Invektivkultur eingeschränkt werden sollte, nämlich die Religion. So hatte schon P. J. Anselm Ritter von Feuerbach 1847 geschrieben: »Daß die Gottheit injuriiert werde, ist unmöglich; daß sie wegen Ehrbeleidigungen sich an Menschen räche, undenkbar; daß sie durch Strafe ihrer Beleidiger versöhnt werden müsse, Torheit. Aber die Kirche hat, als moralische Person, ein Recht auf Ehre. Wer ihren Zweck entwürdigt, entwürdigt die Gesellschaft; wer die Gegenstände religiöser Verehrung schmäht, die ihrer Vereinigung zum Grunde liegen, schmäht sie selbst.«[21]

Ganz nebenher wird hier auch erklärt, dass Objekte oder Adressaten von Invektiven auch *non-humans*, also Institutionen und Dinge sein können. Institutionen können invektiert werden, weil sie zu »moralischen Personen« erklärt werden, Dinge, insofern sie »Gegenstände religiöser Verehrung« sind. Hier liegt der modernen Gesetzgebung gegen invektive Akte ein vormoderner *Anthropomorphismus* zugrunde, den man für gewöhnlich eher der Magie oder paganen Religionen zuschreibt.

Wenn aber solche Auffassungen Eingang ins bürgerliche Gesetzbuch findet, kann die Frage, ob es auch *theriomorphe Invektiven* gibt oder ob sie gar zugelassen werden sollten, nicht von vornherein verneint werden. Schon in simulierten Gerichtsverfahren, die von den Tieren gegen die Menschen angestrengt werden, also im Text der Ihwan as-Safa, der Lauteren Brüder um 900 n. Chr.[22] ebenso wie im »Iudicium Iovis« des Paulus Niavis[23] werden Tiere als Rechtssubjekte eingeführt, die den Menschen als das Untier charakterisieren, das jede Schmähung verdient. Wenn wir im StGB Dingen

---

21 Eser 1996, S. 1023.
22 Ihwan as-Safa 1990.
23 Niavis 1953 (1485).

und Einrichtungen Subjektstatus zuschreiben, könnte dies auch auf Tiere und, warum nicht, auch auf Pflanzen ausgedehnt werden. *Non-humans* sind, etwa vermittelt durch Rechtsbeistände, zu bestimmten Invektiven gegen den Menschen legitimiert – wie ihnen umgekehrt Rechtschutz zukommen müsste gegen herabwürdigende, entwertende und missachtende Invektiven durch Menschen.

1.12 Ein Beispiel für die sozialkonstruktive Funktion der Invektive: die Figur Keiî

Besonders in Hartmann von Aue's *Iwein* und *Erec* sowie in Wolfram von Eschenbachs *Parzival* hat eine Figur, nämlich der Truchseß Keie, also durchaus ein Mann mit Ansehen und Amt am Hofe König Arturs, die Rolle inne eines scharfzüngigen, spöttischen Kritikers des Hofes und einzelner Ritter, aber auch eines groben und hinterhältigen Intriganten und Provokateurs. Eben weil er ein invektiver Störenfried ist, wird er zur Wächterfigur, der über die Einhaltung der höfischen Etikette, der Normen und der Ehre wacht.[24] Er ist ein Schmähredner, ein Läster- und Schandmaul: »von sînem valsche er was genannt/Keiîn der quâtspreche« (Erec V,4663/4; vgl. 4629, 4678, 4710). In Handlungslagen, in denen es auf Mut und Gradlinigkeit ankommt, zeigt er hingegen »zageheit«, womit er sich auch als Mann der Rede, insbesondere der *vituperatio* erweist. In einer Gemeinschaft, in der es auf ehrenhaftes und mutiges Handeln (muot, êre) ankommt, hat Keie einen schlechten Ruf. Und doch gehört er unverbrüchlich zur Artus-Runde. Es scheint, dass die Autoren selbst, also Wolfram oder Hartmann, zu ihm ein ambivalentes Verhältnis haben: ein Aischrologe, ein Lästerer, der lästig fällt, aber just darin unverzichtbar in seiner Funktion der Normenkontrolle ist. Diese ist am Hofe, eben weil die höfische Ethik sich nicht von selbst versteht und immer wieder verfehlt wird, von erstrangiger Dringlichkeit. Wie das Urteil über ihn, so ist Keie auch als Figur zwiespältig, ein uneinheitlicher, gleichsam nicht-identischer Charakter, ein anziehend-abstoßender Ritter, niemals ein Idealtypus. Insofern ist er wahrlich nicht das Ziel all der ethischen Anstrengungen, denen die Ritter in der Artus-Epik unterzogen werden. Es scheint so, als sorge Keie just aufgrund seiner verletzenden Schmähungen für die Affirmation der geltenden Normen und Werte des Hofes und damit für die In-

---

24 Däumer 2011; Wenzel 2001; Haupt 1971.

tegration der Gemeinschaft. Zeigt er nicht auch Verwandtschaft zum Trickster? In jedem Fall hat er auch mythische Dimensionen.[25] Ohne Figuren der Negativität kann es, und das gilt beinahe überhistorisch, keine stabile positive Verfasstheit und keine soziale Synthesis geben. Der inszenierte Konflikt, die lauthals-provokative Inszenierung von Verbalinjurien in der Öffentlichkeit bestätigt geradezu die geltende Kraft des ethischen und sozialen Gefüges des Artus-Hofes. In dieser schillernd-zwiespältigen Funktion ist Keie eine Portalfigur, die für die invektive Kultur der nachfolgenden Jahrhunderte das Feld der Kritik öffnet.

2. Invektive Bildakte und Körpereffekte

2.1 Einführendes Beispiel für Bild-Invektiven

Bilder, genau wie Sprechakte, können Invektiven darstellen oder solchen ausgesetzt sein. Das Ikonisch-Invektive differenziert sich in eigene Gattungen aus, wie die Karikatur, die Bild-Satire, oder es kann in Bildformen einwandern wie in die Groteske, Cartoon, Comic. Auch kann die Invektive ein wichtiges Moment in Kunstrichtungen werden wie im Surrealismus, in der politischen Kunst oder der Pop Art. Das jedoch ist hier nicht das Thema. Vielmehr geht es im Folgenden um Bild-Invektiven, die sich auf den Körper beziehen.

Zunächst wiederhole ich, dass die Invektive eine *Prosopopöie* darstellt, also sich eine *Persona*, eine *Maske* macht. Die Prosopopöie verleiht ein Gesicht, um es zu destruieren. Der Körper ist schon vulnerabel genug, das Gesicht aber ist die hypersensible Partie überhaupt, bei der das Selbstgefühl, die multisensorische Lebendigkeit, die Vermittlung von Innen und Außen, von Sprache, Physiognomie und Ausdruck zum Integral eines jeweils besonderen Subjekts werden. Dieses faziale Integral kann indes schon durch winzige Verschiebungen und Einwirkungen entstellt, verletzt, erniedrigt oder destruiert werden.

Brassaï (= Gyula Halász) publizierte in der Zeitschrift *Le Minotaure* 1933 eine Reihe von Fotografien: anonyme Kratzbilder auf Pariser Mauern (Abb. 1). Es sind Wandbilder, die überhaupt erst durch eine Invektive gegen die flä-

---

25 Däumer 2011.

Abb. 1: Brassaï (= Gyula Halász): *Le Roi Soleil (Der Sonnenkönig)*, 1933, 29,3 × 22,5 cm, Silbergelatinepapier
Quelle: *Real SurReal. Meisterwerke der Avantgarde-Fotografie. Ausst.-Kat. Kunstmuseum Wolfsburg, Köln 2014, S. 135.*

chige Geschlossenheit von Mauern zustande kommen. Ein Text von Brassaï »Du mur des cavernes au mur d'usine« (Von der Höhlenwand zur Fabrikmauer) begleitete die Fotografien. Die Verwandtschaft zur Höhlenmalerei, zu babylonischen und ägyptischen Mauer-Bildern sollte einen Zusammenhang zwischen den Bildtechniken der sogenannten primitiven Kulturen, den städtischen Graffitis, der Kinderzeichnung und dem Neo-Primitivismus der modernen Kunst demonstrieren. Tatsächlich muten die Ritzbilder ebenso modern wie archaisch an, ebenso fazial wie maskenhaft. Sind es nicht auch Gesichter der Nacht, des Unbewussten, des Traums? Gesichter gehören, neben Tieren und Pflanzen, zu den Urformen der Kunst.[26] Und sie beschäftigen

---

26 Belting 2013.

uns ohne Unterlass: Denn kaum etwas ist biologisch so überlebenswichtig wie die Gesichtserkennung. Die Ubiquität von Gesichtern belegt ihre Bedeutung für alle Lebensalter, alle Kulturen, alle Medien. Das Graffiti wurde erst von Brassaï mit »Le Roi Soleil« betitelt, als sei es ein steinernes Porträt Ludwigs XIV. – von Kinderhand. So wird das Ritzbild zu einer Verunglimpfung, wenigstens zu invektivem Spott. Durchaus hat der Bildtitel einen Anhalt im Strahlenkranz, der vom Gesicht ausgeht: Zeichen einer Licht-Erhabenheit, wie man sie seit den Reliefs der Echnaton-Zeit findet. Die Zigarre im Mund ist ein karikaturesker Witz, wie er als Gegenzauber zum Erhabenen in der Volkskunst gern praktiziert wird. Die Kratzspuren und Gravuren – Urformen der Graphie – verweisen auf die lange Zeit der Herstellung des Bildwerks. Die Licht- und Schattenwirkungen werden von Brassaï meisterhaft genutzt, um den Charakter als Basrelief herauszuarbeiten: auch dies eine Verspottung der hohen Kunsttradition. Nicht zuletzt sind Ritzungen der Mauer immer auch eine Invektive, ein Akt der Schändung – eben der Oberfläche. Man denke an die Schnitte in die Gemälde von Lucio Fontana.

Ein Bild, so erkennt man, kann sich in seiner materiellen Körperlichkeit selbst einem invektiven Akt verdanken. Das Gesicht, das verliehen wird, die prosopopöietische Performanz des Werks wird indes durch die durchaus witzige Schmähung sowohl der glatten Mauer wie der symbolischen Majestät destruiert. Das Kratzbild dementiert und verspottet die Makellosigkeit von Wänden wie die Hoheit von gekrönten Häuptern.

Auf keinen Fall geht es immer so gewitzt zu, weder auf der bildpolitischen noch auf der ikonologisch-inhaltlichen Seite. In der Serie der nächsten Bilder ist das Entsetzen leitend: das zerstörte Gesicht, die Fazialität des Objekts wird in seiner Erniedrigung ausgestellt, während das Bild selbst im Betrachter jene Verwüstung herstellt, die es darstellt.

2.2 IS-Terror in Palmyra: materiell, körperlich, medial

Zu Beginn steht eine Szene in Palmyra, jener Stadt, die geradezu als die Herzkammer der Archäologie bezeichnet werden kann. Entsetzen war die Erst-Reaktion auf die Zerstörung der aus vielen Kulturen und Religionen stammenden Kulturdenkmäler, die der Islamische Staat besonders seit Mai 2015 mit beispielloser Brutalität durchgeführt hat. Die Zerstörung der antiken Ruinen war begleitet vom Terror gegen die Zivilbevölkerung. Öffentliche Hinrichtungen syrischer Soldaten auf der Bühne des antiken Amphitheaters und die Ermordung des 82jährigen Chef-Archäologen der palmyrischen Altertümer sind nur Höhepunkte in der Kette der Gewalt. Khaled al-Asaad wurde öffentlich geköpft und an den Füßen an einer Verkehrsampel aufgehängt, während sein Kopf unterhalb seiner Leiche aufgestellt wurde. Ein Schild wurde am Leichnam befestigt: *Der Apostat Khaled Mohammad al-As'ad, Unterstützer des nusairischen Regimes.*

Stets wurden die Gewalt-Akte gegen kulturelle Artefakte mit Baggern, Vorschlaghämmern, Granatenbeschuss oder Sprengstoff durchgeführt – vor laufender Kamera. Und immer wurden die medial weltweit verbreiteten Bild-Aggressionen des IS begleitet von wahhabitischen Formeln, wonach die Idolatrie der Ungläubigen bekämpft und der reine, bildlose Islam wiederhergestellt werden müsse. Die Gewalt gegen hochrangige kulturelle oder religiöse Artefakte sind Attentate auf die Identität von Menschen anderer islamischer Glaubensrichtungen, auf das Zentrum dessen, was für die Menschheit als Weltkulturerbe definiert ist, und gewiss auch auf das Zentrum des westlichen Wertebewusstseins, wozu religiöse Toleranz und Kulturschutz substantiell gehören. Es wird deutlich, dass Angriffe auf antike Artefakte oder auf Kulturträger wie Khaled al-Asaad niemals nur rohe Gewalt sind, sondern immer zugleich semiotisch aufgeladene Invektiven gegen die symbolischen Ordnungen und Werte, die sich in Personen und Artefakten verkörpern.

2.3 Marsyas-Ikonographie und invektive Gewalt

Die Entwürdigungsakte, deren sich der IS bediente, sind indes uralt und führen mitten ins Zentrum europäischer Kultur. Dafür möchte ich einige Beispiele zeigen.

Ich beginne mit der von Ovid prominent gemachten Erzählung von Apoll und Marsyas (Met. VI, 382–400). Letzterer ist ein in den kleinasiatischen Wäldern lebender Satyr, der als Virtuose der phrygischen Flöte den Musengott, der die elegante Kithara spielt, musikalisch herausfordert und sich als überlegen erweist. Daraufhin blamiert der gekränkte Gott mittels eines Tricks den Marsyas und häutet ihn zur Strafe lebendig. Denn dogmatisch gesehen macht sich Marsyas der Hybris schuldig. Doch dieses Vergehen verdeckt den Neid der Götter auf die künstlerischen Vermögen der Menschen.[27] Schon bei Ovid ahnt man, was in der Renaissance dann allgemeines

---

27 Muth 2006; Muth 2008.

Abb. 2: Melchior Meier (nach Francesco Salviati): *Apoll mit dem geschundenen Marsyas und das Urteil des Midas,* 1581, Kupferstich, 23,1 × 31,4 cm, Amsterdam, Rijksmuseum, Rijksprentenkabinet, Inv.-Nr. RP-P-1887-A-11489
Quelle: Amsterdam, Rijksmuseum, public domain.

Urteil wird: Marsyas ist der schuldlos Schuldige. Zuerst bei Ovid tauchen Züge eines Leidens von Marsyas auf, die es später rechtfertigen, in Marsyas ein betrogenes Opfer maßloser Rache des Gottes zu sehen. Ovid verleiht Marsyas einen sprachlichen Selbstausdruck und präsentiert den Enthäuteten wie ein viviseziertes Ganzkörper-Präparat:

>»Was ziehst du mich ab von mir selber!
>Weh! Mir ist's leid! O weh! So viel ist die Flöte nicht wert!« So
>Schrie er, doch ward ihm die Haut von allen Gliedern geschunden.
>Nichts als Wunde war er. Am ganzen Leibe das Blut quoll.
>Bloßgelegt offen die Muskeln; es schlagen die zitternden Adern
>Frei von der deckenden Haut. Die Geweide konntest du zucken
>Sehen und klar an der Brust die einzelnen Fibern ihm zählen.

Bei Melchior Meier hält Apoll, bildmittig postiert in athletischer Lässigkeit, in der rechten Hand das Messer, mit dem er den rücklings zu seinen Fü-

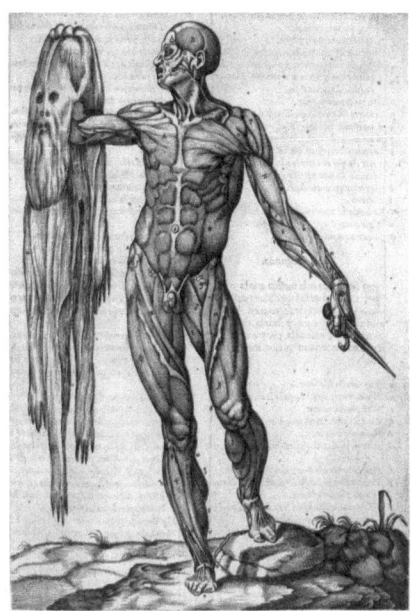

Abb. 3: Nicolas Béatrizet (nach Gaspar Becerra): *Écorché*, 1556, Kupferstich u. Radierung, aus: Juan de Valverde de Amusco, *Historia de la composicion del cuerpo humano*, Rom: Antonio de Salamanca, Antonio Lafrery, 1556, f. M2a (Lib.2, Tab.1)
Quelle: Biblioteca Digital Hispánica, http://bdh.bne.es/bnesearch/detalle/bdh0000050806, CC BY 4.0.

ßen liegenden Marsyas vollständig enthäutet hat; während er mit der Linken den Hautsack dem König Midas, erkennbar an Krone und Eselsohren, zur Warnung hinhält (Abb. 2). Denn Midas hatte im Musik-Wettstreit zwischen Apoll (Kithara) und Pan (Syrinx), der den Gott herausgefordert hatte, die Partei des Pan ergriffen und wurde dafür von Apoll mit Eselsohren bestraft. Im Falle des Marsyas hat die Grausamkeit des Gottes, der nicht zufällig eine orientalische (= barbarische) Strafpraxis ausübt, aus dem Flötenspieler zwei Körper und zwei Gesichter geschaffen. Sie dienen als abschreckende Bilder seiner rücksichtslosen Macht. Doch rezeptionsästhetisch funktionieren sie umgekehrt: während den Gott eine unsichtbare Invektive, eine Entehrung oder gar Verachtung trifft, wird der doppelte Marsyas in die Compassio des Bildbetrachters aufgenommen: als Virtuose und als Écorché.

So erfährt Marsyas bei Juan de Valverde de Amusco (1525–87) eine weitere Metamorphose, nämlich zu dem enthäuteten Muskelmann, der sich in der

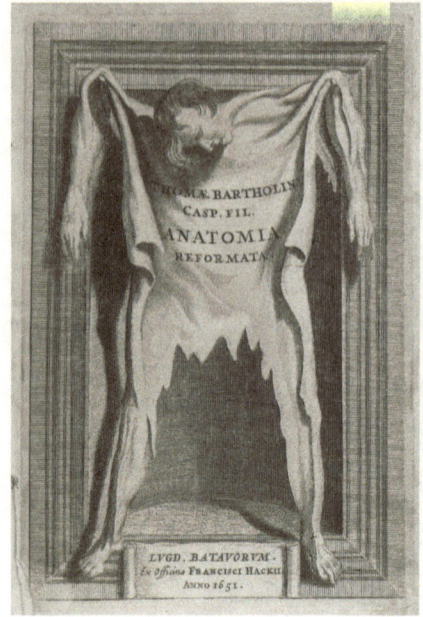

Abb. 4a: Frontispiz aus: Thomas Bartholin: *Anatomia reformata ... ex Caspari Bartholini Parentis Institutionibus ...*, Leiden: Franciscus Hackius, 1651, London, Wellcome Collection

Quelle: © Wellcome Library, CC BY 4.0.

Abb. 4b: Frontispiz aus: Samuel Hafenreffer: *Nosodochium. In Quo Cutis, Eique Adhaerentium Partium, Affectus Omnes, Singulari Methodo, Et Cognoscendi Et Curandi Fidelissime Traduntur*, Ulm: Balthasar Kühn, 1660

Quelle: © Samuel Hafenreffer. Work originally published by HAB Wolfenbüttel http://diglib.hab.de/drucke/xb-4023/start.htm.

Haltung antiker Skulpturen präsentiert, als habe er sich selbst ecorchiert – das Messer in der Hand und seinen Hautsack triumphal hochhaltend (Abb. 3). Er ist zugleich Subjekt und Objekt der Schindung. Der Vergleich mit einer antiken Statue zeigt, dass Apoll und Marsyas verschmolzen werden. Das ecorchierte Fleisch kommt gewissermaßen seiner Vorführung freiwillig entgegen. Damit sind alle Spuren der entehrenden und beschämenden Gewalt sowie der Erniedrigung getilgt. Aus dem Opfer ist ein Selbstopfer geworden. Titelbilder wie die folgenden aus anatomischen Lehrwerken (Abb. 4a und b) begegnen

Abb. 5: Pierre Le Gros d. J.: St. Bartholomäus, 1708–1718, Marmor, Höhe: 425 cm, Rom, San Giovanni in Laterano

Quelle: © Photo: Sailko, CC BY-SA 3.0, https://upload.wikimedia.org/wikipedia/commons/2/24/Pierre_legros%2C_san_bartolomeo%2C_entro_nicchia_disegnata_dal_borromini%2C_02.jpg (letzter Zugriff: 07.12.2020).

oft: der Hautsack des Marsyas ist zum zentralen Schaustück geworden, gleichsam zum Pergament, das die Schrift der Anatomie aufnimmt.[28]

Dies konnte umso leichter angenommen werden, als das Martyrium des heiligen Bartholomäus mit dem Marsyas-Mythos ikonologisch fusioniert wurde (Abb. 5). Oft präsentiert der Heilige selbst das Messer *und* den Hautsack, als sei das Martyrium sein eigenes Werk. Die Makel der Erniedrigung, des Schmerzes, des grausigen Opfers, deren Anblick mit Dezenz und Idealisierung umhüllt werden muss, sind völlig ausgelöscht. Aus Ansichten des Ekels, des Schreckens und der Scham hat sich eine neue Schock-Ästhetik ge-

---

28 Sawday 1990; Benthien 2000; Böhme 2011.

Abb. 6: Tizian: *Die Schindung des Marsyas*, ca. 1570–1576, Öl auf Leinwand, 212 cm × 207 cm, Kroměříž, Erzbischofspalast

Quelle: https://upload.wikimedia.org/wikipedia/commons/4/4b/Titian_-_The_Flaying_of_Marsyas.jpg (letzter Zugriff: 07.12.2020), gemeinfrei.

bildet, die gar nicht genug an Fürchterlichem bekommen kann. Sie gehörte – etwa bei Augustin – zum Sündigen der Augenlust (*concupiscentia oculorum*). Diese Ästhetik des Schreckens, weil vom Faszinosum der negativen Lüste erfüllt, ist extrem nachhaltig, wie an den fünf Jahrhunderten etwa des Bildtypus von Marsyas zu sehen ist.[29] Das konnte auch nicht durch die Autorität des Augustin aufgehalten werden, der in den vielgelesenen *Confessiones* die Augenlust am Schrecken geradezu als die Urform gottwidriger Versündigung gegeißelt hatte: *Quid enim uoluptatis habet uidere in laniato cadauere quod exhorreas?* »Was gibt es denn für ein Vergnügen, einen zerfleischten Leichnam zu sehen, vor dem man zurückschaudert?« (Augustinus: conf. X, 35,55)

---

29 Renner & Schneider 2004; Baumstarck & Volck 1995; Marano 2006.

Abb. 7: Jusepe de Ribera: *Apoll schindet Marsyas*, 1637, Öl auf Leinwand, 202 × 252 cm, Brüssel, Musées royaux des Beaux-Arts de Belgique, Inv.-Nr. 3445

Quelle: https://upload.wikimedia.org/wikipedia/commons/f/ff/Jos%C3%A9_de_Ribera_-_Apollo_Flaying_Marsyas_-_WGA19374.jpg (letzter Zugriff: 05.12.2020) gemeinfrei.

An der Marsyas-Ikonologie erkennt man, wie Martyrologie und anatomischer Realismus den maßlosen Sadismus einhegen, ihn aber auch in den Mittelpunkt der Bildstrategien rücken oder sogar steigern, etwa, wenn in vielen Marsyas-Darstellungen der vivifizierte Körper an den Füßen aufgehängt wird – wie ein Tier bei der Schlachtung –: eine erniedrigende Geste, deren sich auch der IS bedient. Dazu bedurfte es der Ästhetisierung des Tabuierten: eben Tabus zu invektieren und in seiner entsetzlichen Schrecklichkeit auszustellen, ist die negative, kontraphobische Lust der Gewalt.

Dieser Bildtypus wird geradezu kanonisiert bei Tizian (Abb. 6). Hier bildet nicht Apoll, sondern der kopfüber aufgehängte Marsyas die Mittelachse. Apoll kniet nieder, um mit sorgsamer Ruhe den Schnitt anzusetzen, während König Midas in melancholischer Haltung sinnt. Marsyas an den Füßen aufgehängt: das ist über Leiden und Tod hinaus eine zusätzliche Schändung und

Schmach desjenigen, der den Gott herausforderte.[30] Der Vollzug dieser über die Tötung hinausgehenden Invektive findet *coram publico* statt, wie man an Marsyas-Gemälden von Guilio Carpioni erkennt. Es ist, als wünsche Apoll geradezu Zeugen seiner grausamen Aktion. Giovane Palma wiederum intimisiert in Nahsicht die Szene zwischen dem gefesselten Opfer und dem rächenden Gott. Nur König Midas ist Zeuge, während die Auslöser des Konflikts, die beiden Musikinstrumente auch hier nicht fehlen (allerdings statt der Kithara eine Viola oder Geige). Von düsterem theatralen Schrecken erfüllt ist das Gemälde von Ribera (Abb. 7): mit kalter Neugier richtet Apoll den Blick auf das schreiend-entstellte Antlitz von Marsyas. Sein Körper ist ganz und gar Preisgabe und Schmerz. Sein Blick trifft den Betrachter vor dem Bild, uns also, die wir zu teilnehmenden Zeugen aufgerufen sind, während hinter einen Baum geduckt die Freunde des Marsyas ihr Entsetzen ausdrücken.

2.4 Der Tod ist nicht genug: der geschändete Widersacher

In die Reihe der den Tod gleichsam überlebenden Invektiven passt auch das Jan de Baen zugeschriebene Gemälde der Kopfunter-Hängung der Brüder Johan und Cornelis de Witt (Abb. 8). Die Brüder waren führende Politiker Hollands, die 1672 angesichts der Invasion des französischen Heeres, an der sie Schuld tragen sollten, von einer durch Oranier aufgehetzten Soldateska und städtischen Meute in Den Haag aufs Entsetzlichste gefoltert, verstümmelt, ermordet und gehängt wurden. Die Körper wurden zerstückelt und von Anhängern wie Gegnern als Trophäen oder Reliquien aufbewahrt. Noch heute besitzt das Historische Museum von Den Haag einen Finger und eine Zunge. Ein wahres Nocturno, moralische und politische Nacht im Augenblick höchster Gefährdung von Staat und Gesellschaft: wie ein *candlelight painting* schwach beleuchtet von einer Fackel, welche die carravaggesken Szene überhaupt erst zum Bild zu macht.

Der Overkill von Gewalt und symbolischen Invektiven hinterlässt nur zerstückelte Körper und ein Bildgedächtnis, das seine Elemente weniger aus der Wirklichkeit, als aus der Tradition bezieht. Das zeigt der Blick auf eine L'Estrapade-Szenerie aus den »Grandes Misères de la Guerre« von Jacques Callot oder eben auf Tizians Marsyas und seine Nachfolger (Abb. 9).

---

30 Tobben 2000.

Abb. 8: Jan de Baen: *Die gelynchten Körper der Gebrüder Johan und Cornelis de Witt, auf dem Lange Vijverberg in Den Haag, 20 August 1672*, um 1672–1675, Öl auf Leinwand, 69,5 × 56 cm, Amsterdam, Rijksmuseum, Inv.-Nr. SK-A-15

Quelle: Amsterdam, Rijksmuseum, public domain.

Abb. 9: Jacques Callot: *Strafmaßnahmen: Der Galgen* (aus der Serie: *Les grandes Misères de la Guerre, No. 10*), 1633, Radierung, 8,3 × 19,2 cm, Amsterdam, Rijksmuseum, Rijksprentenkabinet, Inv.-Nr. RP-P-OB-20.678

Quelle: Amsterdam, Rijksmuseum, public domain.

Abb. 10: *Tympanon der Abbaye Sainte Foy, Conques: Detail des Weltgerichts*, vor 1130/40, farbig bemalter Kalkstein

Quelle © Titranet, CC BY-SA 3.0 https://upload.wikimedia.org/wikipedia/commons/1/10/ Sainte-Foy_de_Conques_-_D%C3%A9tails_partie_droite_du_tympan.jpg (letzter Zugriff: 07.12.2020).

Abb. 11: Vincenzo Carrese: *Die Hinrichtung von Nicola Bombacci, Benito Mussolini, Claretta Petacci, Alessandro Pavolini, Achille Starace in Mailand am 29. April 1945, auf dem Piazzale Loreto, wo ein Jahr zuvor fünfzehn ermordete Widerstandskämpfer durch die Faschisten ausgestellt wurden*, Fotografie
Quelle: *https://upload.wikimedia.org/wikipedia/commons/c/c7/Mussolini_e_Petacci_a_Piazzale_Loreto%2C_1945.jpg (letzter Zugriff: 07.12.2020) public domain.*

Es ist eine alte Bild-Tradition – wie ein Detail aus dem Weltgerichts-Tympanon der romanischen Klosterkirche Sainte Foy (Conques, Département Aveyron) zu Beginn des 12. Jahrhunderts zeigt (Abb. 10), wo die Höllenqualen mit unfasslicher Grausamkeit geschildert werden: auf der Höllen-Seite des Weltgerichts erblickt man einen mit einer Seilwinde an den Füßen aufgehängten Sünder.

Wer lebend an den Füßen aufgehängt wird, soll einen schmählichen Tod sterben (Abb. 11). Er nimmt all die überschießende Wut auf, den der Körper eines Diktators auslöst, von dem das Volk endlich befreit ist und der nun dem gesamten Orchester der Invektiven preisgegeben wird – wie auf dem Foto von Mussolini und seiner Geliebten nebst dreier Getreuer am 29. April 1945. Das war auch nicht anders bei der triumphierenden Ausstellung des gefolterten Körpers von Gaddafi 2011. Die demütigenden, pseudomedizinischen Untersuchungen von Saddam Hussein 2003 durch US-Militärmediziner sowie seine als Video verbreitete Hinrichtung durch den Strang – Saddam wollte erschossen werden – beweisen, dass hier, am 30. Dezember 2006, einer uralten Invektiv-Logik gefolgt wurde: Niemals genügt ein nur rechtsförmiges Verfahren und niemals nur ein Tod durch die Kugel. Es müssen rhetorische, ikonische und psychische Hochenergien der Rache und der Katharsis freigesetzt werden, die aus der Geschichte der Invektivität ihren Brennstoff gewinnen. Die semiotischen Arrangements enthalten ein Mehrfaches an Lust und Rache als der einfache Tod je hergeben könnte. Ein Tod ist nicht genug. Die invektive Demütigung vervielfältigt ihn, dehnt ihn aus, verwandelt ihn in eine Szene eines permanenten Triumphes. Das gilt auch für solche Fälle, wo ein unterlegener, aber gefährlicher Gegner wie Che Guevara zur Strecke gebracht wurde: er wurde 1967 vor einer triumphierenden Schar von Offizieren als Leiche, die keinerlei Aura und Kraft mehr hat, der Öffentlichkeit und den Kameras vorgeführt. Und so wie im Gefängnis Abu Ghraib US-Soldaten im Jahr 2004 die sadistischen Potentiale der Invektive zum Exzess getrieben und *als Bilder* und *für Bilder* ins Werk gesetzt hatten, so dass Folter-Bilder und Bild-Folter kaum mehr unterschieden werden konnten, – so hatte die US-Regierung aus dem Bild-Desaster auf der untersten Ebene der Irak-Front gelernt:

Abb. 12: Pete Souza: *Obama, Hillary Clinton and Biden await updates on Osama bin Laden, The Situation Room, White House, 1. Mai 2011*, Fotografie

Quelle: © Pete Souza, public domain https://upload.wikimedia.org/wikipedia/commons/a/ac/Obama_and_Biden_await_updates_on_bin_Laden.jpg (letzter Zugriff: 07.12.2020).

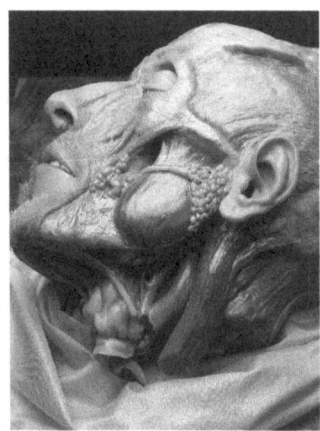 

Abb. 13: Giulio Gaetano Zumbo: *Testa dello Zumbo*, Anatomisches Wachsmodell, 1695, Florenz, La Specola

Quelle: Lamers-Schütze, Petra/Havertz, Yvonne (Hg.), *Encyclopaedia Anatomica. Museo La Specola Florence*, Köln 1999, S. 19.

Abb. 14: Lovis Corinth: *Salome*, 2. Fassung, 1900, Öl auf Leinwand, 127 × 147 cm, Leipzig, Museum der Bildenden Künste

Quelle: https://upload.wikimedia.org/wikipedia/commons/5/55/Lovis_Corinth_Salome_1900.jpg (05.12.2020) public domain.

Von der Tötung Osama bin Ladens, die per Video »in real time« ins White House übertragen wurde, wird gar nichts gezeigt – außer dem Präsidenten mit seinem Sicherheitsstab beim gebannten Anblick eben dessen, was wir nicht (mehr) sehen sollen (Abb. 12). Die Tötung ebenso wie die Invektive, sei's die des Triumphes, der Rache, der Herabwürdigung: sie gibt es nicht mehr, sie soll es nicht geben – so wie das Foto auf dem Tisch vor Hillary Clinton zugepixelt und damit unsichtbar ist. Niemand zeigt eine Regung, in der wir invektive Energien vermuten dürften.

So denken wir zurück an die schöne, ans Licht gebrachte, immer wieder auch kitschige Grausamkeit der Kunst (Abb. 13, Abb. 14), die Opfern wie Tätern unsere ästhetische Schätzung belässt. Wir ahnen, dass der harte Kern der Invektive und die sadistische Grausamkeit unsichtbar bleiben sollen. Umso mehr breiten sie sich aus. Kunst ist immer eine Verharmlosung. Die Installation des niederländischen Künstlers Folkert de Jong, die an die gelynchten Brüder de Witt von 1672 erinnert, ist im Verhältnis zum Nacht-Gemälde von Jan de Baen, geschweige denn zur Ermordung selbst nur noch Kunst, die nicht mehr bewegt.

2.5 Entindividualisierung und Entstellung im Bild

Abb. 15: Maurizio Cattelan: *All*, 2007, Carrara-Marmor, je 30 × 100 × 200 cm, Installation, Kunsthaus Bregenz

Quelle: © Uhl, Magali: *Maurizio Cattelan ou le sacre (menacé) de l'ironie / Maurizio Cattelan or, the (Menaced) Rites of Irony*, in: Espace Sculpture 90/2009, S. 12–17, hier S. 14.

Verhüllungen sind auch Formen der Unkenntlichmachung und der Anonymisierung. Sie sind Allegorien des Untergangs von Individualität, die ihren Halt im Gesicht hat. Sie funktionieren als Auslöschungen des Porträts, ja, des Subjekts. Maurizio Cattelan schuf unter dem Titel »All« aus weißem Carrara-Marmor (dem klassischen Material der Skulptur) eine Reihe von neun, scheinbar mit Tüchern abgedeckten Leichen, deren Körper sich unter den faltigen Decken vage abzeichnen (Abb. 15). Cattelan knüpft damit an das Leichenpathos des Barock an, das bis in die marmorne Trauer- und Grabskulptur sich virtuos entfaltete. Aber er vergegenwärtigt auch den heute alltäglichen Anblick, wenn den Toten bei Katastrophen oder im Krieg, augenschonend, Tücher übergeworfen oder sie gar in Säcke gepackt werden. 2007 schuf Cattelan diese Skulptur – die uns heute anmutet wie ein Mahnmal an die ertrunkenen Flüchtlinge im Mittelmeer. Jenseits der politischen und moralischen Invektive, die sofort entziffert ist, inszeniert Cattelan wie im Barock die Kunst als ein morbides Experiment, bei dem die Leiche und das Tuch eine eigene Plastizität schaffen. Man möchte das Wort Walter Benjamins von der »Ästhetisierung der Politik« abwandeln: Ästhetisierung der Leiche, die Toten als Kunstwerk. Nicht anders steht es mit der Skulptur »San titre (Philippe)« von 1999, die einen mit einer groben Decke bedeckten, gesichtslosen und zusammengerollten Obdachlosen zu zeigen scheint. Wir haben verstanden, wir Wohlstandsbürger!

Abb. 16: Otto Dix: *Skatspielende Kriegskrüppel*, 1920, Öl auf Leinwand und Collage, 110 × 87 cm, Staatliche Museen zu Berlin, Nationalgalerie, Inv.-Nr. B 1358

Quelle: Das XX. Jahrhundert. Ein Jahrhundert Kunst in Deutschland, Berlin 1999, S. 450.

Am auffälligsten tritt die invektive Schändung von Gesicht und Körper an solchen Kunstwerken hervor, welche die Zerstückelung thematisiert – wie auf dem grotesk-provokativen Gemälde »Skatspielende Kriegskrüppel« von Otto Dix zu (Abb. 16). Dix inszeniert in einem Dresdner Kneipen-Milieu drei Kriegskrüppel beim Skat. Gesichter und Schädel zusammengeflickt, vielfache Prothesen, Glasauge. Der Fuß des armlosen Linken hält die Karten. Eine Hörprothese verbindet ihn mit der akustischen Welt. Der armlose Mittlere bedient die Karten mit dem Mund und bleckt mit künstlichen Zahnreihen und mechanischem Unterkiefer. Der rechte Mann, das Ritterkreuz an der Brust, ohne Beine und ohne Nase, mit künstlichen Kinnladen, will eben mit seiner Armprothese eine Karte auf den Tisch knallen. Der Mensch ist zum kriegsversehrten Prothesen-Mensch mutiert, der nicht mit dem »Prothesengott« zu verwechseln ist, als den Sigmund Freud den technisch ermächtigten Menschen bezeichnet. Der Erste Weltkrieg hatte eine Unzahl entsetzlicher Verwundungen und Verstümmelungen produziert, auf die wiederum die prothetische Medizin eine Antwort suchte – ohne doch das Grauen des Krüppels zu mildern, der zu einem monströsen, Mitleid wie Ekel hervorrufenden Abjekt geworden ist: Beschämung und Schändung unseres Schönheitssinns.

Der Österreicher Arnulf Rainer ist für seine Foto-Übermalungen bekannt. Kaum ein Künstler hat so oft wie Rainer sich in Selbstporträts dargestellt und zugleich verfremdet, entstellt, verwüstet. Schon die Fotos zeigen Grimassen des Verdrehens, Verzerrens und der Verformung.[31] Das Gesicht wird vielfältigen Invektiven ausgesetzt. Die Gesichtszüge fahren, entlassen aus der mimischen Selbstbeherrschung, frei im Gesicht herum und verwandeln es in physiognomische Gesten, die keine Lesbarkeit mehr zeigen. Die Hochschätzung des Antlitzes, in dem die Würde des Menschen zu Fleisch geworden sein soll, wird in diesen Visagen-Experimenten abgewiesen. Das Individuelle, woran sich jahrhundertelang Kunst und Literatur abgearbeitet hatten, wird ausgelöscht.

Das Künstlerpaar Anna und Bernhard Johannes Blume experimentierte jahrzehntelang mit Geschichten und Gesichten, in denen sie sich selbst inszenierten, oder, wie hier, mit verstümmelten Gesichtszügen darstellten (Abb. 17). Entscheidend ist der Bild wie Gesicht durchteilende Schnitt oder Riss, der stets die Einheit des Subjekts und seines Selbst-Bildes zerstört. Eine

---

31 Glorie, 1971; Schlag, 1972; Splitter, 1972/73 Ölkreide, Schwarzstift und Tusche auf Foto, gekratzt, 59,5 × 50 cm, Atelier Rainer.

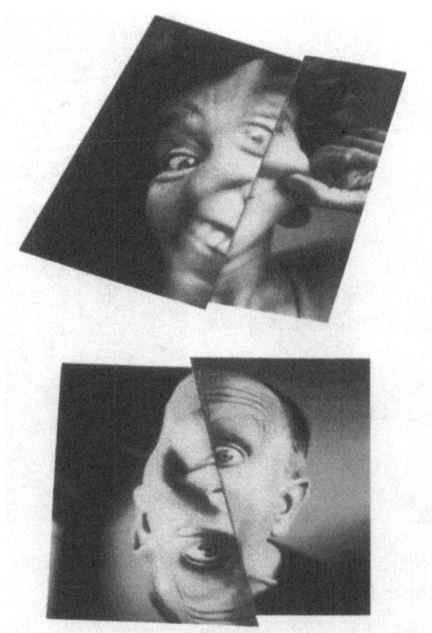

Abb. 17: Anna und Bernhard Johannes Blume: Aus der Polaroid-Serie »*gegenseitig*«, 1987/88
Quelle: Zweite, Armin (Hg.), Ich ist etwas anderes: Kunst am Ende des 20. Jahrhunderts, Ausst.-Kat. Stiftung Kunstsammlung Nordrhein-Westfalen, Köln 2000, S. 183.

Form der Selbst-Invektive in Bild-Form. Zyklopisches Auge, Schrecken, lächelnder Mund, schiefes Fletschen, verzerrte Proportionen, Verdrehungen, Dehumanisierung. Sind dies noch Menschen? Sind es Dämonen, karnevaleske Fratzen, fröhliche Dementis der abendländischen Idolisierung des Ich im Porträt? Wird hier ein ernstes Spiel mit dem »vom Pathos der Zerrissenheit geprägten Subjekt«[32] gespielt? Ein Spiel mit der Spaltung des Ich in der schizoiden Moderne, wie Jacques Lacan[33] oder Gilles Deleuze/Félix Guatarri[34] sie behaupteten? Ein Spiel mit dem grotesken Körper, wie ihn Michail Bachtin[35] in der Frühen Neuzeit erkannte?

---

32 Stötzer 1991.
33 Lacan 1981.
34 Deleuze/Guatarri 1972.
35 Bachtin 1965/1995.

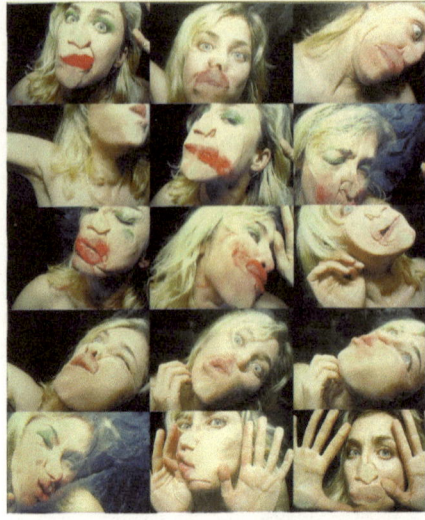 

Abb. 18: Pipilotti Rist: Still aus »*Open My Glade*«, 2000, Video, 9", Courtesy of the artist and Hauser & Wirth Zürich London

Quelle: Phelan, Peggy / Obrist, Hans Ulrich / Bronfen, Elisabeth: Pipilotti Rist, London/New York 2001, S. 25.

Abb. 19: Gerhard Richter: *Betty*, 1988, 102 × 72 cm, Öl auf Leinwand, Saint Louis Art Museum

Quelle: Beyer, Andreas: Das Porträt in der Malerei, München 2002, S. 383.

Das Video »Open my Glade« der Schweizerin Pipilotti Rist wurde auf riesigen *advertising screens* zum Beispiel am Times Square in New York, in Zürich, Mailand oder Vancouver präsentiert (Abb. 18). Das geschminkte Gesicht einer Frau streicht in Slow Motion über eine Glasplatte, so dass, inmitten der Glitzerwelt des Warenkonsums der Städte, gequetschte Gesichtspartien, verzerrte Mundpartien als antiästhetische Grimassen sichtbar werden – ein Kontrapunkt zur Warenästhetik, eine Invektive gegen die antifeministische Schönheitsdiktatur.

Gerhard Richters Gemälde »Betty« nähert sich der Tradition des Verismus, der schon die Porträtkunst des 16. Jahrhunderts charakterisierte (Abb. 19). Zugleich schließt er an die Rückenfiguren seit C. D. Friedrich an. Die spontan wirkende Abwendung des Gesichts wahrt das Für-Sich des Antlitzes, das eben dadurch unberührbar wird. »Noli me tangere« sprach Jesus zu Maria

Magdalena nach seiner Auferstehung, um die Abständigkeit des Auferstandenen zur Welt der Materie zu markieren. Im Art. 1,1 des GG heißt es: »Die Würde des Menschen ist unantastbar.« Es ist nicht verfehlt, wenn wir im Porträt Bettys mit der *Unsichtbarkeit* ihres Antlitzes auch die *Unberührbarkeit* ihrer Würde verbinden. In diesem Sinn setzt Richter oft auch die Unschärfe ein, die als ein schonender oder entziehender Schleier wirkt. Richter verfügt gewiss über das technische Können des Hyperrealismus. Und er suggeriert Unmittelbarkeit und Berührbarkeit, als sei die Sache selbst im Bild präsent. Das aber ist niemals der Fall, so perfekt die Simulation des Realen sein mag. Das Bild stellt uns die Präsenz des Dargestellten vor Augen, doch nur bis zu der Grenze, an der die minimale ontologische Differenz von Bild und Sache unüberschreitbar wird. Richter demonstriert in den Haaren, ihrer Feinheit, ihrem Schimmer, in der stofflichen Materialität der Kleidung ganz und gar die Präsenz des Gegenstands, die er hinsichtlich des Gesichts verweigert. Gerade dadurch sichert er das ›Antlitz‹, dessen fast metaphysische Qualität sich in dieser Welt durch seine Unberührbarkeit ausdrücken mag, immer aber vulnerabel bleibt. So sichert Richter, gegen mögliche Invektiven, die Gegenwart und die Unsichtbarkeit des Dargestellten. Das macht die besondere Ethik dieses Gemäldes aus. *Le chef d'œuvre inconnu* (1831), das Meisterwerk, über das Balzac schreibt, ist immer das Kunstwerk, das, so halluzinatorisch seine Verführung zur Illusion ist, uns auch seinen Rücken zeigt – oder nur ein winziges Detail, wie bei Balzac den Fuß der Catherine Lescault. Das Gemälde zeigt sich uns – und entzieht sich zugleich. Und das ist eine Invektive gegen unser unersättliches Auges, dem aber doch durch die perfekte Darstellung geschmeichelt und Versöhnung angeboten wird.

Literatur

Bachtin, Michail, *Rabelais und seine Welt, Volkskultur als Gegenkultur*, Frankfurt am Main 1965/1995.
Baumstark, Reinhold/Volk, Peter (Hg.), *Apoll schindet Marsyas. Über das Schreckliche in der Kunst. Adam Lenckhardts Elfbeingruppe*. Ausstellungs-Katalog Bayerisches Nationalmuseum München, München 1995.
Belting, Hans, *Faces. Eine Geschichte des Gesichts*, München 2013.
Benthien, Claudia, »Anatomie im mythologischen Gewand. Kunst und Medizin in Schindungsdarstellungen des 16. und 17. Jahrhunderts«, in: *Künste und Natur in Diskursen der frühen Neuzeit*, hg. v. H. Laufhütte u. a., Wiesbaden 2000, S. 334–353.

Böhme, Hartmut, »Nacktheit und Scham in der Anatomie der Frühen Neuzeit«, in: Katja Gvozdeva & Hans Rudolf Velten (Hg.), *Scham und Schamlosigkeit. Grenzverletzungen in Literatur und Kultir der Vormoderne*, Berlin Boston 2011, S. 434–470.

Böhme, Hartmut, *Urszenen der Scham*, ebd. S. 27–31.

Böhme, Hartmut, »Das Schumpetersche Paradox und die späte Triebtheorie Freuds«, in: Bergande, Wolfram (Hg): *Kreative Zerstörung. Über Macht und Ohnmacht des Destruktiven in den Künsten*, Wien Berlin 2017, S. 18–56.

Börne, Ludwig und Heine, Heinrich, *Ein deutsches Zerwürfnis*, hg. v. Hans Magnus Enzensberger. Frankfurt am Main 1986/97.

Braun, Christoph, *Die Stellung des Subjekts: Lacans Psychoanalyse*, Berlin 2007.

Caillois, Roger, *Die Spiele und die Menschen. Maske und Rausch*, Frankfurt am Main 1958.

Däumer, Matthias, »Truchsess Keie – Vom Mythos eines Lästermauls«, in: Artusroman und Mythos, hg. v. Friedrich Wolfzettel, Cora Dietl, Matthias Däumer Berlin Boston 2011, S. 69–108.

Deleuze, Gilles / Guattari, Félix, *Anti-Ödipus. Kapitalismus und Schizophrenie*, Frankfurt am Main 1977.

de Man, Paul, »Autobiographie als Maskenspiel«, in: Ders., Die Ideologie des Ästhetischen, hg. v. Christoph Menke, Frankfurt am Main 1993, S. 131–145.

Eser, Albin, »§ 71 – Schutz von Religion und Kirchen im Strafrecht und im Verfahrensrecht«, in: Joseph Listl (Hg.), *Handbuch des Staatskirchenrechts der Bundesrepublik Deutschland*, 2., neubearb. Aufl. Berlin 1996, Bd. II, S. 1019–1045.

Freud, Sigmund, *Totem und Tabu. Übereinstimmungen im Seelenleben der Wilden und der Neurotiker* (1913), in: Ders., Studienausgabe, hg. v. Alexander Mitscherlich u. a., Bd. IX, 5. Aufl. Frankfurt am Main 1974, S. 291–444.

Haupt, Jürgen, *Der Truchseß Keie im Artusroman: Untersuchungen zur Gesellschaftsstruktur im höfischen Roman*, Berlin 1971.

Helmrath, Johannes, »Streitkultur. Die ›Invektive‹ bei den italienischen Humanisten«, in: Marc Laureys, Roswitha Simons (Hg.), *Die Kunst des Streitens: Inszenierung, Formen und Funktionen öffentlichen Streits in historischer Perspektive*, Göttingen 2010, S. 259–293.

Helmrath, Johannes, »Poggio Bracciolini als päpstlicher Propagandist. Die ›Invectiva in Felicem antipapam‹ (1447)«, in: Ders., *Wege des Humanismus*, Tübingen 2013, S. 343–378.

Kristeva, Julia, *Pouvoirs de l'horreur. Essai sur l'abjection*, Paris 1983.

Lacan, Jacques, *Séminaire III: Les Psychoses*, ed. Jacques-Alain Miller, Paris.

Ihwan as-Safa (= Lautere Brüder) (ca. 900/1990), *Mensch und Tier vor dem König der Dschinnen*, übers. u. hg. v. Alma Giese. Hamburg 1981.

Marano, Katia, *Apoll und Marsyas. Ikonologische Studien zu einem Mythos in der italienischen Renaissance*, Frankfurt am Main 1998.

Menke, Bettine, *Prosopopoiia. Stimme und Text bei Brentano, Hoffmann, Kleist und Kafka*, München 2000.

Menninghaus, Wilfried, *Ekel. Theorie und Geschichte einer starken Empfindung*, Frankfurt am Main 1999.
Muth, Susanne, »Warten auf Marsyas. Als die Griechen die Gewalt am Unterlegenen entdeckten«, in: Renner, Ursula / Schneider, Manfred (Hg.), *Häutungen. Lesarten des Marsyas-Mythos*, München 2006, S. 11–32.
Muth, Susanne, *Gewalt im Bild. Das Phänomen der medialen Gewalt im Athen des 6. und 5. Jahrhunderts v. Chr.*, Berlin, New York 2008.
Niavis, Paulus, *Iudicium Iovis oder Das Gericht der Götter über den Bergbau* (ca. 1495), hg. u. übers. v. Paul Krenkel, Berlin 1953.
Pittaluga, Stefano, »Lorenzo Valla e le Facezie di Poggio Bracciolini«, in: *Lorenzo Valla. La riforma della lingua e della logica*, hg. von Mariangela Regoliosi, Florenz 2010, S. 191–212.
Poggio Bracciolini, Gianfrancesco, *Die Fazetien des Florentiners Poggio* (1438–1452), eingel. u. übers. v. Hanns Floerke, Hanau am Main 1967.
Renner, Ursula / Schneider, Manfred (Hg.), *Häutungen. Lesarten des Marsyas-Mythos*, München 2004.
Rösler, Wolfgang, »Über Aischrologie im archaischen und klassischen Griechenland«, in: Döpp, Siegmar (Hg.), *Karnevaleske Phänomene in antiken und nachantiken Kulturen und Literaturen*, Trier 1993, S. 75–97.
Rosen, Valeska von, »Die Enargeia des Gemäldes. Zu einem vergessenen Inhalt des »Ut-pictura-poesis« und seiner Relevanz für das cinqueceneske Bildkonzept«, in: *Marburger Jahrbuch für Kunstwissenschaft*, 27. Bd., 2000, S. 171–208.
Sasso, Ludovica, *Invektive Dynamiken der Gelehrsamkeit im italienischen Humanismus. Neue Beobachtungen zur Auseinandersetzung zwischen Poggio Bracciolini und Niccolò Perotti. Vortrag auf dem Colloquium zu aktuellen Themen der mittelalterlichen Geschichte*, 28. 5. 2019, SFB 1285 Dresden.
Sawday, Jonathan, »The Fate of Marsyas: Dissecting the Renaissance Body«, in: Gent, Lucy / Llewellyn, Nigel (Hg.), *Renaissance Bodies. The Human Figure in English Culture c. 1540–1660*, London 1990, S. 111–136.
Schmitz, Hermann, *System der Philosophie, Bd. I: Die Gegenwart*, Bonn 1964.
Schmitz, Hermann, *System der Philosophie, Bd. II/1: Der Leib*, Bonn 1965.
Schumpeter, Joseph A., *Kapitalismus, Sozialismus und Demokratie*, 2. Aufl. Bern 1950.
Schumpeter, Joseph A., *Theorie der wirtschaftlichen Entwicklung. Eine Untersuchung über Unternehmensgewinn, Kapital, Kredit, Zins und den Konjunkturzyklus*, Berlin 1997 [1954].
Stoellger, Philipp, *Passivität aus Passion: zur Problemgeschichte einer ›categoria non grata‹*, Tübingen 2010.
Stötzer, Jürgen, *Das vom Pathos der Zerrissenheit geprägte Subjekt. Eigenwert und Stellung der epischen Texte im Gesamtwerk von Jakob Michael Reinhold Lenz*, Frankfurt am Main, Bern, New York, Paris 1991.
Valla, Lorenzo, *Antidotum primum. La prima apologia contro Poggio Bracciolini* (1452), hg. v. Ari Wesseling, Assen Amsterdam 1978.

Wenzel, Franziska, »Keie und Kalogrenant: Zur kommunikativen Logik höfischen Erzählens in Hartmanns Iwein«, in: Kellner, Beate/Lieb, Ludger und Strohschneider, Peter (Hg.), *Literarische Kommunikation und soziale Interaktion: Studien zur Institutionalität mittelalterlicher Literatur*, Frankfurt am Main, Oxford, New York u. a. 2001.

Der deviante Körper

»Schönes Material zum Scherzen«?
Körperliche Besonderheiten in römischen Invektiven

Jan Meister

1. Einleitung: Die *strumae* des Vatinius

Im März 56 v. Chr. griff Cicero im Prozess gegen Sestius den Zeugen der Anklage, Publius Vatinius, heftig an und höhnte:

[...] wenn man deinen Anblick wie ein böses Vorzeichen verflucht, wenn dich deine nächsten Angehörigen ablehnen, die Bezirksgenossen in die Hölle wünschen, die Nachbarn fürchten, die Verwandten für einen Schandfleck halten, wenn schließlich auch deine Schwellungen von deinem schamlosen Mund weggezogen sind und sich an anderen Stellen festgesetzt haben [...], warum wünschst du dir dann nicht lieber den Tod als die Prätur, zumal du doch ein Volksfreund sein möchtest und nichts tun kannst, was dem Volk willkommener wäre?[1]

Nominell handelt es sich bei dieser Beschimpfung um eine ›Zeugenbefragung‹, *de facto* ist die später als eigene Schrift publizierte Rede jedoch eine einzige Invektive.[2] Dabei geißelt Cicero nicht nur den schändlichen Lebensweg und Charakter des Vatinius, er hebt auch immer wieder ein Spezifikum hervor, das diesen Mann besonders ausgezeichnet haben muss: Der Hals von Vatinius wies hässliche Schwellungen auf, die im Lateinischen als *strumae* be-

---

1 Cic. Vatin. 39 (Übers. adaptiert nach M. Fuhrmann): *Si te [...] cum viderunt, tamquam auspicium malum detestantur, si cognati respuunt, tribules exsecrantur, vicini metuunt, adfines erubescunt, strumae denique ab ore improbo demigrarunt et aliis iam se locis conlocarunt [...] quid est quam ob rem praeturam potius exoptes quam mortem, praesertim cum popularem te velis esse neque ulla re populo gratius facere possis?*

2 Über den Kontext dieser Rede (mit der Cicero nicht nur Vatinius, sondern auch den hinter diesem stehenden Caesar attackierte) sind wir vergleichsweise gut unterrichtet: In einem zwei Jahre später verfassten Brief (Cic. fam. 1,10[9],7) schildert Cicero seine Invektive gegen Vatinius aus der Rückschau. Hintergrund war eine inzwischen auf massiven politischen Druck hin erfolgte Versöhnung mit Vatinius, die Cicero seinem Briefpartner Lentulus gegenüber wortreich zu rechtfertigen sucht. Vgl. Jehne 2020, S. 62 zu dieser Versöhnung als Beispiel für die »Invektivrobustheit« der römischen Elite, deren Mitglieder es (notgedrungen) gewohnt waren, massive Beleidigungen auszuhalten.

zeichnet werden. Das realhistorische Krankheitsbild ist nicht mehr eindeutig zu rekonstruieren, doch die Schwellungen müssen relativ auffällig und hässlich gewesen sein.³ Cicero macht von dieser körperlichen Besonderheit eifrig Gebrauch. So auch in der eingangs zitierten Passage: Die eigentliche Schmähung bezieht sich auf Vatinius' »schamlosen Mund« (eine nicht unübliche Form der Beschimpfung in republikanischen Invektiven);⁴ der Witz liegt darin, dass sogar seine *strumae* diesen mieden und sich woandershin verzogen hätten, nämlich wie für alle sichtbar an den Hals. Offenbar funktionierten solche Witze gut, denn Cicero attackiert Vatinius gleich mehrfach über seine *strumae*. Zu Beginn seiner Rede vergleicht er Vatinius mit einer Schlange mit geschwollenem Hals.⁵ Nach einer beleidigenden Suggestivfrage höhnt er, Vatinius solle diese doch beantworten und zwar so jämmerlich, dass endlich einmal all das platzt, was an ihm aufgeschwollen sei.⁶ Etwas später spottet Cicero, Vatinius »platze« fast vor Neid – auch das eindeutig eine Anspielung auf die *strumae*.⁷ Und auch in der eigentlichen Hauptrede des Prozesses, der Verteidigung des Angeklagten Publius Sestius, konnte Cicero sich den Seitenhieb auf den ungeliebten Prozesszeugen nicht verkneifen: Ein guter Arzt müsse das Gemeinwesen heilen, indem er das Schädliche, die »Schwellungen der Bürgerschaft« – die *strumae civitatis* – wegschneide.⁸ Die Lacher werden ihm gewiss gewesen sein.

---

3 Erwähnt werden diese Geschwüre auch bei Cic. Att. 2,9,2; Plutarch überliefert weitere Witze Ciceros über Vatinius' Schwellungen: Plut. Cic. 9; 26. Eine »realhistorische« medizinische Diagnose ist auf Basis der Quellenlage kaum möglich: Das aus Cicero zu destillierende Krankheitsbild passt am ehesten zu den *strumae*, die Celsus 5,28,7a beschreibt und mit der Zusatzinformation versieht, dass es sich um Geschwülste mit Eiter und Blut handelt. Das wiederum ähnelt dem medizinisch ebenfalls nicht präzise fassbaren Befund der mittelalterlichen »Skrofeln«, unter die wohl teilweise Phänomene fielen, die heute als Lymphknotenschwellung und/oder Hauttuberkulose diagnostiziert würden.

4 Das Lateinische *os* kann sowohl »Mund« als auch »Gesicht« bedeuten und bezeichnet damit einerseits den Teil des Körpers eines Redners, der für das Publikum sichtbar und nicht durch Kleidung verhüllt war, und andererseits das Organ, mit dem ein Redner ›arbeitet‹; die Unterstellung, das *os* sei *improbum* oder *impurum*, kann dabei auch (wie sooft in republikanischen Invektiven) sexuelle Assoziationen transportieren, die einen ›falschen‹, da ›unmännlichen‹ Gebrauch dieses wichtigen Organs implizieren; vgl. dazu ausführlich Corbeill 1996, S. 99–127.

5 Cic. Vatin. 4.
6 Cic. Vatin. 10.
7 Cic. Vatin. 16.
8 Cic. Sest. 135.

Nett ist das nicht. In der Forschung wurde aus diesen Passagen teilweise sehr viel gemacht: Anthony Corbeill etwa hat argumentiert, dass Cicero körperliche Besonderheiten gezielt einsetze, um »Otherness« zu erzeugen und den so Verspotteten auszugrenzen.[9] Der Effektivität dieser Strategie liege die Prämisse zugrunde, »that nature does not deceive and hence all creations of nature present human viewers with legible and interpretable signs«.[10] Die Deutung Corbeills basiert auf der Prämisse, dass die Römer den Körper sehr pauschal als Ausdruck der Natur eines Menschen ansahen und dass körperliche Missbildungen als Zeichen moralischer Devianz konnotiert wurden. Das unterschätzt jedoch die Komplexität der antiken Theorie wie auch der invektivischen Praxis. Denn darüber, was ›Körper‹ sind und was davon Teil der *natura* sei und was nicht, haben sich Cicero und andere durchaus Gedanken gemacht.

Der vorliegende Beitrag möchte daher von der rhetorischen Theorie ausgehen, die als antike Selbstbeschreibung für den Einsatz von Körperinvektiven gelesen werden soll. Anschließend wird in zwei Schritten die historische Praxis untersucht: zuerst in Hinblick auf die Umsetzung der antiken Theorie in den erhaltenen Reden und anschließend in Hinblick auf die nicht ausgesprochenen Prämissen, nämlich des Lachens über körperliche Beeinträchtigungen – wie eben die *strumae* des Vatinius – und die darüber generierten Mechanismen der Herabwürdigung und Exklusion.

2. Die rhetorische Theorie

Ein guter Ausgangspunkt, um die explizit gemachte antike Theorie hinter Körperinvektiven nachzuvollziehen, ist Ciceros Abhandlung *De oratore*, ein Rhetorikhandbuch, in dem unter anderem der Einsatz von Humor in Reden erläutert wird. Dort kommt Cicero auch auf den Körper zu sprechen und er-

---

9 Corbeill 1996, S. 46–56. Noch weiter geht Bonsangue 2013, die einen direkten Bezug zur antiken Physiognomik herstellen möchte – diese Schriften stammen aber aus völlig anderen Zeiten und Kontexten und es lässt sich zeigen, dass spätrepublikanische und frühkaiserzeitliche Autoren derartige Ansichten über einen Zusammenhang von Körper und Charakter entweder nicht rezipierten oder aber ablehnten: vgl. Meister 2012, S. 53–57.
10 Corbeill 1996, S. 56.

klärt: »Missgestalt und körperliche Gebrechen bieten schönes Material zum Scherzen.«[11] Weshalb das so sei, erklärt Cicero anschließend wie folgt:

[M]an [treibt] am leichtesten seinen Spott mit den Dingen, welche weder großen Hass noch besonders großes Mitleid verdienen. Deshalb ist der ganze Stoff des Lächerlichen in den Fehlern enthalten, die es im Leben der Menschen gibt, soweit diese weder beliebt noch unglücklich sind noch wegen eines Verbrechens, wie es scheint, zur Hinrichtung geschleppt werden müssen.[12]

Körperliche Gebrechen sind also gerade deshalb lustig, weil sie als normativ unterdeterminiert angesehen werden – als Dinge, die eben weder großen Hass, noch besonderes Mitleid hervorrufen. Das deckt sich mit zentralen Prämissen, die sich in den unzähligen modernen Theorien zu Humor und Komik finden: Das, worüber gelacht wird, darf nicht zu sehr mit gesellschaftlichen Tabus und Normen behaftet sein, sonst ist es eben buchstäblich nicht mehr zum Lachen, sondern eine anstößige Verletzung.[13] Körperliche Missbildungen sind in Ciceros Augen daher nicht per se ein natürliches Zeichen dafür, dass der Betreffende ein durch und durch verdammungswürdiges Individuum sei – sie sind einfach. Cicero reiht an anderer Stelle körperliche Vorzüge und Mängel folgerichtig unter die »Glücksgüter«, die *fortunae bona*, ein. Diese »Glücksgüter« »sind Herkunft, Vermögen, Verwandte, Freunde, Besitz, Gesundheit, Schönheit, Kraft, Begabung und die übrigen körperlichen oder äußeren Vorzüge«.[14]

Mit diesen »Glücksgütern«, erklärt Cicero weiter, müsse ein Redner, wenn er jemanden loben möchte, wie folgt umgehen: »Besaß er sie, dann sage man, er habe diese Vorzüge gut angewendet; besaß er sie nicht, er habe ihrer weise entsagt; verlor er sie, er habe es mit Fassung ertragen.«[15] Was

---

11 Cic. de orat. 2,239 (eigene Übers.): *Est etiam deformitatis et corporis vitiorum satis bella materies ad iocandum.*
12 Cic. de orat. 2,238 (Übers. Theodor Nüßlein): *[...] itaque ea facillime luduntur, quae neque odio magno neque misericordia maxima digna sunt; quam ob rem materies omnis ridiculorum est in eis vitiis, quae sunt in vita hominum neque carorum neque calamitosorum neque eorum, qui ob facinus ad supplicium rapiendi videntur.*
13 S. etwa Veatch 1998 mit weitgespannten Forschungsüberblick und dem Versuch einer Synthese. Vgl. auch Meister 2014a, bes. S. 32–34; zum Konzept von »Humorräumen«, die humoristische Transgressionen sozial rahmen und damit akzeptabel und ›lustig‹ machen, s. ferner demnächst Meister 2021.
14 Cic. de orat. 2,46 (Übers. Theodor Nüßlein): *Ea sunt generis, pecuniae, propinquorum, amicorum, opum, valetudinis, formae, virium, ingeni et ceterarum rerum, quae sunt aut corporis aut extraneae.*
15 Cic. de orat. 2,46 (Übers. Theodor Nüßlein): *Si habuerit, bene rebus iis usum; si non habuerit, sapienter caruisse; si amiserit, moderate tulisse.*

hier für das Lob gilt, gilt umgekehrt auch für den Tadel. Entscheidend sind nicht die zufälligen Gaben der Natur, sondern der Gebrauch, den man davon macht. Der Körper als solcher wird – anders als Corbeill meinte – also nicht per se als Zeichenträger gesehen. Auch das macht Cicero deutlich:

> Herkunft, Schönheit, Kräfte, Besitz, Reichtum und die übrigen Vorzüge, welche das Schicksal als äußerliche oder körperliche Güter schenkt, bergen in sich keinen wahren Ruhm, der, wie man glaubt, allein der Tugend gebührt. Aber weil man im Gebrauch und in der ausgewogenen Beherrschung dieser Dinge gerade die Tugend am besten erkennt, muss man dennoch in den Lobreden auch diese Güter der Natur und des Schicksals behandeln [...].[16]

Ähnliche Passagen finden sich auch in anderen Schriften zur Rhetorik.[17] Ganz so einfach ist es jedoch nicht. Denn nicht alles am Körper wird als ›natürlich‹ konzipiert. In seinem frühen Werk *De inventione* äußert sich Cicero ebenfalls über den Körper als ein zu lobendes beziehungsweise zu tadelndes Gut. Auch hier sind körperliche Fertigkeiten, ein von der Natur verliehenes »Glücksgut«.[18] Von diesen unterscheidet Cicero aber etwas, was er *habitus* nennt:

> *Habitus* aber nennen wir die gleichbleibende und abgeschlossene Ausbildung des Geistes oder Körpers in irgendeiner Hinsicht, zum Beispiel den Erwerb einer tüchtigen Eigenschaft oder einer Fertigkeit oder jede beliebige Fertigkeit und ebenso einen Vorzug des Körpers, der nicht von der Natur gegeben, sondern durch Anstrengung und Tätigkeit erworben wurde.[19]

Für die invektivische Praxis ist genau das der entscheidende Punkt. Denn nicht nur Tüchtigkeit, sondern auch moralische Verkommenheit hinterlässt nach dieser Logik im Körper ihre Spuren – und genau darauf zielen die meisten uns erhaltenen Körperinvektiven.

---

16 Cic. de orat. 2,342 (Übers. Theodor Nüßlein): *Genus, forma, vires, opes, divitiae ceteraque, quae fortuna det aut extrinsecus aut corpori, non habent in se veram laudem, quae deben virtuti uni putatur; sed tamen, quod ipsa virtus in earum rerum usu ac moderatione maxime cernitur, tractanda in laudationibus etiam haec sunt naturae et fortunae bona [...].*
17 Vgl. zum Beispiel Rhet. Her. 3,10; 3,13f.; Cic. inv. 2,177f.
18 Vgl. Cic. inv. 1,35.
19 Cic. inv. 1,36 (Übers adaptiert nach Theodor Nüßlein): *Habitum autem appellamus animi aut corporis constantem et absolutam aliqua in re perfectionem, ut virtutis aut artis alicuius perceptionem aut quamvis scientiam et item corporis aliquam commoditatem non natura datam, sed studio et industria partam.* Vom dauerhaft erworbenen *habitus* setzt Cicero anschließend noch die temporäre Veränderung, die *affectio*, ab, die ebenfalls den Körper betreffen kann.

3. Die Praxis: Weiche Männer und der falsche Gebrauch des Körpers

Nach Ciceros Theorie transportieren körperliche Missbildungen nicht per se moralische Urteile – ganz anders als erworbene Fähigkeiten. Angriffe auf körperliche Missbildungen wie im Falle des Vatinius sind in den erhaltenen Reden denn auch eher selten. Angriffe auf äußere Merkmale, die mit einem bestimmten Gebrauch des Körpers in Verbindung stehen, sind dagegen sehr häufig – ja geradezu topisch. Meist zielen solche Angriffe darauf ab, den Invektierten als »weichen Mann«, als *vir mollis*, darzustellen, der als Gegenbild zum »guten Mann«, dem *vir bonus*, männliche Tugend und Selbstbeherrschung vermissen lässt und seinen Körper auf eine Art und Weise gebraucht, wie dies ein ›richtiger‹ Mann nicht tun würde. Generell wird unterstellt, dass solche Männer allen Sinnengenüssen und Trieben nachgeben und insbesondere ein überbordendes (aktives wie passives) Sexualverhalten pflegen. Der Quellenbegriff *vir mollis* macht dabei schon deutlich: In römischen Texten wird klar vorausgesetzt, dass sich diese unmännlichen Männer durch eine gewisse Weichheit des Körpers und andere äußere Zeichen von Effeminiertheit erkennen lassen.[20]

Genau darauf bauen die meisten Invektiven auf. Eines der ältesten und gleichzeitig prägnantesten Beispiele hierfür ist ein Fragment aus einer Rede des Scipio Aemilianus gegen Sulpicius Galus ungefähr aus der Mitte des zweiten vorchristlichen Jahrhunderts. Dort verweist Scipio auf das Aussehen seines Gegners und erklärt höhnisch:

> Wer sich täglich salbt und vor dem Spiegel schmückt, wer seine Augenbrauen rasiert, wer mit glattem Gesicht und glatten Schenkeln einhergeht, wer beim Gelage als junger Mann mit seinem Liebhaber in einem Ärmelgewand in inferiorer Position gelegen hat, wer nicht bloß hinter dem Wein, sondern auch hinter den Männern her ist, zweifelt jemand von diesem, dass er das getan hat, was Kinäden zu tun pflegen?[21]

---

20 Zum *vir mollis* und dem Vorwurf der *mollitia* s. u. a. Edwards 1993, S. 63–97; Meyer-Zwiffelhoffer 1995, S. 134–154 und Williams 2010; speziell zu Diffamierungen im Bereich des Sexuellen s. Meister 2014b und Thurn 2018 S. 116–148.

21 Gell. 6,12,5 = ORF4 127 (Übers. adaptiert nach Fritz Weiss): *Nam qui cotidie unguentatus aduersum speculum ornetur, cuius supercilia radantur, qui barba uulsa feminibusque subuulsis ambulet, qui in conuiuiis adulescentulus cum amatore cum chirodyta tunica interior accubuerit, qui non modo uinosus, sed uirosus quoque sit, eumne quisquam dubitet, quin idem fecerit, quod cinaedi facere solent?* Die Rede dürfte im Rahmen von Scipios Censur im Jahr 142 v. Chr. gehalten worden sein.

Wohlriechende Salben, rasierte Augenbrauen und enthaarte Körperpartien sind hier klare Indikatoren für einen verwerflichen Lebenswandel, wobei der Konnex des übermäßigen Begehrens von Wein und Männern bezeichnend ist (der schöne Wortwitz von *vinosus* und *virosus* geht in der Übersetzung freilich verloren). Die ganze Kaskade gipfelt dann in der Anschuldigung, unmännlichen Sexualpraktiken zu frönen, also den eigenen Körper ›falsch‹ zu gebrauchen. Denn der Begriff »Kinäde« bezeichnet genau dies: Ein Mann, der sich passiv von anderen Männern penetrieren lässt – die ultimative Beleidigung für einen römischen Mann.

Derartige Beleidigungen sind ausgesprochen topisch in rhetorischen Invektiven und entsprechend vorhersehbar. Auch Cicero macht davon reichlich Gebrauch. Im Prozess gegen Sestius, also jenem Prozess, in dem Vatinius als Zeuge auftrat, wird etwa Gabinius, ein weiterer Intimgegner Ciceros, als typischer »weicher Mann« geschmäht: Seine parfümierten, künstlich gelockten Haare würden schon alles über seinen Charakter aussagen.[22] Die Omnipräsenz derartiger Schmähungen machte sie jedoch relativ wirkungslos: Dem Gegner effeminiertes Verhalten zu unterstellen, war erwartbar und gehörte zu einer ordentlichen Invektive einfach dazu. Entsprechend leicht war es, den Vorwurf zu entkräften. Auch das lässt sich bei Cicero gut beobachten: Als er etwa den jungen (und offenbar nicht unattraktiven) Caelius verteidigte, konnte er die Vorwürfe gegen dessen angeblich unzüchtiges Sexualleben ohne Weiteres kontern, indem er erklärte, derartige Beleidigungen würden gegen alle gerichtet, die nicht gänzlich abstoßend und hässlich seien, und könnten den jungen und hübschen Ankläger potentiell genauso treffen wie den Angeklagten.[23]

Doch gerade weil der Vorwurf derart banal und erwartbar war, spielen Verweise auf den Körper in diesem Zusammenhang eine große Rolle: Der gepflegte Körper war in der Regel der einzig sichtbare ›Beweis‹, den ein Redner vorbringen konnte, um zu unterstreichen, dass sein Gegner wirklich ein »weicher Mann« sei. Dass Galus das tut, »was Kinäden zu tun pflegen«, war eine Behauptung, aber die rasierten Augenbrauen konnte man sehen und sein Parfüm konnte man riechen und genau auf diesen wahrnehmbaren äußeren Merkmalen, die (so die Suggestion) darauf abzielen, den eigenen Körper für andere attraktiv zu machen, baut die Plausibilitätskette der Invekti-

---

22 Cic. Sest. 18.
23 Cic. Cael. 6–9; vgl. analog die Verteidigung Murenas gegen den Vorwurf, ein »Tänzer« zu sein in Cic. Mur. 13, wo dem Ankläger Cato mit wohlwollender Herablassung unterstellt wird, er habe diesen vulgären, seiner Person eigentlich unwürdigen Vorwurf nicht hinreichend argumentativ unterfüttert.

ve auf, die das Opfer dann zum topischen »weichen Mann« stilisiert. Auch Cicero nimmt bei Gabinius das gepflegte Äußere zum Ausgangspunkt, um seinen Angriff zu lancieren. Es ist nicht davon auszugehen, dass ein Redner diese Details beliebig erfinden konnte: In republikanischen »Invektivarenen«[24] wie Gerichtsprozessen oder Senatsverhandlungen herrschte eine face-to-face-Kommunikation, bei der der Invektierte dem Publikum in der Regel sichtbar vor Augen stand – und genau auf dieser Sichtbarkeit baut die Logik der vom Körper ausgehenden Invektiven auf. Da stellt sich jedoch die Frage, warum jemand sich eine solche Blöße gab und sein Äußeres in einer Art stilisierte, die ihn fast zwangsläufig zum Ziel generischer Invektiven werden ließ.

Ich habe in diesem Zusammenhang vor einigen Jahren argumentiert,[25] dass hier auf ein tatsächliches Auftreten römischer Aristokraten angespielt wird: Denn wohlriechende Salben und kunstvolle Frisuren sind auch ein Zeichen kultivierter Lebensart und eine performative Demonstration von Eleganz, Reichtum und Status. Das Interessante ist jedoch, dass es offenbar auch eine andere Möglichkeit gab, sein Äußeres in der Öffentlichkeit zu stilisieren: Denn in seiner Rede für Sestius greift Cicero nicht nur den »weichen Mann« Gabinius über sein Äußeres an, sondern auch dessen ehemaligen Amtskollegen Piso. Dieser Piso ist genau die Antithese von Gabinius: »Struppig« (*horridus*) und unfrisiert, mit buschigen Augenbrauen habe er den Römern vorgetäuscht, ein Bollwerk moralischer Integrität zu sein. Auch hier ist nicht anzunehmen, dass Cicero die Details frei erfindet: Die Wirksamkeit der Rhetorik baut just darauf, dass Piso allen sichtbar als struppiger, leicht ungepflegt anmutender Aristokrat vor Augen stand. Solche »struppigen« Aristokraten treten auch in anderen Reden und Testimonien gelegentlich auf. Es dürfte sich daher auch hier um eine reale Praxis handeln, deren Sinn leicht zu entschlüsseln ist. Hier nahmen einige Aristokraten die moralischen Topoi ernst und stilisierten sich sehr bewusst im Sinne einer altrömischen Männlichkeit: struppig und unparfümiert statt mit eleganten Locken und wohlriechenden Salben.

Auch diese Strategie barg jedoch ihre Risiken. Als Hortensius, ein Zeitgenosse Ciceros, der für sein gepflegtes Äußeres und seinen tänzelnden Vortragsstil bekannt war, vor Gericht auftrat, habe ihn ein gewisser Lucius Torquatus verbal angegriffen. Dieser Torquatus wird von unserer kaiserzeit-

---

24 Zu »Invektivarenen«, also stabilisierte und ritualisierte öffentliche Kommunikationsräume, als Rahmen für die invektivische Praxis in der späten Republik und der frühen Kaiserzeit s. jetzt Jehne 2020.
25 Meister 2009 und Meister 2012, S. 51–94.

lichen Quelle als »bäurisch« und »unelegant« (*subagrestis* und *infestivus*) beschrieben²⁶ – also als einer jener »struppigen« Aristokraten wie Piso. Er habe Hortensius einen Schauspieler geschmäht und ihn dann noch »Dionysia« genannt, was der Name einer stadtbekannten Tänzerin war. Hortensius reagierte jedoch souverän: Mit weicher und gesengter Stimme habe er erwidert: »Dionysia, [...] Dionysia will ich wahrlich lieber sein als so wie Du, Torquatus, ohne Muse, ohne Aphrodite und ohne Dionysos!«²⁷ Hortensius nimmt also scheinbar den Vorwurf auf, stellt ihn aber in einen ganz anderen Normhorizont: Torquatus' Männlichkeit mag zwar über jeden Zweifel erhaben sein, doch ihm fehlt die kultivierte Lebensart eines griechisch gebildeten Aristokraten. Cicero geht mit dem bereits erwähnten Piso ganz ähnlich um: Nicht nur, dass Piso nicht so moralisch sei, wie er aussehe, er sei vor allem auch ein unkultivierter und bäurischer Kerl ohne feines Benehmen.²⁸

Ich möchte hier die Ausführungen zu den »weichen Männern« und ihren struppig-männlichen Gegenparts beschließen: Es sind dies in republikanischen Zeugnissen mit Abstand die meisten Fälle, in denen ›Körper‹ im weiteren Sinne zum Gegenstand von Invektiven werden. Anders als bei den Schwellungen des Vatinius geht es dabei nicht um »Glücksgüter«, sondern um den äußerlich sichtbaren Gebrauch, den man vom Körper macht. Nach der antiken Rhetorik-Theorie sind die damit verbundenen moralischen Urteile also sehr viel vernichtender als jene »netten Scherze« über körperliche Missbildungen. In der Praxis zeigt sich jedoch, dass die Vorwürfe von Unmännlichkeit so topisch waren, dass man sie allein schon mit dem Verweis auf ihre Topik kontern konnte. Vor allem aber machte das Gegenmodell, die Stilisierung zum struppig-bäurischen Mann nach Väter-Art, in der Welt urbaner Aristokraten der späten Republik genauso angreifbar, je nachdem auf welche Normen man sich bezog. Wir haben damit einen interessanten Befund: Das, was für Cicero das eigentlich lobens- und tadelswürdige ist, nämlich die Art, wie jemand seinen Körper gebraucht, und die Spuren, die dieser Gebrauch am Körper hinterlässt, scheint in der invektivischen Praxis von begrenzter Wirksamkeit gewesen zu sein – eine topische Beleidigung, die das Publikum geradezu erwartet haben dürfte und die man als Angehöriger der Elite wohl auszuhalten gewohnt war. Vor diesem Hintergrund lohnt es sich, die Angriffe auf körperliche Missbildungen nochmals neu zu betrachten.

---

26 Gell. 1,5,3.
27 Gell. 1,5,3 (eigene Übers.): ›*Dionysia,*‹ inquit ›*Dionysia malo equidem esse quam quod tu, Torquate,* ἄμουσος, ἀναφρόδιτος, ἀπροσδιόνυσος‹.
28 Besonders deutlich bei Cic. Pis. 67.

4. Die andere Praxis: Lachen über körperliche Missbildungen

In der rhetorischen Theorie sind körperliche Missbildungen deshalb lustig, weil es eben bloße »Glücksgüter« sind, die weder großen Hass, noch besonderes Mitleid verdienen. Dennoch ist Cicero vorsichtig: Man müsse sich beim Spott über körperliche Missbildungen stets fragen, wie weit man gehen solle. Ergänzend führt er aus:

> Dabei soll nicht nur die Vorschrift gegeben werden, man dürfe nichts ohne geschmackvollen Witz (*insulse*) sagen, sondern der Redner muss, auch wenn er etwas noch so spaßig vorbringen könnte, zweierlei vermeiden, nämlich dass ein Witz *scurrilis* ist oder der Redner als *mimus* erscheint.[29]

Wie weit darf man nun also gehen? Man muss auf den geschmackvollen Witz achten und man muss zurückhaltend sein, aber nicht, um das Opfer zu schonen, sondern um seine *eigene* Dignität zu wahren: Der Witz darf nicht *scurrilis* sein und der Redner darf nicht als *mimus* erscheinen. Beide Begriffe sind schwer zu übersetzen, bezeichnen aber einen Humor und Humorrollen, die zwar durchaus als komisch angesehen wurden, sich aber für »infame« Figuren wie Komödianten und Schauspieler schickten, nicht jedoch für einen senatorischen Redner.[30] Zu unterlassen sei, so Cicero, in erster Linie eine direkte Nachahmung des Verspotteten, die dazu führen könne, dass man mehr über den Spottenden als über sein Opfer lacht.[31]

Cicero empfiehlt daher Wortwitz und meint: »Sehr lacht man auch über bildhafte Vergleiche, die man gewöhnlich für eine Missgestalt oder irgend ein körperliches Gebrechen hernimmt, indem man die Ähnlichkeit mit einem noch etwas Hässlicheren herausstellt.«[32] Die Beispiele, die er nennt, sind etwa ein hässlicher Mensch, der mit der noch hässlicheren Fratze eines Galliers auf einem nahegelegenen Siegesmonument verglichen wird.[33] Als missraten werden dagegen Witze angeführt, die nicht zielgenau treffen: Ein Scherz über einen kleinwüchsigen Zeugen sei zwar lustig gewesen, aber un-

---

29 Cic. de orat. 2,239 (Übers. adaptiert nach Theodor Nüßlein): *In quo non modo illud praecipitur, ne quid insulse, sed etiam, si quid perridicule possis, vitandum est oratori utrumque, ne aut scurrilis iocus sit aut mimicus.*
30 Vgl. dazu Beard 2014, bes. S. 115ff.
31 Dazu ausführlich: Cic. de orat. 2,251f.
32 Cic. de orat. 2,266 (Übers. Theodor Nüßlein): *Valde autem ridentur etiam imagines, quae fere in deformitatem aut in aliquod vitium corporis ducuntur cum similitudine turpioris.*
33 Cic. de orat. 2,266.

angemessen, weil einer der Richter noch kleiner gewesen sei und das Lachen des Publikums statt auf den Zeugen auf den Richter bezogen worden sei. Damit unterstreicht Cicero die immense Bedeutung der »Anschlusskommunikation«: Erst die Reaktion des Publikums entscheidet über die Wirkung der Invektive und diese kann der Intention des Urhebers auch entgegenlaufen.[34] Ein Witz über einen Einäugigen wird ebenfalls als ungeziemend verworfen. Im Beispielszenario erfolgte die Beleidigung ohne Grund nur für den billigen Lacher und vor allem habe der Witz einstudiert gewirkt, da er auf jeden Einäugigen zutraf. Solche Witze seien *scurrilis* und daher zu meiden.[35]

Im Falle von Vatinius scheint sich Cicero recht genau an seine eigenen Vorschriften zu halten: Die Witze über die *strumae* erfolgen nicht grundlos, sondern würzen eine Invektive, deren ganzer Inhalt einzig und allein darauf abzielt, Vatinius als moralisch verwerflichen Menschen darzustellen – Spott ist da durchaus angebracht. Doch die *strumae* stehen eben auch nicht für sich alleine, sondern werden erst durch entsprechende Vergleiche und Wortspiele zu wirkvollen Mitteln der Invektive: Vatinius gleicht einer Schlange mit geschwollenem Hals, das, was an ihm aufgeschwollen ist, droht zu platzen und die Schwellungen sitzen am Hals und nicht im Gesicht, weil sie sich vor Vatinius' schamlosen Mund ekeln. Die *strumae* erscheinen dabei als individuelle Merkmale des Vatinius, die man für Spott instrumentalisieren kann, aber nicht als per se mit pejorativen Bedeutungen versehene Zeichen. Parfümtriefende Locken und rasierte Augenbrauen hatten einen solchen Zeichencharakter und waren eng mit dem Klischee des »weichen Mannes« verbunden. Körperliche Defekte wie die *strumae*, die allein der *natura* zuzurechnen waren, waren dagegen vergleichsweise wertneutrale persönliche Kennzeichen, die aber einem findigen Redner »schönes Material zum Scherzen« gaben.[36] Soweit zumindest die Theorie – die Praxis ist jedoch komplizierter.

Denn was Cicero nicht thematisiert, sondern schlicht als gegeben voraussetzt, ist eine hohe Bereitschaft der Römer, über körperliche Besonderheiten zu lachen. Das ist nicht per se überraschend. Das Lachen über körperliche Normabweichungen ist ein Phänomen, das in verschiedenen Zeiten und Kulturen häufig begegnet. Doch in einem solchen Umfeld wird ein Le-

---

34 Zur Bedeutung von Anschlusspraktiken für das Gelingen der Invektive in der Praxis s. Ellerbrock u. a. 2017, S. 9.
35 Cic. de orat. 2,245.
36 Die Zuschreibung, was »natürlich« und was »erworben« ist, lässt dabei jedoch einigen Spielraum, s. etwa die u. besprochene Passage bei Sen. epist. 95,20.

ben mit körperlichen Auffälligkeiten nicht erfreulich gewesen sein: Personen mit körperlichen Missbildungen liefen stets Gefahr, Lachen hervorzurufen.[37] Aristokraten waren davor nicht gefeit. Davon zeugen die zahlreichen auf körperliche Besonderheiten abzielenden *cognomina* prominenter Familien: der schielende Strabo, der dicke Crassus und der großnasige Nasica – um nur ein paar zu nennen. Diese Beinamen werden ursprünglich Spottnamen gewesen sein, die dann aber in den Familien erblich wurden. Dass Aristokraten diese Beinamen weiterführten, kann als Ausdruck ihrer »Invektivkompetenz« gesehen werden,[38] möglicherweise ist darin auch ein Moment von »Jovialität« enthalten, was Martin Jehne als wichtiges Mittel der symbolischen Kommunikation identifizierte, über das Aristokraten sich um Basissolidarität mit der Plebs bemühten.[39] Allerdings ist es einfacher, ererbte Spottnamen zu führen, als tatsächlich selbst Gegenstand von Spott zu werden.

Wir erfahren denn auch von verschiedenen Aristokraten, die körperliche Defekte zu verbergen suchten: Pompeius soll weiße Beinbinden getragen haben, um ein hässliches Geschwür zu verdecken,[40] und Caesar habe sich über das ihm verliehene Vorrecht, den Lorbeerkranz tragen zu dürfen, vor allem deshalb gefreut, weil er so seine Glatze kaschieren konnte.[41] Das sind nicht bloß Eitelkeiten: Als der alte Senator Marcus Servilius Pulex in einer Volksversammlung seine Brust entblößte, um theatralisch seine vielen Narben zu zeigen, sei ihm die Toga etwas weiter heruntergerutscht als beabsichtigt und habe ein hässliches Geschwür entblößt, woraufhin das Publikum in lautes Gelächter ausbrach.[42]

---

37 Vgl. Garland 2010, S. 73–86 sowie jetzt Husquin 2020, S. 108–118.
38 So Ellerbrock u. a. 2017, S. 14. Vgl. Corbeill 1996, S. 57–98 und Meister 2012, S. 25f.
39 Jehne 2000. Dass es für Aristokraten notwendig war, in »Popularararenen« Beleidigungen auszuhalten (während Beleidigungen in die andere Richtung i. d. R. nicht akzeptiert wurden), betont Jehne 2020, S. 46–54.
40 Amm. 17,11,4; für die Beinbinden, die für Aufmerksamkeit sorgten, vgl. auch Cic. Att. 2,3,1 und Val. Max. 6,2,7. Dass das Tragen von Beinbinden nur durch Krankheit zu rechtfertigen sei, hält Quint. inst. 11,3,144 fest.
41 Suet. Caes. 45,2; Cass. Dio 43,43,1. Beide Fälle sind im Einzelnen komplexer, denn es handelt sich jeweils um Erklärungen aus dem Umfeld der betroffenen Akteure (an deren Historizität nicht zu zweifeln ist), mit denen eine Transgression der normativen Kleiderordnung jovial entschuldigt wurde, die aber an sich einen Anspruch auf Statuserhöhung symbolisierte. Die Erklärung dürfte daher vorgeschoben gewesen sein, aber – und das ist hier der entscheidende Punkt – sie musste, um nicht gänzlich absurd zu wirken, eine lebensweltliche Plausibilität beanspruchen können. Durch die hohe Bereitschaft, über körperliche Defekte zu spotten (Caesars Glatze etwa war Gegenstand von Spottliedern bei seinem Triumph), scheint mir diese Plausibilität hinlänglich gegeben zu sein.
42 Liv. 45,39,17f.; vgl. Plut. Aem. 31. Zur Deutung des *tumor* als Leistenbruch s. Evans 1999, S. 88f.

Wer körperliche Mängel nicht verbergen konnte, hatte Probleme. Eine sehr interessante Quelle hierfür ist die Schrift *De constantia sapientis* des kaiserzeitlichen Autors Seneca. Als stoischer Moralphilosoph möchte er zwar vordergründig, ganz im Sinne Ciceros, darlegen, dass körperliche Absonderlichkeiten keine moralischen Implikationen transportieren und Spott darüber den ›Weisen‹ nicht zu beleidigen vermag. Dabei bietet er jedoch einige Einblicke in die tatsächliche Praxis, die zeigen, wie weitverbreitet solcher Spott war: »Über meinen glatten Schädel«, meint Seneca, »hat man Witze gerissen, über meine schwachen Augen und über meine dürren Beine und meine Figur«.[43] Allerdings ergänzt er gleich, das sei ja gar keine Beleidigung, da es ohnehin nur aussspräche, was offenkundig sei. Etwas weiter unten setzt er dann nochmals an und erklärt:

Was soll man dazu sagen, dass es uns kränkt, wenn einer unsere Art zu reden nachahmt, wenn einer unseren Gang, wenn einer irgendeinen körperlichen Mangel oder Sprachfehler aufs Korn nimmt? Als ob das bekannter würde, wenn es ein anderer nachmacht, als wenn wir es selbst machen?[44]

Offenkundig war derartiger Spott gängige Praxis. Allerdings waren nicht alle so ›weise‹ wie Seneca. Als Negativbeispiel erwähnt Seneca eine Szene, die er selbst im Senat beobachtet habe: Der Senator Cornelius Fidus sei dort in Tränen ausgebrochen, weil ihn Corbulo einen »gerupften Strauß« genannt habe.[45] Seneca gibt vor, dafür überhaupt kein Verständnis zu haben, schließlich habe Fidus zahlreiche Schmähungen gegen seinen Lebenswandel, also die wirklich tadelnswerten Dinge, ausgehalten, nur um dann bei einem derart belanglosen Witz die Fassung zu verlieren. Das sei eben, was passiere, wenn Menschen keinen Verstand hätten.[46] Doch Fidus' Reaktion ist für die Praxis wohl aussagekräftiger als Senecas Werturteil. Denn wie bereits ausgeführt waren Angriffe auf den Lebenswandel stark topisch eingefärbt und gehörten zum erwartbaren Standardrepertoire senatorischer Invektiven. Angriffe auf körperliche Besonderheiten dagegen zielten auf individuelle Merk-

---

43 Sen. const. 16,4 (Übers. Gerhard Fink): *In capitis mei leuitatem iocatus est et in oculorum ualetudinem et in crurum gracilitatem et in staturam.* Zum Weiterbestehen senatorischer Invektivarenen wie etwa dem Senat (aus dem jene Beispiele Senecas stammen, die näher kontextualisiert werden) in der Kaiserzeit s. Jehne 2020, S. 54–60.
44 Sen. const. 17,2 (Übers. Gerhard Fink): *Quid quod offendimur, si quis sermonem nostrum imitatur, si quis incessum, si quis uitium aliquod corporis aut linguae exprimit? quasi notiora illa fiant alio imitante quam nobis facientibus!*
45 Sen. const. 17,1.
46 Ebd.

male – auch wenn es sich in der Theorie dabei nur um »schönes Material zum Scherzen« handelte. Solche Witze und das daraus resultierende Lachen waren daher in der Praxis möglicherweise tatsächlich sehr viel verletzender als die pauschalen und damit auch austauschbaren Beleidigungen rund um Unmännlichkeit und unsittlichem Lebenswandel.

Wie hoch die Bereitschaft zum Spott über körperliche Missbildungen war, zeigt Seneca selbst. Zwar kann er moralingesäuert erklären, dass solcher Spott abgeschmackt sei und den Weisen nicht zu erschüttern vermöge, doch unter seinen Schriften ist auch eine Satire auf Kaiser Claudius überliefert, die sogenannte *Apocolocyntosis*. Diese Schrift muss relativ unmittelbar nach dem Tod von Claudius im Jahr 54 n. Chr. verfasst worden sein und macht sich über die Vergöttlichung des toten Kaisers lustig. Der Spott ist teilweise ätzend, zielt voll auf die Person und kann sehr wohl als Invektive gesehen werden.[47] Claudius, der mit verschiedenen körperlichen Problemen zu kämpfen hatte, wird als Trottel geschildert, den die Götter nicht bei sich im Olymp aufnehmen wollen und in die Unterwelt verbannen. Dabei mokiert sich Seneca auf wenig zimperliche Weise über den humpelnden Gang des Claudius, sein Stottern und seinen wackelnden Kopf.[48]

Man kann versuchen, Senecas Spott über die körperlichen Probleme von Claudius mit seiner Philosophie in Übereinstimmung zu bringen.[49] So hat Seneca – ähnlich wie Cicero – sehr dezidierte moralische Urteile über körperliche Eigenschaften, die durch den Lebenswandel erworben wurden. Dabei zeigt sich, dass die Grenzen zwischen »Natur« und menschlicher Formung sehr großzügig gezogen werden können. In einem seiner Briefe an

---

47 Die Betrachtung der Schrift als Invektive im Sinne des SFB 1285 führt jedoch unweigerlich zur Frage, in welcher »Arena«, das heißt in welchem sozial bzw. rituell konstituierten kommunikativen Rahmen, diese zu verorten ist – bei vielen Deutungen, die der Schrift eine politische Stoßrichtung im Kontext von Hofintrigen um die Nachfolge des Claudius unterstellen, bleibt diese Frage offen. Allerdings gibt es sehr wohl Arenen ritueller Kommunikation, in die solch beleidigender Spott passen würde (was eine mögliche ›politische‹ Bedeutung der Satire nicht ausschließt, sie aber doch relativiert und kontextualisiert): Möglicherweise ist die *Apocolocyntosis* im Rahmen der Saturnalien kurz nach Claudius' Tod zu verorten (so etwa Levick 1990, S. 187f.), also als Bestandteil eines Festes der Inversion, andererseits waren Spott und Schmähungen auch integraler Bestandteil römischer Leichenzüge (dazu Meister 2021), so dass die *Apocolocyntosis* eventuell auch im weiteren Kontext der Leichenfeiern des Claudius' – quasi als Inversion der Totenehren – zu verorten ist.
48 Vgl. u. a. Sen. apocol. 1,2; 4,3; 5,3; 6,2; 7,2; 11,3; 12,3; 14,2. Zum problematischen Körper des Claudius in senatorischen Schriften allg. s. Meister 2012, S. 148–153.
49 Vgl. Gevaert 2017.

Lucilius findet sich eine sehr seltsame Passage, in der er sich über Gesundheitspflege und Selbstsorge äußert und meint:

[Hippokrates, der] bedeutendste Arzt und Begründer dieser Wissenschaft, hat gesagt, dass Frauen weder die Haare ausfielen noch die Füße schmerzten: Und doch fallen ihnen die Haare aus, und doch leiden sie an den Füßen. Die Natur der Frauen hat sich nicht verändert, aber sie wurde besiegt; denn weil sie dieselbe Zügellosigkeit angenommen haben wie die Männer, haben sie sich auch dieselben körperlichen Beschwerden zugezogen wie diese.[50]

Anders als seine Ausführungen in *De constantia sapientis* nahelegen, kann der Vorwurf, ein »gerupfter Strauß« zu sein, für Seneca also sehr wohl eine moralische Verdammung beinhalten – zumindest, wenn es sich um Frauen handelt. Versuche, Senecas Philosophie und die in der *Apocolocyntosis* greifbare Praxis zu versöhnen, gehen aber letztlich wohl in die Irre: Seneca wäre nicht der Einzige, bei dem Theorie und Praxis nicht gänzlich zur Deckung zu bringen sind.[51] Beim Spott über Claudius griff er wohl schlicht eine weit verbreitete Praxis des Lachens über körperliche Missbildungen auf, ohne dies in ein stringentes Gedankengebäude zu packen.

Die Folgen, die Einzelnen daraus erwachsen konnten, lassen sich erneut bei Clausius deutlich erkennen. Denn Claudius hatte eindeutig schwerwiegende körperliche und daraus abgeleitet soziale Probleme.[52] Der kaiserzeitliche Biograph Sueton überliefert einige Briefe von Augustus, der sich mit seiner Frau Livia darüber berät, wie er mit seinem Stiefenkel Claudius umgehen solle. Im Zentrum steht dabei die Frage, wie schwerwiegend Claudius' Gebrechen sind und ob es ratsam sei, ihn zu politischen Ämtern und Ehren zuzulassen. Denn, so schreibt Augustus:

Wenn wir aber der Meinung sind, ihm fehle etwas und er sei körperlich und außerdem auch noch geistig nicht vollkommen gesund, dann dürfen wir den Menschen,

---

50 Sen. epist. 95,20 (Übers. Gerhard Fink): *Maximus ille medicorum et huius scientiae conditor feminis nec capillos defluere dixit nec pedes laborare: atqui et capillis destituuntur et pedibus aegrae sunt. Non mutata feminarum natura sed victa est; nam cum virorum licentiam aequaverint, corporum quoque virilium incommoda aequarunt.*
51 Dass sein Lebenswandel als einflussreicher Berater Neros im Zentrum der Macht in einem gewissen Widerspruch zu seiner philosophischen Lehre stand, war schon in der Antike Gegenstand von Polemiken, wie Cass. Dio 61,10 [Xiph.] zeigt.
52 Den Versuch einer medizinischen ›Diagnose‹ (mit nicht eindeutigem Ergebnis) unternahm Esser 1958, S. 144–175, vgl. auch den Forschungsüberblick bei Levick 1990, S. 13–15.

die gewohnt sind, über dergleichen ihre Späße zu machen und zu kichern, gar nicht erst einen Anlass geben, ihn und auch uns zu verlachen.[53]

Die hier angeführte Begründung ist bezeichnend: Es geht nicht um die Frage, ob Claudius tatsächlich in der Lage wäre, Ehrenämter zu bekleiden, sondern darum, ob er Anlass zu Spott böte oder nicht. Tatsächlich sollte Claudius weder unter Augustus noch unter Tiberius zu höheren Ämtern zugelassen werden. Dass er letztlich doch Kaiser werden konnte, hing vor allem damit zusammen, dass die Soldaten einen Angehörigen des Kaiserhauses auf den Thron heben wollten und Claudius der letzte noch lebende Kandidat war.[54] Über den lebenden Kaiser konnte man natürlich nicht mehr offen spotten, aber Senecas postume Angriffe zeigen, dass Augustus' Befürchtungen wohl nicht unbegründet waren.

Gab es Möglichkeiten, auf solchen Spott zu reagieren? Seneca legt eine entsprechende Lösung nahe. Die beste Strategie gegen derartige Angriffe sei es, über sich selbst zu lachen und so den Spöttern den Gegenstand des Spotts zu entziehen. Sein Beispiel ist ausgerechnet der uns schon bekannte Vatinius:

Vatinius, geboren zur Witzfigur und zum Widerling, soll ein *scurra* mit gutem Wortwitz gewesen sein: Über seine Füße witzelte er selbst am meisten und über seinen kurzen Hals. So schlug er der Spottlust seiner Feinde, die zahlreicher waren als seine körperlichen Mängel, und besonders der Ciceros ein Schnippchen. Wenn das jener Mensch vermochte mit seiner frechen Stirn, er, der unter ständiger Beschimpfung die Scham verloren hatte, warum sollte es dann der nicht können, der es durch höhere Bildung und Studium der Philosophie doch etwas weiter gebracht hat?[55]

Selbstironie mag dem modernen Betrachter als Abwehrstrategie unmittelbar einleuchten. Doch im Rahmen der vormodernen Adelsgesellschaft Roms ist Vatinius ein ambivalentes *exemplum*: Seine Strategie, auf den dauernden Spott zu reagieren, scheint zwar halbwegs funktioniert zu haben, doch

---

53 Suet. Claud. 4,2 (Übers. Hans Martinet): *Sin autem ἠλαττῶσθαι sentimus eum et βεβλάφθαι καὶ εἰς τὴν τοῦ σώματος καὶ εἰς τὴν τῆς ψ<υ>χῆς ἀρτιότητα, praebenda materia deridendi et illum et nos non est hominibus τὰ τοιαῦτα σκώπτειν καὶ μυκτηρίζειν εἰωθόσιν.*
54 Zu Claudius' Erhebung zum Kaiser s. Levick 1990, S. 29–39 und Osgood 2011, S. 29–32.
55 Sen. const. 17,3 (Übers. adaptiert nach Gerhard Fink): *Vatinium, hominem natum et ad risum et ad odium, scurram fuisse et uenustum ac dicacem memoriae proditum est. In pedes suos ipse plurima dicebat et in fauces concisas: sic inimicorum, quos plures habebat quam morbos, et in primis Ciceronis urbanitatem effugerat. Si hoc potuit ille duritia oris qui adsiduis conuiciis pudere dedidicerat, cur is non possit qui studiis liberalibus et sapientiae cultu ad aliquem profectum peruenerit?*

Seneca nennt ihn einen Menschen, »der unter ständiger Beschimpfung die Scham verloren hatte«. Vor allem aber nennt er ihn einen *scurra* – was ich hier bewusst nicht übersetzt habe. *Scurrae* sind jene Leute, deren Witze *scurrilis* sind und wovor Cicero den Redner in *De oratore* warnt: Feine *urbanitas* zu zeigen, ist für einen aristokratischen Redner angemessen, doch sollte man unbedingt den Eindruck vermeiden, ein *scurra* zu sein.[56] Genau diesen Eindruck erzeugt jedoch Vatinius, wenn er sich selbst zum Gegenstand von Lachen macht, und nähert sich damit gefährlich einer infamen Humorrolle an, die sich für einen Aristokraten nicht schickt.

5. Fazit

In der späten Republik und in der frühen Kaiserzeit waren körperliche Missbildungen primär Gegenstand von Spott, der kränkend und herabsetzend sein konnte, der aber nicht mit einem generellen Konzept einer im Körper sichtbaren ›natürlichen‹ Minderwertigkeit verbunden wurde. Im Gegenteil: Körperliche Vorzüge und Mängel wurden als »Glücksgüter« angesehen, als moralisch verwerflich oder lobenswert galt einzig der Gebrauch, den man davon machte. Im Fokus von Invektiven standen daher sekundär erworbene Körpermerkmale wie etwa die Art der Haargestaltung oder die Kleidung – in senatorischen »Invektivarenen« war es geradezu topisch, solche Merkmale aufzugreifen und daraus Beleidigungen abzuleiten, die auf die »Weichheit« und fehlende Männlichkeit des Invektierten zielten. Trotzdem ist in der Praxis der Spott über körperliche Besonderheiten, die nach der antiken Theorie als »Glücksgüter« qualifizieren, omnipräsent. Wer das Pech hatte, sichtbare Missbildungen zu besitzen, versuchte sie zu verbergen oder mied möglicherweise die öffentliche Bühne ganz. Wer wie Vatinius im Licht der Öffentlichkeit stand, aber seine Missbildungen nicht verstecken konnte, der musste den Spott aushalten oder gar zum prophylaktischen Spötter über sich selbst

---

56 Vgl. Beard 2014, S. 118ff. Dieser Eindruck einer nicht standesgemässen Humorrolle wird durch bildliche Darstellungen abnormaler Körper in der römischen Kunst gestützt: Derartige Grotesken werden i. d. R. als humoristische, möglicherweise apotropäische Darstellungen gedeutet, die zudem meist mit ethnographischen oder sozialen Indikatoren von Andersheit versehen sind und als Lachobjekte in einem deutlichen Kontrast zu den ebenmässig modellierten Körper römischer Aristokraten stehen. Vgl. Trentin 2017, Husquin 2020, S. 115–118 und (in vielen Bereichen spekulativ) Clarke 2007.

werden. Letzteres war jedoch eine heikle Gratwanderung: Zwar konnte man damit den Spöttern das Wasser abgraben und selbstironisch seine »Invektivkompetenz« demonstrieren, doch lief man auch Gefahr, sich in die einem Aristokraten nicht angemessene Rolle eines *scurra* drängen zu lassen. Man erschien dann eben, in Senecas Worten, »geboren zur Witzfigur«.

Das scheint mir entscheidend. Denn damit konstruierte der Spott über körperliche Missbildungen eine asymmetrische Beziehung zwischen Invektierendem und Invektierten: Der Verhöhnte konnte es seinem Gegner nicht mit gleicher Münze heimzahlen, zumal sich derartiger Spott gerne auch gegen Randfiguren der Gesellschaft richtete,[57] also kein Indikator für Satisfaktionsfähigkeit darstellte.[58] Die jeweilige »Invektivarena« dürfte daher entscheidend gewesen sein: Vor einem städtischen Publikum, das nicht nur aus Aristokraten bestand, konnte man sich von einer nicht-aristokratischen Humorrolle möglicherweise gar eine gewisse ›Dividende‹ versprechen – man zeigte »Invektivkompetenz« und durch das Lachen über sich selbst demonstrierte man Jovialität gerade auch gegenüber den kleinen Leuten. Vielleicht ist es daher auch kein Zufall, dass der von Seneca gescholtene Fidus *im Senat* in Tränen ausbrach. Möglicherweise wurde in rein aristokratischen »Arenen« und vor allem in der stärker auf sich selbst bezogenen Aristokratie der Kaiserzeit der durch Körperinvektiven generierte Ausschluss aus der Peer-Group als gravierender empfunden als noch in republikanischer Zeit. So wird Vatinius von Cicero nicht nur verhöhnt und geschmäht, sondern auch als »Volksfreund« (*popularis*) bezeichnet – also mit einem semantisch aufgeladenen Begriff für Politiker, die sich mehr um das Volk als um den Senat bemühen.[59] Für den kaiserzeitlichen Moralisten Seneca jedoch war er bloß noch ein Mensch, der seine Scham verloren hatte.

---

57 Aus der frühen Kaiserzeit finden sich zahlreiche Hinweise, dass Sklaven mit körperlichen Missbildungen gerne als Objekte des Amüsements (oder als apotropäische Figuren) in aristokratischen Haushalten gehalten wurden; s. Garland 2010, S. 46–48, Husquin 2020, S. 115–118; zu grotesken, randständigen Körpern in der Kunst s. ferner Trentin 2017.

58 Zur potentiell inkludierenden Funktion von Invektive als Zeichen der Satisfaktionsfähigkeit s. Ellerbrock u. a. 2017, S. 16.

59 Zum Begriff *popularis* s. Tiersch 2020.

Literatur

Beard, Mary, *Laughter in Ancient Rome. On Joking, Tickling, and Cracking Up*, Berkeley / Los Angeles / London 2014.

Bonsangue, Valentina, »L'irosa eloquenza delle *strumae*«, in: *Rhetorica* 31, 2013, S. 58–72.

Clarke, John R., *Looking at Laughter. Humor, Power, and Transgression in Roman Visual Culture, 100 B.C.–A.D. 250*, Berkeley / Los Angeles / London 2007.

Corbeill, Anthony, *Controlling Laughter. Political Humor in the Late Roman Republic*, Princeton 1996.

Edwards, Catharine, *The Politics of Immorality in Ancient Rome*, Cambridge 1993.

Ellerbrock, Dagmar / Koch, Lars / Müller-Mall, Sabine / Münkler, Marina / Scharloth, Joachim / Schrage, Dominik / Schwerhoff, Gerd, »Invektivität – Perspektiven eines neuen Forschungsprogramms in den Kultur- und Sozialwissenschaften«, in: *Kulturwissenschaftliche Zeitschrift* 2, 2017, S. 2–24.

Esser, Albert, *Cäsar und die julisch-claudischen Kaiser im biologisch-ärztlichen Blickfeld*, Leiden 1958.

Evans, Richard J., »Displaying Honourable Scars. A Roman Gimmick«, in: *Acta Classica* 42, 1999, S. 77–94.

Garland, Robert, *The Eye of the Beholder: Deformity and Disability in the Graeco-Roman World*, 2. Aufl., Bristol 2010.

Gevaert, Bert, »Perfect Roman Bodies. The Stoic View«, in: Laes, Christian (Hg.), *Disability in Antiquity*, London / New York 2017, S. 213–221.

Husquin, Caroline, *L'intégrité du corps en question. Perceptions et représentations de l'atteinte physique dans la Rome antique*, Rennes 2020.

Jehne, Martin, »Jovialität und Freiheit. Zur Institutionalität der Beziehungen zwischen Ober- und Unterschichten in der römischen Republik«, in: Linke, Bernhard / Stemmler, Michael (Hg.), *Mos maiorum. Untersuchungen zu den Formen der Identitätsstiftung und Stabilisierung in der römischen Republik*, Stuttgart 2000, S. 207–235.

Jehne, Martin, *Freud und Leid römischer Senatoren. Invektivarenen in Republik und Kaiserzeit*, Göttingen 2020.

Levick, Barbara, *Claudius*, London 1990.

Meister, Jan B., »Pisos Augenbrauen. Zur Lesbarkeit aristokratischer Körper in der späten römischen Republik«, in: *Historia* 58, 2009, S. 71–95.

Meister, Jan B., *Der Körper des Princeps. Zur Problematik eines monarchischen Körpers ohne Monarchie*, Stuttgart 2012.

Meister, Jan B., »Lachen und Politik. Zur Funktion von Humor in der politischen Kommunikation des römischen Principats«, in: *Klio* 96, 2014a, S. 26–48.

Meister, Jan B., »Reports about the »Sex Life« of Early Roman Emperors – An Example of Character Assassination?«, in: Shiraev, Eric / Icks, Martijn (Hg.), *Character Assassination Throughout the Ages*, Basingstoke 2014b, S. 59–81.

Meister, Jan B., »Leichenzüge und Lachen. Humorräume und Lachkultur im antiken Rom« (erscheint in: *Klio* 103, 2021).

Meyer-Zwiffelhoffer, Eckhard, *Im Zeichen des Phallus. Die Ordnung des Geschlechtslebens im antiken Rom*, Frankfurt am Main 1995.

Osgood, Josiah, *Claudius Caesar. Image and Power in the Early Roman Empire*, Cambridge / New York 2011

Thurn, Anabelle, *Rufmord in der späten römischen Republik. Charakterbezogene Diffamierungsstrategien in Ciceros Reden und Briefen*, Berlin / Boston 2018.

Tiersch, Claudia, »Optimates und populares als politische Kampfbegriffe?«, in: Nebelin, Marian / Tiersch, Claudia (Hg.), *Semantische Kämpfe zwischen Republik und Prinzipat? Kontinuität und Transformation der politischen Sprache in Rom*, Göttingen 2020, S. 331–355.

Trentin, Lisa, »The ›Other‹ Romans. Deformed Bodies in the Visual Arts of Rome«, in: Laes, Christian (Hg.), *Disability in Antiquity*, London / New York 2017, S. 233–247.

Veatch, Thomas, »A Theory of Humor«, in: *Humor* 11, 1998, S. 161–215.

Williams, Craig, *Roman Homosexuality. Ideologies of Masculinity in Classical Antiquity*, 2. Aufl., Oxford 2010.

»Sofern man aus der stillen Körpergestalt etwas schließen kann«: Der Körper in Ciceros Invektive

Christoph Schwameis

In heutigen öffentlichen Reden in den Parlamenten und Gerichten Europas gelten Beleidigungen, die den Körper eines Gegners betreffen, als geschmacklos und werden vermieden. Dass dies in den politischen Reden und den Gerichtsreden, die zur Zeit der späten römischen Republik gehalten wurden, anders war, demonstrieren die Reden Ciceros genauso wie dessen theoretische Äußerungen zu dem Thema. In seinem Dialog *De oratore* lässt Cicero einige berühmte Redner der vorausgehenden Generation zusammenkommen und über das Wesen der Rhetorik und den idealen Redner sprechen. Dabei referiert Strabo über die Rolle der Komik in der Rede. Er stellt zuerst fest, dass körperliche Mängel generell eine gute Basis für Witze lieferten (de Or. 2, 239), wenn auch mit ein paar Einschränkungen:[1] Man sollte, um seine Würde zu wahren, vor allzu geschmacklosen Scherzen zurückscheuen. Zudem müssten solche Witze dem rhetorischen Zweck dienen, den Charakter des Gegners herabzuwürdigen; sie dürften auch nicht andere treffen (de Or. 2, 245f.). Es sei etwa beim Prozess ungünstig, über die geringe Körpergröße eines Zeugen zu lästern, wenn der Richter noch kleiner sei. Er zeigt jedoch keinerlei moralische Bedenken, derartige Scherze zu verwenden. Strabos bzw. Ciceros theoretische Äußerungen sind für uns auch deswegen so interessant, weil wir hier etwas über die Reaktion des römischen Publikums erfahren, etwas, was bei römischen Reden verständlicherweise sonst kaum möglich ist. Strabo spricht nämlich über einige Vorfälle vor Gericht, in denen Redner durch launige Bemerkungen glänzten. Eine dieser Episoden, bei der er Ironie behandelt, möchte ich herausgreifen (de Or. 2, 262):[2]

Invertuntur autem verba, ut, Crassus apud M. Perpernam iudicem pro Aculeone cum diceret, aderat contra Aculeonem Gratidiano L. Aelius Lamia, deformis, ut nostis;

---

1 Zu den Einschränkungen s. Beard 2016, S. 166; Corbeill 1996, S. 26–30.
2 Zu diesem Beispiel s. auch Corbeill 1996, S. 37–39.

qui cum interpellaret odiose, »audiamus« inquit »pulchellum puerum« Crassus; cum esset arrisum, »non potui mihi« inquit Lamia »formam ipse fingere, ingenium potui«; tum hic »audiamus« inquit »disertum«: multo etiam arrisum est vehementius. Die Wörter erhalten aber ironische Bedeutung, etwa als Crassus beim Richter Marcus Perperna Aculeo verteidigte und der bekanntlich hässliche Lucius Aelius Lamia als Anwalt des Gegners Gratidianus auftrat. Als dieser ihn unfreundlich unterbrach, sagte Crassus: »Lasst uns den hübschen Jungen anhören«. Als das Publikum darüber lachte, entgegnete Lamia: »Ich konnte mir mein Aussehen nicht selbst formen, meinen Geist hingegen schon.« Darauf erwiderte Crassus: »Lasst uns also den Beredten hören«. Das Publikum lachte darüber noch viel mehr.[3]

In dieser Episode kommt es zu einem Schlagabtausch zwischen den beiden Rednern. Crassus wertet den Einwand seines Gegners dadurch ab, dass er diesen ironisch als »hübschen Jungen« bezeichnet und ihn somit sowohl als hässlich als auch als ihm unterlegen ausweist.[4] Die Anschlusskommunikation,[5] das Lachen des Publikums, bestätigt das »invektivische Potential« dieser Äußerung. Warum die Zuhörer diese Bemerkung lustig fanden, macht Cicero mit seiner Erklärung zuvor deutlich: Lamia war hässlich. Dieser erkennt offenbar, dass er der Bloßstellung entgegentreten muss, und antwortet auf Crassus' Bemerkung. Dabei streitet er nun nicht etwa seine Hässlichkeit ab oder kritisiert die bösartige Aussage des Gegners, sondern er weist die Verantwortung für sein Aussehen zurück und hebt die wesentlichere Bedeutung seiner Begabung hervor.[6] Er versucht also, die Diskussion auf eine andere Ebene zu bringen. So führt uns Cicero hier auch einen Vorfall vor Augen, wie ein Angegriffener auf die Invektive gegen Körperliches reagieren konnte. Zumindest in diesem Fall scheint dem aber kein Erfolg beschieden gewesen zu sein, denn Cicero sagt nichts über eine positive Reaktion des Publikums. Erst Crassus' schlagfertige Antwort ruft laut Cicero nämlich wieder Lachen hervor, wodurch dessen »Sieg« in diesem Rededuell besiegelt scheint. Dabei modifiziert Crassus seine Aussage, indem er nun auch die Eloquenz des Lamia in Frage stellt. Warum aber lacht das Publikum hier überhaupt? War

---

3 Sämtliche Übersetzungen stammen von mir.
4 Das lateinische Attribut »hübsch« (*pulchellus*) ist als ironisch aufzufassen, s. Leeman u. a. 1989, S. 287. Corbeill 1996, S. 38 sieht nach Richlin 1992, S. 33–44 in der Bezeichnung »Junge« (*puer*) eine sexuelle Beleidigung. Dies würde die Ironie um einen weiteren Gesichtspunkt erweitern.
5 Zur Bedeutung der Anschlusskommunikation in der Invektive s. Ellerbrock u. a. 2017, S. 7–9.
6 Leeman u. a. 1989, S. 287 meinen, dass Lamia über seinen »Geist« gesprochen hatte, was von Crassus auf sein »Talent (als Redner)« eingeengt worden sei. Dies ist möglich, jedoch nicht notwendig.

es, wie Corbeill in seiner wegweisenden Studie zu diesem Thema deutet, tatsächlich für das Publikum unwahrscheinlich, dass ein hässlicher Mensch ein guter Redner sein konnte?[7] Dieser weitreichende Schluss erscheint mir wenig wahrscheinlich. Ist der Grund vielleicht schlicht in Crassus' Schlagfertigkeit zu sehen, die die ungeschickte, da überheblich wirkende Entgegnung des Lamia abtat? Diese Überheblichkeit wäre insbesondere dann lächerlich, wenn Lamia tatsächlich ein inkompetenter Redner war.[8] Dazu würde jedenfalls ein Indiz passen, das uns Cicero selbst gibt, wenn er zuvor auf Lamias unfreundliche Unterbrechung hinweist.[9]

Was diese Begebenheit jedenfalls deutlich macht, ist, dass römische Redner ihre Zuhörer für sich einnehmen und gegen ihre Gegner wenden konnten, indem sie sich über deren Aussehen lustig machten. Sie zeigt auch, dass das römische Publikum keine Bedenken hatte, über so etwas zu lachen. Welche Bedeutung hatte aber die Bezugnahme auf Äußeres in der römischen Rhetorik überhaupt? Warum konnte man den Körper des Gegners in der römischen Invektive einsetzen? Anthony Corbeill versuchte dies damit zu erklären, dass nach römischer Anschauung eine Person, die eine körperliche Missbildung hatte, selbst dafür verantwortlich gewesen sei, da Hässlichkeit als Ausdruck eines verdorbenen Charakters angesehen worden sei.[10] Die philosophische Basis für diese Angriffe habe die Physiognomik geliefert, die im griechischen Kulturkreis verbreitete Vorstellung, dass das Äußere eines Menschen, insbesondere dessen Gesicht, den inneren Zustand widerspiegle. Zudem nahm Corbeill an, dass ein ungepflegtes, an die römischen Vorfahren erinnerndes Äußeres ein normatives Ideal der Körperinszenierung gewesen sei; falls man davon abgewichen sei, habe man ein leichtes Opfer für die Invektive geboten.[11]

Diese beiden zentralen Thesen hat Jan Meister in Frage gestellt: Erstens sei das Aussehen für Römer wertneutral und gar nicht besonders relevant gewesen. Worauf es vor allem angekommen sei, sei der positive oder negative Einsatz des Körpers gewesen.[12] Nur, wenn eine Person ihren Körper in negativer Weise verwendet habe, habe sie eine Angriffsfläche für die Invektive

---

7 Corbeill 1996, S. 38f.
8 Beard 2016, S. 167.
9 Leeman u. a. 1989, S. 287.
10 Corbeill 1996, S. 14–35, vertieft in Corbeill 2004, S. 107–139. Ihm folgt Draycott 2018, S. 66f.
11 Corbeill 1996, S. 169–173.
12 Meister 2012, S. 21–27.

geboten. Dies sehe man auch daran, dass Cicero sehr selten körperliche Deformitäten angreife, sondern vor allem die Art und Weise, in der seine Gegner ihre Körper einsetzten. Zweitens habe es für die Elite in der Zeit der späten Republik gar keine »normative Körperästhetik« gegeben, sondern zwei verschiedene Inszenierungsmöglichkeiten, die mit der Frisur oder Körperpflege einhergegangen seien.[13] Man habe sich wie Piso oder Cato ostentativ wenig um diese kümmern und somit als altväterischer, tugendhafter Mann erscheinen können; andererseits sei es möglich gewesen, sich wie Gabinius oder Caesar in besonderem Maße um ein gepflegtes Erscheinungsbild zu bemühen und somit seine adelige, verfeinerte Lebensweise zu demonstrieren.[14]

Ich halte Meisters Erkenntnisse insgesamt für originell und überzeugend; sie relativieren Corbeills verabsolutierende Erklärungen treffend. Dennoch möchte ich zu ihnen in diesem Beitrag anhand von Auszügen aus Ciceros Reden drei Fragen stellen. Erstens will ich fragen, ob der Zusammenhang zwischen dem äußeren Erscheinungsbild und der inneren Moral nicht durchaus vom Redner evoziert werden konnte, wobei es keine Rolle spielte, ob es sich um angeborene Eigenschaften wie die Hautfarbe oder erworbene wie die Frisur handelte? Zweitens möchte ich die Frage in den Raum stellen, wie Cicero Körperliches zum Ziel seiner Invektiven hätte machen können, wenn es in seinem Denken und dem des Großteils seiner Zuschauer keine Normalitätsvorstellung gegeben hätte? Drittens werde ich hinsichtlich Ciceros Verwendung der Hautfarbe und des Mundes fragen, ob nicht gewisse Körperteile in der römischen Gesellschaft durchaus mit negativen Assoziationen verbunden waren, die der Redner für seine Zwecke verwenden konnte? Anders als Meister beschränke ich mich gänzlich auf Beispiele aus Ciceros Reden, an deren Chronologie ich mich halten werde. Ich halte es nämlich für wichtig, die Zusammenhänge, in denen Cicero über Körperliches spricht, kurz zu erwähnen. Die von mir vorgestellten Beispiele wurden zum größten Teil bereits diskutiert, etwa von Corbeill oder Meister.[15] Mein Beitrag will daher nicht mehr leisten, als diese einer erneuten, genauen Lektüre zu unterziehen und im Lichte von Meisters Hypothesen zu beleuchten.

Ein erstes aussagekräftiges Beispiel für Ciceros Einsatz des Körperlichen liefert uns eine Passage aus einer von Ciceros ersten Verteidigungsreden, aus *Pro Roscio Comoedo* (»Für den Komödienschauspieler Roscius«). Roscius wurde von einem Mann namens Gaius Fannius Chaerea in einem Zivilpro-

---

13 Meister 2012, S. 94.
14 Meister 2012, S. 63–94.
15 Meister 2012, S. 53–93; Corbeill 1996, S. 43–56, 106–127.

zess des Betrugs angeklagt. Eine Möglichkeit, seinen Mandanten zu verteidigen, bestand für Cicero nun darin, auf das Aussehen des Klägers zu sprechen zu kommen. Dies tut er in folgender Art und Weise (Rosc. Com. 20): Verum tamen quem fraudarit videamus. C. Fannium Chaeream Roscius fraudavit! Oro atque obsecro vos qui nostis, vitam inter se utriusque conferte, qui non nostis, faciem utriusque considerate. Nonne ipsum caput et supercilia illa penitus abrasa olere malitiam et clamitare calliditatem videntur? non ab imis unguibus usque ad verticem summum, si quam coniecturam adfert hominibus tacita corporis figura, ex fraude, fallaciis, mendaciis constare totus videtur? qui idcirco capite et superciliis semper est rasis ne ullum pilum viri boni habere dicatur.

Wir wollen uns anschauen, wen er betrogen haben soll. Roscius soll Gaius Fannius Chaerea betrogen haben! Ich bitte euch, ihr, die ihr sie kennt, vergleicht das Leben beider Männer miteinander, ihr, die ihr sie nicht kennt, betrachtet das Gesicht von beiden! Riechen nicht der Kopf selbst und jene ganz ausgezupften Augenbrauen nach Bösartigkeit, schreien sie nicht Durchtriebenheit? Scheint er nicht von Kopf bis Fuß ganz aus Betrug, Täuschung, Lüge zu bestehen, sofern man aus der stillen Körpergestalt etwas schließen kann? Der hat deswegen immer einen geschorenen Kopf und ausgezupfte Augenbrauen, damit es nicht heißt, er habe nur ein Haar eines guten Menschen.

Cicero beginnt mit einem Vergleich beider Männer, der auf den Ankläger zurückfallen und damit die Anklage als absurd erweisen soll. Vergleiche man Fannius mit Roscius, wäre es eher wahrscheinlich, dass Fannius den Roscius und nicht umgekehrt Roscius den Fannius betrogen habe. Um diese Behauptung zu begründen, gibt Cicero zwei Anhaltspunkte: einerseits das Leben der beiden, das jedoch nur jene beurteilen könnten, die darüber Bescheid wüssten, und über das er hier nichts mehr sagt, andererseits das Aussehen. Dabei nützt er ein visuelles Moment, das beim tatsächlichen Vortrag der Rede unmittelbar gegeben ist: Wir können uns vorstellen, wie Cicero auf beide Männer hingezeigt hat.[16] Aber auch für die antiken und modernen Leser der später herausgegebenen Rede evoziert Ciceros Beschreibung eine Vorstellung, die unsere Beurteilung beeinflusst. Die Auffälligkeit, die er sofort hervorhebt, scheint für uns nicht sonderlich bemerkenswert. Es handelt sich um eine als außergewöhnlich dargestellte Frisur und Körperhaarpflege: Fannius' Kopfhaare und Augenbrauen waren unüblich kurz geschoren oder ausgezupft.[17] Wichtig erscheint mir nun erstens, dass Cicero sich gerade auf das Gesicht bzw. den Kopf seines Gegners konzentriert, da es am besten sicht-

---

16 Draycott 2018, S. 67; Corbeill 1996, S. 44.
17 Zur negativen Bedeutung des Haarverlusts in Rom allgemein s. Draycott 2018.

bar war.[18] Zweitens aber setzt der Redner hier synästhetische Metaphern und Personifizierungen ein: Das Aussehen rieche nach einem verdorbenen Charakter, es schreie heraus, dass es sich um einen bösen Menschen handle. Mit dieser einprägsamen, bildhaften Sprache erhöht Cicero die Bedeutung dieser äußeren Merkmale als Beweise für die innere Verdorbenheit. Daraufhin fordert er mithilfe einer rhetorischen Frage und eines Konditionalsatzes seine Zuhörer auf, die Beweiskraft des Aussehens in seinem Sinne anzuerkennen, wobei er eine Verbindung zwischen Äußerem und Innerem evoziert, wie sie von Corbeill so stark vertreten wird: »Wenn« allgemein bekannt sei, dass das Aussehen etwas über den Charakter aussage, könne Fannius nur gänzlich verdorben sein. Man beachte jedoch, dass Cicero diese Verbindung explizit ziehen muss. Dies wäre nicht notwendig gewesen, wenn sie im Sinne Corbeills eine unveränderliche Meinung gewesen wäre.[19] Andererseits wäre es nicht möglich gewesen, eine solche Verbindung zu ziehen, wenn sie dem Publikum gänzlich abwegig erschienen wäre. Zusätzlich erweitert Cicero seinen Angriff vom sichtbaren Gesicht auf den unsichtbaren Körper. Die Zuhörer sollten sich vorstellen, dass Fannius am ganzen Körper rasiert sei. Zum Abschluss der Passage verwendet Cicero ferner ein Wortspiel, das offensichtlich zum Lachen reizen und damit das Publikum der Invektive noch mehr auf seine Seite bringen soll: Die lateinische Wendung »kein Haar von etwas haben« bedeutet so viel wie »kein Bisschen, nicht die geringste Menge von etwas haben«.[20] Diese übertragene Bedeutung verbindet Cicero nun mit der wörtlichen: Fannius hat tatsächlich keine Haare! Zugleich macht Cicero damit aus dem vielleicht etwas ungewöhnlichen Aussehen des Gegners ein stolzes Eingeständnis seiner Schuld: Wenn sich Fannius die Haare auszupfe, tue er dies, um vor aller Welt seine Verdorbenheit zu bekunden! Kommen wir aber zurück auf die Bedeutung von Fannius' »Haarpflege«. Mir geht es hier weniger darum, zu erklären, welche Absichten Fannius tatsächlich hatte, als er sich in dieser Weise rasieren ließ: Meister hat dafür unterschiedliche Erklärungen geboten.[21] Mir geht es vielmehr darum, was Cicero daraus macht. Cicero weist hier deutlich auf eine Normabweichung hin: Ein anständiger Mann rasiere sich nicht in dieser Weise! Dies hätte er nicht tun

---

18 Meister 2012, S. 48–50 erläutert die im Vergleich zum Kopf geringe Bedeutung des Körpers anhand von Porträtstatuen, s. auch Meister 2012, S. 52.
19 Anders argumentiert Corbeill 2002, S. 208 und 1996, S. 45. Er sieht darin eine Erinnerung des Publikums an dessen eigene Meinung!
20 Corbeill 1996, S. 45f.
21 Meister 2012, S. 52, Anm. 195 mit weiterer Literatur. Ebenso Draycott 2018, S. 67.

können, wenn es gar keine Norm gegeben hätte und er nicht damit hätte rechnen können, dass zumindest in Teilen seines Publikums Vorbehalte gegenüber exaltierten Frisuren oder Rasuren bestanden. Hinter dieser Aversion stand die Ansicht, dass allzu emsig betriebene Körperpflege unmännlich sei. Daher setzten sich Männer, die ihre Körperhaare entfernen ließen, dem Vorwurf aus, effeminiert, passiv-homosexuell zu sein.[22] Hinzu könnte Folgendes kommen: Wenn Fannius mit seinem Aussehen seinen hohen Rang bekunden und sich somit als Teil einer gesellschaftlichen Elite ausweisen wollte, zu der er, seinem Namen nach, sicherlich nicht gehörte, war es für Cicero sinnvoll, diese übereifrigen Bestrebungen zu verhöhnen, wie er dies auch einige Jahre zuvor beim Freigelassenen Chrysogonus getan hatte.[23]

Eine ähnliche, wenn auch kürzere Beschreibung eines als negativ bewerteten Aussehens gibt Cicero wenig später in einer seiner Reden gegen Verres 70 v. Chr.[24] In diesem Zusammenhang spricht er über einen Prozess, den Verres als oberster Richter gegen einen reichen Sizilier namens Sthenius geführt hat. Obwohl Sthenius abwesend war, wurde er von Verres verurteilt. Da Verres jedoch gemerkt habe, dass dieses Urteil in Rom unbeliebt war, habe er, so Cicero, die Gerichtsakten gefälscht und einen gewissen Gaius Claudius als Vertreter des Angeklagten in diese eingetragen. Hätte Sthenius nämlich einen Vertreter für sich bestellt, wäre der Prozess und das Urteil rechtens gewesen. Cicero möchte nun zeigen, dass Sthenius Claudius niemals als Vertreter bestellt hätte, weil dieser ein Freund des Verres gewesen sei; also seien die Gerichtsakten gefälscht.[25] In diesem Kontext beschreibt er Claudius so (Verr. 2, 2, 108):

Videtis illum subcrispo capillo, nigrum, qui eo vultu nos intuetur ut sibi ipse peracutus esse videatur, qui tabulas tenet, qui scribit, qui monet, qui proximus est. Is est Claudius, qui in Sicilia sequester istius, interpres, confector negotiorum, prope conlega Timarchidi numerabatur, nunc obtinet eum locum ut vix Apronio illi de familiaritate concedere videatur.

---

22 Deutlicher wird dies noch im Fragment einer Invektive des Scipio gegen Sulpicius Galus (ORF4 127), s. zu ihr Meister 2012, S. 61–63. Zur Bedeutung der Verweiblichung in der Invektive Ciceros allgemein s. Thurn 2018, S. 116–118, 204–208; Williams 2010, S. 80f.; Corbeill 2002, S. 202 und 1996, S. 128–173; Koster 1980, S. 70–78. Dieses Aussehen passt auch zu der von Roscius verkörperten Rolle des Zuhälters Ballio, wie Cicero unmittelbar danach ausführt, s. zu diesem Aspekt Jones 1996, S. 123f.; Axer 1979, S. 26f.
23 Meister 2012, S. 72.
24 Zu weiteren Interpretationen s. Schwameis 2019, S. 391f., Becker 1969, S. 148.
25 Schwameis 2019, S. 341–346 zu einer kritischen Bewertung dieser Darstellung.

Ihr seht jenen mit seinem krausen Haar und seiner dunklen Farbe, der uns mit dieser Miene ansieht, dass er sich selbst sehr schlau vorkommt, der die Unterlagen hält, schreibt, mahnt, in der Nähe ist. Das ist Claudius, der in Sizilien als dessen Gefolgsmann, Übersetzer, Auftragserfüller, fast als Kollege des Timarchides galt, nun einen Rang einnimmt, dass er kaum Apronius an Vertrautheit [mit Verres] nachzustehen scheint.

Erneut fordert Cicero seine Zuhörer dazu auf, sich einen Gegner genauer anzusehen. Dies ist hier besonders bemerkenswert, weil die Reden gegen Verres de facto nie gehalten worden sind. Da Verres' Schuld schon nach kurzer Zeit offensichtlich war, zog er sich noch vor dem Prozessende ins Exil zurück. Cicero gab jedoch, um seine Redekunst und Sorgfalt zeigen zu können, eine Anklagerede heraus, in der er Verres' Anwesenheit fingierte.[26] Auch an dieser Stelle ahmt Cicero eine tatsächliche Gerichtssituation nach und baut diesen visuellen Aspekt ein, um seine Behauptung zu belegen. Er verfolgt in diesem Abschnitt zwei Ziele, die beide dazu dienen sollen, eine Kooperation des Sthenius mit Claudius als absurd zu erweisen: Erstens möchte er die enge Vertrautheit des Claudius mit Verres zeigen, indem er etwa darauf hinweist, dass Claudius selbst jetzt noch neben Verres sitze und diesen unterstütze, genauso wie er in Sizilien ein enger Vertrauensmann war und in einer Reihe stand mit Verres' engsten Unterstützern wie Timarchides und Apronius.[27] Zweitens aber möchte Cicero ihn selbst als unwürdige und unsympathische Person kennzeichnen, wozu er dessen Aussehen in einer für uns rassistischen Weise einsetzt. Mit der dunklen Gesichtsfarbe des Claudius erhält Cicero die Möglichkeit, die Fremdheit und den niedrigen, sklavischen Status dieses Mannes anzuprangern. Auch in anderen Reden verwendete Cicero einen dunklen Hautton, und zwar gegenüber Piso, über dessen »Sklavenfarbe« er sich lustig machte (Pis. 1), und in der Rede für Caecina über einen Zeugen, dessen dunkle Hautfarbe und unverschämtes Benehmen er mit dem Phormio der gleichnamigen Komödie des Terenz verglich (Caec. 27). Beispiele für eine solche Haltung finden sich auch bei späteren römischen Dichtern, etwa bei Horaz oder Martial.[28] Damit ist natürlich nicht gesagt, dass Claudi-

---

26 Diese Communis Opinio wurde in den letzten Jahren von namhaften Forschern wie Tempest, Pittia und Powell in Frage gestellt. Zu Unrecht, wie ich meine, da die Fiktionalität der Rede von Plin. Ep. 1, 20, 10 zweifelsfrei bezeugt wird, während die Stelle Tac. Dial. 20, 1, auf die sich die genannten Gelehrten stützen, nicht eindeutig ist, s. zu der Frage Schwameis 2019, S. 7f., Anm. 21.
27 Ebd., S. 393f. zur Unwahrscheinlichkeit dieser Unterstellungen.
28 Hor. S. 1, 4, 85; Mart. 4, 42, 5f.; 6, 39, 18; 10, 12, 12; 12, 54. Die rassistische Vorstellung, dass schwarze Haut mit sklavischer Tätigkeit verbunden war, gab es bereits in

us tatsächlich schwarz war. Dies ist eher unwahrscheinlich, Piso war es jedenfalls sicher nicht. Offenbar reichte aber schon ein dunkler Teint, um diese Vorstellung zu erwecken. Die krausen Haare, welche nach antikem Denken häufig in Verbindung mit dunkler Hautfarbe auftraten, könnten zwar als weiterer Beleg dafür dienen. Es könnte sich dabei aber auch um künstlich hergestellte Locken handeln. In diesem Fall wiesen sie auf eine ganz und gar nicht zum zugewiesenen, inferioren sozialen Status passende weibische Affektiertheit hin, wie sie Cicero etwa Gabinius vorwirft.[29] Jedenfalls steht der arrogante Blick, den Cicero in der Folge anspricht, in einem Widerspruch zu dem niedrigen gesellschaftlichen Rang, den die dunkle Hautfarbe erwarten ließe, und muss daher besonders unpassend erscheinen. Die krausen Haare könnten also entweder die niedrige Stellung des Claudius belegen oder aber (wie sein hochmütiger Blick) in einen Gegensatz dazu treten. Cicero gelingt es hier also, mithilfe einer negativen Beschreibung eines erfundenen Anblicks sein Argument zu unterstützen.

Übrigens liefert Cicero nur einen sehr allgemeinen Hinweis zum Aussehen des Verres selbst: Als er über dessen Kunstdiebstähle in Sizilien berichtet, stellt er die angebliche Bildung und den Kunstverstand des Verres in Abrede. Verres, der keine gute Erziehung genossen habe und nicht einmal Griechisch beherrsche, prahle zwar mit seiner Expertise in Sachen Kunst, sei jedoch tatsächlich gänzlich abhängig von anderen Sachverständigen. In diesem Zusammenhang sagt Cicero (Verr. 2, 4, 126):

Etiamne huius operari studia ac delicias, iudices, perferetis? qui ita natus, ita educatus est, ita factus et animo et corpore ut multo appositior ad ferenda quam ad auferenda signa esse videatur.
Werdet ihr auch die Interessen und Vorlieben dieses Handlangers ertragen? Dieser ist so geboren, so erzogen worden, so geistig und körperlich geschaffen, dass er viel besser zum Tragen als zum Wegtragen von Statuen zu passen scheint.

Der offenbar besonders kräftige Körperbau des Verres, auf den Cicero hier anzuspielen scheint, dient hier als Zeichen für mangelnde Kultur, Dummheit und einen niedrigen sozialen Status. Da Verres in seinem Aussehen einem starken Sklaven gleiche, seien sein Interesse für Kunst und die damit verbundenen Diebstähle absurd. In dieser Weise weist Cicero Verres' Beschäftigung mit griechischer Kunst, die im römischen Adel als Distinktions-

---

Athen im 5. Jh., s. Isaac 2004, S. 176, 212. Dass die dunkle Hautfarbe »für sich genommen pejorativ« sei, gesteht auch Meister 2012, S. 56 ein.
29 So deuten es Tempest 2006, S. 231; Klodt 2003, S. 49, Anm. 43; Butler 2002, S. 69.

merkmal diente, zurück und erniedrigt so seinen Gegner. Nun war ein muskulöser, starker Körper für Römer keineswegs etwas Verwerfliches, kein Anzeichen für einen schlechten Charakter. Meister zeigte am Beispiel des Marius auf, dass ein athletischer Körperbau für Römer (anders als für Griechen) grundsätzlich wertneutral war.[30] Cicero gelingt es aber, dieses per se unverdächtige Aussehen als Grundlage seines Angriffs einzusetzen und damit eine angebliche Kulturlosigkeit zu belegen. Genauso wird er viel später den offenbar trainierten Antonius mit den ebenso athletischen Gladiatoren vergleichen und damit einer gesellschaftlich niedrigstehenden, für ihre Grausamkeit verachteten Gruppe.[31]

Kehren wir nun vom Gesamtkörper wieder zur Bedeutung des gegnerischen Gesichts zurück und beschäftigen wir uns mit einem Detail, dem Mund. Die lateinische Bezeichnung für Mund, *os*, hat ein vielfältiges Bedeutungsspektrum.[32] Zunächst kann sie nicht nur für den Mund, sondern auch für das ganze Gesicht stehen, sodass dieser Terminus den Gesichtsausdruck einschließt. Dies macht es möglich, dass das Wort für »Arroganz« oder »Dreistigkeit« stehen kann. Dass sich ein arroganter Gesichtsausdruck zur Invektive eignet, haben wir bereits bei Claudius gesehen. Cicero greift darauf zurück, wenn er zu Beginn des dritten Buchs der *actio secunda* gegen Verres verspricht, in seinem ganzen politischen Leben das Gegenteil von Verres zu werden und sich von diesem auch äußerlich möglichst zu unterscheiden (Verr. 2, 3, 5):

Ergo in isto reo legem hanc mihi, iudices, statuo, vivendum ita esse ut isti non modo factis dictisque omnibus, sed etiam oris oculorumque illa contumacia ac superbia quam videtis, dissimillimus esse ac semper fuisse videar.

Ich stelle für mich bei diesem Angeklagten also die Maxime auf, so zu leben, dass ich von jenem nicht nur völlig in Wort und Tat, sondern auch in der Verächtlichkeit und dem Hochmut seines Gesichts und seiner Augen, die ihr seht, immer völlig unterschiedlich gewesen zu sein und zu sein scheine.

Es sind also sowohl die Augen als auch das ganze Gesicht, durch das Verres' Arroganz sichtbar wird; er gleicht damit seinen Helfershelfern Claudius und, wie wir sehen werden, Apronius.[33] Der Körperteil kann also dazu genützt werden, verschiedene Personen zu verbinden oder sich von ihnen abzugren-

---

30 Meister 2012, S. 21–27.
31 Bes. in Phil. 2, 63, s. dazu Ramsey 2003, S. 171, 252; Richlin 1992, S. 99f.
32 Corbeill 1996, S. 99–105.
33 Zur Angleichung des Verres an seine Helfershelfer s. Schwameis 2019, S. 41f.; Berger 1978, S. 180.

zen. Auch hier weist Cicero trotz der Fiktion der Rede auf das visuelle Moment hin und fordert damit seine Leser auf, sich den Angeklagten Verres mit seinem eingebildeten Gesicht genau vorzustellen.

Das Wort *os* im speziellen Sinne von »Mund« kann aber auch eine ganz andere Bedeutung aufweisen. Wie bereits Corbeill ausgeführt hat, ist der Mund der Körperteil, durch den das Innere mit dem Äußeren verbunden ist.[34] Dies bringe es einerseits mit sich, dass hier die innere Verdorbenheit nach außen dringe. Andererseits aber bewirkten die möglichen verwerflichen Aktivitäten des Mundes, dass er sich für Angriffe eigne. Auch für uns auf den ersten Blick verständlich ist die Assoziation des Mundes mit Fress- und Trunksucht; beides weist auf einen dekadenten, seinen Affekten unterworfenen und damit unzurechnungsfähigen Charakter hin, der für einen Staatsmann ungeeignet sei.[35] Für uns weniger naheliegend ist hingegen die sexuelle Konnotation des Mundes als unrein (*os impurum*): Wenn ein Römer auf den widerlichen Mund seines Gegners zu sprechen kam, dessen stinkenden Mundgeruch erwähnte, dann unterstellte er diesem Oralsex, das heißt Cunnilingus oder Fellatio.[36] Beide sexuelle Techniken galten aber in der Antike als weibisch, als unmännlich, da man sich damit in eine untergebene Stellung begab, nicht selbst aktiv Lust empfand, sondern Lust bereitete, wobei die Fellatio als Zeichen für passive Homosexualität als noch erniedrigender empfunden wurde.[37] Dieser Vorwurf schien offenbar so extrem, dass Cicero ihn ausschließlich gegenüber sozial niedrigstehenden Gegnern verwendete.[38]

Betrachten wir unter diesem Gesichtspunkt einen weiteren Ausschnitt aus Ciceros Verrinen.[39] In der dritten Rede gegen Verres beschäftigt sich Cicero mit dessen angeblichen Vergehen bei der Getreideeinhebung. Ciceros Problem bestand dabei darin, dass er viele der Verbrechen, die er Verres hier zum Vorwurf machte, gar nicht auf diesen zurückführen konnte, sondern auf die Zehntpächter, welche für die Einhebung des sizilischen Getreides verantwortlich waren. Cicero reagierte auf dieses Problem, indem er einen dieser

---

34 Corbeill 1996, S. 99–103.
35 Zum Vorwurf der Trunksucht und zum Fehlverhalten bei Gastmählern in Ciceros Invektive s. Thurn 2018, S. 167–204; Corbeill 1996, S. 131–139. Freilich ist auch das Essen metaphorisch sexuell konnotiert, s. Adams 1982, S. 138–141.
36 Arena 2010, S. 156; Richlin 1992, S. 26–29 und Obermayer 1998, S. 214–231 zum Motiv in der Literatur der Kaiserzeit.
37 Williams 2010, S. 142f., 163–165; 197–203; Corbeill 1996, S. 104–106; Richlin 1992, S. 27; Adams 1982, S. 127–134.
38 Arena 2010, S. 156; Richlin 1992, S. 99.
39 Corbeill 1996, S. 106–112.

Zehntpächter, einen Mann namens Apronius, zu Verres' bestem Freund und engstem Vertrauten stilisierte.[40] Alles, was Apronius verbrochen habe, sei daher in Wirklichkeit Verres zugutegekommen und müsse auch diesem angelastet werden.[41] Um diesen Eindruck zu erwecken, beschreibt Cicero Apronius bereits am Anfang der Rede (Verr. 2, 3, 22f. gekürzt):

> Eorum omnium qui decumani vocabantur princeps erat Q. ille Apronius, quem videtis; de cuius improbitate singulari gravissimarum legationum querimonias audivistis. Aspicite, iudices, vultum hominis et aspectum, et ex ea contumacia quam hic in perditis rebus retinet illos eius spiritus Siciliensis quos fuisse putetis [cogitate ac] recordamini … Verris mores improbos impurosque nostis: fingite vobis si potestis, aliquem qui in omnibus isti rebus par ad omnium flagitiorum nefarias libidines esse possit; is erit Apronius ille qui, ut ipse non solum vita sed corpore atque ore significat, immensa aliqua vorago est aut gurges vitiorum turpitudinumque omnium. Hunc in omnibus stupris, hunc in fanorum expilationibus, hunc in impuris conviviis principem adhibebat; tantamque habet morum similitudo coniunctionem atque concordiam ut … cum alii ne conviviis quidem isdem quibus Apronius, hic isdem etiam poculis uteretur; postremo ut odor Aproni taeterrimus oris et corporis, – quem, ut aiunt, ne bestiae quidem ferre possent, – uni isti suavis et iucundus videretur. Ille erat in tribunali proximus, in cubiculo solus, in convivio dominus, ac tum maxime cum … saltare in convivio nudus coeperat.

Der Anführer aller so genannten Zehntpächter war dieser Quintus Apronius, den ihr seht; über dessen einzigartige Bösartigkeit habt ihr die Klagen der gewichtigsten Gesandten gehört. Schaut, Geschworene, das Gesicht und den Blick des Mannes an und bedenkt angesichts dieses Hochmuts, den er in dieser katastrophalen Lage behält, von welcher Gemütsverfassung er in Sizilien war. […] Ihr kennt Verres' bösartige und schmutzige Sitten: Stellt euch, falls ihr es könnt, jemanden vor, der diesem hinsichtlich der frevelhaften Lust nach allen Schandtaten völlig gleich sein kann; das wird Apronius sein, jener, der, wie er nicht nur mit seinem Lebenswandel, sondern mit seinem Körper und Mund zu erkennen gibt, ein gewaltiger Abgrund und Strudel aller Laster und Schändlichkeiten ist. Diesen setzte er bei allen Hurereien, allen Plünderungen von Tempeln, allen schmutzigen Festmählern als Ersten ein. Und die charakterliche Ähnlichkeit bewirkt eine solche Verbindung und Eintracht, dass […] er, während die anderen nicht einmal an den gleichen Festmählern wie Apronius teilnehmen wollten, sogar dieselben Becher verwendete; schließlich, dass der widerliche Geruch von Apronius' Mund und Körper, den, wie man sagt, nicht einmal Tiere ertragen konnten, diesem allein angenehm und süß schien. Jener war ihm auf der Amtstribüne der Nächste, im Schlafzimmer der Einzige, im Festmahl der Herr, und zwar dann besonders, wenn er […] beim Gastmahl begonnen hatte, nackt zu tanzen.

---

40 Zur Charakterisierung des Apronius s. bes. Tempest 2006, S. 170–176; Becker 1969, S. 41–43.
41 Corbeill 1996, S. 107, 111.

Bemerkenswert an dieser Stelle ist erneut der hohe Stellenwert, den Cicero dem fiktiven Blick seiner Zuhörer zuteilwerden lässt. Da der Prozess wie gesagt niemals stattfand, appelliert Cicero damit an die Vorstellungskraft der Leser, die sich Apronius in dieser unappetitlichen Weise vor Augen führen sollen. Dem entspricht, dass Cicero zweimal dazu auffordert, sich den Charakter des Apronius vorzustellen. Es ergibt sich somit eine doppelte Ebene der Imagination. Im gesamten Abschnitt zeigt sich ferner eine Verbindung zwischen dem Inneren und dem Äußeren, wobei dem Gesicht und Mund des Apronius ein besonders großer Stellenwert zukommt: Zu Beginn wird das Visuelle mit dem Akustischen, Gegenwärtiges mit Vergangenem verbunden, wenn der allgemeine jetzige Anblick neben die bereits zuvor erfahrene Unmoral tritt. Der daraufhin beschriebene Gesichtsausdruck des Apronius zeigt sodann nicht nur dessen jetzige Überheblichkeit an, in der er Verres gleicht, er lässt auch auf jene in Sizilien schließen, womit Cicero auf die angebliche Tyrannei des Zehntpächters anspielt.[42] Schließlich werden Mund und Körper direkt als Zeichen der Verdorbenheit gewertet. Erneut evoziert Cicero hier also eine Verbindung zwischen Körperlichem und Moralischem. Interessanterweise bedient sich Cicero dabei einer besonderen Metapher, bei der er den hervorgehobenen und angegriffenen Körperteil, den Mund, personifiziert und als pars pro toto für die ganze Person auftreten lässt: Dabei wird Apronius zum »Riesenmund«, zum Schlund aller Laster. Ein derartiges Bild dient nun sicherlich nicht (nur) der Unterhaltung, es fasst ein Bündel von Vorwürfen einprägsam zusammen. Der Mund des Apronius spielt bis zum Schluss eine besondere Rolle: Das Orale verbindet Verres und Apronius, da sie aus denselben Bechern trinken – und dies obwohl gerade Apronius' Mund einen abscheulichen Gestank verströme, den nur Verres ertragen könne.[43] Den Abschluss bildet indes der nackte Körper des Apronius, der so auf Verres' Banketten zu tanzen gepflegt habe.[44]

Cicero setzt in diesem Abschnitt eine Vielzahl sexueller Unterstellungen ein, die vielsagend sind, ohne allzu direkt zu sein. Damit wahrt Cicero seine senatorische Würde und kann dennoch den beiden Männern ein homosexu-

---

42 Zur Tyrannei des Apronius vgl. Verr. 2, 3, 58/ 66/ 200, zum Motiv der Tyrannei in der Invektive gegen Verres s. etwa Frazel 2009, S. 164–182; Tempest 2006, S. 150–158.
43 Der Ekel vor dem stinkenden »dreckigen Mund« wurde in der (späteren) Dichtung bisweilen verbunden mit der Abscheu, aus demselben Becher zu trinken, s. dazu Obermayer 1998, S. 216–218. Diese Vorstellung muss auch hier vorhanden sein.
44 Zum (nackten) Tanz als Motiv in Ciceros Invektive s. Thurn 2018, S. 184–188, 238–242; Corbeill 1996, S. 135–139.

elles Verhältnis nachsagen, das insbesondere auf der Fellatio beruhe. Darauf zielt der Vorwurf des Mundgeruchs genauso ab wie die besondere Vorliebe des Verres für Apronius' Mund, die in der gemeinsamen Benützung eines Bechers ihren widerlichen sichtbaren Niederschlag findet, und schließlich die häufige Verwendung des Adjektivs »schmutzig« (*impurus*), das in Verbindung mit Oralsex gang und gäbe war.[45] Dass Cicero hier bestrebt ist, eine überaus enge, abstoßende Verbindung zwischen Verres und Apronius zu evozieren, passt zu seiner zuvor skizzierten generellen Strategie: Damit macht Cicero Apronius zum »zweiten Verres«, wie er ihn später nennen wird, sodass alle Schandtaten des Apronius auch als jene des Verres erscheinen.[46] Dieser Fokus zeigt sich schon in den Unterstellungen zu Beginn: Verres sucht jemanden, der ihm ähnlich ist, also charakterlich verdorben, und findet Apronius. Gemeinsam mit ihm begeht er Verbrechen und pflegt seinen dekadenten, von alkoholischen und sexuellen Exzessen gezeichneten Lebensstil. Besonders deutlich wird dieser Aspekt jedoch am Ende, wenn Cicero das infernalische Duo in einen deutlichen Gegensatz zu der übrigen Gemeinschaft stellt: Jeder Mensch, sogar wilde Tiere vermieden die Begegnung mit Apronius, nur Verres liebe sie und könne nicht ohne sie sein. Die Verbindung mit dem widerwärtigen Apronius dient aber nicht nur dazu, Verres für dessen Verbrechen verantwortlich zu machen; mit ihr kann er Verres selbst herabwürdigen, dem er den Umgang mit einer derartig abscheulichen Person genauso vorwirft wie eine allgemeine und sexuelle Abhängigkeit: Am Ende der Passage ist Apronius der »Herr« in dieser »Partnerschaft«. Als Mittel dieses indirekten Angriffs auf Verres, einen hochrangigen Senator, setzt Cicero jedoch das körperliche Moment ein, den Mund, der, als Mittel und Symbol der Verdorbenheit angegriffen, die Unterstellungen belegt.[47]

Eine ähnliche Art der Verwendung des Oralen für den Angriff auf einen Gegner und dessen Helfer zeigen einige Auszüge aus Ciceros Rede *De domo sua ad pontifices* (»Über sein Haus an die Pontifices«) 57 v. Chr.[48] In dieser Rede kämpfte Cicero darum, dass ihm sein Haus zurückerstattet wurde, das von seinem Erzfeind, dem Volkstribunen Clodius, beschlagnahmt und zerstört worden war, als Cicero ins Exil gegangen war. Um eine Rückerstattung zu erreichen, musste Cicero die Taten von Clodius als Verbrechen erweisen. Darunter fiel dessen Zusammenarbeit mit Sextus Cloelius, dem Clodius

---

45 Williams 2010, S. 198; Richlin 1992, S. 28f.
46 Verr. 2, 3, 31.
47 Arena 2010, S. 156; Richlin 1992, S. 99.
48 Uría 2007; Corbeill 1996, S. 112–124; Richlin 1992, S. 99.

als Volkstribun auch die Getreideversorgung übergeben habe. Cicero spricht nun so darüber (Dom. 25):

> Scilicet tu helluoni spurcatissimo, praegustatori libidinum tuarum, homini egentissimo et facinerosissimo, Sex. Clodio, socio tui sanguinis, qui sua lingua etiam sororem tuam a te abalienavit, omne frumentum privatum et publicum ... lege tua tradidisti.

> Du hast natürlich dem widerwärtigen Verschwender, dem Vorkoster deiner Gelüste, dem Bettler und Verbrecher, Sextus Cloelius, deinem Blutsbruder, der mit seiner Zunge dir sogar deine Schwester entfremdet hat, das ganze private und öffentliche Getreide [...] mit deinem Gesetz übergeben.

Cicero greift hier indirekt Clodius an, indem er dessen weniger hochrangigen Gefährten Cloelius attackiert. Einerseits wertet Cicero Cloelius selbst ab. So bezeichnet er ihn als dekadenten Prasser, der sich an exzessiven Feiern beteilige, als Bettler und Verbrecher. Andererseits generiert Cicero (wie zuvor bei Verres und Apronius) mit dem Oralen eine enge, verbrecherische Verbindung zwischen den beiden Männern. Dies zeigt sich zuerst bei der außergewöhnlichen Metapher »Vorkoster deiner Gelüste«.[49] Damit scheint Cicero auf den ersten Blick nur zu verstehen zu geben, dass Cloelius an denselben verwerflichen Aktivitäten beteiligt sei wie Clodius. Welche Aktivitäten dies sind, ist an dieser Stelle noch nicht klar. Interessant ist dann die Bezeichnung »Blutsbruder« (*socius sanguinis*). Wenn man das Folgende beachtet, könnte sich hier nämlich eine ganz andere, sexuelle Verbindung mit Clodius' Blut, also der Verwandtschaft, der Schwester des Clodius zeigen.[50] Mit der abschließenden Aussage erreicht Cicero den Höhepunkt seiner Invektive: Wenn er sagt, Cloelius habe Clodia, Clodius' Schwester, mit seiner Zunge für sich gewonnen und vom Bruder abgebracht, so unterstellt er nicht nur, dass Cloelius Clodia oral befriedigt, sondern auch, dass Clodius danach dasselbe mit seiner Schwester getan habe. In diesem Sinne bekäme auch der Begriff »Vorkoster« zuvor eine ganz eigene Bedeutung: Clodius hätte seinen dreckigen Gefährten gleichsam zum Vorspiel zu seiner Schwester geschickt und sei

---

49 Sie ist deswegen außergewöhnlich, weil das Wort bis zur Spätantike (Lact. mort. pers. 38,4) nur hier übertragen verwendet wird, s. TLL 10,2,668,59–669,3. Eine von Uría 2007, S. 55 gesehene Anspielung auf *fellator*, die nur aufgrund der Endung gegeben sei, halte ich jedoch für unwahrscheinlich.

50 Corbeill 1996, S. 115f., der auch auf die übermäßige, »blutraubende« sexuelle Aktivität der beiden hinweist. Uría 2007, S. 61 schlägt eine Änderung des Textes vor (zu *inguinis/inguinibus*), um seine Deutung einer Anspielung auf ein sexuelles Verhältnis zwischen Clodius und Cloelius zu erleichtern. Der gleich darauffolgende Bezug zu Clodia macht es unwahrscheinlich, dass Zuhörer eine derartige Anspielung verstünden. Zudem erscheint mir ein derartiger Eingriff in den Text methodisch bedenklich.

nach ihm »an die Sache gegangen«. Cloelius habe sich dabei aber so geschickt angestellt, dass Clodius' Schwester jetzt ihn bevorzuge. So ergibt sich hier ein besonders krasses Beispiel für ein typisches Motiv in Ciceros Invektive gegen Clodius: den Inzest mit den eigenen Geschwistern.[51] Indem Cicero aber den Untergebenen angreift, nicht Clodius selbst, indem er möglichst allgemein spricht und Doppeldeutigkeiten einsetzt – »Zunge« kann sich im Lateinischen auch auf das unverfängliche Sprechen beziehen –, vermeidet er es, obszön zu wirken, und bewahrt somit seine senatorische Würde.[52]

Nachdem er die Oralsex-Invektive zu Beginn seiner Rede eingeführt hat, kommt Cicero in dieser Rede immer wieder darauf zu sprechen, sodass diese Unterstellung eine Art Motiv wird. Als er sich etwa über die juristischen Spitzfindigkeiten des Gesetzes beschwert, durch das er ins Exil geschickt wurde, macht er sich erneut diesen Eindruck zunutze (Dom. 47): *hanc tibi legem Clodius scripsit spurciorem lingua sua* [...]? *Sexte noster, bona venia, quoniam iam dialecticus <es> et haec quoque liguris* [...] (»Dieses Gesetz, das dreckiger ist als seine Zunge hat dir Cloelius geschrieben...? Unser Sextus, verzeih mir, weil du schon ein Dialektiker bist, lechzt du auch danach...«). Diese Stelle bietet eine Vielzahl von Wortspielen. Der erste Hinweis auf das Orale fällt mit »dreckiger als seine Zunge« (*spurciorem lingua sua*). Das lateinische Adjektiv *spurcus* bedeutet »schmutzig in Verbindung mit Fellatio«;[53] es bereitet das Publikum auf Ciceros Unterstellung vor. *ligurire* (»lecken«) kann wie unser deutsches »Lechzen« auf eine hohe Bereitwilligkeit bezogen sein, im Zusammenhang mit *lingua* (»Zunge«) zuvor ist hier aber auch die unübersetzbare, obszöne Bedeutung von »lecken« mitzudenken, die auf den erniedrigenden Oralsex verweist.[54] Genauso könnte *dialecticus* nicht nur auf die juristischen Spitzfindigkeiten des Gesetzes, sondern auch auf das griechische διαλείχειν (»reinlecken«) bezogen sein.[55] Erneut setzt Cicero also doppeldeutige Wörter ein, um dem Vorwurf der Obszönität vorzubeugen. Auch als Cicero das letzte Mal in dieser Rede auf Cloelius zu sprechen kommt, verwendet er dieses Motiv. Wieder spricht Cicero hier über das Gesetz, das an-

---

51 Zum Inzest des Clodius in Ciceros Invektive s. Thurn 2018, S. 123, 146f.; Harders 2008, S. 234–247, Kaster 2006, S. 409–411.
52 Zur Rolle von Doppeldeutigkeiten in Ciceros Invektive s. Uría 2007, S. 50–53; Corbeill 1996, S. 119.
53 Uría 2007, S. 51; Adams 1982, S. 199, s. auch allgemein Richlin 1992, S. 26f. zur Vorstellung von Schmutz in Verbindung mit Sexualität.
54 Adams 1982, S. 140f.
55 Uría 2007, S. 54 zitiert diese alte Erklärung von Immisch anerkennend, Corbeill 1996, S. 119, Anm. 28 weist sie zurück.

geblich Cloelius geschrieben habe, während Clodius damit nicht vertraut sei. Er schlägt ihm daher vor, Cloelius zu fragen (Dom. 83):

Quaere haec ex Clodio, scriptore legum tuarum, iube adesse; latitat omnino, sed, si requiri iusseris, invenient hominem apud sororem tuam occultantem se capite demisso.

Frag dies Cloelius, den Verfasser deiner Gesetze, ruf ihn vor Gericht; er versteckt sich ganz, aber, wenn du ihn suchen lässt, wird man den Mann finden, der sich bei deiner Schwester versteckt – mit gesenktem Kopf.

Corbeill hat beobachtet, dass Cicero hier zuerst trockene, juristische Phrasen verwendet, sodass das Ganze erst halb ironisch wirkt.[56] Es ergibt sich dadurch eine Steigerung zur haltlosen Unterstellung am Ende, die bereits mit dem Bezug zur Schwester erfolgt. Mit der Phrase »mit gesenktem Kopf« (*capite demisso*), die wie die Pointe bei einem Epigramm eine finale Überraschung darstellt, impliziert Cicero deutlich den erniedrigenden Oralsex,[57] auch wenn man darunter auch nur eine Niedergeschlagenheit des Cloelius verstehen könnte, der sich bei einer Frau verstecken muss und daher den Kopf gesenkt hält. Uría sieht sogar in *occultantem se* (»der sich versteckt«) eine Paronomasie auf *oscultantem se* (»der sich selbst küsst«) und damit eine Anspielung auf Selbstfellatio,[58] auch wenn das zu weit zu gehen scheint und eher unwahrscheinlich wirkt. Übrigens kommt Cicero auch auf Clodius' Mund zu sprechen (Dom. 104). Zwar wirft er Clodius nicht selbst Oralsex vor, er spricht aber davon, dass er, wenn er über die Bedeutung der Religion spreche, diese mit seinem Mund beschmutzt habe (*eodem ore* [...] *impurissime taeterrimeque violasti*).[59] Dass Clodius in Verbindung mit seinem Mund Zuhörern so »dreckig« erscheinen muss, hat Cicero aber durch dessen Assoziation mit Cloelius und seinem Angriff auf diesen erreicht. Clodius und Cloelius werden durch ihre Münder, ihre widerlichen sexuellen Aktivitäten, so eng miteinander verbunden, dass der Vorwurf gegen den einen auch den anderen treffen muss; Cicero verwendet die körperliche Invektive also dazu, seine Gegner indirekt zu attackieren.

Kommen wir zum letzten Beispiel, Ciceros politischer Rede gegen Piso (55 v. Chr.). Corbeill meinte, dass das ungepflegte und struppige Äußere Pisos keinen Anlass zur Kritik geboten habe, sondern im Gegenteil ein Ideal dargestellt habe, das den Beweis für dessen Integrität bilden konnte, weil er

---

56 Corbeill 1996, S. 122.
57 Uría 2007, S. 53; Adams 1982, S. 192.
58 Uría 2007, S. 55.
59 Corbeill 1996, S. 123f.

den ebenso ungepflegten römischen Vorfahren glich.⁶⁰ Meister hat mit guten Argumenten hinterfragt, ob es sich dabei um ein Ideal handelte.⁶¹ Wie reagierte Cicero aber auf den von Piso offenbar intendierten Anspruch auf altrömische Moral, der mit diesem Aussehen impliziert werden sollte?⁶² Erstens machte sich Cicero, wie Meister gezeigt hat, über die bäurische Ungepflegtheit Pisos lustig.⁶³ Dies macht deutlich, dass Pisos Aussehen (zumindest nach Cicero) keineswegs eine Norm darstellte, wie Corbeill meinte, sondern ebenso eine Normverletzung – nun aber in die andere Richtung. Während Fannius sich zu sehr pflegte, tat dies Piso zu wenig. Zweitens polemisierte Cicero wie schon angesprochen gegen Pisos braungebrannte Gesichtsfarbe, die er als sklavenhaft und exotisch abwertet:⁶⁴ Piso zeige schon mit seiner Farbe, dass er ein Fremder sei. Damit trat Cicero einer wichtigen Grundlage von Pisos Ansehen entgegen, seiner adeligen Abstammung. Cicero verwendet für seine Entgegnung einen Witz, der auf den Hautton abzielt: Piso habe mit diesen Vorfahren gar nichts gemein. Die einzige Ähnlichkeit bestehe darin, dass er genauso dunkel sei wie deren vom Rauch geschwärzte Bildnisse (Pis. 1). Drittens wandte sich Cicero direkt gegen den von Piso offenbar intendierten Eindruck und argumentierte, dass Piso mit seinem scheinbar ehrenhaften Aussehen allen nur seine Verdorbenheit verhehlt habe. Piso spiele den tugendhaften Mann im Sinne der Altvorderen, sei aber in Wahrheit genauso dekadent und lüstern wie sein Kollege Gabinius. Dies zeigt sich schon zu Beginn der erhaltenen Rede (Pis. 1):

Non enim nos color iste servilis, non pilosae genae, non dentes putridi deceperunt; oculi, supercilia, frons, voltus denique totus, qui sermo quidam tacitus mentis est, hic in fraudem homines impulit, hic eos quibus erat ignotus decepit, fefellit, induxit.

Mich haben deine Sklavenfarbe, deine bärtigen Wangen, deine faulen Zähne nicht getäuscht; die Augen, die Brauen, die Stirn, dieses ganze Gesicht, das schweigend etwas über den Charakter aussagt, hat den Leuten einen Bären aufgebunden, dieses hat jene, denen es unbekannt war, getäuscht, geblendet, betrogen.

Cicero stellt sich hier zu Beginn in einen Gegensatz zu den anderen: Während alle anderen Beobachter von Pisos Gesicht geblendet worden seien, sei er dieser Täuschung nicht unterlegen. Um seine Abneigung zu begründen, fokussiert Cicero dann auf unattraktive Details dieses Gesichts; hingegen

---

60 Corbeill 1996, S. 169–173.
61 Meister 2012, S. 69–71.
62 Zu unterschiedlichen Deutungen von Pisos Stil s. Meister 2012, S. 62f. mit Anm. 248.
63 Ebd.
64 MacDowell 1964.

scheint die Beliebtheit Pisos bei anderen auf allgemeinen Kategorien zu beruhen.[65] Cicero allein scheint in der Lage, die Aussage des Gesichts über den schlechten Charakter zu »hören« und zu verstehen. Dadurch, dass er sich der Vergangenheitsform bedient, legt er jedoch nahe, dass die Täuschung bereits vorbei sei und auch die anderen, also das Publikum der Invektive, von Pisos wahrem Charakter überzeugt worden seien. Indem Cicero Piso zum Betrüger stilisiert, dessen Betrug bereits aufgedeckt sei, legt er den Zuhörern nahe, sich seiner vorgegebenen Beurteilung anzuschließen. Mit dieser Aufdeckung eines Betrugs zieht er das Publikum schon zu Beginn seiner Rede auf seine Seite und wendet es gegen den angeblichen Betrüger, Piso.

Trotz der vorgeblichen Erkenntnis der Täuschung stellt Cicero jedenfalls auch später fest, er fürchte, dass jemand die durch das Gesicht verborgene Bösartigkeit Pisos nicht erkenne. Um dies zu verhindern, verwendet er motivartig die Augenbrauen seines Gegners und macht aus ihnen ein Symbol für die vorgespielte Ernsthaftigkeit und Strenge des Piso, hinter der sich ein verdorbener Charakter verberge.[66] Bemerkenswert erscheint mir nun, dass Ciceros Verwendung des Körperlichen an dieser Stelle Corbeills Theorie einer allgemein angenommenen Entsprechung von Körper und Seele widerspricht. Das Gesicht gibt hier eben nicht für alle und sofort Aufschluss über den wahren Charakter der Person, es kann auch täuschen. Es ist der Redner, der diese Beziehung herstellt und das Gesicht in seinem Sinne liest. Dies zeigt uns, dass die Entsprechung von Körper und Seele in Rom keineswegs eine unveränderliche Ansicht war, sondern dass der Redner die Gleichartigkeit des Äußeren und Inneren je nach seinem Zweck verwenden konnte.

Das Ziel dieses Beitrags war es, den Einsatz des Körperlichen in Ciceros Invektive sowohl in politischen Reden als auch Gerichtsreden zu untersuchen und damit Meisters Thesen anhand von Ausschnitten aus Ciceros Reden zu überprüfen. Meisters Widerspruch zu Corbeills Theorie erscheint mir deswegen wichtig, weil er deutlich darauf hinweist, dass es vor allem der Redner ist, der körperliche Merkmale als negativ markiert und somit für seine Invektive funktionalisiert. Äußerliche Merkmale eines Gegners im Prozess oder im Senat sprachen nicht für sich, sie waren, wie Cicero selbst sagt, »still« (*tacitus*), und wurden erst vom Redner »zum Sprechen gebracht«. Der Zusammenhang zwischen innerer Verdorbenheit und äußeren Merkmalen beschränkte sich in Ciceros Reden nicht auf angeborener Hässlichkeit, die Lehren der

---

65 Stark unterschieden wird dies von MacDowell 1964, S. 10.
66 Diese Strategie hat Meister 2009 genauer nachgezeichnet, s. auch Klodt 2003, S. 49f.; Corbeill 1996, S. 170; Hughes 1992.

Physiognomik waren weder eine allgemein gültige Ansicht noch wurden sie von Cicero vertreten – hier irrte Corbeill.[67] Die Vorstellung einer Verbindung zwischen Körper und Moral konnte aber meines Erachtens von einem römischen Redner durchaus aktiviert und in spezifischer Weise eingesetzt werden. Er konnte sie wie bei Fannius bejahen oder wie bei Piso negieren, um seine Argumentation zu unterstützen. Egal, ob es sich dabei um selbst vorgenommene Änderungen des Äußeren wie Fannius' Frisur handelte, um Körperteile wie den Mund des Apronius oder den kräftigen Körper des Verres, der Redner konnte sie heranziehen und so einen verdorbenen Charakter belegen.

Meister vertrat ferner die These, dass der Körper in der römischen Gesellschaft grundsätzlich wertneutral war und ihm keine sonderliche Aufmerksamkeit geschenkt wurde. Diese Neutralität war aber meiner Meinung nach nicht immer und in jedem Fall gegeben. Auch äußere Merkmale und Körperteile, wie etwa die Hautfarbe oder der Mund, boten ganz spezifische negative Assoziationen. Daher konnte ein Redner wie Cicero auf sie zu sprechen kommen und sie zum Ziel von Invektiven machen.[68]

Schließlich erklärte Meister, dass die Mitglieder der römischen Elite in der späten Republik ihr Aussehen in unterschiedlicher Weise in Szene setzen konnten, indem sie es entweder vernachlässigten und so eine altrömische Tugendhaftigkeit vorgaben oder eine besondere Körperpflege betrieben und sich damit als kultivierte Adelige darstellten. Daraus zog er den Schluss, dass es keine allgemein gültige Normvorstellung vom Körperlichen gegeben habe. Diese Ansicht erscheint mir nun deswegen fragwürdig, weil eine Normverletzung eine wichtige Bedingung für Herabwürdigungen und Demütigungen ist.[69] Cicero konnte eine außergewöhnliche Frisur oder ein ungepflegtes Äußeres nur dann angreifen, wenn es dagegen in seinem Publikum Vorbehalte gab. Meines Erachtens scheint Cicero einen Mittelweg als Norm vertreten zu haben, der beide Extreme – zu viel und zu wenig Bedacht auf das Aussehen – ausschloss und den er etwa dem Redner Crassus zuschrieb.[70] Von dieser Norm aus konnte er nun den extremen Habitus angreifen, wobei er weitaus häufiger allzu gepflegte Männer attackierte als die »struppigen«. Ohne körperliche Norm wäre indes beides unmöglich gewesen.

---

67 Meister 2012, S. 53–55.
68 Ähnlich auch Corbeill 1996, S. 106: »Cicero … is exploiting biases already present in his audience against certain types of oral activity.«
69 Ellerbrock u. a. 2017, S. 5f., 9f.
70 Meister 2012, S. 75–77.

Literatur

Adams, James Noel: *The Latin sexual vocabulary*, London 1982.
Arena, Valentina: »Roman Oratorical Invective«, in: Dominik, William / Hall, Jon (Hgg.): *A Companion to Roman Rhetoric*, Chichester 2010, S. 149–160.
Axer, Jerzy: *The Style and the Composition of Cicero's Speech »Pro Q. Roscio Comoedo«. Origin and Function*, Warschau 1979.
Beard, Mary: *Das Lachen im alten Rom. Eine Kulturgeschichte*, Aus dem Engl. von Carsten Drecoll, Darmstadt 2016.
Becker, Norbert: *Die Darstellung der Wirklichkeit in Ciceros Verrinischen Reden*, Diss. Freiburg i. Br. 1969.
Butler, Shane: *The Hand of Cicero*, London, New York 2002.
Corbeill, Anthony: *Controlling Laughter. Political humor in the late Roman Republic*, Princeton 1996.
Corbeill, Anthony: »Ciceronian Invective«, in: May, James M. (Hg.), *Brill's Companion to Cicero. Oratory and rhetoric*, Leiden 2002, S. 197–217.
Corbeill, Anthony: *Nature Embodied. Gesture in Ancient Rome*, Princeton u. a. 2004.
Draycott, Jane: »Hair Loss as Facial Disfigurement in Ancient Rome?«, in: Skinner, Patricia / Cook, Emily (Hgg.): *Approaching Facial Difference. Past and Present*, London 2018, S. 65–83.
Ellerbrock, Dagmar u. a.: »Invektivität – Perspektiven eines neuen Forschungsprogramms in den Kultur- und Sozialwissenschaften«, in: *Kulturwissenschaftliche Zeitschrift*, Jg. 2, H. 1, 2017, S. 2–24.
Frazel, Thomas D.: *The Rhetoric of Cicero's »In Verrem«*, Göttingen 2009.
Harders, Ann-Cathrin: *Suavissima Soror. Untersuchungen zu den Bruder-Schwester-Beziehungen in der römischen Republik*, München 2008.
Hughes, Joseph J.: »Piso's Eyebrows«, in: *Mnemosyne*, Bd. 45, Fasc. 2, 1992, S. 234–237.
Isaac, Benjamin: *The Invention of Racism in Classical Antiquity*, Princeton 2004.
Jones, Michael R. Jr.: »Roscius and the Power of Performance«, in: *The Classical Outlook*, Bd. 73, Nr. 4, 1996, S. 123–128.
Kaster, Robert A.: *Marcus Tullius Cicero. Speech on Behalf of Publius Sestius*. Translated with Introduction and Commentary, Oxford 2006.
Klodt, Claudia: »Prozessparteien und politische Gegner als ›dramatis personae‹: Charakterstilisierung in Ciceros Reden«, in: Schröder, Bianca-Jeanette / Schröder, Jens-Peter (Hgg.): *Studium declamatorium: Untersuchungen zu Schulübungen und Prunkreden von der Antike bis zur Neuzeit*, München 2003, S. 35–106.
Koster, Severin: *Die Invektive in der griechischen und römischen Literatur*, Meisenheim am Glan 1980.
Leeman, Anton D. u. a.: *M. T. Cicero. De oratore libri III*. Kommentar. 3. Band: Buch II, S. 9–290, Heidelberg 1989.
MacDowell, D. M.: »Piso's Face«, in: *Classical Review*, Bd. 14, H. 1, 1964, S. 9–10.

Meister, Jan B.: »Pisos Augenbrauen. Zur Lesbarkeit aristokratischer Körper in der späten römischen Republik«, in: *Historia*, Bd. 58, 2009, S. 71–95.

Meister, Jan B.: *Der Körper des Princeps. Zur Problematik eines monarchischen Körpers ohne Monarchie*, Stuttgart 2012.

Obermayer, Hans Peter: *Martial und der Diskurs über »männliche« Homosexualität in der Literatur der frühen Kaiserzeit*, Tübingen 1998.

Ramsey, John T.: *Cicero. Philippics*, Cambridge 2003.

Richlin, Amy: *The garden of Priapus: sexuality and aggression in Roman humor*, 2. Aufl., New York u. a. 1992.

Schwameis, Christoph: *Cicero, ›De praetura Siciliensi‹ (Verr. 2,2)*. Einleitung und Kommentar, Berlin, Boston 2019.

Tempest, Kathryn: *Prosecution Techniques in Cicero's Verrines*, (Unpubl.) Diss. Royal Holloway, University of London 2006.

Thurn, Anabelle: *Rufmord in der späten römischen Republik. Charakterbezogene Diffamierungsstrategien in Ciceros Reden und Briefen*, Berlin, Boston 2018.

Uría, Javier: »The semantics and pragmatics of Ciceronian invective«, in: Booth, Joan (Hg.), *Cicero on the attack. Invective and subversion in the orations and beyond*, Swansea 2007, S. 47–70.

Williams, Craig: *Roman Homosexuality. Ideologies of Masculinity in Classical Antiquity*, 2. Aufl., Oxford 2010.

Affekte und Affizierbarkeit des Körpers

Hässliche Häresie: Bilder störender Körper als Aktanten invektiver Prozesse

Josefine Kroll

1. Einführung

Während der Reformation und Gegenreformation trat das Problem religiöser Devianz bekanntlich immer mehr in den Vordergrund, nicht nur aus historischer und soziokultureller Perspektive, sondern auch aus kunsthistorischer Sicht,[1] indem zum Beispiel die Allegorie der Ketzerei erstmals als Bildsujet in Erscheinung trat.[2] Der folgende Aufsatz setzt sich mit ausgewählten Beispielen allegorischer Häresiedarstellungen auseinander, die in Reaktion auf die lutherische »Irrlehre« entstanden, und wird untersuchen, inwiefern diese als »Schlagbilder« in Anlehnung an Aby Warburg als kränkende und dergestalt invektive Körper- bzw. Affektbilder meinungsbildend und öffentlichkeitswirksam agierten, indem sie die zeitgenössischen Rezipienten emotional mobilisierten.[3]

---

1 Der vorliegende Aufsatz ist an mein Promotionsprojekt angelehnt, das sich Schlagbildern der Häresie in der Kunst des 16. und 17. Jahrhunderts widmet und von Prof. Dr. Jürgen Müller betreut wird. Dabei werden sowohl die verschiedenen Darstellungsformen, ihr Entstehungskontext und die Funktionen allegorischer Ketzereidarstellungen in den Blick genommen.

2 Einen guten Überblick über gegenreformatorische Themen und Kunstwerke bieten folgende Arbeiten: Tacke 2008; Baumgarten 2004; Hofmann 1983; Knipping 1974; Mâle 1932.

3 Der Kunsthistoriker entwickelte den Begriff während des Ersten Weltkriegs im Zuge der damaligen Presse-Berichterstattung. Den Begriff des »Schlagbilds« bezog er auf den Ausdruck »Schlagzeile« im Sinne des ›Aufmachers‹ der Titelseite einer Zeitung. Daher sprach er im Hinblick auf reformatorische Flugblätter von einem »Bilderpressefeldzug« und »leidenschaftlicher Schlagbilderpolitik«. Vgl. Warburg 1920, S. 46f. Der Terminus wurde in jüngerer Zeit erneut von Michael Diers aufgegriffen. Diers führt aus, dass den Schlagbildern in Anlehnung an Schlagworte »[...] sowohl eine *prägnante* Form wie auch ein *gesteigerter Gefühlswert* eigentümlich ist, insofern sie [...] entweder einen bestimmten Standpunkt für oder wider ein Streben, eine Einrichtung, ein Geschehnis nachdrücklich betonen oder [sie, Anmerk. d. Verfas.] doch wenigstens gewisse Untertöne des Scherzes, der Satire, des Hohnes und dergleichen deutlich mit erklingen lassen.« Die Autorin überträgt den Terminus auf vornehmlich gegenreformatorische Bilder. Vgl. Diers 1997, S. 7.

In der frühneuzeitlichen visuellen Kultur kann die Darstellung von verzerrten, animalisch verfremdeten oder fragmentarischen Körpern und fratzenartigen Gesichtern, die durch bestimmte Handlungen oder Emotionen deformiert wurden, den Betrachter sowohl überraschen als auch (ver)stören. Indem Körpern von der Gesellschaft soziokulturelle Konstruktionen eingeschrieben werden – so zum Beispiel die soziale Geschlechtszugehörigkeit, Körperideale von »natürlicher« Schönheit oder Hässlichkeit, sozialer Status etc. –, kann der Körper daher auch zum Medium des Invektiven werden.[4] Zugleich verweist der Begriff des Körpers im Gegensatz zur Seele auch auf den Leib in seiner kreatürlichen Erscheinungsform, was zwangsläufig bedeutet, dass der Körper sinnlich, sprich durch und mit unseren Sinnen, wahrgenommen wird. Zwar ist die Tradition des Körpers als Invektive bereits aus dem Römischen Reich beispielsweise durch Cicero bekannt und überliefert,[5] doch ist es vor allem der christliche Glauben, der Phänomene des sündhaften und abstoßenden Körpers mittels hässlicher Lasterallegorien zum Ausdruck bringt und kanonisiert. Daher wundert es nicht, dass die bildlichen Allegorien der Häresie einerseits als Begleiterscheinungen der Reformation und Gegenreformation – die bekanntlich die kirchenhistorisch bedeutsamsten Phasen des 16. und 17. Jahrhunderts waren –, wesentlich häufiger auftreten und andererseits zumeist als hässliche oder zumindest störende Körper veranschaulicht wurden. Die Körperbilder allegorischer Häresiedarstellungen provozieren eine beunruhigende und zum Teil aggressive Inkongruenz, die vom Betrachter zumeist intuitiv empfunden wird. Doch was verursacht diese Unruhe und woher kommt sie? Und lässt sich deren Wirkung beschreiben, wenn nicht sogar definieren? Die beunruhigenden Körperbilder stehen dabei im Gegensatz zu einer idealisierten Konzeption des Körpers, wie sie bereits Michel Foucault konstruiert hat.[6] Indem sie also bewusst entidealisierte Körper zeigen, fordern sie die zeitgenössischen Betrachter mit ihrer Aggressivität und Provokationskraft heraus, sei es in obszöner, lächerlich machender oder exzessiver Art und Weise.

Ab den 1540er Jahren entstanden in Venedig – zu diesem Zeitpunkt die »Ketzerstadt« Italiens schlechthin – in einem kurzen Zeitraum verschiedene

---

4 Zur Theorie des Invektiven vgl. den Gastbeitrag der Konzeptgruppe »Invektivität« des Dresdener SFB 1285: Ellerbrock 2017.

5 Vgl. hierzu den Beitrag in diesem Band von Jan Meister »Schönes Material zum Scherzen«? Körperliche Besonderheiten in römischen Invektiven.

6 Foucault bestimmt den diskursiven Körper als Schnittpunkt von Wissen, Macht und Sprache. Des Weiteren ist der Körper als historische Idee und Akteur aller Utopien konstruiert und wird durch kulturelle Konstruktionen von Gesellschaften ständig umgestaltet und zugleich verklärt. Vgl. Foucault 2013.

Darstellungen der allegorischen Häresie. Dabei ist nicht nur bemerkenswert, dass diese Neuerfindung den Beginn einer neuen Bildtradition innerhalb der Ketzereidarstellungen markierte, sondern auch, dass sich die Werke innerhalb kürzester Zeit wandelten. Damit stellt sich die konkrete Frage nach den argumentativen und emotionalen Spielräumen der Kunst jener Zeit sowie der Wirkmacht von Bildern in Bezug auf historische, soziokulturelle und bildliche Transformationsprozesse im Allgemeinen. Basierend auf bildimmanenten und ikonographischen Analysen sollen in diesem Beitrag zunächst zwei Graphiken Andrea Schiavones hinsichtlich beginnender gegenreformatorischer Bemühungen in Venedig untersucht und kontextualisiert werden. In einem weiteren Schritt wird der Bogen zu Cesare Ripas *Heresia* aus der *Iconologia* von 1603 gespannt, da diese den Höhepunkt einer für die Gegenreformation typisch simplifizierenden und zugleich affizierten Bildlichkeit bzw. Lesbarkeit bildlicher Elemente darstellt.[7] Der Aufsatz vertritt dabei die These, dass von der entwickelten Bildlichkeit in Bezug auf das Phänomen Häresie eine visuelle Handlungsmacht ausging, die den zeitgenössischen Betrachter explizit affizieren und starke Negativemotionen der Angst und des Ekels bei ihm auslösen sollte.

2. Schiavones *Triumph des Christentums über die Häresie* und die Ketzerstadt Venedig

Die beiden Radierungen des venezianischen Künstlers Andrea »Lo Schiavone« Meldolla (um 1495/1510–1563) sind zwei der frühesten Darstellungen der allegorischen Häresie, die mir bisher bekannt sind. Schiavone war etwa ab Mitte der 1530er Jahre in der Lagunenstadt ansässig und dort vor allem als Maler und Graphiker tätig.[8]

---

7 Vgl. hierzu auch Müller 1995, S. 56–66.

8 Die bestehende Forschungsliteratur zu Schiavone widmet sich vor allem der Rekonstruktion seiner Vita im Spiegel zeitgenössischer und nachfolgender Kunstkritik sowie seinem Œuvre im Kontext venezianischer Kunst seiner Zeit, wobei besonders stilistische Besonderheiten Schiavones als Vertreter des Manierismus sowie seine Qualitäten als Landschaftsmaler betont werden. Vgl. Fröhlich-Bum 1913; Richardson 1980; Dal Pozzolo/Puppi 2015; Callegari/Mancini 2018. – Mit Verweisen auf äußerst spärliche Notizen zu den hier relevanten Graphiken durch Fröhlich-Bum, Michael Bryan und im Korpuswerk *The Illustrated Bartsch* ist die stilkritisch angelegte Publikation von Richardson meines Wissens die bisher einzige Quelle, die verlässliche Angaben zur Da-

Abb. 1: Andrea Schiavone: *Triumph des Christentums über die Häresie*, um 1546–1548, Radierung, Maße und heutiger Verbleib unbekannt

Quelle: Richardson, Francis Lee: Andrea Schiavone, Oxford 1980, Abb. 78, Kat. 116.

tierung und zum Stil der beiden Radierungen macht. Vgl. Fröhlich-Bum 1913, S. 218; Bryan 1919, S. 317; Strauss 1979, S. 85; Richardson 1980, S. 90 und S. 102.

Die erste, wahrscheinlich zwischen 1546 und 1548 ausgeführte Radierung mit dem Titel *Triumph des Christentums über die Häresie* (Abb. 1) – deren Maße und heutiger Verbleib unklar sind und uns nur anhand einer Abbildung bei Richardson überliefert ist –, zeigt eine weibliche, junge Figur, die mit einem Bein auf einigen Büchern steht, während sie mit dem anderen Fuß eine am Boden liegende nackte, alte Frau mit hängenden Brüsten niederringt. Die jüngere Frau hält ein großes, jedoch am oberen Ende verkürztes Kreuz in ihren Armen und ist von einer Gloriole aus Licht umgeben, wodurch sie als allegorische Gestalt des Christentums bzw. wahren Glaubens charakterisiert wird. Zwischen der Vorzeichnung[9] und anschließenden Radierung bestehen nur kleine Unterschiede; so zum Beispiel bei den Proportionen des Kreuzes, das in der Druckgraphik schlanker ist, oder dem Gesicht der am Boden liegenden Alten. Diese ist in der antithetischen Komposition, der eine dominante Vertikale eingeschrieben ist, durch ihr hässliches Äußeres und ihre hierarchisch tiefere Position als Gegenspielerin der wahren Religion und somit als Allegorie der Häresie zu deuten. Die Rechtgläubigkeit der christlichen Religion wird zudem durch die Verschmelzung zwischen dem Kreuz und ihrem linken Bein betont, das zugleich ihr Standbein ist. Beide Frauen stehen in Blickkontakt zueinander, gleichsam als befänden sie sich in einem offenen Konflikt. Die Körper der Religion und auch der Ketzerei in Gestalt der hässlichen Alten erscheinen verdreht, die Häresie wirkt darüber hinaus stark verzerrt und ihre Proportionen unnatürlich; was von Richardson treffend als »strongly *maniera* contortion of the bodies« charakterisiert wird.[10] Während die allegorische Religion durch ihr jugendlich-schönes Äußeres mit ebenmäßigem Gesicht, straffer Haut und wohlgeformten Gliedern besticht, offenbart das runzelige Gesicht der Häresie eine fratzenartige Grimasse und ihre sehnig-hässliche Körperlichkeit mit den hängenden Brüsten und großen Brustwarzen verweist auf ihr fortgeschrittenes Alter. Sowohl das Gesicht als auch der Körper sind von Schiavone minutiös und sorgfältig ausgearbeitet worden und auch der Grad des *chiaroscuro* hebt die Figur deutlich hervor. Ihr Mund ist zu einem Protestschrei geöffnet und der rechte Arm, mit dem sie sich kräftig vom Boden abstützt, verdeutlicht ihren aktiven Widerstand.

---

9 Die Graphik entstand nach einer Vorzeichnung, die sich heute im Pariser Louvre befindet und von Richardson als eine für den Künstler typisch monochrome Pinselzeichnung beschrieben wird. Vgl. Richardson 1980, S. 115.
10 Ebd., S. 102.

Abb. 2: Andrea Schiavone: *Triumph des Christentums über die Häresie*, um 1548–1550, Radierung, 16 × 8,7 cm, London, British Museum, Inv.-Nr. 1858,0417.1610

Quelle: Strauss, Walter L. (Hg.), The Illustrated Bartsch, Bd. 32: Italian Artists of the Sixteenth Century. School of Fontainebleau, hg. von Henri Zerner, New York 1979, S. 85, Abb. 55.

Schiavone schuf kurz darauf eine weitere Radierung desselben Inhalts (Abb. 2), dessen Umsetzung des Motivs, insbesondere der Häresie, nun jedoch eine völlig andere ist. Zwar haben wir es auch hier mit einer antithetischen Bildkomposition zweier Figuren zu tun, bei der die Allegorie der Religion ein großes Kreuz in beiden Armen hält und auf mehreren Büchern steht, doch befindet sich nun eine kauernde Figur neben ihr in der linken Bildhälfte. Diese Gestalt der Häresie ist – abgesehen von den Büchern, die auf häretische Schriften hinweisen – ohne weitere Attribute abgebildet. Lediglich ihre nackten, hängenden Brüste geben dem aufmerksamen Betrachter zu erkennen, dass es sich wieder um eine Frau handelt. Ihre Hände scheinen auf dem Rücken fixiert zu sein. Im Unterschied zur vorherigen Darstellung ist die Häresie hier einfacher gestaltet und wird nicht näher charakterisiert – weder durch die vormals verdrehte Körperhaltung noch durch die hässliche Grimasse. Darüber hinaus ist sie nun besiegt und passiv dargestellt, was an ihrer demütigen Körperhaltung, den gefesselten Händen und dem gesenkten Kopf deutlich wird. Ich schließe mich daher Richardson an, der angesichts beider Fassungen festhält, dass »this conflict is largely resolved (or does not arise)«.[11] Auch die von der Häresie abgewandte Kopfhaltung des allegorischen wahren Glaubens spricht meines Erachtens dafür. Neben der zurückhaltenden, relativ schlichten Darstellung der allegorischen Häresie fällt beim Vergleich beider Fassungen weiterhin auf, dass die Gestalt der Religion ebenfalls abgewandelt wurde. So verschmilzt das Kreuz in ihren Armen nicht mehr von der Hüfte abwärts mit ihrem Bein und die Lichtgloriole im Bildhintergrund ist zugunsten eines aufgebauschten Gewandes gewichen. Außerdem hält die Allegorie der Religion das Kreuz nunmehr auf ihrer rechten und somit höherwertigeren Seite. Es scheint fast, als müsste die Rechtgläubigkeit des wahren Glaubens angesichts ihres offensichtlichen Triumphs über die Häresie nicht mehr explizit betont werden, denn während die Allegorie des wahren Glaubens angesichts ihres unsicheren, instabilen Stands in der ersten Radierung noch Mühe hatte, die Häresie am Boden zu halten, hat sie dies jetzt nicht mehr nötig: So steht sie zwar weiterhin mit einem Bein auf den häretischen Büchern der allegorischen Ketzerei, mit ihrem

---

11 Ebd., S. 102. – Die zweite Fassung fällt laut Richardson außerdem in Schiavones »classical phase«, in der er im Allgemeinen eine vorsichtigere und diszipliniertere Herangehensweise an die Zeichnung und Komposition an den Tag legte und in diesem Sinne nach mehr Anmut, Klarheit, Balance und Kontrolle strebte. Vgl. ebd., S. 70.

linken Standbein jedoch auf dem Boden, womit dem Betrachter Standhaftigkeit und Sicherheit suggeriert wird. Richardson spricht der ersten Version zwar eine lebendigere und detailliertere Qualität zu – nicht zuletzt auch aufgrund der minutiös ausgearbeiteten, seltsam verdrehten und verzerrten Figur der Häresie –, doch vermutet er in der zweiten Radierung angesichts der klareren Bildsprache und des gelösten Konflikts zwischen wahrer Religion und Ketzerei die überarbeitete und daher spätere, wahrscheinlich in den Jahren 1548 bis 1550 ausgeführte Fassung.[12] Dafür spricht meines Erachtens auch, dass die erste Radierung nur einmal überliefert ist, während die zweite mit mindestens vier erhaltenen Blättern im British Museum in London die finale und somit verbreitetere Version zu sein scheint.[13] Zu den genauen Umständen ihrer Entstehung ist bei beiden Versionen nichts bekannt; weder wissen wir, ob es sich um konkrete Auftragsarbeiten handelte oder Schiavone die Druckgraphiken für den freien Kunstmarkt anfertigte. Angesichts Richardsons Einschätzung von Schiavones Stil in den 1540er Jahren, dem er experimentelles Wirken und einfallsreiche Qualitäten zuschreibt, kann jedoch zumindest vermutet werden, dass der Künstler die Radierungen aus eigenem Antrieb schuf.[14] Im Folgenden soll darüber hinaus gezeigt werden, dass die Wahl und schlussendlich auch die finale Lösung des Bildsujets nicht nur stilistisch einzuordnen ist, sondern sicherlich auch vom Zeitgeist der Reformation und der venezianischen Gegenreformation in den 1540er Jahren beeinflusst wurde.

Die Verbreitung und Entwicklung reformatorischen Gedankenguts in Italien ist in der historischen Forschung in den letzten Jahrzehnten vielfach aufgearbeitet worden[15] und beginnt laut der Historikerin Silvana Seidel Menchi mit den ersten Schriften Martin Luthers (1483–1545) in Italien im Jahr 1518.[16] Die Zentren der reformatorischen Bewegung werden von ihr – bis auf eine Ausnahme – im nordöstlichen Italien verortet, wobei

---

12 Vgl. ebd., S. 102.
13 Vgl. dort die Inventarnummern 1874,0808.348; W,1.93.+; W,1.191 und 1858,0417.1610 sowie die Angaben zu den vier Blättern Schiavones im British Museum in London.
14 Vgl. Richardson 1980, S. 69f.
15 Vgl. nachfolgend die wichtigsten Arbeiten von: Seidel Menchi 1993; Caponetto 1999; Firpo 2001; Del Col 2006; Delph/Fontaine/Martin 2006; Israel/Matheus 2013; Firpo 2016; Firpo/Biferali 2016.
16 Vgl. Seidel Menchi 2013, S. 26. – Dabei handelt es sich offenbar um eine lateinische Ausgabe von Luthers Schriften nach Italien durch Buchhändler aus Pavia. Vgl. hierzu auch Oswald 1989, S. 19.

sie eindeutig feststellt, dass sich die Häresie Luthers vor allem auf dem Gebiet der Republik Venedig verbreitete.[17] Obwohl die protestantische Bewegung in Italien letztlich nur eine »Randerscheinung« blieb, galt Venedig zu jener Zeit dennoch als ein Zentrum des religiösen Dissenses in Italien. Das religiöse Klima in Venedig galt zunächst als antiklerikal und relativ tolerant gegenüber Andersdenkenden, da es dort zumeist aus wirtschaftlichen Gründen zahlreiche ausländische Gemeinden gab und diesen Gemeinden die freie Religionsausübung gewährt wurde. Es wundert daher nicht, dass sich auch einige Mitglieder der berühmten *spirituali* in den 1530er Jahren in Venedig trafen, um über Luther und seine Ideen zu debattieren.[18] Doch die Verbreitung lutherischen Gedankenguts vollzog sich in Venedig vor allem durch Schriftzeugnisse bzw. durch den Umstand, dass die Lagunenstadt ein wesentliches Zentrum des europäischen Buchdrucks war. So erschien 1525 nicht nur die erste italienische Anthologie von Luthertexten in Venedig,[19] sondern in den folgenden Jahren auch zahlreiche weitere reformatorische Schriften wie die italienische Übersetzung der *Loci communes rerum theologicarum* von Philipp Melanchthon (1497–1560)[20] oder Hermann Bodes (aktiv im 16. Jahrhundert) Schrift *Unio dissidentium*, die in der Handelsstadt 1532 gedruckt wurde.[21] Darüber hinaus erschien in Venedig 1530 die erste italienische Übersetzung des Neuen Testaments

---

17 Vgl. Seidel Menchi 2013, S. 33.
18 Zu diesen gehörten beispielsweise die Kardinäle Gasparo Contarini (1483–1542) und Reginald Pole (1500–58) sowie die Bischöfe Paolo Sadoleto (1508–72) und Giovanni Morone (1509–80), die eine innere Reform der Kirche und einen Kompromiss mit Luther anstrebten. Zum Kreis der venezianischen *spirituali* gehörte auch Benedetto Fontanini (1495–1556), der Autor des 1543 in der Lagunenstadt publizierten *Beneficio di Cristo*, das wiederum stark von Johannes Calvins (1509–64) *Institutiones Christianae Religionis* von 1539 inspiriert war. Es wurde zu Zehntausenden Exemplaren in Venedig gedruckt und fand schnell Verbreitung in ganz Italien. Auch der reformatorische Theologe Bernardino Ochino (1487–1567) predigte in Venedig, wo er sich 1542 offen zu den neuen Lehren bekannte und schließlich fliehen musste. Zu den *spirituali* vgl. u. a. Caponetto 1999; Martin 2004, S. 35f.
19 Vgl. Seidel Menchi 1977, S. 31–108, hier S. 33f.; Caponetto 1999, S. 20. – Von der besagten Anthologie wurden in den nächsten 30 Jahren sechs Auflagen gedruckt, drei davon anonym, und drei davon unter dem falschen Namen des Erasmus von Rotterdam (um 1466/67–1536).
20 Melanchthons 1521 publizierte Schrift galt als erste systematische *summa* der Reformation und erschien in Venedig zwischen 1530 und 1534 als volkssprachlicher Druck unter dem Titel *I Principii de la Theologia di Ippofilo da Terra Negra* in der Druckerei Paolo Manuzios (1512–1574). Vgl. Caponetto 1999, S. 22.
21 Vgl. Grendler 1977, S. 75; Caponetto 1999, S. 24f.

durch den Humanisten Antonio Brucioli (um 1498–1566); zwei Jahre später folgte die Übersetzung der gesamten Bibel.[22] Des Weiteren wurde auch in sogenannten Konventikeln mehr oder minder öffentlich debattiert: Zunächst nur von Intellektuellen mit Lateinkenntnissen wie Priestern, Ärzten oder Adligen gelesen, wurden die verbotenen Bücher auf den religiösen Zusammenkünften diskutiert[23] und gelangten durch die volkssprachlichen Drucke auch bald in die breitere Bevölkerung Venedigs.[24] In der zweiten Phase der reformatorischen Bewegung in Italien, welche Seidel Menchi in den Zeitraum von 1542 bis 1555 datiert,[25] kam es verstärkt zur Verbreitung protestantischer Botschaften und zum Teil sogar zur öffentlichen Ausübung religiöser Riten, das heißt man versuchte, »die religiöse Überzeugung in konkrete Aktionen umzuwandeln [...]«.[26] Fast zeitgleich zur reformatorischen Bewegung in Venedig machte sich jedoch auch in der freien Handelsstadt eine zunehmend gegenreformatorische Atmosphäre bemerkbar, und spätestens ab 1542 begann die Römische Kurie mit Einrichtung der Römischen Inquisition, diese Häresie im eigenen Land zu bekämpfen.[27] Nachdem die lutherische Reformation in der Lagunenstadt

---

22 Vgl. Gregorin 2018, S. 31. – Bruciolis volkssprachliche Bibelübersetzung war bis Anfang des 17. Jahrhunderts die verbreitetste in Italien und trug maßgeblich dazu bei, dass die Menschen über theologische Lehren und Luthers Ideen diskutierten und sich aufgrund dessen weitere heterodoxe Gruppierungen im Veneto wie zum Beispiel die so benannte *Ecclesia* von Massimo Massimi (aktiv im 16. Jahrhundert) gründeten. Vgl. hierzu auch Firpo 2016, S. 69.

23 So ist ein solches Konventikel bereits ab 1524 im Umkreis des Fondaco dei Tedeschi durch den päpstlichen Nuntius Tommaso Campeggi (1481/83–1564) belegt, der dieses kritisierte. Vgl. Gregorin 2018, S. 53f. und S. 60.

24 Auch Luther war über die reformatorische Bewegung in Venedig informiert und äußerte 1528 seine Freude darüber, dass »die Venezianer das Wort Gottes aufnähmen«. Vgl. Oswald 1989, S. 21. – In einem weiteren Brief Luthers an die Venezianer im Juni 1543 zeigt sich der deutsche Theologe zudem erstaunt, dass der reformatorische Geist in Venedig angekommen ist: »Wer von uns hätte hoffen können, dass solches entweder zu unseren Lebzeiten in Italien selbst geschehen oder im Schwange gehen könnte oder dass es einst geschehen werde auf dem Gebiet des Reiches des Antichrists selbst [...].« Vgl. Luther 1991, S. 321–322.

25 Vgl. Seidel Menchi 2013, S. 30f. – Die dritte Phase datiert sie in die Jahre 1555 bis 1572, in der die reformatorische Bewegung aufgrund der Römischen Inquisition nur noch im Privaten ausgeübt wurde. Die letzte Phase reichte bis ins Jahr 1588, in dem der »letzte Vollzug einer Todesstrafe wegen protestantischer Häresie erfolgte [...].«

26 Ebd., S. 30.

27 So kam es in Venedig auf Geheiß der päpstlichen Bannandrohungsbulle *Exsurge Domine* gegen Luther bereits ab 1520 unter dem Dominikaner Girolamo Querini (1486–1554) zum Verbot lutherischer Schriften und zur Beschlagnahmung entsprechender

dann vor allem ab den 1530er Jahren um sich griff und auch die breitere Bevölkerungsschicht erreicht hatte, wurde 1537 die juristische Magistratur der *Esecutori contro la bestemmia* eingerichtet.[28] Deren »Vollstrecker gegen die Blasphemie« bildeten eine Justiz, die neben dem Überwachen von Verbrechen vor allem zum Schutz der Moral der Republik Venedigs diente als auch die Autorität über Vergehen wie öffentliche Gotteslästerung, Entweihung heiliger Orte oder die Veröffentlichung verbotener Bücher hatte. Die zwölf Mitglieder registrierten illegale und aufrührerische Handlungen und meldeten sie dem sogenannten *Consiglio dei Dieci*. Diese Staatsschutz- und Polizeibehörde, bestehend aus 20 Mitgliedern, tagte im Palazzo Ducale, wobei die Sitzungen – je nach Fall – tagsüber oder nachts, öffentlich oder geheim, stattfanden. Der ursprünglich um 1310 eingerichtete »Rat der Zehn« wurde bald die mächtigste Institution Venedigs und regierte praktisch die Republik. Im Laufe des 16. Jahrhunderts wurden außerdem die für den »Rat der Zehn« tätigen *Inquisitori di Stato*, die Staatsinquisitoren, aufgewertet.[29] Der »Rat der Zehn« und die Staatsinquisitoren betrieben in der Stadt ein Spionagenetzwerk von Informanten, mit deren Hilfe sie nahezu absolutes Wissen und vor allem psychologische Kontrolle über möglichst alle Vorgänge in der Lagunenstadt anstrebten. Durch die Reorganisation der Römischen Inquisition mittels der päpstlichen Bulle *Licet ab initio* im Jahr 1542 wurde der Beginn der Gegenreformation eingeläutet und verschärfte sich auch das religiöse und politische Klima in Venedig. Papst Paul III. (reg. 1534–49) ernannte sechs Generalinquisitoren, die ihrerseits weitere Inquisitoren ernennen und mit entsprechenden Rechten ausstatten konnten. Die Römische Inquisition ging – im Gegensatz zur Spanischen Inquisition – vor allem gegen häretische Schriften vor. Im Zusammenhang mit Schiavones Radierungen, die somit in der zweiten Phase der reformatorischen Bewegung in Italien entstanden, sei außerdem vor allem auf die Ankunft des päpstlichen Nuntius Giovanni Della Casa

---

Texte beim deutschen Kaufmann und Buchhändler Zordan. In den 1520er Jahren kam es in der Folge zu mehreren Bücherverbrennungen häretischer Schriften in Venedig. Vgl. Grendler 1977, S. 72f.; Gregorin 2018, S. 29–35.

28 Vgl. hierzu vor allem folgende Abschlussarbeiten: Cozzi 1967/1968; Viaro 1969/1970. – Darüber hinaus sei auf den Archivbestand *Esecutori contro la bestemmia, 1523–1797* (Fondo IT ASVe 0980) im Staatsarchiv Venedig verwiesen, der im Wesentlichen auch von Gaetano Cozzi beforscht und bearbeitet wurde.

29 Tätig wurden die Staatsinquisitoren in Fällen von Hochverrat wie Verrat von Staatsgeheimnissen, Spionage, Beleidigungen der Regierung oder sie gingen auch verdächtigen Kontakten zu Ausländern nach.

(1503–56) in der Lagunenstadt im September des Jahres 1544 hingewiesen. Als Vertreter des Papstes und Inquisitor der Römischen Inquisition führte Della Casa die Inquisition in der Republik Venedig ein und wirkte dort ausdrücklich gegen die »molti fautori de' Lutherani«.[30] So setzte er sich – obwohl er zum Teil gegen außerordentliche Widerstände innerhalb der Regierung Venedigs ankämpfen musste, die zumeist politischer Natur waren –, für die Unterwerfung häretischer Strömungen ein und führte verstärkt Ketzerprozesse gegen aufrührerische Mönche und Prediger.[31] Des Weiteren stellte er im Jahr 1548 für die Republik einen ersten Index verbotener Bücher häretischen Inhalts zusammen, der später als Grundlage des offiziellen *Index Librorum Prohibitorum* genutzt wurde.[32] Abgesehen von diesen uns bekannten Maßnahmen ist jedoch keine direkte Verbindung Della Casas bzw. der Römischen Kurie, in dessen Auftrag er sein Amt ausführte, zu Künstlern im Allgemeinen – oder Schiavone im Besonderen – bekannt, sodass man nicht davon ausgehen kann, dass die Kirche zu diesem Zeitpunkt die zeitgenössische Kunst explizit nutzte, um in ihrem Sinne meinungsbildend zu agieren. Die beiden Radierungen zeugen vielmehr vom allgemeinen gegenreformatorischen Zeitgeist in Venedig, der bald auch ganz Italien erfasste. In den Jahren 1545 bis 1547, also fast zeitgleich zur Ankunft des päpstlichen Inquisitors in Venedig, fand außerdem die erste Tagungsperiode des Trienter Konzils statt.[33] Diese stand unter der Leitung Pauls III. im Zeichen von Toleranz und Redefreiheit und bestätigte unter anderem die sieben Sakramente. Darüber hinaus wurden jedoch keine weiteren Beschlüsse hinsichtlich häretischer Ideen getroffen. Nach dem Schmalkaldischen Krieg in den Jahren 1546 und 1547 und dem entscheidenden Sieg Karls V. in der Schlacht bei Mühlberg reagierte man jedoch schließlich auch in Venedig: So kam es noch im selben Jahr zur Ein-

---

30 Zitiert nach Seidel 1996, S. 15.
31 So führte Della Casa zum Beispiel Prozesse gegen Francesco Maria Strozzi, Fra Ambrogio da Milano (beide aktiv im 16. Jahrhundert) oder Pier Paolo Vergerio (1498–1565). Zum inquisitorischen Wirken Della Casas seien folgende Arbeiten empfohlen: Del Col 2003; Santosuosso 1978.
32 Das erste italienische Verzeichnis verbotener Bücher geht jedoch bereits auf das Jahr 1538 zurück. Der Mailänder Senat beauftragte dafür den örtlichen dominikanischen Inquisitor, der eine Liste mit 42 Titeln von kritischen Autoren wie John Wyclif (um 1330–84) und Jan Hus (um 1370–1415), Luther, Melanchthon, Calvin, Martin Bucer (1491–1551) oder Ulrich von Hutten (1488–1523) zusammenstellte. Vgl. Grendler 1977, S. 73f. – Zur weiteren Indexgeschichte vgl. De Bujanda 2003, S. 215–228; Infelise 1999.
33 Von 1547 bis 1549 wurde das Konzil von Trient außerdem nach Bologna verlegt und dort fortgeführt.

richtung der *Tre Savi sopra l'Eresia*, einer weiteren juristischen Magistratur, die aus sechs Mitgliedern bestand und nun die Aufgaben der Inquisition übernahm.[34] Die Einrichtung der »Tre Savi« führte schnell zu weiteren, verschärften Kontrollen bei Druckern und Buchhändlern sowie zu zahlreichen Bücherverbrennungen jedweder kritischer Schriften in Venedig.[35] Des Weiteren stieg die Anzahl der Ketzerprozesse in Venedig nach 1547 im Vergleich zu vorher beachtlich.[36] Doch obwohl sich dadurch auch in der Lagunenstadt ein deutlich repressiveres Klima gegenüber Dissidenten entwickelte, verhängte die Inquisition in Venedig noch vergleichsweise milde Strafen gegen Ketzer, die nicht öffentlich auftraten.[37] In den Jahren 1551 und 1552 tagte außerdem erneut das Konzil von Trient, diesmal unter der Leitung Papst Julius' III. (reg. 1550–55) und beschloss unter anderem die leibliche Präsenz Jesu im sogenannten Eucharistiedekret. Weitere Ziele, wie die Beseitigung der Häresien oder eine grundlegende Kirchenreform, wurden jedoch nicht erreicht. Nichtsdestotrotz fanden in Venedig knappe zehn Jahre später, ab 1560, bereits jährliche Bücherverbrennungen kritischer Schriften vor San Domenico di Castello statt, der Residenz des päpstlichen Inquisitors.[38] Die dritte und letzte Tagungsperiode des Konzils von Trient in den Jahren 1562 bis 1563 und unter Pius IV. (reg. 1559–65) besiegelte schluss-

---

34 Ein inquisitorisches Tribunal bestand bereits seit 1289 in Venedig, bestehend aus einem dominikanischen Bischof sowie einem päpstlichen Nuntius. Vgl. Santosuosso 1978, S. 185f.; Grendler 1979. Des Weiteren sei auf den Archivbestand *Savi all'eresia (Santo Ufficio), 1541–1797* (Fondo IT ASVe 0975) im Staatsarchiv Venedig hingewiesen, den sowohl Grendler (s. o.) als auch Andrea Del Col maßgeblich beforscht haben. Vgl. Del Col 1988, S. 244–294.
35 Vgl. Gregorin 2018, S. 36.
36 Vgl. Santosuosso 1978, S. 190.
37 Zumeist wurden Geldzahlungen, öffentliche Bußen oder Gebete angeordnet. Wenn in wenigen Fällen doch gefoltert wurde, geschah dies im Palazzo Ducale durch die drei Staatsinquisitoren, die zudem äußerst »milde« folterten, das heißt die Folterungen wurden meist nicht bis zum Tod ausgeführt. Der venezianischen Justiz ging es vielmehr um die bereits erwähnte psychologische Kontrolle. Schätzungen zufolge verurteilte die venezianische Inquisition ca. 20 bis 25 Menschen zum Tode, meist durch Ertränken. Im Laufe des 17. Jahrhunderts verlor die Rolle der Inquisition in Venedig zunehmend an Bedeutung und stellte in der zweiten Hälfte des Seicento ihre Aktivitäten fast vollständig ein. Vgl. hierzu Gregorin 2018, S. 101–105.
38 Vgl. ebd., S. 36.

endlich die Phase der Katholischen Reform und markiert den offiziellen Beginn der Gegenreformation.[39] Vor dem Hintergrund der skizzierten Gegebenheiten in Venedig wundert es daher nicht, dass Schiavone in der zweiten Hälfte der 1540er Jahre eine völlig neuartige Häresiedarstellung schuf, die er zudem noch überarbeitete, sodass die allegorische Häresie neben der wahren Religion in der finalen Version nun als eindeutige Verliererin hervortritt. So ist das Grundthema in beiden Radierungen zwar dasselbe – dargestellt wird die Überwindung der Häresie – doch illustriert die erste Druckgraphik den noch schwelenden Kampf gegen die Ketzerei, während die zweite Darstellung den vollbrachten Sieg des wahren Glaubens über die Häresie abbildet. Auch sind sowohl die Allegorie der Religion als auch die der Ketzerei abgewandelt worden, im Falle der letztgenannten ist sogar ein Wandel von einer detaillierteren Bildsprache zu einer einfacheren Darstellungsweise festzustellen. Wird die Häresie zunächst noch als hässliches altes Weib mit fratzenartigem Gesicht, hängenden Brüsten, verdrehten Gliedmaßen und häretischen Schriften charakterisiert, tritt sie in der finalen Version lediglich als besiegte Alte auf. Im folgenden Abschnitt sollen diese Änderungen bezüglich der allegorischen Religion und Häresie nun durch das Einbeziehen von entsprechenden Vorbildern gedeutet werden.

---

39 Zur Geschichte sowie den Teilnehmern und Beschlüssen des Konzils vgl. die Arbeiten von Jedin 2017.

3. Häresie und hässliche Hexen

 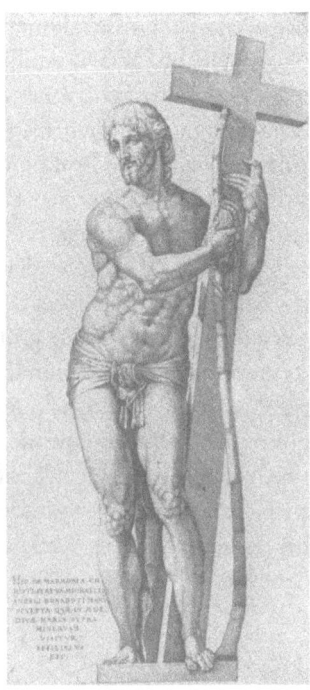

Abb. 3: Marcantonio Raimondi (nach Raffael): *Triumph der Galatea*, um 1515–1516, Kupferstich, 40,3 × 28,6 cm, Amsterdam, Rijksmuseum, Rijksprentenkabinet, Inv.-Nr. RP-P-OB-12.139

Quelle: Amsterdam, Rijksmuseum, public domain.

Abb. 4: Nicolas Beatrizet (nach Michelangelo Buonarotti): *Der auferstandene Christus*, ca. 1540–1566, Kupferstich, 44,1 × 21,4 cm, British Museum, Inv.-Nr. 1856,0712.1031

Quelle: The Illustrated Bartsch, Bd. 29: Italian masters of the Sixteenth century (Bonasone continued, Master of the Die, Beatrizet), hg. von Suzanne Boorsch, New York 1982, S. 266.

Ausgehend von der Annahme, dass es sich bei Schiavones zweiter Radierung um die finale Fassung handelt, rekurriert die Figur der Religion aufgrund ihrer in sich verdrehten Körperhaltung einer *figura serpentinata*, des angewinkelten, nach vorne tretenden Beins und dem ungewöhnlich proportionierten Kreuz meines Erachtens auf zwei berühmte Werke der bekanntesten zeitgenössischen Renaissancekünstler: Zum einen auf den *Triumph der Galatea* von Raffael (1483–1520) und zum anderen auf Michelangelos

(1475–1564) *Auferstandenen Christus*.[40] So erinnern vor allem das Spiel zwischen Stand- und Spielbein sowie auch das aufgebauschte Gewand hinter der allegorischen Religion an die bewegliche Lebendigkeit der raffaelesken Nymphe (Abb. 3). Die Ähnlichkeit zur *Galatea* klingt besonders in der späteren Radierung Schiavones an, da die Figur der Religion dort aufgrund ihrer gefassten, ruhigeren Körperhaltung würdevoller auftritt und damit die einzig angemessene Reaktion auf die besiegte Häresie vermittelt, indem sie sich von der allegorischen Ketzerei abwendet, ja sie kaum wahrzunehmen scheint. Auch in Raffaels Fresko wirkt die Nymphe selbstvergessen und zeigt sich von den sie umgebenden amourösen Verführungen, Wollust und nackten Körpern unbeeindruckt. Der *Auferstandene Christus* (Abb. 4) Michelangelos weist ebenfalls eine größere Nähe zur finalen Fassung Schiavones auf, da die allegorische Religion in der späteren Radierung das Kreuz nun ebenso auf ihrer rechten Seite hält und nach links blickt. Und ebenso wie der triumphierende, nicht erduldende Christus in Michelangelos Skulptur das massive, proportional ungewöhnliche Kreuz wie eine Waffe nutzt,[41] vermittelt auch Schiavones Allegorie der Religion den Eindruck eines Triumphators, bei der das Kreuz als Waffe und Symbol des wahren Glaubens zu interpretieren ist.

---

40 Das Fresko wurde um 1512 von Raffael als Teil eines großen Zyklus im Auftrag von Agostino Chigi (1466–1520) für die Villa Farnesina in Rom ausgeführt. Die Zeitgenossen bewunderten vor allem die Schönheit der Galatea und so wurde deren Figur schon bald mittels zahlreicher graphischer Reproduktionen verbreitet und berühmt. Ein früher Stich von Marcantonio Raimondi (um 1475–1534) entstand bereits um 1515/16. – Die 1519 bis 1521 ausgeführte Skulptur Michelangelos hinterließ bei dessen Aufstellung in S. Maria sopra Minerva ebenfalls einen tiefen Eindruck und wurde ebenso schnell wie die Galatea mittels graphischer Reproduktionen in ganz Italien bekannt. So ist zum Beispiel ein Kupferstich von Nicolas Beatrizet (1515–65) in der Bibliotheca Hertziana überliefert, der den *Auferstandenen Christus* Michelangelos zeigt.
41 Der *Auferstandene Christus* ist in der kunsthistorischen Forschung verschieden interpretiert worden; die bisherigen Deutungen zum Sujet der Skulptur identifizierten den Dargestellten zum Beispiel als Schmerzensmann oder Auferstandenen, der mithilfe der *arma christi* über den Tod triumphiert. Einen guten Überblick über die bisherigen Auslegungen liefert noch immer die Publikation von Panofsky 1991, S. 166–169.

Abb. 5: Hans Baldung Grien: *Vorbereitung des Hexensabbats*, 1510, Holzschnitt, 37,8 × 25,7 cm, Amsterdam, Rijksmuseum, Rijksprentenkabinet, Inv.-Nr. RP-P-OB-4121
Quelle: *Amsterdam, Rijksmuseum, public domain.*

Durch den Rückgriff auf diese äußerst bekannten Kunstwerke erfährt die Figur der Religion eine ungemeine Aufwertung, wodurch die Komposition Schiavones einerseits kunsttheoretisch nobilitiert wird. Andererseits geht die Aufwertung und Heroisierung der wahren Religion auch zwangsläufig mit der Abwertung ihrer Gegenspielerin, der allegorischen Häresie, einher. Diese sei nun genauer in den Blick genommen: So erinnert der Typus der hässlichen Alten mit hängenden Brüsten und einem fratzenartigen Gesicht, die sich – zumindest in der ersten Version des Bildsujets – zudem unnatürlich verdreht und deren hässliche Gliedmaße verzerrte Proportionen aufweisen, in allgemeiner Weise zunächst an »klassische« Darstellungen des Hexenwesens der frühen Neuzeit und ist damit im Kontext der im 16. Jahrhundert vorherrschenden Misogynie verankert. Man denke beispielsweise an Hans Baldungs, genannt Grien (1484/85–1545), zahlreiche Graphiken, von denen die im Jahr 1510 ausgeführte Darstellung des *Hexensabbats* exemplarisch herangezogen werden kann (Abb. 5), zeigt sie doch im Bildzentrum eine hässliche Hexe mit stark verzerrter Grimasse und tiefen Runzeln darin. Sie reißt ihre unnatürlich langen Arme in die Höhe, hält mit einer Hand eine Schale mit Opfertieren nach oben, hat dabei den Mund – ob in Ekstase oder zu einem Schrei – geöffnet und beugt sich zusammen mit zwei weiteren Hexen über ein Gefäß. Ihr hohes Alter wird besonders im Gegensatz zu den anderen Frauen des Holzschnitts anhand ihrer hageren Figur und der hängenden Brüste mit den langen Brustwarzen deutlich. Im Vergleich zu früheren Hexenillustrationen wirkt die Nacktheit der Frauen hier »naturhaft und wild, aber auch fremd und bedrohlich«.[42] Die aufbegehrende, hässliche Alte Schiavones verweist somit offensichtlich auf das Stereotyp der unheilstiftenden Hexe, welches sich in einer umfassenden Abbildungstradition niederschlägt.[43] Die Hexen-Ikonographie entwickelte sich dabei parallel zum Aufkommen und zur Verbreitung von Hexenprozessen im 15. Jahrhundert.[44] Dass Schiavone seine Häresiefigur an das Stereotyp einer alten und hässlichen Hexe knüpft, hängt sicherlich mit der zunehmend in den Vordergrund tretenden Gegenreformation in Venedig zusammen, die darauf abzielte, die Häresie zu bekämpfen und dafür bekanntlich auch die Inquisition instrumentalisierte.

Schon die sogenannte *Hexenbulle* aus dem Jahr 1484, die von Papst Innozenz VIII. (reg. 1484–92) verfasst worden war und mit der er die Inquisitoren Heinrich (Institoris) Kramer (um 1430 bis um 1505) und Jakob Sprenger (1435–95) zur Hexenverfolgung ermächtigte, hatte eindeutig einen Zusammenhang von Hexerei und Häresie festgestellt, wenn es darin heißt, dass »Personen beiderlei Geschlechts, ihres eigenen Heiles vergessend und vom katholischen Glauben abirrend, mit männlichen und weiblichen Dämonen Unzucht treiben, [...] Zaubersprüche, Lieder, Beschwörungen und andre verruchte abergläubische und zauberische Aus-

---

42 Vgl. Mensger 2017, S. 120.
43 Weitere Beispiele sind Dürers *Hexe* von 1500, Graphiken von Albrecht Altdorfer (um 1480–1538) oder Abbildungen im Traktat *De lamiis et phitonicis mulieribus [Von den Unholden oder Hexen]* des Ulrich Molitor (1442–1507/08) von 1489, das Hexerei zudem auf das weibliche Geschlecht bezog und diese als Ketzerinnen bezeichnete. Im italienischen Raum ist vor allem ein Stich nach Parmigianino bekannt, der zeigt, wie eine alte Hexe einen Phallus reitet.
44 Dies ist insofern logisch, als dass auch – entgegen der verbreiteten Auffassung – die Hochphase der Hexenprozesse nicht in das Mittelalter fällt, sondern in die Frühe Neuzeit. Vgl. Rummel/Voltmer 2008.

schreitungen, Vergehen und Verbrechen [begehen]«.⁴⁵ Spricht die Hexenbulle noch neutral von männlichen und weiblichen Personen, so ist dennoch eindeutig festzuhalten, dass die Inquisition vor allem Frauen als Hexen verdächtigte und verfolgte. Wie bereits angedeutet, war dieser Umstand der tief verwurzelten Misogynie im 16. Jahrhundert geschuldet. Auch der sogenannte *Hexenhammer* Kramers aus dem Jahr 1486 bezeugt dies eindeutig, wenn der Autor darin schreibt, es sei »folgerichtig, die Ketzerei nicht als die der Zauberer, sondern als die der Hexen zu bezeichnen«.⁴⁶ Weiterhin führt Kramer aus, dass die Frau prinzipiell anfälliger für Hexerei sei als Männer: »Schlecht also ist die Frau von Natur aus, da sie schneller am Glauben zweifelt, auch schneller den Glauben ableugnet. Das ist die Grundlage für Hexen.«⁴⁷ Im Bild der hässlichen Alten – sei es bei Grien oder Schiavone – manifestiert sich daher die traditionelle, schon seit der Antike verbreitete und im Mittelalter fortgeführte Vorstellung, dass deren äußere Hässlichkeit auf innere Schlechtigkeit, Sünde und christliche Untugend zurückzuführen ist. Das Motiv der *vituperatio vetulae*, sprich die Beschimpfung bzw. der Tadel der alten Frau, setzte sich bis zum Zeitalter des Barocks fort, auch wenn ab der Renaissance weitere Bedeutungsebenen hinzukamen. Patrizia Bettella stellt in ihrer Arbeit mit Blick auf poetische Texte der italienischen Literatur der Vormoderne fest, dass es drei große Entwicklungsphasen der *vituperatio* von Frauen gibt: Basierend auf der antik-frauenfeindlichen Tradition, die Beispiele von Horaz (65 v. Chr. bis 8 v. Chr.), Ovid (43 v. Chr. bis 17 n. Chr.) oder Juvenals (1.–2. Jh. n. Chr.) *Sechster Satire* kennt, sowie auf biblischen und frühchristlichen Texten unter anderem von Tertullian (um 150–220 n. Chr.) fußend, die Frauen als lüstern, betrügerisch, körperlich ekelhaft und im Allgemeinen minderwertiger als Männer charakterisieren, überwiegen im Mittelalter vor allem Texte der hässlichen Alten als Symbol moralischen Verfalls.⁴⁸ Im Hinblick

---

45 Zitiert nach Eco 2010, S. 206.
46 Vgl. Instoris, Heinrich 2000, S. 238. – Die erstmals 1486 in Speyer publizierte Schrift war zugleich das erste Hexentraktat, das im Buchdruck erschien und daher schnell Verbreitung fand: Bis 1523 erschienen bereits 13 Auflagen, doch besonders in der zweiten Hälfte des 16. Jahrhunderts entfaltete die Schrift ihre Wirkung. Die systematische Zuspitzung auf die Schlechtigkeit der Frau in Bezug auf Hexerei und Ketzerei wird dabei schon im Titel deutlich, wenn mithilfe der weiblichen Form des Begriffs »maleficarum« auf schädliche Zauberei durch Frauen angespielt wird. Vgl. Mensger 2017, S. 22–23.
47 Vgl. Instoris 2000, S. 231
48 Einen guten Überblick bietet Eco 2010, Kapitel VI, S. 158–177. In der Renaissance wird dies durch ironische Lobpreisungen mit dem Ziel humorvollen Vergnügens er-

auf Schiavones Allegorie der Häresie im Gewand einer hässlichen Alten, die implizit Vorbilder der Hexen-Ikonographie aufgreift, seien in diesem Zusammenhang außerdem exemplarisch zwei Gedichte des florentinischen Poeten Domenico di Giovanni, genannt Burchiello (1404–49), herangezogen, in denen der Autor den bösartigen Charakter einer alten Frau – die deshalb augenscheinlich eine Hexe sein müsse –, offenbart:

> lasterhafte, treulose und bösartige Alte,
> Feindin alles Guten, neidische,
> Hexe und Zauberin,
> traurig, verdreht und grindig.
> [...]
> dein Atem ist faul, zahnlose verrückte Frau,
> wenn du lachst, siehst du aus wie ein Teufel, der mit den Zähnen knirscht.
> Dein Anblick ist so giftig, dass du alles verdirbst, was du anschaust [...].[49]

Burchiello begründete mit seinen Sonetten eine literarische Schule, die in Italien große Verbreitung und viele Nachahmer fand. In einem weiteren Sonett macht der florentinische Dichter zudem die bereits erwähnte Relation zwischen einer alten, hässlichen Hexe und häretischen Praktiken deutlich, wenn er diese unter anderem wie folgt angreift:

> Möge das Feuer dich verbrennen, altes stinkendes Weib,
> du hörst nie auf, schlecht zu denken,
> du verteilst Ketzerei mit [all] deinen Schritten,
> weil du von den Menschen kein Geld bekommst. [...][50]

Auch in Venedig und im Veneto waren solche Vorstellungen bezüglich alter Frauen und vermeintlich häretischer Hexen verbreitet, hier vor allem durch die volkssprachlichen *canzonette* des venezianischen Politikers und Humanisten Leonardo Giustinian (1388–1446). So warnt dieser beispielsweise in einem seiner Gedichte jüngere Frauen vor den älteren, indem er deren Mängel und Laster aufzählt. Das Werk endet ebenfalls mit

---

gänzt, während es im Barock schließlich auch zu einer positiven Neubewertung der alten und hässlichen Frau kommt. Vgl. auch Belletta 2005.

49 Übersetzt nach Bettella 2005, S. 68f. Dort heißt es im Original: »Vecchia ritrosa, perfida e maligna,/ inimica d'ogni ben, invidiosa,/ e strega incantatrice e maliosa,/ trista, stravolta, che se' pien di tigna. [...] puzzati el fiato, sdentata rabbiosa/ se ridi pari un diavol che digrigna.«

50 Übersetzt nach ebd., S. 69f. Dort heißt es im Original: »Ardati il fuoco, vecchia puzolente,/ che non ti resti mai di pensar male,/ di [e]resia seminando le tuo scale,/ poiché moneta non trai dalle gente. [...]«

dem Wunsch, alle alten Frauen wie Hexen zu verbrennen.[51] Es ist davon auszugehen, dass Schiavone diese und ähnliche Texte kannte sowie auch bildliche Hexendarstellungen vor Augen hatte, als er seine Figur der Häresie konzipierte und umsetzte, zumal – wie bereits ausgeführt – die Gegenreformation in Venedig durch Giovanni Della Casa zunehmend spürbar wurde.

4. Häresie und die Angst vor der Apokalypse

Darüber hinaus sei nun im Folgenden auf eine weitere Darstellungstradition aufmerksam gemacht, die für die Rezeption und Wirkungsweise der Kompositionen Schiavones und insbesondere der Figur der Häresie von zentraler Bedeutung ist. So ist offensichtlich, dass die vertikal ausgerichtete und antithetische Gesamtkomposition an die Bildtradition vom Erzengel Michael als Bezwinger des Teufels anknüpft, denn auch hier befinden sich zwei Opponenten miteinander im Kampf, wobei der Sieger den Besiegten mittels einer langen Waffe zu Boden ringt. Diese wiederum stützt sich auf die neutestamentliche Schrift der Johannesoffenbarung, die sogenannte Apokalypse. Dem letzten Buch der Bibel wohnt dabei ein prophetischer Charakter inne, da dessen Verfasser Johannes Visionen empfängt und niederschreibt, die in der Zukunft stattfinden werden. Dort erscheint im zwölften Kapitel eine gebärende, sonnenbekleidete Frau, die vor einem siebenköpfigen Drachen mit zehn Hörnern in die Wüste flieht, um sich und ihren Sohn zu schützen.[52] Daraufhin entbrennt ein Kampf im Himmel, bei dem Michael und seine Engel gegen den Drachen kämpfen und dieser schließlich hinausgeworfen wird: »Und es wurde hinausgeworfen der große Drache, die alte Schlange, die da heißt: Teufel und Satan, der die ganze Welt verführt, und er wurde auf die Erde geworfen, und seine Engel wurden mit ihm dahin geworfen.«[53]

---

51 Vgl. ebd., S. 205, Anm. 47.
52 Offb. 4,1–12,6.
53 Offb. 12,7–9.

Abb. 6: Albrecht Dürer: *Michaels Kampf mit dem Drachen*, 1498, Holzschnitt, 39,5 × 28,5 cm (Platte), Washington, D. C., National Gallery of Art, Inv.-Nr. 2008.109.12
Quelle: *Courtesy National Gallery of Art, Washington.*

Der apokalyptische Sturz und die Niederlage Satans in Gestalt eines Drachens sowie die entscheidende Rolle, die der Erzengel Michael dabei spielte, indem er seinen Widersacher mit Schwert, Lanze oder Kreuz gen Boden stößt, fanden früh Eingang in die Bildtradition.[54] Die wohl bekannteste und vor allem im venezianischen Raum äußerst populäre Bearbeitung des Themas ist vermutlich der *Apokalypse*-Zyklus Albrecht Dürers (1471–1528), eine Holzschnittfolge, die in den Jahren 1496 bis 1498 nach dessen Venedigreise entstand.[55] Sie stellt zugleich den Höhepunkt der Apokalypse-Ikonographie

---

54 Der Typus von Michael als Drachentöter entfaltete sich bereits im 9. und 10. Jahrhundert, wobei der Erzengel als Töter des teuflischen Drachens bzw. als Teufelsbezwinger seit dem Mittelalter besonders beliebt war. – Vgl. hierzu den Artikel *Michael, Erzengel* in: Kirschbaum 1990, S. 255–265.

55 Vgl. hierzu Germanisches Nationalmuseum 2002, S. 59–105, bes. S. 94–96; Hess/Eser 2012, bes. S. 434–453.

dar und diente meines Erachtens explizit als Folie für Schiavones Bildkompositionen.[56] Dürer illustrierte den *Kampf Michaels mit dem Drachen* als Einzelblatt (Abb. 6), doch im Gegensatz zu anderen Blättern der Serie, die verschiedene Einzelereignisse in einem Bild zusammenführen, konzentrierte er sich hier auf das Hauptgeschehen – den himmlischen Kampf gegen Satan – und die monumental ausgeführte Gestalt des Erzengels. Das dramatische Geschehen im Himmel, das durch dichte, horizontale Schraffuren verdunkelt ist, kontrastiert dabei mit der friedlichen, lichten Landschaft im unteren Teil des Holzschnitts. Im Himmel stößt der Erzengel Michael dem Drachen eine lange Lanze, die sogar das Bildformat sprengt, in die Kehle und blickt dabei grimmig in die Ferne. Heller erleuchtet als seine Mitstreiter und mit weit ausgebreiteten Flügeln ragt er aus dem Gewirr der Kämpfenden hervor und steht an vorderster Front des Engelkampfes. Mit hoch erhobenen Armen umfasst er die Lanze und steht mit beiden Beinen fest auf dem Drachen, dessen Kehle von der Waffe aufgespießt wird und der dadurch jeden Moment gen Boden fallen wird. Michael ist als übermächtiger Sieger des Kampfes abgebildet, was auch durch die leichte Untersicht auf seine im Verhältnis zum Drachen große Gestalt verdeutlicht wird. Auch in den beiden Radierungen von Schiavone ist der Bildraum seiner vertikalen Kompositionen vollständig ausgefüllt, ja er wird in der späteren Fassung sogar gesprengt, indem der Künstler das überdimensionale und massive Kreuz der Religion aus dem Bild ragen lässt. Zudem verweist das stark ausgeprägte *chiaroscuro* der Radierungen ebenfalls auf Dürers *Apokalypse*-Blatt des kämpfenden Erzengels. Darüber hinaus erhebt Dürer die Vision des himmlischen Kampfes und Drachensturzes in eine zeitlose Gültigkeit, indem er den Drachen nicht – wie im Text der Johannesapokalypse beschrieben – als siebenköpfiges Untier darstellt, sondern ihn mit vier schlangenartigen Tierköpfen abbildet.[57] Michael Koch hat diesbezüglich überzeugend ausgeführt, dass der Drache der Apokalypse aufgrund seiner im Text beschriebenen äußeren Gestalt sowohl einzigartig als auch vielgestaltig und facettenreich ist und daher »eine eindeutige Identifikation des Drachen [...] unmöglich [ist]«.[58] Im Anschluss an die formulierte Analogie zwischen der Bildtradition Michaels als Drachenbezwinger und den Kompositionen Schiavones bedeutet dies, dass die personifizierte Häresie im übertragenem Sinne mit dem Drachen und somit mit Satan gleichgesetzt werden kann. Ähnlich wie Dürer konzentriert sich Schiavone außerdem, zumindest

---

56 Vgl. hierzu den Artikel *Apokalypse des Johannes* in Kirschbaum, Engelbert u.a. 1990, S. 136.
57 Vgl. Schiller 1990, S. 338.
58 Vgl. Koch 2004, S. 244 f.

in der ersten Graphik, auf den Kampf zwischen seinen Opponenten – die metaphorisch das Gute und Böse repräsentieren – sowie auf die Hässlichkeit der Häresie als Charakteristikum des Bösen. Der himmlische Kampf Michaels mit dem Bösen in mannigfaltiger Gestalt sowie auch dessen zentrale Bedeutung für den weiteren Verlauf und das Gelingen der apokalyptischen Geschehnisse, die letztlich in der Errichtung einer neuen und besseren Welt münden,[59] erheben den Drachensturz zu einem Endkampf kosmischen Ausmaßes und den Erzengel zu einer zentralen Figur der Apokalypse. Damit erhält auch das antithetische Bildkonzept des venezianischen Künstlers vom Kampf und Triumph über die Häresie einen kosmisch-apokalyptischen Charakter. Der wachsenden, wenn nicht gar zentralen Bedeutung des Erzengels entsprechen in Schiavones Graphiken, insbesondere in der späteren Version, die Allegorie der Religion, die durch den Rückgriff auf die *Galatea* Raffaels und den *Auferstandenen Christus* Michelangelos zudem eine außerordentliche Nobilitierung und Heroisierung erfährt. Dieser Umstand könnte auch erklären, weshalb die Häresiefigur in der finalen Radierung nicht hervorstechend negativ oder hässlich charakterisiert wurde. Sie wird relativ schlicht abgebildet und tritt dem Betrachter lediglich als besiegte, gefesselte Alte ohne Attribute entgegen. Der Fokus liegt nicht mehr auf der hässlichen Häresie, sondern auf der Allegorie des wahren Glaubens – nicht zuletzt auch durch den Rückgriff auf und die Kombination von zwei kunsthistorischen Werken, die in ganz Italien berühmt waren und daher einen hohen Wiedererkennungswert besaßen. Der Häresiefigur hingegen mangelt es in der zweiten Fassung an einer spezifisch affektiven Botschaft, die sie hervortreten lässt. Dies war wahrscheinlich beabsichtigt, denn im Rahmen gegenreformatorischer Theologie sollte vor allem die Rechtgläubigkeit der eigenen, einzig wahren Religion betont werden, sodass es logisch war, die Aufmerksamkeit des Betrachters auf die allegorische Religion zu lenken.

So bleibt vorläufig festzuhalten, dass die allegorische Häresie bei Schiavone vor allem in der ersten Version der beiden Bildkompositionen invektiv wirkte, indem sie als hässliche Frau im Kontext von Hexerei und unter Hinzunahme der apokalyptischen Bildtradition dargestellt wurde. Ihr körperliches Erscheinungsbild – das in diesem Zusammenhang mit den Kategorien weiblich, nackt, alt, deformiert, verdreht, verzerrt und am Boden kriechend

---

59 Vgl. Apk 21,1–2: »Und ich sah einen neuen Himmel und eine neue Erde; denn der erste Himmel und die erste Erde verging, und das Meer ist nicht mehr. Und ich, Johannes, sah die heilige Stadt, das neue Jerusalem, von Gott aus dem Himmel herabfahren, bereitet als eine geschmückte Braut ihrem Mann.«

operiert – wirkt abstoßend und charakterisiert die Häresie als hässlich und schlecht, äußerlich wie innerlich. Ihre Hässlichkeit tritt zudem besonders im Kontrast mit dem idealisierten, jugendlich-schönen Körper der wahren Religion zutage. Der alte, grotesk-deformierte Körper verleiht der allegorischen Häresie eine aggressive Expressivität, die für sich spricht, und macht die Darstellung damit per se zu einem *agens* eines invektiven Prozesses, der sich allgemein gegen das Phänomen religiöser Devianz im 16. Jahrhunderts und im Besonderen gegen das zeitgenössische Ketzertum in Venedig richtet. In diesem Sinne agiert vor allem die erste Fassung Schiavones als »Schlagbild«, da sie den Betrachter in spezifischer Weise emotional mobilisierte, indem es die Angst vor zeitgenössischen Hexen und Ketzerei gleichermaßen schürte, und sie zudem im Medium der Druckgraphik ausgeführt wurde, wodurch das Bildsujet vielfach, schnell und daher meinungsbildend verbreitet werden konnte.[60] Besonders die in der ersten Radierung noch stärker zutage tretende Assoziation mit dem noch schwelenden, ausstehenden Endkampf der Apokalypse rief bei den Rezipienten sicherlich ein gewisses Angstempfinden und Unwohlsein bzw. Unruhe hervor, was vermutlich ganz im Sinne der beginnenden venezianischen Inquisition war. In der finalen Fassung des Themas wird durch die antithetische Gegenüberstellung von Gut und Böse in Anlehnung an den Kampf zwischen Michael und Satan zwar ebenfalls der apokalyptische Endkampf assoziiert, doch ist nun der unvermeidliche Ausgang des Konfliktes als Triumph über die Häresie abgebildet. Dadurch wird dem Betrachter ein Ausblick auf den Beginn einer neuen, christlich rechtgläubigen Welt vermittelt, in der nur noch die einzig wahre – sprich altgläubige – Religion besteht, sowie letztlich auch Hoffnung auf ein unmittelbares Bevorstehen dieses Ereignisses geschürt. Die allegorische Häresie wird daher nur noch wenig affizierend dargestellt. Ihre vergleichsweise zurückhaltende Hässlichkeit »stört« den Betrachter weitaus weniger, denn sie beschränkt sich nun nur noch auf ihre weiblichen und alten Körperattribute. Anhand beider Kompositionen Schiavones, die vom Künstler innerhalb kürzester Zeit abgewandelt wurden, vollzieht sich somit auch ein Wandel der affizierten Emotionen – von Furcht bzw. Unruhe zu Hoffnung – was schlussendlich auch die mehr oder weniger hässlichen Körper der allegorischen Ketzerei widerspiegeln, da deren invektives Potenzial eindeutig an das äußere Erscheinungsbild geknüpft ist. Anhand eines weiteren Beispiels aus dem bekanntesten Emblembuch des 17. Jahrhunderts soll dies nun nochmals genauer aufgegriffen werden.

---

60 In diesem Sinne vgl. auch Diers 1997, S. 7 (wie Anm. 3).

5. Cesare Ripas Figur der *Heresia*

Abb. 7: *Heresia*, aus: Cesare Ripa: *Iconologia*, 1603, Holzschnitt
Quelle: Maffei, Sonia (Hg.), Cesare Ripa. Iconologia (1603), Turin 2012, S. 265.

In der von Cesare Ripa (um 1555–1622) verfassten, bebilderten Ausgabe der »Iconologia«[61] von 1603 tritt die Figur der *Heresia* nunmehr eigenständig und mit Attributen versehen auf (Abb. 7). Die gleichfalls weibliche Gestalt erscheint hier erneut als alte Frau mit schlaffen Brüsten. Bis auf den Stoffstreifen, der ihre Scham bedeckt, ist die aufrecht Stehende nackt dargestellt, wodurch ihr ausgemergelter Körper mit den vielen Falten, Dellen und Run-

---

61 Der in Rom lebende und im Dienst des Kardinals Anton Maria Salviati (1537–1602) stehende Schriftsteller Cesare Ripa schuf mit seiner *Iconologia* ein allegorisches »Bildwörterbuch«, das für die Kunst des Barocks maßgeblich wurde, wurden darin doch in emblematischer Tradition und alphabetischer Reihenfolge abstrakte Begriffe und Ideen, die sogenannten *concetti*, mit illustrierenden Personifikationen und einem beigefügten Text versehen. Die erste, noch unbebilderte Ausgabe erschien 1593 in Rom, wo schließlich auch die überaus erfolgreiche zweite Edition von 1603 publiziert wurde. Als grundlegende Forschungsliteratur sei empfohlen: Mandowsky 1934; Werner 1977; Logemann/Thimann 2011; Gabriele/Galassi u. a. 2013. – Des Weiteren sei folgende kommentierte und bebilderte Neuauflage der *Iconologia* von 1603 empfohlen: Maffei 2012.

zeln in all seiner Hässlichkeit betont wird. Auch ihre Haare sind wirr und ungepflegt. In ihrer rechten Hand hält die hässliche Alte Schlangen und in ihrer Linken ein Buch, aus dem ebenfalls Schlangen hervorkriechen. Zugleich bläst sie offensichtlich ihren schlechten Atem in die Welt. Ripas erklärende Beschreibung der Figur fällt in Bezug auf das Äußere sehr genau aus, so spricht er beispielsweise von einem »Mund, aus dem eine verrußte Flamme hervorschießt« oder den »unordentlichen, borstigen Pferdehaaren« auf ihrem Kopf.[62] Zudem seien die »Brustwarzen ausgedörrt und sehr hängend« darzustellen.[63] Durch die schlaffen Brüste wird dem Betrachter suggeriert, dass die Häresie – im Gegensatz zur jugendlich-schönen Gestalt der Rechtgläubigkeit in Anlehnung an die jungfräuliche Gottesmutter Maria – letztlich nicht imstande ist, den menschlichen Geist zu nähren. Mit Rückgriff auf den berühmten Kirchenmann Thomas von Aquin (1225–74)[64] heißt es in den dazugehörigen Zeilen, dass die Häresie zudem ein »Fehlschluss des Verstandes« sei, der nicht nur »alt macht«, sondern auch von dem »dem Häretiker innewohnenden, äußersten Grad der Verderbtheit zeugt«.[65] Ist die Häresie bei Ripa als »Fehlschluss des Verstandes« und somit irrational dargestellt, ist der »wahre« Glauben der Römischen Kurie im Umkehrschluss also an Rationalität und Rechtgläubigkeit geknüpft. Abschließend macht Ripa einige Bemerkungen zu den Bedeutungen einzelner Äußerlichkeiten: So gibt der schlechte Atem der *Heresia* beispielsweise Aufschluss über deren »frevelhafte Überzeugungen«, die Pferdehaare seien den »verräterischen Gedanken« geschuldet und die Schlangen gelten ihm als Zeichen der »falschen Glaubenslehre« und des falschen Handelns im Allgemeinen.[66]

John B. Knipping hat herausgestellt, dass die Figur zwei weiteren Stichworten in der *Iconologia* ähnelt: Zum einen handelt es sich um die Abbildung des *Inganno*, des Betrugs, und zum anderen um die *Invidia*, die Missgunst.[67] Die Allegorie des Betrugs kommt der *Heresia* insofern nahe, als dass die Figur

---

62 Vgl. Maffei 2012, S. 265: »getterà per la bocca fiamma affumicata, averà i crini disordinatamente sparsi et irti [...].«
63 Vgl. ebd.: »le mammelle asciutte et assai pendenti [...].«
64 Der Dominikaner wurde vor allem durch seine Schrift *Summe gegen die Heiden* bekannt, in der er fiktive Dispute mit frühchristlichen Häretikern führt. Das Werk galt als missionarisches Handbuch gegen die Gesamtheit aller Irrlehren. Vgl. Thomas von Aquin 1996.
65 Vgl. Maffei 2012, S. 266: »L'Eresia, secondo S. Tomasso [...], è errore dell'intelletto [...]. Si fa vecchia, per dinotare l'ultimo grado di perversità inveterata de l'Eretico.«
66 Vgl. ebd.: »Spira per la bocca [...], per significare l'empie persuasioni [...]. I crini sparsi et erti sono i rei pensieri, [...]. Il libro succhioso con i serpi significa la falsa dottrina, [...].«
67 Vgl. Knipping 1974, Bd. 2, S. 380.

Abb. 8: Georg Pencz: *Invidia*, 1534, Holzschnitt, 21,7 × 11,6 cm, Nürnberg, Germanisches Nationalmuseum
Quelle: Die Welt des Hans Sachs. 400 Holzschnitte des 16. Jahrhunderts, hg. von den Stadtgeschichtlichen Museen (Ausstellungskataloge der Stadtgeschichtlichen Museen Nürnberg 10), Nürnberg 1976, Kat. 139, S. 157.

Schlangenbeine besitzt, während der beigefügte Textkommentar zur *Invidia* deren Äußeres ebenfalls als »alte, hässliche, bleiche Frau mit ausgedörrtem Körper [...] und Schlangen auf dem Kopf, welche die schlechten Gedanken symbolisieren,« beschreibt und damit an die *Heresia* erinnert.[68] Des Weiteren hat Sonia Maffei darauf hingewiesen, dass die Beschreibung der hässlichen Alten teilweise der um 1503 verfassten Schrift *Polyanthea*, einer Anthologie wichtiger Zitate von Kirchenvätern und italienischen Humanisten, entnommen ist.[69]

Im Hinblick auf die Frage nach einer konkreten Bildquelle für Ripas *Heresia* haben jedoch weder Erna Mandowsky, Gerlind Werner noch Maffei Beispielwerke benannt. Allgemein lässt sich diesbezüglich zunächst feststellen, dass Ripas Allegorie mit ihren zahlreichen Attributen an traditionelle Lasterdarstellungen erinnert. Dies belegt beispielsweise ein Holzschnitt des

---

68 Vgl. Maffei 2012, S. 295: »Donna vecchia, brutta, e pallida; il corpo sia asciutto [...]. Ha pieno il capo di serpi, in vece di capelli, per significazione de' mali pensieri [...].«
69 Vgl. ebd., S. 719.

Abb. 9: Andrea Mantegna: *Kampf der Meeresgötter*, um 1475, Kupferstich, 28,6 × 42,6 cm (entlang des Plattenrandes beschnitten), Washington, D. C., National Gallery of Art, Inv.-Nr. 1984.53.1
Quelle: *Courtesy National Gallery of Art, Washington.*

Nürnberger Kleinmeisters Georg Pencz (um 1500 bis um 1550) aus der ersten Hälfte des 16. Jahrhunderts, der der *Heresia* bereits sehr ähnlich ist. Hier erkennen wir das Laster der *Invidia* als eine verhärmte Frau, deren Brüste nicht mehr nähren können (Abb. 8). Um eines ihrer Beine ringelt sich außerdem eine Schlange. Darüber hinaus trägt sie jedoch Hörner als Zeichen ihrer Bockigkeit und Fledermausflügel verweisen auf ihre Blindheit.[70] Neben dem Holzschnitt von Pencz, der in Bezug auf Ripas *Heresia* implizit auf die assoziative Verknüpfung von Ketzerei und Lastern verweist, scheint der um die Mitte der 1470er Jahre ausgeführte und weithin bekannte Meisterstich *Kampf der Meeresgötter* (Abb. 9) von Andrea Mantegna (1431–1506) als konkretes Vorbild für Ripas Allegorie der *Heresia* in Frage zu kommen.

So zeigt die linke Bildhälfte der Graphik im Vordergrund den Kampf verschiedener Meeresbewohner, die auf unterschiedlichen, der Fantasie des

---

[70] Auch wird sie von weiteren Tieren begleitet, so zum Beispiel von einem Skorpion zu ihren Füßen und einer Spinne, die sich an ihrer Brust festgebissen hat. Vgl. Blöcker 1993, S. 329.

Künstlers entsprungenen Reittieren sitzen und sich mit Stöcken, Lanzen und sogar Fischen gegenseitig schlagen. Im linken Hintergrund tritt die mutmaßliche Ursache des Kampfes zutage: Das Laster der *Invidia*, dargestellt als alte, ausgemergelte Frau, deren Rippen hervorstechen und Brüste hängen.[71] Wie bei Ripas *Heresia* trägt sie ihre Hässlichkeit mit dem fratzenartigen Gesicht und den wirren Haaren selbstbewusst zur Schau. Anders als Poseidon, der sich im rechten Bildhintergrund abwendet, ist sie selbst augenscheinlich Teil der Auseinandersetzung, steht sie doch einerseits aufrecht auf dem linken Seeungeheuer und beugt sich andererseits nach rechts zu den beiden Kämpfenden. Dabei hält sie eine Tafel mit der Aufschrift »Invid« in ihrer linken Hand, die sie eindeutig als Laster der Missgunst identifiziert. In ihrer Rechten hält sie ein aufgebauschtes Stofftuch, ähnlich wie bei Ripas Abbildung. Der Kupferstich ist meines Wissens eine der frühesten Darstellungen, in der das personifizierte Laster der Missgunst als alte Frau mit hängenden Brüsten und nacktem, verhärmten Körper abgebildet wird.[72] Darüber hinaus war die Kunst Mantegnas in Italien weit verbreitet und erfuhr zahlreiche Reproduktionen. So überrascht es nicht, dass die Figur der *Invidia* hinsichtlich der hässlichen Physiognomie mit dem alten, ausgemergelten Körper, dem fratzenartigen Gesicht mit den unordentlichen Haaren und sogar in Bezug auf das Stofftuch große Ähnlichkeit mit Ripas *Heresia* aufweist. Auch der Umstand, dass sich die Meeresgötter untereinander bekämpfen, scheint im Hinblick auf das dargestellte Phänomen der Häresie kein Zufall zu sein, wurden den Reformierten – sprich den Häretikern – von altgläubiger Seite doch immer wieder Uneinigkeit und Zwietracht vorgeworfen, die daher als entscheidende Charakteristika dem Phänomen Ketzerei zugeordnet werden.

6. Ripas Allegorie als Affektbild des Ekels

Ripas Bildsprache ist in Bezug auf die *Heresia* besonders einfach und klar. Im Gegensatz zu Schiavone, der die Häresiefigur letztendlich zu wenig affizierend gestaltete und stattdessen die wahre Religion in den Mittelpunkt

---

71 Vgl. Metze 2013, S. 122.
72 In einer früheren Darstellung von Giotto di Bondone (1267/1276–1337) in der Scrovegni-Kapelle in Padua wird die *Invidia* zwar ebenfalls als alte Frau, aus deren Mund eine Schlange kriecht, jedoch des Weiteren bekleidet, langohrig und mit Hörnern und einem Turban auf dem Kopf versehen abgebildet.

stellte, gerät Ripas Figur zu einem eindeutigen Affektbild. Im Folgenden soll der Frage nachgegangen werden, welche Emotionen Ripas Häresiefigur beim Betrachter weckt und wie dies bewerkstelligt wird. Anders als die früheren Häresiedarstellungen[73] verdichten sich in Ripas Abbildung nunmehr ketzerische Handlungen und Versuche, um keine Zweifel in Bezug auf die dargestellte Sache und ihre Schlechtigkeit aufkommen zu lassen. Dies beginnt bei den Schlangen, die aus dem Buch der Häresiefigur kriechen und sie auch in der anderen Hand hält. Wohnt der Schlange in Ripas *Iconologia* generell zwar eine ambivalente Symbolik inne, scheint sie doch mehrheitlich als negativ konnotiertes Sinnbild zu fungieren.[74] So sei in diesem Zusammenhang nicht nur die bereits erwähnte Allegorie des *Inganno* genannt, sondern auch auf die Schlagwörter des *Dolore* oder *Peccato* hingewiesen. In der erklärenden Beschreibung zum *Dolore* heißt es, dass »diese Schlange, die die Person in vielerlei Arten umschlingt, gewöhnlich immer Schlechtes bedeutet, und das Schlechte, das die Ursache der Zerstörung ist, ist das Prinzip des Schmerzes [...]«.[75] Zudem wird sie mit dem »Teufel der Hölle« assoziiert.[76] Ähnlich formuliert es Ripa auch im Hinblick auf die Figur des *Peccato*, die als junger, blinder und nackter Mann dargestellt ist und dessen Scham von einer Schlange umschlungen ist, »denn der Sündenfall ist [ein Zeichen, Anm. d. Verf.] der Herrschaft des Teufels, unseres Feindes [...]«.[77] Es wird also deutlich, dass die Schlange nicht nur als Sinnbild des Schlechten, sondern auch als Teufelstier charakterisiert ist. Darüber hinaus galt die Schlange zu Ripas Zeiten auch als explizites Symbol der Häresie. So wurden zum Beispiel dem Bildthema der *Maria Immaculata* die Elemente Weltenkugel und Schlange hinzugefügt, wobei die jugendliche Madonna die Schlange zu ihren Füßen zertritt.[78] Émile Mâle hat zudem darauf hinge-

---

73 Es sei zum Beispiel auf die *Finta Religione* im Emblembuch Andrea Alciatos (1492–1550), die *Göttin der Häresie* von Anton Eisenhoit (1553/54–1603) oder die zwei Kupferstiche *Triumphus Veritatis* und *Vier Widersacher der Rechtschaffenheit* von Maarten de Vos (1532–1603) hingewiesen.
74 Vgl. Cherchi 2013, S. 90.
75 Vgl. Maffei 2012, S. 142: »Il serpente che cinge la persona in molte maniere significa ordinariamente sempre male, et il male, che è cagione di distruzione, è principio di dolore [...].«
76 Vgl. ebd., S. 143: »si prende ancora alcune volte il serpente per lo diavolo infernale [...].«
77 Vgl. ebd., S. 456: »È circondato dal serpente, perché il peccato è una signoria del Diavolo nostro nimico, [...].«
78 In der gegenreformatorischen Kunst intensivierte sich vor allem die Marienfrömmigkeit. Dies wird durch eine gesteigerte Produktion von Mariendarstellungen sowie auch durch ikonographische Neuerfindungen wie die *Rosenkranzmadonna* und die *Maria Immaculata* deutlich.

wiesen, dass der niederländische Jesuit und Theologe Petrus Canisius (1521–97) in seiner 1577 veröffentlichten Schrift *De Maria virgine* die Schlange aufgrund ihrer Rolle beim Sündenfall als Symbol der Häresie interpretierte. Darin heißt es: »Und ich will Feindschaft setzen zwischen dir und der Frau und zwischen deinem Nachkommen und ihren Nachkommen; der soll dir den Kopf zertreten, und du wirst ihn in die Ferse stechen.«[79] Bezüglich der Gottesmutter und in Anlehnung an den Heiligen Bernhard von Clairvaux (um 1090–1153) fügt er hinzu: »Indem sie den Kopf der Schlange zermalmte, zermalmte sie im Alleingang die ganze Perversität der Ketzereien.«[80] Sowohl Canisius als auch sein Marienwerk waren bekannt und so überrascht es nicht, dass viele andere zeitgenössische Autoren ihm in dieser Deutung folgten. Einer dieser Autoren war der jesuitische Theologe Cornelius a Lapide (1567–1637), der das Motiv der schlangenzertretenden Gottesmutter ebenfalls auf die entsprechende Bibelstelle zurückführte und die Schlange als häretisch charakterisierte: »die Schlange ist der Teufel; ihre Kinder sind Ungläubige [...]. Die Heilige Jungfrau zerquetscht die Schlange; sie ist immer voller ruhmreicher Triumphe über den Teufel und alle Häresien (den Kopf der Schlange) [...].«[81] Daher ist davon auszugehen, dass auch Ripa die Symbolik der Schlange als Sinnbild der Häresie bekannt war.[82]

Wohl auch der Tatsache geschuldet, dass die gegenreformatorischen Traktatautoren den Bildern mittels Affektion eine entscheidende Rolle bei der Belehrung der einfachen Gläubigen über die richtigen Glaubensinhalte zusprachen,[83] versucht die Allegorie Ripas, möglichst viele der klassischen fünf Sinne anzusprechen. So wird bei Ripas *Heresia* natürlich per se der Sehsinn

---

[79] Vgl. Gen. 3,15.
[80] Vgl. Mâle 1932, S. 38: »En écrasant la tête du serpent, elle a, à toute seule, écrasé toute la perversité des hérésies.«
[81] Zit. und übersetzt nach Renger 1990, S. 115: »Mulier enim est Eva, quae diabolum contrivit, quando poenitentiam egit, vel potius mulier est beata Maria Evae filia; semen eius est Jesus et Christiani; serpens est diabolus; semen eius sunt infideles [...]. Ergo B. Maria contrivit serpentem; qui ipsa semper plena et gloriosa fuit victrix diaboli, omnesque haereses (quae caput sunt serpentis) [...].«
[82] Dies wird auch von dem um 1605 geschaffenen Tafelbild der *Madonna dei Palafrenieri* von Michelangelo Merisi da Caravaggio (1571–1610) bekräftigt, das zeigt, wie das Jesuskind mithilfe seiner Mutter eine Schlange zu seinen Füßen zertritt.
[83] Zu den wichtigsten Autoren gehörten zweifelsohne Gabriele Paleotti (1522–97) mit seinem *Discorso intorno alle imagini sacre et profane* von 1582 und Johannes Molanus (1533–85) mit seinem 1570 publizierten Werk *De Picturis et Imaginibus Sacris, pro vero earum usu contra abusus*. Zur gegenreformatorischen Traktatliteratur vgl. vor allem: Hecht 2012.

bedient – doch nicht nur, weil es sich um ein Bild handelt, sondern vor allem auch weil die Allegorie der Ketzerei äußerlich hässlich und abstoßend dargestellt ist und sich dem Betrachter zudem selbstbewusst präsentiert. Sodann wird durch den schlechten Atem, den das alte Weib verbreitet, zum einen auf den Geruch hingewiesen und zum anderen in metaphorischer Weise darauf aufmerksam gemacht, dass sie Blasphemie begeht. Die Blasphemie, die mit Gerd Schwerhoff als ein öffentlicher Sprechakt, als schlechtes Reden wider Gott und seine Gebote charakterisiert ist,[84] wird bei Ripa somit zum Bestandteil häretischen Handelns. Dieser Sprechakt wiederum appelliert an den Hörsinn des Betrachters. Auch der Tastsinn ist bei der Figur berücksichtigt worden, spiegelt die Gestalt mit ihren ausgeprägten Falten, Dellen und Runzeln auf ihrem nackten Körper doch durchaus haptische Qualitäten wider.

Die Darstellungsweise der Figur ruft durch diese angesprochenen Merkmale ein spezifisches Gefühl beim Betrachter hervor, nämlich das des Ekels. Der Ekel gehört zu den sogenannten »Abwehrreaktionen«, wie schon Aurel Kolnai feststellte.[85] Während sich ein idealisierter Körper – wie es beispielsweise die Meisterwerke der griechischen und römischen Antike zeigen – hauptsächlich durch »schöne Linien« auszeichnet,[86] weist der Körper der *Heresia* stattdessen ausgeprägte Hautunebenheiten mit zahlreichen Dellen und Höhlungen mittels dunkler Schraffuren auf, die verdeutlichen, dass ihre Haut nicht (mehr) jugendlich-straff gespannt ist. Dadurch erhält der Körper einen deformierten und hässlichen Charakter, der den Betrachter zu veranlassen sucht, ihn zu meiden oder gar beseitigen zu wollen. Winfried Mennighaus hebt hervor, dass der ideal-schöne Körper nicht nur mit Jugend und straffer Haut assoziiert wird, sondern auch als Inbegriff der Gesundheit gilt.[87] Ein hässlich-deformierter Körper wie der der *Heresia* hingegen wird »mit den Etiketten Schwäche, Ungesundheit, Unvollkommenheit, Krankheit belegt«.[88] Der Körper von Ripas Allegorie ist nicht nur von unschönen Unebenheiten gezeichnet, sondern wirkt zudem ausgesprochen mager und vermittelt dadurch ebenjenen Eindruck von Schwäche und Krankheit. Auch

---

84 Vgl. Schwerhoff 2005, S. 18. – Das Wesen der Blasphemie, so konstatiert Schwerhoff abschließend, offenbart sich also durch die »öffentliche Verletzung der Ehre Gottes, Marias und der Heiligen mit injuriösen Worten, Gesten und manchmal auch Taten.« Vgl. ebd., S. 301.
85 Darüber hinaus stellt Kolnai überzeugend fest, dass Ekel und Angst oftmals zusammen gehören. Vgl. Kolnai 2007, S. 8f.
86 Vgl. Menninghaus 2002, S. 78.
87 Ebd., S. 81.
88 Ebd.

weisen diese Unebenheiten und das abgezehrte, dürre Äußere der Frau auf ihr fortgeschrittenes Alter hin, dass dem Ideal der Jugend, Schönheit und Vollkommenheit entgegensteht und den Betrachter deshalb an Tod und Verwesung denken lässt. Am Niedergang der Ketzerei besteht somit keinerlei Zweifel und so bezeugt die *Heresia* letztlich auch die Vergänglichkeit des Irrglaubens. Ebenso abschreckend wie der Tod ist das Alter, das ihm vorausgeht und ebenfalls anhand der hässlichen, mageren Alten deutlich wird. Indem der Betrachter also mit dem unvermeidlichen Altern und Sterben konfrontiert wird, ist er auch gezwungen, sich seine eigene »Nähe« bzw. »Ähnlichkeit« mit dem hässlichen Körper der *Heresia* einzugestehen. Ungeachtet dessen antizipiert und wünscht er sich zugleich dennoch den (eigenen) »schönen« Körper als Sinnbild der Rechtschaffenheit.[89] So kontrastieren die schlaffen Brüste mit den sichtbar hängenden Brustwarzen etwa mit einer jungfräulich-schönen Brust, die »zugleich die Ernährfunktion [evozieren]«, wie Menninghaus treffend festhält.[90] Die schlaffen Brüste der Alten weisen darauf hin, dass sie bereits Kinder gestillt hat, jedoch nun nicht mehr in der Lage ist, diese weiterhin zu ernähren – ganz im Gegensatz zur einzig wahren Mutter der Kirche, der Jungfrau Maria. Deren Brüste sind stattdessen voll, rund und »jungfräulich hart« und können in metaphorischer Weise als Hinweis auf ihre Funktion als spirituelle Ernährerin der Kirche und des wahren Glaubens interpretiert werden.[91] Zahlreiche Darstellungen des Bildmotivs der *Maria lactans* belegen die Physiognomie der Brüste der Madonna und ihre nährende Funktion, die der Ketzerei eindeutig entgegensteht. Des Weiteren konstatiert Menninghaus: »Fast alle Defekte des Ekel-Diskurses [...] schießen regelmäßig in einem einzigen Phantasma zusammen: dem Bild der häßlichen Alten. Dieses Bild vereint Falten, Runzeln, Warzen, größere Öffnungen des Mundes und des Unterleibs, eingefallene »Höhlungen« statt schöner Schwellungen, üblen Geruch, ekle Praktiken und Nähe zu Tod und verwesendem Leichnam.«[92] Wenn auch nicht beabsichtigt, zeichnet er damit ein äußerst präzises Bild von Ripas Allegorie der *Heresia*, die sich dem Betrachter mit all diesen negativen Charakteristika und ohne Scham präsentiert. Doch wie bereits erwähnt, war die Figur der hässlichen Alten bereits lange zuvor als eigenständiger Topos in der römischen Antike und hier besonders in verschie-

---

89 Schon Kolnai konstatierte, dass mit dem Ekel auch immer eine gewisse »Nähe« sowie ein »Gelüsten nach« einhergeht. Vgl. Kolnai 2007, S. 16f. und S. 21.
90 Menninghaus 2002, S. 107.
91 Ebd., S. 106.
92 Ebd., S. 132.

denen Literaturgattungen etabliert. Als Beispiel sei die titelgebende *vetula* – die alte Frau – beim römischen Dichter Horaz (65 v. Chr. bis 8 v. Chr.) in seiner achten und zwölften Epode als Inbegriff des Ekels genannt. Darin konfrontiert ein Mann diese mit ihren abstoßenden Merkmalen:

> Zu fragen – selber schon seit Ewigkeiten morsch –,
> was mir wohl meine Kraft entnervt!
> Da du doch schwarze Zähne hast, mit Runzeln hohes
> Alter dir die Stirne furcht
> und weitauf klafft so scheußlich zwischen dürren Backen
> der Hintern wie bei einer magren Kuh!
> Doch es erregt vielleicht der Busen mich? die Brüste welk
> wie Stuteneuter!
> Der schlaffe Bauch, die Schenkel, strotzenden
> Waden dürre angefügt?[93]

Die zwölfte Epode ergänzt die Eigenschaften der besagten Alten außerdem um den »üblen Geruch« und offenbart ausdrücklich den »Ekel« vor ihr.[94] Die *vetula* des Horaz scheint somit ein Abbild der Allegorie Ripas zu sein. Weit über die bloße Tatsache hinausgehend, dass der Betrachter sofort die Schlechtigkeit der *Heresia* erkennt, ruft diese also auch eine starke Abneigung und das Gefühl des Abscheus und Ekels hervor. Das Ziel Ripas ist, den Betrachter intuitiv abzuschrecken und das Gefühl des Ekels eignet sich dazu bestens – ist es doch eine der elementaren menschlichen Empfindungen, ähnlich wie Angst, Freude oder auch Hass.

Dabei wird der Sehsinn des Betrachters am stärksten angesprochen,[95] da dieser zuerst einen nackten, hässlichen Körper sieht, bevor er sodann den schlechten Atem und die haptischen Qualitäten der *Heresia* wahrnimmt. Dies ist durchaus in Ripas Sinne, wie schon Jürgen Müller herausgestellt hat: »Ripa weist deutlich auf die Aufgabe der äußeren Sinne und besonders die Vormachtstellung des Sehsinns hin, woraus man implizit auf die Bedeutung des Mediums Bild schließen darf.«[96] Deutlich wird dies bei Ripa auch anhand der Figur der *Cognitione*, die anhand des beigefügten aristotelischen Diktums »Nihil est in intellectu, quod prius non fuerit in sensu« darauf ver-

---

[93] Zit. nach ebd., S. 136.
[94] Ebd.
[95] Kolnai konkretisiert in Bezug auf den Ekel, dass dabei vor allem der »Geruchs-, der Gesichts- [Sehsinn, Anmerk. d. Verfas.] und der Tastsinn« bedient werden. Vgl. Kolnai 2007, S. 24.
[96] Müller 1995, S. 63.

weist, dass Bilder und bildende Kunst im Allgemeinen *zuerst* die Sinne und erst *danach* den Verstand ansprechen. Das gezielte Ansprechen der Sinne – und vordergründig des Sehsinns – hat in der Zeit der Gegenreformation durchaus politische Konsequenzen, wie Müller zu Recht notiert, denn »wer die Welt des Sichtbaren beherrscht, beherrscht ebenso die Gedanken der Menschen«.[97] In diesem Zusammenhang sei nochmals die offensiv zur Schau gestellte Nacktheit der Frauenfigur Ripas aufgegriffen, birgt das Motiv des nackten Körpers in kunsttheoretischer Perspektive doch immer eine gewisse Ambivalenz in sich: Zum einen kann der nackte Körper auf Reinigungsrituale wie das Waschen und Säubern des eigenen Leibs hinweisen, zum anderen wird Nacktheit mit Sündhaftigkeit und Verführung assoziiert. Die offensichtlich hässliche Nacktheit der *Heresia* ist eindeutig negativ konnotiert, da sie an fortgeschrittenes Alter, Tod und eine gewisse Verunreinigung bzw. Unsauberkeit denken lässt. Darüber hinaus galten die Sinne schon seit dem Mittelalter als Ursprung der Verführung und der Körper als Sitz der Sinne. Den Ausführungen über die Affizierung des Betrachters durch die Sinne zufolge ist der nackte Körper der *Heresia* demnach als Quelle der Sünde und Verführung zu interpretieren. Dem entspricht auch der exponiert zur Schau gestellte, hässliche Körper der Häresiefigur Ripas, die sich in ihrer Nacktheit ohne Scham, sondern vielmehr selbstbewusst dem Betrachter präsentiert.

Die Allegorie Ripa ist also ein Affektbild, das zunächst die Sinne des Betrachters anspricht und erst danach den Verstand bemüht. Affektbilder wie das der *Heresia* besitzen großes Potenzial, den Betrachter gemäß der intendierten Bildaussage zu beeinflussen und ihn von der Richtigkeit oder – wie in diesem Fall – von der Falschheit und Schlechtigkeit der dargestellten Sache zu überzeugen, und dergestalt invektiv zu agieren. Auch verfügen Affektbilder im Gegensatz zu gelehrten Denkbildern über ein größeres Potenzial, sich dem Gedächtnis der Betrachter einzuprägen. Schon der Autor der *Rhetorica ad Herrennium* erkannte dies, als er über die Rolle der Bilder und Sinneseindrücke im Allgemeinen schrieb: »Wenn wir aber etwas besonders Gemeines, Niederträchtiges, Ungewöhnliches, Großes, Unglaubwürdiges oder Lächerliches sehen oder hören, werden wir dessen wahrscheinlich lange gedenken. [...] Wir sollten also solche Bilder aufstellen, die möglichst lange im Gedächtnis haften. Dies wird geschehen, wenn wir möglichst auffällige Gleichnisse wählen; wenn wir Bilder herstellen, die nicht nichtssagend und undeutlich, sondern aktiv sind (*imagines agentes*); wenn wir ihnen außer-

---

97 Ebd.

ordentliche Schönheit oder einzigartige Häßlichkeit beilegen [...].«[98] Ripas *Heresia* ist ein solches Bild, denn durch die abstoßende Hässlichkeit und offensive Betrachteransprache der Frauenfigur spricht es primär die Sinne an und prägt sich dadurch den Rezipienten ein. Bei der Häresiefigur Ripas handelt es sich eindeutig um ein Affektbild, welches dem Betrachter keine alternativen Verständnismöglichkeiten lässt. Noch bevor wir über den Inhalt der Darstellung wirklich nachdenken können, hat sich unser ablehnendes Urteil bereits gebildet. Damit birgt die *Heresia* Ripas die besten Voraussetzungen in sich, um als gegenreformatorisches Schlagbild aktiv zu werden, vereint sie doch eine starke, auf das Gefühl des Ekels intendierte Emotionalität mit einer vereinfachenden Darstellungsweise. Dies bezeugt auch die fortlaufende Rezeption der Figur im 17. Jahrhundert, sei es zum Beispiel in Il Gesú, der Mutterkirche des explizit gegenreformatorischen Jesuitenordens und weiteren Kirchen des Ordens, in niederländischen Graphiken oder zahlreichen Heiligenbildern.

7. Fazit

Die hier ausgewählten hässlichen Körper der allegorischen Häresie evozieren komplexe Gefühle, die Inkongruenz, Verwirrung und Bedrohung mit sich bringen und auf beunruhigenden, äußerlich von der Norm abweichenden Erscheinungsmerkmalen der Figuren basieren. Dieses (zunächst) komplexe Gefühl beruht zum einen darauf, dass die hässlichen Körper der Ketzerei im Gegensatz zu einer idealisierten Konzeption des Körpers stehen und zum anderen darauf, dass die auf Missbildung, Krankheit, Alter und Tod ausgerichteten Abbildungen einen Körper offenbaren, der vom Betrachter dennoch als »zu ähnlich« zu seinem eigenen erkannt wird. Indem sie dergestalt darauf abzielen, beim zeitgenössischen Betrachter des 16. und 17. Jahrhunderts starke Negativemotionen wie zum Beispiel Unruhe, Angst oder Ekel hervorzurufen, wirken sie in eindeutiger Weise invektiv. Mit diesen Mitteln sollte den Gläubigen – Zweiflern wie fest im Glauben Stehenden – stets die Schlechtigkeit von Häresie und vor allem der lutherischen Ketzerei veranschaulicht werden, um sie »auf den rechten Weg« zu führen bzw. auf diesem Weg zu bestärken. Der Aufsatz macht zudem deutlich, dass die neuartige Bildkon-

---

98 Zit. nach Yates 1990, S. 13f.

zeption der allegorischen Häresie, sprich die ersten hässlichen Häresiedarstellungen in Venedig, eng mit der dort einsetzenden Römischen Inquisition zusammenhängen und in der Folgezeit – maßgeblich durch den Erfolg von Ripas Emblembuch getragen – weiterhin gezielt verwendet wurden, um das Phänomen religiöser Devianz abwertend und invektiv zu veranschaulichen.

Literatur

Primärliteratur

Institoris, Heinrich, *Der Hexenhammer. Malleus maleficarum*, hg. von Günter Jerouschek, kommentierte Neuübersetzung von Wolfgang Behringer, München 2000.
Maffei, Sonia (Hg.), *Cesare Ripa. Iconologia* [1603], Turin 2012.
Luther, Martin, »An die Evangelischen in Venedig, Vicenza und Treviso«, in: Aland, Kurt (Hg.), *Luther Deutsch*, Bd. 10: Die Briefe, Göttingen 1991, S. 321–322.
Thomas von Aquin, *Summe gegen die Heiden*, in: hg. und übersetzt von Markus H. Wörner, Darmstadt 1996, Bd. IV, in: Texte zur Forschung, Bd. 19.

Sekundärliteratur

Baumgarten, Jens: *Konfession, Bild und Macht. Visualisierung als katholisches Herrschafts- und Disziplinierungskonzept in Rom und im habsburgischen Schlesien (1560–1740)*, Hamburg 2004.
Belletta, Patrizia, *The Ugly Woman. Transgressive Aesthetic Models in Italian Poetry from the Middle Ages to the Baroque*, Toronto 2005.
Blöcker, Susanne, *Studien zur Ikonographie der Sieben Todsünden in der niederländischen und deutschen Malerei und Graphik von 1450–1560*, Münster 1993.
Bryan, Michael, *Bryan's dictionary of painters and engravers*, Bd. 3, London 1919.
Callegari, Chiara/Mancini, Vincenzo (Hg.), *Andrea Schiavone. Pittura, incisione, disegno nella Venezia del Cinquecento*, Venedig 2018.
Caponetto, Salvatore, *The Protestant Reformation in sixteenth-century Italy*, Kirksville 1999.
Cherchi, Gavina, »Tra animato e inanimato: gli animali in Cesare Ripa«, in: Gabriele u. a. 2013, S. 83–95.
Cozzi, Gaetano, *Religione, moralità e giustizia a Venezia. Vicende della magistratura degli Esecutori contro la bestemmia*, Università degli studi di Padova 1967/1968.
Dal Pozzolo, Enrico Maria/Puppi, Lionello (Hg.), *Splendori del Rinascimento a Venezia. Schiavone tra Parmigianino, Tintoretto e Tiziano*, Mailand/Venedig 2015.

De Bujanda, Jesús Martínez,»Die verschiedenen Epochen des Index (1550–1615)«, in: Wolf, Hubert (Hg.), *Inquisition, Index, Zensur. Wissenskulturen der Neuzeit im Widerstreit*, Bd. 1, Paderborn 2003, S. 215–228.

Del Col, Andrea, *L'Inquisizione in Italia dal XII al XXI secolo*, Mailand 2006.

Del Col, Andrea,»Il Nunzio Giovanni Della Casa e l'Inquisizione di Venezia«, in: Stefano, Carai (Hg.), *Giovanni Della Casa, ecclesiastico e scrittore*, Florenz 2003, S. 1–30.

Del Col, Andrea,»Organizzazione, composizione e giurisdizione dei tribunali dell'Inquisizione romana nella repubblica di Venezia (1500–1550)«, in: *Critica storica*, 15, 1988, S. 244–294.

Delph, Ronald K./Fontaine, Michelle M./Martin, John Jeffries (Hg.), *Heresy, Culture, and Religion in Early Modern Italy*, Kirksville 2006.

Diers, Michael, *Schlagbilder. Zur politischen Ikonographie der Gegenwart*, Frankfurt am Main 1997.

Eco, Umberto (Hg.), *Die Geschichte der Hässlichkeit*, München 2010.

Ellerbrock, Dagmar u. a.,»Invektivität – Perspektiven eines neuen Forschungsprogramms in den Kultur- und Sozialwissenschaften«, in: *Kulturwissenschaftliche Zeitschrift*, Heft 1, 1. Jahrgang 2017, S. 2–24.

Firpo, Massimo, *Artisti, gioiellieri, eretici. Il mondo di Lorenzo Lotto tra Riforma e Controriforma*, Rom u. a. 2001.

Firpo, Massimo, *Juan de Valdés e la Riforma nell'Italia del Cinquecento*, Rom u. a. 2016.

Firpo, Massimo/Biferali, Fabrizio, *Immagini ed eresie nell'Italia del Cinquecento*, Rom u. a. 2016.

Foucault, Michel: *Die Heterotopien. Der utopische* Körper, Zwei Radiovorträge, Berlin 2013.

Fröhlich-Bum, Lili,»Andrea Meldolla, genannt Schiavone«, in: *Jahrbuch der Kunsthistorischen Sammlungen in Wien*, 31, 1913, S. 137–220.

Gabriele, Mino/Galassi, Christina u. a. (Hg.),»L'Iconologia di Cesare Ripa. Fonti letterarie e figurative dall'antichità al rinascimento«, in: *Biblioteca dell'Archivum Romanicum*, Serie I: Storia, Letteratura, Paleografia, 421, Florenz 2013.

Germanisches Nationalmuseum (Hg.), *Albrecht Dürer. Das druckgraphische Werk*, Bd. II: *Holzschnitte und Holzschnittfolgen*, München u. a. 2002.

Gregorin, Christina, *Ketzerisches Venedig zwischen Reformation und Inquisition*, München 2018.

Grendler, Paul F., *The Roman Inquisition and the Venetian Press, 1450–1605*, Princeton u. a. 1977.

Grendler, Paul F.,»The Tre Savi sopra Eresia 1547–1605. A prosopographical study«, in: *Studi veneziani*, n.s., 3, Venedig 1979, S. 283–340.

Hecht, Christian, *Katholische Bildertheologie der frühen Neuzeit. Studien zu Traktaten von Johannes Molanus, Gabriele Paleotti und anderen Autoren*, Berlin 2012.

Hess, Daniel/Eser, Thomas (Hg.), *Der frühe Dürer*, Nürnberg 2012.

Hofmann, Werner (Hg.), *Luther und die Folgen für die Kunst*, München 1983.

Infelise, Mario, *I libri proibiti. Da Gutenberg all'Encyclopédie*, Rom/Bari 1999.

Israel, Uwe/Matheus, Michael (Hg.), *Protestanten zwischen Venedig und Rom in der frühen Neuzeit*, Berlin 2013.

Jedin, Hubert, *Geschichte des Konzils von Trient*, Sonderausgabe 5 Bde., Berlin 2017.

Kirschbaum, Engelbert u. a. (Hg.), *Lexikon der christlichen Ikonographie*, Sonderausgabe 8 Bde., Freiburg i. Br. 1994.

Knipping, John B., *Iconography of the counter reformation in the Netherlands. Heaven on earth*, 2 Bde., Nieuwkoop 1974.

Koch, Michael, *Drachenkampf und Sonnenfrau: zur Funktion des Mythischen in der Johannesapokalypse am Beispiel von Apk 12*, Tübingen 2004.

Kolnai, Aurel, *Ekel. Hochmut. Haß. Zur Phänomenologie feindlicher Gefühle*, Frankfurt am Main 2007.

Logemann, Cornelia/Thimann, Michael, »Cesare Ripa und die Begriffsbilder der Frühen Neuzeit«, in: Ulrich Pfisterer (Hg.), *Bilder-Diskurs*, Zürich 2011.

Mâle, Émile, *L'Art réligieux après le Concile de Trente*, Paris 1932.

Mandowsky, Erna, *Untersuchungen zur Iconologie des Cesare Ripa*, Hamburg 1934

Martin, John Jeffries, *Venice's Hidden Enemies. Italian Heretics in a Renaissance City*, Johns Hopkins University Press 2004.

Menninghaus, Winfried, *Ekel. Theorie und Geschichte einer starken Empfindung*, Frankfurt am Main 2002.

Mensger, Ariane (Hg.), *Weibsbilder. Eros, Macht, Moral und Tod um 1500*, Berlin u. a. 2017.

Metze, Gudula (Hg.), *Ars Nova. Frühe Kupferstiche aus Italien. Katalog der italienischen Kupferstiche von den Anfängen bis um 1530 in der Sammlung des Dresdener Kupferstich-Kabinetts*, Petersberg 2013.

Müller, Jürgen, »Ripa und die Gegenreformation«, in: *De zeventiende eeuw. Cultur in de Nederlanden in interdisciplinair perspectief*, Heft 1, 11. Jahrgang 1995, S. 56–66.

Oswald, Stefan, *Die Inquisition, die Lebenden und die Toten. Venedigs deutsche Protestanten*, Sigmaringen 1989.

Panofsky, Gerda S., »Michelangelos ›Christus‹ und sein römischer Auftraggeber«, in: *Römische Studien der Bibliotheca Hertziana*, 5, 1991.

Renger, Konrad, *Peter Paul Rubens: Altäre für Bayern*, München 1990.

Richardson, Francis Lee, *Andrea Schiavone*, Oxford 1980.

Rummel, Walter/Voltmer, Rita, *Hexen und Hexenverfolgung in der Frühen Neuzeit*, Darmstadt 2008.

Santosuosso, Antonio, »The Moderate Inquisitor. Giovanni Della Casa's Venetian Nunciature 1544–1549«, in: *Studi veneziani*, n. s., 2, 1978, S. 119–210.

Schiller, Gertrud, *Ikonographie der christlichen Kunst, Bd. 5: Die Apokalypse des Johannes*. Textteil, Gütersloh 1990.

Schwerhoff, Gerd, »Zungen wie Schwerter. Blasphemie in alteuropäischen Gesellschaften 1200–1650«, in: Andreas Blauert u. a. (Hg.), *Konflikte und Kultur – Historische Perspektiven*, Konstanz 2005.

Seidel, Martin, »Venezianische Malerei zur Zeit der Gegenreformation. Kirchliche Programmschriften und künstlerische Bildkonzepte bei Tizian, Tintoretto, Veronese und Palma il Giovane«, in: Justus Müller Hofstede (Hg.), *Bonner Studien zur Kunstgeschichte*, Bd. 11, Münster 1996.

Seidel Menchi, Silvana, *Erasmus als Ketzer. Reformation und Inquisition im Italien des 16. Jahrhunderts*, Leiden 1993.

Seidel Menchi, Silvana, »Häretiker im Italien des 16. Jahrhunderts«, in: Israel/Matheus 2013, S. 25–39.

Seidel Menchi, Silvana, »Le traduzioni italiane di Lutero nella prima metà del Cinquecento«, in: *Rinascimento. Rivista dell'Istituto Nazionale di Studi sul Rinascimento*, 17, 1977, S. 31–108.

Strauss, Walter L. (Hg.), *The Illustrated Bartsch*, Bd. 32: *Italian Artists of the Sixteenth Century. School of Fontainebleau*, hg. von Henri Zerner, New York 1979.

Tacke, Andreas (Hg.), *Kunst und Konfession. Katholische Auftragswerke im Zeitalter der Glaubensspaltung 1517–1563*, Regensburg 2008.

Viaro, Roberta, *La magistratura degli Esecutori contro la bestemmia nel XVI secolo*, Università degli studi di Padova 1969/1970.

Warburg, Aby, *Heidnisch-antike Weissagung in Wort und Bild zu Luthers Zeiten*, in: Sitzungsberichte der Heidelberger Akademie der Wissenschaften, Philosophisch-Historische Klasse, Bd. 26, Heidelberg 1920.

Werner, Gerlind, *Ripas Iconologia. Quellen – Methoden – Ziele*, Utrecht 1977.

Yates, Frances A., *Gedächtnis und Erinnern. Mnemonik von Aristoteles bis Shakespeare*, Weinheim 1990.

Ikonoklasmus vor Gericht: Die Mausoleen von Timbuktu als geschändete Körper*

Jonas Bens

The Prosecutor v. Ahmad Al Faqi Al Mahdi war der erste Fall vor dem Internationalen Strafgerichtshof (IStGH), in dem nicht die Tötung von Menschen, sondern die Zerstörung von Dingen im Mittelpunkt stand. Als aufständische Truppen aus dem Norden Malis im Jahr 2012 die Stadt Timbuktu besetzt hielten, organisierte der Angeklagte Ahmad Al Mahdi die Zerstörung von zehn Mausoleen und der Tür einer Moschee. Alle bis auf eines dieser Gebäude standen auf der Welterbeliste der United Nations Educational, Scientific, and Cultural Organization (UNESCO).[1] Im Verlaufe des Bürgerkrieges

---

* »Die ethnographische Feldforschung, die diesem Aufsatz zugrunde liegt, wurde durch Mittel der Deutschen Forschungsgemeinschaft im Rahmen des Sonderforschungsbereichs »Affective Societies« (DFG-SFB 1171-B04; A06) ermöglicht sowie durch die Finnische Akademie im Rahmen des Forschungsprojekts »Negotiating International Criminal Law« an der Universität Jyväskylä. Die in diesem Rahmen durchgeführten Feldforschungen waren Teil einer größeren Arbeit zum affektiven Leben des internationalen Strafrechts (Bens 2022). Ich hatte die Gelegenheit, frühere Versionen dieses Textes im Rahmen von Vorträgen vorstellen zu können: am Institut für Ethnologie der Georg-August-Universität Göttingen, am Center for Advanced Studies (CAS) der Ludwig-Maximilians-Universität München im Rahmen des CAS-Schwerpunkts »What About Art?« sowie auf der Jahrestagung des Sonderforschungsbereichs Invektivität (DFG-SFB 1285) »Körper-Kränkungen. Der menschliche Leib als Medium der Herabsetzung« an der Technischen Universität Dresden. Ich danke den Organisator*innen für die Einladung und allen Teilnehmer*innen für wertvolle Hinweise, die wesentlich in diesen Text eingegangen sind. Besonders bedanken möchte ich mich bei denjenigen Kolleg*innen, mit denen ich intensiv für die in diesem Aufsatz behandelten Fragen im Gespräch war, insbesondere Kerstin Schankweiler, Verena Straub, Olaf Zenker, Michael Kraus, Elfriede Hermann, Andrea Lauser, Roman Loimeier, Baz Lecocq, Lioba Lenhart, Sigurd D'hondt, Antje Kahl, Gabriel Scheidecker und Dominik Mattes.

1 Zerstört wurden das Sidi Mahmoud Ben Omar Mohamed Aquit Mausoleum (16. Jahrhundert), das Sheikh Sidi El Mkhtar Ben Sidi Mouhammad Al Kabir Al Kounti Mausoleum (19. Jahrhundert), das Sheikh Alpha Moya Mausoleum (16. Jahrhundert), das Shkeik Mouhamad El Micky Mausoleum (19. Jahrhundert), das Sheikh Abdoul Kassim Attouaty Mausoleum (16. Jahrhundert), das Sheikh Sidi Ahmed Ben Amar Arragadi Mausoleum (19. Jahrhundert), die Tür der Sidi Yahia Moschee (15. Jahrhundert) so-

in Mali 2012/13 sind hunderte von Menschen umgekommen, darunter viele Zivilist*innen. Der Konflikt führte zur Vertreibung von etwa 400.000 Menschen und die dadurch ausgelöste humanitäre Krise überstieg bei weitem, was die Region in vorangegangenen Konflikten erlebt hatte. Aber dennoch waren es zehn relativ kleine einstöckige Lehmbauten, die ihren Weg zunächst in die internationalen Medien, dann vor den Sicherheitsrat der Vereinten Nationen und schließlich in den Gerichtssaal des Internationalen Strafgerichtshofs gefunden haben. Die Zerstörung der Mausoleen von Timbuktu, nicht die Tötung von Zivilist*innen, führte zum ersten und für viele Jahre einzigen Fall vor dem IStGH, der den Konflikt in Mali zum Inhalt hatte.

Diese Konstellation bringt die Frage nach dem Verhältnis von Menschen und Dingen, und wie es kulturell produziert wird, ganz grundlegend auf die Agenda. Mein zentrales Argument ist, dass im Gerichtssaal des Internationalen Strafgerichtshofs ein Prozess der Bedeutungsproduktion abgelaufen ist, den ich die *Sentimentalisierung von Menschen und Dingen* nenne. Strategien der Sentimentalisierung sind für die Prozessbeteiligten zentral: entweder um plausibel zu machen, dass Ahmad Al Mahdi durch die Zerstörung der Mausoleen ein Kriegsverbrechen von solcher Schwere begangen hat, dass er sich vor dem Internationalen Strafgerichtshof verantworten muss, oder um die Grundlagen für seine Verteidigung zu legen.

1. Ikonoklasmus als Kriegsverbrechen

Al Mahdi war der erste Angeklagte, der sich vor dem IStGH schuldig bekannte. Nachdem es zu einer Verständigung mit der Anklage über das Strafmaß gekommen war, verurteilte ihn das Gericht zu neun Jahren Haft.[2] Das Römische Statut, der multilaterale völkerrechtliche Vertrag, der die rechtliche Grundlage für das Bestehen und die Arbeit des Gerichtshofs bildet, be-

---

wie die beiden Mausoleen, die der Djingareyber Moschee angefügt sind, nämlich das Ahamed Fulane Mausoleum und das Bahaber Babadié Mausoleum (14. Jahrhundert), außerdem das Sheikh Mohamed Mahmoud Al Arawani Mausoleum. Bis auf das zuletzt aufgeführte Mausoleum stehen alle diese Gebäude auf der UNESCO-Welterbeliste.

2 Das Verfahren war bislang das kürzeste in der Geschichte des noch jungen Gerichtshofs. Es umfasste ein *initial appearance hearing* am 30. September 2015, ein *confirmation of charges hearing* am 01. März 2016 und ein dreitägiges Hauptverfahren vom 22. bis zum 24. August 2016. Die Urteilsverkündung fand am 27. September 2016 statt. Ich habe als Zuhörer sowohl am *confirmation of charges hearing* als auch an der Hauptverhandlung teilgenommen.

schränkt die Zuständigkeit des IStGH auf »die schwersten Verbrechen …, welche die internationale Gemeinschaft als Ganzes berühren«.[3] Gegenwärtig erfüllen drei Arten von Verbrechen diese Qualifikation: Völkermord (Artikel 6), Verbrechen gegen die Menschlichkeit (Artikel 7) und Kriegsverbrechen (Artikel 8).[4] Als Kriegsverbrechen zählt Artikel 8 unter anderem auf: »vorsätzliche Angriffe auf Gebäude, die dem Gottesdienst … gewidmet sind [und] auf geschichtliche Denkmäler …, sofern sie nicht militärische Ziele sind«.[5] Al Mahdis Verurteilung erfolgte aufgrund dieser Strafvorschrift.

Wie sich aus der Formulierung des Artikel 8 ergibt, definiert das Römische Statut die Zerstörung von Stätten, die in die UNESCO-Welterbeliste aufgenommen sind, nicht per se als Kriegsverbrechen. Die Zerstörung kann nur dann unter die Vorschrift subsumiert werden, wenn es sich bei den Weltkulturerbestätten zugleich um dem Gottesdienst gewidmete Gebäude oder um geschichtliche Denkmäler im Sinne des Römischen Statuts handelt. Die Regel, dass im Krieg keine religiösen Gebäude und historischen Stätten zerstört werden dürfen, gehört bereits zu den frühesten Schichten des humanitären Völkerrechts. Ein solches Verbot war schon in den ersten Haager Konventionen von 1899 enthalten und wurde seitdem mehrfach in völkerrechtliche Verträge wiederaufgenommen. Bereits vor dem Al Mahdi-Fall gab es hierzu völkerstrafrechtliche Rechtsprechung aus dem Jugoslawientribunal (ICTY) – ein Sondergerichtshof, der in den 1990er Jahren als Reaktion auf die Kriege im Kontext des Zusammenbruchs von Jugoslawien eingerichtet wurde. In diesen Fällen ging es unter anderem um die Bombardierung der Altstadt von Dubrovnik. Das Jugoslawientribunal, das noch auf Grundlage der Genfer Konventionen urteilte (das Römische Statut gab es noch nicht), entschied damals, dass die Aufnahme in die UNESCO-Liste ein starker Indikator dafür sei, dass es sich dabei um ein »geschichtliches Denkmal« im Sinne der Zusatzprotokolle zu den Genfer Konventionen handele.[6] In seiner Al Mahdi-Entscheidung hat der IStGH diese Indikatorfunktion für das Römische Statut sogar noch gestärkt.

---

3 Art. 5, Abs. 1, Römisches Statut.
4 Im Jahre 2010 einigten sich die Mitgliedstaaten des Römischen Statuts auf die Definition eines vierten Verbrechens, das Verbrechen der Aggression (Vorbereitung und Führung eines völkerrechtswidrigen Angriffskrieges). Doch diese Regelung gilt nur für die ratifizierenden Staaten einzeln, und nur wenige Mitgliedstaaten haben den Zusatz ratifiziert.
5 Art. 8, Abs. 2, lit. e, iv, Römisches Statut.
6 Das ICTY hat dies in seinen Urteilen zu den beiden Fällen *The Prosecutor v. Strugar* und *The Prosecutor v. Jokic* ausgeführt.

Diese strafrechtliche Fokussierung auf die UNESCO-Welterbeliste ist nicht unproblematisch. Stimmen aus der anthropologischen Literatur haben darauf hingewiesen, dass kulturelles Erbe das Ergebnis eines komplexen Fabrikationsprozesses innerhalb rechtlicher Regime ist.[7] In Mali war die Aufnahme der Mausoleen von Timbuktu in die Welterbeliste im Jahre 1988 das Resultat langer Verhandlungen darüber, was kulturellen Wert hat, und was nicht. Diese Verhandlungen wurden damals auf höchster Ebene zwischen der UNESCO und den politischen Eliten in Malis Hauptstadt Bamako geführt.[8] Wie anthropologische Studien hervorgehoben haben, ist die Rolle der UNESCO für den Schutz kulturellen Erbes nicht nur die eines objektiven Bewahrers. Die Organisation ist vielmehr an der Hervorbringung dieser kulturellen Werte nicht unmaßgeblich selbst beteiligt.[9] UNESCO schützt nur die »richtige« Art von Kultur, also diejenigen Dinge, die den dort geltenden Regeln entsprechen, die zum großen Teil auf den Denktraditionen der europäischen Kunstgeschichte beruhen.[10]

Innerhalb der europäischen geisteswissenschaftlichen, insbesondere der kunsthistorischen Debatte hat die Frage nach der Zerstörung von Weltkulturerbe daher auch großes Interesse erfahren. Dabei spielt die Überschrift »Ikonoklasmus als Kriegswaffe« eine Rolle. Die Zerstörung der Buddha-Statuen von Bamiyan in Afghanistan durch die Taliban oder von Palmyra in Syrien durch den Islamischen Staat werden oft als weitere Beispiele angeführt. Der Kunsthistoriker Horst Bredekamp hat diese Fragen in seinem Essay *Das Beispiel Palmyra* umfassend theoretisiert.[11] Darin interpretiert er eine Erschießungsszene einiger vom Islamischen Staat gefangener syrischer Soldaten vor der Kulisse eines der Anfang der 1990er Jahre restaurierten antiken Theaters in Palmyra. Bredekamp führt dazu aus: »Der antike Theaterbau diente jedoch nicht als historische Absicherung der im Video festgehaltenen Massenerschießung, sondern als *Beteiligter*, dem, stellvertretend für die anderen Monumente der Antike, seinerseits die Vernichtung prophezeit wurde«.[12] Er argumentiert, dass »in und mit der Architektur […] Menschen gleichnishaft mitbetroffen« würden.[13] Damit verweist Bredekamp auf die kulturellen Fab-

---

7 Murphy 2004.
8 Joy 2016; 2012.
9 Meskell/Brumann 2015.
10 Nielsen 2011.
11 Bredekamp 2016.
12 Ebd., S. 15–16.
13 Ebd., S. 23.

rikationsprozesse, die dem Ikonoklasmus innewohnen. Wie Menschen und Dinge angeordnet und bewertet werden, wird in der ikonoklastischen Praxis reorganisiert. Die öffentlichkeitswirksame Tötung eines für die Stätten von Palmyra zuständigen Archäologen und Kunsthistorikers interpretiert Bredekamp als eng verbunden mit der Zerstörung der Stätten selbst: »An dem Konservator der ›Götzen‹ wurde eine Idolenschändung vollzogen als wäre er deren Inkorporation.«[14] Genau diese spezifische Vermengung von menschlichen und nichtmenschlichen Körpern, diese Praxis »Kunstwerke wie Menschen und reziprok Menschen wie Kunstwerke zu behandeln« sieht Bredekamp als den Wesenszug eines »gesteigerten Ikonoklasmus«.[15]

Bredekamp wendet sich in aller Deutlichkeit gegen diese Form des Ikonoklasmus und fordert, ihm die Werte der europäischen Aufklärung entgegenzustellen. In der Konsequenz kritisiert er heftig eine von ihm diagnostizierte falsche westliche Selbstkritik. Islamistische Bilderstürmer dadurch zu relativieren, dass man auf die Geschichte europäischer Bilderstürme verweise, führe zu einer Art westlicher Selbstentwaffnung. Dadurch verkenne man die europäische Kulturleistung, den gewaltsamen Ikonoklasmus überwunden zu haben. Es sei der »westliche Selbstzweifel […] ein Teil des Waffenarsenals, mit dem der IS vorgeht«.[16] Konsequenterweise fordert Bredekamp in seinem Text daher auch die Einrichtung einer internationalen Armee zum Schutz von Kulturgütern. Darüber, dass er mit dieser Forderung beim UNESCO Weltkongress nicht auf größere Resonanz gestoßen sei, zeigt er sich bestürzt.[17]

Auf Bredekamps Armee zum Schutz von Kulturgütern werde ich am Ende dieses Textes noch einmal zu sprechen kommen. Zunächst geht es mir aber um eine Vorfrage. Wie kommt es überhaupt dazu, dass die Buddha-Statuen von Bamiyan, die römischen Tempel von Palmyra oder die Mausoleen von Timbuktu als solch schützenswerte Körper angesehen werden, dass es Manchen plausibel erscheint, Soldat*innen zu ihrem Schutze abzustellen? Wie kommt es, dass diesen nichtmenschlichen Körpern derselbe Schutz vor Schändung, Kränkung und Zerstörung zuteil werden soll, wie menschlichen

---

14 Ebd., S. 17.
15 Ebd., S. 22. Bredekamp führt seine Analyse noch weiter, indem er betont, dass getötete und gefolterte Menschen in einem »substitutiven Bildakt« selbst zu Bildern gemacht werden, die über global zirkuliert werden, um seinerseits als eine »bildnerische Waffe« über das Internet zirkuliert zu werden (ebd., S. 24).
16 Ebd., S. 26.
17 Ebd., S. 29.

Körpern – oder möglicherweise sogar noch ein höherer? In diesem Text geht es mir also um die Bestimmung des Verhältnisses von Menschen, Dingen und Wert – genauer über die kulturellen Produktionsbedingungen dieses Verhältnisses. Hierbei, so glaube ich, bietet eine Perspektive auf Affekt und Emotionen einen privilegierten Zugang.

2. Die affektive Konstitution von Mensch-Ding-Beziehungen

Am Tag der Urteilsverkündung beschrieben die Richter im Al Mahdi-Fall in ihrer Begründung das Ausmaß der Taten des Angeklagten:[18]

Die Zerstörung der Mausoleen, zu denen die Einwohner von Timbuktu eine emotionale Bindung hatten, war eine Kriegshandlung, die darauf ausgerichtet war, die Seele der Einwohner Timbuktus zu brechen. Die Bevölkerung Malis, die Timbuktu als eine Quelle des Stolzes ansieht, war allgemein empört darüber, diese Angriffe mitansehen zu müssen. [...] Die gesamte internationale Gemeinschaft – in dem Glauben, dass historisches Erbe ein Teil des kulturellen Lebens ist – leidet als Folge der Zerstörung der geschützten Stätten.[19]

Die auffällige Häufung von Emotionswörtern in dieser Passage wirft die Frage auf, welche Rolle Affekt und Emotionen in diesem Prozess spielen.[20] In

---

18 Die Beteiligten im Al Mahdi-Verfahren haben im Gerichtssaal entweder Englisch, Französisch oder Arabisch gesprochen. In diese drei Sprachen fand auch eine Simultan-Übersetzung statt. Die Sitzungsprotokolle wurden auf Englisch und Französisch, den offiziellen Gerichtssprachen, veröffentlicht; es wurde kein arabisches Protokoll angefertigt. Ich benutze im Fließtext für alle aufgeführten Zitate eine selbst angefertigte deutsche Übersetzung und füge in der Fußnote (oder bei kurzen Textteilen in Klammern) jeweils das englische bzw. französische Original an, und zwar in der Fassung, in der es im Sitzungsprotokoll vermerkt ist. Wenn die Beteiligten Arabisch gesprochen haben, füge ich in der Fußnote den Wortlaut der englischen Simultan-Übersetzung an, wie sie im Sitzungsprotokoll festgehalten ist und auf der auch meine deutsche Übersetzung beruht.
19 »Destroying the mausoleums, to which the people of Timbuktu had an emotional attachment, was a war activity aimed at breaking the soul of the people of Timbuktu. In general, the population of Mali, who considered Timbuktu as a source of pride, were indignant to see these acts take place. ...the entire international community, in the belief that heritage is part of cultural life [is] suffering as a result of the destruction of the protected sites« (ICC-01/12–01/15-T-7-ENG, S. 12).
20 Es gibt eine Tradition interdisziplinärer Rechtsforschung, die die Rolle von Affekt und Emotionen für rechtliche Verfahren ernst nimmt (Abrams/Keren 2009; Bandes 2001; Bandes/Blumenthal 2012; Maroney 2006; Bens/Zenker 2017b; Kohler u. a. 2017).

The Prosecutor v. Al Mahdi hat der Wert von Personen im Verhältnis zum Wert von Dingen eine entscheidende Rolle gespielt. Sozial- und kulturanthropologische Arbeiten haben aufgezeigt, dass die Grenzziehung zwischen Menschen und Dingen ein Unternehmen mit wichtigen Implikationen ist.[21] Die Akteur-Netzwerk-Theorie[22] und die sogenannte Ontologische Wende in der Anthropologie verweisen sehr grundlegend auf diese Prämisse.[23] Rechtsanthropolog*innen haben zudem argumentiert, dass das Recht eine Schlüsselrolle dabei spielt, die Grenzlinie zwischen Menschen und Dingen festzulegen und im Zuge dessen Menschen und Dinge zu fabrizieren (*fabricate*).[24] Ich argumentiere, dass bei diesen Fabrikationsprozessen die Hervorbringung von Affekt und Emotionen eine entscheidende Rolle spielt.

Die Aussagen, die ich in diesem Text mache, basieren auf einer Gerichtssaalethnographie, die ich während des Verfahrens durchgeführt habe.[25] Das wichtigste Geschehen in Gerichtssälen ist, dass miteinander gesprochen wird, und eine Analyse des Zusammenhangs von Sprache und Recht steht traditionell im Zentrum von Gerichtssaalethnographie.[26] Aus den Theorien des performativen Sprechakts im rechtlichen Kontext lässt sich lernen, dass das, was im Gericht gesagt und getan wird, die Welt außerhalb des Gerichtssaals nicht lediglich *repräsentiert*, sondern dass die Sprache des Rechts durch ihren performativen Charakter die zugrunde liegenden Bedeutungsstrukturen zu einem wichtigen Anteil *konstruiert*.[27] Konsequenterweise lässt sich das Gerichtsverfahren (insbesondere der Strafprozess) als theatrale Aufführung

---

Diesen »Law-and-Emotion«-Ansatz eint die Kritik an der Vorstellung, dass rechtliche Verfahren – jedenfalls idealerweise – von Affekt und Emotionen frei sind. Das Ideal des rationalen Rechts sei, so die »Law-and-Emotion«-Literatur auf einem spezifischen (»westlichen«) rationalistischen Paradigma gegründet, das der empirischen Beobachtung nicht standhalte. Anstatt nach dem von Affekt und Emotionen gereinigten rechtlichen Verfahren zu streben (ein Unterfangen das ohnehin scheitern müsse), sei es wichtiger die Rolle von Affekt und Emotionen im Recht systematisch zu untersuchen. Der vorliegende Aufsatz will zu diesem Forschungsfeld beitragen.

21 Freire de Andrade Neves 2017; Jansen 2013; Hirsch 2010.
22 Latour 2005, deutsch: 2007.
23 Kohn 2015; Castro 1998; Descola 2005, deutsch: 2011.
24 Pottage/Mundy 2004.
25 Rechtsethnograph*innen, Anthropolog*innen wie andere Sozialwissenschaftler*innen, untersuchen bereits seit längerem die rechtlichen Mikropraktiken von Gerichtssälen, sei es in westlichen (Bennett/Feldman 1981; Conley/O'Barr 1990; Greenhouse u. a. 1994; Scheffer 2010; Yngvesson 1994; Merry 1990) oder in nicht-westlichen, postkolonialen Kontexten (Goldman 1993; Hirsch 1998; Messick 1992; Richland 2008).
26 Conley/O'Barr 2004; Danet 1980; Brenneis 1988; Levi 1990; Mertz 1994.
27 Austin 1962, deutsch: 1972; Derrida 1989, deutsch: 1991; Butler 1997, deutsch: 1998.

analysieren.²⁸ In diesem performativen Raum, erzählen die Akteure Geschichten, deren narrative Strukturen sich im Rahmen der Analyse von Gerichtssaal-Performances untersuchen lassen.²⁹

Ich verstehe Sentimentalisierung als eine Form der performativen Rhetorik, in der Menschen, Dinge und andere Entitäten durch Zuschreibung von Emotionen qualitativ voneinander unterschieden, und im Zuge dessen affektiv relationiert und zueinander in Beziehung gesetzt werden. Sentimentalisierung zielt darauf ab, die relevanten Entitäten in einer Weise affektiv-emotional anzuordnen, dass ein spezifisches Argument oder eine Argumentationsstruktur den Zuhörer*innen plausibel und glaubwürdig erscheint. Dieser Ansatz impliziert, dass die Relevanz und der Wert dieser Entitäten nicht vorausgesetzt ist, sondern im Prozess der Sentimentalisierung erst produziert wird.

Sentimentalisierung, wie ich sie hier einführe, halte ich für nichts Verwerfliches oder gar überhaupt Vermeidliches. Es ist auch nicht eine Form des Sprechens, die gar nur bestimmte Redner*innen – etwa die besonders manipulativen – aufführen würden. Es ist eine meiner Grundannahmen, auch die Grundannahme soziolinguistischer und linguistisch-anthropologischer Ansätze allgemein, dass Sprechen immer affektiv ist und Körper in bestimmter Weise arrangiert. Um dieses Phänomen zu konturieren, beziehe ich mich auf zwei weitere Denktraditionen: die anthropologische Emotionsforschung, speziell zur Frage der Konstruktion von Emotionen im Diskurs,³⁰ sowie Vorstellungen, die im sogenannten »turn to affect« in den Geistes- und Sozialwissenschaften eine Rolle spielen,³¹ und die inzwischen auch in der Anthropologie angekommen sind.³²

Zunächst ist es wichtig, zwischen Affekt und Emotionen zu unterscheiden. Affekt kann als ein Phänomen des Fühlens und Spürens bezeichnet werden, das in der Relationalität von Körpern entsteht.³³ Mit Bezug auf Baruch de Spinozas Philosophie konzeptualisieren viele Affekttheoretiker*innen den Körper nicht als biologische Einheit, sondern vertreten einen wesent-

---

28 Diehl u. a. 2006; Vismann 2011; Ertür 2015; Cole 2009; Reinelt 2006.
29 Brooks 2006; Jackson 1988; White 1985; Cover 1983; Amsterdam/Bruner 2002.
30 Abu-Lughod/Lutz 1990.
31 Clough/Halley 2007; Gregg/Seigworth 2010.
32 Rutherford 2016. Für einen etwas ausführlichen Überblick über die anthropologische Emotions- und Affektforschung siehe Bens und Zenker (2017a). Für deutschsprachige Positionen zur Affekttheorie siehe zum Beispiel für die Soziologie Robert Seyfert (2014) und Andreas Reckwitz (2015), für die Medienwissenschaften Marie-Luise Angerer (2007) und für die Philosophie Rainer Mühlhoff (2016) und Jan Slaby (im Erscheinen).
33 Scheve 2017; Slaby 2016.

lich allgemeineren und abstrakteren Körperbegriff. Körper wird in diesem Rahmen definiert als alles, was affizieren und affiziert werden kann.[34] Es ist demnach nicht vorentschieden, ob es sich bei diesen Körpern um Menschen oder Nicht-Menschen, Personen oder Dinge, Objekte oder Subjekte handelt – eine Vorstellung, die eine deutliche Nähe zu den oben erwähnten Akteur-Netzwerk-Ansätzen hat.[35] Über Körper in diesem allgemeinen Sinne zu sprechen, hilft dabei, solche rechtlichen Produktionsprozesse von Bedeutung zu verstehen, in deren Kontext der Verlust von Dingen mindestens ebenso intensiv gefühlt wird, wie der Verlust von Menschen. Auch argumentiere ich, dass die Relationalität von Körpern eine wichtige Komponente affektiver Rhetorik auf semantischer Ebene ist, und damit unverzichtbarer Bestandteil von Sentimentalisierungsprozessen.

Emotionen können wiederum von Affekt differenziert werden, weil sie in verschiedene Qualitäten unterscheidbar sind, während Affekt oft nur in der Intensität unterschieden wird.[36] Liebe etwa ist ein Gefühl, dass sich in qualitativer Hinsicht von Hass unterscheidet. Das eine Gefühl ist nicht einfach nur intensiver oder weniger intensiv als das andere. Dadurch, dass Körper (zum Beispiel Angreifer oder Opfer) mit unterschiedlichen Emotionen aufgeladen werden, werden sie nicht nur zueinander in Beziehung gesetzt, sondern auch qualitativ in unterschiedliche Arten von Körpern unterschieden.

3. Zum Hintergrund: Die Zerstörung der Mausoleen von Timbuktu

Im Januar 2012 brach ein gewaltsamer Konflikt zwischen Rebellen aus dem Norden Malis und den Truppen der Regierung in Bamako aus. In den internationalen Medien dominierte ein Bild des Konflikts, wonach Islamist*innen die Regierung in Bamako stürzen und einen Kalifat-Staat errichten wollten. Und obwohl die wachsende Bedeutung muslimischer politischer Identität in Mali ein wichtiger Bestandteil des Konfliktes ist,[37] ist es für ein Verständnis des Bürgerkrieges ebenso entscheidend, den langanhaltenden

---

34 Massumi 1995.
35 Latour 2004.
36 Wetherell 2012, S. 57–58; Massumi 1995.
37 Soares 2006; Loimeier 2016.

Konflikt zwischen Tuareg-Separatist*innen und der Regierung im Süden in die Analyse einzubeziehen.³⁸ Bereits vor der Unabhängigkeit Malis in den 1960er Jahren gab es ein Bestreben vieler Tuareg-Gruppen, ein unabhängiges Azawad (einen Tuareg-Staat in der Sahara) zu errichten, der den Norden Malis sowie Teile Algeriens, Mauretaniens und Nigers umfassen sollte. Im Zuge dieses Projektes kam es zu mehreren Tuareg-Rebellionen in Nordmali.³⁹ Obwohl die meisten Tuareg Muslime sind, waren ihre Unabhängigkeitsbestrebungen (jedenfalls in der Vergangenheit) vorrangig ein nationalistisches Projekt und ihr politischer Aktionsraum war die Sahara, weniger die Nationalstaaten der Region. Innerhalb der Tuareg sind ethnische und familiale Bindungen sowie trans-saharische Handelsnetzwerke oft entscheidendere politische Faktoren als ihre Bindung an den Islam.⁴⁰ Zu einem gewissen Grade war die Gewalt im Jahr 2012 also eine neuerliche Turaeg-Rebellion gegen die Regierung in Bamako, als deren Hauptakteur die Nationale Bewegung für die Befreiung des Azawad (Mouvement national de libération de l'Azawad, MNLA) gelten kann – eine Gruppe, die seit Oktober 2011 begann, verschiedene Tuareg-Separatist*innen zu versammeln.

Hinzu kam allerdings, dass zum ersten Mal internationale und nationale salafistisch-dschihadistische Gruppen mit Verbindungen in die Tuareg-Gemeinden involviert waren; unter ihnen die Gruppe Ansar Dine und die aus Algerien stammende Al-Qaida im Maghreb (Organisation al-Qaïda au Maghreb islamique, AQMI).⁴¹ Während AQMI in Mali als ausländische Organisation angesehen wird, hat Ansar Dine einen lokaleren Hintergrund.⁴² In diesem Akteursfeld sind ethnische Loyalitäten und Dschihad eng verwobene Faktoren, wobei die Unterschiede zwischen den verschiedenen Rebellengruppen subtil sind und von sich stetig verändernden ethnischen, ökonomischen und religiösen Allianzen abhängen.⁴³

Anfang 2012 begannen die Rebellen Stellungen der Malischen Armee in der Sahara anzugreifen, zunächst mit überraschendem militärischem Er-

---

38 Lecocq u. a. 2013.
39 Lecocq 2010.
40 Lecocq 2013.
41 Lecocq u. a. 2013.
42 Ansar Dine wurde von Iyad ag Aghali gegründet, einer Schlüsselfigur in den Tuareg-Rebellionen der 1990er Jahre, der mit der Vorstellung von nationaler Unabhängigkeit weitgehend gebrochen hat und nun eine Integration der Tuareg in die globale Muslimische Welt favorisiert.
43 Lecocq 2013.

folg.⁴⁴ Kurz darauf, am 22. März 2012, wurde der Präsident Malis, Amadou Toumani Touré, in Bamako durch einen Militärputsch entmachtet – eine Maßnahme, die im Elektorat wegen einer langanhaltenden politischen Krise im Süden nicht ohne Rückhalt war.⁴⁵ In diesem Moment der Instabilität konnte die Regierung im Süden den Rebellen im Norden kaum etwas entgegensetzen und im April 2012 hatten die Aufständischen alle größeren Städte im Norden Malis unter ihre Kontrolle gebracht. Azawad erklärte die Unabhängigkeit.

Ab April 2012 besetzten die beiden dschihadistischen Gruppen Ansar Dine und AQMI für etwa zehn Monate auch die Stadt Timbuktu. Die Tuareg-Rebellen von der MNLA hatten bereits für einige Zeit erfolglos versucht, die Stadt einzunehmen. Kurz vor ihrem entscheidenden Angriff übergaben die örtlichen berberisch-arabischen Anführer Timbuktu praktisch freiwillig an AQMI, um zu verhindern, dass die Stadt in die Hände der Tuareg Separatist*innen fiel.⁴⁶ Die Mitglieder von Ansar Dine und AQMI gründeten daraufhin mehrere Organisationen, um ihre Rolle als Besatzer zu festigen. Ein Präsidium wurde eingesetzt, das aus drei Führungsfiguren von AQMI bestand (Ansar Dine, damals in enger Allianz mit AQMI, übernahm nur eine marginale Rolle bei der Verwaltung der Stadt). Das Präsidium stand fünf weiteren Organisationen vor: einer Medienkommission, einem islamischen Gericht, einer islamischen Polizei, einer Sittenpolizei, *Hisbah* genannt, sowie der Bataillone der Besatzungsstreitkräfte von AQMI.

Kurz nach Beginn der Besatzung rekrutierte das Präsidium Ahmad Al Faqi Al Mahdi, der später vor dem IStGH angeklagt werden sollte, als Leiter der *Hisbah*. Al Mahdi, zu dieser Zeit Mitte Dreißig, war in Agoune in Mali geboren und lebte bereits seit über zehn Jahren in Timbuktu. In seiner Jugend hatte er in Libyen und Saudi-Arabien studiert. Seit seiner Rückkehr nach Timbuktu arbeitete er als Lehrer und war ein angesehener Experte für islamisches Recht. In dieser Rolle wurde er oft eingeladen, um in den örtlichen Moscheen zu predigen. Al Mahdi war aus zwei Gründen eine Schlüsselfigur für die Besatzungsverwaltung. Zunächst hatte er eine ideologische

---

44 Der bewaffnete Konflikt in Libyen ab 2011 ist eine wichtige Vorgeschichte für den Konflikt in Mali. Tausende von Tuareg wurden vom Ghaddafi-Regime oder deren Gegnern als Söldner*innen rekrutiert. Nach dem Fall Ghaddafis kehrte eine hohe Zahl von Tuareg-Kämpfer*innen, schwer bewaffnet und ausgestattet mit militärischen Versorgungsgütern, in den Norden Malis zurück.
45 Lecocq u.a. 2013.
46 Ebd.

Nähe zu AQMI und Ansar Dine und weiterhin war er, anders als die Mitglieder des Präsidiums, ein Einheimischer. Die Besatzungsverwaltung erhoffte sich von ihm, dass er von der lokalen Bevölkerung als vertrauenswürdiger angesehen würde, wenn es daranging, die neuen drastischen islamischen Gesetze zu implementieren. Diese neue Religionspolitik richtete sich unter anderem auch gegen die örtliche Praxis vor den zahlreichen Mausoleen der Stadt zu beten. Die Mausoleen von Timbuktu sind kleine bescheidene Lehmgebäude mit einer Grundfläche von nicht mehr als ein paar Metern.[47] Sie wurden auf den Gräbern islamischer Gelehrter errichtet, die sich zu Lebzeiten durch intellektuelle oder spirituelle Leistungen hervorgetan haben. Gläubige gehen zu den Mausoleen, um in Gebeten die Vorfahren um Hilfe und Rat zu bitten. Heiligenverehrung wird im wahhabitischen Islam, der von den Besatzern vertreten wurde, aber als unislamische Praxis angesehen – ein Aberglaube, der im Koran keine Grundlage hat. Islamisches Recht verbietet den Bau von Gebäuden auf Gräbern, um Gläubige nicht zu ermutigen, dort zu den Verstorbenen zu beten. Al Mahdi hatte bereits seit Beginn der Besatzung in Freitagspredigten und über Radiosendungen versucht, die örtliche Bevölkerung davon abzuhalten, die Mausoleen zum Beten aufzusuchen. Nach einiger Zeit aber traf das Präsidium die Entscheidung, einige besonders wichtige Mausoleen abzureißen, um ein machtvolles Signal in die Bevölkerung zu senden, dass die neue Religionspolitik mit Nachdruck umgesetzt würde. Al Mahdi recherchierte sorgfältig die am häufigsten besuchten Orte, schrieb eine Freitagspredigt, um die Zerstörung theologisch zu rechtfertigen, organisierte die Werkzeuge für den Abriss und leitete die Operation, die vom 30. Juni bis zum 11. Juli 2012 stattfand. An einigen Orten nahm er auch persönlich an den Abrissarbeiten teil. Die Besatzungsverwaltung nutzte die Aktion für Propagandazwecke und produzierte Bilder und Videos von den Arbeiten. Al Jazeera und andere Fernsehstationen berichteten über die Zerstörung.

Im weiteren Verlauf des bewaffneten Konflikts wurde offensichtlich, dass die Hauptakteure der Rebellion, die Tuareg und die dschihadistischen Gruppen, sehr unterschiedliche Visionen für die Zukunft des neuen Staates vertra-

---

47 Die Gebäude müssen permanent durch ein Verfahren gewartet werden, das *crépissage* genannt wird, und bei dem die Mausoleen von außen mit Lehm verputzt werden. Diese Arbeit wird von bestimmten Gemeindemitgliedern erledigt, die aus Familien stammen, die sich traditionellerweise um bestimmte Mausoleen kümmern. Viele Einwohner*innen von Timbuktu helfen bei dieser Arbeit und *crépissages* sind oft größere öffentliche Festveranstaltungen mit vielen Teilnehmer*innen.

ten. Im daraufhin ausbrechenden internen Konflikt begannen die Tuareg-Separatist*innen von der MNLA gegen die Dschihadist*innen von Ansar Dine, AQMI und anderer militärisch vorzugehen. Beginnend im Juli 2012 verurteilte der UN-Sicherheitsrat in mehreren Resolutionen die Gewalt, die die Zerstörung von Weltkulturerbe explizit auflisten, und autorisierte schließlich ein militärisches Eingreifen.[48] Am 15. Januar 2013 intervenierte die ehemalige Kolonialmacht Frankreich militärisch, nachdem sie von der Regierung in Bamako dazu formell eingeladen worden war. Im Rahmen der *Opération Serval* eroberten 2.500 französische Soldat*innen gemeinsam mit Truppen der Regierung Malis den Norden des Landes von den Aufständischen zurück.[49]

Al Mahdi verließ Timbuktu gemeinsam mit den Besatzern, als französische Truppen die Stadt für die Regierung in Bamako im Januar 2013 zurückeroberten. Im Oktober 2014 wurde er von französischen Kräften in der Wüste von Niger verhaftet. Bereits im *Confirmation of Charges Hearing* im März 2015 legte Al Mahdi ein Geständnis ab, um seinen Teil der Verständigung mit der Anklage zu erfüllen. Die darauffolgende Hauptverhandlung war kurz und die ausgetauschten Argumente bezogen sich hauptsächlich auf den Grad der Schuld des Angeklagten, die Grundlage für die Höhe des Strafmaßes.

4. Die Anklage: »Nicht einfach Mauern und Steine«

In einem Strafprozess gibt es immer konkurrierende Parteien mit divergierenden Interessen. Die Anklage, die Verteidigung und die Vertretung der Opfer tun alle dasselbe – sie sprechen – doch was sie sagen, zielt auf die Beschreibung einer jeweils anderen Version der Fakten. Die unterschiedlichen Akteure im Strafverfahren fabrizieren Realität, indem sie konkurrierende Narrative der Ereignisse performieren, die die Handlungen des Angeklagten

---

[48] S.C.Res.2056, U.N.Doc. S/Res/2056 (5. Juli 2012); S.C.Res.2071, U.N.Doc. S/Res/2071 (12. Oktober 2012); S.C.Res.2085, U.N.Doc. S/RES/2085 (20. Dezember 2012).

[49] Als die Rebellion gescheitert war, handelte der größte Teil der Tuareg-Rebellen mit der Regierung in Bamako einen fragilen Waffenstillstand aus, an denen die dschihadistischen Gruppen nicht teilnahmen. Die Situation ist weiterhin politisch und militärisch instabil, insbesondere weil dschihadistische Gruppen Terroranschläge im Süden Malis durchführen. Im November 2015 verübte die dschihadistische Splittergruppe Al-Mourabitoun einen Anschlag auf das Radisson Hotel in Bamako, bei dem 22 Menschen getötet wurden.

konstituieren und kontextualisieren. Durch diese rhetorischen Aufführungen substantiieren die Akteure ihre Behauptungen. Ich argumentiere, dass ein wichtiger Aspekt dieser performativen Bedeutungsproduktion im Gerichtssaal mit der Mobilisierung von Affekt und Emotionen verbunden ist, mit dem Ziel Körper mit Emotionen aufzuladen und sie in bestimmter Weise normativ anzuordnen.

Die Chefanklägerin des IStGH, Fatou Bensouda, hielt während des Verfahrens zwei Eröffnungsvorträge – einen im März 2016 während des *Confirmation of Charges Hearing*, und einen weiteren während der Hauptverhandlung im August 2016. In ihrer Rhetorik finden sich mehrere Aspekte dessen, was ich die Sentimentalisierung von Menschen und Dingen nennen möchte.

Eine erste Ebene von Sentimentalisierung liegt deutlich an der Oberfläche linguistischer Analyse. Die Anklage benutzt eine Reihe von Emotionswörtern und schreibt die ausgedrückten Emotionen verschiedenen Körpern zu. Bensouda, und die anderen Mitglieder des Teams der Anklage, attribuieren bestimmte Emotionen entweder den Angreifern auf die Mausoleen oder den Opfern – seien das die Einwohner*innen von Timbuktu, die Bürger Malis, die Einwohner*innen des afrikanischen Kontinents oder die Menschheit als Ganzes. Die Angreifer werden beschrieben als »kaltblütig« (*coldblooded*), »hartherzig« (*callous*), voller »Verachtung für diese Gebäude« (*contempt for these buildings*) und »zerstörerischer Wut« (*desctructive rage*).[50] Die Opfer werden mit Emotionen beschrieben wie »Hoffnungslosigkeit« (*desperation*), »Verzweiflung« (*despair*), »Bestürzung« (*dismay*),[51] aber auch »Schock« (*shock*), »Ärger« (*anger*), »Entrüstung« (*outrage*) und »Erniedrigung« (*humiliation*).[52]

Arlie Russel Hochschild hat dargelegt, wie alle Bereiche des Lebens durch Gefühlsregeln (*feeling rules*) bestimmt werden.[53] Gefühlsregeln sind Vorschriften darüber, was Menschen in bestimmten Situationen und Kontexten fühlen sollen. Das geht über reine Ausdrucksregeln hinaus. Gefühlsregeln bestimmen nicht nur, welche Emotionen man *zeigen* darf, sondern welche Emotionen *gefühlt* werden sollen. Wenn die Anklage bestimmte Emotionen bestimmten Körpern zuschreibt (in diesem Falle den Angreifern und den Opfern), dann geschieht das vor dem Hintergrund des impliziten Bestehens von Gefühlsregeln für den internationalen Strafprozess (obwohl diese spezifischen Gefühlsregeln möglicherweise nicht von allen Beteiligten geteilt oder

---

50 ICC-01/12-01/15-T-2-Red2-ENG, S. 12–13.
51 ICC-01/12-01/15-T-2-Red2-ENG, S. 12–13.
52 ICC-01/12-01/15-T-6-ENG, S. 7.
53 1979; 1983.

akzeptiert werden). Diese Regeln sind in der Rhetorik der Parteien impliziert und werden gleichzeitig durch sie hervorgebracht und reproduziert. In der Rhetorik der Anklage verletzen die Angreifer der Mausoleen diese Gefühlsregeln, weil man keine Verachtung, keinen Hass und keine Wut gegenüber Gebäuden empfinden soll, die anderen heilig sind. Man sollte Respekt, Demut oder vielleicht sogar Bewunderung empfinden. Die Opfer hingegen, die bestürzt, schockiert und verärgert über die Zerstörung ihres kulturellen Erbes sind, fühlen ganz im Einklang mit den implizierten Gefühlsregeln. Indem bestimmte qualitativ verschiedene Emotionen bestimmten Körpern zugeschrieben werden, während manche Körper als im Einklang mit den impliziten Gefühlsregeln erscheinen, andere aber im Widerspruch zu diesen Gefühlsregeln stehen, werden die Körper zugleich in normativer Weise angeordnet. Sie erscheinen entweder als gerechtfertigt oder als ungerechtfertigt.

Im Al Mahdi-Verfahren spielen nicht-menschliche Körper, nämlich die Gebäude auf der UNESCO-Welterbeliste, eine entscheidende Rolle. Sie sind die eigentlich verletzten Körper, und um den Grad von Al Mahdis Schuld zu ermessen, ist es entscheidend sie im normativen Arrangement der Sentimentalisierung an der richtigen Stelle zu platzieren. Im Falle der Gebäude benutzt die Anklage hingegen oft keine Emotionswörter, sondern den Gebäuden werden Emotionen im Modus der Metapher zugeschrieben. Die Mausoleen werden in einer Weise beschrieben, dass sie »Timbuktus Bild und Identität verkörpern« (*embodied Timbuktu's image and identity*), dass sie der »Lebenssaft« (*lifebloods*) des malischen Volkes seien,[54] »sehr wichtig für die Herzen der Menschen« (*very important for the hearts of people*), »lebendes Zeugnis von Timbuktus glorreicher Vergangenheit« (*living testimony to Timbuktu's glorious past*), »die Verkörperung der Geschichte Malis« (*the embodyment of Malian history*), »lebendes Symbol der Stadt« (*living symbol of the city*).[55] Allgemeiner erklärte Bensouda, dass »unsere Vorfahren« (*our ancestors*) ihre »Herzen und Seelen in die Hervorbringung solchen kulturellen Erbes gesteckt hätten« (*put their hearts and their souls into the creation of such cultural heritage*)[56] und dass alle Völkerstraftaten, auch die Zerstörung kulturellen Erbes, eine Gemeinsamkeit hätten, nämlich dass sie »menschlichen Personen in Körper, Geist, Seele und Identität irreparablen Schaden zufü-

---

54 ICC-01/12-01/15-T-2-Red2-ENG, S. 15–16.
55 ICC-01/12-01/15-T-4-Red-ENG, S. 16–19.
56 ICC-01/12-01/15-T-4-Red-ENG, S. 19.

gen« (*they inflict irreparable damage to the human persons in his or her body, mind, soul and identity*).⁵⁷ In diesen Beschreibungen finden sich eine auffällig hohe Zahl von Metaphern, die entweder direkt auf den biologischen Körper Bezug nehmen (»Körper«, »verkörpert«, »Inkarnation«, »Lebenssaft«, »Herzen«) oder jedenfalls auf lebendige Dinge referieren und die bezeichneten Dinge als belebte, nicht lediglich unbelebte Gegenstände kennzeichnen. Die sozialwissenschaftliche Emotionsforschung hat die Bedeutung metaphorischen Sprechens für die Emotionalisierung von Diskursen hervorgehoben.⁵⁸ Wenn Sprecher*innen metaphorische Sprache benutzen, die auf den physischen bzw. biologischen Körper Bezug nimmt, werden Zuhörer*innen an diejenigen Gefühle erinnert, die – eingebettet in historisch gewachsene Diskurse – zu den jeweiligen Körpermetaphern in Verbindung stehen.

Liest man metaphorische Sprache als einen Bestandteil des Prozesses der Sentimentalisierung von Menschen und Dingen (also die qualitative Unterscheidung und Relationierung von Körpern im Diskurs), gerät ein weiterer normativer Aspekt ins Blickfeld: Indem die zerstörten Körper als belebte, und nicht als unbelebte Gegenstände beschrieben werden, werden sie dadurch rhetorisch näher an die menschlichen Körper gerückt, die im Verfahren relevant sind. Diese Rhetorik macht die Zerstörung dieser Dinge wichtiger für die menschlichen Opfer des Verbrechens. Die Anklage arrangiert die zerstörten nicht-menschlichen Körper und die involvierten menschlichen Körper in einer Art, dass sie einander ähnlich, einander nah und miteinander verbunden erscheinen.

Eine dritte Ebene der Sentimentalisierung in der Sprache der Anklage liegt analytisch betrachtet weiter entfernt von traditioneller Emotionsforschung und hat eine größere Nähe zur Affekttheorie. Auf dieser Ebene liegt der analytische Fokus nicht auf dem Gebrauch von Emotionswörtern oder bestimmter metaphorischer Sprache, sondern in der Art und Weise wie Körper auf semantischer Ebene arrangiert und miteinander in Beziehung gesetzt werden. In seinen abschließenden Bemerkungen nach dem Vortrag der Anklage, bilanzierte Jean Dutertre, Mitglied des Teams der Anklage, die Beziehung der Menschen von Timbuktu und der zerstörten Gebäude:

Wie die Chefanklägerin bereits in ihrer Eröffnung ausgeführt hat, ist kulturelles Erbe kein Luxusgut, nichts Überflüssiges. Kulturelles Erbe ist ein Teil von uns, eine Erwei-

---

57 ICC-01/12-01/15-T-2-Red2-ENG, S. 12.
58 Hochschild 2016; Lakoff/Johnson 1980; Burkitt 2014.

terung unser selbst. Seine Zerstörung macht uns zu Reisenden ohne Gepäck, zu Wesen ohne Seele, ohne Geschichte und ohne Erinnerung. Die zehn Orte in Timbuktu, die zum Ziel gemacht, angegriffen und zerstört worden sind, verkörperten die Stadt und waren eng verbunden mit dem Leben der Einwohner, die sie geschätzt haben.[59]

Auch diese Erklärung enthält Körpermetaphorik, aber auffälliger ist die Art und Weise wie menschliche und nichtmenschliche Körper arrangiert und zueinander in Beziehung gesetzt werden. Die Orte kulturellen Erbes werden als »ein Teil von uns«, beschrieben, als »eine Erweiterung unser selbst«, ohne die wir alle »Reisende ohne Gepäck«, »Wesen ohne Seele« sind. Die Dinge und Personen sind auf der gleichen Ebene angeordnet, verschmelzen gar teilweise (»Teil von uns«, »Erweiterung von uns selbst«).

Solche Arrangements von Körpern sind nicht neutral. Die Art, wie Körper angeordnet und aufeinander bezogen werden, lässt die Zuhörer*innen die affektive Intensität der Nähe und Ferne bestimmter Körper erinnern. Gemeinsam mit der Zuschreibung von Emotionen, sei es durch direkte semantische Bezeichnung mit Emotionswörtern oder über Körpermetaphorik, ist das Anordnen von Körpern eine rhetorische Strategie, ein Arrangement von Körpern zu schaffen, vor dessen Hintergrund normative Aussagen und Behauptungen gerecht bzw. ungerecht erscheinen. Wenn bestimmte Gebäude als Körper imaginiert werden, die den menschlichen Körpern ähnlich und nahe sind, wenn Täter als Körper imaginiert werden, die sich nicht so anfühlen, als seien sie an der richtigen Stelle, während die Opfer als Körper imaginiert werden, die genau an der richtigen Stelle platziert sind, dann fühlt es sich gerecht an, den Täter zu bestrafen und das Opfer zu entschädigen.

Nachdem die Anklage ihr normatives Arrangement rhetorisch konstruiert, ihre spezifische Version der Sentimentalisierung von Menschen und Dingen betrieben hatte, rahmte sie ihr Argument gegen Ende ganz explizit in der Semantik von Affekt und Emotion:

Ich bitte uns alle, uns vorzustellen, und sei es nur für eine Sekunde, wie es sich angefühlt haben muss, dann, an diesem schicksalsvollen Tage im Jahr 2012, in dieser schicksalsvollen Zeit, Zeuge gewesen zu sein der Zerstörung dieses geschätzten kul-

---

59 »Mme le Procureur vous l'a dit, le patrimoine n'est pas un élément de luxe, quelque chose de superflu. Le patrimoine, c'est ce que nous sommes, un prolongement de nous-mêmes. Sa destruction nous transforme en quelque sorte en voyageurs sans bagage, des êtres sans âme, sans histoire et sans mémoire. Et en l'espèce, ce sont les 10 sites parmi les plus connus de Tombouctou qui ont été ciblés, attaqués et détruits. Ils incarnaient Tombouctou et étaient intimement liés à la vie des Tombouctiens qui les chérissaient« (ICC-01/12-01/15-T-6-FRA ET WT 24-08-2016 1–76 NB T, S. 7).

turellen Erbes, dieses planvollen Angriffs auf jemandes Identität, religiösen Glauben und wertvolle kulturelle Besitztümer.[60]

Diese Frage beantwortet sich, wie alle rhetorischen Fragen, von selbst. Es muss sich verstörend, verzweifelt, empörend und erniedrigend angefühlt haben. Und genau das sind auch die Gefühle, die die Opfer – gemäß der Emotionszuschreibung der Anklage – auch tatsächlich empfinden. Diese rhetorische Frage entfaltet ihre Wirkung bei den Zuhörer*innen gerade deshalb, weil sie vor dem Hintergrund einer spezifischen Sentimentalisierung von Menschen und Dingen gestellt wird, die durch eine spezifische planvolle Rhetorik betrieben worden ist. Alle Körper sind in der richtigen Weise arrangiert, voneinander differenziert und zueinander in Beziehung gesetzt worden, sodass sich die Bestrafung des Täters richtig *anfühlt*. Der Schlüssel zu dieser Art von normativem Körperarrangement ist der erhöhte Status der zerstörten Dinge. »Lassen Sie es uns ganz klar sagen«, resümierte die Chefanklägerin, »was hier auf dem Spiel steht, sind nicht einfach Mauern und Steine.«[61]

5. Die Verteidigung: »Es ist das menschliche Leben, das über allem steht«

Die Strategien der Sentimentalisierung der Anklage sind freilich nicht die einzig möglichen, sie dienen einem ganz bestimmten Zweck. Die Verteidigung zielt auf ein anderes Arrangement von Körpern, innerhalb dessen Al Mahdis Taten in einem anderen Licht erscheinen und die Vorstellung ihn hart zu bestrafen sich nicht derart gerecht anfühlt.

Daher finden sich auch in den Äußerungen der Verteidigung die rhetorische Zuschreibung von Emotionen, doch werden sie in anderer Weise zugeschrieben als im Falle der Anklage. Mohamed Aouini, ein tunesischer Strafverteidiger und der Leiter des Teams der Verteidigung, beschrieb die Gefühlswelt seines Klienten mit den Worten: »Herr Al Mahdi hegte keinen

---

60 »I ask all of us to imagine, if only for a second, what it must have felt like, then, in that fateful day in 2012, that fateful period, to witness the wanton destruction of this cherished cultural heritage, a deliberate assault on one's identity, spiritual beliefs and prized cultural possessions« (ICC-01/12-01/15-T-4-Red-ENG, S. 20).
61 »Let us be clear, what is at stake here is not just walls and stones« (ICC-01/12-01/15-T-2-Red2-ENG, S. 13).

Groll, keinen Hass, keine negativen Gefühle gegen irgendwelche Gemeindemitglieder.«[62] Damit zielt der Verteidiger darauf, der Behauptung der Anklage zu widersprechen, sein Klient habe die Gebäude aus Hass oder Wut heraus zerstört. Er legt Wert auf die Feststellung, dass Al Mahdis Gefühle gegenüber den Gebäuden und den mit ihnen verbundenen Menschen nicht unangemessen seien, nicht im Widerspruch zu den etablierten Gefühlsregeln stehen. Zudem schreibt Aouini seinem Mandanten die Gefühle des Bedauerns (*regret*) und der Reue (*remorse*) zu – Gefühle, die ganz im Einklang stehen mit den im Gericht etablierten Gefühlsregeln für jemanden, der seine Taten eingesteht und Abbitte leisten will.[63]

Die Qualität der zerstörten Gebäude steht auch bei den Sentimentalisierungsrhetoriken der Verteidigung im Zentrum. In seinen Einlassungen griff einer von Al Mahdis Verteidigern, der belgische Strafverteidiger Jean-Louis Gillisen, Fatou Bensoudas Formulierung auf und erklärte: »Es hat einen Vorsatz gegeben – und das vermindert das Ausmaß des Verbrechens nicht – [...], Vorsatz für ein Verbrechen der Steine, aber das soll nichts, aber auch gar nichts verharmlosen.«[64] An diesem Punkt wird der entscheidende Unterschied in den konkurrierenden normativen Körperarrangements der Verteidigung und der Anklage sichtbar: Entweder die Weltkulturerbestätten sind lediglich eine Ansammlung von Steinen oder sie sind mehr als das, etwas das viel näher an den Menschen liegt. Die Verteidigung musste sich bemühen soweit möglich für die erste Variante zu sprechen, und benutzte auch deshalb keine Körpermetaphorik für die zerstörten Weltkulturerbestätten. Um ein mildes Strafmaß für den Angeklagten zu begründen, musste die Verteidigung ein normatives Arrangement zu produzieren versuchen, das die zerstörten Objekte nicht den menschlichen Körpern ähnlich zeichnet, nicht als die lebenden Verkörperungen, wie die Anklage sie beschrieben hatte – jedenfalls nicht im selben Grade.

Als das Jugoslawientribunal die Fälle zur Belagerung und Bombardierung Dubrovniks zu verhandeln hatte (einer Operation, bei der 114 Menschen, einschließlich Zivilist*innen, getötet und viele Gebäude auf der UN-

---

62 Englische Simultanübersetzung: »Mr Al Mahdi had no grudges, had no hatreds, had no ill feelings against any members of the community« (ICC-01/12-01/15-T-6-ENG, S. 36).
63 ICC-01/12–01/15-T-6-ENG, S. 36.
64 Im Original:»Il y a eu l'intention d'un... et cela ne réduit en rien l'ampleur du crime, je vais en dire deux mots, il y a eu l'intention d'un crime de pierres, d'un crime de cailloux, mais ce n'est rien, mais alors rien que de réduire« (ICC-01/12-01/15-T-6-FRA ET WT 24-08-2016 7/76 NB T, S. 53).

ESCO-Welterbeliste zerstört wurden), sprach es Gefängnisstrafen zwischen sechs und sieben Jahren aus – deutlich geringere Strafen also, als sie im Al Mahdi-Fall von der Anklage gefordert wurden. Jean-Louis Gillisen, Al Mahdis Verteidiger, kommentierte diese Disparität:

Zusätzlich zu dem Verlust und der Beschädigung von hohen kulturellen und religiösen Werten, wie in diesem Fall, gab es dort [in Dubrovnik] auch Opfer, schwere Verletzungen, bleibende Behinderungen und, wie ich gesagt habe, auch Tote: Familien in Trauer, Ehefrauen, die ihre Ehemänner verloren haben, Ehemänner, die ihre Ehefrauen verloren haben, Kinder, die keine Eltern mehr haben. All das haben wir im vorliegenden Fall nicht. Also, ja, es ist ein schweres Verbrechen, aber ich bitte um Vernunft, um gesunden Menschenverstand, um gutes Maß. Ich hatte heute manches Mal den Eindruck, hier ginge es um die Eröffnung eines Konzentrationslagers.[65]

Worum es Gillisen ging, war ein Arrangement, in dem Menschen und Nichtmenschen nicht so nah aneinander und, weit wichtiger, nicht auf der gleichen Ebene positioniert sind:

Denn es gibt auch eine Abstufung der Werte, die es zu schützen gilt. Es gibt einen alles überragenden Wert. Ist es überhaupt nötig, ihn hier noch eigens zu nennen? Muss ich ihn hier erst nennen? Mir scheint es so. Es ist das menschliche Leben, das über allem steht. Das ist der alles überragende Wert.[66]

Die Frage, die sich stellt, lässt sich mit anderen Worten so zusammenfassen: Was wiegt schwerer? Was müssen wir hier als schwerwiegender einstufen? Welchen Kriterien der Schwere wollen wir den Vorrang geben: Objekte zu erschüttern oder Menschen zu quälen, Mauern zu zerstören oder Menschen zu zerstören, Gebäude anzugreifen oder Leute anzugreifen?[67]

---

65 »En sus de la perte et des dommages causés à des biens de haute valeur culturelle, comme en la présente affaire, de hautes valeurs religieuses, comme en la présente affaire, il y a eu des victimes, des blessés graves, handicapés à vie, je vous l'ai dit, pour certains il y a eu des morts, il y a eu des familles en deuil, des épouses qui perdent leurs maris, des maris qui perdent leurs épouses, des enfants qui n'auraient plus de parents. Nous n'avons pas cela dans ce dossier. Alors, oui, le crime est grave, mais j'en appelle à la raison, au bon sens, à la mesure. J'ai eu l'impression tout à l'heure que j'avais affaire à l'ouverture des camps de concentration« (ICC-01/12-01/15-T-6-FRA ET WT 24-08-2016 7/76 NB T, S. 57–58).

66 »… parce qu'il y a là aussi une gradation dans les valeurs à protéger, dans les valeurs protégées. Et il est une valeur suprême, quand même, faut-il le rappeler – était-il besoin de devoir l'affirmer, il me semblerait que oui –, c'est quand même la vie humaine, d'abord et avant tout. Ça, c'est une valeur suprême« (ICC-01/12-01/15-T-6-FRA ET WT 24-08-2016 7/76 NB T, S. 58).

67 »La question qui se pose, elle peut être résumée en quelques mots: quel est le plus grave? Que devons-nous considérer comme étant le plus grave à ce stade-ci ? À quel critère de gravité allez-vous donner la préséance: ébranler des constructions ou accabler des per-

Die Strategien der Sentimentalisierung von Menschen und Dingen der Verteidigung zeigen auffällige Unterschiede zu denen der Anklage. Im normativen Arrangement der Verteidigung sind Menschen und Nichtmenschen weiter voneinander entfernt positioniert. Die nichtmenschlichen Körper der Mausoleen werden nicht als belebt beschrieben, was sie näher an die menschlichen Körper rücken würde. Menschliche Körper werden klar über nichtmenschlichen Körpern platziert, um zu unterstreichen, dass sie, von allen möglichen Blickwinkeln aus, wichtiger und wertvoller sind als Dinge.

6. Die Vertretung der Opfer: »Indem sie die Toten angegriffen haben, haben sie die Lebenden angegriffen«

Die dritte Partei im Al Mahdi-Verfahren, die Vertretung der Opfer, betrieb eine wieder eigene Variante der Sentimentalisierung von Menschen und Dingen. Die Gruppe der Opfer war relativ spät zum Verfahren hinzugekommen und setzte sich aus einer Reihe von Einwohner*innen Timbuktus zusammen, die auf die eine oder andere Weise mit den zerstörten Gebäuden in Verbindung standen, sei es als Mitglieder der Handwerkerfamilien, welche die Instandhaltung der Mausoleen, die *crépissage*, durchführen, als Pilgernde oder als Betende. Das normative Arrangement von Körpern, das die Opfervertretung zu etablieren versuchte, ähnelte in vielem demjenigen der Anklage. Doch gibt es auch auffällige Unterschiede.

Der Vertreter der Opfer, der kongolesische Rechtsanwalt Kassongo Mayombo, nahm auch eine Zuschreibung von Emotionen vor, beispielsweise indem er die Ernsthaftigkeit von Al Mahdis Entschuldigung zu Beginn der Hauptverhandlung anzweifelte: »Doch die eigentliche Frage, Herr Vorsitzender, ist, ob ein solches Schuldeingeständnis aufrichtig ist und ob es von dem ehrlichen Willen herrührt, den durch das Verbrechen erlittenen Schaden wieder gut zu machen«.[68] Diese Frage stellte der Opfervertreter, um die Behauptung der Verteidigung anzuzweifeln, dass sich die Gefühle des Ange-

---

sonnes, détruire des murs ou détruire des vies, abattre des bâtiments ou abattre des gens?« (ICC-01/12-01/15-T-6-FRA ET WT 24-08-2016 7/76 NB T, S. 75).

68 »Cependant, la question véritable qui se pose, Monsieur le Président, est de savoir si un tel aveu de culpabilité est sincère et découle d'une véritable volonté de réparer les préjudices subis par les crimes« (ICC-01/12-01/15-T-6-FRA ET WT 24-08-2016 7/76 NB T, S. 30).

klagten tatsächlich im Einklang mit den Gefühlsregeln befinden. Bereut und bedauert Al Mahdi wirklich oder spielt er es nur vor, fühlt in Wirklichkeit ganz anders? Diese Frage ist entscheidend dafür, ob sich seine Bestrafung innerhalb des zu produzierenden normativen Arrangements gerecht oder ungerecht anfühlt.

In Bezug auf seine Mandanten schrieb er ihnen ähnliche Emotionen zu, wie das schon die Anklage mit ihrer Rhetorik getan hatte. Kassongo Mayombo beschrieb seine Klienten als »bedrückt« (*abattu*) und »schwindelig« (*avoir des vertiges*), berichtete von ihrem »Gefühl der Ohnmacht« (*rester impuissant*) und von »ihrer Scham und ihrem Leiden« (*leur honte et leur souffrance*).[69] Auch benutzte der Vertreter der Opfer Körpermetaphorik, um die zerstörten Gebäude zu beschreiben: »Timbuktu ist nicht nur eine Ansammlung von Steinen, Stätte der Gräber für 333 Heilige und anderer Mausoleen, es ist eine Verkörperung der afrikanischen Zivilisation und ihrer Größe. Timbuktu ist die Inkarnation afrikanischer und islamischer Intelligenz und der Wissenschaft, Philosophie und Spiritualität, die sie hervorgebracht hat.«[70]

Was sich in der Sentimentalisierung der Opfervertretung von derjenigen der Anklage deutlich unterscheidet, ist, dass Kassongo in das von ihm konstruierte normative Arrangement weitere Körper einführte, die bislang noch nicht genannt worden waren. Nicht nur die menschlichen Körper und die nichtmenschlichen Körper der Mausoleen als Dinge wurden arrangiert und zueinander in Beziehung gesetzt, sondern hinzu kamen die verstorbenen Vorfahren, deren Gräber angegriffen wurden: »Indem sie die Toten angegriffen haben, haben Herr Al Mahdi und seine Gruppe die Lebenden angegriffen.«[71] In diesem normativen Arrangement werden verschiedene Arten von Körpern – Menschen, Dinge und die Toten – in einer Weise angeordnet und zueinander in Beziehung gesetzt, dass alle drei einander ähnlich und nahe aneinander platziert erscheinen. Damit wird den einen Körper anzugreifen zugleich zu einem Angriff auf den anderen Körper.

---

69 ICC-01/12-01/15-T-6-FRA ET WT 24-08-2016 7/76 NB T, S. 20–21.
70 »Tombouctou n'est pas qu'une masse de pierres, sépulture des 333 saints et autres mausolées, c'est une incarnation de la civilisation africaine et de sa grandeur. Tombouctou est l'incarnation de l'intelligence africaine, islamique, de la recherche scientifique, philosophique et spirituelle qui s'y sont développées« (ICC-01/12-01/15-T-6-FRA ET WT 24-08-2016 7/76 NB T, S. 25).
71 »En attaquant les morts, M. Al Mahdi et son groupe ont attaqué les vivants« (ICC-01/12-01/15-T-6-FRA ET WT 24-08-2016 7/76 NB T, S. 22).

Die Emotionen der Opfer spielten damit eine entscheidende Rolle für die Opfervertretung. Weil die Mausoleen nicht in ihrem Privateigentum standen, rührt ihre Verletzung nicht daher, dass die Mausoleen selbst zerstört wurden, sondern die emotionale Verbindung zwischen den Opfern und den Weltkulturerbestätten selbst wurde durch die Angriffe verletzt. Die Verletzung ihrer religiösen Gefühle fällt mit der Verletzung ihrer Rechte zusammen: »Herr Vorsitzender, Herren Richter, es ist das Gefühl der Opfer, das ich Ihnen in diesem Gerichtssaal übermittele: das Gefühl der Irreparabilität, das Gefühl der durch die Verletzung verursachten Schmerzen, das sie dazu gebracht hat, zu weinen anstatt zu beten.«[72]

7. Die Richter: »Eine Kriegshandlung, die zum Ziel hatte, die Seele Timbuktus zu brechen«

Die Kammer befand Al Mahdi der Kriegsverbrechen im Sinne des Römischen Statuts für schuldig und verurteilte ihn zu neun Jahren Haft. Am 27. September 2017, dem Tag der Urteilsverkündung, präsentierten die Richter ihre Variante der Sentimentalisierung von Menschen und Dingen.

Während der Verhandlung waren sie mit ganz verschiedenen normativen Arrangements von Körpern konfrontiert worden, die sehr unterschiedliche Einschätzungen von dem Grad der Schuld des Angeklagten nahe legten. Entweder man bewertet Al Mahdis Schuld innerhalb eines Arrangements, in dem Gebäude als unbelebte Gegenstände erscheinen (grundsätzlich verschieden von und entschieden weniger wertvoll als Menschen), deren Zerstörung nicht so stark gefühlt wird, und gefühlt werden sollte wie der Verlust von Menschenleben. Oder man bewertet Al Mahdis Schuld innerhalb eines Arrangements von Körpern, indem diese Mausoleen als belebte Körper erscheinen (in dieser Hinsicht den Menschen ähnlich), die die kollektive Identität der Menschen von Timbuktu (und letztlich der gesamten Menschheit) verkörpern und deren Zerstörung ebenso tief empfunden werden sollte wie der Verlust von Menschen. Je nachdem wie die relevanten Körper affektiv

---

[72] »Monsieur le Président, Messieurs les juges, c'est ce sentiment que les victimes que je représente entendent rapporter à votre Chambre: le sentiment de l'irréparable, le sentiment de la souffrance provoquée par ce préjudice qui les amené à crier au lieu de prier« (ICC-01/12-01/15-T-6-FRA ET WT 24-08-2016 7/76 NB T, S. 27).

arrangiert und wie die Emotionen unter ihnen aufgeteilt und zugeschrieben werden, bemisst sich der Grad der Schuld des Angeklagten in radikal unterschiedlicher Weise.

Konsequenterweise kommentierten die Richter gleich zu Beginn ihrer Einlassungen das normative Arrangement von Körpern, das ihrem Urteil zugrunde lag. Sie nahmen direkt Bezug auf die Beziehung von menschlichen und nichtmenschlichen Körpern:

> Was das Kriterium der Schwere betrifft, stellt die Kammer zunächst fest, dass Herr Al Mahdi, anders als andere Angeklagte, die vor diesem Gericht verurteilt worden sind, nicht wegen Verbrechen gegen Personen, sondern wegen Verbrechen gegen Eigentum angeklagt ist. Nach Ansicht der Kammer sind Verbrechen gegen Eigentum, obschon von erheblicher Bedeutung, generell von geringerer Schwere als Verbrechen gegen Personen.[73]

In der Sentimentalisierung von Menschen und Dingen, wie sie vom Gericht betrieben wurde, wurden menschliche und nichtmenschliche Körper in einem klar hierarchischen Verhältnis zueinander beschrieben. Sie befänden sich nicht auf der gleichen Ebene. Dennoch seien, so die Richter weiter, die zerstörten Gebäude und die Menschen miteinander in emotionaler Weise verbunden. Die Kammer führte aus, dass »die Tatsache, dass die zum Ziel gemachten Gebäude ... einen symbolischen und emotionalen Wert für die Einwohner*innen von Timbuktu hatten, für die Bewertung der Schwere des Verbrechens relevant ist«.[74] Eine entscheidende Rolle in der Anordnung der Körper zueinander hatte für das Gericht der Umstand, dass die menschlichen und nichtmenschlichen Körper miteinander eine »emotionale Verbindung« (*emotional attachment*) hätten.[75] Wegen dieser emotionalen Verbindung »leidet die gesamte internationale Gemeinschaft, in dem Glauben, dass kulturelles Erbe Teil des kulturellen Lebens ist, als Folge der Zerstörung der geschützten Orte«.[76]

---

73 »As regards the gravity requirement, the Chamber first notes that, unlike other accused convicted by this Court, Mr Al Mahdi is not charged with crimes against persons but with a crime against property. In the view of the Chamber, even if inherently grave, crimes against property are generally of a lesser gravity than crimes against persons« (ICC-01/12-01/15-T-7-ENG, S. 11).

74 »that the fact that the targeted buildings ... had a symbolic and emotional value for the inhabitants of Timbuktu is relevant in assessing the gravity of the crime committed« (ICC-01/12-01/15-T-7-ENG, S. 12).

75 ICC-01/12-01/15-T-7-ENG, S. 12.

76 »The entire international community, in the belief that heritage is part of cultural life [is] suffering as a result of the destruction of the protected sites« (ICC-01/12-01/15-T-7-ENG, S. 12).

Die Richter mobilisierten damit wieder eine andere Version der Sentimentalisierung von Menschen und Dingen, die, jedenfalls zu einem gewissen Grade, auf die Sentimentalisierung der Parteien zu antworten hatte. Die Richter produzierten ein normatives Arrangement von Körpern, das zwar klar zwischen Menschen und Dingen differenziert, sie aber durch eine emotionale Verbindung miteinander in Beziehung gesetzt sieht. Diese emotionale Verbindung zu zerbrechen, sei Kern des Kriegsverbrechens.

8. Das affektive Körperarrangement provinzialisieren

Es ist eine Alltagserfahrung für alle Menschen, dass ihnen bestimmte Körper, seien sie menschlich oder nichtmenschlich, wichtiger, näher und wertvoller sind als andere. In manchen Fällen wird die Schändung bestimmter Körper als eine derart verwerfliche Handlung angesehen, dass sie unter »die schwersten Verbrechen ..., welche die internationale Gemeinschaft als Ganzes berühren« gezählt wird. Wer eine solche Tat begeht, muss sich vor dem Internationalen Strafgerichtshof verantworten. Welche Körper für die internationale Gemeinschaft derart nah, wichtig und wertvoll sind, hängt offensichtlich nicht allein von der Frage ab, ob es sich bei diesen Körpern um Menschen oder Dinge handelt.

Ich habe argumentiert, dass, um das Mensch-Ding-Verhältnis zu bestimmen, ein Prozess der rechtlichen Bedeutungsproduktion durchlaufen werden muss, den ich Sentimentalisierung von Menschen und Dingen nenne und dessen Ergebnis ein normatives Körperarrangement ist. Erst vor dem Hintergrund eines solchen affektiv hergestellten normativen Körperarrangements kann der unterschiedliche Wert von Menschen und Dingen bemessen werden. Wie klargeworden ist, gibt es in einem Gerichtssaal (und freilich auch außerhalb) niemals nur ein normatives Arrangement von Körpern, das die Bedeutungsproduktion für den Wert verschiedener Körper unbestritten regeln könnte. Alle Parteien in einer Debatte betreiben Sentimentalisierung und konkurrieren um die Etablierung eines plausiblen Rahmens, um Bewertungen über Schuld und Unschuld, Gerechtigkeit und Ungerechtigkeit, vorzunehmen.

Kommen wir damit zurück zu Horst Bredekamps Forderung nach einer Armee zum Schutz von Kulturgütern. Ich argumentiere, dass es notwendig ist, das kulturell spezifisch produzierte normative Körperarrangement, auf dem die von ihm postulierten Forderungen beruhen, in den Blick zu nehmen. Steckt doch in der Idee zu einer Armee zum Schutz von Kulturgütern ganz direkt eine Anordnung und Bewertung von menschlichen im Verhältnis zu nichtmenschlichen Körpern. In der Konsequenz bedeutet diese Forderung ja, dass es dazu kommen kann, dass menschliche Körper (nämlich Soldat*innen) preisgegeben werden, um nichtmenschliche Körper (nämlich Kulturgüter) zu bewahren. Eine Armee zum Schutz von Kulturgütern – von der Bredekamp sich wundert, dass sie bei einem UNESCO-Weltkongress auf nur verhaltene Unterstützung bis zum entsetzten Missfallen gestoßen sei – erscheint ja überhaupt erst vor dem Hintergrund eines spezifisch affektiv fabrizierten normativen Mensch-Ding-Verhältnisses plausibel. Nämlich dem der europäischen Kunstgeschichte, die ja selbst durch eine spezifische affektive Aufladung nicht-menschliche Körper erst zu schätzenswerten »Kunstwerken« transformiert.[77] Es ist, und das ist ja keineswegs eine neue Erkenntnis, eben nicht universell gültig, dass bestimmte nicht-menschliche Körper als Kunst affiziert werden, die es zu schützen und zu bewahren gilt. Das ist nicht einmal in Europa der Fall, wenn man über bestimmte kunstbeflissene Eliten hinausdenkt. Nicht nur Pierre Bourdieu hat hinlänglich gezeigt, dass die Valorisierung von Kunst Klassenfrage ist.[78]

Eine solche Analyse, wie ich sie hier vorschlage, schließt einen moralischen Impetus mit universalem Anspruch zum Schutz bestimmter nicht-menschlicher Körper nicht grundsätzlich aus. Aber es ist aus meiner Sicht entscheidend, sich seiner moralischen Universalien auch hinreichend sicher zu sein. Das erfordert, eine solche universale Moralität zunächst dezentrieren zu lernen, oder, um die berühmte Metapher des postkolonialen Historikers Dipesh Chakrabarty zu bemühen, zu provinzialisieren bereit sein.[79] Der US-amerikanische Völkerrechtler Mark Drumble hat denn auch zurecht in einem jüngeren Aufsatz über den Al Mahdi-Fall die nahe liegende Frage aufgeworfen, was denn die Zerstörung der Mausoleen von Timbuktu von der Zerstörung von Bürgerkriegsdenkmälern konföderierter Generäle im *Deep South* der USA oder dem Sturz von Denkmälern Saddam Husseins nach dem zweiten Irak-Krieg in den frühen 2000er Jahren unterscheide. Er insistiert darauf, dass das internationale Strafrecht selbst nicht die hinreichenden theoretischen Werkzeuge bereithalte, diese Frage zufriedenstellend zu klären.[80]

---

77 Vgl. Wenzel 2020.
78 Bourdieu 1982.
79 Chakrabarty 2010.
80 Drumbl 2019.

Ein solcher Ansatz dürfte von Bredekamp wohl als unangebrachter westlicher Selbstzweifel gebrandmarkt werden. Eine solche Polemik gegen eine kulturrelativistische Reflexion halte ich allerdings für verfehlt. Mir scheint vielmehr das Gegenteil angezeigt. Ich halte es für produktiv, danach zu fragen, inwieweit sich im sogenannten christlichen Abendland Phänomene finden, die denen dschihadistischer Akteure entsprechen, anstatt vornehmlich die europäische Kulturleistung der Überwindung des Ikonoklasmus zu rühmen. Denn ein solcher Ansatz führt eher aus der Falle der Überbetonung kultureller Unterschiede hinaus. Es wird nämlich sichtbar, dass Bilderstürme lediglich dann als Kriegswaffe herhalten, wenn sie innerhalb eines spezifischen affektiv fabrizierten Mensch-Ding-Verhältnisses überhaupt als schmerzvoll empfunden werden.

Mir scheint, es sollte eigentlich um diese Frage gehen: Wer empfindet warum und unter welchen Bedingungen die Schändung welcher Körper als erniedrigend und schmerzvoll und welche politischen Dynamiken setzen diese Emotionen frei? Die Antwort auf eine solche Frage lässt sich mit pauschalen Verweisen auf universelle Menschenrechte nicht befriedigend geben. Sie erfordert vielmehr die kleinteilige und durchaus mühsame Analyse gesellschaftlicher Verhältnisse.

Literatur

Abrams, Kathryn/Keren, Hila, »Who is Afraid of Law and the Emotions?« in: *Minnesota Law Review*, 94 (6), 2009, S. 1997–2074.
Abu-Lughod, Lila/Lutz, Catherine A. (Hg.), *Language and the Politics of Emotion*, Cambridge 1990.
Amsterdam, Anthony/Bruner, Jerome, *Minding the Law*, Cambridge 2002.
Angerer, Marie-Luise, *Vom Begehren nach dem Affekt*, Zürich 2007
Austin, John Langshaw, *How to Do Things with Words: The William James Lectures Delivered at Harvard University in 1955*, New York 1962.
Austin, John Langshaw, *Zur Theorie der Sprechakte*, Stuttgart 1972.
Bandes, Susan A. (Hg.), *The Passions of Law*, New York 2001.
Bandes, Susan A./Blumenthal, Jeremy A., »Emotion and the Law«, in: *Annual Review of Law and Social Science* 8, 2012, S. 161–181, doi:10.1146/annurev-lawsoc sci-102811-173825.
Bennett, W. Lance/Feldman, Martha S., *Reconstructing Reality in the Courtroom: Justice and Judgment in American Culture*, New Brunswick 1981.

Bens, Jonas, *The Sentimental Court: The Affective Life of International Criminal Justice*. Cambridge 2022 (im Ersch.).

Bens, Jonas/Zenker, Olaf, »Gerechtigkeitsgefühle: Eine Einführung«, in: Jonas Bens und Olaf Zenker (Hg.), *Gerechtigkeitsgefühle: Zur affektiven und emotionalen Legitimität von Normen*, Bielefeld 2017a, S. 11–35.

Bens, Jonas/Zenker, (Hg.), *Gerechtigkeitsgefühle: Zur affektiven und emotionalen Legitimität von Normen*, Bielefeld 2017b.

Bourdieu, Pierre, *Die Feinen Unterschiede: Kritik der gesellschaftlichen Urteilskraft*, Frankfurt am Main 1982.

Brenneis, Donald, »Language and Disputing«, in: *Annual Review of Anthropology* 17, 1988, S. 221–260.

Bredekamp, Horst, *Das Beispiel Palmyra*. Köln 2016.

Brooks, Peter M., »Narrative Transactions: Does the Law need a Narratology?«, in: *Yale Journal of Law & Humanities* 18 (1), 2006, S. 1–28.

Burkitt, Ian, *Emotions and Social Relations*, London 2014.

Butler, Judith, *Excitable Speech: A Politics of the Performative*, New York 1997.

Butler, Judith, *Haß spricht. Zur Politik des Performativen*, Berlin 1998.

Castro, Eduardo Viveiros de, »Cosmological Deixis and Amerindian Perspectivism«, in: *The Journal of the Royal Anthropological Institute* Vol. 4 No.3, 1998, S. 469–488, doi:10.2307/3034157.

Chakrabarty, Dipesh, *Europa als Provinz: Perspektiven postkolonialer Geschichtsschreibung*, Frankfurt am Main 2010.

Clough, Patricia Ticineto/Halley, Jean (Hg.), *The Affective Turn: Theorizing the Social*, Durham 2007.

Cole, Catherine M, *Performing South Africa's Truth Commission: Stages of Transition*, Bloomington 2009.

Conley, John M./O'Barr, William M., *Rules versus Relationships: The Ethnography of Legal Discourse*, Chicago 1990.

Conley, John M./O'Barr, William M., *Just Words: Law, Language, and Power*, Chicago 2004.

Cover, Robert M., »The Supreme Court, 1982 Term: Foreword: Nomos and Narrative«, in: *Harvard Law Review* 97 (1), 1983, S. 4–68.

Danet, Brenda, »Language in the Legal Process«, in: *Law and Society Review* 14 (3), 1980, S. 445–564, doi:10.2307/3053192.

Derrida, Jacques, »Force de loi: Le fondement mystique de l'autorite / Force of Law: The Mystical Foundations of Authority«, in: *Cardozo Law Review* 11 (3), 1989, S. 920–1045.

Derrida, Jacques, *Gesetzeskraft: Der »mystische Grund der Autorität«*, Frankfurt am Main 1991.

Descola, Philippe, *Par-delà nature et culture*, Paris 2005.

Descola, Philippe, *Jenseits von Natur und Kultur*, Berlin 2011.

Diehl, Paula / Grundwald, Henning / Scheffer, Thomas / Wulf, Christoph (Hg.), »Performanz des Rechts: Inszenierung und Diskurs«, in: *Paragrana: Internationale Zeitschrift für historische Anthropologie*, Vol. 15, Heft 1, 2006.

Drumbl, Mark A., »From Timbuktu to The Hague and Beyond: The War Crime of Intentionally Attacking Cultural Property«, in: *Journal of International Criminal Justice* 17 (1), 2019, S. 77–99.

Ertür, Başak, *Spectacles and Spectres: Political Trials, Performativity and Scences of Sovereignty*, PhD, School of Law, Birkbeck, University of London 2015.

Freire de Andrade Neves, Marcos, »Entre pessoa, corpo e coisa: A vida social de cadáveres em laboratórios de anatomia«, in: *Revista Antropolítica* 40 (1), 2017, S. 206–229, doi:10.22409/antropolítica.v1i40.438.

Goldman, Laurence, *The Culture of Coincidence: Accident and Absolute Liability in Huli*, Oxford 1993.

Greenhouse, Carol J./ Yngvesson, Barbara / Engel, David M., *Law and Community in Three American Towns*, Ithaca 1994.

Gregg, Melissa/Seigworth, Gregory J. (Hg.), *The Affect Theory Reader*, Durham 2010.

Hirsch, Eric, »Property and Persons: New Forms and Contests in the Era of Neoliberalism«, in: *Annual Review of Anthropology* 39, 2010, S. 347–360, doi:10.1146/annurev.anthro.012809.105036.

Hirsch, Susan F., *Pronouncing and Persevering: Gender and the Discourses of Disputing in an African Islamic Court*, Chicago 1998.

Hochschild, Arlie Russell, »Emotion Work, Feeling Rules, and Social Structure«, in: *American Journal of Sociology* 85, 1979, S. 551–575.

Hochschild, Arlie Russell, *The Managed Heart: Commerzialization of Human Feeling*, Berkeley 1983.

Hochschild, Arlie Russell, *Strangers in Their Own Land: Anger and Mourning on the American Right*, New York 2016.

Jackson, Bernard S., *Law, Fact, and Narrative Coherence*, Roby 1988.

Jansen, Stef, »People and Things in the Ethnography of Borders: Materialising the Division of Sarajevo«, in: *Social Anthropology* 21 (1), 2013, S. 23–37, doi:10.1111/1469-8676.12001.

Joy, Charlotte Louise, *The Politics of Heritage Management in Mali*, Walnut Creek 2012.

Joy, Charlotte Louise, »UNESCO is What?« World Heritage, Militant Islam and the Search for a Common Humanity in Mali«, in: Christoph Brumann und David Berliner (Hg.), *World Heritage on the Ground: Ethnographic Perspectives*, New York 2016, S. 60–77.

Kohler, Sigrid G./Müller-Mall, Sabine / Schmidt, Florian/Schnädelbach, Sandra (Hg.), *Recht fühlen*, Paderborn 2017.

Kohn, Eduardo, »Anthropology of Ontologies«, in: *Annual Review of Anthropology* 44, 2015, S. 311–327, doi:10.1146/annurev-anthro-102214-014127.

Lakoff, George/Johnson, Mark, *Metaphors We Live By*, Chicago 1980.

Latour, Bruno, »How to Talk About the Body? The Normative Dimension of Science Studies«, in: *Body and Society* 10 (2–3), 2004, S. 205–229, doi:10.1177/13570 34X04042943.

Latour, Bruno, *Reassembling the Social: An Introduction to Actor-Network-Theory*, Oxford 2005.

Latour, Bruno, *Eine neue Soziologie für eine neue Gesellschaft: Einführung in die Akteur-Netzwerk-Theorie*, Frankfurt am Main 2007.

Lecocq, Baz, *Disputed Desert: Decolonisation, Competing Nationalisms and Tuareg Rebellions in Northern Mali*, Leiden 2010.

Lecocq, Baz, »Mali: This is Only the Beginning«, in: *Georgetown Journal of International Affairs* Summer/Fall 2013, S. 59–69.

Lecocq, Baz/Mann, Gregory/Whitehouse, Bruce/Badi, Dida/Pelckmans, Lotte/Belalimat, Nadia/Hall, Bruce/Lacher, Wolfram, »One Hippopotamus and Eight Blind Analysts: A Multivocal Analysis of the 2012 Political Crisis in the Divided Republic of Mali«, in: *Review of African Political Economy* 40 (137), 2013, S. 343–357, doi:10.1080/03056244.2013.799063.

Levi, Judith N., *Language in the Judicial Process*, New York 1990.

Loimeier, Roman, *Islamic Reform in Twentieth-Century Africa*, London 2016.

Maroney, Terry A., »Law and Emotion: A Proposed Taxonomy of an Emerging Field«, in: *Law and Human Behavior* 30 (1), 2006, S. 119–142, doi:10.1007/s10979-006-9029-9.

Massumi, Brian, »The Autonomy of Affect«, in: *Cultural Critique* 31 (1), 1995, S. 83–109.

Merry, Sally Engle, *Getting Justice and Getting Even: Legal Consciousness Among Working Class Americans*, Chicago 1990.

Mertz, Elizabeth, »Legal Language: Pragmatics, Poetics, and Social Power«, in: *Annual Review of Anthropology* 23, 1994, S. 435–455.

Meskell, Lynn/Brumann, Christoph, »UNESCO and New World Orders«, in: Lynn Meskell (Hg.), *Global Heritage: A Reader*, Malden 2015, S. 22–43.

Messick, Brinkley, *The Calligraphic State: Textual Domination and History in a Muslim Society*, Berkeley 1992.

Mühlhoff, Rainer, *Immersive Macht: Das Subjekt im Affektgeschehen. Sozialtheorie nach Foucault und Spinoza*, Unveröffentlichte Dissertationsschrift, Institut für Philosophie, Freie Universität Berlin 2016.

Münzel, Mark, »Jaguar und Wildschwein, eine Fabel für Menschen. Oder: Der Aufstieg des Jaguars zum Himmel, ein Karriereleitfaden für Wissenschaftler«, in: *GISCA Occasional Papers* No. 9, 2017, doi:10.3249/2363-894X-gisca-9.

Murphy, Tim, »Legal Fabrications and the Case of ›Cultural Property‹«, in: Alain Pottage und Martha Mundy (Hg.), *Law, Anthropology, and the Constitution of the Social: Making Persons and Things*, Cambridge 2004, S. 115–141.

Nielsen, Bjarke, »UNESCO and the ›Right‹ Kind of Culture: Bureaucratic Production and Articulation«, in: *Current Anthropology* 31, 2011, S. 273–292, doi:10.1177/0308275X11420113.

Pottage, Alain/Mundy, Martha, *Law, Anthropology, and the Constitution of the Social: Making Persons and Things,* Cambridge 2004.

Reckwitz, Andreas, »Praktiken und ihre Affekte«, in: *Mittelweg 36* 1–2, 2015, S. 27–45.

Reinelt, Janelle, »Toward a Poetics of Theatre and Public Events: In the Case of Stephen Lawrence«, in: *The Drama Review* 50 (3), 2006, S. 69–87.

Richland, Justin B., *Arguing with Tradition: The Language of Law in Hopi Tribal Court,* Chicago 2008.

Rutherford, Danilyn, »Affect Theory and the Empirical«, in: *Annual Review of Anthropology* 45 (1), 2016, S. 285–300, doi:10.1146/annurev-anthro-102215-095843.

Scheffer, Thomas, *Adversarial Case-Making: An Ethnography of English Crown Court Procedures,* Bd 116, Leiden 2010.

Scheve, Christian von, »A Social Relational Account of Affect«, in: *European Journal of Social Theory* (pre-print), 2017, S. 39–59, doi:10.1177/1368431017690007.

Seyfert, Robert, »Das Affektif: Zu einem neuen Paradigma der Sozial- und Kulturwissenschaften«, in: Martina Löw (Hg.), *Vielfalt und Zusammenhalt: Verhandlungen des 36. Kongresses der Deutschen Gesellschaft für Soziologie,* Frankfurt am Main 2014, S. 797–804.

Slaby, Jan, »Relational Affect«, in: *Working Paper SFB 1171 Affective Societies* 02/16, 2016.

Slaby, Jan, im Erscheinen. »Drei Haltungen der Affect Studies«, in: Larissa Pfaller und Basil Wiesse (Hg.), *Stimmungen und Atmosphären: Zur Affektivität des Sozialen,* Wiesbaden.

Soares, Benjamin F., »Islam in Mali in the Neoliberal Era«, in: *African Affairs* 105 (418), 2006, S. 77–95, doi:10.1093/afraf/adi088.

Vismann, Cornelia, *Medien der Rechtsprechung,* Frankfurt am Main 2011.

Wenzel, Leva. 2020. »Kulturgüter als Quasi-Subjekte: Herausforderung des Kulturgüterschutzes durch Terrorismus«. *Zeitschrift für Kunstgeschichte* 83 (3): 372–84. https://doi.org/10.1515/ZKG-2020-3006.

Wetherell, Margaret, *Affect and Emotion: A New Social Science Understanding,* Los Angeles 2012.

White, James Boyd, *The Legal Imagination,* Chicago 1985.

Yngvesson, Barbara, *Virtuous Citizens, Disruptive Subjects: Order and Complaint in a New England Court,* New York 1994.

Körper-Metaphern

Verflucht von Kopf bis Fuß:
Zur körperlichen Gewaltsemantik mittelalterlicher Exkommunikationsrituale

Christian Jaser

Für Dr. Slop, den cholerischen Erzkatholiken aus Laurence Sternes satirischem Meisterwerk *The Life and Opinions of Tristram Shandy* von 1761, war nun endgültig das Maß voll: Der Diener Obadiah, dem er es zu verdanken hatte, dass er sich beim missglückten Versuch, den Knoten seiner Instrumententasche zu lösen, mit seinem Taschenmesser am Daumen verletzt hatte, musste verflucht und dem Teufel übergeben werden.[1] Und nicht mit irgendeinem Fluch, sondern, wie es im Roman weiter heißt, mit einer Exkommunikationsformel der römischen Kirche, die Walter Shandy, an allen Kuriositäten interessiert, aus dem vom Bischof Ernulphus verfassten Hauptbuch der Kirche von Rochester habe abschreiben lassen.[2] Entgegen der Warnung Walter Shandys, die Formel sei zu stark für eine einfache Daumenverletzung, nahm Dr. Slop das Buch in die Hand und las daraus laut vor. Gleichsam zur historischen Beglaubigung römisch-katholischer Alterität druckte Sterne den lateinischen Originaltext mitsamt einer englischen Übersetzung ab, wobei die Verlesung immer wieder von Reaktionen und Kommentaren der Zuhörer unterbrochen wird:

Im Namen des Allmächtigen Gottes, des Vaters, des Sohnes und des heiligen Geistes […] möge er (Obadiah) verdammt sein (weil er diese Knoten genüpft hat). Exkommunizieren und bannen wir ihn […]. Und wie das Feuer durch das Wasser ausgelöscht wird, so soll sein Licht ausgelöscht werden für immer, wofern er nicht bereuet (nämlich Obadiah die Knöpfe, die er gemacht hat) und Genugtuung leiste (für sie).

---

1 Sterne 2000, S. 133–134; Sterne 1982, S. 187–188. Vgl. dazu Little 1993, S. 2.
2 Sterne 2000, S. 134: »Then answered my father, Tis much at your service, Dr. *Slop* – on condition you will read it aloud; – so rising up and reaching down a form of excommunication of the church of *Rome*, a copy of which, my father (who was curious in his collections) had procured out of the leger-book of the church of *Rochester*, writ by ERNULPHUS the bishop – with a most affected seriousness of look and voice, which might have cajoled ERNULPHUS himself, – he put it into Dr. *Slop*'s hands. – Dr. *Slop* wrapt his thumb up in the corner of his handkerchief, and with a wry face, though without any suspicion, read aloud, as follows […].«

[...] Ihn verfluche die heilige und ewige Jungfrau Maria, die Mutter Gottes. Ihn verfluche der heilige Michael, der Fürsprecher der heiligen Seelen. [...] Verflucht sei er in den Haaren, verflucht auf dem Scheitel (das ist ein trauriger Fluch, sagte mein Vater) [...], verflucht sei er in allen Gelenken vom Scheitel seines Hauptes bis zur Sohle des Fußes![3]

Nachdem Dr. Slop seinen nicht weniger als 476 Wörter umfassenden Bannfluch gegen den armen Obadiah beendet hatte, bemühten sich die Anwesenden um die fluchgeschichtliche Einordnung des Gehörten – ich zitiere den Protagonisten Tristram Shandy:

> [Es] gibt nicht einen Schwur oder wenigstens nicht einen Fluch, der nicht tausend- oder abertausendemal aus Ernulphus abgeschrieben wäre; nur daß sie wie alle Nachmachereien unendlich weniger Kraft und Geist haben als das Original! [...] Es liegt in letzterem eine orientalische Großartigkeit (*orientality*, Anm. d. Verf.), gegen die wir nicht aufkommen; überdies ist Ernulphus weit reicher in seiner Erfindung – besitzt weit mehr Verfluchertalent – hat eine so gründliche Kenntnis der menschlichen Gestalt, ihrer Glieder, Nerven, Sehnen, Bänder, Gelenke – dass wenn er einmal zu verfluchen anfing, kein Teil ihm entging. – Es liegt allerdings eine gewisse Härte in seiner Art und Weise – ein gewisser Mangel an Grazie wie bei Michelangelo – aber dafür besitzt er eine solche Großartigkeit im Geschmack. [...] Deshalb behauptete mein Vater öfter, es gebe keinen Fluch [...], der nicht in Ernulphus zu finden wäre. – Kurz, pflegte er hinzuzufügen, ich möchte einen Fluch hören, der da nicht drin stünde![4]

---

3 Ebd., S. 136–139: »Ex auctoritate Dei omnipotentis, Patris, et Filij, et Spiritus Sancti [...]. By the authority of God Almighty, the Father, Son, and Holy Ghost [...]. Excommunicamus, et anathematizamus hunc vel os furem, vel hunc vel os malefactorem. [...] May he, (Obadiah) be damn'd (for tying these knots.) – We excommunicate, and anathematise him [...]. et sicut aqua ignis extinguitur, sic extinguatur lucerna ejus vel eorum in secula seculorum nisi resipuerit, et ad satisfactionem venerit. Amen. [...] And as fire is quenched with water, so let the light of him be put out for evermore, unless it shall repent him (Obadiah, of the knots which he has tied) and make satisfaction (for them.) Amen. [...] Maledictus sit in capillis; maledictus sit in cerebro. [...] May he be cursed in the hair of his head. May he be cursed in his brains, and in his vertex, (that is a sad curse, quoth my father). [...] Maledictus sit in totis compagibus membrorum, a vertice capitis, usque ad plantam pedis [...]. May he be cursed in all the joints and articulations of his members, from the top of his head to the soal of his foot [...].« Dt. Übersetzung: Sterne 1982, S. 189–193.

4 Sterne 2000, S. 145: »[...] else, I say, there is not an oath, or at least a curse amongst them, which has not been copied over and over again out of Ernulphus, a thousand times: but, like all other copies, how infinitely short of the force and spirit of the original! There is an orientality in his, we cannot rise up to: besides, he is more copious in his invention, possess'd more of the excellencies of the swearer, had such a thourough knowledge of the human frame, its membranes, nerves, ligaments, knittings of the joints, and articulations, that when Ernulphus curses, no part escaped him. – Tis true, there is somethin

Tatsächlich gehört dieser »Curse of Ernulphus« aus dem südenglischen Rochester zu einem Überlieferungskorpus von etwa 50 vorrangig früh- und hochmittelalterlichen Exkommunikationsformularen, die für den lokalen Gebrauch nordfranzösischer und englischer Bischofskirchen und Klöster gegen den örtlichen Laienadel, meist in Reaktion auf Besitzentfremdungen, Raub oder Diebstahl, bestimmt waren.[5] Bei aller lokalen Variation des Formelarrangements tritt hier ein wiedererkennbares performatives Muster kirchlicher Exkommunikations- und Fluchgewalt entgegen, bestehend aus Invokationen, Sprechakten, Verfluchungen und einer gestischen Handlung des Kerzenwurfs und der Kerzenverlöschung, die den Ausschluss eines Betroffenen aus der kirchlichen Gemeinschaft und seine Übergabe an die diabolische Macht bewerkstelligten. Viele dieser Regieanweisungen amplifizieren den Sprechakt des Verfluchens durch eine Serie von biblischen oder nach biblischen Vorbildern neu komponierten Fluchformeln, die die Auslieferung des Verfluchten an ein umfassendes spirituelles Bedrohungsszenario im Diesseits wie im Jenseits deutlich vor Augen führen sollten. Eine zentrale Referenz dieser spirituellen Gewaltsprache war dabei der menschliche Körper in all seinen Gliedern, so dass der Betroffene – wie auch das Beispiel des Rochester-Formulars zeigt – nicht selten explizit »von Kopf bis Fuß« verflucht wurde. Aus der Formelsprache ergibt sich eine suggestive Auslieferung des Körpers an imaginäre Gewaltinterventionen und Schmerzräume, sei es in Form von Krankheit, Tod im Diesseits durch jenseitige Erfüllungsinstanzen oder durch das Strafregime der jenseitigen Verdammnis. Zugleich wurden die Liminalisierung und Herabsetzung des Exkommunizierten auch im Medium des Körpers ausagiert, indem die Ritualakteure stimmlich – über die Verlesung der Formulartexte – und gestisch – über die aggressive Handlung des Kerzenwurfs – den Betroffenen in eine temporäre Heilsferne außerhalb des *corpus christianum* versetzen und damit dessen Heilsgefährdung plastisch zum Ausdruck brachten. Damit präsentieren sich die rituellen Exkommunikationsformen des frühen und hohen Mittelalters als dezidiert invektive Kommunikationshandlung, die mittels rhetorischer Amplifikation und gestischer Drastik auf die Schmähung, Herabwürdigung und Beschä-

---

of a hardness in his manner, and, as in Michel Angelo, a want of grace, but then there is such a greatness of gusto! – [...] For this reason my father would oft-times affirm, there was not an oath [...] which was not to be found in Ernulphus.« Dt. Übersetzung: Sterne 1982, S. 197–198.

5 Siehe dazu umfassend Jaser 2013, S. 54–240, bes. S. 88–118. Vgl. auch Hamilton 2020a; Hamilton 2020b; Hamilton 2016.

mung des jeweiligen Exkommunizierten abzielt.⁶ Gerade über die invektive Bloßstellung und verbale Dysfunktionalisierung des menschlichen Körpers werden soziale und spirituelle Exklusionsprozesse bewerkstelligt, die die Meidung im gesellschaftlichen Verkehr ebenso umfasst wie eine jenseitige Verdammungsperspektive.⁷ Anhand des invektiven Formelrepertoires mittelalterlicher Exkommunikationsformulare ist zudem einer spezifischen Relation von Sprache und Gewalt nachzugehen, die auf der Bindekraft klerikaler Sprechmacht aufruht und in Reaktion auf Konflikte um soziale und religiöse Ordnungen mit dem spezifisch vormodernen Gewaltreservoir des Transzendenzbezugs operiert.⁸

Im Folgenden wird der körperlichen Gewaltsemantik mittelalterlicher Exkommunikationsrituale und ihren invektiven Dynamiken in drei Schritten nachgegangen: Erstens gilt es, dem Phänomen ›Fluch‹ definitorisch näherzukommen und dabei den besonderen Status der kirchlichen Fluchpraxis als biblisch und theologisch legitimierte und institutionalisierte Sprachgewalt herauszuarbeiten (I). Daran schließt sich zweitens eine Detailanalyse der überlieferten körperbezogenen Fluchformeln und deren invektive Fortschreibung in der Chronistik, Exempelliteratur und bildenden Kunst an (II). Schließlich drittens rückt nochmals das lange Fluchformular aus Rochester in den Blickpunkt, dessen frühneuzeitliche Rezeption als *The Pope's Dreadful Curse* im Sinne einer invektiven Inversion zu beschreiben ist (III).

1. Fluchen und Verfluchen – Legitimation und Institutionalisierung kirchlicher Fluchgewalt

›Fluch‹ lässt sich im Allgemeinen als »performative Sprachhandlung« definieren, die einen formelhaften (Unheils-)Wunsch zum Ausdruck bringt und damit entweder aus sich selbst heraus oder durch den Eingriff einer Gottheit den Betroffenen zu schädigen sucht.⁹ Allerdings kreuzen sich im semanti-

---

6 Vgl. Ellerbrock/Koch/Müller-Mall/Münkler/Scharloth/Schrage/Schwerhoff 2017, S. 3.
7 Ebd, S. 3, 6. Vgl. Hahn 2008, S. 74.
8 Vgl. Ellerbrock/Koch/Müller-Mall/Münkler/Scharloth/Schrage/Schwerhoff 2017, S. 11; Krämer/Koch 2010; Friedrich/Schneider 2009; Eming/Jarzebowski 2008; Gehring 2007; Butler 2006; Corbineau-Hoffmann/Nicklas 2000.
9 Maier/Veijola/Zager 2000; Belgrader 1984. Siehe auch Oettinger 2007, S. 5–11; Ziebarth 1909; Beth 1929/1930.

schen Feld ›Fluch‹ zwei Bedeutungs- und Handlungsdimensionen, die eine differenzierte Betrachtung verdienen: Erstens sind darunter das »mißbräuchliche Aussprechen des Namens Gottes, der Namen von Heiligen oder von sakralen Dingen und Einrichtungen in Zorn oder Erregung« oder obszöne bzw. skatologische Ausdrücke zu verstehen, die zuweilen die Gestalt von spontanen Interjektionen annehmen und sich in vielfältiger Weise mit der Schimpf- und Schmährede berühren.[10] Solche gotteslästerlichen Alltagsressourcen und Sprechtaktiken, von mittelalterlichen Theologen als Todsünde gebrandmarkt und in der europäischen Vormoderne vor allem im sozialen Kontext von Trunk, Spiel und interaktiven Konfliktsituationen häufig anzutreffen[11], sind Gegenstand der historischen Blasphemieforschung.[12] Zweitens kann ›Fluch‹ als Ver-Fluchung definiert werden, mit der ein Akteur aufgrund von Rachegefühlen, Hass, Neid oder ähnlich Unheil, Schaden oder Vernichtung auf ein Individuum oder ein Personenkollektiv herabwünscht, wobei der hier zu diskutierende Gegenstand eindeutig dieser zweiten Kategorie zuzuordnen ist.[13]

Die bisherige Zurückhaltung der Forschung gegenüber dem Überlieferungskorpus kirchlicher Fluch- und Exkommunikationsformulare liegt vor allem daran, dass diese Quellen mit einem der zentralen ethischen Leitwerte des Christentums nur sehr schwer zu vereinbaren sind: dem Gebot der Feindesliebe. Die Bergpredigt lässt in dieser Hinsicht an Deutlichkeit nichts zu wünschen übrig und untersagt den Christen jede Form des Rache- und Vergeltungsfluches (Luc. 6,27–28): »Euch, die ihr mir zuhört, sage ich: Liebt eure Feinde: tut denen Gutes, die euch hassen. Segnet die, die euch verfluchen: betet für die, die euch mißhandeln.«[14] Damit war ein neuartiger sittlich-religiöser Anspruch formuliert, der im Bewusstsein der Anhänger Jesu durchaus Wurzeln schlug und mithin als Sieg über die *iracundia* gedeutet wurde.[15] Im christlichen Alltag ließ sich der Verzicht auf dieses »Mittel sa-

---

10 Kiener 1983, S. 211. Vgl. Speyer 1969, Sp. 1162; Labouvie 1993, S. 141; Belgrader 1984, Sp. 1316; Schwerhoff 2005, S. 222.
11 Vgl. Schwerhoff 2005, S. 36–45, 266–281.
12 Siehe vor allem Schwerhoff 2021; Schwerhoff 2005; Schwerhoff 2009; Loetz 2002. Vgl. auch Holzem 2000, S. 367–372; Cabantous 1999; Leveleux 2001; Burke 1986; van Dülmen 1984; Casagrande/Vecchio 1991; Montagu 1967; Walz 1992; Hoareau-Dodinau 1994; Schmidt 1993.
13 Kiener 1983, S. 211. Vgl. Speyer 1969, Sp. 1161; Labouvie 1993, S. 141; Belgrader 1984, Sp. 1316.
14 Vgl. dazu Speyer 1969, Sp. 1278, und Little 1993, S. 88.
15 1. Cor. 4,12–13; Rom. 12,14. Vgl. dazu Speyer 1969, Sp. 1278.

kraler Selbsthilfe« allerdings nicht durchsetzen. Folgerichtig gab es bereits im frühen Christentum kein prinzipielles Fluchverbot.[16] Hierbei spielte sicher auch die Beharrungskraft der alttestamentlichen Tradition eine Rolle, die das Fluchhandeln von Propheten wie Elias oder Elisa ebenso als legitime Vorgehensweise präsentiert wie die Verwünschungen des bedrängten und armen Frommen gegen seinen mächtigen Widersacher, wie sie in den Fluchpsalmen gang und gäbe sind.[17] Selbst Jesus war, wie die Episode von der Verfluchung des Feigenbaums zeigt (Marc. 11,12–14), vor einer derartigen Nutzung seiner charismatischen Sprechmacht nicht völlig gefeit.[18] Noch prägnanter erscheinen die Fluchhandlungen der Apostel im Dienst der Gemeindedisziplin: Petrus tötet durch sein Wort die beiden Gottesbetrüger Hananias und Saphira (Act. 5,1–11)[19]; Paulus schlägt – allerdings zeitlich befristet – auf seiner ersten Missionsreise den jüdischen Zauberer Bar Jesus-Elymas kraft des Heiligen Geistes mit Blindheit, weil dieser den römischen Konsul Sergius Paulus vom christlichen Glauben zurückzuhalten suchte (Act. 13,6–12).[20] Noch weitaus häufiger finden sich in den apokryphen Apostelgeschichten und in der spätantik-frühmittelalterlichen Hagiographie mit ihren Schadens-, Krankheits- und Strafwundern Belege für eine charismatische Sprechmacht von Aposteln und Heiligen[21], deren Berechtigung sich nicht nur in der spirituellen Autorität der handelnden Personen spiegelte, sondern auch zumeist in der sofortigen Erfüllung der Fluchwirkung manifestierte.[22] Ähnliche Konstellationen liegen auch den »shouting matches« zwischen irischen Heiligen einerseits und Königen und Druiden andererseits zugrunde.[23]

---

16 Speyer 1969, Sp. 1278; Wiefel 1969, S. 222 (Zitat); Maier/Veijola/Zager 2000, S. 81–82.
17 Speyer 1969, Sp. 1278f., 1231–1232. Vgl. auch Schreiner 1991, S. 337.
18 Vgl. dazu die Exegese von Augustinus, Sermo XCVIII, cap. 3, Nr. 3, in: Migne, Bd. 38, 1845, Sp. 592. Siehe dazu auch Speyer 1969, Sp. 1253–1254; Wiefel 1969, S. 222; Brun 1932, S. 75–76. In der patristischen Auslegung wird die Verfluchung des Feigenbaums als Machtbeweis, als Beglaubigung der Strafgewalt Jesu oder allegorisch gedeutet (vgl. Speyer 1969, Sp. 1283).
19 Zu dieser Episode siehe Jaser 2013, S. 211–212. Vgl. Speyer 1969, Sp. 1254–1255; Doskocil 1958, S. 46–49.
20 Vgl. Speyer 1969, Sp. 1255; Doskocil 1958, S. 46; Wiefel 1969, S. 222–223.
21 Speyer 1969, Sp. 1255–1256. Vgl. auch Schreiner 1991, S. 338; Brun 1932, S. 74–84.
22 Zu hagiographischen Fluchepisoden und den zeitgenössischen Reflexionen über deren Berechtigung siehe Jaser 2013, S. 63–67.
23 Zum Beispiel der Fluchwettbewerb zwischen St. Ruadán und König Diarmait mac Cerbaill, der »war of words« zwischen St. Patrick und Druiden auf dem Hügel von Temair und das »shouting match« zwischen St. Berach und einem Druiden. Vgl. dazu Bitel 2000, bes. S. 131–134 u. 137–138; Johnson 2018. Vgl. zur Typologie des verbalen Duells auch Parks 1990.

Im theologischen Diskurs übte Gregors des Großen Fundamentaldifferenzierung zwischen einer illegitimen, auf purer Rache basierenden und einer legitimen, durch einen heiligen Richter auf der Grundlage eines gerechten Urteil Gottes im Optativmodus vollzogenen Erscheinungsform des Fluches großen Einfluss aus.[24] Waren frommer Eifer und nicht persönliche Rachsucht im Spiel, galt eine Verfluchung auf Geheiß Gottes weithin als legitim, wie auch aus der *Summa Theologica* Thomas von Aquins hervorgeht.[25] Nach diesem Kirchenlehrer entschied die – gute oder böse – Intention über die Sündhaftigkeit des Fluchens, mit der Konsequenz, dass sowohl die biblischen Exempel als auch die Verfluchung eines Übeltäters durch einen Richter und der Bannfluch der Kirche als zulässige Flüche gewertet werden.[26] Nochmals geht Thomas im Kapitel *De excommunicatione* auf die Frage ein, ob die Kirche eine Exkommunikation, die ja »eine Art Verfluchung« (*maledictio quaedam*) sei, angesichts des Fluchverbots von Rom. 12,14 überhaupt aussprechen dürfe[27]: Nur eine Verfluchung sei verboten, die »bei dem Übel, das sie herabruft oder ausspricht, stehenbleibt«; eine Verfluchung aber, die »ein Übel […] auf das Heil dessen hinordnet, der verflucht wird«, sei erlaubt und sogar heilbringend, »wie auch der Arzt bisweilen dem Kranken ein Leid zufügt, wie etwa einen Schnitt, durch welchen der Kranke von seinem Leiden befreit wird«.[28]

Die Verknüpfung von *excommunicatio* und *maledictio* bei Thomas ist bereits im Überlieferungskomplex der erstmals im Jahr 900 fassbaren Exkommunikationsformulare geprägt. An dieser Stelle koppelte sich das Herkommen einer legitimen kirchlichen Fluchpraxis an die geistliche Sanktion der Exkommunikation und des Anathems. Die neutestamentlich autorisierte Exkommunikation – auch Kirchenbann genannt – wurde im Mittelalter als Spiegelbild des Sündenfalls im Sinne eines »Prototyps von Exklusion« (Alois Hahn) gedeutet und zog den Ausschluss von der Teilnahme am Leben der Kirche, etwa in Form des Gottesdienstes, der Eucharistie und des kirch-

---

24 Gregor der Große 1979, lib. IV, cap. 1–2, S. 164–165. Vgl. dazu Little 1993, S. 98–99; Ivo von Chartres, 2020a, lib. XIV, c. 4; Ivo von Chartres 2020b, lib. V, c. 82; C. 24 q. 3 c. 12. Siehe zu diesen Kanonessammlungen Jaser 2013, S. 282–286.
25 Schwerhoff 2005, S. 222–223.
26 Thomas von Aquin 1953, quaest. 76, art. 1 u. 3, S. 334, 339. Vgl. dazu Schwerhoff 2005, S. 223; Little 1993, S. 98–99.
27 Thomas von Aquin 1985, quaest. 21, art. 2, S. 75.
28 Ebd., S. 76–77.

lichen Begräbnisses, nach sich.²⁹ Neben *excommunicatio* kursierte für früh- und hochmittelalterliche Bannflüche auch das ursprünglich hellenistische und später in die Bibel eingegangene Wort *anathema* – ›Weihegeschenk‹ oder ›Opfergabe‹ –, das die spirituelle Auslieferung des Betroffenen im Sinne von diesseitigem Heilsverlust und jenseitiger Verdammnis noch einmal besonders akzentuiert, zuweilen mit *excommunicatio* aber auch synonym gebraucht wird. Im Rahmen der rituellen, oral-gestischen Exkommunikation überblendeten sich die Traditionslinien von *maledictio, excommunicatio* und *anathema* zu einer genuin kirchlichen Fluchkultur, einer ›Ecclesia maledicens‹, die kraft spiritueller *potestas* eine hinreichend legitimierte und – aufgrund der rituellen Rahmung und der Zuständigkeit klerikaler Sprecher – institutionalisierte Sprachgewalt entfaltet. Zugleich erfüllte die alt- und neutestamentliche Überlieferung von Fluchformeln und exemplarischen Fluchhandlungen das kirchliche Verfluchungshandeln mit Legitimation und gab für die Sprechakte und Formulare eine stete Verweis- und Autorisierungsfläche ab.³⁰ Jedenfalls bestehen die überlieferten 50 Exkommunikationsformulare aus einem je spezifischen *patchwork* aus biblischen – meist aus dem Deuteronomium 28 und den Psalmen – und an biblischen Mustern angelehnten Formelvarianten. Sie betreffen Aufenthaltsorte, Lebenssituationen, Tätigkeiten, Besitztümer, Personen, sie geben Auskunft über das zu erwartende, irreguläre Begräbnis des Exkommunizierten – »mit Hunden und Eseln sollen sie begraben sein, reißende Wölfe sollen ihre Leichen auffressen [Fiat illorum sepultura cum canibus et asinis: Cadavera illorum lupi rapaces devorent]«,³¹ heißt es etwa in der zweiten Hälfte des 12. Jahrhunderts im normannischen Lyre –, sie knüpfen dessen Jenseitsperspektive an das Schicksal exemplarischer Hölleninsassen – Judas, Datan, Abiram –, sie mobilisieren zusätzliche transzendente Erfüllungsgaranten, bis sich der Betroffene zum Einlenken bereit zeigt und in die kirchliche Heilsgemeinschaft reintegriert.

---

29 Hahn 2008, S. 74 (Zitat); Hahn 2006, S. 69; Hahn 2003. Zur Exkommunikation allgemein siehe etwa Jaser 2013; Beaulande 2006; Kloek 1987; Vodola 1986; Logan 1968; Morel 1926; Kober 1857.
30 Vgl. Vodola 1986, S. 4.
31 Exkommunikationsformular aus Lyre, 2. Hälfte des 12. Jahrhunderts, Rouen, Bibliothèque Municipale, ms. A, 425, fol. 2v, abgedr. in Martène, Bd. 2, 1736, S. 911. Siehe dazu auch Siuts 1959, S. 92.

2. Den Körper verfluchen – Formeln und narrative Fortschreibungen

Zu dieser amplifikatorischen Logik einer ubiquitären Gefährdung des Exkommunizierten gehörten auch Formeln, die den Körper und seine Glieder einzeln verfluchen. Wie in anderen Registern der spirituellen Gewaltsprache griffen die Kompilatoren der Exkommunikationsformulare auch hier auf eine eine Stelle im Buch Deuteronomium zurück: »Von der Sohle bis zum Scheitel bist du krank.«[32] Das »a planta pedis usque ad verticem« geriet im Kontext der rituellen Exkommunikation nicht nur zum Sammelfluch, der die im Deuteronomium 28 einzeln genannten Krankheiten – die Pest, Geschwüre, Schwindsucht, Fieber, Beulen, Krätze, Grind – generalisierend zusammenfasste. Vielmehr bildete es auch den gedanklichen Ausgangspunkt für eine anatomisch organisierte Körper-Kränkung im Modus der Sprache, für eine systematische Auflistung von Sinnesorganen, Gliedmaßen, Organen, so dass von Kopf bis Fuß jedes Körperteil einzeln verflucht und einer suggestiven Projektion von Schmerzen und physischer Dysfunktionalität ausgeliefert wird. So heißt es etwa in einem um 1000 entstandenen Formular des normannischen Klosters Fécamp:

Verflucht seien ihre Körper. Verflucht seien sie im Kopf und im Hirn. Verflucht seien sie in ihren Augen und in ihrer Stirn. Verflucht seien sie in ihren Ohren und Nasen. Verflucht seien sie in Mund und Kehle. Verflucht seien sie in ihrer Brust und in ihrem Herzen. Verflucht seien sie in ihrem Bauch. Verflucht seien sie in ihrem Schenkel. Verflucht seien sie in ihren Händen und Füßen und in allen Gliedern ihres Körpers.[33]

Noch umfassendere Fluchformeln dieser Art weist ein im 12. Jahrhundert aufgezeichnetes Formular aus der englischen Abtei Abingdon auf:

Verflucht seien sie in ihren Köpfen, Augen, Ohren, Nasen, Mündern und Zungen, in ihrer Kehle und im Hals. Verflucht seien sie in der Brust und im Herzen, im Bauch und im Rücken. Verflucht seien sie in ihren Eingeweiden, Oberschenkeln, Knien,

---

32 Deut. 28,35.
33 Exkommunikationsformular des Klosters Fécamp, Ende 10., Beginn des 11. Jahrhunderts, abgedr. in Martène, Bd. 2, 1736, S. 911–912: »Maledicta sint corpora eorum. Maledicti sint in capite et cerebro. Maledicti in oculis et fronte. Maledicti in auribus, et naribus. Maledicti in ore, et gutture. Maledicti in pectore, et corde. Maledicti in ventre. Maledicti in cruribus. Maledicti in manibus, et pedibus, et in omni compagine membrorum.«

Beinen. Verflucht seien sie in ihren Händen, Füßen, Knochen und ihrem Mark. Verflucht und exkommuniziert seien sie von der Sohle bis zum Scheitel.[34] Solche körperbezogenen Verfluchungen tauchen noch in elf weiteren Formularen des Überlieferungskorpus auf, meistens in lateinischer, aber auch in mittelfranzösischer und mittelschottischer Sprache – »I curse thare heid and all the haris of ther heid, I curse thare face, thare ene, thare mouth, thare neyse, thare tounge, thare teith, thare cragis, thare schulderis, thare breystis, thare hartis, thare stomokis«, heißt es etwa noch 1525 in Glasgow in einem Bannfluch gegen schottische Grenzräuber.[35] Diese Formelarchitektur ist repräsentativ für die Mehrzahl der anatomischen Fluchlitaneien, die eher additiv als paarweise-kontrastiv organisiert sind und über den Modus der Kumulation die Auslieferung des ganzen Körpers an die spirituelle Gewalt zur

---

34 Exkommunikationsformular der Abtei Abingdon, 12. Jahrhundert, Paris, Bibliothèque Nationale, ms. lat. 1792, fol. 191v–192r: »Maledicti sint in capitibus in oculis in auribus in naribus in ore et lingua in gutture et in colla. Maledicti sint in pectore et in corde, in ventre et in dorso Maledicti sint in visceribus, in femoribus, in genibus et in cruribus. Maledicti sint in manibus in pedibus in ossibus et medullis. Maledicti sint et excommunicati sint a planta pedis usque ad verticem capitis.« Vgl. dazu auch das wohl aus der Pfarrkirche St. Helen in Darley (Derbyshire) stammende Exkommunikationsformular aus dem 12. Jahrhundert (Cambridge, Corpus Christi College, ms. 422, S. 310): »Maledictus sit in capite et in collo. Maledictus sit in oculis et in naso et in auribus. Maledictus sit in labiis et in dentibus. Maledictus sit in collo et in gutture. Maledictus sit in scapulis et in pectoribus. Maledictus sit in brachiis et in manibus. Maledictus sit in corde et in umbilico. Maledictus sit fructus uentris sui. Maledictus sit totum corpus eius. Maledictus sit a vertice montium usque ad planctu pedis in terra [...].«

35 Exkommunikationsformular gegen schottische Grenzräuber, 1525 (Donaldson/MacRae 1942, Nr. 229, S. 269): »I curse thare heid and all the haris of ther heid, I curse thare face, thare ene, thare mouth, thare neyse, thare tounge, thare teith, thare cragis, thare schulderis, thare breystis, thare hartis, thare stomokis, thare bakis, thare waymes, thare armys, thare leggis, thare handis, thare feyt, and everilk part of thare bodys fra the top of ther heides to the sole of ther feyt, before and behynde, within and without [...].« Siehe zu diesem Fall Jaser 2012. Vgl. das Exkommunikationsformular des Prämonstratenserstifts Cuissy (Aisne), 12. Jahrhundert, Laon, Bibliothèque Municipale, ms. 110, fol. 50r, abgedr. in: Beaulande 2006, S. 273–274: »Maudis soient il ou soumeron des testes, maudis soient il es cervelet, maudis soient il es front, maudis soient il es eus, maudis soient il es sourcius, maudis soient il es cous, maudis soient il es oreilles, maudis soient il es narines, maudis soient il es lesfres, maudis soient il es dens, maudis soient il es langues, maudis soient il es joues, maudis soient il es gointrons, maudis soient il es pis, maudis soient il es espaules, maudis soient il es bras, maudis soient il es dois, maudis soient il es ongles, maudis soient il es mameles, maudis soient il es costes, maudis soient il ou ventres, maudis soient il es entrailes, maudis soient il es boudines, maudis soient il es rains, maudis soient il es cuisses, maudis soient il es piés, maudis soient il de la plante des piés dusques au soumeron de la teste.«

Geltung bringen – in deutlicher Analogie zu frühmittelalterlichen Gebetspraktiken, die den einzelnen Körpergliedern sowie ihren Funktionen galten und deren Sünden bekannten.[36] Dass eine Verfluchung dabei neben Krankheiten[37] – »[die Dreifaltigkeit] bringe über sie [...] die schlimmsten Krankheiten«, ist in einem Genter Formular aus dem 14. Jahrhundert zu lesen[38] – vor allem auf die dauerhafte Beeinträchtigung sämtlicher Körperfunktionen abhob, geht besonders anschaulich aus dem Exkommunikationsformular des normannischen Klosters Lyre hervor: »Ihre Augen seien blind, ihre Ohren seien taub, ihr Mund verstumme, ihre Zunge klebe an ihrem Rachen, weder sollen ihre Hände tasten noch ihre Füße laufen. Verflucht seien alle ihre Körperteile.«[39]

Auch das erste überlieferte Exkommunikationsformular, das im Juli 900 in Reims gegen den Bischofsmörder Winemar und dessen Komplizen verlesen wurde, enthielt einen herablassenden Angriff auf dessen Körper, inklusive eines Verweises auf das Schicksal des »meistverfluchten Ketzers«[40] der Spätantike, Arius: »Seine Eingeweide sollen sich in die Latrine ergießen, wie es dem treulosen und unglücklichen Arius erging.«[41] Die Reimser Historiographie nahm nicht zuletzt diese eminent invektive Fluchformel zum Anlass, um das weitere Schicksal des exkommunizierten Winemar im Motiv der körperlichen Entstellung zu entfalten, gleichsam im Sinne einer invektiven »Anschlusskommunikation«.[42] So liest man etwa in der zwischen 948 und 952 entstandenen »Geschichte der Reimser Kirche« (*Historia Remensis Ecclesiae*) Flodoards von Reims:

Er wurde daraufhin von Gott mit einer unheilbaren Wunde geschlagen, so dass sein Fleisch verfaulte, aus seinem Körper blutiger Eiter ausdrang und er lebend von Wür-

---

36 Siehe dazu Liebermann 1903, S. 435 (Excommunicatio IV, Anm. g).
37 Zur Krankheit als Fluchmotiv vgl. zum Beispiel das aus der Genter Abtei St. Peter stammende Exkommunikationsformular des 14. Jahrhunderts (Brüssel, Bibliothèque Royale, ms. 1505–1506, fol. 49v–51r): »Augeat super eos plagas magnas et infirmitates pessimas.«
38 Siehe das Quellenzitat in der vorigen Anm.
39 Exkommunikationsformulat aus Lyre, 2. Hälfte des 12. Jahrhundert, Rouen, Bibliothèque Municipale, ms. A 425, fol. 2v, abgedr. in Martène, Bd. 2, 1736, S. 911: »Oculi eorum caeci fiant, aures eorum surdescant, os eorum obmutescat, lingua faucibus adhaereat, manus non palpent, nec pedes illorum ambulent.«
40 Loofs 1897, Sp. 7.
41 Exkommunikation der Mörder Erzbischofs Fulco von Reims, 6. Juli 900: Berlin, Stiftung Preußischer Kulturbesitz, Staatsbibliothek Berlin, Phill. 1765, fol. 95r–95v: »Intestina in secessum fundant, sicut perfidus et infelix Arrius.«
42 Vgl. hierzu Ellerbrock/Koch/Müller-Mall/Münkler/Scharloth/Schrage/Schwerhoff 2017, S. 10f.

mern zerfressen wurde; niemand konnte ihm aufgrund des unerträglichen Gestanks näher treten, so dass er sein elendiges Leben mit einem elenden Tod beendete.[43]

Das Faulige, Eitrige, Blutige, von Würmern Befallene – wir haben es mit jenen optischen, taktilen und olfaktorischen »metaphors of sensation«[44] zu tun, die William Ian Miller als allgemeine Kennzeichen einer Rhetorik des Ekels festgehalten hat und die seit der patristischen Zeit zum Kernbestand der kirchlichen Feind- und Häretikerbeschreibungen gehörten.[45] Noch spezifischer mit den Wirkungen der kirchlichen Exkommunikation gleichzusetzen ist der »Gestanksradius« der Wunde, der jede Annäherung ausschließt und damit gleichsam den »Bannkreis« der spirituellen und sozialen Marginalisierung beschreibt.

Rund fünfzig Jahre nach Flodoard baute Richer von Saint-Remi, dessen Historien generell ein Interesse für medizinische Details offenbaren[46], das Thema der grotesken Körperlichkeit Winemars zu einer umfassenden klinischen Anamnese aus. Nachdem Winemar mit dem furchterregenden Anathem belegt worden war, sei er diesem Geschichtswerk zufolge

nach kurzer Zeit krank und von Gott mit der unheilbaren Wassersucht geschlagen [worden]. Sein Bauch blähte sich auf, während er außen von einem langsamen Feuer, innen von einem schrecklichen Fieber ergriffen wurde. Auch seine Füße wurden von einer großen Geschwulst nicht verschont. Sein Schambereich war voller Würmer, seine Füße schwollen an und sahen teigig aus, sein Atem roch faulig. Seine Eingeweide flossen nach und nach aus seinem Darm, und ihn ergriff ein unerträglicher Durst. [...] Niemand konnte seine Anwesenheit aushalten, und jedem war er verhasst. Entsprechend hielten seine Freunde und seine Familie Abstand von ihm, denn von seinem Körper ging ein derart unerträglicher Gestank aus, so dass nicht einmal Ärzte ihn behandeln wollten. Geschwächt von all diesen Dingen, jeglicher christlicher Gemeinschaft beraubt und zum Teil verzehrt von Würmern, wurde dieser schändliche und sakrilegische Mensch aus dem Leben gerissen.[47]

---

43 Flodoard von Reims 1998, lib. IV, c. 10, S. 403: »Denique Winemarus, eius interemptor, ab episcopis regni Francorum cum suis complicibus excommunicatus et anathematizatus insuper insanabili a deo percussus est vulnere ita, ut computrescentibus carnibus et exundante sanie vivus devoraretur a vermibus et, dum propter immanitatem fetoris nullus ad eum accedere posset, miserrimam vitam miserabili decessu finivit.«
44 Miller 1997, S. 218.
45 Vgl. als patristisches Vorbild Laktanz 2003, c. 33,1/6–8/10, S. 176/178/180.
46 Barthélemy 2004, S. 25.
47 Richer von Saint-Remi, 2000, lib I, c. 18, S. 55–56: »Qui [das heißt Winemar, Anm. d. Verf.] in brevi deficiens, insanabili ydropis morbo a deo percussus est. Ventre itaque turgidus, exterius quidem lento igne, interius vero immani incendio urebatur. Ingens tumor pedum non deerat. Verenda vermibus scaturiebant. Crura tumentia ac lucida, anelitus

Die bereits in den Exkommunikationsformularen angelegte Gewaltsemantik, die dem Körper des Gebannten Dysfunktionalität, ekelerregende Krankheit und Tod zurechnete, wurde dementsprechend auch in der Historiographie fortgeschrieben, um eine abschreckende Wirkung zu erzielen. Die Formularsprache wie auch ihre chronikalische »Anschlusskommunikation« zeigt unmissverständlich, dass der Effekt spiritueller Gewaltakte im Diesseits und Jenseits nur mit einem physischen Beschreibungskanon, mit einer Motivik des Schmerzes und des Ekels, konkretisiert werden konnte.[48] Hiervon legen auch spätere Predigtexempla Zeugnis ab, die die Unheilswirkung des Kirchenbanns ebenfalls am liminalen Körper des Exkommunizierten exemplifizieren: Schwere Krankheiten und ständige Unglücksfälle bedrückten den hartnäckig Gebannten, weiß Stephan von Bourbon im 13. Jahrhundert, andere berichten von einem erdrosselten Verfluchten oder von einem fettleibigen Wucherer, dessen hämische Ignoranz gegenüber dem Bann mit einem plötzlichen Tod bestraft wurde.[49]

Da verstorbene Exkommunizierte überdies meistens irregulär bestattet wurden, galten sie in der Exempelliteratur als prädestinierte Wiedergänger, deren toter Körper mit Unruhe und Unverweslichkeit in Verbindung gebracht wurde und entweder demütig um Absolution bat oder gefährlich als posthumer ›Stalker‹ sein Unwesen unter den Lebenden trieb.[50] Ein besonders blutrünstiges Beispiel liefert das schottische *Chronicon de Lanercost* aus der zweiten Hälfte des 14. Jahrhunderts: Ein Mönch, der im Kloster einige sakrilegische Taten begangen hatte und daraufhin in der Exkommunikation verstorben war, terrorisierte zunächst seine früheren Mitbrüder, bevor er das Haus eines gewissen Ritters belästigte. Mit seinem »hässlichen, schweren und berührbaren« Körper und bekleidet im Habit eines schwarzen Mönches, saß dieser *filius tenebrarum* nach Art der skandinavischen Wiedergängerprotagonisten »auf den Dächern von Häusern und Scheunen«, verletzte einige

---

fetidus. Viscera etiam paulatim per colum diffluebant. Super hec omnia sitim intolerabilem sustinebat. Appetitum vero comedendi aliquanto habebat, sed cibi illati fastidium inferebant. Insomnietatem iugem patiebatur. Omnibusque factus intolerabilis, omni<bus> habitus est <odio>. Itaque amici atque domestici ab eo dimoti sunt, multo eius corporis fetore confecti, in tantum ut nullus medicorum, saltem medendi causa ad eum accedere posset. Quibus omnibus dissolutus, omni christianitatis communione privatus, a vermibus ex parte iam consumptus, flagiciosus ac sacrilegus ab hac vita pulsus est.«
48 Vgl. hierzu Böhme 2000.
49 Lecoy de la Marche 1877, c. 302, S. 254–255. Vgl. Jaser 2013, S. 322–334; Schmitt 1996, S. 159–165; James 1922.
50 Jaser 2013, S. 347–359. Vgl. Watkins 2002; Angenendt 1994; Angenendt 1991; Murray 1991, S. 21; Caciola 1996.

kampfbereite Männer und tötete schließlich den erstgeborenen Sohn des Ritters, was den monastischen Autor zu einer unmissverständlichen Schlussfolgerung veranlasste: »Der Teufel erhält nur über denjenigen Gewalt, der wie ein Schwein gelebt hat [porci more vixerit]«.[51] Auch im Jenseits war für den exkommunizierten Körper ein besonders exponiertes Strafregister vorgesehen: In der zwischen 1332 und 1342 entstandenen Höllendarstellung von Buonamico Buffalmacco auf dem Pisaner Camposanto ist es zwangsläufig ein namenloser *scomunichato*, dessen nackter, wehrloser Körper von einem Höllendiener in den weit geöffneten, mit Raubtierzähnen bewaffneten Schlund geschleudert wird – eine Inkarnation aller jenseitigen Höllenstrafen, die ein hartnäckiger Exkommunizierter zwingend zu erwarten hatte.[52]

3. »The Popes Dreadful Curse« – das lange Nachleben einer spirituellen Körper-Kränkung

Zum Abschluss sei nochmals an den Ausgangspunkt unserer Überlegungen zurückgekehrt, zu Dr. Slops Verlesung eines lateinischen Exkommunikationsformulars aus dem sogenannten *Textus Roffensis*, einer Sammlung von Rechts- und Urkundentexten der Kathedrale von Rochester, die zwischen 1122 und 1124 unter Bischof Ernulf von Rochester kompiliert wurde.[53] Aus dessen umfangreicher Fluchlitanei stechen nochmals 36 Formeln heraus, die den Körper des Betroffenen in all seine anatomischen Einzelteile zerlegen und das spirituelle Gefährdungsmoment damit auf die Totalität der äußeren Gliedmaßen, physischen Qualitäten und inneren Organe projizieren:

Verflucht sei er in allen Kräften des Körpers. Verflucht sei er innen und außen. Verflucht sei er in den Haaren; verflucht sei er im Gehirn. Verflucht sei er auf dem Scheitel, den Schläfen, auf der Stirn, in den Ohren, an den Augenbrauen, in den Augen, Wangen, Kinnbacken, Nasenlöchern, Vorder- und Backenzähnen, Lippen, in der Kehle, den Schultern, Ellbogen, Armen, Händen, Fingern, in der Brust, im Herzen und in allen Eingeweiden, die der Bauch enthält, in den Nieren, im Becken, im Oberschenkel, in den Genitalien, der Hüfte, den Knien, Beinen, Füßen, Finger-

---

51 Stevenson 1839, S. 163–164; Schmitt 1996, S. 165, 216; Lecouteux 1987, S. 122–145.
52 Wille 2002, S. 71; Baschet 1993, S. 300.
53 Vgl. Little 1993, S. 4; O'Brien/Bombi 2015.

gliedern und Fingernägeln. Verflucht sei er an allen Gelenken, vom Scheitel seines Hauptes bis zur Sohle des Fußes! Keine Gesundheit sei in ihm.⁵⁴

Wie im Zuge einer verbalsuggestiven Vivisektion bemächtigt sich hier die geistliche Gewalt eines aus ihrer Sicht delinquenten Körpers, und zwar im Medium eines potentiell verletzenden und pathologisierenden Sprechmodus, der mit der Aussicht auf physische Schmerzen und Dysfunktionalität operiert.⁵⁵ Hier tritt die mittelalterlich-kirchliche Version einer invektiven »hate speech« vor Augen, die allerdings, was Sprecherkompetenz, rituelle Rahmung und Formularinhalte anbelangt, hochautorisiert, *ex officio* und in Form eines verbindlichen Rechtsakts der kirchlichen *potestas* erfolgt. Dabei verkörperten die rituellen Akteure eine traditionell legitimierte und beanspruchte Fluch- und Exkommunikationsgewalt, die *in actu* der betroffenen Personen die Kontrolle über den eigenen Körper entzog und – im Falle anhaltender Obstinanz – einer diesseitigen wie jenseitigen Unheilsperspektive anheimstellte. Dabei wurde von den kirchlichen Akteuren zumindest metaphorisch die kirchliche Verfluchung mit physischer Gewaltanwendung gleichgestellt: »Wir durchbohren (die Betroffenen) mit dem Schwert des Anathems« – »anathematis gladio transfigimus« –, heißt es 977 in einem Formular aus Sens⁵⁶, und nicht von ungefähr verglich Erzbischof Alfanus von Salerno zum Ende des 11. Jahrhunderts die auf Sprache und Gesten basierende Durchschlagskraft des Anathems mit den Legionen des römischen Weltreiches:

Welch Gewalt des Anathems! / Was auch immer Marius früher, / was auch immer Julius [Caesar] / mit dem heftigsten Morden der Soldaten geleistet haben, / schaffst du mit der Sprache nur [quanta vis anathematis! / quidquid et Marius prius, / quodque Julius egerant / maxima nece miltitum, / voce tu modica facis].⁵⁷

---

54 Exkommunikationsformular aus Rochester, 1122–1124, Maidstone, Kent County Archives, DRc/R1, fol. 98r-98v, Liebermann 1903, S. 439–440: »Maledictus sit in totis viribus corporis! Maledictus sit interius et exterius. Maledictus sit in capillis! Maledictus sit in cerebro. Maledictus sit in vertice, in temporibus, in fronte, in auriculis, in superciliis, in oculis, in genis, in maxillis, in naribus, in dentibus mordacibus, in labris siue molibus, in labiis, in gutture, in humeris, in harmis, in brachiis, in manibus, in digitis, in pectore, in corde et in omnibus interioribus stomacho tenus, in renibus, in inguinibus, in in femore, in genitalibus, in coxis, in genibus, in cruribus, in pedibus, in articulis et in unguibus. Maledictus sit in totis compaginibus membrorum: a vertice capitis usque ad plantam pedis non sit in eo sanitas.«
55 Vgl. Butler 2006, S. 26–27.
56 Exkommunikationsformular von Sens, Juni-September 977, St. Petersburg, Nationalbibliothek, lat. 4° v.l. 35, fol. 105v–107r, abgedr. in d'Achery 1732, S. 320.
57 Alphanus von Salerno, Ad Hildebrandum Archidiaconum Romanum (Carme 22), in: Lentini/Avagliano 1974, S. 156. Vgl. dazu Raby 1953, S. 236–249, bes. S. 247.

Noch Laurence Sternes Roman bietet ein satirisches Echo jener Phantomschmerzen, die einen beim Hören dieser amplifizierten sprachlichen Verwundung überkommen kann: »Das ist ein trauriger Fluch«, »Gott soll uns bewahren« und »Mein Vater schüttelte den Kopf«, lauteten die Reaktionen, als Dr. Slop den Scheitel, den Oberschenkel und die Genitalien verfluchte.[58] Der langfristige Nachhall dieses sehr besonderen Textzeugen der mittelalterlichen ›Ecclesia maledicens‹ zeigt sich auch in der Überlieferungsgeschichte: Im Jahr 1681, als eine Sukzessionskrise um einen katholischen Prätendenten auf die englische Krone aufflammte, wurde das Formular in einer englischen Übersetzung in London unter dem Titel *The Popes Dreadfull Curse* nachgedruckt.[59] Damit wurde ein Text indigen-mittelalterlicher Provenienz nicht nur antipapalistisch aktualisiert und konfessionspolitisch aufgeladen, sondern auch als ein typisches Produkt einer aggressiven, auf Drohungen und Einschüchterung beruhenden römischen Papstkirche hingestellt. In der Konsequenz heißt es in einem Nachwort zu dieser Ausgabe: »This Publication of this is to shew what is to be expected from the Pope, if he come to be Supreme Head of the Church in this Nation.«[60] Um die Thronansprüche des katholischen Prätendenten Charled Edward Stuart zu delegitimieren, wurde die englische Übersetzung des Formulartextes 1745 abermals in verschiedenen Zeitschriften wie *The Harleian Miscellany* und *Gentleman's Magazine* unter demselben Titel nachgedruckt.[61] In dieser Stoßrichtung verwandelte sich ein Zeugnis der mittelalterlichen ›Ecclesia maledicens‹ in ein anstößiges, alteritär wahrgenommenes historisches Zitat, das seinerseits zur Herabwürdigung des konfessionellen Gegners, in diesem Fall der römisch-katholischen Kirche, genutzt werden konnte. In den Händen des anglikanischen und antikatholischen Landpfarrers Laurence Sterne, der das Rochester-Formular wohl durch die Nachdrucke von 1745 kennengelernt hatte, geriet der Text dann endgültig zum satirischen Stoff als unhintergehbares Nonplusultra des Phänomens Fluch. Oder in den Worten seiner Romanfigur Uncle Toby: »Unsere Soldaten in Flandern fluchten fürchterlich – aber dagegen ist es nichts. Ich könnte es nicht übers Herz bringen, meinen Hund so zu verfluchen.«

---

58 Sterne 2000, S. 141: »May he be cursed in his brains, and in his vertex, (that is a sad curse, quoth my father) [...]. May he be cursed in his reins, and in his groin, (God in heaven forbid, quoth my uncle Toby) – in his thighs, in his genitals, (my father shook his head) [...].« Dt. Übersetzung: Sterne 1982, S. 193.
59 *The Popes Dreadfull Curse* 1681, S. 2. Vgl. Little 1993, S. 5; Jackson 1960, S. 392–394.
60 *The Popes Dreadfull Curse* 1681. Vgl. Little 1993, S. 5.
61 Little 1993, S. 4–5; Jackson 1960, S. 393.

Quellen

Ungedruckte Quellen

Berlin, Stiftung Preußischer Kulturbesitz, Staatsbibliothek Berlin, Phill. 1765.
Brüssel, Bibliothèque Royale, ms. 1505–1506
Cambridge, Corpus Christi College, ms. 422.
Laon, Bibliothèque Municipale, ms. 110.
Maidstone, Kent County Archives, DRc/R1.
Paris, Bibliothèque Nationale, ms. lat. 1792.
Rouen, Bibliothèque Municipale, ms. A, 425.

Gedruckte Quellen

D'Achery, Luc, *Spicilegium sive collectio veterum aliquot scriptorum* […], Bd. 3, Paris 1723.

Flodoard von Reims, *Historia Remensis Ecclesiae, Die Geschichte der Reimser Kirche*, hg. von Martina Stratmann, MGH, SS, Bd. 36, Hannover 1998.

Gordon Donaldson/C. MacRae (Hg.), *St. Andrews Formulare 1514–1546*, Bd. I, Edinburgh 1942.

Gregor der Große, *Moralia in Iob, Libri I-X*, hg. v. Marcus Adriaen, Turnhout 1979.

Ivo von Chartres, *Decretum*, Online-Editionsentwurf von Martin Brett (Cambridge), https://ivo-of-chartres.github.io/decretum.html (Aufrufdatum: 16.08.2020a).

Ivo von Chartres, *Panormia*, Online-Editionsentwurf von Martin Brett und Bruce Brasington (Cambridge), https://ivo-of-chartres.github.io/panormia.html (Aufrufdatum: 16.08.2020b).

Laktanz, *De mortibus persecutorum. Die Todesarten der Verfolger*, übers. und eingeleitet von Alfons Städele, Turnhout 2003.

Lecoy de la Marche, Albert (Hg.), *Anecdotes Historiques, Légendes et Apologues tirés du recueil inédit d'Étienne de Bourbon, Dominicain du XIIIe siècle*, Paris 1877

Lentini, Anselmo/Avagliano, Faustino (Hg.), *I Carmi di Alfano I Arciescovo di Salerno*, Montecassino 1974.

Liebermann, Felix (Hg.), *Gesetze der Angelsachsen*, Bd. 1: *Text und Überlieferung*, Halle a. S. 1903.

Martène, Edmond (Hg.), *De antiquis ecclesiae ritibus*, 2. Aufl., 4 Bde., Antwerpen 1736–1738.

Migne, Jacques Paul (Hg.), *Patrologiae Cursus Completus, Series Latina*, 221 Bde., Paris 1844–1864.

Richer von Saint-Remi, *Historiae*, hg. von Hartmut Hoffmann, MGH, SS, Bd. 38, Hannover 2000.

Sterne, Laurence, *The Life and Opinions of Tristram Shandy, Gentleman*, ed. by Ian Campbell Ross, Oxford 2000.

Sterne, Laurence, *Leben und Meinungen von Tristram Shandy Gentleman*, übers. v. Adolf Friedrich Seubert/Hans J. Schütz, Frankfurt am Main 1982.

Stevenson, Joseph (Hg.), Chronicon de Lanercost, M.CC.I.-M.CCC.XLVI., e codice Cottoniano nunc primum typis mandatum, A.D. 1295, Edinburgh 1839.

The Popes Dreadfull Curse, London 1681.

Thomas von Aquin, *Summa Theologica. Vollständige, ungekürzte deutsch-lateinische Ausgabe*, Bd. 18 (II-II), hg. von Arthur Fridolin Utz, Heidelberg 1953; Bd. 32: Supplement 17–40, hg. von Burkhard Neunheuser OSB, Graz/Wien/Köln 1985.

Literatur

Angenendt, Arnold, *Heilige und Reliquien. Die Geschichte ihres Kultes vom frühen Christentum bis zur Gegenwart*, München 1994.

Angenendt, Arnold, »Corpus incorruptum. Eine Leitidee der mittelalterlichen Reliquienverehrung«, in: *Saeculum. Jahrbuch für Universalgeschichte* 42 (1991), S. 320–348.

Baschet, Jérôme, *Les justices de l'au-delà. Les représentations de l'enfer en France et en Italie (XIIe-XVe siècle)*, Rom 1993.

Beaulande, Veronique, *Le malheur d'être exclu? Excommunication, réconciliation et société à la fin du Moyen Âge*, Paris 2006.

Belgrader, Michael, »Fluch, fluchen, Flucher«, in: *Enzyklopädie des Märchens. Handwörterbuch zur historischen und vergleichenden Erzählforschung*, Bd. 4, Berlin, New York 1984, Sp. 1315–1328.

Beth, K., »Fluch«, in: *Handwörterbuch des deutschen Aberglaubens*, Bd. 2, Berlin, Leipzig 1929/1930, Sp. 1636–1652.

Bitel, Lisa M., »Saints and Angry Neighbours: The Politics of Cursing in Irish Hagiography«, in: Sharon Farmer, Barbara H. Rosenwein (Hg.), *Monks & Nuns, Saints & Outcasts. Religion in Medieval Society. Essays in Honor of Lester K. Little*, Ithaca, London 2000, S. 123–150.

Böhme, Hartmut, »Himmel und Hölle als Gefühlsräume«, in: Claudia Benthien/Anne Fleig/Ingrid Kasten (Hg.), *Emotionalität. Zur Geschichte der Gefühle*, Köln/Weimar/Wien 2000, S. 60–81.

Brun, Lyder, *Segen und Fluch im Urchristentum*, Oslo 1932.

Burke, Peter, »Beleidigungen und Gotteslästerung im frühneuzeitlichen Italien«, in: Ders., *Städtische Kultur in Italien zwischen Hochrenaissance und Barock. Eine historische Anthropologie*, Berlin 1986, S. 96–110, 205–206.

Butler, Judith, *Haß spricht. Zur Politik des Performativen*, Frankfurt am Main 2006.

Cabantous, Alain, *Geschichte der Blasphemie*, Weimar 1999.

Caciola, Nancy, »Wraiths, Revenants and Ritual in Medieval Culture«, in: *Past & Present* 152 (1996), S. 3–45.

Casagrande, Carla/Vecchio, Silvana, *Les péchés de la langue. Discipline et éthique de la parole dans la culture médiévale*, Paris 1991.

Corbineau-Hoffmann, Angelika/Nicklas, Pascal (Hg.), *Gewalt der Sprache – Sprache der Gewalt. Beispiele aus philologischer Sicht*, Hildesheim, Zürich/New York 2000.

Doskocil, Walter, *Der Bann in der Urkirche. Eine rechtsgeschichtliche Untersuchung*, München 1958.

Ellerbrock, Dagmar/Koch, Lars/Müller-Mall, Sabine/Münkler, Marina/Scharloth, Joachim/Schrage, Dominik/Schwerhoff, Gerd, »Invektivität – Perspektiven eines neuen Forschungsprogramms in den Kultur- und Sozialwissenschaften«, in: *Kulturwissenschaftliche Zeitschrift* 1 (2017), S. 2–24.

Eming, Jutta/Jarzebowski, Claudia, »Einführende Bemerkungen«, in: Dies. (Hg.), *Blutige Worte. Internationales und interdisziplinäres Kolloquium zum Verhältnis von Sprache und Gewalt in Mittelalter und Früher Neuzeit*, Göttingen 2008, S. 7–13.

Friedrich, Peter/Schneider, Manfred (Hg.), *Fatale Sprachen. Eid und Fluch in Literatur- und Rechtgeschichte*, München 2009.

Gehring, Petra, »Über die Körperkraft der Sprache«, in: Steffen K. Herrmann/Sybille Krämer/Hannes Kuch (Hg.), *Verletzende Worte. Die Grammatik sprachlicher Missachtung*, Bielefeld 2007, S. 211–228.

Hahn, Alois, »Exklusion und die Kontruktion personaler Identitäten«, in: Lutz Raphael, Herbert Uerlings (Hg.), *Zwischen Ausschluss und Solidarität. Modi der Inklusion/Exklusion von Fremden und Armen in Europa seit der Spätantike*, Frankfurt am Main, Berlin, Bern u. a. 2008, S. 65–96.

Hahn, Alois, »Theoretische Ansätze zu Inklusion und Exklusion«, in: Cornelia Bohn, Ders. (Hg.), *Processi di inclusione ed esclusione: identità ed emarginazione / Prozesse der Inklusion und Exklusion: Identität und Ausgrenzung* (= Annali di Sociologia/Soziologisches Jahrbuch 16 [2002/2003]), Trient 2006, S. 67–88.

Hahn, Alois, »Inklusion und Exklusion. Zu Formen sozialer Grenzziehungen«, in: Thomas Geisen (Hg.), *Grenze: sozial – politisch – kulturell. Ambivalenzen in den Prozessen der Entstehung und Veränderung von Grenzen*, Frankfurt am Main 2003, S. 21–45.

Hamilton, Sarah M., »Medieval Curses and Their Users«, in: *Haskins Society Journal* 30 (2020a), S. 21–52.

Hamilton, Sarah M., »Law and Liturgy. Excommunication Records, 900–1050«, in: Sarah Greer, Alice Hicklin, Stefan Esders (Hg.), *Using and Not Using the Past after the Carolingian Empire, c. 900–c. 1050*, Abingdon 2020b, S. 282–302.

Hamilton, Sarah M., »Interpreting Diversity: Excommunication Rites in the Tenth and Eleventh Centuries«, in: Helen Gittos, Sarah M. Hamilton (Hg.), *Understanding Medieval Liturgy: Essays in Interpretation*, Farnham 2016, S. 125–158.

Hoareau-Dodinau, Jacqueline, »Le blasphème au moyen âge. Une approche juridique«, in: E. Beaumatin/M. Garcia (Hg.), *L'invective au Moyen Âge: France, Espagne, Italie. Actes du colloque, Paris 4–6 février 1993* (= Atalaya. Revue française d'études médiévales hispaniques 5 [1994]), S. 193–210.

Holzem, Andreas, *Religion und Lebensformen. Katholische Konfessionalisierung im Sendgericht des Fürstbistums Münster 1570–1800*, Paderborn 2000.

Jackson, William A., »The Curse of Ernulphus«, in: *Harvard Library Bulletin* 14 (1960), S. 392–394.

James, Montague R., »Twelve Medieval Ghost-Stories«, in: *The English Historical Review* 37 (1922), S. 413–422.

Jaser, Christian, *Ecclesia maledicens. Rituelle und zeremonielle Exkommunikationsformen im Mittelalter*, Tübingen 2013.

Jaser, Christian, »Von Grenzen und Passagen. Die Exkommunikation der schottischen border reivers durch Erzbischof Gavin Dunbar von Glasgow (1525)«, in: *Zeitschrift für Kirchengeschichte* 123.1 (2012), S. 39–64.

Johnson, Máire, Snark and the Saint. The Art of the Irish Curse, in: Elizabeth Louise Rambo/Stephen Alan Baragona (Hg.), *Words That Tear The Flesh: Essays on Sarcasm in Medieval and Early Modern Literature and Cultures*, Berlin u. a. 2018, S. 63–84.

Kiener, Franz, *Das Wort als Waffe, Zur Psychologie der verbalen Aggression*, Göttingen 1983.

Kloek, Fred, *De pauselijke banvloek. Een geestelijk wapen in de middeleeuwse politiek*, Amsterdam 1987.

Kober, Franz, *Der Kirchenbann nach den Grundsätzen des canonischen Rechts*, Tübingen 1857.

Krämer, Sybille/Koch, Elke (Hg.), *Gewalt in der Sprache. Rhetoriken verletzenden Sprechens*, München 2010.

Labouvie, Eva, »Verwünschen und Verfluchen: Formen der verbalen Konfliktregelung in der ländlichen Gesellschaft der Frühen Neuzeit«, in: Peter Blickle (Hg.), *Der Fluch und der Eid. Die metaphysische Begründung gesellschaftlichen Zusammenlebens und politischer Ordnung in der ständischen Gesellschaft*, Berlin 1993, S. 121–145.

Lecouteux, Claude, *Geschichte der Gespenster und Wiedergänger im Mittelalter*, Köln/Wien 1987.

Leveleux, Corinne, *La parole interdite. Le blasphème dans la France médiévale (XIIIe–XVIe siècles): du péché au crime*, Paris 2001.

Little, Lester K., *Benedictine Maledictions. Liturgical Cursing in Romanesque France*, Ithaca/London 1993.

Loetz, Francisca, *Mit Gott handeln. Von den Zürcher Gotteslästerern der Frühen Neuzeit zu einer Kulturgeschichte des Religiösen*, Göttingen 2002.

Logan, F. Donald, *Excommunication and the Secular Arm in Medieval England. A Study in Legal Procedure from the Thirteenth to the Sixteenth Century*, Toronto 1968.

Loofs, Friedrich, »Arianismus«, in: *Realencyklopädie für protestantische Theologie und Kirche*, 3. Aufl., Bd. 2, Leipzig 1897, Sp. 6–45.

Maier, Bernhard/Veijola, Timo/Zager, Werner, »Segen/Segen und Fluch«, in: *Theologische Realenzyklopädie*, Bd. 31, Berlin u. a. 2000, S 75–84.

Miller, William Ian, *The Anatomy of Disgust*, Cambridge, Mass., London 1997.

Montagu, Ashley, *The Anatomy of Swearing*, New York/London 1967.

Morel, Maurice, *L'Excommunication et le Pouvoir civil en France du droit canonique classique au commencement du XVe siècle*, Paris 1926.

Murray, Alexander, *Excommunication and Conscience in the Middle Ages. The John Coffins Memorial Lecture, 13 February 1991*, London 1991.

O'Brien, B. R./ Bombi, B. (Hg.), *Textus Roffensis. Law, Language, and Libraries in Early Medieval England*, Turnhout 2015.

Oettinger, Maximilian, *Der Fluch. Vernichtende Rede in den sakralen Gesellschaften der jüdischen und christlichen Tradition*, Konstanz 2007.

Parks, Ward, Verbal Dueling in Heroic Narrative. The Homeric and Old English Traditions, Princeton, NJ 1990.

Raby, F. J. E., *A History of Christian-Latin Poetry from the Beginnings to the Close of the Middle Ages*, 2. Aufl., Oxford 1953.

Schmidt, Heinrich Richard, »Die Ächtung des Fluchens durch reformierte Sittengerichte«, in: Peter Blickle (Hg.), *Der Fluch und der Eid. Die metaphysische Begründung gesellschaftlichen Zusammenlebens und politischer Ordnung in der ständischen Gesellschaft*, Berlin 1993, S. 65–120.

Schmitt, Jean-Claude, *Die Wiederkehr der Toten. Geistergeschichten im Mittelalter*, Stuttgart 1995.

Schreiner, Klaus, »Tot- und Mordbeten, Totenmessen für Lebende. Todeswünsche im Gewand mittelalterlicher Frömmigkeit«, in: Martin Kintzinger/Wolfgang Stürner/Johannes Zahlten (Hg.), *Das Andere wahrnehmen. Beiträge zur europäischen Geschichte. August Nitschke zum 65. Geburtstag gewidmet*, Köln/Weimar/Wien 1991, S. 335–355.

Schwerhoff, Gerd, *Verfluchte Götter. Die Geschichte der Blasphemie*, Frankfurt am Main 2021.

Schwerhoff, Gerd, »Blasphemische Flüche und die Kunst der Selbstdarstellung«, in: Peter Friedrich/Manfred Schneider (Hg.), *Fatale Sprachen. Eid und Fluch in Literatur- und Rechtsgeschichte*, München 2009, S. 93–119.

Schwerhoff, Gerd, *Zungen wie Schwerter. Blasphemie in alteuropäischen Gesellschaften 1200–1650*, Konstanz 2005.

Siuts, Heinrich, *Bann und Acht und ihre Grundlagen im Totenglauben*, Berlin 1959.

Speyer, W., »Fluch«, in: *Reallexikon für Antike und Christentum. Sachwörterbuch zur Auseinandersetzung des Christentums mit der antiken Welt*, Bd. 7, Stuttgart 1969, Sp. 1160–1288.

Van Dülmen, Richard, »Wider die Ehre Gottes. Unglaube und Gotteslästerung in der Frühen Neuzeit«, in: *Historische Anthropologie* 2 (1994), S. 20–37.

Vodola, Elizabeth, *Excommunication in the Middle Ages*, Berkeley, Los Angeles, London 1986.

Walz, Rainer, »Agonale Kommunikation im Dorf der Frühen Neuzeit«, in: *Westfälische Forschungen* 42 (1992), S. 215–251.

Watkins, C. S., »Sin, Penance and Purgatory in the Anglo-Norman Realm: The Evidence of Visions and Ghost Stories«, in: *Past & Present* 175 (2002), S. 3–33.

Wiefel, Wolfgang, »Fluch und Sakralrecht. Religionsgeschichtliche Prologomena zur Frühentwicklung des Kirchenrechts«, in: *Numen* 16 (1969), 3, S. 211–233.

Wille, Friederike, *Die Todesallegorie im Camposanto in Pisa. Genese und Rezeption eines berühmten Bildes*, München 2002.

Ziebarth, E., »Fluch«, in: *Paulys Real-Encyklopädie der classischen Altertumswissenschaft*, Bd. 6, Stuttgart 1909, S. 2771–2773.

Ihr Bauch, ihr Gott: Zur Funktion
des Bauchtopos in einigen
reformatorischen Invektiven

Albrecht Dröse

1. Einleitung

Der Bauch bildet (zumindest in der westlichen Kultur) auch in geistlicher Hinsicht eine Problemzone. In der Topographie des Körpers markiert er den Ort der sinnlichen Freuden und Begierden und damit die fortdauernde Bindung an die Immanenz, die der Ausrichtung auf die Transzendenz entgegensteht.[1] In seiner Epistel an die Philipper warnt etwa der Apostel Paulus daher vor gewissen »Feinden des Kreuzes Christi«, deren Ende ist Verderben, deren Gott der Bauch und deren Ehre in ihrer Schande ist, die auf Irdisches sinnen.« (Phil 3,19).[2] Diese Warnung vor einer »Vergötzung« des Bauches verbindet sich also mit einer ironischen Volte gegen jene, die ihre Ehre in der »Schande« suchen was vielleicht als Anspielung auf ein enthemmtes Sexu-

---

1 Zur Kulturgeschichte des Bauches im Allgemeinen vgl. Ebbing 2008, die allerdings auf religiöse Aspekte nicht vertiefend eingeht. Siehe auch Benthien/Wulf 2001, S. 20f. sowie Wulf 2001, S. 196–199. Die hier angesprochene Topographie des Körpers steht in Zusammenhang mit anthropologischen Vorannahmen, die u.a. Platon ausformuliert hat. Platon geht bekanntlich aus von einer werthierarchischen Anordnung der drei Seelenkräfte Vernunft (Logistikon), Mut (Thymoeides) und Begierden (Epithymetikon): Die Vernunft wird im Kopf, der Mut in der Brust und der triebhafte Seelenteil im Unterleib bzw. im Bauch verortet. Vgl. Platon, Politeia 434d–445e. Vgl. zur impliziten sozialen Logik dieser Einteilung Guldin 2000, S. 46f.

2 Zitiert nach der Elberfelder Bibel; vgl. auch den griechischen Text (Novum Testamentum Graece, NA 28): ὧν τὸ τέλος ἀπώλεια, ὧν ὁ θεὸς ἡ κοιλία καὶ ἡ δόξα ἐν τῇ αἰσχύνῃ αὐτῶν, οἱ τὰ ἐπίγεια φρονοῦντες. Vulgata: *quorum finis interitus quorum deus venter et gloria in confusione ipsorum qui terrena sapiunt.* Dieser Satz steht in Spannung zu antiasketischen Tendenzen im frühen Christentum, dazu eingehend Grimm 1996; des Weiteren Böttrich 1998. Bezeichnend ist ja, dass Jesus, wohl aufgrund seiner öffentlich zelebrierten Mahlgemeinschaften, in Differenz zum Asketen Johannes als »Fresser und Weinsäufer« wahrgenommen worden ist, wie er selbst spöttisch kommentiert (Matth 11,19): »Des Menschen Sohn ist gekommen, ißt und trinkt; so sagen sie: Siehe, wie ist der Mensch ein Fresser und ein Weinsäufer, der Zöllner und der Sünder Geselle! Und die Weisheit muß sich rechtfertigen lassen von ihren Kindern.«

alverhalten zu verstehen ist.³ Zumindest verweist die Metonymie des Bauches nicht nur auf kulinarische, sondern auch auf sexuelle Lustformen, deren Zusammenhang seit der Antike einschlägig ist. Karl Olov Sandnes hat gezeigt, dass Paulus hier und in den Parallelstellen Röm 16,18 (»sie dienen nicht Christus, sondern ihrem Bauch«) sowie Tit 1,12 (»die Kreter sind faule Bäuche«) auf einen Topos der antiken Moralphilosophie rekurriert: Seinem Bauch zu dienen, die Gastrolatrie, bezeichnet eine Lebensform, die allein von sinnlichen Vergnügungen bestimmt ist.[4] Sandnes' Ausführungen ließen sich aus literaturwissenschaftlicher Sicht dahingehend ergänzen, dass die Funktionsweise dieses Topos satirisch ist, nicht nur im Sinne einer ›strafenden‹ moralischen Bewertung, sondern der Verspottung einer solchen Figuration: Der Topos inszeniert eine beschämende Unterordnung unter niedere Impulse und gewinnt daraus seine appellative Evidenz. Wer sich von seinem Bauch bestimmen und leiten lässt, der »Bauchsklave«, ist eine unwürdige und lächerliche Figur.[5]

Paulus verschärft diese Topik, indem er sie mit dem biblischen Konzept der Idolatrie verbindet, und damit die satirische Kennzeichnung in eine religiöse Stigmatisierung verwandelt. Damit grenzt er nicht nur einfach den neuen Glauben gegen zeitgenössische hedonistische Vorstellungen und Praktiken ab, sondern konturiert vor diesem Hintergrund eine christliche Lebensform.[6] Der Bauchtopos ist Element einer umfassenderen Kontrastierung, der Bauchknecht steht gegen den Athleten, der von Paulus als Leitfigur für das christliche Leben herausgestellt wird (1 Kor 9,24; Phil 1,27; Phil 3,12–13).[7] Welche

---

3 So lautet zumindest die geläufige Lesart dieser Passage; der Terminus αἰσχύνῃ ist allerdings sehr vage, Sandnes schlägt daher vor, ihn allgemein als selbstbezogene, »schändliche Lebensführung« (»shameful living«) zu übersetzen; Sandnes 2002, S. 153f. Eine alternative Interpretation bezieht diese Aussage auf die Beschneidung.
4 Sandnes 2002, S. 57. Diese Topik findet auch in der jüdischen Theologie und Moralistik in ihre Entsprechungen. Zum literarischen Hintergrund vgl. Lynwood Smith 2018 für die Antike; des Weiteren Wulf 2001, S. 201–203 mit Verweis auf das Motiv bei Rabelais.
5 Der »Bauchsklave« ist in der griechisch-römischen Antike eine gängige Ausdrucksform dieses Topos, vgl. Sandnes 2002, S. 23; Belege ebenda, S. 35–58. Zur satirischen Verwendung dieser Topik vor allem in Bezug auf Festmähler vgl. ebenda, S. 84–86. Zur Satire als invektive Gattung, die auf eine Exposition des Lächerlichen abzielt vgl. Münkler 2021.
6 Vgl. die Affektinszenierung in Phil 3,18: »Denn viele – von denen ich oft zu euch gesprochen habe, doch jetzt unter Tränen spreche – leben als Feinde des Kreuzes Christi.«
7 1 Kor 9,24–25: »Wisst ihr nicht, dass die, die in der Kampfbahn laufen, die laufen alle, aber einer empfängt den Siegespreis? Lauft so, dass ihr ihn erlangt. Jeder aber, der kämpft, enthält sich aller Dinge; jene nun, damit sie einen vergänglichen Kranz empfangen, wir aber einen unvergänglichen.« Sandnes 2002, S. 141–149.

historische Opponenten Paulus in seinem Brief an die Philipper im Blick hatte, kann hier offen bleiben,[8] wichtiger ist, dass diese Topik seit den Kirchenvätern herangezogen worden ist, um Vorstellungen einer asketischen *vita perfecta* zu plausibilisieren und zu stabilisieren, durch die sich eine spirituelle Elite legitimiert.[9] Der Bauch wird zum bevorzugten Ansatzpunkt asketischer Negation oder zumindest der Disziplinierung, das heißt des Fastens. Daran schließen moraltheologische Unterscheidungen an, wonach die Gelüste des Bauches als Sünde disqualifiziert werden und der Verzicht als Tugend; diese Topik erscheint in der mittelalterlichen Tradition regelmäßig mit den Todsünden der Völlerei (*gula*) und der Wollust (*luxuria*) verknüpft.[10]

Bemerkenswert ist, dass dieser Topos im reformatorischen Konflikt einer erneuten Verschiebung unterliegt. Er verschwindet keineswegs mit der reformatorischen Ablehnung des Fastens aus dem Sprachgebrauch der Reformatoren, sondern wird nunmehr gegen den Klerus und die römische Kirche gewendet. Luther etwa beschimpft seine Gegner als »bauchknechte« und spottet beispielsweise über die Bemühungen zur Heiligsprechung Bennos von Meißen 1524, »wie man dem volck wird das maul schmiren, das sie ja den Abgott hoch achten und den beuttel weyt aufthun sollen dem lieben S. Benno, das ist yhrem bauch [das heißt dem Bauch der bischöflichen Geistlichkeit in Meißen] zu gut und ehren.«[11] Das ist kein Einzelfall: Friedrich Lepp identifizierte in seinen nach wie vor lesenswerten ›Schlagwörtern des Reformationszeitalters‹ von 1908 eine eigene »Formgruppe« ›Bauch‹, die sich u.a. in den Neubildungen von »Bauchpfaffen«, »Bauchdienern« und eben »Bauchknechten«, von »Bauchheiligen« und »Bauchleben« manifestiert.[12] Nun ist gerade der Klerus im Mittelalter zur Zielscheibe von Diatriben gegen Völlerei und Genusssucht geworden, unterliegt er doch aufgrund seiner professionellen Transzendenzverpflichtung nicht nur einer besonderen Beobachtung, sondern legitimiert seinen Status

---

8 Vgl. die Rezensionen von Engberg-Pedersen 2004 und Thompson 2004.
9 Die Diskussion des Bauchtopos in der Patristik fasst zusammen Sandnes 2002, S. 219–264; zum Hintergrund der Verschiebung »from feasting to fasting« im spätantiken Christentum eingehend Grimm 1996. Zur Funktion des »asketischen Leitideals« für die Konzeptualisierung des Klerus vgl. Hornung 2020.
10 Zu diesem Topos als Motiv in der mittellateinischen Literatur vgl. Grzybowska 2017, u.a. zur satirischen Inversion des Topos in Carmen Buranum 211 (Alte clamat Epicurus). Für die Unterstützung bei der Erschließung ihres Aufsatzes danke ich Karsten Holste. Vgl. auch die Ausführungen von Forth 2019, S. 82–106.
11 WA 15, S. 195 (Widder den newen Abgott und allten Teuffel der zu Meyssen sol erhaben werden, 1524).
12 Lepp 1908, S. 131–134. Vgl. http://www.controversia-et-confessio.de/projekt/schimpfwort-des-monats/schimpfwort-detail/bauchknecht-bauchprediger.html.

auch über asketische Leitnormen.¹³ Anspielungen auf eine klerikale Bauchbezogenheit lassen sich in unterschiedlichen satirischen Inszenierungen des Mittelalters nachweisen. Eine der ältesten und zugleich schärfsten antipäpstlichen Satiren des Mittelalters, der *Tractatus Garsiae* aus dem 11. Jh., stellt Papst Urban II. (1088–1099) – immerhin ein Reformpapst in der Nachfolge Gregors VII. – als goldgierigen und heillos verfetteten Säufer dar, Sinnbild einer durch das ganze Mittelalter hindurch wortreich beklagten römischen Korruption.¹⁴ Ein anderes, eher witzig-ironisches Beispiel biete ein Streitgespräch zwischen einem Zisterzienser und einem Cluniazenser, die sich unter anderem wechselseitig ihre Gefräßigkeit vorhalten.¹⁵ Ein aggressiver Antifraternalismus manifestiert sich hingegen auf einem vorreformatorischen Holzschnitt, auf dem ein volltrunkener schmerbäuchiger Abt offenkundig bewegungsunfähig auf einem riesigen Kinnbacken von Nonnen über das Eis gezogen wird (Abb. 1).¹⁶

Abb. 1: Unbekannter Meister: *Der Abt auf dem Eis*, um 1470/80

Quelle: Piltz, Georg: *Ein Sack voll Ablass. Bildsatiren der Reformationszeit*, Berlin 1983, Abb. 1: Spottbild auf die Völlerei der Äbte, S. 15.

---

13 Zur asketischen Konzeptualisierung des Klerus vgl. u. a. König 1985; Hornung 2020. Zur Kirchenkritik im Allgemeinen vgl. Conzemius 2000; zur satirischen Kirchenkritik im Mittelalter nach wie vor Schüppert 1972; Benzinger 1968.
14 Vgl. Benzinger 1968, S. 68–70.
15 Ed. Wright, S. 237–242, hier S. 241f. (V. 133f.; 147f.).
16 Spottbild auf die Völlerei der Äbte, in: Piltz 1983, S. 15, S. 114; Scribner 1994, S. 37; Abb. 26 (Wien, Albertina).

Allerdings bleibt die satirische Inszenierung der Transgression noch negativ auf asketische Norm bezogen, jede Normverletzung ruft ja die Norm in Erinnerung.[17] Die reformatorische Bewegung lehnte jedoch die Normen und die Praktiken des Fastens als Formen der Selbstheiligung explizit ab und denunzierte sie vielmehr als ›Werkgerechtigkeit‹.[18] Es stellt sich daher die Frage nach den Funktionspotentialen des Bauchtopos im reformatorischen Kommunikationszusammenhang. Im Anschluss an Bornscheuer verstehe ich unter einem Topos keinen fertigen Baustein oder ein bloßes Klischee, sondern vielmehr ein interdiskursives Element, das sich im Gebrauch verändert, und dabei nicht nur vorgängige gesellschaftliche Evidenzen rhetorisch zur Geltung bringt, sondern auch neue Sichtweisen erzeugen kann.[19] Im Folgenden soll der invektive Gebrauch dieses Topos anhand einiger literarischer und visueller Inszenierungsformen näher in Augenschein genommen werden.[20]

2. Luthers invektive Topik des Bauchs

Die Konjunktur dieser Topik in der Reformation ist nicht zuletzt auf Luther zurückzuführen. Schon ein kursorischer Überblick zeigt die Bedeutung von Philipper 3,19 (ihr Gott ist der Bauch; *deus est venter*) und der Parallelstelle Röm 16,18 (Denn solche dienen nicht unserm Herrn Christus, sondern ihrem Bauch; *huiusmodi Christo Domino nostro non serviunt sed suo ventri*) für die lutherische Theologie:[21] Beide Passagen werden von Luther vielfach zitiert, von seinem ersten Kommentar zum Galaterbrief (1519) bis hin zu seiner letzten großen Abrechnung mit der Kurie *Wider das Papsttum zu Rom*

---

17 Hahn 2002, S. 454.
18 So Luther in *Von der Freiheit eines Christenmenschen* von 1520 (WA 7, S. 21): »Alßo hilffet es die seele nichts, ob der leyp heylige kleyder anlegt, wie die priester und geystlichen thun, auch nit, ob er ynn den kirchen und heyligen stetten sey, Auch nit, ob er mit heyligen dingen umbgah, Auch nit, ob er leyplich bette, faste, walle und alle gute werck thue, die durch und ynn dem leybe geschehen mochten ewiglich. Es muß noch allis etwas anders seyn, das der seelen bringe und gebe frumkeyt und freyheyt.«
19 Dazu Bornscheuer 1976, insbesondere S. 98f., der neben der Habitualität auch die Potentialität (»polyvalente Interpretierbarkeit«) und konkrete Intentionalität als Strukturmomente der Topik betont: »Ausschlaggebend ist stets, in welchem Sinne ein Topos jeweils ins Spiel gebracht und interpretiert wird.«
20 Der Terminus der Invektive bezeichnet im Anschluss an Ellerbrock/Koch/Münkler et al. 2017 im Folgenden die kommunikative Modalität der Herabsetzung.
21 Die folgenden Referenzen u. a. nach Dietz 1870, S. 213f. sowie nach Lepp 1908, S. 131–134.

vom Teufel gestifft (1545), sie erscheinen darüber hinaus in einer Reihe von Komposita, wie etwa das in Bezug auf Röm 16,18 gebildete »Bauchknecht« und »Bauchdiener« usw.[22] Weder kann hier eine umfassende Darstellung noch eine tiefergehende semantische und exegetische Analyse dieser Bezüge geleistet werden, stattdessen seien hier einige vorläufige Beobachtungen zum lutherischen Gebrauch dieser Referenzen angestellt.

Erstens ist auffällig, dass der Assoziationsbereich des Topos bei Luther sehr weit ist. Zwar bezieht auch er beispielsweise im Zusammenhang seines Psalmenkommentars den Bauch zunächst auf den physischen Bauch und auf die elementaren Körperfunktionen von Ernährung und Verdauung (*vita nutribile*).[23] Im Hinblick auf die paulinischen Passagen Philipper 3,19 und Römer 16,18 verwendet er den ›Bauch‹ als Tropus, der den gesamten Bereich dessen beziehen kann, was man aus Sicht einer theologischen (paulinischen) Anthropologie als ›Fleischlichkeit‹ bezeichnet. Dabei lassen sich zwei grundlegende Linien unterscheiden: Zum einen eine metonymische Lesart der Bauchtopik als Absage an eine hedonistische Lebensform, die sich von den Gelüsten des Unterleibs leiten lässt. Auch Luther geht hier übrigens von dem topischen Nexus zwischen Essen und Sexualität aus: »Sine Cerere et Baccho friget Venus«, zitiert er Terenz.[24] Die Semantik des Bauchdienstes erlaubt es damit, den Problemkomplex der ›Sinnlichkeit‹ zu thematisieren, ohne auf asketische Tugend- und Leistungsmodelle zurückzugreifen. Zum anderen vertritt er eine metaphorische Lesart des Bauches, die unterschiedliche, vor allem materielle Aspekte des ›guten Lebens‹ einbezieht. So parallelisiert Luther den Topos der Bauchvergötzung mit dem Dienst am ›Mammon‹, das heißt mit der Geldgier bzw. Habsucht (*avaritia*).[25] »Bauch« und »Mammon« aufeinander zu beziehen, liegt insofern nahe, als dem ›Mammon‹

---

22 Diese Beobachtung macht auch Karl Drescher in seinen Erläuterungen zu Roths Feldpostille in WA 17 (2), S. 535: »bauchdiener: ventri deditus, ἐπιγάστριος; solche Komposita mit bauch in den Lutherschriften beliebt, zum Beispiel bauchdienst, bauchfülle, bauchgott, bauchgötze, bauchknecht, bauchlehre, bauchnarung, bauchpfaffe, bauchpredigt, bauchreich, bauchsorge.«
23 WA 3 (Dictata super psalterium), S. 247: »Mystice venter significat vitam nostram nutribilem in 1. Cor. 6, 13: Esca ventri, venter escis; Deus autem hunc et hanc destruet.«
24 WA 7, S. 595; vgl. WA 1, S. 519: »Nam eodem sensu et gulosos et libidinosos dicit esse ventris cultores, quorum deus venter est, inquit.«
25 Die Parallelisierung und Verknüpfung lässt sich vor allem in den Predigten beobachten. Beispielsweise in der *Auslegung des Propheten Sacharja:* Gott sei kein »Mammon oder bauch got« (WA 23, S. 601). Des Weiteren in WA 28, S. 563b f.: »Also ist der Mammon und der Bauch auch ein solcher Gott, der thut der ding keins, jsset noch trincket, sihet noch höret und schmecket auch nicht, da ligt er im kasten, Ein gülden hat auch nicht augen, ohren.«

in den Evangelien eine analoge Funktion zugewiesen wird (Matth 6,24; Lk 16,13: »Ihr könnt nicht Gott dienen und dem Mammon.«). In seiner deutschen Auslegung des *Magnificats* (1521) beispielsweise fasst Luther beide Bereiche unter dem Begriff des »zeitlichen Guts« zusammen: »alszo das sie [die schrifft] auch die geytzigen unnd zeitlichs guts begirig sind, nennet diener des bauchs, unnd Paulus den bauch yhren gott nennet.«[26] Im zweiten Galaterkommentar (1531) heißt es von bestimmten Klerikern, dass sie sich »verwickeln [...] in die Geschäfte dieses gegenwärtigen Lebens und dienen ihrem Bauch, nicht Christus.«[27] Der ›Bauch‹ kann sich also auf ganz unterschiedliche Sachverhalte beziehen, der Topos inkriminiert dabei jedoch eine bestimmte Haltung bzw. Lebensform als unchristlich. Leitend bleibt die Semantik einer Körperfixierung ohne Transzendenzbezug, genauer gesagt, anstelle eines Transzendenzbezugs.[28]

Daraus erklärt sich zweitens das Skandalon einer solchen »Bauchbestimmtheit«, das nicht so sehr in ihrem antisozialen Charakter oder in der Verführbarkeit durch sinnliche Reize besteht, sondern eben im Götzendienst. Die Vorstellung des Bauchdienstes kennzeichnet nicht einfach bestimmte Praktiken als transgressiv, sondern stigmatisiert eine ganze Lebensform als Apostasie. Luther betont diesen Aspekt beispielsweise in seinem ersten Kommentar zum Galaterbrief von 1519, wo er die »Werke des Fleisches« (Gal 5,19–21) erörtert.[29] Dabei bezieht er auch Phil 3,19 in die Auslegung ein, aber nicht etwa im Hinblick auf die Wollust (*luxuria*), sondern auf die *idolatria*: »Caeterum quorum deus venter est et qui avari sunt, etiam Apostolo autore idolatrae sunt.«[30] Der Topos kann daher metonymisch für unterschiedliche Formen der Abgötterei eintreten.[31] Mit dieser Akzentuierung erweitert sich das invek-

---

26 WA 7, S. 595 (Das Magnificat Vorteutschet und außgelegt durch D. Martinum Luther Aug., 1521).
27 WA 40, S. 685; hier zitiert nach der Edition von Kleinknecht.
28 Diese Dimension bringt übrigens satirisch schon das hochmittelalterliche CB 211 *Alte Epicurus clamat* zum Ausdruck, wo der Bauch (*venter*) von sich behauptet: »Nihil curo preter me.« Vgl. Luthers Predigt *Die Assumptionis Marie*, mit dem Hinweis, »das dise historien dinen sol wider die bauch diner, fresling« (WA 11, S. 160).
29 WA 2, S. 589f. Gal 5,19–21: »Manifesta autem sunt opera carnis, quae sunt fornicatio, immundicia, impudicitia, luxuria, idolorum servitus, veneficia, inimicitiae, contentiones, aemulationes, irae, rixae, dissensiones, sectae, invidiae, homicidia, ebrietates, comessationes et his similia.«
30 WA 2, S. 589.
31 WA 29, S. 421a (In festo D. Ioannis Baptistae): »Sunt varii dei in terris, sed sunt alieni. Et ›venter est deus‹. Quando praedicator per decreta vult ducere ad deum, eorum deus est gloria, alius ducit ad Mammon, voluptatem. Optimi auff yhre opera, iusticias, traum, sunt

tive Potential dieses Topos, es geht nicht um (korrigierbare) Abweichungen von der Norm bzw. dem rechten Weg, sondern um den Abfall von Gott, die Akteure verhalten sich nicht einfach unmoralisch, sondern sind radikal böse. Drittens verbindet sich mit diesem Topos ebenso wie bei Paulus eine polemische bzw. invektive Pragmatik. Zwar nutzt auch Luther diesen Topos in einem moraltheologischen Sinn zur herabsetzenden Kennzeichnung einer Lebensform der »gar groben Sew, die da nichts darnach fragen, was Gott sey oder wie er regiere«,[32] sein invektives Potenzial entfaltet der Topos aber vor allem in der Adressierung des Klerus und der römischen Kirche.[33] Insbesondere die von ihm mit großer rhetorischer Abundanz und Vielfalt variierten Bauch-Komposita haben oft keine andere Funktion, als den alten Klerus zu denunzieren. In seiner Auslegung des *Evangeliums von den zehn Aussätzigen* (1521) stellt er damit etwa die Verteidiger der Beichte bloß: »Sint es nit betrieger und lugener, die bauchknecht?«[34] In *Von der Winckelmesse und Pfaffen Weyhe* (1538) hält er einem imaginären altgläubigen Priester vor, er verlasse sich auf die hergebrachten Strukturen, um seinen »bauch zu neeren«, er sei »Bauch pfaff nicht Gottes pfaff«.[35] Besonders wendet er sich gegen die Mönche, die er in Anlehnung an Tit 1,12 beispielsweise als »faulfressige beuche« tituliert,[36] ebenso in seiner *Deuttung des Munchkalbs*: »Aber fur gott unnd gegen dem zukunfftigen leben sind es ynn der warheit blosse beuche und nur eyttel freßlinge, und was durch und an dem bauch mehr sunden geschehen fur gott, der ich schweyge.«[37] In seinem zweiten Kommentar zum Galater-

---

etiam deus, sed alienus. Das sol Johannes nicht thun. Sed eius officium, ut ad nostrum vere deum veniamus. Nam Mammon, venter, sapientia, potentia non est noster deus.«
32 In Crucigers Sommerpostille (WA 21, S. 518): »die gar groben Sew, die da nichts darnach fragen, was Gott sey oder wie er regiere, halten von keinem Gottes Wort noch Glauben nichts, on, das sie an jren Mammon und Bauch gleuben, dencken nur, wie sie jnen selbs leben, wie die Sew auff jrem koben.«
33 Luthers Fastenpostille (WA 17 II, S. 144): »Also ist auch der geytz natürlich widder das predigampt. Denn gleych wie das predigampt auff Gottes ehre ynn unser schande gehen soll, so soll es auch gehen zu nutz und dem besten des nehesten und nicht auff den eygen nutz, und wo es so nicht gehet, da bringet es mehr schaden denn nutz. Weyl denn ein falscher lerer nichts denn seinen nutz sucht, ist unmüglich, das er recht predigen sollte. Denn er mus sagen, was man gerne höret, auff das er seynen bauch fülle. Drumb heysst sie S. Paulus Bauchdiener Ro. 16., und die gantze schrifft strafft yhren geytz an vielen enden.«
34 WA 8, S. 349 (Evangelium von den zehn Aussätzigen, 1521). Vgl.: »Caro [das heißt das ›Fleisch‹] ist ein bauchknecht, wil verlorn sein und unter den Bapst.«
35 WA 38, S. 204.
36 WA 38, S. 164.
37 WA 11, S. 384.

brief ist die Rede »von den gottlosen Mönchen, die den Bauch für ihren Gott hielten und schreckliche Sünden, die ich nicht gern benenne, getan haben«.[38] Derartige Zuschreibungen werden nicht persönlich adressiert, sondern summarisch auf den alten Klerus und das Mönchtum bezogen. Sie kennzeichnen die Institution der römischen Kirche insgesamt: »Solche lûgen und kutzlen haben die Bepste gern, wechst jnen der bauch davon«.[39] So stellt Luther zufolge das geistliche Gesetz schon in Rechnung, dass der Papst »sey ein ehrsuchtiger, stoltzer, unsetiger ansehen, geitz hals, ein Bauchknecht und Diener des Mammon, welchs S. Paulus nennet Gôtzen dienst und abgôtterey.«[40]

Mit solchen Zuschreibungen greift Luther sicherlich auf schon im Mittelalter gängige ›antiklerikale‹, antifraternale und antirömische Topoi von Simonie, Heuchelei und klerikaler *luxuria* zurück, integriert sie jedoch neu in die Körpersemantik des Bauches. Darüber hinaus erlaubt ihm diese Topik, Strategien der Machtsicherung einer klerikalen Institution zu thematisieren und diese als Bauchdienst zu denunzieren und zu stigmatisieren. Der Bauchtopos markiert eine aus Luthers Sicht zentrale Diskrepanz klerikaler, speziell ›römischer‹ Kommunikation: Sie alle behaupten, Gott zu dienen und für die Christenheit zu sorgen, doch sie dienen und sorgen letztlich nur für sich selbst. Sie »lassen sich gottis diener fur allen menschen außruffen und masten yhrn bauch darunder recht wol«.[41] Kirchliche Praktiken wie etwa die Heiligsprechung Bennos von Meißen sind bloßer Vorwand für klerikale Akteure, dass sie ihren »beuttel weyt aufthun sollen dem lieben S. Benno, das ist yhrem bauch zu gut und ehren«.[42] Bauchdienst bezeichnet bei Luther die Lebensform der kirchlichen Hierarchie, er hat systemischen Charakter.

---

38 WA 40, S. 685 (zitiert nach Edition von Kleinknecht, S. 271).
39 WA 54, S. 264.
40 WA 54, S. 286.
41 WA 10, S. 631 (Weihnachtspostille 1522): »Alßo thun itzt auch die Herodisten, die geystlichen ansehen, die nehmen nit fur eyn geringes werck, ßondern den gottisdienst, das aller hohist weßen, das eygen sie yhn selbs ansehen, da uben sie sich ynnenn, thuren frey sagen, der andernn menschen lebenn sey tzeyttlich unnd welltlich leben, aber sie seyen ym gottisdienst tage und nacht, unnd wenn die andernn erbeytten, ßo beten sie unnd dienen gott fur die armen leutt. Glewbistu das nit? wolan, ßo frage die glocken drum, die lautten yhe tzu yhrem gottisdienst, gehen alßo demutig eynher, lassenn sich gottis diener fur allen menschen außruffen und masten yhrn bauch darunder recht wol, reyssen tzu sich aller wellt gutter und bawen hewßer, als wolten sie ewig hie leben.«
42 WA 15, S. 195. (Widder den newen Abgott und allten Teuffel der zu Meyssen sol erhaben werden, 1524). Vgl. dazu auch ebenda, S. 183: »Ursach ist die, denn man sihet, wie durch der heyligen erhebung die zuversicht der leut auff Gottis gnaden und Christo sich abwendet und fellet auff die verdienst und furbit der heyligen, und wird so viel an yhre kirchen

3. Der Bauch des Kurtisanen

Auch wenn die hier skizzierte religiös bestimmte Bauchtopik in der Reformation sicherlich dominant gewesen ist, lassen sich auch Verwendungsweisen aufzeigen, die moralphilosophische Konzeptionen der Gastrolatrie aktualisieren. Ein Beispiel bietet der während des Augsburger Reichstages im Herbst 1518 entstandene Dialog *Febris prima* Ulrichs von Hutten, den Hutten selbst mit der volkssprachigen Übersetzung in seinem *Gespräch búchlein* (1521) selbst in den reformatorischen Kommunikationszusammenhang eingerückt hat.[43] *Febris I* entwirft ein Zwiegespräch zwischen der *persona* Huttens und dem personifizierten Fieber: Hutten möchte das Fieber, das ihn befallen hat, gern vertreiben und auf andere Zielpersonen lenken. Die Forschung hat den Text auf den körper-biographischen Hintergrund, das heißt die Syphiliserkrankung Huttens bezogen: So hat Jillings die These vertreten, dass Hutten die Syphilis hier als »polemische Metapher« verwendete und mit der römischen Kurie gleichsetzte.[44] Becker wiederum hat auf die Gattungsbezüge paradoxer Enkomiastik hingewiesen, insbesondere auf Favorinus' *Lob des Fiebers*, das im Text anzitiert werde.[45] Auch wenn *Febris I*, so Becker, aufgrund seiner Vielschichtigkeit dieser Tradition dann doch nicht zugewiesen werden könne, so würden doch die satirischen Funktionen des Dialogs durch die selbstironische Auseinandersetzung Huttens mit seiner Krankheit ausbalanciert.[46]

---

guts gewand, das die gutten werck der liebe gegen den nehisten gar nach bleyben, das also an stat Gottes die heyligen kommen und an stat des nehisten holtz und steyne, davon nur faule fresslinge und müssige mast sew ynn den kirchen, stifften und klostern geweydet werden.«

43 *Febris [prima]. Dialogus Huttenicus/Gesprächbüchlin Ulrichs von Hutten das erst Feber genant*, in: Böcking IV, S. 29–41. *Febris prima* wurde 1519 in Mainz bei Schöffer gedruckt, wenig später erschien eine deutsche Übersetzung *Dialogus oder ein Gesprech Febris genant* (Benzing Nr. 98), die mehrfach nachgedruckt wurde. Dieser Übersetzung ist eine auf den 1. März 1519 datierte und an Franz von Sickingen adressierte Vorrede Huttens vorangestellt, in der er erklärt, er habe dieses Büchlein für ihn, Sickingen, »vom latein in dz deutsch […] verwandlen lassen«; es handelt sich also um eine von Hutten autorisierte Übersetzung, die vielfach Martin Bucer zugeschrieben wird, der wie Hutten im Februar/März 1519 auf der Ebernburg bei Franz von Sickingen zu Gast war. Eine (durch ihn selbst?) geringfügig abgeänderte und mit Randglossen versehene Version dieser Übersetzung hat Hutten in die Sammlung seines *Gespräch búchlein* (Straßburg 1521) aufgenommen.

44 Jillings 1995, S. 1.

45 Favorinus' Enkomium auf das Fieber ist zwar verloren, aber durch die Erwähnung bei Gellius sozusagen als Aufgabenstellung überliefert. Vgl. dazu Becker 2013, S. 105f.

46 Becker 2013, S. 104f.

Allerdings ist im Dialog ja nicht direkt von der Syphilis die Rede, sondern eben sehr viel allgemeiner von dem Fieber. Der Text inszeniert zwar im Rahmen der Auseinandersetzung eine Art Selbstlob des Fiebers, das von der *persona* Huttens aber sogleich widerlegt wird;[47] das für die paradoxe Enkomiastik charakteristische Verfahren ironischer Epideixis bestimmt vielmehr die Redebeiträge Huttens, der dem Fieber die Ersatzkandidaten schmackhaft zu machen versucht. Das Fieber sucht nach jemandem, »der nach lustigem, gûtem leben tracht, der mächtig reich sey, der Pferd, vil diner, [...] hüpsche kleyder, lüstig gårten und båder habe.«[48] Hutten lenkt die Aufmerksamkeit daher zunächst auf eine zentrale Figur des Reichstages, den »Kardinal St. Sixten«, das heißt den römischen Kardinallegaten Thomas Cajetan. Das Fieber lehnt ab: Der Kardinal ist ihm zu dürr und zu geizig. Hutten schlägt nun versuchsweise die Handwerker und das »gemeine Volk« vor, dann die Fugger und die Fürsten, die Mönche und die Domherren. Das Fieber erhebt dagegen immer neue Einwände: Die Handwerker seien zu fleißig und zu enthaltsam, die Fürsten und Fugger hätten zu viele Ärzte um sich, die Mönche kämen in Betracht, doch sie hätten im Beichthören von den alten Frauen Sprüchlein gelernt, das Fieber zu vertreiben; geeignet seien an sich die Domherren, doch die seien schon von derart vielen anderen Krankheiten befallen, dass dem Fieber der Konkurrenzdruck zu hoch sei. Schließlich verweist Hutten auf einen kürzlich aus Rom eingetroffenen »Kurtisanen«, dessen Lebensstil den Kriterien des Fiebers dann voll und ganz entspricht.

Der ironische Witz ergibt sich daraus, dass die moralischen Defekte dieser Personen und Gruppen, insbesondere ihre Disposition zu den Todsünden der Völlerei (*gula*) und Wollust (*luxuria*) aus der Perspektive des Fiebers Vorzüge darstellen.[49] Das personifizierte Fieber präferiert jene, die nach einem »lustigen« (*voluptarium*) Leben trachten, eine auf Lust ausgerichtete Existenzform, die morbide, krankheitsanfällige Körper erzeugt. Dabei wird in der Anordnung und Präsentation der Kandidaten eine spezifischere satirische, das heißt invektive Tendenz manifest, die sich vornehmlich gegen den Klerus richtet. Denn während die weltlichen Stände nur kurz und neutral abgehandelt werden, betreibt die Huttenfigur einen erheblichen Aufwand, um das »lustige

---

47 Ed. Böcking IV, S. 33.
48 Ed. Böcking IV, S. 30.
49 Vgl. Becker 2013, S. 105f. Die paradoxe Enkomiastik gehört zu den wichtigsten Gattungen rhetorischer Kunstdemonstration im frühen Humanismus. Zwar spielt Hutten mit der Selbstinszenierung des Fiebers auf Favorinus' *Lob des Fiebers* an, Anregungen konnte er aber auch schon Erasmus' *Enkomion moriae* und Pirckheimers *Apologia seu Podagrae Laus* entnehmen.

Leben« der Geistlichkeit, insbesondere der Mönche und Domherren, zu beschreiben und damit das Interesse des Fiebers zu wecken. Die Besichtigung geistlicher Lebensformen führt so zu einer regelrechten Heuristik der Morbidität. Die *persona* Huttens lässt nichts unversucht, dem Fieber die »wolgemästen«, »feisten« und »schleckhafftigen« Mönche und Domherren anzupreisen. Dabei lässt sich die Anordnung der potentiellen Opfer über eine Steigerung ihres Fettanteils beschreiben: Vom dürren Kardinal über die arbeitsamen, schlanken Handwerker und den anscheinend normalgewichtigen Fürsten bis hin zu den fetten Mönchen und schließlich Domherren, denen auch der Kurtisane zugeordnet wird.[50] An beiden Enden der Reihe wird die bauchbezogene Existenz der Kleriker in unterschiedlichen Aspekten vorgeführt: Kardinal St. Sixten ist zwar mager, aber vor allem deswegen, weil er so geschmäcklerisch ist (»ita delicate« bzw. »schleckhafftig«), was sich u. a. in seiner arroganten Herabsetzung des deutschen Weins äußert.[51] Die weniger wählerischen Mönche und die Domherren allerdings sind dezidiert fett. Sie alle verbindet die Ausrichtung auf die *luxuria* (das »lustige Leben«); dessen Inbegriff ist schließlich der Kurtisane, der päpstliche Höfling, dessen Luxuspraktiken Hutten dem Fieber detailliert ausmalt: Der Kurtisane trinkt enorme Mengen gewürzten Weins, er schläft in weichen Betten und unter seidenen Decken, er stopft Rebhühner, Fisch und Hasenbraten in sich hinein, er hofft auf den Frühling, damit er Spargel essen kann, ersehnt den Winter, um seine Pelze zur Schau zu tragen. Das Fieber kommt allmählich auf den Geschmack und fragt:

Feb. Hat er nit auch ein schons Metzlin, das unser pflege?
Hutt. Ja wohrlich, ein glatts, zarts und fründlichs.
Feb. Hat er ein großen Bauch?
Hutt. Er wächst ihm schon daher.[52]

Huttens Pointe besteht darin, nicht etwa die Lebensführung des Kurtisanen als sündhaft zu kritisieren, sondern stattdessen seinen Körper zu fokussieren. Die Argumentation läuft nicht über die moraltheologische Ebene, sondern auf der Ebene von Ekel und Körperscham. Im Fokus steht der verfettende

---

50 Ed. Böcking IV, S. 37: »Hutt. Lieber getraw mir darumb, sie [die Domherren] sindt noch nit alle kranck, unnd zuvorderst der Curtisan, der jüngst wyder von Rom kummen.«
51 Ed. Böcking IV, S. 30f.: »ita delicate […] ac vinum bibens lachrymatur Italiam clamans et Cursicum invocans.«
52 Ed. Böcking IV, S. 39. Vgl. in der lateinischen Version (ebd.): »Feb. Habet ventrem? – Hutt. Iam extare illi incipit.«

Körper, dessen Wachstum zugleich seinen Verfall indiziert.[53] Huttens werbende Epideixis setzt eine ironische Dialektik in Gang: Was den Appetit des Fiebers entfachen soll, ist geeignet, beim Publikum Abscheu gegen die Geistlichkeit, insbesondere den Kurtisanen hervorzurufen. Der Dialog inszeniert mit dem Durchlauf der Kandidaten auch einen Erkenntnisprozess der Huttenfigur, der klar wird, wie dieses Fieber zu bekämpfen bzw. zu vermeiden sei. Das Fieber entschließt sich nach einigem Zaudern, den Kurtisanen näher in Augenschein zu nehmen, bedeutet Hutten jedoch, ihn bei Gelegenheit erneut heimzusuchen. Daraufhin entbrennt zwischen den beiden ein stichomythisches Wortgefecht:

Hut. So bescheiß ich dich.

Feb. Wer? Du mich?

Hut. Ja, ich dich, verlassend mich auf Hilf des Hungers, ziemlicher Leibsübung, Nüchterkeit und eins harten Lebens in allen Dingen.

Feb. Nun hin, ich würd den Kurtisanen versuchen, dannoch wieder nach dir denken.

Hut. Wie du willt, ich will mich aus dem Staub heben.[54]

Jillings hat darauf hingewiesen, dass Hutten hier aus der Perspektive des »geheilten Syphilitikers« spricht, glaubte er doch zu diesem Zeitpunkt mit der Guajak-Kur eine wirksame Therapie gegen seine Krankheit gefunden zu haben.[55] Dass therapeutische und politische Perspektiven konvergieren, zeigt sich in Huttens Schrift über das Guajak-Holz, die er ungefähr gleichzeitig zum *Febris*-Dialog im Herbst 1518 verfasste:[56] Nachdem er dort eine strenge Diät als notwendige Voraussetzung der Therapie beschrieben hat, nimmt Hutten dies in Kap. 19 zum Anlass für eine patriotische Tirade gegen die Zügellosigkeit der Deutschen (»contra luxum«) beim Essen und namentlich beim Trinken, die als ihr Charakterfehler gelten müsse. Mit dieser Völlerei beschädigten sie nicht nur ihren Ruf, sondern beraubten sich auch ihrer Handlungsfähigkeit. Das gelte leider gerade für die Eliten. Anscheinend bestünde hier bei vielen »das einzige Ziel ihres Daseins den Impulsen des Bauchs nachzugeben« (»quibus vitae scopus est ventris indulgentia«).[57] Das erinnert stark an Phil 3,19, jedoch um den theologisch entscheidenden Aspekt des Götzendienstes verkürzt, der allerdings den Appell des politischen

---

53 Zu dieser Dialektik näher Forth (2019), S. 37–57.
54 Ed. Böcking IV, S. 39f.
55 Zum Folgenden vgl. Jillings 1995, S. 6f.
56 Ed. Böcking V, S. 397–497 (De Guaiaci medicina et morbo Gallico, 1518).
57 Ed. Böcking V, S. 460.

Therapeuten auch konterkarieren würde.[58] Der Humanist Hutten zitiert den Topos aus dem ursprünglichen Verwendungszusammenhang der antiken Moralphilosophie, die eine vernünftige Beherrschung der Impulse des ›Bauchs‹ zum Ziel setzt. Voraussetzung für Huttens Argumentation in *De Guaiaci* ist die Parallelisierung des politischen und des natürlichen Körpers. Luxus und Völlerei machten den politischen Körper anfällig für Korruption und Fremdbestimmung. Dementsprechend wird das diätetische Prinzip, das Hutten zuvor als therapeutische Maßnahme beschrieben hat, hier zu einem politischen Programm erhoben, mit dem Ziel, Selbstbestimmung und Handlungsfähigkeit auch auf der politischen Ebene zurückzugewinnen.

Allerdings speist sich dieser Diskurs der Selbstdisziplinierung nicht allein aus medizinischer Rationalität. In *Febris I* lässt sich auch noch ein weiterer Bezugspunkt fassen, der der antiken Ethik und Rhetorik entstammt: Der Bauchtopos verknüpft sich mit dem invektiven Topos des *vir mollis*, des weichen, effeminierten Mannes, der sich durch einen Mangel an (männlich codierter) Selbstbeherrschung und Tugend (*vir-tus*) auszeichnet.[59] Der Kurtisane wird eingeführt als jemand, der überaus weichlich lebt (»molliter vivere«) und sich von seinen Gelüsten leiten lässt.[60] Dafür spricht nicht nur die Art seiner Lebensführung (seidene Betten), sondern beispielsweise auch die Eitelkeit, mit der er seine Pelze zur Schau trägt, einmal ganz abgesehen davon, dass er sich trotz zölibatärer Verpflichtungen eine Konkubine hält. Der Dialog rückt schließlich den physiognomischen Aspekt ins Zentrum: Im Wachstum des Bauchs manifestiert sich nicht nur Nachgiebigkeit gegenüber den sinnlichen Begierden, sondern auch der Verlust der männlichen Selbstkontrolle:[61] Die Verfettung ist hier Indiz von Entmännlichung und Passivität, und aus der damit eingespielten Differenz von viril/feminin ergibt sich letztlich die dynamisierende Pointe des Dialogs. Das demonstrativ betonte »harte Leben« (»acta duriter per omnia vita«), das das Fieber abwehren soll, steht in Kontrast zum »molliter vivere« des Kurtisanen. Hier klingt das paulinische Ideal des Athleten an; eine Kontrastierung, die in der Funktionsweise des Topos ohnehin angelegt ist. Für Hutten ist auch nicht der religiöse, son-

---

58 Für diese Leitlinie wird auch Paulus anziert, aber bezeichnenderweise 1. Kor 6,13 (die Speise dem Bauch und der Bauch der Speise), womit Hutten sein Lob der Einfachheit bzw. Sparsamkeit (»parsimoniae laus«), das sich ansonsten im Wesentlichen auf antike moralphilosophische Quellen beruft, biblisch autorisiert.
59 Meyer-Zwiffelhoffer 1995, S. 139–153.
60 Ed. Böcking IV, S. 37: »[...] didicisset molliter vivere.« Huttens Übersetzung hat hier »frölich lebt« (ebd.).
61 Vgl. zum Folgenden Meyer-Zwiffelhoffer 1995, S. 164.

dern der politische Aspekt maßgeblich: Kern der huttenschen Körperpolitik ist nicht nur die Wiederherstellung eines gesunden Gleichgewichts, sondern vor allem männlich konnotierter Kontrolle.[62] Die Evidenz ergibt sich nicht zuletzt daraus, dass sich diese Aufladung in beide Richtungen vollziehen lässt: Denn nicht nur die politische Wiederherstellung von Handlungsfähigkeit wird in Analogie zur Therapie des kranken Körpers gedacht, sondern auch die eigene Therapie wird zu einem politischen Projekt, das jeder Form der Behaglichkeit abzuschwören bereit ist: Die drohende Verfettung gilt es unter allen Umständen abzuwehren.[63]

4. Fasten und Arbeit

Eine Leistung der Körpersemantik des Bauches besteht darin, eingespielte antiklerikale Kritikroutinen von Völlerei und Wollust auf körperliche Aspekte hin zu orientieren und auf diese Weise ihr invektives Potential zu erneuern. Damit erweist sich der Bauchtopos als geeignet, das Verhältnis von Klerikern und Laien insgesamt neu zu perspektivieren. Zu beobachten ist das etwa bei Eberlin von Günzburg im ›Zweiten Bundesgenossen‹ (1521). Eberlin zieht hier gegen die Fastengebote zu Felde, die von den »vollen, büchigen predigern« den armen Laien auferlegt würden, die speziell unter den widrigen klimatischen Bedingungen Deutschlands hart für ihr täglich Brot arbeiten müssten:

> An vil orten muß man by grosser arbeit benügig sein an kalten erbiß, bonen, vnd durren byren, hutzlen genant. An keim ort wachßt boum öl. Wer wolt sagen das den arbeitsamen leyen vffgelegt werde von der milten barmhärtzigen muter der Christenheit ein so schwär ioch, das gůtwillig christen yn ståte vnrůw der gewissen setzte, so sie solich tyrannisch gebot etwan vß burgerlicher not vberträten. Die vollen münch, die all tag zů gewisser stund ein wolberaiten ymbiß haben, by rüwiger arbeit, am schatten, on schweiß vnd müde, mainend sy thůend etwas groß mit irem fasten vnd wöllen den armen leyen vfflegen ein solichs gebot, das sy nit hielten ob man yn zwei mol als vyl zů essen geb mit halber arbeit, das sy vfflegen dem leyen in seiner arbeitseligkeit.

Eberlin kontrastiert also Lebensformen, zum einen der »vollen, büchigen prediger«, »die all tag zů gewisser stund ein wolberaiten ymbiß haben«, zum an-

---

62 In der Sprache der Brexiteers: »Take back control!«
63 In gewisser Weise kann Hutten damit als ein früher Repräsentant der »cultures of tightening« gelten; vgl. dazu Forth 2019, S. 155.

deren der »arbeitsamen leyen«, die sich bei schwerer Arbeit mit einem kargen Mahl begnügen müssen (Eberlin denkt hier an Bauern). Im Vergleich überbietet die bäuerliche Lebensform das professionelle Fasten. Nicht die Übertretung der Fastengebote macht Eberlin den Mönchen zum Vorwurf, sondern er denunziert das institutionalisierte Fasten als bequeme Alternative, letztlich als statussichernde Inszenierung. Der Anspruch der »büchigen« monastischen Prediger, den Laien irgendwelche Vorschriften zu machen, wird damit desavouiert: Die Laien könnten die Mönche über das Fasten belehren, nicht umgekehrt.

Während Eberlin als Franziskaner die Geistlichkeit gewissermaßen von innen her angreift, bietet dieser Topos aber auch die Möglichkeit, von einer laikalen Sprecherposition aus die kirchliche Hierarchie infrage zu stellen. Das ist der Fall in Hans Sachs' *Disputation zwischen einem Chorherrn und einem Schuhmacher darin das wort gottes und das ganze christlich wesen verfochten würdt* (1524).[64] Der Dialog entwirft die für den Reformationsdialog charakteristische Konstellation zwischen Klerikern und Laien:[65] Ein Schuster bringt einem reichen Chorherrn die reparierten Pantoffeln ins Haus und muss sich bei dieser Gelegenheit dessen Schimpfrede über die *Wittenbergische Nachtigall* anhören, mit der die Geistlichkeit »außgeholhipt«, also verspottet worden sei.[66] Autor dieses Preislieds auf Luther ist Hans Sachs selbst, der sich hier zu einem armen Schuster stilisiert. Der Schuster des Dialogs gibt sich zwar nicht als der Verfasser, aber doch als »evangelisch« zu erkennen. Die Auseinandersetzung wird im Titel als Disputation, das heißt als sach- und wahrheitsorientierte Streitform annonciert. Der Dialog inszeniert aber zunächst eine klerikale Zurechtweisung durch den Chorherrn: Wie könnt ihr den Papst angreifen? Weshalb geht ihr nicht zum Gottesdienst und zur Beichte? Wieso fastet ihr nicht? Wie steht ihr zu Luther? Der Chorherr agiert also als Repräsentant eines klerikalen Machtapparats, der den Schuster als Vertreter der »Lutherischen« unter Druck setzt. Die (aus heutiger Sicht) erwartbare Pointe besteht darin, dass sich der Schuster mit Verweis auf die Heilige Schrift nicht nur erfolgreich rechtfertigen kann, sondern umgekehrt das verkehrte Leben der Geistlichkeit thematisiert und damit die invektive

---

64 Ed. Seufert. Zum Text zuletzt Rettelbach 2019, S. 96–98; vgl. des Weiteren Balzer 1973, S. 106–116; Arnold 1990, S. 78–82 und die Ausführungen bei Otten 1993, S. 108–142 sowie S. 302–305 zur Druckgeschichte.
65 Zur Gattung des Reformationsdialogs ausführlich Kampe 1997.
66 Ed. Seufert, S. 45 (21–24): »Ey der teüffel holl den schuster mitsampt seiner Nachtigall! Wie hat er den aller heyligsten Vater, den Babst, die heiligen väter vnnd vns wirdige herren außgeholhipt, wie ein holhyp bub!« Vgl. zur *Wittenbergischen Nachtigall* den Beitrag von Prautzsch 2021.

Tendenz der *Wittenbergischen Nachtigall* bestätigt.⁶⁷ Als der Chorherr beispielsweise bemängelt, dass die ›Evangelischen‹ sich nicht mehr an die Fastenvorschriften halten würden, kann der selbstbewusste Schuster diesen Vorwurf zurückgeben:

> Chorherr. Ja ir habts wol vergloßt / wie das ir Lutherischen nimmer fast / lert euchs der Lutherisch geist?
>
> Schuster. Fasten ist vns von got nit geboten / sonnder frey gelassen / Christus spricht Math. vj. Wenn ir fasten welt / so lat ewrem haupt der salben nit gebrechen / spricht nit / ir solt oder müßt fastenn / wie vnnsere stieffuätter zu Rhom thun.
>
> Chorherr. Ja ir fastet aber gar nymmer.
>
> Schuster. Jch gelaub rechtes fastens / fasten die handtwerckslewt mer. / ob sy gleich im tag viermal essen / dann alle münch / nonnen vnd pfaffen / die in dem gantzen Teütschen land seind / es ist am tag / ich mag nichts mer dauon sagen.

Worin genau die Defizite des klerikalen Fastens bestehen, wird vom Schuster nicht ausgeführt (»ich mag nichts mer dauon sagen«). Der kommunikative Gestus des Schusters ist demonstrativ nicht-invektiv, ihm geht es einzig darum, die Wahrheit der Heiligen Schrift zur Geltung zu bringen. Damit bringt er den Chorherrn in Bedrängnis, dessen Bibel bereits Staub angesetzt hat (425) und der sich stattdessen auf das »Decretal« (107), das heißt auf das geistliche Gesetz zurückzieht.⁶⁸ Seine argumentative Schwäche kompensiert er mit Machtkommunikation, etwa mit Abwertungen (»Ach es ist ein narrenwerck mit ewrem sagen.«), mit Zynismen (»Jr habts wol droffen.«), oder mit Drohungen und Gewaltphantasien, wie mit den lutherischen Ketzern zu verfahren sei. Damit verschafft er dem Schuster zwar erneut Gelegenheit für eine ethische Selbstpräsentation, die Argumentation gerät allerdings in ein Patt: Letztlich steht hier die Bibel gegen das Dekretal. Eine wechselseitige Überzeugung bleibt ausgeschlossen,⁶⁹ der Diskurs endet jedoch bemüht freundlich mit der Verabschiedung des Schusters. Auch wenn die Tendenz des Dialogs klar ist, fehlt der Disputation damit eine eindeutige Entscheidung (*determinatio*). Sachs führt zunächst nur das Scheitern der klerikalen Zurechtweisung vor, die endgültige Widerlegung, genauer gesagt, die finale

---

67 Vgl. die Analyse bei Balzer 1973, S. 106–116 ; wenn Otten 1993, S. 116 hier von einem »Realismus« der Darstellung spricht, scheint mir das die satirische Pointe der Inszenierung zu verfehlen.

68 Ed. Seufert, S. 48: »Ey lieber was ists dann nutz / wenn ir vns gleich lang außschreyt / wie die holhüper? wir kern vns doch nichts daran / wir haltenn vns des Decretals.« (105–107)

69 Ed. Seufert, S. 67 (675): »Chorherr: Wenn jr sungt als ein zeyslein / so macht jr mich nie anders.«

satirische Bloßstellung des Chorherrn leistet das »Nachgespräch«:[70] Nachdem sich der Schuster verabschiedet hat, lässt der Chorherr seinem angestauten Zorn freien Lauf: »Secht nur an liebe kôchin / wie reden die layen so gar trefflich gegen vns geweychten / ich main der teüffel sey in dem schuster verneet.« Ausgerechnet sein »Kalefaktor«, der viel in der Bibel liest, soll ihm einige Stellen heraussuchen, mit denen er künftig argumentieren kann, doch als der sich ebenfalls als evangelisch zu erkennen gibt und mit ihm erneut über die Legitimation der Geistlichkeit debattieren möchte, verliert der Chorherr die Contenance und wirft ihn kurzerhand hinaus. Die Köchin hingegen stellt sich auf die Seite des Chorherrn: »Mich wundert, das ir mit den groben filtzen reden mügt. Sy schonen weder ewer noch der heiligen weich.« (800ff.) Auch der Chorherr ist dergleichen Diskussionen überdrüssig und ordnet an:

Wolan ich wil inn Chor / so gee du an marckt kauff ein krainwet vogel oder zwelff / Es wirt nach essen meines gnedigen herren Caplan / mit etlichen herren kommen / vnnd ein panget halten. Trag die Bibel auß der stuben hinauß vnd sich ob die stein vnd würffel all im bretspil sein / vnd das wir ein frische karten oder zwů haben. (803–810)

Was sein Schuster nicht sagen wollte, kann der Autor Hans Sachs seinem Publikum zeigen: Das Nachgespräch fingiert einen Blick auf die Innenseite einer klerikalen Lebensform, die durch das abschließende Bibelzitat explizit als Bauchvergötzung gekennzeichnet wird: »Philip 3. Ir bauch ir got.«[71] Schon die symbolische Ersetzung der Bibel durch das Essen und durch das Kartenspiel (des ›Teufels Gebetbuch‹) unterläuft den Anspruch des Chorherrn auf das »christlich wesen«.[72] Signifikant ist auch der Begriff »panget«. Bankette sind eine Form aristokratischer Festkultur, sie gelten in der moralphilosophischen und satirischen Tradition aber auch als »opportunities for the belly«.[73] Sachs schließt an diese Perspektivierung an, wobei er das Bankett nicht nur als rein kulinarischen Anlass für den Verzehr von Delikatessen (Spottdrosseln) kennzeichnet, sondern vor allem als ein soziales Ereignis, zu dem exklusive Gäste erwartet werden (»meines gnedigen herren Caplan mit etlichen herren«). Sachs fokussiert also das ›Bauchleben‹ als eine klerikale Gruppenpraxis, in die Aspekte der Statusrepräsentation und Geltungskonsum einfließen, die kaum zufällig gerade mit den Kanonikern assoziiert werden.[74]

---

70 Siehe Schwitalla 2006, S. 230f., der den Fokus auf die Affektinszenierung legt.
71 Ed. Seufert, S. 71.
72 Ed. Seufert, S. 43 (Titel).
73 Vgl. Sandnes 2002, S. 79–93, hier S. 79 (Chap. 5: Banquets – opportunities for the belly).
74 Die »materiell gesicherte Existenzform des Kanonikats« stellte im Spätmittelalter ein Versorgungsinstitut für den Adel und Patriziat dar; Schieffer 1991, Sp. 904.

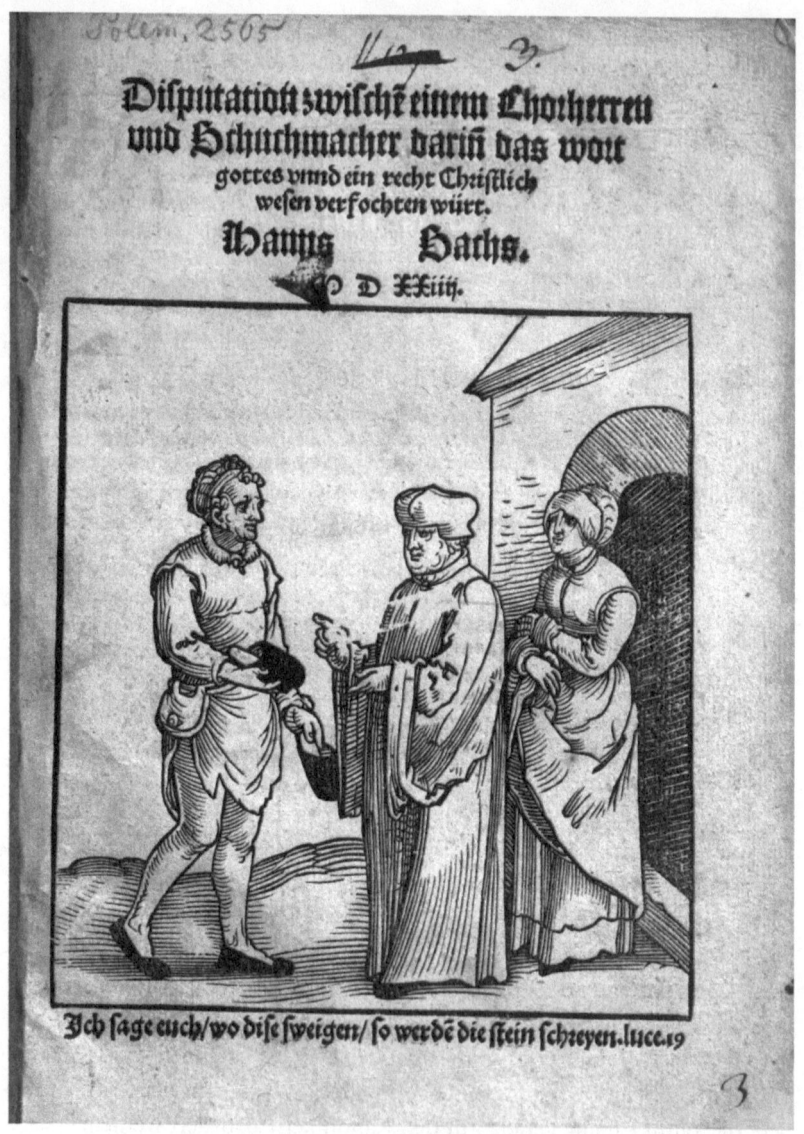

Abb. 2: Hans Sachs: *Disputation zwischen einem Chorherren und Schuchmacher darinn das Wort Gottes unnd ein recht christlich wesen verfochten würt*, Titelblatt, Bamberg: Georg Erlinger, 1524 (VD16 S 220)

Quelle: Bayerische Staatsbibliothek München, Res/4 P.o.germ. 175 o, Tbl., urn:nbn:de:bvb:12-bsb10202787–4.

Das Nachgespräch wirft aber auch ein Schlaglicht auf die Beziehung zwischen Chorherr und Köchin: Anders als der bibellesende Kalefaktor bleibt der weibliche Part des Gesindes gegenüber dem Chorherrn loyal. Die Affinität beider Figuren ist schon strukturell durch die spezifische Funktion der Köchin begründet, Sachs scheint aber neben dem kulinarischen auch ein konkubinäres Verhältnis anzudeuten. Der Titelholzschnitt zumindest, wo sie ihrem Herrn im Disput mit dem Schuster gewissermaßen den Rücken stärkt, indiziert eine solche problematische Nähe zwischen den beiden Figuren (Abb. 2): Diese Anordnung der Figuren entspricht den Darstellungskonventionen von Ehepaaren, zusätzlich imitiert die Köchin mit den über den gewölbten Bauch verschränkten Armen den charakteristischen Gestus von Ehefrauen, der auf Fruchtbarkeit und womöglich sogar auf eine Schwangerschaft verweist.[75] Diese Verdopplung der Figuren auf der ›klerikalen‹ Seite verdeutlicht die Konfrontation zwischen Chorherr und Schuhmacher als eine spezifische Problemkonstellation. Während der Chorherr im Gelehrtentalar den Schuster mit erhobenem Zeigefinger zu belehren versucht, repräsentiert die Köchin die fragwürdige Rückseite klerikalen Bauchlebens. Der autoritative Diskurs des Chorherrn erscheint als Deckargumentation, mit der er seinen privilegierten Status zu verteidigen versucht. Der Bauchtopos delegitimiert daher nicht nur bestimmte altgläubige Argumentationsweisen, indem er sie zur klerikalen Lebensform in Beziehung setzt, er dient hier auch dazu, die asymmetrische Relation zwischen Laien und Klerikern zwischen Arbeit und Fasten insgesamt aufzulösen bzw. neu zu konfigurieren. Denn das vom Schuster verfochtene »christlich wesen« wird nicht von einer Elite der Geweihten realisiert, sondern von den einfachen arbeitsamen Laien.

5. Transgressionen: Der Bauch des Papstesels

In einem völlig anderen Funktionskontext steht der Bauchtopos in der in Koproduktion von Melanchthon, Luther und Cranach entstandenen Doppelflugschrift *Deuttung der czwo grewlichen Figuren, Bapstesels zu Rom und Munchkalbs zu Freyberg jnn Meyssen funden* von 1523.[76] Ausgangspunkt war die 1496

---

75 Den Hinweis verdanke ich Lea Hagedorn. Vgl. die Beispiele bei Lachner 1956.
76 WA 11, S. 357–385. Stellvertretend für die umfassende Diskussion sei verwiesen auf Scribner 1981, S. 131f.; Ewinkel 1995; Röcke 2001; Frohne 2008; Buck 2014.

am Tiber aufgefundene Missbildung eines Esels, die schon eine längere Bild- und Deutungstradition durchlaufen hat und u. a. auf den berüchtigten Borgiapapst Alexander VI. bezogen worden ist.[77] Melanchthons *Deuttung* bezieht den Papstesel in Anlehnung an das Buch Daniel (Dan 8) auf die Institution der römischen Kirche.[78] Der Eselskopf steht für das Papstamt, die Schuppen für die Fürsten, die den Papst unterstützen; die Hand, die Klaue und Hufe beschreiben Funktionen des geistlichen Zwangsapparats, das Drachenmaul am Gesäß des Esels steht für die römische Bannkommunikation und der Kopf des alten Mannes daneben deutet bereits das »Ende des papistischen Zeitalters« an.[79] Die Auslegung gewinnt damit einen eigentümlich ambigen Charakter, da sie einerseits die »grewliche figur« als Prodigium, als Vorzeichen behandelt und in einen endzeitlichen Horizont stellt,[80] andererseits aber ein »Schandbild« erzeugt, mit dem das Papsttum lächerlich gemacht werden soll.[81] In diesem Zusammenhang spielt der Bauch des Monstrums eine wichtige Rolle.

Melanchthons Auslegung verfährt nicht willkürlich, sondern folgt den mittelalterlichen Mustern spiritualer Dingdeutung, insofern sie an einer für die Selbstbeschreibung des Christentums konstitutiven Körpermetapher ansetzt: Die Vorstellung des mystischen Leibs Christi, die Paulus in 1. Kor 12,12–14 eingeführt hat.[82] Auch wenn Paulus hier nur vage von unterschiedlichen Gliedern des Leibes spricht, hauptsächlich um zu verdeutlichen, dass alle Glieder aufeinander angewiesen sind,[83] ist diese Metaphorik in der westlichen Kirche allegorisch ausgedeutet worden.[84] Mit Verweis auf die monarchische Metapher, mit der etwa in Kol 1,18 Christus als das Haupt der Gemeinde beschrieben wird, ist Christus als Haupt dieses Leibes verstanden worden und zuweilen wurden auch die Glieder dieses Körpers identifiziert und mit unter-

---

77 Beleg dafür ist der Kupferstich von Wenzel von Olmütz, entstanden ca. 1498 vermutlich nach italienischen Vorlagen (*Roma Caput mundi*, Kupferstichkabinett, Staatliche Kunstsammlungen Dresden). Ausführlich dazu Buck 2014, S. 8–48.
78 Dröse 2012, S. 135.
79 Bergengruen 2016, S. 103.
80 Röcke 2001; WA 11, S. 375.
81 Vgl. Frohne 2008, S. 46f.
82 1 Kor 12,12–14: »Durch den einen Geist wurden wir in der Taufe alle in einen einzigen Leib aufgenommen, Juden und Griechen, Sklaven und Freie; und alle wurden wir mit dem einen Geist getränkt«.
83 1. Kor fordert Paulus allenfalls die Solidarität der stärkeren gegenüber den »schwächeren« Gliedern ein.
84 Zur komplexen Auslegungsgeschichte vgl. Landgraf 1947–1948; Congar 1984. Vgl. auch Guldin 1999, S. 61f.

schiedliche Funktionen verbunden.[85] Diese Vorstellung des mystischen Körpers Christi wurde im hohen Mittelalter auf sakramentstheologischer Grundlage in ein hierarchisch-differenziertes Modell der Institution Kirche übersetzt (*corpus Christi mysticum, quod est Ecclesia*).[86] Eine Leistung dieser Allegorie ist es, die kirchliche Hierarchie zu plausibilisieren: So wie der Priester in der Messe *in persona Christi* vor die Gemeinde tritt, so rückt auch der Papst in Vertretung Christi als das Haupt der irdischen Kirche (*in persona Christi capitis*; als *capitus secundarius*) ein. Im *Papstesel* wird nun dieser *caput secundarius* durch den Eselskopf persifliert, als Symbol für die Ignoranz des Papsttums, das sich anstelle Christi zum Haupt der Kirche erklärt hat.

Vom Bauch dieses mystischen Leibes ist allerdings eher selten die Rede. Bei Paulus findet sich dieser Bezug nicht und auch die mittelalterlichen Auslegungen sparen den Bauch in der Regel aus.[87] In der Präsentation des *Papstesels* hingegen wird der Bauch prominent in Szene gesetzt und von Melanchthon in einem eigenen Abschnitt seiner Interpretation erläutert (Abb. 3):

---

85 Dazu näher Roose 2005.
86 Jorissen 1994, 1318f. Zur Genese vgl. auch Unterburger 2017.
87 Paulus scheint den Bezug sogar getilgt zu haben, denn in der Vorlage seiner Leib-Christi-Metapher, nämlich in der Parabel vom Streit der Glieder mit dem Magen des Menenius Agrippa, spielt der Bauch eine zentrale Rolle. Vgl. dazu Lynwood Smith 2018; zur Rezeptionsgeschichte dieser Parabel vgl. Peil 1985. Die mittelalterlichen Diskussionen interessieren sich vor allem für das Verhältnis von Haupt und Gliedern, allegorisiert werden Arme, Finger, Bänder und Sehnen, nicht aber der Bauch. Zur Geschichte der Auslegung der Leib-Christi-Metapher in Antike und im Mittelalter vgl. Landgraf 1946–1948; Congar 1978. Eine interessante Ausnahme bildet die allegorische Interpretation des Honorius Augustodunensis in seinem vielgelesenen *Elucidarium* (Opera omnia, Sp. 1128f.). Hier vergleicht er die Ohren mit den Gläubigen, die Nase mit Zweiflern und den Nasenschleim mit den Häretikern, die Gelehrten mit den Zähnen usw. Schließlich heißt es: »Der Mist, der dem Bauch der Schweine entfährt, sind die unreinen und wollüstigen Altardiener, und die übrigen Lasterhaften in der Kirche, die den Bauch der Mutter Kirche belasten, und die durch den Tod ausgeschieden werden und von den Dämonen wie von Schweinen verschlungen werden.« (»Porro fimus qui de ventre porcis egeritur, sunt immundi et luxuriosi altaris ministri, et alii intra Ecclesiam facinorosi, qui ventrem matris Ecclesia onerant, quos per mortis egestionem daemones, ut porci, devorant.«) Bemerkenswert ist zum einen, dass der Körper Christi in den weiblichen Körper der Mutter Kirche umgewandelt wird, weil die Vorstellung eines auch nur symbolisch defäkierenden Christus offenbar zu stark tabuisiert ist; zum anderen, dass Honorius – ebenso wie Luther und Melanchthon – die wollüstigen Pfaffen im Bauch der Kirche verortet, sie jedoch über die Vorstellung einer doppelten Ausscheidung ausgrenzt und damit genau die Assoziation zu vermeiden versucht, die mit dem *Papstesel* zentral gestellt wird. Dennoch zeigt sich auch bei Honorius mit den Kennzeichnungen der Ketzer, Zweifler und »wollüstigen Altardienern« das erhebliche invektive Potential der Leib-Christi-Metaphorik. Vgl. zu dieser Passage Müller 2017, S. 220; Yingst 2017, S. 201; Bayless 2012, S. 155f.

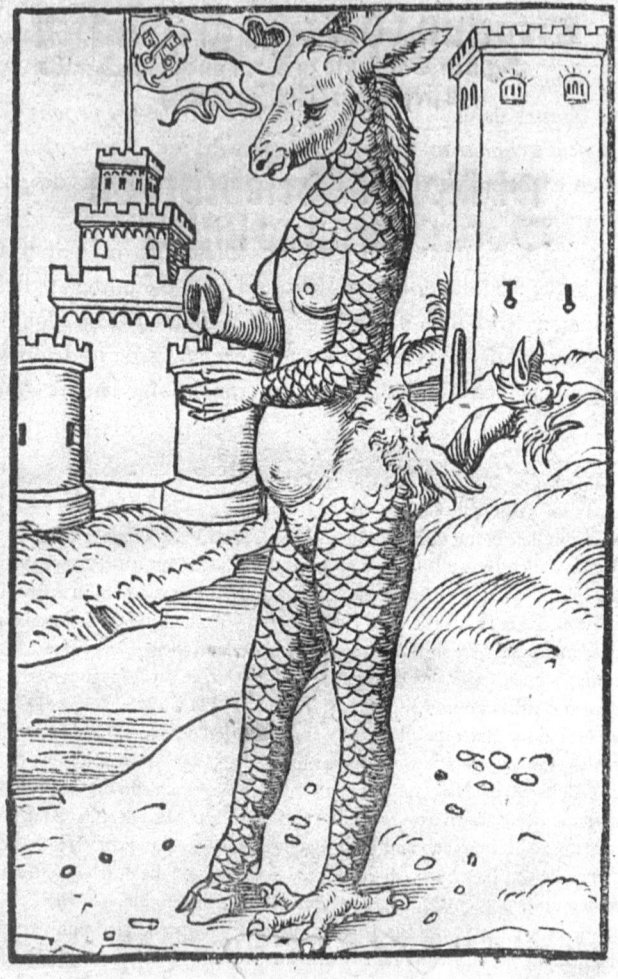

Abb. 3: Philipp Melanchthon, Martin Luther: *Papstesel: (Bapstesel zu Rom): Deuttung der zwo grewlichen Figuren Bapstesels zu Rom und Munchkalbs zu freyberg jn Meyssen funden*, Wittenberg: Johann Rhau-Grunenberg, 1523 (VD16 M 2987)

Quelle: Bayerische Staatsbibliothek München, Res/Slg.Faust 114, Tbl., urn:nbn:de:bvb:12-bsb00085776–3.

Aufs sechst, der weybisch bauch und brust bedeut des Bapsts corper, das sind Cardinal, bischof, pfaffen, munch, studenten und der gleichen hurn volck und mast sew, denn yr leben ist nur fressen, saufen, unkeuscheit, wollust und alles gut leben haben auf erden ungestraft und aufs hohist befreyt, das sie solch leben unverschampt furen, gleich wie diser Bapstesel sein frauen bauch bloß und frey daher tregt, wie man fur augen sihet und geschriben ist von Daniel und Paulo [2 Tim] ›Die wollust mehr denn Gott lieben‹ und in [Philipper 3] ›Bauch ist yr gott‹.[88]

Der Bauchtopos bezeichnet auch hier das sittenlose »leben« des Klerus, wobei durch die Kombination mit 2. Tim 2,3 insbesondere der Aspekt der Sexualität hervorgehoben wird. Die invektive Pointe besteht in der Verknüpfung von *weybisch bauch und brust*, das heißt in der Effemination des »Bapsts corper«.[89] Die transgressive Tendenz, die der Topos mit der Vorstellung eines Verlusts männlicher Selbstkontrolle insinuiert, schlägt in einen Geschlechterwechsel um, dem der Holzschnitt bildliche Evidenz verleiht.[90] Die *Deuttung* operiert entsprechend mit einer Reihe misogyner Sekundärstigmatisierungen, die sich aus der topischen Assoziation von Weiblichkeit und Wollust ergeben.[91] Wenn es vom Klerus heißt, »yr leben ist nur fressen, saufen, unkeuscheit, wollust und alles gut leben haben«, so entspricht die Vorstellung des maßlosen Konsums von Speisen und Sex dem Phantasma der *bestia insatiabilis*, der Frau als des ›unersättlichen Tiers‹, »als besonders drastischer Ausdruck einer prinzipiell unterstellten weiblichen Körperfixierung«.[92] Signifi-

---

88 WA 11, S. 378.
89 Eine neben der ›neutralen‹ auch pejorative Verwendung von ›weybisch‹ im Sinne einer Effemination lässt sich bereits zu Beginn des 16. Jh. nachweisen: Ein prominentes Beispiel bietet Murners *Geuchmat*, die er »zu straff allen wybschen mannen« verfasst habe. Vgl. Limbeck 2009, S. 232f., der einen »Hermaphroditismus« der Figur annimmt, der sich allerdings nur unter der Voraussetzung herstellt, dass der männliche Papst als Haupt mit einem weiblichen Leib zusammengefügt ist. Meines Erachtens ist die gesamte Figur verweiblicht. Der Papstesel steht ja insgesamt für den »Bapst und die seynen« (WA 11, S. 379,5).
90 Die Gender-Codierung der Figur kommt in Cranachs Vorlage, dem Kupferstich von Wenzel von Olmütz, sogar noch stärker zum Ausdruck, sie ist also keine Erfindung Cranachs. Wenzel deutet sogar eine Vulva an, wo Cranach dezent einen glatten Venushügel setzt.
91 Zum Begriff vgl. Lobenstein-Reichmann 2013, S. 103: Sekundärstigmatisierungen sind »Übertragungen gesellschaftlich akzeptierter Stigmatisierungen von einer Gruppe auf eine andere. Man schreibt nun auch ihnen die bereits bekannten Prädizierungen zu, oft sogar ohne sie explizit nennen zu müssen, der Vergleich mit der stigmatisierten Gruppe genügt, um beim Rezipienten das ganze bekannte Feld stigmatisierender Einheiten und stigmatisierender Aussagen zu evozieren.«
92 Vgl. Friedrich 2009, S. 158: »Die misogyne Qualifizierung der Frau als *bestia insatiabilis* in mittelalterlicher Theologie ist [...] nur der besonders drastische Ausdruck einer prinzipiell unterstellten weiblichen Körperfixierung.«

kant ist auch die doppeldeutige Stigmatisierung des Klerus als »hurn volck«: Das zielt nicht nur auf den Verkehr eines promisken Klerus mit Prostituierten, sondern darauf, dass der Klerus selbst käuflich ist und sich prostituiert im biblischen Sinne von Korruption und Götzendienst, womit er selbst in die weibliche Position einrückt.[93] Beide Bedeutungsebenen verstärken sich wechselseitig und verbinden sich zu einer Gesamtvorstellung der Hurerei. Zumindest unterschwellig wird damit ein Bezug des verweiblichten Papstesels zur »Hure Babylon« (Offb 17) hergestellt,[94] schon Luther hatte sich nicht gescheut, die römische Kirche in seiner Schrift gegen Alveldt (1520) als »Rote hur von Babilonien« zu adressieren.[95]

Dass diese Figuration der Hure für die Gesamtinszenierung des Papstesels leitend ist, zeigt sich insbesondere am Gestus der Schamlosigkeit, dass »diser Bapstesel sein frauen bauch bloß und frey dahertregt«. Das Phantasma provokativer weiblicher Selbstentblößung kennzeichnet hier zunächst den »unverschampten«, das heißt nicht nur offensichtlichen, sondern ostentativen Charakter der klerikalen Transgression und skandalisiert damit den spezifischen Status des klerikalen »hurn volck[s]«, dass es nämlich »aufs hohist befreyt«, also durch seine Privilegien gedeckt sei. Dieser Gestus kennzeichnet jedoch auch die Figur insgesamt, die auf ihren »weybisch bauch« zentriert ist. Auch die anderen Gliedmaßen des Monstrums (Elefantenfuß, Greifenklaue, Ochsenhuf, Drachenkopf usw.) sind funktional auf den Bauch bezogen, indem sie diesen selbstbezogenen »stand« absichern sollen,[96] der närrische Eselskopf bezeichnet als das »leyplich haupt« lediglich das »fleyschlich wesen« dieser Institution.[97] Diese Bauchpräsentation bildet damit die Basis der medialen Inszenierung des Papstesels. Bianca Frohne hat auf Analogien zwischen dieser Präsentation und zeitgenössischen Schandritualen hingewiesen, und in der Tat knüpfen Cranach, Melanchthon und Luther hier in

---

93 Zur biblischen Hurenmetapher Sals 2004, S. 76–81. Als zentrale biblische Referenz wäre hier Hesekiel 16 zu nennen.
94 Vgl. zum Hintergrund Sals 2004.
95 Martin Luther, Von dem Bapstum zu Rome widder den hochberumpten Romanisten zu Leiptzck (WA 6, S. 285–324, hier S. 322): »Alszo thustu dw Rote hur von Babilonien wie dich sanct Iohannes nennet machst ausz vnserm glauben ein spot fur aller welt.«
96 WA 11, S. 378: So heißt es von den Fürsten, die die Schuppen der Figur abgebildet werden: »Und wie wol sie yr fressen, unkeuscheit und wollust nicht mugen schutzen noch yhn des zufallen (denn hie kein schuppen am bauch und an der brust ist, sintemal es zu offentlich böße ist), so dulden sie es doch und hangen deste fester an seinem hals, armen und beynen. Das ist, sie billichen und schutzen sein stand, als sey er recht und von gott, davon er steyf und halsstarrig seinen kopf tregt.«
97 WA 11, S. 375.

vielfältiger Hinsicht an Schandsemantiken wie dem Hurenstigma an.[98] Die druckmediale Zurschaustellung des Monstrums zielt dabei auf Herstellung der reformatorischen Öffentlichkeit als einer Lach- und Schmähgemeinschaft, die sich in Spott und Empörung über die bauchbezogene, »weibische« Herrschaft der römischen Kurie konstituiert.[99]

6. Abschließende Überlegungen

Im reformatorischen Gebrauch erweist sich der Bauchtopos, das heißt die Unterstellung, dem eigenen »Bauch« statt Gott zu dienen, als effizientes und produktives Paradigma der Herabsetzung des alten Klerus. Die invektive Pointe besteht darin, dass anstelle von standestypischen Verfehlungen die klerikale Lebensform insgesamt als Bauchdienst problematisiert und als Götzendienst denunziert werden kann. Das »lustig Leben« wird schon bei Hutten zum zentralen Merkmal der Geistlichkeit erklärt, darauf spielt das Bankett des Chorherrn bei Hans Sachs an, und es manifestiert sich überdeutlich in der Kennzeichnung des Klerus im *Papstesel*, »yr leben ist nur fressen, saufen, unkeuscheit, wollust«.[100] Derartige Zuschreibungen stützen sich zwar auf eine im ganzen lateinischen Mittelalter zirkulierende antiklerikale Topik von Luxus und Völlerei eines auf asketische Ideale verpflichteten Standes, in den Fokus rückt jedoch nunmehr der rechtlich gesonderte, institutionell und materiell gesicherte Status der Geistlichkeit. Kaum zufällig stellen die hier verhandelten Texte explizit oder implizit die Schamlosigkeit des Bauchdienstes heraus, das heißt die Ostentation der Grenzüberschreitung, die sich durch die klerikalen Privilegien geschützt weiß. Anders gesagt, der Bauchtopos ermöglicht eine reformatorische Politisierung der antiklerikalen Invektive, insofern über die Lebensform die hierarchische Machtstruktur der

---

98 Frohne 2008, S. 46.
99 Zur reformatorischen Öffentlichkeit als »Invektivgemeinschaft« am Beispiel Hans Sachs vgl. Prautzsch 2021. Die Effektivität dieser Beschämung durch den Papstesel scheint Luther hoch eingeschätzt zu haben, denn dieses Motiv wird von ihm in seinen späten »Kampfbildern« von 1545 erneut aufgegriffen: Was sich in der *Deuttung* von 1523 nur summarisch und allegorisch andeutet, wird dort zu einem zentralen Verfahren der Herabsetzung: Die konkrete Verweiblichung der kurialen Klerus, etwa der »Jungfraw Paula Tertius«, die sich mit der Unterstellung der Sodomie verbindet. WA 54, S. 274. Dazu Aurnhammer 1986, S. 133; Limbeck 2009, S. 233f.
100 WA 11, S. 376.

römischen Kirche thematisierbar wird und die als Funktion dieses widergöttlichen Bauchdienstes bloßgestellt und delegitimiert werden kann. Der Bauchtopos ermöglicht aber nicht nur die öffentliche Herabsetzung und Denunziation des alten Klerus, er eröffnet damit auch spezifische Möglichkeiten kontrastierender Selbstbeschreibung und sozialer (Selbst-)Positionierung. Bei Hutten führt die Heuristik der klerikalen Körper zu einer politisch konnotierten Männlichkeitsinszenierung des »harten Lebens«. Bei Hans Sachs wiederum wird mit der Entlarvung des klerikalen Bauchlebens die Lebensform der einfachen Laien, der frommen arbeitsamen »handtwerckslewt« zum wahrhaft »christlich wesen« aufgewertet, das durch den Schuster repräsentiert wird. Schließlich verweist die Zurschaustellung des grotesk verweiblichten Körpers des Papstesels nicht nur gegenbildlich auf die wahre Gestalt des Leibes Christi, sondern evoziert damit zugleich die reformatorische Öffentlichkeit als Spott- und Schmähgemeinschaft.

Mit diesem Überblick sind jedoch längst noch nicht alle Facetten des reformatorischen Gebrauchs der Bauchtopik angemessen beschrieben. Seine Virulenz zeigt sich nicht zuletzt im alltagsrhetorischen Gebrauch, so beispielsweise in einer *Supplikation* der Straßburger St. Thomasgemeinde von 1523, die auf Einsetzung eines verheirateten Pfarrers drängt, und die ablehnende Haltung der Prälaten aus deren Ehefeindlichkeit erklärt, denn die Ehe würde wohl ihre »schöne liebliche hůrerey« (!) und ihr »bauchleben« beeinträchtigen.[101] Eine wichtige Rolle spielte der Bauchtopos aber auch in der innerreformatorischen Auseinandersetzung: So greifen auch Vertreter einer radikalen Reformation wie Melchior Hoffmann auf diesen Topos zurück, um die Herausbildung des neuen, protestantischen Klerus zu kritisieren.[102] Es lohnt sich daher, dem Gebrauch dieser Topik im 16. Jahrhundert weiter nachzugehen.[103]

---

101 Siehe Buckwalter 1998, S. 235; S. 298.
102 Lundström 2015, u. a. S. 160, Fußnote 479.
103 Zu beleuchten wäre natürlich darüber hinaus, ob und welche Rolle der Bauch in der altgläubigen Invektive spielt. Bemerkenswert ist, dass die Leibesfülle des Reformators lange Zeit erstaunlicherweise nicht zum Gegenstand der Anti-Luther-Satire gemacht worden worden ist, anscheinend war dafür die protestantische Bildstrategie, Luthers Autorität und Charisma über seine physische Präsenz zu inszenieren, zu erfolgreich; dazu Roper 2012, S. 15; S. 26.

Literatur

Texte

Böcking = Ulrichs von Hutten Schriften/Opera quae reperiri potuerunt omnia, hg. von Eduard Böcking, Neudr. d. 1859–1861 bei B.G. Teubner erschienenen Ausg., Aalen 1963.
Seufert = Hans Sachs: Die Wittenbergisch Nachtigall. Reformationsdichtung. Hg. von Gerald H. Seufert, Stuttgart 1974.
WA = Luther, Martin (1883–1929): D. Martin Luthers Werke. Weimar: Böhlau.
Wright = The Latin Poems Commonly Attributed to Walter Mapes, ed. by Thomas Wright, London 1841.

Sekundärliteratur

Arnold, Martin: *Handwerker als theologische Schriftsteller. Studien zu Flugschriften der frühen Reformation (1523–1525)*, Göttingen 1990.
Aurnhammer, Achim: *Androgynie: Studien zu einem Motiv in der europäischen Literatur*, Köln 1986.
Balzer, Bernd: *Bürgerliche Reformationspropaganda. Die Flugschriften des Hans Sachs in den Jahren 1523–1525*, Stuttgart 1973.
Bayless, Martha: *Sin and Filth in Medieval Culture. The Devil in the Latrine*. New York/London 2012.
Becker, Arnold: *Ulrichs von Hutten polemische Dialoge im Spannungsfeld von Humanismus und Politik*, Göttingen 2013.
Benthien, Claudia/Wulf, Christoph: »Einleitung: Zur kulturellen Anatomie der Körperteile«, in: Claudia Benthien/Christoph Wulf (Hg.), *Körperteile. Eine kulturelle Anatomie*. Reinbek 2001, S. 193–207.
Benzinger, Josef: *Invectiva in Romam. Romkritik im Mittelalter vom 9. bis zum 12. Jahrhundert*, Lübeck/Hamburg 1968.
Böttrich, Christfried: »Fasten im Neuen Testament«, in: *Die Zeichen der Zeit* 52, 1998, S. 11–15.
Bornscheuer, Lothar: *Topik. Zur Struktur der gesellschaftlichen Einbildungskraft*, Frankfurt am Main 1976.
Buck, Lawrence P.: *The Roman Monster. An Icon of the Papal Antichrist in Reformation Polemics*, Kirksville 2014.
Buckwalter, Stephen E.: *Die Priesterehe in Flugschriften der frühen Reformation*, Gütersloh 1998.
Congar, Yves: *Le concile de Vatican II. Son Église, Peuple de Dieu et Corps du Christ*, Paris 1984.

Conzemius, Viktor: »Die Kritik der Kirche«, in: Walter Kern/Hermann Josef Pottmeyer/Max Seckler (Hg.), *Traktat Kirche*. (= Handbuch der Fundamentaltheologie, Bd. 3), Tübingen 2000, S. 11–26.

Dietz, Philipp: *Wörterbuch zu Dr. Martin Luthers deutschen Schriften*. Erster Band (A–F), Leipzig 1870.

Dipple, Geoffrey: *Antifraternalism and Anticlericalism in the German Reformation: Johann Eberlin von Günzburg and the Campaign Against the Friars*, Brookfield 1996.

Dröse, Albrecht: »Von Vorzeichen und Zwischenwesen. Transformationen der Prodigiendeutung bei Brant und Luther«, in: Röcke Werner/Sebastian Möckel (Hg.), *Grenzen der Antike. Die Produktivität von Grenzen in Transformationsprozessen*, Berlin/New York 2014, S. 117–144.

Ebbing, Tina: *Körpermitte. Eine Kulturgeschichte des Bauches seit der Frühen Neuzeit*, Frankfurt am Main/New York 2008.

Ellerbrock, Dagmar/Koch, Lars/Münkler, Marina et al.: »Invektivität – Perspektiven eines neuen Forschungsprogramms in den Kultur- und Sozialwissenschaften«, in: *Kulturwissenschaftliche Zeitschrift* 1 (2017), S. 2–14.

Engberg-Pedersen, Troels: »Book Review: Belly and Body in the Pauline Epistles«, in: *Journal for the Study of the New Testament* 26,3, 2004, S. 373–374.

Ewinkel, Irene: *De monstris. Deutung und Funktion von Wundergeburten auf Flugblättern im Deutschland des 16. Jahrhunderts*, Tübingen 1995.

Forth, Christopher: *Fat. A Cultural History of the Stuff of Life*, Waterside 2019.

Friedrich, Udo: *Menschentier und Tiermensch: Diskurse der Grenzziehung und Grenzüberschreitung im Mittelalter*, Göttingen 2009.

Frohne, Bianca: »Narren, Tiere und grewliche Figuren. Zur Inszenierung komischer Körperlichkeit im Kontext von Bloßstellung, Spott und Schande vom 13. bis zum 16. Jahrhundert«, in: Christoph Auffarth/Sonja Kerth (Hg.), *Glaubensstreit und Gelächter im Mittelalter und in der Frühen Neuzeit*, Berlin 2008, S. 19–54.

Grimm, Veronika: *From Feasting to Fasting. The Evolution of a Sin. Attitudes to Food in Late Antiquity*, London/New York 1996.

Grzybowska, Lidia: »›Deus venter‹: o motywie ›boga-brzucha‹ w literaturze średniowiecznej (na wybranych przykładach)«, in: Elwira Buszewicz/Lidia Grzybowska (Hg.), *Ars bene vivendi: studia ofiarowane Profesorowi Maciejowi Włodarskiemu w 70. rocznicę urodzin*, Kraków 2017.

Hahn, Alois: »Transgression und Innovation«, in: Werner Helmich/Helmut Meter/Astrid Poier-Bernhard (Hg.), *Poetologische Umbrüche. Romanistische Studien zu Ehren von Ulrich Schulz-Buschhaus*, München 2002, S. 452–465.

Hornung, Christian: *Monachus et sacerdos. Asketische Konzeptualisierungen des Klerus im antiken Christentum*, Leiden/Boston 2020.

Jillings, Lewis: »The Aggression of the Cured Syphilitic: Ulrich von Hutten's Projection of His Disease as Metaphor«, in: *The German Quarterly* 68,1, 1995, S. 1–18.

Jorissen, Hans: Art. »Corpus Christi mysticum«, in: *Lexikon für Theologie und Kirche* (3. Aufl.) Bd. 2, 1994, Sp. 1318–1319.

Kampe, Jürgen: *Problem »Reformationsdialog«. Untersuchungen zu einer Gattung im reformatorischen Medienwettstreit*, Tübingen 1997.

König, Dorothee: *Amt und Askese. Priesteramt und Mönchtum bei den lateinischen Kirchenvätern in vorbenediktinischer Zeit*, St. Ottilien 1985.

Lachner, Eva: »Ehepaar«, in: *Reallexikon zur Deutschen Kunstgeschichte*, Bd. IV (1956), Sp. 803–817; in: RDK Labor, URL: http://www.rdklabor.de/w/?oldid=93120 [12.10.2020].

Landgraf, Artur Michael: »Die Lehre vom geheimnisvollen Leib Christi in den frühen Paulinenkommentaren und in der Frühscholastik«, in: *Divus Thomas* 24, 1946, S. 217–248, 393–428; *Divus Thomas* 25, 1947, S. 365–394; *Divus Thomas* 26, 1948, S. 160–180, 291–323, 395–434.

Lepp, Friedrich: *Schlagwörter des Reformationszeitalters*, Leipzig 1908.

Limbeck, Sven: »›Ein seltzam wunder vnd monstrum, welches beide mannlichen vnd weiblichen geschlecht an sich hett‹. Teratologie, Sodomie und Allegorese in der Medienkultur der frühen Neuzeit«, in: Lev Mordechai Thoma/Sven Limbeck (Hg.), *»Die sünde, der sich der tiuvel schamet in der helle«. Homosexualität in der Kultur des Mittelalters und der frühen Neuzeit*, Ostfildern 2009, S. 199–247.

Lobenstein-Reichmann, Anja: *Sprachliche Ausgrenzung im späten Mittelalter und in der frühen Neuzeit*, Berlin/Boston 2013.

Lundström, Kerstin: *Polemik in den Schriften Melchior Hoffmans. Inszenierungen rhetorischer Streitkultur in der Reformationszeit*, Stockholm 2015.

Lynwood Smith, Daniel: »Why Paul's Fabulous Body is Missing its Belly: The Rhetorical Subversion of Menenius Agrippa's Fable in 1 Corinthians 12,12–30«, in: *Journal for the Study of the New Testament* Vol. 41,2, 2018, S. 143–160.

Meyer-Zwiffelhoffer, Eckhard: *Im Zeichen des Phallus: die Ordnung des Geschlechtslebens im antiken Rom*, Frankfurt am Main/New York 2005.

Müller, Klaus: »Kirche als Leib Christi: Möglichkeiten und Grenzen der panentheistischen Recodierung einer gefährlichen Metapher«, in: Matthias Remenyi/Saskia Wendel (Hg.), *Die Kirche als Leib Christi. Geltung und Grenzen einer umstrittenen Metapher*, Freiburg i. Br. 2017, S. 219–235.

Münkler, Marina: »Einleitung«, in: Marina Münkler/Antje Sablotny/Albrecht Dröse (Hg.), *Invektive Gattungen. Formen und Medien der Herabsetzung*, Sonderheft der Kulturwissenschaftlichen Zeitschrift 2021 (im Ersch.).

Otten, Franz: *mit hilff gottes zw tichten ... got zw lob auspreittüng seines heilsamen wort. Untersuchungen zur Reformationsdichtung des Hans Sachs*, Göppingen 1993.

Piltz, Georg (Hg.), *Ein Sack voll Ablaß. Bildsatiren der Reformationszeit*, Berlin 1983.

Prautzsch, Felix: »Die Wittenbergisch Nachtigall gegen den Löwen in Rom. Lutherstilisierung, antirömische Invektiven und Reformation bei Hans Sachs«, in: *Beiträge zur Geschichte der deutschen Sprache und Literatur*, 2021 (im Ersch.).

Rettelbach, Johannes: *Die nicht-dramatischen Dichtungen des Hans Sachs. Grundlagen, Texttypen, Interpretationen*, Wiesbaden 2019.

Röcke, Werner: »Die Zeichen göttlichen Zorns: Monster und Wunderzeichen in der Literatur des Spätmittelalters und der Frühen Neuzeit«, in: Margarete Hubrath / Rüdiger Krohn (Hg.), *Literarisches Leben in Zwickau im Mittelalter und in der Frühen Neuzeit. Vorträge eines Symposiums anläßlich des 500jährigen Jubiläums der Ratsschulbibliothek Zwickau am 17. und 18. Februar 1998*, Göppingen 2001, S. 145–168.

Roose, Hanna: »Die Hierarchisierung der Leib-Metapher im Kolosser- und Epheserbrief als ›Paulinisierung‹: Ein Beitrag zur Rezeption Paulinischer Tradition in Pseudo-Paulinischen Briefen«, in: *Novum Testamentum* Vol. 47, 2, 2005, S. 117–141.

Roper, Lyndal: *Der feiste Doktor. Luther, sein Körper und seine Biographen*, Göttingen 2012.

Sals, Ulrike: *Die Biographie der ›Hure Babylon‹. Studien zur Intertextualität der Babylon-Texte in der Bibel*, Tübingen 2004.

Sandnes, Karl Olov: *Body and Belly in the Pauline Epistles*, Cambridge 2014.

Schieffer, Rudolf: »Kanoniker«, in: *Lexikon des Mittelalters*, Bd. 5, München/Zürich 1991, Sp. 903–904.

Schneider, Hans-Otto: »Schimpfwort des Monats: Bauchknecht, Bauchprediger«, in: *Controversia et confessio*, 2017. http://www.controversia-et-confessio.de/projekt/schimpwort-des-monats/schimpfwort-detail/bauchknecht-bauchprediger.html

Schüppert, Helga: *Kirchenkritik in der lateinischen Lyrik des 12. und 13. Jahrhunderts*, München 1972.

Schwitalla, Johannes: »Gespräche über Gespräche. Nach- und Nebengespräche über ausgeblendete Aspekte einer Interaktion«, in: *Gesprächsforschung – Online-Zeitschrift zur verbalen Interaktion* 7, 2006, S. 229–247.

Scribner, Robert: *For the Sake of Simple Folk. Popular Propaganda for the German Reformation*, Cambridge 1981.

Thompson, Michael B.: »Book Review: Body and Belly in the Pauline Epistles«, in: *The Journal of Theological Studies* 55,1, 2004, S. 286–289.

Unterburger, Klaus: »Zwischen Realidentität und symbolischer Repräsentation. Weichenstellung der Leib-Christi-Ekklesiologie in kirchenhistorischer Perspektive«, in: Matthias Remenyi/Saskia Wendel (Hg.), *Die Kirche als Leib Christi. Geltung und Grenzen einer umstrittenen Metapher*, Freiburg i. Br. 2017, S. 91–109.

Wulf, Christoph: »Magen. Libido und Communitas – Gastrolatrie und Askese«, in: Claudia Benthien / Christoph Wulf (Hg.), *Körperteile. Eine kulturelle Anatomie*, Reinbek 2001, S. 193–207.

Yingst, Daniel: *Towers in the Mud. Honoris Augustodunensis through the Lens of Pedagogy*, Chicago 2017.

corpus corruptum: Die Herabsetzung heiliger Körper in den *Papistischen Lügen* Hieronymus Rauschers

Antje Sablotny

1. corpus incorruptum

Anonym veröffentlichte Martin Luther 1524 die *New zeitung vom Rein*, die, wie er am 6. November desselben Jahres an Justus Jonas schrieb, gleichwohl unverkennbar seine Handschrift trage.[1] Es handelt sich dabei um eine Spottschrift als Reaktion auf die Absicht Albrechts von Mainz, seinen Reliquienschatz einmal jährlich in Mainz in einer mit einem Ablass versehenen Heiltumsschau zu zeigen. In diesem »Spottzeddel vom Heiligthumb des Cardinals«[2] wird die Translatio der Reliquien von Halle nach Mainz in die St. Martinskirche angezeigt und eine Ablassfeier angekündigt, »[a]uff das die lieben Reinlender den armen entblôsseten Knochen wider wolten helffen zu newen Kleidern.«[3] Dem Reliquienschatz wird außerdem eine parodistische Liste an »viel merckliche newer Partickel« hinzugefügt:

I. Ein schôn stûck vom lincken Horn Mosi.
II. Drey flammen vom Pusch Mosi, auff dem berge Sinai.
III. Zwo Feddern und ein Ey, vom heiligen Geist.
IIII. Ein gantzer zipffel von der Fanen, da Christus die Helle mit auff sties.
V. Auch ein grosser Lock, vom Bart Beelzebub, der an der selben Fanen bekleben bleib.
VI. Ein halber Flûgel von Sanct Gabriel dem ErtzEngel.
VII. Ein gantz pfund, von dem Winde, der fur Elia uber rausschet, in der hûle am berge Oreb.
VIII. Zwo Ellen von dem Dohn der Posaunen, auff dem berge Sinai [...].[4]

---

1 Vgl. Luther, ed. de Wette 1828, S. 504–506, hier S. 505.
2 Ebd.
3 Luther 1542, S. 404.
4 Ebd.

Luthers groteske Ergänzungen zum erzbischöflichen Reliquienschatz verweisen in den Modi der Ironie und Parodie auf die – aus Sicht der Protestanten – betrügerische und willkürliche Praxis von Reliquien-»Produktion« und -verehrung. Dabei werden drei zuweilen miteinander kombinierte Prämissen des römisch-katholischen Reliquienglaubens ad absurdum geführt: So handelt es sich bei den »newe[n] Partickel[n]« – wie den Hörnern Mosi, welche zumal auf einen Übersetzungsfehler in der *Vulgata* zurückgehen, oder Flammen, Wind und Töne – um keine irdischen Überreste, die auf das Heilige verweisen könnten. Zudem führen Ereignisverkettungen wie die um die Fahne Christi, aber auch die aberwitzige numerische Erfassung der neuen Heiligtümer, die Fragwürdigkeit sowohl des Konzepts der Berührungsreliquien als auch der Logik der Reliquienteilung vor Augen. Auf diese Weise macht Luther seine abschätzige Haltung gegenüber dem altgläubigen Heiligen- und Reliquienkult unmissverständlich deutlich: Die Verehrung von Reliquien sei eine überkommene und lächerliche, vor allem aber den gutgläubigen Christen in die Irre führende Frömmigkeitspraxis. Schon in seinen 1517 veröffentlichten Thesen zum Ablass ist die protestantische Kritik am Heiligenkult insofern angelegt, als dort die Ökonomisierung des Gnadenschatzes Christi durch die Kirche im Rahmen von Ablasshandel, Wallfahrten, Reliquienkult bzw. -handel, darüber hinaus von Bußleistungen und guten Werken gebrandmarkt wird.[5] Hierzu gehört denn auch die prinzipielle Ablehnung der Anrufung und Verehrung der Heiligen, die sich bei Luther zunächst uneinheitlich zeigt, sich aber ab den 1520er und 1530er Jahren verstärkt und theologisch konkretisiert.[6] Im *Ave Maria* des *Betbüchleins* von 1522 beispielsweise wird die Mutter Gottes nicht als Fürbitterin und Interzessorin, sondern lediglich als Exempel des Glaubens begriffen;[7] das für den 16. Juni 1524 anberaumte zeremonielle Ereignis der Erhebung der Gebeine des heiligen Benno von Meißen diffamiert Luther in seiner Flugschrift *Wider den neuen Abgott und alten Teufel, der zu Meißen sol erhoben werden* als ein kostspieliges »gauckelspiel«, »affen spiel« und »narrenspiel«;[8] mit seiner 1537 erstmals in den Druck gebrachten *Lügend von St. Johanne Chrysostomo* schließlich gerät die Gattung der

---

5 Vgl. Luther 1517.
6 Vgl. dazu Kaufmann 2015, S. 216–223; Münkler 2015, S. 125–129; dies. 2008, S. 40–46; Köpf 1990.
7 Vgl. Luther 1522a.
8 Luther 1524, S. 183, 192, 195 und 197.

Legende als wichtige Säule des Heiligenkults in den Blick für protestantische Kritik und Häme.⁹ Hornstück Mosi, teuflische Bartlocke und halber Engelsflügel verweisen parodistisch auch auf das dem Kult zugrunde liegende Körperkonzept, das wiederum weit ins frühe Christentum zurückreicht: die Vorstellung vom corpus incorruptum als »Leitidee der mittelalterlichen Reliquienverehrung«.¹⁰ Der ganze, heile, unversehrte, unverweste und zudem wohlriechende oder vor allem bei Graböffnung nach Rosen duftende und in Licht und Glanz erscheinende Körper des Heiligen gilt »bis heute [...] [in der katholischen Kirche] als Kriterium im kirchlichen Heiligsprechungsverfahren«.¹¹ Das Wunder des corpus incorruptum ist allerdings weniger als Dauerzustand gedacht, »sondern eher als ein Hilfsmittel bei der Erkennung des Heiligen durch die Nachlebenden. Ist das Zeichen einmal erkannt, der Leichnam zudem durch weitere Anzeichen wie etwa die von ihm gewirkten Wunder als verehrungswürdig und wirkmächtig eingestuft, so braucht es das Zeichen der Unverwestheit nicht mehr«.¹² Die Vollständigkeit zumindest der Gebeine ist Voraussetzung für das Weiterleben im Jenseits. Selbst die gemarterten Heiligen können so wieder »ganz« werden. Daher war die Teilung von Gebeinen, bevor sie dann gängige Praxis wurde, bis zum 10. Jahrhundert die Ausnahme, wenngleich bestimmte Körperreliquien durch das Abschneiden von Haaren, Finger- und Fußnägeln und das Entfernen von Zähnen mit der Vorstellung des corpus incorruptum vereinbar waren. Eine andere ebenso alte christliche Vorstellung, die Victricius von Rouen (gest. 407) in die viel zitierte Formel »ubi est aliquid ibi totum est« brachte, konnte dem Verlangen der Gläubigen nach Heiligenreliquien entsprechen, das dann im späten 15. und beginnenden 16. Jahrhundert seinen Höhepunkt erreichte. Denn jedes leibliche Überbleibsel des Heiligen, auch jeder nur von diesem berührte Gegenstand (etwa Kleidung) stand in Verbindung mit der himmlischen communio sanctorum.¹³ Die Reliquien galten zudem als mit der virtus der

---

9 Zur Lügende vgl. v. a. Sablotny [im Erscheinen]; dies. 2021; Holtzhauer 2020; Sablotny 2019; Münkler 2015; Ziegeler 1999; Schnyder 1979; Schenda 1974; Schenda 1970.
10 Vgl. Angenendt 1991, hier der Untertitel; vgl. zudem Ders. 1992; Ders. 2007 [1994], S. 148–158; in kritischer Auseinandersetzung mit Angenendt vgl. Swinarski 2000, welche die Frage nach der Funktion der Leitidee des corpus incorruptum als entscheidend herausstellt. Vgl. zudem Schmitz-Esser 2014, S. 140–154.
11 Angenendt 1991, S. 320.
12 Schmitz-Esser 2014, S. 153.
13 Zu »Reliquientranslation und Leichenzerteilung« und deren schon zeitgenössisch reflektierten Problematik vgl. Schmitz-Esser 2014, S. 123–137.

Heiligen angefüllt und konnten wie diese selbst Wunder auf Erden bewirken. Sie sollten daher berührt, geküsst, angeschaut und besessen werden. Die Heilsaufnahme wurde entsprechend körperlich-sinnlich gedacht, wobei im Spätmittelalter »das haptische Element [zurückgedrängt wurde]« zugunsten einer verstärkt visuellen Heiligenverehrung,[14] wie etwa die kostbar eingefassten Kopf- oder Armreliquiare oder auch die reich verzierten sogenannten Katakombenheiligen zeigen.[15] Die Vorstellung von der *»Realpräsenz« der Heiligen in ihren Reliquiaren und Gräbern*[16] wurde teilweise auch den Heiligenbildern zugesprochen.

2. Körper und religiöse Kommunikation

Hagiographische Erzählungen, welche vom Leben und Sterben der Heiligen und von ihren Wundern erzählen und damit ihre Heiligkeit verbürgen, sind gleichfalls auf den Körper hin ausgerichtet. »Die Helden der Legenden sind [...] weniger die Heiligen als vielmehr die Körper der Heiligen, die heiligen Körper.«[17] Märtyrerlegenden zielen im Rahmen ihres syntagmatischen Basisnexus von Verhör, Haft, Hinrichtung im Sinne Edith Feistners auf die wiederholte Folter des Leibes und schließlich den grausam-blutigen Tod der Heiligen.[18] Bekennerlegenden wiederum zehren häufig davon, das symbolische Martyrium der Heiligen auf Erden – oftmals im Vitenmodell – zu in-

---

14 Ebd., S. 134.
15 Zu Körperteil-Reliquiaren vgl. exemplarisch Reudenbach 2010.
16 So der Titel des Beitrags von Dinzelbacher 1990.
17 Kasten 2002, S. 202.
18 Zur basalen Unterscheidung von Märtyrer- und Bekennerlegenden vgl. Feistner 1995, die für meine Überlegungen hier ausreichend, grundsätzlich aber mit Weitbrecht/Benz/Hammer u. a. 2019, S. 14, zu relativieren ist: Deren »These ist, dass in der formativen Phase der Spätantike verschiedene Modelle von Heiligkeit emergieren, die eine hohe kulturelle und soziale Verbindlichkeit erlangen. Dabei finden unterschiedliche narrative Optionen (im Sinne von Mustern und Topoi) Verwendung, die im Zuge ihrer Verfestigung zu Signaturen und Elementen der Modelle werden, zugleich aber in ihrer Aktualisierbarkeit flexibel bleiben. Optionen sind dabei nicht als einfache Bausteine im erzähltheoretischen Sinne zu verstehen, sondern als Möglichkeiten, in Rückbindung an unterschiedliche religiöse Diskurse und Praktiken Heiligkeit erzählerisch zu entfalten. In unterschiedlichen religiösen Zusammenhängen können diese Optionen durch Legendenerzähler modifiziert werden, neue können entstehen oder kombinatorisch aus bereits vorhandenen entwickelt werden.« Direkt gegen Feistner vgl. ebd., S. 15.

szenieren, das ganz auf das Absterben des Fleisches hin orientiert ist: Die konkret auf den heiligen Körper bezogenen Asketepraktiken betreffen denn auch Nahrungsaskese, sexuelle Enthaltsamkeit, Kleideraskese, Schlafentzug, Arbeitsaskese, Verzicht auf Körperhygiene sowie (Selbst-)Geißelung.[19] Bekenner sterben in der Regel krankheits- oder auch »nur« altersbedingt, aber sehr häufig mit einem ausgezehrten Leib. Insbesondere in Anbindung an Genderfragen spielt der Körper als Analyseparadigma eine wichtige Rolle in der bisherigen Legendenforschung.[20] Mit Blick auf die Legenden und ihre propagierten körpergebundenen Heilsaneignungspraktiken lässt sich daher »Leiblichkeit als Medium der Kommunikation mit Gott« begreifen, was nicht zuletzt »darin seine Begründung findet, dass Gott in der Menschwerdung des Schöpferlogos Leiblichkeit als Medium seiner Offenbarung und als Instrument der Vollendung der Gemeinschaft mit seiner Schöpfung erschließt«.[21] Der elementare Zusammenhang von Körper, Heiligkeit und Reliquien(verehrung) plausibilisiert die Schlussfolgerung, grundlegend vom Körper als Medium religiöser Kommunikation auszugehen. Mit Niklas Luhmann, dessen soziologische Überlegungen zur Religion der Gesellschaft in vorliegendem Aufsatz die theoretische Grundlage bieten, soll diese Annahme differenziert werden. Luhmann thematisiert den Körper nur wenig und vor allem nicht als Kommunikationsmedium im System der Religion.[22] Das liegt nicht zuletzt an der Schwierigkeit, überhaupt ein symbolisch generalisiertes Kommunikationsmedium für das religiöse System zu identifizieren. Die Funktion der Religion bestehe aus der kommunikativen Bearbeitung der Unterscheidung von dem, was beobachtbar ist, und dem, was unbeobachtbar ist. Die daraus abgeleitete Differenz von Immanenz und Transzendenz bildet für Luhmann den grundlegenden binären Code. Es ergibt sich für ihn daraus eine zweifache Wirklichkeit: Für jede immanente Tatsache besteht ein nicht beobachtbares Korrelat, das als Vermittlung der Transzendenz fungieren könne, wofür die Anschauung der Heiligenreliquien als sterbliche Überreste und als lebendige Heilskörper ein gutes Beispiel darstellt.

---

19 Vgl. u. a. die Übersicht bei Ernst 2002, S. 276f.
20 Vgl. etwa Kraß 2008; Kasten 2002; Ernst 2002; Bachorksi/Klinger 2002; Schirrmeister 2000; Feistner 1999; Bynum 1996 [1991].
21 Schwöbel 2015, S. XIV.
22 Etwa im Kontext von Riten als Kommunikation unter Anwesenden diene »der Körper als Medium der Formenbildung, der Expression und Sichtbarkeit von Einschränkung bis hin zum alternativlos richtigen Vollzug. Besondere Körper – im Trancezustand, im Tanz, im Zelebrieren des Rituals – focussieren [sic] die Beobachtung.« Luhmann 2000a, S. 190.

Auch das Medium ist bei Luhmann eine Differenzkategorie; es sei als Einheit von loser und fester semantischer Kopplung zu verstehen, das heißt, es gibt ein mediales Substrat und in diesem Substrat gebildete Formen.[23] Dabei »verbraucht« Formenbildung das Medium nicht, sie trägt im Gegenteil zur Reproduktion des Mediums bei. Religiöse Sinnformen (wie blutende oder heilende Leichname) werden erst als religiös erlebt (als heilige Körperreliquien), wenn sie als Einheit der Differenz von Immanenz und Transzendenz, in anderen Worten: als Mysterium, Wunder, Paradox, Geheimnis etc. beobachtet und bezeichnet werden können. Während sich im nicht zu beobachtenden Gott die Einheit dieser Differenz realisiere, sei die Immanenz auf das *re-entry* der Unterscheidung in sich selbst angewiesen.[24] Als symbolisch generalisiertes Kommunikationsmedium, das die immer relevanter werdende schriftliche und damit prinzipiell stärker individuell nachprüfbare und daher auch immer unwahrscheinlicher werdende Kommunikation ausgleiche, schlägt Luhmann »Glaube« vor,[25] relativiert aber sogleich: Während mit anderen symbolisch generalisierten Kommunikationsmedien wie Macht, Wahrheit, Liebe etc. die Selektionen stets dem Handeln oder Erleben von Ego und Alter zugeschrieben werden können, kann die Religion

diesem Unterscheidungsprinzip [...] nicht folgen, da sie das ganze Leben unter der Beobachtung Gottes unterstellt und sich schwer tun würde, müßte sie akzeptieren, daß man sein Heil durch bloßes gesinnungsbeliebiges Handeln oder, umgekehrt, durch ein Erleben gewinnen könnte, das kein Korrelat in entsprechendem Handeln findet. Auch kann sie die professionelle Struktur der Unterscheidung von Priestern und Laien nicht nach dem Schema ›der eine handelt, der andere erlebt‹ ordnen, da dies der Vorstellung einer Gemeinschaft im Glauben widersprechen würde. Religion ist, anders gesagt, auf größere Nähe zur Einheit des Menschen angewiesen, für den Erleben und Handeln immer in einem unentwirrbaren Wechselbezug stehen. Die Einseitigkeit und Künstlichkeit der Zurechnung von Selektionen als entweder extern beeindruckt (Erleben) oder intern motiviert (Handeln) hat einen Nebensinn im Freigeben der jeweils anderen Seite dieser Unterscheidung; aber genau das paßt nicht zu religiösen Glaubenszumutungen.[26]

Ein funktionales Äquivalent stelle die Seele bzw. das Verhältnis zwischen Gott und der menschlichen Seele dar, wobei zum einen dem Konstrukt »Seele« die Unterscheidung von Körper und Geist zugrunde liege, zum anderen

---

23 Vgl. Luhmann 1997, S. 190–202.
24 Zum *re-entry* vgl. Luhmann 2000a, S. 32–36.
25 Vgl. für ein umfassendes Verständnis die Kapitel zu den symbolisch generalisierten Kommunikationsmedien in Luhmann 1997, S. 316–396.
26 Luhmann 2000a, S. 205f.

die Figur der Sünde bzw. Schuld die Einheit des Mediums sichere.²⁷ Heil oder Verdammnis ordnen die Vielzahl an Kombinationsmöglichkeiten des Verhältnisses zwischen Gott und den Seelen.²⁸ Das Seelenheil bleibe dabei individuell, aber stets abhängig von der Gnade Gottes. »Mit der Unterscheidung von Körper und bestimmten Formen des Geistes« respektive Seelenkonzepten »wird der Körper [so in den Formen des asketischen Körpers, der Körperreliquie oder auch des mystischen Körpers – A. S.] insgesamt mit religiösem Sinn versehen«.²⁹

Mit Blick auf religiöse »Zurichtungen« des Körpers bzw. auf die »Heilskarrieren«³⁰ der christlichen Asketen und Märtyrer ist der Körper in der Terminologie Luhmanns als Teil der Medien-Form-Differenz der Formenbildung (des Heiligenlebens) zugehörig und daher prinzipiell offen für semantische Transformationsprozesse. Eindrücklich zeigen das die konfessionellen Auseinandersetzungen des 16. Jahrhunderts, innerhalb derer solche Körperkonzepte des Heiligen ein ergiebiges Feld für Invektiven gegen die römisch-kirchliche Obrigkeit und gegen altgläubige Heilsaneignungspraktiken bieten. Mit ihnen wird nicht zuletzt die von Luhmann herausgestellte spezifische religiöse Problematik von Handeln und Erleben zur Diskussion gestellt.³¹ Nach Luthers Entwicklung der Rechtfertigungslehre auf der Grundlage des Römerbriefs, die zu einem zentralen Bekenntnis der Reformation wurde, erfolgt Rechtfertigung allein aus dem Glauben und allein aus göttlicher Gnade (sola fide, sola gratia). In einer von Luthers reformatorischen Hauptschriften, *Von der Freiheit eines Christenmenschen* aus dem Jahre 1520, ist diese Auffassung nicht zuletzt in der Leib-Seele-Dichotomie fundiert: Die Seele kann nicht durch Äußerlichkeiten zur Frömmigkeit gelangen, sondern allein durch den Glauben, weil auch nur Wort und Glaube in der Seele regierten. In diesem Sinne sei der Mensch frei trotz seines Weltverhaftet-Seins, seines leiblichen Lebens auf Erden. Züchtigungen des Leibs zum Gehorsam gegenüber dem »inneren Menschen« sind legitim aus der Freiheit des Glaubens heraus, nicht aber im Sinne einer gesuchten Frömmigkeit und Selig-

---

27 Ebd., S. 206f. Vgl. insbesondere Luhmann 2000b.
28 Zur Semantik von Heil und Verdammnis vgl. insbesondere Münkler 2011, S. 32–36 sowie S. 125–128.
29 Krech 2018, S. 64.
30 Luhmann 2000a, S. 207.
31 Umgekehrt veranlasst etwa die körperliche Konstitution Luthers zur Fortschreibung von Körperkonzepten auf Seiten der Altgläubigen. Wie der Beitrag von Münkler in diesem Band zeigt, führt das zu nicht minder heftigen Invektiven gegen den Reformator. Vgl. darüber hinaus v. a. Roper 2012 [orig. 2010].

keit.³² »Gutte frum werck machen nymmer mehr ein guten frumen man, sondern eyn gutt frum man macht gutte frum werck, Bőße werck machen nymmer mehr eynen bőßen man, sondern ein bőßer man macht bőße werck [...].«³³

3. corpus corruptum

Die lutherische Rechtfertigungslehre erklärt die prinzipielle Ablehnung der Heiligenverehrung und des Reliquienkults, was sich besonders nachdrücklich in den »bildstürmerischen« und »kirchenbrecherischen« Aktionen der Protestanten zeigt,³⁴ denen Luther gleichwohl kritisch gegenüberstand.³⁵ Es gibt viele Zeugnisse davon, dass auf dem Altar die Notdurft verrichtet wurde, Kruzifixe abgehangen und verbrannt, Statuen von Stadtheiligen beschädigt oder weggeschlossen, Prozessionen und Zeremonien gestört wurden.³⁶ Solche Ereignisse stellen nicht nur Angriffe auf die »falsche« Vorstellung von der Werkgerechtigkeit sowie auf die Frömmigkeitspraxis dar, sondern zugleich auf die Veräußerlichung des Heils, insbesondere auch auf das spezifische Körperkonzept der Heiligen: »Dem Heiligen wie dem Göttlichen werden ihre körperliche Existenz in der gegenwärtigen Welt abgesprochen.«³⁷ Die invektiven Modi lassen sich mit den Begriffen Zerstörung, Verstümmelung, Profanierung und Entfunktionalisierung der Körper und Verkörperungen der Heiligen fassen. Hierzu gehört außerdem das Verfahren der ironisch-spöttischen Pseudosakralisierung von unmissverständlich profanen Gegenständen. Die Spottprozession auf die feierliche Erhebung der Gebeine des heiligen Benno von Meißen lässt sich als durch eine Flugschrift gut belegtes Beispiel anführen: 1524 veranstalteten Buchholzer Bergknappen eine Travestie auf die Zeremonie in Meißen.³⁸ Einen dramaturgischen Höhepunkt der Travestie bildete die Ansprache eines als Bischof kostümierten

---

32 Vgl. Luther 1520, v.a. S. 30f. Zum Problem der Selbstheiligung und ihrer Reflexion schon in der spätmittelalterlichen Mystik vgl. Haferland 2007, S. 167–171, 174 und 189.
33 Luther 1520, S. 32.
34 Vgl. dazu Schwerhoff 2013.
35 Vgl. Luther 1522b, S. 26–30.
36 Dazu u. a. Löther 1999, S. 300–329; Scribner 1984; Moeller 1991 [1987]; Ehbrecht 2001 [1978].
37 Schwerhoff 2013, S. 191.
38 Travestie dezidiert im Sinne von Genette 1993 [orig. 1982], S. 79–96.

Bergknappen: Dieser »[t]ratt auff vnd thett eyne schöne predigt / vnnd verkundet das hey⸗ligthum / nemlich / eynen kynbacken / vnd sprach. O lieben andechtigen / Sehet / das ist der heylig ars⸗backen des lieben Korschůlers zu Meyssen S. Ben⸗no.«[39]

3.1 Metagattung »Lügende«

Die veränderte Einstellung gegenüber dem Heiligenkult schlägt sich nicht nur in protestantischen Aktionen nieder. Auch das legendarische Erzählen, das den religiösen Sinn von (Selbst-)Marter konsolidiert, gerät als Objekt der Herabsetzung in den Blick, was sich insbesondere in der Etablierung der evangelischen Metagattung »Lügende« des 16. und beginnenden 17. Jahrhunderts äußerte. Erstmals hat Luther 1537 mit seiner *Lügend von St. Johanne Chrysostomo*, gedruckt in Wittenberg, eine Lügende herausgegeben. Die Legende entnahm er dem bis weit ins Spätmittelalter sehr populären Legendar *Der Heiligen Leben* und versah sie mit invektiven Paratexten: einem Vorwort, einem Nachwort und hämischen Glossen.[40] Luther hat damit nicht nur der protestantischen Verballhornung der Legende als Lügende, die schon in den Jahren zuvor kursierte,[41] eine greifbare Form gegeben. Die Lügende ist vor allem Ausdruck der veränderten theologischen Einstellung gegenüber dem altgläubigen Heiligenkult und gegen die Heilsökonomisierung der römischen Kirche. Luthers Lügende bildete den Prototyp einer kurzlebigen Gattungstradition, die zunächst durch den Lutherschüler Erasmus Alber(us) fortgeführt und verfestigt wurde. Sein mit einer Vorrede von Luther versehener 1542 ebenfalls in Wittenberg veröffentlichter und sehr erfolgreicher, vielfach übersetzter *Barfüser Münche Eulenspiegel vnd Alcoran* bezieht sich maßgeblich auf das umfangreiche zwischen 1385 und 1390 entstandene Werk *De conformitate vitae beati Francisci ad vitam Domini Iesu* des Franziskanerbruders Bartholomaeus de Rinonico, aus dem Alberus insgesamt 625 Exempel übersetzt und mit invektiven Marginalglossen versehen hat.[42] 1556 ließ Pietro Paolo Vergerio, zunächst päpstlicher Nuntius und Bischof, dann

---

39 *Von Der rechten Erhebung* 1524. Zur Spottprozession in Buchholz insbesondere Volkmar 2002, S. 172–180; Scribner 1984, S. 119f.
40 Zu den invektiven Paratexten der Lügende und ihrer gattungskommunikativen Funktion vgl. Sablotny 2021.
41 Vgl. Münkler 2015, S. 132.
42 Vgl. Schenda 1974, S. 190–192.

aber evangelischer Theologe, Pfarrer und herzoglich Württembergischer Rat, seine Schrift *De Gregorio Papa* in Königsberg drucken. Im Stile Luthers glossierte auch er seine 52 Mirakelerzählungen, die er den *Dialogen* Gregors I. entnommen hatte, »um sie als fabulae, portenta, nugarum monstra, impietates atque blashemiae hinzustellen.«[43] Auf monumentale Weise führt Hieronymus Rauscher die von Luther begründete Lügendtradition fort – mit seinen *Hundert außerwelte[n] / grosse[n] / vnuerschempte[n] / feiste[n] / wolgesmeste[n] / erstunckene[n] / Papistische[n] Lügen Welche aller Narren Lugend / als des Eulenspiegels* [...] *weit vbertreffen / damit die Papisten die fürnemsten Artickel ihrer Lehre verteidigen / die armen Christen aber verblenden / vnd in abgrund der Hellen verfüren* [...].[44] Zwischen 1562 und 1564 erschienen fünf solcher *Centurien*, die 1614 und 1618 durch den Gießener Theologieprofessor Caspar Finck neu aufgelegt und erweitert wurden. Rauschers und entsprechend auch Fincks Lügenden zeichnen sich nicht nur durch die schon erwähnten Marginalglossen aus. Jeder glossierten Legende bzw. Mirakelerzählung unterschiedlicher Provenienz ist darüber hinaus eine »Erinnerung« angefügt, welche das Erzählte beschließt und auswertet.[45] Mit den invektiven Paratexten der Lügenden wird gezielt kritische Distanz zu den erzählten Ereignissen und damit zu den gattungsspezifischen Mustern legendarischen Erzählens und zur religiösen Bedeutung der Gattung Legende erzeugt. Die Kommentare zur Unwahrscheinlichkeit des Erzählten, zu Fehlverhalten bzw. Scheinheiligkeit der Protagonisten sowie zur arglistigen Irreführung gutgläubiger Christen, mit denen die Legenden- und Mirakelerzählungen permanent als Lügen, deren Verfasser und Fürsprecher entsprechend als Lügner diffamiert werden, führen den Lügenden-Rezipienten die »Gemachtheit« der Legende vor Augen. In Anschluss an Werner Wolf ist daher die Lügende als Metagattung zu präzisieren,[46] die über das metaisierende Verfahren der Paratextualisierung Gattungsreflexionen initiiert. Gattungsreflexion und Bloßstellung der altgläubigen Legende gehen hier Hand in Hand und äußern sich einerseits im Vorwurf fehlender Wahrscheinlichkeit und Historizität, andererseits in der Ausstellung ihrer Instrumentalisierung, wie sie sich in den er-

---

43 Ebd., S. 189f.
44 Rauscher 1562/VD16 R 399.
45 Zu den paratextuellen Erinnerungen vgl. Sablotny 2021; im Kontext der Faustbuch-Transformationen durch Georg Rudolff Widman (1599) und Christian Nikolaus Pfitzer (1647) vgl. zudem Münkler 2011, S. 178–181 und 184f.
46 Eingehend dazu Sablotny 2019; zum Konzept der Metagattung vgl. Wolf 2007; Wolf 1993.

fundenen und inszenierten Erzählelementen und in der Erzählweise widerspiegele. Solche »ertichtet« Lügen gehen denn auch zurück auf unredliche Lügen-»Poeten«.[47] Die Herabsetzung der Legende liegt dabei nicht nur im protestantischen Vorwurf, die Legenden seien Lügengeschichten, sondern in der damit zusammenhängenden Strategie, diese zu fiktionalisieren: Das gemeinsame Lachen und Spotten degradieren die Legende zu »schimpff und schertz«, zur Unterhaltungsliteratur, mit der die teuflisch-schädlichen Lügen zugleich »neutralisiert« werden können.[48] Die Transformation von der Legende zur Lügende vollzieht sich also auf pragmatischer Ebene. Sie ist Antwort auf die enge Verknüpfung der Legende mit der altgläubigen Frömmigkeitspraxis, wie sie sich insbesondere in der Bedeutung von Heiltumsschauen, Wallfahrten und Fürbitten äußert und dann im Spätmittelalter enorm an Intensität gewinnt.[49] Weil die Legenden in Anschluss an Peter Strohschneider vom Einbruch der Transzendenz in die Immanenz erzählen und so die Auserwähltheit des Heiligen, sein heiligmäßiges Leben und posthume Wunder verbürgen,[50] werden sie nicht nur zu relevanten Zeugnissen für Heiligsprechungsverfahren. Mit ihrer Lektüre wird zudem die admiratio der Heiligen bei den Gläubigen eingeübt. Die Heiligen werden als Mittler zwischen Immanenz und Transzendenz verehrt und durch Gebet um der Fürbitten willen angerufen. In diesem Sinne kommt hagiographischen Erzählungen eine wichtige pragmatische Funktion zu, sie haben ihren festen »Sitz im Leben«.[51] Die reformatorischen Invektiven gegen Legenden- und Mirakelerzählungen im Rahmen der Lügende stellen diesen Sitz im Leben vehement in Frage. Hierfür – so meine These – wird mit ihnen auch das Konzept heiliger Körper angegriffen und dessen semantischer Transformationsprozess evoziert. Das corpus incorruptum erleidet unter den protestantischen Invektiven Schaden;

---

47 Vgl. beispielsweise Luther 1537, S. 54 und 62. Vgl. zudem auch die Auseinandersetzungen Rauschers mit den herabsetzenden Begriffen von Seiten der Altgläubigen, wie »Centonouela«, »Erdicht Fablen«, »Gedicht« oder »Zotten«, sowie mit den Diffamierungen »Bruder Rausch« und »Fabel hanssen« in der Vorrede zur zweiten Centurie (Rauscher 1564/VD16 R 400).
48 Für diese Deutung stellt Luther mit seiner Lügentypologie im Nachwort zur *Lügend von St. Johanne Chrysostomo* die Weichen. Vgl. Luther 1537, S. 61–63, hier S. 61.
49 »Die Legende trat dabei erst relativ spät in den Fokus, obwohl sie eng mit Heiligenkult und Reliquienverehrung verbunden war, die als Grundlage lokaler Verehrungskulte (Heiltumsschauen und Wallfahrten) fungierten und zu den wichtigen religiösen Praktiken des Spätmittelalters zählten.« Münkler 2015, S. 125. Vgl. zur spätmittelalterlichen Frömmigkeit exemplarisch Hamm/Lentes 2001; Moeller 1991 [1965].
50 Strohschneider 2002, S. 114.
51 Vgl. dazu die gattungstheoretischen Überlegungen bei Sablotny 2019, S. 151–157.

etabliert wird vielmehr die Vorstellung eines *corpus corruptum*. Das betrifft zum einen die Entlarvung asketischer Entbehrungen als scheinheilige, da entweder auf das Seelenheil zielende oder de facto nicht eingehaltene Praktiken der Heilsaneignung, zum anderen die Profanierung und Materialisierung von Körperreliquien als nicht verehrungswürdiger Tand. Der Körper der Heiligen wird herabgesetzt, lächerlich gemacht, desakralisiert und – darauf kommt es hier an – im Sinne Luhmanns als Instrument der Formenbildung für religiösen Sinn unmöglich gemacht. Das heißt: Nicht der heilige Körper respektive Heilige wird herabgesetzt, sondern der Körper des Heiligen in seiner – aus protestantischer Perspektive – durch die Altgläubigen instrumentalisierten Funktion zur Generierung von religiösem Sinn.

3.2 Scheinheilige Körper

Besonders deutlich lässt sich die These an Märtyrerlegenden belegen. Denn im Vergleich zur prinzipiellen reformatorischen Ablehnung von Selbstheiligungspraktiken wie des klösterlichen Lebens und des asketischen Virtuosentums im Kloster, gibt es in Bezug auf die semantischen Transformationsprozesse bei den Märtyrerlegenden mehr Deutungsspielraum. So kann das Modell des Märtyrers durchaus zu einem signifikanten Identifikationsangebot der reformatorischen Bewegung und hier insbesondere für die Täuferbewegung werden, bei denen die Inszenierung von »Leidsamkeit« in den Märtyrerliedern eine wichtige Funktion für Selbstvergewisserung und Katechese zukommt.[52] Körperkonzepte des Heiligen spielen also weiterhin eine Rolle. Nach Volker Leppin und Thomas Kaufmann changiert das Luthertum dabei zwischen Verachtung und Aufwertung von Körperlichkeit.[53] Auf der einen Seite lassen sich die im Rechtfertigungskontext der Freiheitsschrift angesprochenen Züchtigungen des Leibs durchaus als »monastische[s] Erbe« Luthers ausmachen, bei dem »Neu und Alt keineswegs klar zu unterscheiden sind.«[54] Auf der anderen Seite führen – so Leppin weiter – persönliche Erfahrungen des Reformators durch Eheschließung und Sexualität zu einer Erweiterung des Leiblichkeitskonzepts: »Der Leib konnte nun geradezu zum innerweltli-

---

52 Zum Martyrium in der Frühen Neuzeit vgl. Strübind/Voß 2019; Burschel 2004; Gregory 2001; Kolb 1987; zu den Märtyrerliedern der Täufer vgl. u. a. Burschel 2004, S. 117–157; Lieseberg 1991.
53 Vgl. Leppin 2015; Kaufmann 2012.
54 Leppin 2015, S. 86 und 92.

chen Anschauungsobjekt der unverdienten Gnade Gottes werden.«[55] In der Herausstellung der Leiblichkeit von Wasser, Brot, Wein und auch des göttlichen Wortes avanciere der Leib schließlich zu einem Medium des Evangeliums.[56] Mit Kaufmann ist die oft behauptete These von der »Entsinnlichung« in der Reformation daher zu relativieren – nicht zuletzt mit Blick auf ambige Entwicklungen schon im Spätmittelalter, das heißt auf die

bipolare Grundstruktur spätmittelalterlicher Frömmigkeit, mit einer tendenziell zum Individuellen und Innerlichen strebenden, vergeistigten, entsinnlichten, jedenfalls nicht an gegenständliche Objekte und äußerliche Vollzüge gebundenen praxis pietatis einerseits und einem Zug zum Äußerlichen und Ritualistischen, auf Gegenständliches, die Verehrung und quantifizierbare Heilsnutzung auratischer Objekte, heiliger Orte und mirakelhafter Sachverhalte ausgerichteten Frömmigkeitspraxis andererseits.[57]

Momente von »Entsinnlichung«, aber eben auch »Versinnlichung« lassen sich vielmehr als Anschluss an solche spätmittelalterlichen Traditionen plausibilisieren. Zu den körperlich-sinnlichen Heilsaneignungsformen im Luthertum – das Heil hören, essen, trinken – sowie sprachlich-semantischen Versinnlichungen von Glaubensbekenntnissen – im Schmecken, Sehen, im Herzen Fühlen etc. – gehört denn auch insbesondere bei den Vertretern der radikalen Reformation das Leiden,[58] das sich nicht zuletzt in der Entwicklung protestantischer Märtyrerbücher und Märtyrerlieder niederschlägt.

Eine wichtige Scharnierstelle für die Entwicklung dieser Gattung bilden die Invektiven gegen die heiligen bzw. zu heiligenden Körper in den Lügenden. Hier wird der Zusammenhang von Körper und Heiligkeit sehr unterschiedlich verhandelt. Einige Beispiele sollen dieser Diversität Rechnung tragen, bevor dann auf zwei wesentliche Strategien der Herabsetzung dezidiert in den Märtyrer-Lügenden eingegangen wird.

Dem mittelalterlichen antiklerikalen Topos des »lüsternen Pfaffen«[59] entsprechend ist der aus kritischer Sicht nur vorgeblich asketische Körper der

---

55 Leppin 2015, S. 93.
56 Vgl. Leppin 2015, S. 94f. Im Kontext des Abendmahls tritt diese Vorstellung von der gegenseitigen Durchdringung von Geistlichkeit und Leiblichkeit besonders zu Tage, wie die Begriffe »fleischsbrod«, »leibsbrod« oder mit Blick auf Christus »geistlich fleisch« zeigen.
57 Kaufmann 2012, S. 15.
58 Dazu ausführlich Kaufmann 2012, S. 24–42.
59 Vgl. die umfassende Studie von Tanner 2005.

Heiligen und Geistlichen ein beliebtes Thema.[60] Luther beispielsweise kombiniert in seiner *Lügend von St. Johanne Chrystostomo* die Kritik an zwei Askesepraktiken in der Glosse »Ja warumb frassestu kraut und gras, das hat dich so geil gemacht«.[61] Die Herabwürdigung der Askesepraktiken in dieser Marginalie – und damit ihr Witz – gelingt durch die Stiftung eines kausalen Zusammenhangs zwischen der Sünde des Beischlafs einerseits, die der »Heilige« Chrysostomos begeht, und seiner Nahrungsaskese andererseits, wodurch letztere wiederum ad absurdum geführt wird. Der Vorwurf fehlender Enthaltsamkeit zieht sich denn auch wie ein roter Faden durch die von Rauscher herausgegeben *Papistischen Lügen*: Hämisch kommentiert Rauscher die Mirakelerzählungen von der schönen Nonne Beatrix, die, von einem Priester geschwängert, 15 Jahre in einem Hurenhaus leben muss, während sie von Maria selbst im Kloster vertreten wird; von einem unzüchtigen Priester, über dem nach der Messe ein Engel einen schmutzigen Schwamm ausdrückt;[62] von einem Studenten, der die Tochter eines Juden schwängert und ihren Eltern zunächst weismachen kann, sie werde den Messias gebären;[63] oder von einem Priester, der, »als er auff ein zeyt mit seiner Cōcubin auff seinem lâger der gaylheit pflegte«, zusammen mit ihr vom Blitz erschlagen wurde.[64] Daneben bieten Rauschers *Centurien* auch zahlreiche Exempel, die Wunderheilungen und Totenerweckungen durch die Heiligen herabsetzend kommentieren.[65] Wenn die Milch der heiligen Maria die in Verzweiflung abgebissenen Zunge und Lippen eines frommen Mannes wieder nachwachsen lassen kann, wundert sich Rauscher, dass »in so vil hundert Jaren die Milch der Junckfraw Maria Brüsten nicht verstockt ist« und spekuliert in ironischer Weise weiter: »Aber vielleicht wird Christus noch ein kleines Kindlein sein / nach der Papisten meinung / vnd der Junckfra∗wen Maria Brüste noch teglich saugen / Oder es wird dieselbige ein Seug Amme im Himel

---

60 Vgl. die Auswahl von »Exempel[n] von Liebeslust und kühler Keuschheit« aus den Rauscher-Lügenden bei Schenda 1974, S. 206–215.
61 Luther 1537, S. 58.
62 Vgl. Rauscher 1562/VD16 R 399, Nr. 13 und 20.
63 Vgl. Rauscher 1564/VD16 R 400, Nr. 17; als die Tochter ein Mädchen gebiert, fällt der Betrug auf und die enttäuschten Juden erschlagen das Kind. Die unverkennbar antijudaistisch perspektivierte »[l]ächerliche Fabel« nutzt Rauscher, um daran zu erinnern, dass wie die Juden hier »viel eltern vnnd Haußherrn jm Babstumb durch die Polter geister betro∗gen / vnd hat sich das auch offt begeben / das töchter vnnd Mâgdt daruon geschwengert [...] worden.«
64 Vgl. Rauscher 1564/VD16 R 403, Nr. 2.
65 Vgl. die Zusammenschau bei Schenda 1974, S. 219–230.

sein/vnnd die verſtorbenen Kindlin seugen/sonst kann sie kein Milch inn jren Brůsten haben.«⁶⁶

Mit den Erzählungen von den katholischen Heiligen als Thaumaturgen wird der Einbruch göttlicher Transzendenz in die Immanenz als am eigenen Körper erfahrbar dargestellt. Die invektive Destruktion des Zusammenhangs von Körper und Heiligkeit setzt an der Desakralisierung des Wunders durch Profanierung an. Orientierungspunkt für die Umdeutung ist die eigene innerweltliche Körpererfahrung: die Vergänglichkeit. Entsprechend wird im skizzierten Beispiel von der heilenden Marienmilch vorausgesetzt und damit gegen das Wunder argumentiert, dass der Körper der Heiligen gleichwohl immanenten Gesetzen folge. Auf Seiten der Immanenz wiederum plausibilisiere die eigene profane Körpererfahrung von beispielsweise Alter, Krankheit und Tod die Unglaubwürdigkeit solcher Wundererzählungen, insbesondere der von Totenerweckungen. Anschaulich lässt sich das in der Lügende *Von Jacobs Wirt dem der Becher gestolen* nachvollziehen. Sie erzählt davon, wie Vater und Sohn gemeinsam eine Pilgerreise nach Santiago de Compostela unternehmen. In Toulouse wird der Sohn aufgrund einer Intrige des Wirts ihrer Herberge zu Unrecht gehenkt. Nach fortgesetzter Pilgerfahrt kommt der Vater nach 36 Tagen wieder zurück nach Toulouse und findet seinen Sohn noch lebend vor. Der Gehenkte erklärt seinem Vater zum Trost, dass ihn der heilige Jakob am Leben erhalten habe. Der Sohn wird vom Galgen genommen und der Wirt schließlich gehenkt. Rauscher setzt der Wundererzählung seine Erinnerung entgegen: »Wenn bey vns einer ein viertel stund am Galgen henckt/so verzablet er/vnd hieng darnach mit einem vmb die wette daran/so lang er wolt/36 tag zu hangen ist ein kunst und Mirackel der Heiligen/welcher Papist lust darzu hat der mag sich auff die hůlf s. Jacobs hencken lassen [...].«⁶⁷

Hier wird nicht nur die Unwahrscheinlichkeit der erzählten Ereignisse angemahnt und zwar gemessen an der immanenten Zeitvorstellung des Rezipienten.⁶⁸ Die erzählte Zeit des Wunders wird schlichtweg profaniert. Darüber hinaus fordert Rauscher »zur aktiven Nachahmung auf«, was als unmissverständlicher Angriff auf »die Jahrhunderte alte und gültige *imitatio*-Tradition« gewertet werden kann.⁶⁹

---

66 Rauscher 1562/VD16 R 399, Nr. 24.
67 Ebd., Nr. 39.
68 Holtzhauer 2020, S. 75.
69 Ebd.

3.3 »wie die Kinder mit jren Docken«

Papistische Lügen, die dezidiert die Körper der Heiligen im Sinne des eingangs skizzierten Konzepts des corpus incorruptum thematisieren, sind im Verhältnis zur Zahl der Rauscher-Lügenden insgesamt allerdings selten, auch wenn man die Exempel von verletzten Heiligenbildern oder zerbrochenen Heiligenstatuen dazu zählt, welche metonymisch für die Heiligen stehen. Diese »Zurückhaltung« ließe sich zunächst mit dem eher pragmatischen und arbeitsökonomischen Umgang Rauschers mit seinen Quellen erklären. Für seine erste *Centurie* beispielsweise übernahm er – neben wenigen Erzählungen aus der *Historia Lampartica* – vorwiegend kurze Exempel aus dem *Speculum exemplorum*, das letzte Viertel bestritt er mit Albers Kurzzusammenfassungen aus dem *Liber conformitatum*.[70] Der wesentlichere Grund aber scheint mir darin zu liegen, dass die Lügenden gegen die altgläubige Frömmigkeitspraxis, also gegen den Umgang mit den Heiligen, insbesondere gegen ihre Instrumentalisierung sowohl von Seiten des fürbittenden Christen als auch von Seiten der sich bereichernden Kurie angehen. Die »Zurückhaltung« spiegelt daher das durchaus prekäre kommunikative Problem wider, zwischen dem römisch-kirchlichen Heiligenkult mit der Funktionalisierung der Heiligen als Fürbitter und den Heiligen selbst zu differenzieren.[71]

Davon zeugen insbesondere Kommentare zu Marienmirakel, zu denen die schon erwähnte Erzählung von der Mutter Gottes zählt, die eine Nonne für die Zeit, in der diese als »Hure« lebte, im Kloster vertritt. Rauscher empört sich in der Erinnerung über die schändliche Einsetzung der »hochgelobten Junckfrawen« durch das »Teufflisch Bapstumb« und schlüpft in der die Heilige bemitleidenden Anrufung Marias geschickt in die Rolle ihres Verteidigers: »Ach du reine keusche Junckfraw Maria / die du keinen Man nie erkant hast / wie kommts du darzu / das du die Nonnen so zu Huren werden / vnd in die offentlichen Hurheuser lauffen / vertreten must / haben dir

---

70 Eingehender zur Quellenarbeit vgl. Schenda 1974, S. 200–206, hier S. 201: »Rauschers Quellen für die erste *Centurie* – er selbst zitiert nicht weniger als 21 verschiedene – reduzieren sich also auf drei Sammelbände: das *Speculum exemplorum* eines flämischen Minoriten aus der 2. Hälfte des 15. Jahrhunderts, die hundert Jahre ältere *Legenda aurea* des Jacobus de Voragine und Albers Exzerpten aus dem *Liber conformitatum*.«

71 »Nicht die Heiligen ›an sich‹, sondern ihre exponierte Positionierung gegenüber den ›normalen Christen‹ innerhalb des überkommenen ›gradualistischen Systems‹ der Heilsökonomie bildet den Anlass des reformatorischen Widerspruchs.« Kaufmann 2015, S. 220.

die Papisten kein ander Ampt in Nonnen Klôstern eingeben kônnen dann dieses [...].«[72]

Die Erinnerung zur Lügende *Von S. Nicolaus Bildnus vnd etzlichen raubern vnd dieben/auch wie die rauber vnd ein Jud bekehret ist worden* bringt daneben die Kritik an der Veräußerlichung des Glaubens im Rahmen des Heiligenkults auf den Punkt, die im Vorwurf der Abgötterei mündet. Erzählt wird von einem jüdischen Kaufmann, der sich zum Schutz seines Besitzes ein Bildnis des heiligen Nikolaus hat machen lassen. Während einer seiner Reisen jedoch wird er von Dieben ausgeraubt, woraufhin er das Bildnis des Heiligen zur Strafe blutig martert.[73] Nikolaus wiederum sucht die Räuber heim, droht ihnen mit der Rache Gottes. So in Schrecken versetzt bringen sie das Diebesgut zurück. Die Räuber und der Kaufmann bekehren sich schließlich zum christlichen Glauben. Rauscher resümiert:

Wol kützelt sich der Teuffel selbs mit seinen eigen Lügen / vnd wolt gern aus den geschnitzten steizenern vnd hültzenn Bildern Götter machen / das man sie ehren vnnd anbeten solt / Wie fein verschweigt er aber der antwort Christi Matth. 4. da der Teuffel von Christo wolt angebetet werden / Du solt Got deinen Herren anbeten / vnd jm allein dienen. Welcher Spruch dise vnd dergleichen wolgemeste Lügen sampt jren dichtern / vnd denen die jhn glauben / in abgrund der Hellen verstossen.[74]

Argumentative und direkt-herabsetzende Modi des Invektiven werden hier verknüpft. Der Verweis auf die widerstandene Versuchung Jesu in Mt 4,1–11, bei der Jesus sich dem Teufel wiederum mit der Mahnung zu Liebe und Gehorsam gegenüber dem Herrn in 5. Mose 6 widersetzt, rechtfertigt schließlich die Generalverfluchung der Lügenden und ihrer »dichter[]« in die Hölle.

Für die folgenden Überlegungen zu den Invektiven gegen die heiligen Körper der Märtyrer, welche für die Verschiebungen religiöser Körperkonzepte sehr aufschlussreich sind, ist das kommunikative Problem – funktionale Herabsetzung ohne »persönliche« Diffamierung der Heiligen – stets mitzudenken. Für die Märtyrer-Lügenden lässt sich zunächst eine Grundtendenz beobachten, welche mit der bilderstürmerischen »Grobschlechtigkeit« durchaus vergleichbar ist. Auf das Schriftmedium übertragen heißen die Modi der Herabsetzung: Anklage, Beschimpfung und Verfluchung.[75] Sie

---

72 Rauscher 1562/VD16 R 399, Nr. 13.
73 (Rituelle) Demütigungen des Heiligen waren im Mittelalter nicht unüblich und an die Vorstellung von dessen physischer Präsenz gebunden. Dazu Schmitz-Esser 2014, S. 118–120.
74 Rauscher 1562/VD16 R 399, Nr. 34.
75 Zu solchen sprachlichen Strategien der Ausgrenzung vgl. Lobenstein-Reichmann 2013.

werden aber oft kombiniert mit Formen, denen ein seelsorgerischer Impetus zugrunde liegt, wie Belehrung und Warnung, sowie solchen, die auf rhetorisch-literarischen Strategien aufruhen: Typisierung, Hyperbolik, Ironie, Profanierung, Fiktionalisierung und grundsätzlicher: paratexuelle Rahmung.[76] Ich möchte zwei Aspekte fokussieren, die mir für den semantischen Transformationsprozess des Heiligenkörpers zum *corpus corruptum* signifikant erscheinen. Das ist zum einen die Dämonisierung des Heiligen als Teufel bzw. teuflisch; zum anderen und in Anschluss an die pragmatische Verschiebung der Legende zur unterhaltenden Lügende: die Strategie der Fiktionalisierung.

Die 99. Lügende der dritten *Centurie* Rauschers erzählt vom Handel eines Abtes mit einer Äbtissin aus Köln, die ihm die Ganzkörperreliquie einer der 11.000 Jungfrauen zueignet. Allerdings musste der heilige Körper entgegen dem Versprechen des Abts »ein gantz jar auff dem altaar / in einem hültzen geheüß stehn«.[77] Weil die Heilige also keinen würdigen, silbernen Schrein erhalten hatte, ist sie während einer Messe des Konvents »leiblich auß dem geheüß / vom altaar gestigen / vnnd hat sich vor dem altaar nidergeduckt / vnd also durch den Chor hinauß gegangen« – zurück an ihre alte Statt in Köln.[78] Während die Erinnerung vor dieser zum Unheil hin- und von Gottes Hilfe und Wort wegführenden Lüge der »Papisten« eindringlich warnt, wird das erzählte Mirakel vom lebenden Leichnam von einer Marginalie begleitet, die auf den ersten Blick die Heilige selbst zu diffamieren scheint: »Diß muß ein teüfel gewesen sein.« Dies ist aber nur vordergründig eine Beschimpfung und Dämonisierung der Jungfrau als Teufel. Denn die »Erinnerung«, welche die der Irreleitung dienlichen Aufbereitung der Lügenden betont, legt nahe, darin vielmehr eine Ironisierung altgläubiger Deutungskompetenz zu sehen. Die im Sinne des skizzierten kommunikativen Problems als heikel zu bewertende Herabsetzung der Heiligen als Teufel begründet sich dezidiert auf die durch die Handlungsfähigkeit demonstrierte Realpräsenz der Heiligen in ihrem gerade nicht toten Körper, mit dem sie selbständig den Konvent verlassen kann. Schon im hohen und späten Mittelalter haben solche lebende Leichname ein gewisses Ambiguitätspotential, das sich durch eine diametrale Ausrichtung auszeichnet, nach der die körperlichen Zeichen des Weiterlebens sowohl die Leichen der valde boni als auch die der valde mali markieren können.[79] Die Entscheidung, einen Heiligen oder dämonischen Wiedergänger zu identifizieren, ist in der Regel – so Schmitz-Es-

---

76 Die Liste ließe sich ergänzen.
77 Rauscher 1564 / VD16 R 401, Nr. 99.
78 Ebd.
79 Vgl. Schmitz-Esser 2014, S. 160 und 437.

ser – abhängig vom sozialen Hintergrund der Toten.[80] Gegen den Glauben der Laien an bzw. gegen deren Furcht vor Nachzehrern und Blutsaugern hatte die theologisch gebildete Elite ihre Vorbehalte. Wie ein Bericht Thietmars von Merseburg über eine verstorbene Frau und ihre kurzzeitige Wiederbelebung auf der Bahre sehr deutlich macht, wird zwar durchaus vor der Gefahr durch Dämonen, die von den Körpern der Toten Besitz ergreifen können, gewarnt, die Entscheidung über die Qualität des lebenden Leichnams allerdings obliegt den literati, nicht den »stulti«.[81] Im Spätmittelalter häufen sich darüber hinaus die aufgedeckten Fälle von Reliquienbetrug und fingierten Wundern, die dazu beitragen, Körperzeichen als Ausweis von Heiligkeit mit Skepsis zu begegnen. Im konkreten Kontext von Franziskus-Legenden etwa antworten die vielen »Zweifler-Geschichten, die zuvörderst im ›Miracula post mortem‹-Teil erscheinen […] auf die heftige Kontroverse um die Stigmatisierung« des Heiligen und den damit verbundenen »Vorwurf der Simulation und Idolatrie«.[82]

Die Marginalie Rauschers scheint mir an dieser Ambiguität von Wunderzeichen anzusetzen, um sie im protestantischen Sinne als Teufelserscheinung umzudeuten und zugleich in dieser Evidenz markierenden Feststellung die Willkürlichkeit der Deutung auszustellen. Fragil wird damit auch die Idee des corpus incorruptum, die sich darin äußert, immanente Gesetze der Körperlichkeit in den Wundern von sprechenden, blutenden, schwitzenden, schmatzenden und nachwachsenden Körper(teilen) zu überschreiten,[83] an denen der Heiligen- und Reliquienkult de facto hängt. Zudem dürfte im konkreten Fall Rauschers die Dämonisierung der Heiligen vor dem Hintergrund ihrer Anonymität und der damit zusammenhängenden nicht unproblematischen Zahl 11.000 der Gefährtinnen Ursulas,[84] die als Märtyrerinnen ihr Leben verloren haben sollen, weniger heikel erscheinen. Schon im 12. Jahrhundert wurden Zweifel an der Authentizität der Reliquien laut,[85]

---

80 »Während die Leichname der Kleriker und Herrscher daraufhin aufmerksam begutachtet wurden, ob sie Zeichen der Heiligkeit zeigten, unterlagen die Leichname der sozial Schwachen und insbesondere der körperlich Gezeichneten und Behinderten dem Verdacht, als böswillig wiederkommende Tote zurückzukehren und damit eine potentielle Gefahr für die Lebenden darzustellen.« Ebd., S. 437.
81 Zitiert nach ebd., S. 468.
82 Küsters 2002, S. 60.
83 Nur zum Teil lassen sich solche Zeichen aus moderner Perspektive mit natürlichen Verwesungsprozessen erklären. Vgl. Schmitz-Esser 2014, S. 441–444.
84 Zur paradoxalen Relation von personalem Charisma und »Depersonalisierung von Heiligkeit in der Masse« sowie zur Reziprozität von Spitzencharisma und imitatio in der Ursula-Legende vgl. Strohschneider 2009, hier S. 581.
85 Vgl. Wagner 2001, S. 39f.

die Luther dann gänzlich bestritt; 1531 urteilt er spöttisch über die Unglaubwürdigkeit der nicht quellengestützten Legenden über Ursulas Gefährtinnen: »Ubi est scriptum, quod die XI tausent virgines illic [im Kölner Dom – A. S.] sepultae? yhm rauchloch.«[86]

Wie in den anderen Lügenden auch ist das Fundament zur Herabsetzung heiliger Körper fehlende Historizität und Unplausibilität der Mirakelerzählungen. Wie im Rahmen der Präzisierung der Lügende als Metagattung schon angeführt, werden diese daher nicht nur als Lügen, sondern auch als Dichtungen und Fabeln herabgesetzt und die Gattung der Legende zur Unterhaltungsliteratur degradiert. In den Grenzen der kurzen Paratexte eröffnet diese Gattungstransformation eine kreative Möglichkeit, die als ein Weiterschreiben im Stile der im protestantischen Sinne kurzweiligen Erzählungen beobachtbar wird. Hierzu gehört die Aktualisierung alternativer und betont irrealer Erzählereignisse, mit denen über eine wechselseitige Bezogenheit zum kommentierten Geschehen deren Absurdität inszeniert wird. Zum Wunder am Heiligen Clarus, der nach seiner Enthauptung seinen Kopf von der Richterstätte zum Kloster getragen haben soll, glossiert Rauscher entsprechend: »ja, wens ein kran⸗chs haupt gewessen were so glaubt ich es dz ers auff gehebt het ehe er entha⸗ubt were worden.«[87] Die ironisch gemeinte Behauptung, die nicht chronologische Abfolge der Ereignisse – das Tragen des Hauptes vor der Enthauptung des Heiligen – sei glaubwürdiger als das ursprünglich Erzählte, wird zudem irritiert durch ein konditionales Detail, den leicht zu tragenden Kopf. Diese Ergänzung aber stellt sich als überflüssig dar, weil sie keinen Einfluss auf die weiterhin absurde Reihenfolge der Ereignisse hat. Indem Rauscher ein so offensichtlich unmögliches Ereignis im Vergleich zum tradierten Wunder als plausibler kennzeichnet, wird das Erzählte umso unglaubwürdiger. Erzeugt wird so die Evidenz der Lüge – »ES Erclert sich disse Lugen selbst«.[88]

Zur Strategie des Weiterschreibens solcher »grob[en]« und »schertzliche[n]« Unterhaltungslügen[89] gehört auch der Anschluss an als literarische Topoi behandelte Bildfelder der Legenden- und Mirakelerzählungen. Die invektive Fiktionalisierung der Gattung Legende wird mithin im Detail ausgeführt. Häufig gelingt das vermittels ironischer Hyperbolik, wie in der Lügende *Von Sant Dionisio* in der dritten *Centurie* Rauschers.[90] Als Märtyrer gestorben habe

---

86 Luther 1531, S. 22
87 Rauscher 1564/VD16 R 401, Nr. 68.
88 Ebd.
89 Luther 1537, S. 61.
90 Rauscher 1564/VD16 R 401, Nr. 75.

auch dieser Heilige sein abgeschlagenes Haupt bis zu seiner ihm und Gott angemessenen Ruhestätte getragen. Ein Engel und göttliches Licht haben ihm den Weg gewiesen; auch sei Engelsgesang zu hören gewesen, der die Kraft gehabt haben soll, viele Menschen zum christlichen Glauben zu bekehren. Diese topischen Elemente des legendarischen Erzählens, die das Geschehen als Wunder Gottes ausweisen sollen, werden in der Lügende nicht nur durch Profanierung lächerlich gemacht – so mutmaßt Rauscher im Rahmen seines Kommentars zum Engelsgesang: »ist villei‹cht ein graß meidt gewessen auff dem feldt.«[91] Vielmehr werden sie ironisch-metaisierend aufgegriffen – so in der Glosse »habē nicht die Engel auch fanē für her getragen[?]«[92] Mit der Imaginierung eines weiteren topischen Details und der damit verbundenen Anreicherung der Legende vom heiligen Dionysius wird die »Gemachtheit« des legendarischen Erzählens vor Augen geführt. Dekonstruiert wird die Erhabenheit der Szene nicht zuletzt durch die erzeugte Ähnlichkeit von Märtyrerhaupt und hinzugedichteten Engelsfahnen, die schließlich alle getragen werden.[93]

Rauscher treibt hier sein Spiel mit den heiligen Körperteilen und degradiert sie zum literarischen Inventar. Diese Degradierung hat erhebliches inveküves Potential, das aber nur vordergründig auf die Diffamierung der Heiligen und ihrer Körper selbst zielt. Vielmehr geht es um die funktionale Herabsetzung der Heiligen(körper) und die Bloßstellung ihrer Instrumentalisierung durch die Altgläubigen. Mit den Heiligen als quasi literarischen Figuren wird die reformatorische Generalkritik, die altgläubigen Legenden seien *vnuerschempte* [...] / *erstunckene* / *Papistische Lügen*, fortgeführt. Dabei zielt ein solcher Umgang mit den Heiligen und ihren Körpern auf die konsequente Umsetzung dessen, was die Protestanten ihren Gegnern vorwerfen: auf die eigennützige Indienstnahme des Heiligen. Ihnen wird gleichsam der Spiegel vorgehalten, um sie sehen zu lassen, dass sie »recht Gauckler« seien, die »mit jren Götzen [spillen] / wie die Kinder mit jren Docken«.[94]

In den *Papistischen Lügen* bekommt das Lachen über den heiligen Körper eine Eigendynamik, die als eine medienimmanente Form inveküver Anschlusskommunikation beschreibbar ist.[95] Invektive und Gegeninveküve – das

---

91 Ebd.
92 Ebd.
93 Ganz ähnlich ist die Strategie der Herabsetzung heiliger Körper in der Lügende *Von Sant Anthonij Zungen / so woll 27. Jar nach seinem Absterben / im Grab noch vnuerweslich gefun‹den worden*. Hier wundert sich Rauscher, dass diese Zunge nicht auch noch sprechen konnte. Vgl. ebd., Nr. 90.
94 Ebd., Nr. 34.
95 Vgl. grundsätzlich Ellerbrock u. a. 2017.

heißt die als Anmaßung verstandene altgläubige Legende und ihre Enttarnung als Lüge sowie Transformation zur Lügende – stehen sich bei den paratextuell gerahmten Legenden permanent gegenüber und erzeugen iterative Anschlussinvektiven. Die Textmasse der fünf Ausgaben zu je einhundert Lügenden in dazu mehrfacher Auflage (und Erweiterung durch Finck) verstärkt diesen Effekt ebenso wie die Möglichkeit der wiederholten Lektüre.[96] Diese invektive Eigendynamik zeigt sich nicht zuletzt darin, dass sie selbst auf nicht kommentierte Textinhalte ausgreift. Manche Drucke weisen handschriftliche, also sekundäre Glossen von Lesern auf.[97] Sie zeigen deutlich, dass die invektiven Paratexte »einen Appell ans Publikum [enthalten], sich seine eigenen Glossen auf den Text zu finden«.[98] Dass Rauscher die Möglichkeiten der Kritik nicht immer ausschöpft, muss ihm nicht angelastet werden.[99] Ergiebiger ist die Beobachtung, dass die Paratexte als Trigger für intratextuelle und auch extratextuelle Anschlussinvektiven fungieren und sie Prozesse protestantischer Selbstvergewisserung in Bezug auf die Frage des Umgangs mit den Heiligen aktivieren können und sollen. Zur Beschädigung der heiligen Körper gehören daher nicht nur die expliziten Marginalien und Erinnerungen, sondern auch die invektive Textumgebung solcher Lügenden, welche Körpermirakel nicht eigens kommentieren. Entsprechend könnte auch die Marter des Heiligen(-Bildnisses) als Strafe für den schlechten Dienst in der schon erwähnten Lügende des Heiligen Nikolaus in den Blick der Herabsetzung geraten und als eigennütziger Gebrauch des Heiligen enttarnt werden. Das *corpus corruptum* wird so dauerhaft ausgestellt und eingeübt – mit dem Ziel, den Körper des Heiligen in seinen bisher zur Generierung von religiösem Sinn anerkannten Formen, wie die von lebenden Leichnamen, unmöglich zu machen.

4. Ausblick: Die Körper protestantischer Märtyrer

Schlaglichter auf Inszenierungen von protestantischem Märtyrertum können zeigen, zu welchen Formen religiöser Sinngenerierung die Körper der Heiligen im Zuge der Dekonstruktion des corpus incorruptum transformiert

---

96 Diese Lesepraxis orientiert sich an der der Legende eingeschriebenen Rezeptionshaltung, welche im Rahmen der unterhaltenden Lügende zugleich konterkariert wird.
97 Vgl. Rauscher 1562/VD16 ZV 17431.
98 Schnyder 1979, S. 129f.
99 Vgl. Schenda 1974, S. 211.

werden können.[100] Die heiligen Körper protestantischer Märtyrer sind in der Regel nicht wundertätig,[101] sondern zeichnen sich dadurch aus, im Diesseits in besonderem Maße Leid ertragen zu haben. Die Märtyrerlieder der Täufer bieten reiches Anschauungsmaterial für dieses identitätsstiftende »Prinzip der ›Leidsamkeit‹ […], das als notwendige Bedingung für die ›imitatio Christi‹ die Ethik aller Täufergruppen seit der zweiten Hälfte des 16. Jahrhunderts bestimmte und damit zugleich die Praxis der Wehr- und Gewaltlosigkeit der Gemeinden begründete«.[102] Die körperlichen Schmerzen der Mennonitin Elisabeth Dirks beispielsweise werden in detaillierten Szenen erfahrbar: Das »Mågdelein von glidern zart« wird gedemütigt, entblößt, ihr werden Daumen- und Beinschrauben angelegt, so dass ihr »[d]as blut zun Negeln auffer sprang« und sie vor Schmerz und Beschämung in Ohnmacht fällt, durch Gott dann zum erneuten Bekenntnis ihres Glaubens zu wenigen Kräften kommt, um dieses schließlich mit ihrem Tod »zu versieglen«.[103]

Neben der Anbindung an die frühkirchliche Tradition legendarischen Erzählens ist in Bezug auf den Körper eine Ausweitung des Märtyrerkonzepts im Protestantismus zu beobachten, bei der die Identifizierung von Märtyrern an einen Zuschreibungs- und Auslegungsprozess gebunden ist. So kann etwa die biblische Erzählung von Kain und Abel zum ersten Exempel protestantischen Märtyrertums in Ludwig Rabus' *Der heiligen außerwöhlten Gottes Zeügen/Bekennern vnd Martyrern* […] *warhaffte Historien* avancieren. Quer zur Auslegungstradition, welche die »Kainstat« und das »Kainszeichen« im Fokus hat, bestimmt die Auslegung hier den unrechten Mord erduldenden frommen Abel als »figur vñ vorbild […] der allgemeinē heyligen Christlichen kirchen die hie auff erden gleichsam verlassen vnd im ellend vmbgoht«.[104] Sein schändlicher Tod, den Gott nur zulasse, weil ihm das Himmelreich gewiss sei, wird zum Argument für das Versprechen des Seelenheils für diejenigen, die »vilfeltige schwere verfolgüg dulden vnd leyden můssen«, die »hie auff erden keyn bleibende statt haben, sonder ein zůkünfftige sůchen můssen«.[105] Die Auszeichnung »Märtyrer« fungiert hier also als Schlagwort für die die evan-

---

100 Für einen Überblick über protestantische Märtyrer der frühen Reformation, deren Schicksale in Flugschriften Verbreitung fanden, vgl. Hebenstreit-Wilfert 1981; Moeller 1992.
101 In den Märtyrerliedern der Hutterer allerdings spielen »Naturwunder«, »Verwandlungswunder«, »Immunitätswunder«, »Befreiungswunder«, »Strafwunder« und andere Wunderzeichen durchaus eine Rolle. Vgl. Lieseberg 1991, S. 192–199.
102 Burschel 2004, S. 141.
103 *Ein schöne Historie von einer Jungfraw*en 1583, hier Str. 2, 25 und 35.
104 Rabus 1552/VD16 R 31, Nr. 1.
105 Ebd.

gelische Gemeinschaft stabilisierende Konstruktion einer kontinuierlichen Märtyrergenealogie, wie sie Rabus in seinen zwischen 1552 und 1558 in insgesamt acht Bänden erschienenen *Historien* entwirft.[106]

Die Öffnung des Konzepts macht es sogar möglich, dass der grausame Tod nicht mehr Bedingung für das Märtyrertum sein muss. Luther bedauerte, dass es ihm nicht vergönnt gewesen sei, als Blutzeuge für den evangelischen Glauben zu sterben,[107] schon früh allerdings wird er zum Märtyrer stilisiert. In der 1521 veröffentlichten und bald auch ins Deutsche übersetzten Flugschrift *Passio Doctoris Martini Lutheri* etwa wird im Rahmen einer Transposition der Passionsgeschichte das Verhör Luthers auf dem Wormser Reichstag analog zum Verhör Jesu vor Pilatus wiedergegeben.[108] Schließlich wird nicht der Reformator, aber sein gleichwohl widerständiges Schrifttum verbrannt: »Aber deß Luthers bildung in kainerley maß mocht verbrennen also lang biß die nachrichter es verwickleten in ain geschir vol bech / vnd stiessen da es inn das feür biß es verzeret wardt / vnd in zarte fyncklen verschwandt.«[109] Die *Passio Lutheri* ist ein Beispiel für die »Entkörperlichung« des Märtyrermodells in der Vorstellung einer Art von »Gesinnungsmärtyrer« oder »Märtyrer im Geiste«, die nicht zuletzt auf den wiederum auf Augustinus zurückgehenden Grundsatz Luthers beruht: »Non poena sed causa facit martyrem.«[110]

Der Körper des Märtyrers als Form religiöser Sinnerzeugung spielt hier »nur« noch als Topos eine Rolle, der aber deshalb wirkmächtig ist, weil er Vorstellungen intensiver und grenzüberschreitender Körpererfahrungen aktualisiert. Das frühe Textbeispiel der *Passio Lutheri* und die in der Mitte des 16. Jahrhunderts publizierten Rabus-Historien und Rauscher-Lügenden deuten zudem an, dass die invektiven Prozesse von protestantischer Dekon-

---

106 Vgl. dazu insbesondere Treu 2019; Burschel 2004, S. 51–81; Gregory 1999, S. 165–196; Fuchs 1998; Kolb 1987, S. 41–102; Brückner 1974, S. 557–574 et passim.
107 So in seinem Trostbrief an die Gefährten des hingerichteten Leonhard Kaiser. Vgl. Luther 1527, S. 474.
108 »Luther wurde angesichts des – noch gar nicht feststehenden, aber doch ernsthaft zu befürchtenden – Zeugen-*Todes* prophylaktisch schon einmal in die Reihe der Blutzeugen aufgenommen – das heißt aber aufgrund seines *Lebens*.« Gemeinhardt 2014, 131f. Zur *Passio Lutheri* vgl. Schilling 1989.
109 Ebd., S. 47.
110 Vgl. dazu mit entsprechenden Quellen Gemeinhardt 2009, S. 316; Gemeinhardt 2014, S. 131f. Der Grundsatz des Kirchenvaters kann gleichwohl gegen die Märtyrer der reformatorischen Bewegung(en) angewendet werden, insbesondere gegen die Täufer – so in der *Historia* des katholischen Pfarrers Christoph Erhardt im Abschnitt *Von den / Huetterischer Bruderschafft / Martyrien / oder Malefitzischer abtödung*. Vgl. Erhardt 1589/VD16 E 3755, S. 33v–34r.

struktion und (Re-)Konstruktion heiliger Körper weniger einer linearen und sukzessiven Entwicklung folgen, sondern vielmehr synchrone, sich gegenseitig verstärkende Phänomene darstellen.

Literatur

Primärliteratur

Alber(us), Erasmus, *Der Barfuser Münche Eulenspiegel vnd Alcoran*, Wittenberg 1542 [VD16 A 1477].
de Wette, Dr. Wilhelm Martin Leberecht (Hg.), *Dr. Martin Luthers Briefe, Sendschreiben und Bedenken*, vollständig aus den verschiedenen Ausgaben seiner Werke und Briefe, aus andern Büchern und noch unbenutzten Handschriften gesammelt, kritisch und historisch bearbeitet. Fünfter Theil. Luthers Briefe von Schließung der Wittenberger Concordie bis zu seinem Tode, Berlin 1828.
Erhardt, Christoph, *Gründliche kurz verfaste Historia. Von Münsterischen Wisdertauffern: vnd wie die Hutterischen Brüder so auch billich Widertauffer genent werden* […], München 1589 [VD16 E 3755].
»Ein schóne Historie von einer Jungfrawsen / Im Thon / Wol dem der in Gottes forchsten steht […]«, in: *Außbund Etlicher schóner Christlicher Geseng / wie die in der Gefengnuß zu Passaw im Schloss von den Schweitzern / vnd auch von andern rechtgläubigen Christen hin vnd her gesdicht worden*, o. O. 1583, S. 69–76 [VD16 A 4370].
Luther, Martin, »Ein Sermon von Ablaß und Gnade. 1517«, in: *Martin Luthers Werke. Kritische Gesamtausgabe*. Abteilung 1: Schriften, Bd. 1–56, Weimar 1883–1929, Bd. 1 [= WA 1], S. 239–246.
Luther, Martin, »Von der Freiheit eines Christenmenschen. 1520«, in: WA 7, S. 12–38.
Luther, Martin, »Betbüchlein. 1522a«, in: WA 10/II, S. 331–501.
Luther, Martin, »Die dritte Predigt am Dinstage nach dem Sontage Inuocauit«, 11. März 1522b, in: WA 10/III, S. 21–30.
Luther, Martin, »Wider den neuen Abgott und alten Teufel, der zu Meißen soll erhoben werden. 1524«, in: WA 15, S. 170–198.
Luther, Martin, »Von Herrn Lenhard Keiser in Baiern, um des Evangelii willen verbrannt. 1527«, in: WA 23, S. 443–476.
Luther, Martin, »Predigt am Tage vor Epiphaniä«, 5. Januar 1531, in: WA 34/I, S. 21–31.
Luther, Martin, »Die Lügend von St. Johanne Chrysostomo. 1537«, in WA 50, S. 48–64.
Luther, Martin, »New zeitung vom Rein. 1542«, in: WA 53, S. 402–405.
Rauscher, Hieronymus, […] *Papistische Lügen* […], Regensburg u. a. 1562–64 [hier zitiert: VD16 R 399; VD16 ZV 17431; VD16 R 400; VD16 R 401; VD16 R 403].
Schilling, Johannes, *Passio Doctoris Martini Lutheri. Bibliographie, Texte und Untersuchungen*, Gütersloh 1989.

Vergerio, Pietro Paolo, *De Gregorio Papa* […], Königsberg 1556 [VD16 G 3130].
*Von Der rechten Erhebung Bennonis eyn send*brieff,* Wittenberg 1524 [VD16 V 2625].

Sekundärliteratur

Angenendt, Arnold, »Corpus incorruptum. Eine Leitidee der mittelalterlichen Reliquienverehrung«, in: *Saeculum. Jahrbuch für Universalgeschichte* 42 (1991), S. 320–348.

Angenendt, Arnold, »Der ›ganze‹ und ›unverweste‹ Leib – eine Leitidee der Reliquienverehrung bei Gregor von Tours und Beda Venerabilis«, in: Hubert Mordek (Hg.), *Aus Archiven und Bibliotheken. Festschrift für Raymund Kottje zum 65. Geburtstag,* Frankfurt am Main 1992, S. 33–50.

Angenendt, Arnold, *Heilige und Reliquien. Die Geschichte ihres Kultes vom frühen Christentum bis zur Gegenwart,* 2. überarbeitete Auflage, Hamburg 2007 [1994].

Bachorski, Hans-Jürgen/Klinger, Judith, »Körper-Fraktur und herrliche Marter. Zu mittelalterlichen Märtyrerlegenden«, in: Otto Langer/Klaus Ridder (Hg.), *Körperinszenierungen in mittelalterlicher Literatur,* Berlin 2002, S. 309–333.

Brückner, Wolfgang (Hg.), *Volkserzählung und Reformation. Ein Handbuch zur Tradierung und Funktion von Erzählstoffen und Erzählliteratur,* Berlin 1974.

Burschel, Peter, *Sterben und Unsterblichkeit. Zur Kultur des Martyriums in der frühen Neuzeit,* München 2004.

Bynum, Caroline Walker, *Fragmentierung und Erlösung. Geschlecht und Körper im Glauben des Mittelalters,* aus dem Amerikanischen von Brigitte Große, Frankfurt am Main 1996 [orig. 1991].

Dinzelbacher, Peter, »Die ›Realpräsenz‹ der Heiligen in ihren Reliquiaren und Gräbern nach mittelalterlichen Quellen«, in: Ders./Dieter R. Bauer (Hg.), *Heiligenverehrung in Geschichte und Gegenwart,* Ostfildern 1990, S. 115–174.

Ehbrecht, Wilfried, »Verlaufsformen innerstädtischer Konflikte in nord- und westdeutschen Städten im Reformationszeitalter«, in: Ders., *Konsens und Konflikt. Skizzen und Überlegungen zur älteren Verfassungsgeschichte deutscher Städte,* hg. von Peter Johanek, Köln/Weimar/Wien 2001 [1978], S. 314–331.

Ellerbrock, Dagmar u. a., »Invektivität – Perspektiven eines neuen Forschungsprogramms in den Kultur- und Sozialwissenschaften«, in: *Kulturwissenschaftliche Zeitschrift,* Jg. 1, H. 1, 2017, S. 2–24.

Ernst, Ulrich, »Der Körper des Asketen. Zur Theatralik von ›Heiligkeit‹ in legendarischen Texten von der Spätantike bis zur Frühen Neuzeit«, in: Otto Langer/Klaus Ridder (Hg.), *Körperinszenierungen in mittelalterlicher Literatur,* Berlin 2002, S. 275–307.

Feistner, Edith, *Historische Typologie der deutschen Heiligenlegende des Mittelalters von der Mitte des 12. Jahrhunderts bis zur Reformation,* Wiesbaden 1995.

Feistner, Edith, »Der Körper als Fluchtpunkt. Identifikationsprobleme in geistlichen Texten des Mittelalters«, in: Ingrid Bennewitz/Helmut Tervooren (Hg.), *Man-*

lîchiu wîp, wîplich man. Zur Konstruktion der Kategorien ›Körper‹ und ›Geschlecht‹ in der deutschen Literatur des Mittelalters, Berlin 1999, S. 131–142.

Fuchs, Thomas, »Protestantische Heiligen-*memoria* im 16. Jahrhundert«, in: *Historische Zeitschrift* 267 (1998), S. 587–614.

Gemeinhardt, Peter, »Märtyrer und Martyriumsdeutungen von der Antike bis zur Reformation«, in: *Zeitschrift für Kirchengeschichte*, Jg. 120, 2009, S. 289–322.

Gemeinhardt, Peter, »*Non poena sed causa facit martyrem*. Blut- und Lebenszeugnis in der Alten Kirche. Sache, Kontext und Rezeption«, in: Ders., *Die Kirche und ihre Heiligen. Studien zu Ekklesiologie und Hagiographie in der Spätantike*, Tübingen 2014, S. 131–149.

Genette, Gérard, *Palimpseste. Die Literatur auf zweiter Stufe*, aus dem Französischen von Wolfram Bayer und Dieter Hornig, Frankfurt am Main 1993 [orig. 1982].

Gregory, Brad S., *Salvation at Stake. Christian Martyrdom in Early Modern Europe*, Cambridge u. a. 2001.

Haferland, Harald, »Die Peinigung des Körpers und seine ›Schrift‹. Zur Dynamik von Heiligkeit in der deutschen Mystik«, in: *Mitteilungen des Deutschen Germanistenverbandes*, Jg. 54, H. 2, 2007, S. 166–200.

Hamm, Berndt/Lentes, Thomas (Hg.), *Spätmittelalterliche Frömmigkeit zwischen Ideal und Praxis*, Tübingen 2001.

Hebenstreit-Wilfert, Hildegard, »Märtyrerflugschriften der Reformationszeit«, in: Hans-Joachim Köhler (Hg.), *Flugschriften als Massenmedium der Reformationszeit. Beiträge zum Tübinger Symposion 1980*, Stuttgart 1981, S. 397–446.

Holtzhauer, Sebastian, »Die Destruktion der Wunderzeit in Hieronymus Rauschers ›Papistischen Lügen‹ (1562)«, in: *Beiträge zur mediävistischen Erzählforschung*, Jg. 3, 2020, S. 66–109.

Kasten, Ingrid, »Gender und Legende. Zur Konstruktion des heiligen Körpers«, in: Dies./Ingrid Bennewitz (Hg.), *Genderdiskurse und Körperbilder im Mittelalter. Eine Bilanzierung nach Butler und Laqueur*, Münster 2002, S. 199–219.

Kaufmann, Thomas, »Die Sinn- und Leiblichkeit der Heilsaneignung im späten Mittelalter und in der Reformation«, in: Johanna Haberer/Berndt Hamm (Hg.), *Medialität, Unmittelbarkeit, Präsenz. Die Nähe des Heils im Verständnis der Reformation*, Tübingen 2012, S. 11–43.

Kaufmann, Thomas, »Reformation der Heiligenverehrung?«, in: Klaus Herbers/Larissa Düchting (Hg.), *Sakralität und Devianz. Konstruktionen – Normen – Praxis*, Stuttgart 2015, S. 209–230.

Kolb, Robert, *For All the Saints. Changing Perceptions of Martyrdom and Sainthood in the Lutheran Reformation*, Macon 1987.

Köpf, Ulrich, »Protestantismus und Heiligenverehrung«, in: Peter Dinzelbacher/Dieter R. Bauer (Hg.), *Heiligenverehrung in Geschichte und Gegenwart*, Ostfildern 1990, S. 320–344.

Kraß, Andreas, »Der heilige Eros des Märtyrers. Eine höfische Georgslegende des deutschen Mittelalters«, in: Ders. (Hg.), *Tinte und Blut. Politik, Erotik und Poetik des Martyriums*, Frankfurt am Main 2008, S. 143–169.

Krech, Volkhard, »Dimensionen des Religiösen«, in: Ders./Detlef Pollack/Olaf Müller/Markus Hero (Hg.), *Handbuch Religionssoziologie*, Wiesbaden 2018, S. 51–94.

Küsters, Urban, »Spuren der Heiligkeit. Formen der Körperwahrnehmung in mittelhochdeutschen Franziskus-Legenden«, in: Peter Wiesinger (Hg.), unter Mitarbeit von Hans Derkits, *Akten des X. Internationalen Germanistenkongresses*, Bern u. a. 2002, S. 57–61.

Leppin, Volker, »Madensack und Tempel des Heiligen Geistes. Leiblichkeit bei Martin Luther«, in: Bernd Janowski/Christoph Schwöbel (Hg.), *Dimensionen der Leiblichkeit. Theologische Zugänge*, Neukirchen-Vluyn 2015, S. 86–97.

Lieseberg, Ursula, *Studien zum Märtyrerlied der Täufer im 16. Jahrhundert*, Frankfurt am Main u. a. 1991.

Lobenstein-Reichmann, Anja, *Sprachliche Ausgrenzung im späten Mittelalter und in der frühen Neuzeit*, Berlin/Boston 2013.

Löther, Andrea, *Prozessionen in spätmittelalterlichen Städten. Politische Partizipation, obrigkeitliche Inszenierung, städtische Einheit*, Köln/Weimar/Wien 1999.

Luhmann, Niklas, *Die Gesellschaft der Gesellschaft*, Frankfurt am Main 1997.

Luhmann, Niklas, *Die Religion der Gesellschaft*, hg. von André Kieserling, Frankfurt am Main 2000a.

Luhmann, Niklas, »Das Medium der Religion«, in: *Soziale Systeme*, Jg. 6, H. 1, 2000b, S. 39–51.

Moeller, Bernd, »Frömmigkeit in Deutschland um 1500«, in: Ders., *Die Reformation und das Mittelalter. Kirchenhistorische Aufsätze*, hg. von Johannes Schilling, Göttingen 1991 [1965], S. 73–85.

Moeller, Bernd, »Die Reformation in Göttingen«, in: Ders., *Die Reformation und das Mittelalter. Kirchenhistorische Aufsätze*, hg. von Johannes Schilling, Göttingen 1991 [1987], S. 196–211.

Moeller, Bernd, »Inquisition und Martyrium in Flugschriften der frühen Reformation in Deutschland«, in: Silvana Seidel Menchi (Hg.), *Ketzerverfolgung im 16. und frühen 17. Jahrhundert*, Wiesbaden 1992, S. 21–48

Münkler, Marina, »Sündhaftigkeit als Generator von Individualität. Zu den Transformationen legendarischen Erzählens in den Faustbüchern des 16. und 17. Jahrhunderts«, in: Peter Strohschneider (Hg.), *Literarische und religiöse Kommunikation in Mittelalter und Früher Neuzeit*. DFG-Symposion 2006, Berlin/New York 2008, S. 25–61.

Münkler, Marina, *Narrative Ambiguität. Die Faustbücher des 16. bis 18. Jahrhunderts*, Göttingen 2011.

Münkler, Marina, »Legende/Lügende. Die protestantische Polemik gegen die katholische Legende und Luthers *Lügend von St. Johanne Chrysostomo*«, in: Gerd Schwerhoff/Eric Piltz (Hg.), *Gottlosigkeit und Eigensinn. Religiöse Devianz im konfessionellen Zeitalter*, Berlin 2015, S. 121–147.

Reudenbach, Bruno, »Körperteil-Reliquiare. Die Wirklichkeit der Reliquie, der Verismus der Anatomie und die Transzendenz des Heiligenleibes«, in: Ders./Hartmut Bleumer/Hans-Werner Goetz/Steffen Patzold (Hg.), *Zwischen Wort und*

Bild. Wahrnehmungen und Deutungen im Mittelalter, Köln/Weimar/Wien 2010, S. 11–31.

Roper, Lyndal, *Der feiste Doktor. Luther, sein Körper und seine Biographen*, aus dem Englischen von Karin Wördemann, Göttingen 2012 [orig. 2010].

Sablotny, Antje, »Metalegende. Die protestantische Lügende als invektive Metagattung«, in: *Beiträge zur mediävistischen Erzählforschung*, Jg. 2, 2019, S. 148–200.

Sablotny, Antje, »*Das mustu gleuben, oder der Teufel bescheisset dich*. Die invektiven Paratexte der protestantischen Lügenden und ihre gattungskommunikative Funktion«, in: Dies./Marina Münkler/Albrecht Dröse (Hg.), *Invektive Gattungen. Formen und Medien der Herabsetzung*, Sonderheft der Kulturwissenschaftlichen Zeitschrift 2021.

Sablotny, Antje, »Doing the Other. Zur kommunikativen Praxis der Grenzziehung in Erasmus Alberus' Barfuser Mûnche Eulenspiegel vnd Alcoran und Hieronymus Rauschers Papistischen Lügen«, in: Daniela Blum/Nicolas Detering/Marie Gunreben/Beatrice von Lüpke (Hg.), *Entscheidung zur Heiligkeit? Autonomie und Providenz im legendarischen Erzählen vom Mittelalter bis zur Gegenwart*, Heidelberg [im Erscheinen].

Schenda, Rudolf, »Die protestantisch-katholische Legendenpolemik im 16. Jahrhundert«, in: *Archiv für Kulturgeschichte*, Jg. 52, 1970, S. 28–48.

Schenda, Rudolf, »Hieronymus Rauscher. und die protestantisch-katholische Legendenpolemik«, in: Wolfgang Brückner (Hg.), *Volkserzählung und Reformation. Ein Handbuch zur Tradierung und Funktion von Erzählstoffen und Erzählliteratur im Protestantismus*, Berlin 1974, S. 178–259.

Schirrmeister, Albert, »Folter und Heiligung in der Legenda Aurea. Frühchristliche Martern und spätmittelalterliche Körperkonzepte«, in: Peter Burschel/Götz Distelrath/Sven Lembke (Hg.), *Das Quälen des Körpers. Eine historische Anthropologie der Folter*, Köln/Weimar/Wien 2000, S. 133–149.

Schmitz-Esser, Romedio, *Der Leichnam im Mittelalter. Einbalsamierung, Verbrennung und die kulturelle Konstruktion des toten Körpers*, Ostfildern 2014.

Schnyder, André, »Legendenpolemik und Legendenkritik in der Reformation: Die *Lügend von St. Johanne Chrysostomo* bei Luther und Cochläus. Ein Beitrag zur Rezeption des Legendars *Der Heiligen Leben*«, in: *Archiv für Reformationsgeschichte*, Jg. 70, 1979, S. 122–140.

Schwerhoff, Gerd, »Bildersturm und Blasphemie. Zum Spannungsfeld von Transzendenz und Gemeinsinn in der Reformationszeit«, in: Hans Vorländer (Hg.), *Transzendenz und die Konstitution von Ordnungen*, Berlin/Boston 2013, S. 186–206.

Schwöbel, Christoph, »Einleitung. Dimensionen der Leiblichkeit«, in: Ders./Bernd Janowski (Hg.), *Dimensionen der Leiblichkeit. Theologische Zugänge*, Neukirchen-Vluyn 2015, S. VII–XIV.

Scribner, Bob, »Reformation, Karneval und die ›verkehrte Welt‹«, in: Richard van Dülmen/Norbert Schindler (Hg.), *Volkskultur. Zur Wiederentdeckung des vergessenen Alltags (16.–20. Jahrhundert)*, Frankfurt am Main 1984, S. 117–152.

Strohschneider, Peter, »Textheiligung. Geltungsstrategien legendarischen Erzählens im Mittelalter am Beispiel von Konrads von Würzburg ›Alexius‹«, in: Gert Melville/Hans Vorländer (Hg.), *Geltungsgeschichten. Über die Stabilisierung und Legitimierung institutioneller Ordnungen*, Köln u. a. 2002, S. 109–147.

Strohschneider, Peter, »Religiöses Charisma und institutionelle Ordnungen in der Ursula-Legende«, in: Franz J. Felten/Annette Kehnel/Stefan Weinfurter (Hg.), *Institution und Charisma. Festschrift für Gert Melville*, Köln/Weimar/Wien 2009, S. 571–588.

Strübind, Andrea/Voß, Klaas-Dieter (Hg.), *Märtyrerbücher und ihre Bedeutung für konfessionelle Identität und Spiritualität in der Frühen Neuzeit. Interkonfessionelle und interdisziplinäre Beiträge zur Erforschung einer Buchgattung*, Tübingen 2019.

Swinarski, Ursula, »Der ganze und der zerteilte Körper. Zu zwei gegensätzlichen Vorstellungen im mittelalterlichen Reliquienkult«, in: Dieter R. Bauer/Klaus Herbers (Hg.), *Hagiographie im Kontext. Wirkungsweisen und Möglichkeiten historischer Auswertung*, Stuttgart 2000, S. 58–68.

Tanner, Ralph, *Sex, Sünde, Seelenheil. Die Figur des Pfaffen in der Märenliteratur und ihr historischer Hintergrund (1200–1600)*, Würzburg 2005.

Treu, Martin, »Märtyrer im Luthertum. Ludwig Rabus: Historie der Märtyrer«, in: Andrea Strübind/Klaas-Dieter Voß (Hg.), *Märtyrerbücher und ihre Bedeutung für konfessionelle Identität und Spiritualität in der Frühen Neuzeit. Interkonfessionelle und interdisziplinäre Beiträge zur Erforschung einer Buchgattung*, Tübingen 2019, S. 47–59.

Volkmar, Christoph, *Die Heiligenerhebung Bennos von Meißen (1523/24). Spätmittelalterliche Frömmigkeit, landesherrliche Kirchenpolitik und reformatorische Kritik im albertinischen Sachsen in der frühen Reformationszeit*, Münster 2002.

Wagner, Guido, »Vom Knochenfund zum Martyrium der 11.000 Jungfrauen. Wurzeln und Entwicklung der Ursula-Legende und ihre Bedeutung für Köln als ›Sacrarium Agrippinae‹«, in: *Geschichte in Köln*, Jg. 48, 2001, S. 11–44.

Weitbrecht, Julia/Benz, Maximilian/Hammer, Andreas u. a., *Legendarisches Erzählen. Optionen und Modelle in Spätantike und Mittelalter*, Berlin 2019.

Wolf, Werner, *Ästhetische Illusion und Illusionsdurchbrechung in der Erzählkunst. Theorie und Geschichte mit Schwerpunkt auf englischem illusionsstörenden Erzählen*, Tübingen 1993.

Wolf, Werner, »Metaisierung als transgenerisches und transmediales Phänomen. Ein Systematisierungsversuch metareferentieller Formen und Begriffe in Literatur und anderen Medien«, in: Janine Hauthal u. a. (Hg.), *Metaisierung in Literatur und anderen Medien. Theoretische Grundlagen, historische Perspektiven, Metagattungen, Funktionen*, Berlin 2007, S. 25–64.

Ziegeler, Hans-Joachim, »Wahrheiten, Lügen, Fiktionen. Zu Martin Luthers ›Lügend von S. Johanne Chrysostomo‹ und zum Status literarischer Gattungen im 15. und 16. Jahrhundert«, in: Walter Haug (Hg.), *Mittelalter und frühe Neuzeit. Übergänge, Umbrüche und Neuansätze*, Tübingen 1999, S. 237–262.

Heroen und Anti-Heroen – Luther als Exempel

Blumenfürze und Schmeißfliegen: Zwei neuentdeckte Luther-Satiren

Jürgen Müller und Frank Schmidt

Das Ziel des vorliegenden Beitrags besteht darin, das Phänomen der Körperkränkung stellvertretend für die Kunst der Reformationszeit zu untersuchen. Eine exemplarische Betrachtung einzelner Werke soll verdeutlichen, wie bestimmte Merkmale, Defizite oder gar Ausscheidungen des menschlichen Körpers im Rahmen reformatorischer Invektiven eingesetzt wurden. Innerhalb der zeitgenössischen Debatten fiel insbesondere der Schmutz- und Fäkalmetaphorik eine wichtige Rolle zu. So bediente sich Luther in seinen *Tischreden*, Predigten oder Briefen häufig einer ausgesprochenen Analrhetorik und überzog seine Gegner wiederholt mit entsprechenden Beleidigungen. Die Provokationen hatten Kalkül und sollten Ekel erzeugen. Dies ist in rhetorischer Hinsicht insofern als klug zu bewerten, als die Abneigung beim Hörer hierdurch auf direktem Wege evoziert werden konnte. Der Reformator wusste um diesen mit dem Ekel verbundenen Automatismus, der das Denken suspendiert. Vergleichbar affektive Reaktionsmuster ließen sich auch durch die Darstellung körperlicher Lust oder Schmerzen aufrufen. So erfüllen die mit diesen Sujets verknüpften Motive ebenso den Zweck einer einfachen Identifizierbarkeit und gewährleisteten somit eine direkte Emotionalisierung des Rezipienten.

Darüber hinaus gilt unser Erkenntnisinteresse der Frage, wie sich über Körper eine Rhetorik der Unmittelbarkeit entfalten lässt und wie es Künstlern in diesem Zusammenhang gelang, die Meinungsbildung zu steuern und zu manipulieren. Entscheidend ist dabei auch die doppelte Kodierung des menschlichen Körpers: einerseits im Sinne der Religion und der durch sie definierten Bedingungen, andererseits im Sinne einer gegebenen Natürlichkeit, die den Funktionen des Leibes ein gewisses Recht zugesteht. Konkret sollen die hiermit einhergehenden Strategien und signifikanten Bedeutungsaufladungen am Beispiel bereits bekannter sowie zweier neuentdeckter Luthersatiren vorgestellt und interpretiert werden.

Abb. 1a: Hieronymus Bosch: *Garten der Lüste*, um 1500–1505, Öl auf Holz, 220 × 386 cm, Madrid, Museo del Prado, Inv.-Nr. P002823

Quelle: Belting, Hans: Hieronymus Bosch. Garten der Lüste, München [u. a.] 2002, S. 11.

Abb. 1b: Hieronymus Bosch: *Garten der Lüste* (Detail), um 1500–1505, Öl auf Holz, 220 × 386 cm, Madrid, Museo del Prado, Inv.-Nr. P002823

Quelle: Belting, Hans: Hieronymus Bosch. Garten der Lüste, München [u. a.] 2002, S. 46.

Luthers eigener Sinn für Polemik ist oft erforscht und sein Hang zur Analsprache wiederholt hervorgehoben worden.¹ Allerdings wurde das Phänomen der Exkremente auch schon vor der Reformation in theologischen Kontexten erörtert, wie ein Detail (Abb. 1b) aus der Mitteltafel von Hieronymus Boschs Triptychon *Garten der Lüste* (Abb. 1a) zeigt, das um 1500 entstanden ist.² Unter all den vergnügten Menschen findet sich ein Mann mit Blumen im Anus. Flankiert wird er von einer Figur, die eine weitere Blume in ihrer Hand hält. Die Szene legt nahe, dass die entweichenden Flatulenzen Wohlgeruch verbreiten. Nun kann man dieses Motiv als zotigen Scherz abtun, was aber insofern falsch wäre, als bereits die Kirchenväter mutmaßten, und Luther in den *Tischreden* mit ihnen, dass der Geruch unserer Exkremente eine Folge des Sündenfalls sei und damit den unter der Erbsünde lebenden Menschen charakterisiere.³ Was Bosch im *Garten der Lüste* aber eigentlich darstellt, ist die Utopie einer Menschheit, deren Stammeltern Adam und Eva nicht gesündigt hätten. Wohlergehen und Kinderlosigkeit der hier ausschließlich als jung dargestellten Menschen sind dafür ein Indiz. Niemand muss einer Arbeit nachgehen. Alles ist Spaß und Spiel. Das Bild verkörpert den Wunschtraum einer Welt unablässiger Sexualität ohne Sünde.⁴ Unschuldig wie ein Kind erfreut man sich der göttlichen Schöpfung mit ihren übergroßen Früchten.⁵

---

1 Zur Analrhetorik bei Luther vgl. zuletzt Roper 2012, S. 54–67.
2 Hieronymus Bosch, *Garten der Lüste*, um 1500–1505, Öl auf Holz, 220 × 386 cm, Madrid, Museo del Prado.
3 Vgl. Wirth 2000, S. 46–52 sowie zu Luther Roper 2012, S. 57.
4 Innerhalb der mittelalterlichen Literatur stehen Blumen häufig für die Freuden des Paradieses, die der Mensch zugunsten weltlicher, durch Schmutz und Kot versinnbildlichter Sünde aufgegeben habe. Vgl. Schumacher 1996, S. 367f.
5 Unsere Deutung schließt an die Interpretationen Fraengers und Wirths an. Vgl. Fraenger 1975, S. 116f.; Wirth 2000, S. 49–54.

Abb. 2: Rembrandt Harmensz. van Rijn: *Die pissende Frau*, 1631, Radierung mit Spuren von Kaltnadel, 7,9 × 6,3 cm, Amsterdam, Rijksmuseum, Rijksprentenkabinet, Inv.-Nr. RP-P-1961-1101

Quelle: Amsterdam, Rijksmuseum, public domain.

Wenn auf frühneuzeitlichen Tafeln prominenter Künstler seit dem 15. Jahrhundert defäkierende und urinierende Menschen vollkommen selbstverständlich integriert werden, so hat es damit also eine ernste Bewandtnis, verweisen sie uns doch unabhängig von allen weiteren Bedeutungen auf eine Welt unter der Maßgabe der Erbsünde.[6] Bis in die Zeit Rembrandts bleibt dies ein gängiges Thema der bildenden Kunst. Dessen Radierung einer pissenden und zugleich defäkierenden Frau (Abb. 2) ist daher keine bösartige Zote, sondern eine Darstellung von Geschlechtlichkeit und Scham.[7] Ängstlich blickt sie zur Seite, wo

---

6 Entsprechende Figuren tauchen u.a. bei Joachim Patinir und Pieter Bruegel d.Ä. auf. Alison Stewart und Nils Büttner führen zahlreiche Beispiele auf, haben aufgrund eines abweichenden Erkenntnisinteresses die theologische Dimension des Themas aber nicht vertiefend behandelt. Vgl. Büttner 2017; Stewart 2004.

7 Vgl. auch Rembrandt Harmensz. van Rijn, *Der pissende Mann*, 1631, Radierung 8,4 × 5 cm. Vgl. zuletzt Müller 2017, S. 23f. Eine weitere defäkierende Figur findet sich in

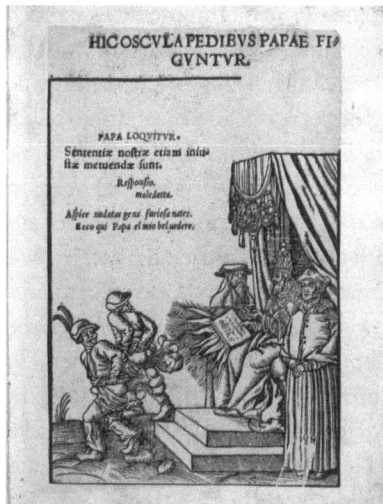 

Abb. 3: Lucas Cranach d. Ä.: *Das päpstliche Belvedere, Wider das Babstum zu Rom, vom Teufel gestift*, 1545, Holzschnitt, zerschnitten und eingeklebt in: *Ein Buch, allerlei Rüstung von der handt darein zu schreiben, geistlich und weltlich*, Ms. germ. qu. 1582, Staatsbibliothek zu Berlin, Handschriftenabteilung

Quelle: *Staatsbibliothek zu Berlin – PK; http://resolver.staatsbibliothek-berlin.de/SBB0001D74 100000000.*

Abb. 4: Lucas Cranach d. Ä.: *Papa Dat Concilivm in Germania, Wider das Babstum zu Rom, vom Teufel gestift*, 1545, Holzschnitt, zerschnitten und eingeklebt in: *Ein Buch, allerlei Rüstung von der handt darein zu schreiben, geistlich und weltlich*, Ms. germ. qu. 1582, Staatsbibliothek zu Berlin, Handschriftenabteilung

Quelle: *Staatsbibliothek zu Berlin – PK; http://resolver.staatsbibliothek-berlin.de/SBB0001D74 100000000.*

sie vermeint, jemanden gehört zu haben. Der niederländische Künstler fordert den Betrachter zur Identifikation mit dem Dargestellten auf, wenn er solche Szenen zeigt. Denn ob wir wollen oder nicht: Exkremente sind Teil unserer Biologie. Sie stellen uns den Transformationsprozess vor Augen, der von der Nahrungsaufnahme über den Verdauungsprozess bis zur Ausscheidung führt.

Im Gegensatz dazu wurden Motive wie die Defäkation oder Flatulenz, aber auch die Präsentation menschlicher Exkremente innerhalb der reforma-

---

Rembrandts Federzeichnung *Satire auf die Kunstkritik*, 1644, 15,5 × 20,1 cm, New York, Metropolitan Museum of Art. Vgl. hierzu Müller 2015, S. 1–15.

torischen Bildpropaganda als Grundlage einer Pejorisierung genutzt, die sich vor dem theologischen Gegensatz von rein und unrein vollzog.[8] Wie stark Luther selbst die visuelle Kraft solcher Darstellungen einschätzte, belegt eine Reihe von ihm initiierter Holzschnitte, die er 1545 zur Illustration seiner Schrift *Wider das Babstum zu Rom, vom Teufel gestift* in der Cranach-Werkstatt in Auftrag gegeben hatte.[9] Eine der Darstellungen (Abb. 3) zeigt in der rechten Bildhälfte den thronenden Papst, der aufgrund seines Bartes als Paul III. identifiziert worden ist. Unterhalb eines Baldachins sitzt er zwischen zwei Kardinälen und hält eine Bannbulle in der rechten Hand, aus der Flammen zu lodern scheinen.[10] Ihm gegenüber stehen zwei Bauern, die der päpstlichen Drohung mit einem höhnischen Kommentar begegnen. So strecken sie dem Kirchenoberhaupt nicht nur ihre Zungen heraus, sondern recken ihm auch ihre entblößten Hinterteile entgegen, aus denen eindrucksvolle Darmwinde entweichen. Bedrohlichen Wolken gleich wehen sie auf die Flammen der Bulle zu und illustrieren die Verse Luthers, wonach die unbeeindruckte Reaktion auf den Bann des Papstes schlicht in der Präsentation des »Belvedere« bestünde.[11]

Eine ähnlich grobianische Stoßrichtung ist jenem Holzschnitt zu entnehmen, in dem ein hockender Bauer in eine Tiara defäkiert, wobei zwei seiner Kumpane bereits darauf warten, es ihm nachzutun.[12] Dass Papst und Kurie sogar der Hölle entstammen, illustriert indes ein weiteres Motiv, in dem die Geistlichen aus dem teuflischen Anus »geboren« und von höllischen »Kindermeidlin« genährt werden. Passend dazu werden auch die Botschaften des Papsts skatologisch konnotiert. Einmal mehr wird dabei Paul III. aufs Korn genommen, der im sogenannten *Sauritt* (Abb. 4) dem Tier mit dem Segensgestus der rechten Hand den Weg weist, ihm aber zugleich mit der Linken einen großen, von stinkenden Ausdünstungen überwölkten Kothaufen kre-

---

8 Vgl. Schumacher 1996; Burschel 2014. Der Autor verweist auf die gegenseitige Bedingtheit des Begriffspaares und spricht, mit Bezug auf Koselleck, von »asymmetrische[n] Gegenbegriffe[n]«. Vgl. ebd., S. 16f.

9 Im gleichen Jahr erschienen die Motive als Folge unter dem Titel *Abbildung des Papsttums*. Vgl. Grisar/Heege 1924, S. 16–57; Scribner 1994, S. 79–87.

10 In ihnen hat man die Kardinäle Otto Truchseß von Waldburg und Albrecht von Brandenburg erkannt. Vgl. Grisar/Heege 1924, S. 22f.

11 Der beigefügte Text lautet: »Nicht Bapst: Nicht schreck vns mit deinem Bann / Vnd sey nicht so zorniger Mann / Wir thun sonst ein Gegenwehre / Vnd zeigen dirs Belvedere.«

12 Ein Emblem, das erstmals in der ein Jahr darauf in Venedig erschienenen Ausgabe von Andrea Alciatos *Emblematum libellus* enthalten ist, zeigt ein ähnliches Motiv. Vgl. Andrea Alciato, Emblematum libellus, Venedig: Aldus, 1546, f. 26v.

denzt. Statt voranzuschreiten, lässt sich das Schwein von dieser Offerte ablenken und wendet sich den angebotenen Exkrementen zu.[13] Wer mit dem Reittier gemeint war, belegen Aussagen Luthers, in denen er die Deutschen als »Päpstliche Sau« bezeichnete.[14] Den genauen Kontext der Szene wiederum verrät das Flugblatt, auf dem der *Sauritt* 1545 gemeinsam mit dem Motiv des *Sackpfeifenesels* veröffentlicht wurde. Unter der Überschrift »PAPA DAT CONCILIVM IN GERMANIA« heißt es dort im beigegebenen Text: »Saw du must dich lassen reiten: / Und wol spoern zu beiden seiten. / Du wilt han ein Concilium / Ja dafür hab dir mein merdrum«. Konkret spielt das Blatt damit auf das Versprechen des Kirchenoberhauptes zur Abhaltung eines Konzils an, dessen fortwährende Verschiebung den Zorn der Reformatoren heraufbeschwor. Die Desavouierung des Papstes fußt somit eindeutig auf dessen leeren Versprechungen, die als Kothaufen verbildlicht und – wenngleich verhüllend – versprachlicht werden,[15] der Rhetorik des Holzschnitts zufolge aber ausreichend sind, um die Gläubigen an der Nase herumzuführen.[16]

Daneben invektierte der Reformator Opponenten auch in seinen Schriften, vorzugsweise durch Tiervergleiche und skatologische Metaphern. Besonders arg traf es den Theologen Sebastian Franck, den Luther als »unfletige Saw«[17] und »Arshummel«[18], also Schmeißfliege, bezeichnete, die sich zuerst auf den Kot und dann auf das Gesicht der Menschen setzen würde. Entsprechende Beispiele sind zahlreich und zeigen, wie ambivalent der Sinn von Exkrementen beim Reformator erscheinen kann. Im Umkehrschluss bewertete zumindest der vorreformatorische Luther das Ausbleiben körperlicher Ausscheidungen noch als verehrungswürdig, besuchte der Augustinermönch doch noch 1512 die »heilige« Anna Laminit in Augsburg, die angeblich ohne Nahrungsaufnahme auskam und folglich keinerlei Urin oder Exkremente ausschied.[19] Ein Jahr nach seinem Besuch enttarnte man La-

---

13 In diesem Zusammenhang wie auch hinsichtlich entsprechender Charakterisierungen Luthers ist es sicher kein Zufall, dass das Schwein als das schmutzigste aller Tiere galt. Vgl. Schumacher 1996, S. 366.
14 Vgl. Grisar/Heege 1924, S. 30–32; Scribner 1994, S. 82f.
15 *Merdum* bzw. *merdrum* taucht schon in den Nürnberger Fastnachtspielen als verklausulierende Entsprechung des deutschen Begriffs auf. Vgl. Grimm, *Deutsches Wörterbuch*, XII, Sp. 2091.
16 Vgl. Zeunert 2019, S. 137–139.
17 WA 54, S. 172,22.
18 WA 54, S. 174,31.
19 Vgl. WA TR 6, S. 320. Der Besuch Luthers wird dabei bereits retrospektiv, also in Kenntnis des Betrugs, geschildert. Vgl. Roth 1924; Roper 2016, S. 91–93; Winkler 2016,

minit indes als Betrügerin, die ihre Notdurft durch das Fenster entsorgte; der Reformator beschuldigte sie daraufhin in den *Tischreden* retrospektiv der »Bescheißerey«.[20]

Hinsichtlich der ausufernden Analrhetorik des Reformators stellt sich, auch vor dem Hintergrund des Bosch-Details, die Frage, ob wir zu der grotesk-obszönen eine ernsthafte theologische Dimension hinzuzudenken haben: Ist sie also Teil einer antiklassischen Tradition und damit christlicher Überzeugung, die das Dekorum als zentrales Organisationsprinzip der Rede in Frage stellt, wie es uns Erich Auerbach in seinem Mimesis-Buch und in zahlreichen Studien gezeigt hat?[21] Wenn Christus Mensch geworden ist, dann ist die Forderung nach sprachlicher Angemessenheit unmöglich. Und so wird die Selbsterniedrigung Christi und zugleich die Niedrigkeit biblischer Sprache, wie Augustinus sie nennt, zur Bedingung unserer Erhöhung und entfaltet den notwendigen Zusammenhang von *humilis* und *sublimis*. In diesem Sinne kann das Reden über Ausscheidungen als extremste Form einer Rhetorik des Humilen verstanden werden, denn jeder versteht sie. Und nicht umsonst hat Auerbach auch auf die etymologische Verwandtschaft von Erde (*humus*) und Niedrigkeit (*humilitas*) hingewiesen.[22] Bereits Luthers früheste theologische Versuche zeigen ihn auf der Suche nach einer authentischen Sprache, wenn er die spätmittelalterliche *Theologia deutsch* herausgibt und schreibt, dass er beten möchte, wie der Hund aufs Fleisch schaut.[23] So wünscht er sich eine christliche Lehre, die den Kern der Nuss und das Mark der Knochen erforscht.[24] Mit solchen Metaphern des Wesentlichen bezieht sich der vorreformatorische Luther auf das erasmische Adagium von den *Silenen des Alkibiades*, das den Konflikt von Innen und Außen beschwört und das Hässliche sowie das Kreatürliche aufwertet. Danach sind Sokrates, Antisthenes, Diogenes, der Hl. Martin, die Apostel und schließlich Christus selbst Silene, die ihre eigentliche Bedeutung unter einer hässlichen Oberflä-

---

S. 60–62. Die zeitgenössische Popularität Laminits ist auch durch ein Gemälde Hans Burgkmairs d. Ä. und eine Silberstiftzeichnung Hans Holbeins belegt.

20 WA TR 6, S. 320,30.
21 Vgl. u. a. Auerbach 1958; Auerbach 2015.
22 Vgl. Auerbach 1952.
23 »O, das ich so betten kondt, wie der Hundt auff das fleisch kan sehen! Sein gedancken stehn all auf das stuck fleisch, sonst denkt, wunscht, hoffet er nichts...« WA TR 1, Nr. 274 (1532), S. 115,29–116,1.
24 WA Br 1, Nr. 5 (17.03.1509), 17,43–45. Vgl. auch Lohse 1995, S. 48 f.

che verbergen.²⁵ Angesichts der vom Reformator verwendeten Termini stellt sich zudem die Frage, ob er sich damit nicht zugleich in die Tradition der kynischen Philosophie stellt, die sich durch ihre Betonung natürlicher Bedürfnisse auszeichnet. Diogenes weist nicht nur die Macht, sondern auch eine bestimmte Form der Sozietät und Zivilisation zurück, wenn er sich für das Fass und für die einfache Lebensweise entscheidet. Er ist ein Meister im Erkennen des Wesentlichen und möglicherweise spielt Luther auf den antiken Philosophen an, wenn er die Metapher des Hundes nutzt, der auf das Fleisch schaut.²⁶

Erasmus' *Adagium* ist von außerordentlicher Schönheit und wird von Luther bereits in einem Brief an Johannes Lang im Juni 1518 zitiert, dem er ein Exemplar der zweiten Ausgabe der *Theologia* zuschickt: »Ich schicke Dir dieses Buch, das ganz und gar einen Silen des Alcibiadis darstellt.«²⁷ Der Niederländer hatte den Text mit jeder Neuausgabe seiner *Adagia* erweitert, bis er 1515 zu einem umfangreichen Essay angewachsen war, der bereits fünf Jahre später ins Deutsche übersetzt wurde.²⁸ Innerhalb des Textes kritisiert er den Papst und die Bischöfe als falsche Silene und fordert eine Erneuerung der Kirche.

In der deutschen Übersetzung des Silen-Adagium erscheint hierbei insbesondere der zu Beginn aufgerufene Mythos des hässlichen Sokrates von Interesse, dessen bäurisches Gesicht einem Ochsen geglichen habe. So seien seine hochstehenden »nasenlocher [...] foller rotz«²⁹ gewesen, hätte er wie ein Narr und unverständiger Mann ausgesehen. Erwähnt wird zudem die einfache Sprache des Philosophen, die jener von Fahrleuten, Schustern, Ger-

---

25 Erasmus, Desiderius, *Die außlegung dißes sprichworts Die Sileni Alcibiadis durch Hernn Erasmum von Roterdam im Latein gemacht ... verteutscht*, Mainz: Schoeffer 1520, SLUB Dresden, Lit. Lat. rec. B. 110. In der Folge zitiert nach dem Transkript in Müller/Schauerte 2011, S. 140–150.
26 Er könnte sich auf die Schilderungen zu Diogenes von Sinope in den *Leben und Meinungen berühmter Philosophen* des Diogenes Laertius bezogen haben. Deren erste vollständige Ausgabe wurde 1533 von Hieronymus Froben und Nikolaus Episkopius in Basel herausgegeben. Allerdings erschienen in Venedig (1475) und Nürnberg (1476 u. 1479) bereits früher lateinische Übersetzungen. Vgl. Diogenes Laertius 1990, S. IXX; 304–335.
27 »Cæterum mitto hic librum, plane Silenum quendam Alcibiadis [...]«. WA Br 1, Nr. 81 (04.06.1518), 181,11.
28 Lateinische Ausgaben des *Adagium* erschienen bereits 1517 in Basel und Löwen, 1520 in Köln und Zwolle sowie 1527 in Paris. Vgl. hierzu auch Müller 1999, S. 90–125; Hamm 2008; Müller/Schauerte 2011, S. 139.
29 Müller/Schauerte 2011, S. 140.

bern und Zimmerleuten geglichen habe. Auch in der Folge spart der Übersetzer nicht mit Metaphern der Kreatürlichkeit, wenn es heißt, dass Adam aus »schleym«[30] gemacht sei. Erde, Dreck, Kot und Schleim sind Metaphern des Humilen. Wenn also Luthers berühmtes Turmerlebnis auf dem Abort stattfand, so nicht allein deshalb, weil sich dort der Teufel herumtreibt, sondern weil damit der Ort absoluter *humilitas* gemeint ist.[31] Gottes Gnade, so die Botschaft, gelangt selbst an den Ort tiefster Niedrigkeit. Wenn diese Einschätzung eine gewisse Plausibilität besitzt, dann eignet dem Reden über Exkremente eine notwendige Ambivalenz, die jenseits des Grobianischen zu verorten wäre.

Luthers Verwandlungen

Vor dem Hintergrund von Leiblichkeit und Körperkränkung werden im Folgenden einige bekannte und zwei neuentdeckte Luthersatiren vorgestellt und interpretiert. Dabei soll deutlich werden, dass Kritik am Reformator nicht zwingend aus katholischer, sondern auch aus irenischer oder reformationsinterner Perspektive geäußert wurde, eine Tendenz, die insbesondere durch die in der Mitte des 16. Jahrhunderts einsetzende Konfessionalisierung zunahm. So wendeten sich zahlreiche Theologen enttäuscht von der lutherischen Reformation ab und verhielten sich kritisch gegenüber ihrer Institutionalisierung zur Amtskirche, darunter der bereits genannte Sebastian Franck. Allerdings haben sich nur wenige bildliche Beispiele zweifelsfrei überkonfessionell formulierter Kritik erhalten. Paradigmatisch in diesem Zusammenhang ist eine vermutlich aus der Mitte des 16. Jahrhunderts stammende Federzeichnung (Abb. 5), die heute in Wolfenbüttel aufbewahrt wird. Dargestellt sind Luther und der Papst, die links und rechts einer Kirche stehen und das Gebäude mittels einer Trummsäge in zwei Teile »spalten«. Auffällig ist, dass das Aussehen des Reformators dabei durchaus früher entstandenen Porträts entspricht und ohne Überzeichnung wiedergegeben ist.[32]

---

30 Ebd, S. 143.
31 Vgl. Peters 1961; Roper 2012, S. 64, Anm. 83.
32 Während Judith Tralles diese Frage im Wolfenbütteler Katalog offenlässt, liegt es nahe, in der Figur des Papstes – nicht zuletzt aufgrund des vermuteten Entstehungsdatums – gleichfalls den bereits von Cranach kritisierten Paul III. zu erkennen. Vgl. Tralles 2017, S. 235.

Abb. 5: Anonym: *Interim (Luther und der Papst zersägen die Kirche)*, Mitte 16. Jh., Federzeichnung, 23,1 × 29 cm (Ill.), Herzog August Bibliothek Wolfenbüttel, A: 36.11.1 Geom. 2°
Quelle: © Herzog August Bibliothek Wolfenbüttel.

Dagegen kommt dem beißenden Spott gegenüber Luthers Körper und Charakter, seinen Texten und Handlungen innerhalb der antireformatorischen Bildpropaganda eine zentrale Rolle zu. Nicht zuletzt die bisher angeführten Beispiele suggerieren, die Wirksamkeit der Schmähungen vollzöge sich vor allem über besonders drastische Bildformulierungen. Im Gegensatz dazu soll in der Folge für das Thema der Luthersatiren eine andere Perspektive entworfen werden, entwickeln sich in der Reformationszeit doch neue bildhermeneutische Verfahren, die jenseits direkter und mit obszöner Körperlichkeit operierender Angriffe stärker das Mittel der Anspielung und Ironie nutzten. Von nun an bedarf die Kunst der Herabsetzung auch einer gewissen strategischen Intelligenz und hat zum Ziel, dem Rezipienten den Eindruck zu vermitteln, er selbst hätte einen Inhalt decouvriert und nicht nur die Meinung des Bildautors nachvollzogen. Diese Rhetorik ist kunsthistorisch bisher unzulänglich untersucht worden. Dies ist wichtig zu betonen, weil die

Abb. 6: Lucas Cranach d. Ä.: *Luther als Augustinermönch*, 1520, Kupferstich, 14,4 × 9,7 cm, Amsterdam, Rijksmuseum, Rijksprentenkabinet, Inv.-Nr. RP-P-1919-1988

Quelle: *Amsterdam, Rijksmuseum, public domain.*

direkten Angriffe von Seiten der Reformationsparteien die Schwerter schnell stumpf werden lassen. Um überhaupt noch eine gewisse Wirkung zu erzielen, war es nötig, die Instrumente fortwährend zu schärfen oder doch immerhin zu modifizieren. Wenn sich am Ende der Bildbetrachtung der Inhalt also anders darstellt als zu Beginn, so steht dabei die Erkenntnisleistung im Vordergrund. Er wird nicht gezwungen, den Gehalt bereits auf den ersten Blick zu affirmieren, sondern ist integraler Bestandteil der Argumentation, an deren Ende sich ein überraschendes Ergebnis zeigen kann.

Heute sind Luthers Bildnisse bestens erforscht. Robert Scribner und Martin Warnke haben seinen Porträts bedeutende Studien gewidmet und dabei das Medienereignis der Reformation herausgestellt.[33] Darstellungen

---

33 Vgl. Scribner 1994; Warnke 1984.

des Reformators sind so zahlreich, dass sich innerhalb der bestehenden Überlieferung drei Typen unterscheiden lassen: Mönch, Doktor und Mann der Bibel.[34] Man kann davon ausgehen, dass sein Aussehen ab 1520, nach dem Erscheinen der ersten druckgrafischen Porträts Lucas Cranachs d. Ä. (Abb. 6), im Reich weitgehend bekannt war. Noch im selben Jahr erfuhr das von Cranach etablierte Bild eine erste Variation: So bediente sich Hans Baldung Grien der Vorlage und stattete den inspirierten Augustinermönch in einem Holzschnitt mit einem Nimbus, der Taube des Hl. Geistes und der Inschrift »Martinus Luther ein dyener Jhesu Christi / vnd ein wideruffrichter Christlicher leer« aus.[35] Eine weitere Version des Lutherbildnisses verweist auf dessen Übersetzertätigkeit und taucht in einem Holzschnitt von Hans Sebald Beham aus dem Jahre 1524 auf.[36] Die Komposition diente als Titelholzschnitt zum *New Testament Deütsch* und feiert den Reformator offensichtlich als einen Hieronymus redivivus, womit er in Konkurrenz zur bildlichen Überlieferung Erasmus von Rotterdams gesetzt wurde, der aufgrund seiner Bibelübersetzung häufig mit dem Kirchenvater verglichen wurde.[37]

Diesen wohlwollenden Repräsentationen folgen schon bald Herabsetzungen durch die katholische Seite. So konnten sich die Verfechter der Reformation bekanntlich nicht davor schützen, selbst zur Zielscheibe bildlicher Kritik zu werden. Und auch wenn solche Darstellungen seltener waren als jene, die von reformatorischer Seite initiiert wurden, waren sie deshalb nicht weniger schlagkräftig, bedienten sie sich doch zunehmend der gleichen bildpropagandistischen Mittel.[38] Hinsichtlich der Auseinandersetzung mit Luther lässt sich diesbezüglich eine Entwicklung nachvollziehen, die der wachsenden Bekanntheit seines Aussehens Rechnung trägt. Beschränkten sich frühe Schmähschriften wie der 1524 in Dresden erschienene Text *Wy-*

---

34 Vgl. Scribner 1994, S. 14–36.
35 Hans Baldung, gen. Grien, *Martin Luther als Augustinermönch*, um 1520, Holzschnitt 15,4 × 11,5 cm, Berlin Staatliche Museen, Stiftung Preußischer Kulturbesitz, Kupferstichkabinett.
36 Hans Sebald Beham, *Luther als Evangelist*, 1524, Titelholzschnitt zu Das New Testament Deütsch, Nürnberg: Hans Hergot Deutsch 1524.
37 Eine vergleichbare Darstellung von Cranach aus dem Jahre 1530 belegt die Popularität solcher Formeln. Lucas Cranach d. Ä., *Luther als Evangelist Matthäus*, 1530, Holzschnitt, 12,5 × 8,3 cm, in: *Das Neuwe Testament Mar. Luthers*, Wittenberg: Hans Luft 1530. Zu entsprechenden Darstellungen des Erasmus vgl. Müller 1997.
38 Wobei die Meinungsführerschaft von protestantischer Seite ausging und sich »die Abfolge der Flugblätter und Flugschriften [...] wie Aktion und Reaktion« verhielt. Warncke 2010. Vgl. auch Scribner 1994.

Abb. 7: Johann Fundling: *Anzaigung zwayer falschen zungen des Luthers wie er mit der ainen die paurn verfüret / mit der andern sy verdammet hat*, Titelblatt, Landshut: Weissenburger, 1526, Herzog August Bibliothek Wolfenbüttel, 230.32 Theol. (3)

Quelle: © Herzog August Bibliothek Wolfenbüttel.

der das wild Geyffernd Eberschwein Luthern des Zisterzienserabtes Paul Bachmann noch darauf, den Reformator über den Titel zu verunglimpfen,[39] gibt sich der »Luther« auf einem wenig später entstandenen Holzschnitt Hans Brosamers (Abb. 7) bereits über den Habit eines Augustinermönchs und die Beifügung seines Namens zu erkennen.[40] Noch ohne Bildnischarakter, aber schon mit Bezug auf die von lutherischer Seite propagierten Rollenport-

---

39 Paul Bachmann, *Wyder das wild Geyffernd Eberschwein Luthern, So ynn dem weyngartten des Herren der krefften wület, grabet, und sich understehet mit seynem besodeltenn Rüssel umbzustossen die Canonizacion Divi Diui Bennonis und aller heyligen ehr erbietung zu vertilgen*, Dresden: Emserpresse 1524.

40 Johann Fundling, *Anzaigung zwayer falschen zungen des Luthers wie er mit der ainen die paurn verfüret, mit der andern sy verdammet hat*, Landshut: Johann Weyssenburger 1526.

Abb. 8: Hans Brosamer: *Martin Luther Siebenkopf*, Titelblatt zu: Johannes Cochlaeus: *Sieben Köpffe Martini Luthers Vom Hochwirdigen Sacrament des Altars*, Holzschnitt, 4°, Leipzig: Valentin Schumann, 1529, Herzog August Bibliothek Wolfenbüttel, A: 190.16 Theol. (8)
Quelle: © Herzog August Bibliothek Wolfenbüttel.

räts, griff kurz darauf ein weiterer, ebenfalls Brosamer zugeschriebener Holzschnitt (Abb. 8) die angebliche Unbeständigkeit Luthers an. Die Darstellung, die das Titelblatt zu Johannes Cochlaeus' 1529 erschienenem Traktat *Sieben Köpffe Martini Luthers* ziert, sollte zu den bekanntesten Schmähbildern gegen den Reformator avancieren.[41] Sie spielt auf das bei Johannes beschriebene Tier der Apokalypse (Offb 13,1–18) an und nutzt das Motiv des Gestalt-

---

41 Hans Brosamer, *Luther mit sieben Köpfen* (als *Doctor, Martinus, Lutther, Ecclesiast, Schwirmer, Visitirer* und *Barrabas*), Holzschnitt, 16,4 × 13,3 cm, London, British Museum; Titelseite zu Johannes Cochlaeus, *Septiceps Lutherus*, Leipzig: Valentin Schumann 1529. Noch im gleichen Jahr erschien in dem Leipziger Verlag auch Cochlaeus' Traktat *Dialogus de bello contra Turcas*, dessen Titelblatt ein zweiköpfiger »Luther« ziert. Vgl. Bollbuck 2017, S. 217–220; Warnke 1984, S. 51f.

Abb. 9: Petrus Sylvius: *Luthers und Luzifers einträchtige Vereinigung*, Holzschnitt, 10,3 × 9,4 cm (Ill.), Leipzig: Michael Blum, 1535, Herzog August Bibliothek Wolfenbüttel, H: H 57a.4° Helmst. (14)

Quelle: © Herzog August Bibliothek Wolfenbüttel.

wandels als ein Signum des Bösen, wie es schon Augustinus im *Gottesstaat* charakterisiert hatte, in dem von dessen proteischem Vermögen, also der Fähigkeit unendlicher Verwandlung, die Rede ist.[42]

Auch hinsichtlich der Diabolisierung folgte die katholische Seite denselben Strategien wie die reformatorische Partei, hatte diese den Papst doch be-

---

42 Augustinus verweist auf den 2. Korintherbrief (»Satan selbst verkleidet sich in einen Engel des Lichts«, 11,14) und warnt: »›Er wandelt sich in alle möglichen Gestalten‹ (Vergil, Georg. 4, 411), so tritt er auf, bald feindselig als Verfolger, bald arglistig als Helfender, in beiden Gestalten als Schadenstifter.« Augustinus 1979, Bd. 1, S. 637.

reits früh als Antichristen identifiziert.⁴³ Besonders eindrücklich illustriert dies der Titelholzschnitt eines 1535 von Petrus Sylvius in Leipzig veröffentlichten Traktats: Unter dem Titel *Luthers und Luzifers einträchtige Vereinigung* (Abb. 9) reichen sich dort Reformator und Teufel die Hand, wobei der Geistliche mit seiner Linken zugleich die Heilige Schrift berührt.⁴⁴ Zusätzlich zur Besiegelung des Bundes scheint ein kleiner Dämon dem Reformator teuflische Gedanken einzuflüstern, was ein Detail aus Albrecht Dürers berühmtem Kupferstich *Der Traum des Doktors* in Erinnerung ruft.⁴⁵ Luther als einen Meister satanischer Verstellung und Versucher Christi präsentiert überdies Barthel Bruyn in einem großformatigen Gemälde aus dem Jahre 1547, das zur Ausgestaltung des Kölner Karmeliterklosters gehörte und das in der linken unteren Ecke den im bischöflichen Gewand knienden Stifter zeigt.⁴⁶ Es handelt sich um eine Darstellung der in den Evangelien beschriebenen Versuchungen Jesu (Mt. 4; Lk. 4), wobei Bruyns Teufel in Gestalt des Reformators auftritt.⁴⁷ Mit ernstem Gesicht fordert er den Gottessohn, der zuvor vierzig Tage und Nächte lang gefastet hat, auf, einen Stein in Brot zu verwandeln, verrät sich gegenüber dem Betrachter aber durch seine klauenartigen Finger. Zusätzlich ragt unter seiner Kutte ein geringelter Schwanz hervor, wodurch auch die Krallenfüße des teuflischen Verführers zum Vorschein kommen.

Gerade in den späten Lebensjahren Luthers bot dessen wachsende Leibesfülle eine zusätzliche Angriffsfläche für Invektiven. In ihrer inspirierenden Studie *Der feiste Doktor* hat Lyndal Roper gezeigt, wie sehr Luther selbst eine Körper-Rhetorik beförderte, die den adipösen Leib aus der Lasterikonografie lösen und zu (s)einem positiven Signum machen sollte.⁴⁸ Dies hinderte seine Gegner jedoch nicht daran, über die Darstellung des beleibten Reformators negative,

---

43 Allerdings sind auch vorreformatorische Darstellungen bekannt, die den Papst als teuflisches Wesen verunglimpfen.
44 Schon Brosamers *Sieben Köpffe Martini Luthers* lesen ohne positive Folgen in der Bibel. Petrus Sylvius, *Luthers und Lutzbers eintrechtige Vereinigung/so in XXII Eygenschfften sindt allenthalben gleychförmig verfüget*, Leipzig: Blum 1535.
45 Albrecht Dürer, *Der Traum des Doktors (Allegorie des Müßiggangs)*, 1498/1499, Kupferstich. Wie ausdauernd das Motiv des teuflischen Ohrenblasens in Bezug auf Luther rezipiert wurde, zeigt ein 1681 in Antwerpen veröffentlichter Kupferstich. Gaspar Bouttats, *Luther mit ohrenbläserischem Teufel (Prudencio de Sandoval: Historia de la vida y hechos del Emperador Carlos V.)*, Antwerpen 1681.
46 Bartholomäus Bruyn d. Ä. und Werkstatt, *Die Versuchung Christi*, 1547, Öl auf Holz, 185 × 119 cm, Bonn, LVR-LandesMuseum Bonn.
47 Das Aussehen Luthers erinnert dabei an jene Porträts des Reformators, die um 1530 entstanden sind.
48 Vgl. Roper 2012.

in der Bildtradition verankerte Konnotationen aufzurufen. So behielten übergewichtige Charaktere im Rahmen bildlicher Lasterdiskurse einen festen Platz, wobei die Fettleibigkeit seit dem Spätmittelalter eng mit der Todsünde der Völlerei (*gula*) verknüpft war.[49] Auffällig ist, dass entsprechende Rollen häufig von Äbten oder doch immerhin Klerikern verkörpert wurden. So thront etwa in der unteren rechten Ecke von Boschs *Heuwagentriptychon* ein fettleibiger, zweifelsohne negativ konnotierter Mönch in einem Lehnstuhl, der einer betenden Nonne sein geleertes Glas entgegenhält.[50] Und auch in Hans Holbeins *Imagines mortis*, die im Sinne einer Ständekritik funktionieren, wird der vom Tod entführte *Abt* über seine ausgesprochene Feistigkeit charakterisiert.

Mit der Omnipräsenz der Lutherporträts im Medium der Druckgrafik eröffneten sich der Bildsatire zudem erweiterte Möglichkeiten, darunter das neu entstehende Kryptoporträt. Im Unterschied zu repräsentativen Darstellungen, wie sie etwa in Form von Stifterbildnissen geschaffen wurden, kamen diese gleichsam wie Schmuggelware daher. Indem sie den historischen Personen eine (fiktive) Rolle innerhalb einer Bilderzählung zuwiesen, konnten sie dem Geschehen eine weitere, unerwartete Bedeutungsebene verleihen, was dem Betrachter das Wiedererkennen an unerwarteter Stelle abverlangte. Um dies zu gewährleisten, musste der Porträtierte über einen ausreichenden Bekanntheitsgrad verfügen und seine Physiognomie über öffentlich zirkulierende Bilder hinreichend verbreitet sein, was im 16. Jahrhundert eigentlich nur auf Herrscher und wenige Gelehrte zutraf. Neben Erasmus lässt sich diese Publizität zweifelsohne auch für Luther konstatieren.

Einen feisten Prinz Karneval, hinter dem sich auf den zweiten Blick ein Kryptoporträt des dicken Luther verbirgt,[51] findet man zum Beispiel in einem der berühmtesten Werke der flämischen Kunst des 16. Jahrhunderts, nämlich in Pieter Bruegels d. Ä. *Kampf zwischen Karneval und Fasten* (Abb. 10).[52]

---

49 Vgl. Blöcker 1993, S. 112f.
50 Vgl. Wirth 2000, S. 21. Eine »säkularisierte« Version der Figur findet sich auf Boschs *Sieben Todsünden*-Tafel (*Die Sieben Todsünden* und *Die vier letzten Dinge*, Öl auf Holz, 120 × 150 cm, Madrid, Museo del Prado), wo der Charakter als Verkörperung der *Gula* leiblichen Genüssen frönt. Büttner hat darauf hingewiesen, dass das Gewand des an ihm zerrenden Kindes sichtbare Kotspuren trägt. Vgl. Büttner 2017, S. 150.
51 Vgl. Stridbeck 1956, S. 197f.
52 Die Tafel ist auf einem Stein in der linken unteren Bildecke mit BRVEGEL signiert und datiert. Pieter Bruegel d. Ä., *Der Kampf zwischen Karneval und Fasten*, 1559, Öl auf Eichenholz, 118 × 164,5 cm, Wien, Kunsthistorisches Museum, Gemäldegalerie. Van Mander erwähnt die Tafel in seiner Biografie und nennt deren Thema, wenn er schreibt: »Breughel hat auch einen Kampf zwischen Fasten und Fasching gemalt«. Mander 1991, S. 155–156. Eine grundlegende Deutung des Bildes liefert Stridbeck 1956, S. 192–206.

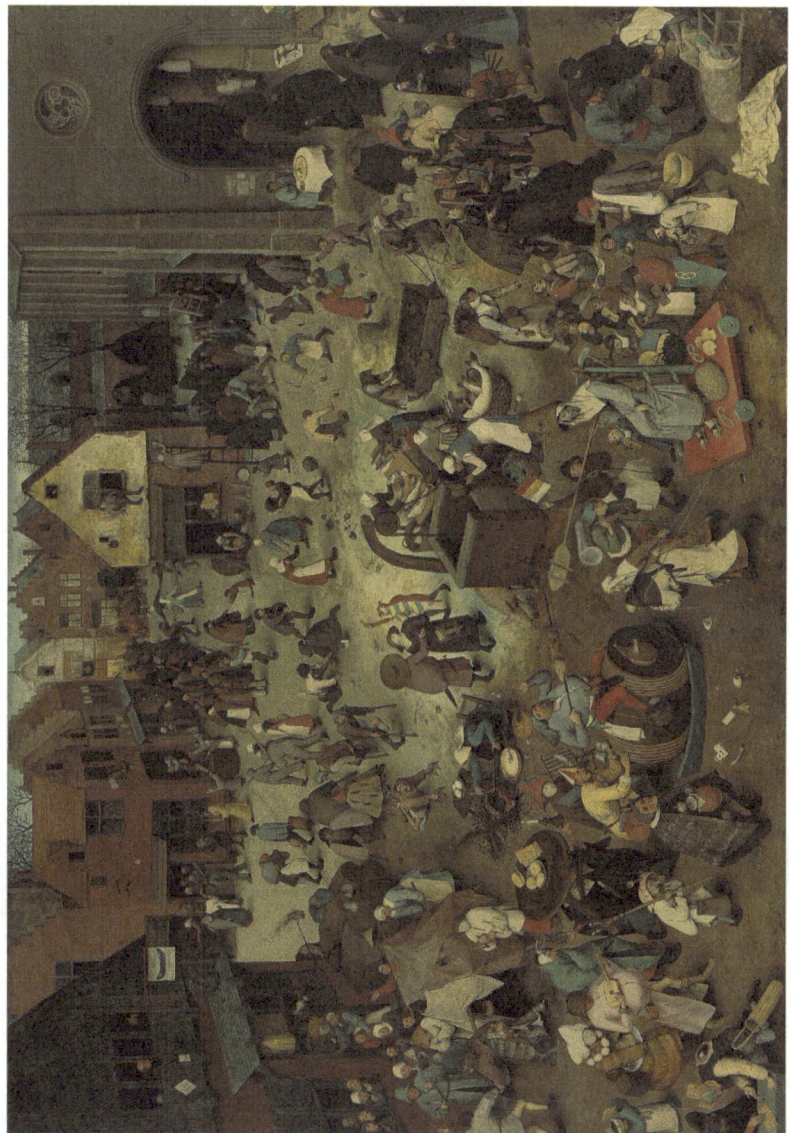

Abb. 10: Pieter Bruegel d. Ä.: *Kampf zwischen Karneval und Fasten*, 1559, Öl auf Holz, 118 × 164 cm, Wien, Kunsthistorisches Museum, Inv.-Nr. GG 1016

Quelle: Sellink, Manfred: Bruegel: The Complete Paintings, Drawings and Prints, Ghent 2007, Kat. 77, S. 131.

Das Bild datiert in das Jahr 1559 und gehört zu jenen drei großformatigen und in einem zeitlichen Zusammenhang entstandenen Tafeln, die sich durch einen extrem ansteigenden Bildraum und eine außergewöhnlich große Figurenzahl auszeichnen.[53] Mittig am unteren Bildrand erkennt man ein Turnier, bei dem die Personifikation des Fastens auf das Kryptoporträt des Reformators trifft. Der Künstler stellt ihn als Schlemmenden dar und spart in Bezug auf dessen Inszenierung nicht mit verspottenden Ausschmückungen. So hält die übergewichtige Gestalt in der Hand einen Spieß, auf dem der Kopf eines Spanferkels, ein gebratenes Hühnchen und Würste stecken. Sein Gemächt und damit seine Libido werden deutlich hervorgehoben, und auf seinem Kopf balanciert er eine Art Pastete, der auch seine Aufmerksamkeit zu gelten scheint. Dabei reitet er auf einem Fass, an dessen Stirnseite ein riesiger Schinken mit einem Messer befestigt ist. Seine Füße wiederum stecken in großen Kannen, die ihm als Steigbügel dienen. Mit seiner erhobenen Linken scheint er den Betrachter zu grüßen, dem ironischerweise die Rolle eines Saufkumpans zugewiesen wird. Prinz Karneval gegenübergestellt ist eine ausgemergelte Frau, die eine Backschaufel wie eine Lanze vor sich herträgt. Darauf liegen Heringe, und hinter ihrem Stuhl steht ein Topf mit Miesmuscheln. Charakterisiert wird sie durch Rute, Buch und Rosenkranz, die auf Höhe ihrer Hüfte angebracht sind. Zudem erinnert der Habit der Fastenden an die Ordenskleidung einer Franziskanerin. Gezogen wird ihr auf den katholischen Glauben verweisendes Prozessionswägelchen von zwei Figuren, deren Kleidung an Geistliche erinnert.[54]

In Bruegels Tafel bekämpfen sich Prinz Karneval und Frau Fasten, stehen sich Mann und Frau, dick und dünn, Fleisch und Fisch, lutherisch und katholisch sowie profan und klerikal gegenüber.[55] Indem Bruegel die Kontrahenten gegeneinander antreten lässt, charakterisiert er beide Konfessionen im Sinne der Extreme als töricht oder närrisch. Ergänzend dazu wird

---

53 Wie *Die Niederländischen Sprichwörter* und *Die Kinderspiele* berichtet die Komposition von der verkehrten Welt und bedient sich dabei einer ebenso drastischen wie übertreibend-komischen Bildsprache. *Die niederländischen Sprichwörter*, 1559, Öl auf Eichenholz, 117 × 163 cm, Staatliche Museen zu Berlin, Gemäldegalerie; *Die Kinderspiele*, 1560, Öl auf Eichenholz, 118 × 161 cm, Wien, Kunsthistorisches Museum, Gemäldegalerie.
54 Darüber hinaus findet sich auch eine gegensätzliche Deutung, die die abgemagerte Verkörperung der Fastenzeit als Vertreterin des Protestantismus, die wohlgenährte Gestalt des Prinz Karneval dagegen als Verkörperung des Katholizismus auffasste; dieser schloss sich zuletzt auch Roper an. Vgl. Roper 2012, S. 69, Anm. 91.
55 Vgl. Canuteson 1989/90.

den links im Bild angeordneten Wirtshäusern rechts eine Kathedrale mitsamt einer Aschermittwochsprozession gegenübergestellt. Diese Opposition setzt sich auch in der Geräuschkulisse fort, denn während auf der rechten Seite alles still vor sich zu gehen scheint und ein Kirchendiener Brotspenden und ein Weihwasserbehältnis mit sich trägt, sorgen in der linken Bildhälfte seltsam ausstaffierte Musikanten auf ihren Instrumenten für infernalischen Lärm. Zusätzlich wird der Konflikt beider Parteien in drastischer, Ekel provozierender Weise kommentiert: So ist oberhalb der Szene, und unmittelbar neben dem Kopf des aufgespießten Spanferkels ein Schwein damit beschäftigt, einen Kothaufen zu fressen. Es handelt sich um Details, die durchaus mit zeitgenössischen Schilderungen reformierter Karnevalsfeste übereinzubringen sind. Demnach lassen sich sowohl scherzhafte Nachstellungen kirchlicher Prozessionen unter Verwendung von Mistgabel und Mistwagen als auch Entweihungsakte nachvollziehen, bei denen Teilnehmer sakrale Gegenstände mit tierischen Exkrementen beschmutzten und auf kirchliche Altäre defäkierten.[56]

Es ist darauf hingewiesen worden, dass sich Bruegel für seine Tafel an einem Kupferstich Frans Hogenbergs orientiert hat.[57] Doch der Vergleich der beiden Darstellungen lässt die signifikanten Unterschiede deutlich werden: Während Hogenberg die Dualität des Menschen zum Thema macht und die Kirche ins Zentrum stellt, schiebt Bruegel diese an den rechten Rand und stellt sie dem Wirtshaus gegenüber. Zudem präsentiert er deutlich erkennbare Formen katholischer Frömmigkeit, die sich im Kupferstich nicht finden lassen. Dazu gehört der Bienenkorb auf dem Kopf der Fastenfigur, der ein gängiges Symbol der katholischen Kirche ist und auch in anderen Werken des Flamen Verwendung findet.[58] Doch ist das Bild keinesfalls nur komisch, wie das Motiv des Würfelspiels nahelegt, das Bruegel gleich zweimal an prominenter Stelle inszeniert. In der linken unteren Bildecke sind zwei verkleidete Männer in den Wettbewerb vertieft, während oberhalb des fackeltragenden Kindernarren zwei auf dem Boden kniende Jungen zum Wurf ausholen. Eine hell scheinende Laterne unmittelbar vor ihnen hebt diese Gruppe besonders hervor. Einem zeitgenössischen Betrachter wird angesichts dieser Szene das Würfeln der Schächer um den

---

56 Vgl. Scribner 1978, S. 304–307.
57 Vgl. Stridbeck 1956, S. 201.
58 Auch die *Spes* (Hoffnung) auf einer im gleichen Jahr entstandenen Bruegel-Zeichnung sowie auf dem Kupferstich Hieronymus Cocks trägt einen Bienenkorb auf dem Kopf. Vgl. ebd., S. 144, 197; Müller 2014, S. 134f.

Rock Christi in Erinnerung gekommen sein und damit ein Bild für die Unteilbarkeit der Kirche, womit der Konfessionsstreit gleichnishaft, aber eben nicht grotesk kritisiert wäre.[59] Wiederholt und variiert wird die Kritik an den Konfessionen auch in den zwei 1563 erschienenen und auf Zeichnungen Bruegels basierenden Kupferstichen der *Fetten* (Abb. 11) und *Mageren Küche* (Abb. 12). Die Komik der von Hieronymus Cock herausgegebenen und von Pieter van der Heyden gestochenen Blätter gründet auf der Übertreibung und proportionalen Umkehrung sowohl katholischer als auch protestantischer Tugenden. So sind hier ein weiteres Mal dick und dünn, Fleisch und Fisch, Agilität und Lethargie, Hilfsbereitschaft und Missgunst ungleich verteilt. Dabei werden dem dicken Gast in der *Mageren Küche* Fastenspeisen präsentiert, wobei die Dringlichkeit, mit der der Gast in die Stube genötigt und ihm Nahrung angeboten wird, den katholischen Wunsch manifestiert, sich durch ein gutes Werk einen Platz im Himmel zu sichern. Im Umkehrschluss sehen sich die Protestanten in der *Fetten Küche* dem Vorwurf der Völlerei, der Unmäßigkeit und Herzlosigkeit ausgesetzt und es ist sicher kein Zufall, dass der trinkfreudige Mönch an der dortigen Tafel daran erinnert, dass auch der Reformator ehemals Augustinerchorherr war.[60] Ein weiteres Beispiel ernsthaft kritischen Bildeinsatzes in Verbindung mit einem politischen Kommentar zu Luthers unseliger Rolle in dem Konflikt zwischen Gemeinen und Obrigkeit können wir überdies Hans Sebald Behams riesigem Holzschnitt der *Großen Kirchweih* von 1535 entnehmen. Glauben wir auch zunächst, es mit einem katholischen Fest zu tun zu haben, bei dem Hochzeit und Patrozinium zugleich gefeiert werden, offenbart sich bei genauerem Hinsehen eine Kritik am Reformator. So entpuppt sich einer der Festteilnehmer, wie Alison Stewart entdeckt hat, auf den zweiten Blick als Luther.[61] Folgt man Wolf Seiter, lässt sich dessen zentrale Anordnung zwischen einem bewaffneten Bauern und einem Landsknecht als kritische Anspielung auf Luthers Verhalten während des Bauernkriegs verstehen.[62] In intensiver Form hatte sich der Reformator den radikalen Forderungen Thomas Müntzers entgegengestellt und in seiner 1525 erschienenen Schrift *Wider die räuberischen und mörderischen Rotten der Bauern* zur Ermordung der Bauern aufgerufen, eine Position, die er ein Jahr später noch einmal

---

59 Vgl. Müller 2017, S. 30.
60 Vgl. Müller 2014, S. 196–199.
61 Vgl. Stewart 2008, S. 117–118.
62 Vgl. Seiter 2011.

Abb. 11: Pieter van der Heyden (Stecher) nach Pieter Bruegel d. Ä.: *Die fette Küche*, 1563, Kupferstich, 26,7 × 34,9 cm (Blatt), 22,5 × 29,7 cm (Platte), Kunstmuseum Basel, Kupferstichkabinett, Inv.-Nr. X.2352

Quelle: Basel, Kunstmuseum, Kupferstichkabinett (gemeinfrei).

Abb. 12: Pieter van der Heyden (Stecher) nach Pieter Bruegel d. Ä.: *Die magere Küche*, 1563, Kupferstich, 25,4 × 34,3 cm (Blatt), 22,6 × 29,6 cm (Platte), Kunstmuseum Basel, Kupferstichkabinett, Inv.-Nr. X.2351

Quelle: Basel, Kunstmuseum, Kupferstichkabinett (gemeinfrei).

untermauerte, indem er die Rechtmäßigkeit der Niederschlagung durch »kriegsleutte« hervorhob.[63] Luthers Position wurde in der Folge aus unterschiedlichen Richtungen kritisiert. Dabei zielte das 1526 unter dem Titel *Anzaigung zwayer falschen Zungen des Luthers wie er mit der ainen die paurn verfüret/mit der andern sie verdammet hat* erschienene Flugschrift des Franziskaners Johann Fundling darauf ab, den Reformator als charakterlos und doppelzüngig zu denunzieren, wobei der Titelholzschnitt (Abb. 7) Luther im Gespräch mit einem bewaffneten Bauern zeigt.

Darüber hinaus enthält der in Nürnberg bei Glockendon verlegte Beham-Holzschnitt eine Vielzahl bösartiger Kommentare.[64] Ebenso wichtig wie die jeweiligen ikonografischen Elemente zu präzisieren, ist der Verweis auf die in dem Blatt präsente dissimulierte Kritik und Inversion, die der aktiven Deutung durch den Betrachter bedarf. Es versteht sich von selbst, dass diese subversive Vorgehensweise nötig war, wenn man Partei für die Bauern in einer lutherisch geprägten Stadt ergriff. Zahlreiche Werke der Behams argumentieren gegen Luther und die katholische Kirche zugleich, leisten dies jedoch in einer verbergenden Form, um der Anklage und Verfolgung zu entgehen.[65]

---

63 Martin Luther, *Ob kriegsleutte auch ynn seligem stande seyn kuenden*, Wittenberg: Hans Barth 1526.
64 Vgl. Seiter 2011.
65 Vgl. Müller/Schauerte 2011, dort insbesondere Schwerhoff 2011.

Neid und Geiz der Konfessionen

Abb. 13: Georg Pencz: *Die Bestrafung des Neidischen und des Geizigen*, Holzschnitt, 17,9 × 27,9 cm, Nürnberg: Nikolaus Meldemann, 1531
Quelle: *Die Welt des Hans Sachs. 400 Holzschnitte des 16. Jahrhunderts*, hgg. von den Stadtgeschichtlichen Museen (Ausstellungskataloge der Stadtgeschichtlichen Museen Nürnberg 10), Nürnberg 1976, Kat. 93, S. 108.

Neben Sebald und Barthel Beham war auch Georg Pencz einer der »gottlosen Maler«, die 1525 in Nürnberg ins Gefängnis geworfen und der Heterodoxie angeklagt wurden. Zahlreiche der in den Prozessakten erhaltenen Anmerkungen zeigen seine kritische Haltung gegenüber der Kirche, weshalb er aus Nürnberg verbannt wurde.[66] Dies ist wichtig zu wissen, wenn man einen Holzschnitt von Pencz (Abb. 13) betrachtet, der ein vermutlich 1531/32 entstandenes Gedicht von Hans Sachs illustriert.[67] Die Flugblatt-Illustration ist gleichfalls in Verdacht geraten, ein bisher unentdeckt gebliebenes Kryptoporträt des Reformators zu enthalten. Als Vorlage der Handlung diente

---

66 Vgl. Schwerhoff 2011.
67 Georg Pencz, *Die Bestrafung des Neidischen und des Geizigen*, Illustration zu *Wer zu vil wil haben dem wirdt zu wenig Und wer schaden leyt, auff das ander geschedigt werden, der ist neydig*, Holzschnitt, 17,9 × 27,9 cm, Nürnberg: Nikolaus Meldemann 1531.

dem Dichter eine Fabel des Avianus. Sie handelt von Jupiter, der Phoebus/ Apoll auf die Erde geschickt hat, um das wechselhafte Wesen der Menschen zu erforschen. Der Gesandte trifft auf einen geizigen und einen neidischen Menschen. Um ihren Charakter zu prüfen, gibt er ihnen einen Wunsch frei, wobei das, was sich der erste wünscht, dem zweiten doppelt gegeben werden soll. Der Geizige lässt seinem Konkurrenten den Vortritt, um nicht mit weniger aus dieser vermeintlich glücklichen Situation hervorzugehen. Der Neidische durchschaut dieses Taktieren des Geizigen und wünscht sich, den eigenen Schaden billigend in Kauf nehmend, dass man ihm ein Auge aussteche, wissend, dass dies die vollständige Blendung des Geizigen zur Folge haben wird.

Pencz illustriert die Fabel folgendermaßen: In einer Wolke vor ansonsten klarem Himmel sieht man Jupiter, der die Szenerie beobachtet. Er weist auf den gleichfalls gekrönten Gott Phoebus/Apollon, der links unter ihm auf einem aus Voluten renaissancehaft gebildeten Thron sitzt. In seiner rechten Hand hält dieser sein Zepter, während er die Linke mit sprechender Geste ausgestreckt hat. Seine Aufmerksamkeit gilt dem grausamen Hauptgeschehen des Blattes: Auf einem Podest sitzen zwei Männer, die jeweils mit Seilen um ihren Bauch und mit eisernen Bändern um ihren Hals an einen hölzernen Balken gefesselt sind.

Der Linke der beiden trägt über seinen engen hellen Beinkleidern eine kurze geschlitzte Hose sowie ein Wams. Auf dem Kopf trägt er eine flache Kappe, unter der sein gewelltes Haar hervortritt. Sein Gesicht ist fleischig, die Stirn angestrengt. Zwar ist dem Mann – bei dem es sich um den Neidischen handelt – soeben sein linkes Auge ausgestochen worden, seine insgesamt jedoch entspannt wirkende Körperhaltung aber verdeutlicht auf erschreckende Weise, mit welcher Genugtuung und mit welchem Gleichmut er die Tortur hingenommen hat.

Auf der Bank neben ihm sehen wir, wie der Geizige im Begriff ist, seine Marter zu erfahren. Der Mann, der einen dunklen knielangen Rock trägt, hat sein rechtes Auge bereits eingebüßt und der Henker ist gerade dabei, ihm auch noch das linke herauszuschälen. Um den Schmerz besser zu ertragen, beißt er auf einen länglichen Gegenstand; sein linkes Bein hat er zudem vor lauter Pein abgespreizt. An der Hose des konzentriert zu Werke gehenden Folterknechts, der ein Wams mit aufwändig geschlitzten Ärmeln und ein geschlitztes Barett trägt, hängt ein schwerer Geldsack, der auf die Unlauterkeit seines Berufes hinweist.

Abb. 14: Monogrammist IB (Georg Pencz?): *Martin Luther als Prediger*, 1530, Kupferstich, 8,7 × 7 cm, Washington, D. C., National Gallery of Art, Inv.-Nr. 1943.3.5801
Quelle: Courtesy National Gallery of Art, Washington.

Die Fabel, die hier als Einblattdruck in Gedichtform ausgearbeitet wurde, war Sachs sicher aus Fabelsammlungen bekannt. Auf Deutsch und in illustrierter Form erschienen vor 1531 beispielsweise die Sammlungen von Heinrich Steinhöwel oder Sebastian Brant.[68] Neid und Geiz gehören zu den sieben Hauptlastern, wobei dem Neid in der Fabel eine deutlich schlechtere Bewertung beigemessen wird als dem Geiz, denn der Neid nimmt selbst den eigenen Schaden in Kauf, weil er dem anderen keinen Vorteil gönnt. Die Figur des Neidischen trägt ohne Zweifel die Züge Martin Luthers. Die Kappe

---

68 Steinhöwels Fabelsammlung erschien zuerst 1476/77 bei Johann Zainer in Ulm; der Ausgabe folgten zahlreiche Neuauflagen. Aesopus, *Vita et Fabulae*, Prosabearbeitung des Romulus nebst Vita in der Übers. des Rinucius und Fabeln aus anderen Sammlungen, lat. mit der deutschen Übers. von Heinrich Steinhöwel, Ulm: Johann Zainer d. Ä., um 1476/77. Bereits die Illustration der Fabel in Brants 1501 erschienener Aesop-Ausgabe verbildlicht das Ausstechen der Augen in ähnlicher Weise. Vgl. Sebastian Brant, *Fabelbuch des Äsop* (Esopi appologi sive mythologi: cum quibusdam carminum et fabularum additionibus), Basel: Jacob von Pfortzheim, 1501, S. 205. Abb.: http://mateo.uni-mannheim.de/desbillons/esop/seite205.html.

und die gesamte Physiognomie ähneln jenem grafischen Porträt (Abb. 14) des Reformators, das Pencz selbst 1530 angefertigt hatte und das auf einem Brustbild Cranachs basierte.[69] Die Fabel steht auf den ersten Blick in keinem erkennbaren Zusammenhang mit spezifisch reformatorischen Ideen, ist aber mit der Kritik an der Uneinsichtigkeit der beiden Männer durchaus auf die Reformationsparteien zu übertragen.

Durch die Identifizierung der Figur mit dem ausgestochenen Auge als Luther ergibt sich eine weiterführende Möglichkeit der Interpretation. So liegt es vor diesem Hintergrund nahe, den Geblendeten mit der katholischen Kirche zu identifizieren. Die zwei im Hintergrund sichtbaren Wege, von denen der rechte wohl zu einer Kirche und der linke in ein Dorf ohne erkennbare sakrale Architektur führt, können als weitere Elemente gelten, die diese Deutung nahelegen. Identifizieren wir also den Einäugigen mit Luther, so unterstellen wir der Reformation hierdurch blinden Neid auf die katholische Kirche, die ebenso missgünstig wie der Reformator der anderen Partei nur das Böse wünscht und damit sich selbst schadet. Die Aussage ist demnach konfessionskritisch – lehnt sie doch beide Parteien gleichermaßen ab, was für ein Festhalten Pencz' an seinen spiritualistischen, in der Nachfolge Sebastian Francks stehenden Überzeugungen spricht, die im bereits genannten Prozess der »gottlosen Maler« offenbar geworden waren.[70]

Nicht zuletzt zeigt dieses Beispiel, dass mit der Verwendung von Kryptoporträts zugleich eine bisher wenig beachtete Möglichkeit der Autoritätsbestreitung einhergeht. Solange der Bildautor dabei selbst aus konfessioneller Perspektive spricht, sind Kritik und die dazugehörigen Topoi klar zu erkennen. Dies ändert sich, wenn beide konfessionellen Lager kritisiert werden sollen. Dann hält sich der Künstler zurück, um dem Bild einen latenten Bildsinn einzuschreiben, der vom Betrachter aktualisiert werden kann. Ambivalenz und Unsicherheit der Identifizierung sind Teil dieser Strategie, die den Betrachter zum eigentlichen Kritiker macht. Die spontane Erkenntnis einer bestimmten Figur lässt eine Nebenperson zur Hauptfigur werden und verändert die Bewertung der gesamten Bildaussage. Die eigentliche Leistung des Kryptoporträts besteht hierbei darin, dass es als Clavis interpretandi den Rezipienten zu bestimmten Schlussfolgerungen führt, ohne diese selbst aussprechen zu müssen.

---

69 Monogrammist I B (Georg Pencz?), Martin Luther als Prediger, 1530, Kupferstich, 8,5 × 6,8 cm, Nürnberg, Germanisches Nationalmuseum.
70 Vgl. Schwerhoff 2011.

Mönch und Magd im Wirtshaus

Abb. 15: Leonhard Beck: *Mönch und Magd*, Holzschnitt, 23,9 × 32,7 cm, Berlin, Staatliche Museen zu Berlin, Preußischer Kulturbesitz, Kupferstichkabinett

Quelle: Messling, Guido: The New Hollstein. German Engravings, Etchings and Woodcuts 1400–1700: Leonhard Beck, Bd. 1, Ouderkerk aan den IJssel 2007, Kat. 133, S. 173.

Weniger um ein Kryptoporträt als vielmehr um ein derart populäres Ereignis, dass es für kritische Diskussionen sorgte, geht es in einem Werk des Augsburger Malers Leonhard Beck, das bisher ebenfalls nicht als Luthersatire aufgefasst worden ist.[71] Die Handlung des Holzschnitts *Mönch und Magd* (Abb. 15) spielt sich zwischen fünf Personen ab, die sich um einen gedeckten Tisch gruppiert haben. An dessen linkem Ende sitzt ein jüngerer Mönch neben einer jungen Frau, die eine Netzhaube und ein hochgeschlossenes Kleid trägt. Während der Mönch seine rechte Hand in die ihre bettet, offeriert er dem gegenüberstehenden Bauern mit links eine der Münzen, die vor ihm auf

---

71 Leonhard Beck, *Mönch und Magd*, Holzschnitt, 23,9 × 32,7 cm, Berlin, Staatliche Museen zu Berlin, Kupferstichkabinett. Eine Übersicht der einzelnen Erwähnungen findet sich bei Messling 2007, S. 172.

dem Tisch liegen. Während er den Mann, bei dem es sich offensichtlich um den Vater der jungen Frau handelt, anlächelt, scheint dieser mit der Verbindung seiner Tochter nicht einverstanden zu sein. So hat er seine rechte Hand an den Schwertgriff gelegt, sein Redegestus ist ablehnend und er scheint aufgewühlt. Hinter ihm steht, der Szene abgewandt, aber schmunzelnd, die Mutter des Mädchens. Am linken Bildrand wiederum überblickt ein alter, im Profil dargestellter Mönch die Szene. Scribner hat das Blatt als typisches Beispiel reformierter Bildpropaganda bezeichnet und Vergleiche zu Becks Holzschnitt *Mönch und Esel* gezogen.[72] Allerdings ignoriert er bei seiner Wiedergabe des Inhalts, dass die allen fünf Personen beigegebenen Spruchbänder mit Buchstaben bezeichnet sind, diese also, wie Guido Messling festgestellt hat, in einer bestimmten Reihenfolge zu lesen sind.[73] Demnach hat zunächst der Vater das Wort »Münch du hast mich betrogen | und mir mein dochter ab erlogen«. Darauf antwortet der Mönch: »Pauer dein dochter wil ich verdingen | und dein sach zum gutten bringen«, woraufhin die junge Frau erwidert: »Vatter dÿ sach hab ich nit recht vernomen | sunst wer ich nit zuo den münch komen« – sie scheint sich also über die genaue Gegenleistung für den Handel gar nicht im Klaren zu sein. Was hat die Mutter dazu zu sagen? »Ach můß ich leiden dissen grossen spott | an meinem kindt das klag ich gott.« Ihre Worte deuten darauf hin, dass sie unglücklich über das Schicksal ihrer Tochter und vielmehr noch über die damit verbundene Schande ist. Allerdings verrät ihr Schmunzeln hinter vorgehaltenem Umhang, dass ihre Worte nicht recht ernst zu nehmen sind. Zusätzlich erlaubt das angehobene Kleidungsstück einen Blick auf ihren großen Geldbeutel, der auffallend an ihrem Gürtel platziert ist. Er stellt einen deutlichen Hinweis auf die Geldgier der Frau dar und lässt Zweifel an der Aufrichtigkeit ihrer Klage aufkommen. Der abschließende Kommentar des alten Mönchs lautet: »Der sach muß ich swigen still | doch ist es nit meinen will.« Zwar ist er demnach Zeuge des Ganzen, doch scheint es gegen seinen Willen zu geschehen.

Der Holzschnitt erlaubt gleich mehrere unterschiedliche und zum Teil widersprüchliche Lesarten. Auf der ersten Ebene der reinen Bildbetrachtung und ohne die Spruchbänder zu beachten – oder in der Rolle eines Analphabeten – fühlen wir uns an eine Bordellszene erinnert: Mann und Frau sitzen am Tisch, die Hände ineinandergelegt, man ist sich einig über den Handel, es wird getrunken, Geld liegt herum. Einzig der stehende Mann rechts

---

72 Vgl. Scribner 1994, S. 38–41; Messling 2007, S. 154, Abb. S. 155.
73 Vgl. Messling 2007, S. 172.

scheint Einwände zu haben. Die Frau, die kaum älter wirkt als jene am Tisch, mag die Rolle der Kupplerin eingenommen haben. Zufrieden wendet sie sich ab. Damit stünde die Szene im Zusammenhang mit antikatholischen, gegen den unlauteren Lebenswandel der Mönche gerichteten Bildsatiren, wie sie sich auch von Beck erhalten haben.[74] Zieht man die Spruchbänder hinzu, ergibt sich jedoch ein ganz anderes Bild. Plötzlich handelt es sich um eine Szene, bei der der junge Mönch das Mädchen unter falschen Versprechungen gelockt hat, um sie in der Folge ihrer Unschuld zu berauben. Dass sie sich als Magd verdingen soll, ist eine Lüge, geht es doch in Wirklichkeit um Sexualität. Der Vater, der vom Mönch als »Pauer« angesprochen wird, ist wütend und zum Äußersten bereit, weshalb er seine Hand schon an den Schwertgriff gelegt hat. Dabei sticht ins Auge, dass der vermeintliche Bauer seiner Kleidung nach nicht als solcher gekennzeichnet ist. Vielmehr erinnert er mit Sporen und Kopfbedeckung an einen Jäger, wie wir ihn beispielsweise in Georg Pencz' *Klagred der neun Musen* zu sehen bekommen.[75] Damit würde er eindeutig einem höheren Stand angehören, zumal die Jagd ein herrschaftliches Privileg darstellt. Bild und Textbeigaben erzeugen hier also bereits erste Unstimmigkeiten.

Bisher hat man den Holzschnitt aufgrund seiner merkwürdigen Inschrift »Triumpff im ·1523· Jare« auch stets etwas vorschnell in dieses Jahr datiert.[76] Stattdessen sollte zunächst einmal die Inschrift als solche verstanden werden. Sie fordert mit ihrer prominenten Anbringung den Betrachter geradezu heraus, mehr als einmal hinzuschauen und sich zu fragen, welcher Triumph hier eigentlich gemeint sein könnte. So lassen sich in den Darstellungen von Mönch und Mädchen versteckte Porträts von Martin Luther und Katharina von Bora erkennen. Der Aufzug des Vaters und vermeintlichen Bauern als Jäger erklärt sich dann aus der adeligen Herkunft Katharinas. Bei dem alten Mönch wiederum könnte folglich auf Luthers Lehrer, Freund und Beichtvater Johann von Staupitz angespielt werden. Dies ergäbe insofern Sinn, als Staupitz' Schwester Magdalena, genau wie Katharina, zu jenen Nonnen gehörte, die 1523 aus dem Kloster flohen und die durch die Vermittlung Luthers ebenfalls heirateten.[77]

---

74 Vgl. Anm. 72.
75 Georg Pencz, *Die neun Musen und der Jäger*, Flugblatt-Illustration zu Hans Sachs, *Clagred der Neün Muse oder künst uber Teütschlandt*, 1535, Holzschnitt, 37,3 × 28,7 cm, Gotha, Stiftung Schloss Friedenstein Gotha. Vgl. Buskirk 2011.
76 Vgl. Scribner 1994, S. 38–40.
77 Vgl. Roper 2017, S. 352f.

Vor diesem Hintergrund sollte eine Korrektur der Entstehungszeit des Holzschnitts auf frühestens 1525, dem Jahr der Hochzeit der beiden, in Betracht gezogen werden. Der beschriebene Triumph im Jahre 1523, auf den sich der Holzschnitt demnach bezöge, wäre die österliche Flucht Katharinas zusammen mit elf weiteren Nonnen aus dem Kloster zu Nimbschen bei Grimma. Diese wurde von Luther begrüßt und unterstützt, wie er im Nachhinein bekannte – in einem Brief bedankt er sich bei seinem Freund, dem Fluchthelfer Leonhard Koppe.[78] Schon seit 1520 hatte sich Luther wiederholt zur Ehe und gegen den Zölibat geäußert, darunter in seiner Schrift *An den Christlichen Adel deutscher Nation von des Christlichen standes besserung*. Nur wer Keuschheit halten könne, ohne dass ihn die Entsagung plage, solle auch enthaltsam leben. Für alle anderen sei das keusche Klosterleben hingegen eine unnütze Last.[79]

Flucht und Hochzeit der Nonnen und insbesondere die Heirat des ehemaligen Mönchs Luther und der Nonne Katharina sorgten für Spott und heftige Anfeindungen. Noch 1528 erschien die Schmähschrift von Joachim von der Heyden und 1530 diejenige von Johann Hasenberg, die Katharinas Entscheidung verurteilten und sie von einer Rückkehr in ihr geistliches Leben überzeugen wollten.[80] Auch Heinrich Aldegrevers Stich mit dem sich im Wald vergnügenden monastischen Paar von 1530 ist vor dieser Folie gelesen worden.[81] Luther als »Nonnenverführer« findet sich zudem auf einem Flugblatt von Abraham Nagel aus dem Jahre 1589 dargestellt, das gleich mehrere Schlagbilder zu synthetisieren weiß.[82] Zum einen wird dabei auf das Schema des siebenköpfigen Reformators zurückgegriffen, wie wir es ja schon im Kontext von Cochläus kennengelernt haben, zum anderen wird der Reformator zu einem weinseligen Silen mit großem Trinkbecher stilisiert, der die Nonne durch Alkohol zu verführen sucht.

Die scheinbare Eindeutigkeit des Holzschnittes von Leonhard Beck, die durch die Spruchbänder suggeriert wird, steht demnach in Frage. Was sich zunächst wie eine Mönchssatire ausnimmt, wird durch die Erkenntnis der wahren Identität von Mönch und Nonne zu einer Spöttelei über die Hoch-

---

78 Vgl. ebd., S. 353, Anm. 4.
79 Vgl. WA 6, S. 440,15–443,24; siehe auch Kaufmann 2014, S. 296–323.
80 Vgl. Roper 2017, S. 364.
81 Heinrich Aldegrever, *Mönch und Nonne*, 1530, Kupferstich, 9,2 × 7,0 cm, Dresden, Staatliche Kunstsammlungen Dresden, Kupferstich-Kabinett.
82 Abraham Nagel, *Delineatio malae arboris Lutheranae*, 1589, Holzschnitt, 35,7 × 23,8 cm (Bildteil), Wolfenbüttel, Herzog-August-Bibliothek.

zeit des Reformators – nur so ist die Verbindung der Hände zu deuten. Dabei wird ein ironisches Spiel getrieben, in dem die Unbedarftheit der Nonnen – und eben auch jene Katharinas –, die angeblich gar nicht so recht wussten, was nach der Flucht mit ihnen geschehen wird, vorgeführt. Der katholische Mönch aber wird zu einem rechten Schalk, der als Knecht seiner Libido erscheint und sich als kein Geringerer als Martin Luther herausstellt. Die Inschrift erlaubt indes noch eine weitere Auslegung, zeigt sie doch an, dass es sich bei der dargestellten Szene um ein Bild des Triumphs der reformatorischen Partei handelt, der durch die skandalöse Hochzeit der beiden erlangt wurde. Selbst das Entstehungsdatum des Holzschnitts wird fingiert, wodurch dem Betrachter zunächst eine unverdächtige Lesart nahegelegt wird.

In der vorliegenden Untersuchung ging es uns nicht allein darum, Luthersatiren kritisch in den Blick zu nehmen. Vielmehr sollten auch die neuartigen semantischen Bildverfahren benannt werden, die von der herabsetzenden Rhetorik zu unterscheiden sind, innerhalb derer menschliche Körperlichkeit in all ihrer Profanität und mit all ihren Defiziten als Gegenstand und Anlass spöttischer Devaluation erscheint. Als neuartig stellte sich die Bildpraxis einiger Werke insofern heraus, als dass aus den humoristischen Darstellungen vermeintlich katholischer Positionen Invektiven gegen die Person Martin Luthers und seiner Reformationsbewegung erwuchsen. Gleichzeitig zeichnen sich zwei verschiedene Spielarten invektiver Bildkommunikation ab, die sich jeweils einer eigenen Form von Komik bedienen und sich nicht zuletzt dadurch unterscheiden lassen, dass sie den Körper in unterschiedlicher Weise adressieren. So bedient sich die Invektive im engeren Sinne einer Argumentation *ad hominem*, indem sie Luther als Person diffamiert und für jeden ersichtlich verspottet. Körperlichkeit ist hier Teil einer derben Komik, die Luthers adipösen Leib klassisch als negatives Signum der Lasterhaftigkeit deutet. Fettleibigkeit wird visuell mit Fresssucht verknüpft und zusammen mit dem Fäkalen in der niederen Sphäre menschlicher Kreatürlichkeit verortet, wo sie gleichermaßen mit dem Gelehrtenideal wie mit dem Heiligen kontrastiert. Anders agiert die satirische Bildrhetorik, die zu polemisieren beabsichtigt, indem sie etwa Luthers Reformationsbewegung als Ausgangspunkt konfessioneller Spaltungen inszeniert. Hier dient Luthers Körper der Identifizierung und Wiedererkennung. Die Polemik richtet sich dabei nicht primär gegen seine Person, sondern versucht den Betrachter gegen die mit der Reformation einhergehenden Entwicklungen einzunehmen. In diesem Zusammenhang geht es weniger um derbe Komik als vielmehr um mehrdeutige Ironie, die vor allem über Inversion und das Spiel mit Erwartungshaltungen operiert. Eine weitere im Rahmen der Untersuchung gemachte Feststellung betrifft die mehrfache Kodierung des menschlichen Körpers. Dieser kann im Sinne des Lasters und der Sünde als Möglichkeit der Herabsetzung dienen, er kann aber auch als Bindeglied der Rezeption eine Identifikation auf Seiten der Betrachter mit dem Dargestellten erzeugen. Schließlich bietet er die Möglichkeit zu Meinungsbildung und kausaler Evidenz; er ist schiere Natur und als solche eine Art Letztbegründung. Wie differenziert diese drei Fundamente des Körperlichen zum Einsatz gebracht wurden, haben die untersuchten Beispiele aufgezeigt.

Zusammenfassend seien unsere Ergebnisse dahingehend präzisiert, dass wir festzustellen haben, das mit der Reformation nicht nur eine derbe, sondern auch eine ironische Bildsprache entsteht. Darüber hinaus kann unser Beitrag mit den beiden neuentdeckten Luthersatiren als weiterer Beleg dafür gelten, dass nicht immer nur aus der Perspektive lutherischer oder katholischer Perspektive argumentiert wurde. Stattdessen sind die Beham-Brüder, Pencz, Bruegel und vielleicht auch Beck möglicherweise in der Lage, sowohl die eine als auch die andere Seite zu invektieren, was allerdings einer weiterführenden Untersuchung bedürfte. Vor dem Hintergrund unserer Forschungen zur Invektivität aber wird deutlich, wie vielfältig Konflikte ausfallen und wie sehr sie eigene Formen der Kommunikation ausbilden können. Die wichtigste Erkenntnis besteht indes darin, dass Konflikte den künstlerischen Prozess nicht nur beeinflussen, sondern es ihnen sogar gelingt, neue mediale Strategien hervorzubringen. Invektiven werden so zum Motor künstlerischer Entwicklung.

Literatur

Primärliteratur

Aurelius Augustinus, *Aurelius Augustinus' Werke in deutscher Sprache*, Lat.-dt., hg. v. Carl Johann Perl, 2 Bde., Paderborn u. a. 1979.
Diogenes Laertius, *Leben und Meinungen berühmter Philosophen*, übers. v. Otto Apelt, unter Mitarbeit v. Hans. G. Zekl, neu hg., mit Vorw., Einl. u. neuen Anm. zu Text und Übersetzung vers. v. Klaus Reich, Hamburg 2015.
Martin Luthers Werke. Kritische Gesamtausgabe. Abteilung 1: Schriften, Bd. 1–56, Weimar 1883–1929 (WA).

Martin Luthers Werke. Kritische Gesamtausgabe. Abteilung 2: Tischreden, Bd. 1–6, Weimar 1912–1921 (WA TR).

Martin Luthers Werke. Kritische Gesamtausgabe. Abteilung 4: Briefwechsel, Bd. 1–18, Weimar 1930–1985 (WA Br).

Luther, Martin, »An den Christlichen Adel deutscher Nation von des Christlichen standes besserung«, in: WA 6, S. 404–469.

Luther, Martin, »Von der Freiheit eines Christenmenschen«, in: WA 7, S. 12–38.

Nachschlagewerke

Grimm, Jacob und Wilhelm, *Deutsches Wörterbuch*, 16 Bde. in 32 Teilbänden, Leipzig 1854–1961.

Sekundärliteratur

Auerbach, Erich, *Mimesis. Dargestellte Wirklichkeit in der abendländischen Literatur*, Tübingen [11]2015.

Auerbach, Erich, »Sermo humilis«, in: *Romanische Forschungen*, 64,3/4, 1952, S. 304–364.

Bahr, Petra, »Reinheit«, in: Christoph Auffarth u. a. (Hg.), *Metzler Lexikon Religion*, Stuttgart 2005.

Becker, Jochen, »Geistlich oder geistreich. Vom Sinn ›emblematischer‹ Bilder«, in: Gerhard F. Strasser/Mara R. Wade, *Die Domänen des Emblems. Außerliterarische Anwendungen der Emblematik*, Wiesbaden 2004, S. 233–261.

Blöcker, Susanne, *Studien zur Ikonographie der Sieben Todsünden in der niederländischen und deutschen Malerei und Graphik von 1450–1560*, Münster/Hamburg 1993.

Bollbuck, Harald, »Luther, das Monster«, in: Hole Rößler (Hg.), *Luthermania. Ansichten einer Kultfigur*, Ausst.-Kat. Herzog-August-Bibliothek Wolfenbüttel, Wiesbaden 2017, S. 217–220.

Burschel, Peter, *Die Erfindung der Reinheit. Eine andere Geschichte der frühen Neuzeit*, Göttingen 2014.

Buskirk, Jessica, »›MAN TRAGT NIT SCHWER AN GUTER KUNST‹. Das Goldene Zeitalter der Kunst und des Patriotismus' im Nürnberg des 16. Jahrhunderts«, in: Jürgen Müller/Thomas Schauerte (Hg.), *Die gottlosen Maler von Nürnberg. Konvention und Subversion in der Druckgrafik der Beham-Brüder*, Ausst.-Kat. Albrecht-Dürer-Haus Nürnberg, Emsdetten 2011, S. 56–63.

Büttner, Nils, »cacatum non est pictum. Überlegungen zu einem übersehenen Thema der frühneuzeitlichen Kunst«, in: *Niederdeutsche Beiträge zur Kunstgeschichte*, N. F. 2, 2016, S. 157–174.

Canuteson, John A., »The imagery of the Passion and of Carnality in ›The Battle between Carnival and Lent‹ by Pieter Bruegel the Elder«, in: *Studies in iconography*, 13, 1989–90, S. 191–221.

Fraenger, Wilhelm, *Hieronymus Bosch*, Dresden 1975.

Grisar, Hartmann/Heege, Franz (Hg.), *Luthers Kampfbilder*, Bd. 4: *Die »Abbildung des Papsttums« und andere Kampfbilder in Flugblättern 1538–1545*, Freiburg i. Br. 1923.

Hamm, Joachim, »Pax Erasmiana deutsch. Zu den Erasmusübersetzungen Ulrich Varnbülers und Georg Spalatins«, in: Nicola McLelland/Hans J. Schiewer/Stefanie Schmitt (Hg.), *Humanismus in der deutschen Literatur des Mittelalters und der Frühen Neuzeit. XVIII. Anglo-German Colloquium Hofgeismar 2003*, Tübingen 2008, S. 25–51.

Kaufmann, Thomas, *An den christlichen Adel deutscher Nation von des christlichen Standes Besserung*, Tübingen 2014 (Kommentare zu Luthers Schriften; Bd. 3).

Lohse, Bernhard, *Luthers Theologie in ihrer historischen Entwicklung und in ihrem systematischen Zusammenhang*, Göttingen 1995.

Mander, Carel van, *Das Leben der niederländischen und deutschen Maler (von 1400 bis ca. 1615)*, Übers. nach der Ausg. von 1617 und Anm. von Hanns Floerke, Wiesbaden 2000.

Messling, Guido, *The New Hollstein. German Engravings, Etchings and Woodcuts 1400–1700: Leonhard Beck*, 2 Bde., Ouderkerk aan den IJssel 2007.

Müller, Jürgen, *Das Paradox als Bildform. Studien zur Ikonologie Pieter Bruegels d. Ä.*, München 1999.

Müller, Jürgen, »Von der Odyssee eines christlichen Gelehrten. Eine neue Interpretation von Hans Holbeins Erasmusbildnis in Longford Castle«, in: *Zeitschrift des Deutschen Vereins für Kunstwissenschaft*, 49/50 1995-96 (1997), S. 179–211.

Müller, Jürgen/Schauerte, Thomas (Hg.), *Die gottlosen Maler von Nürnberg. Konvention und Subversion in der Druckgrafik der Beham-Brüder*, Ausst.-Kat. Albrecht-Dürer-Haus Nürnberg, Emsdetten 2011.

Müller, Jürgen/Mössinger, Ingrid (Hg.), *Pieter Bruegel d. Ä. und das Theater der Welt*, Ausst.-Kat. Kunstsammlungen Chemnitz, Berlin/München 2014.

Müller, Jürgen, »Sex mit dem Sünder. Überlegungen zu Rembrandts Darstellung von Sexualität und Geschlechtlichkeit am Beispiel ausgewählter Radierungen«, in: Ders./Mentzel, Jan-David (Hg.), *Rembrandt. Von der Macht und Ohnmacht des Leibes. 100 Radierungen*, Ausst.-Kat. Städtische Museen Freiburg/Kunstsammlungen der Veste Coburg, Petersberg 2017, S. 20–35.

Peters, Albrecht, »Luthers Turmerlebnis«, in: *Neue Zeitschrift für systematische Theologie und Religionsphilosophie*, 3,2, 1961, S. 203–236.

Roper, Lyndal, *Der feiste Doktor. Luther, sein Körper und seine Biographen*, Göttingen 2012.

Rößler, Hole (Hg.), *Luthermania. Ansichten einer Kultfigur*, Ausst.-Kat. Herzog-August-Bibliothek Wolfenbüttel, Wiesbaden 2017.

Roth, Friedrich, »Die geistliche Betrügerin Anna Laminit von Augsburg (ca. 1480–1518). Ein Augsburger Kulturbild vom Vorabend der Reformation«, in: *Zeitschrift für Kirchengeschichte* 43/2, NR F 6, 1924, S. 335–417.

Scribner, Robert W., *For the Sake of Simple Folk. Popular Propaganda for the German Reformation*, Oxford ²1994.

Scribner, Robert W., »Reformation, carnival and the world turned upside-down«, in: *Social History*, 3,3, 1978, S. 303–329.

Schumacher, Meinolf, *Sündenschmutz und Herzensreinheit. Studien zur Metaphorik der Sünde in lateinischer und deutscher Literatur des Mittelalters*, München 1996.

Schwerhoff, Gerd, »Wie gottlos waren die ›gottlosen maler‹? Zur Rekonstruktion des Nürnberger Verfahrens von 1525 und seiner Hinergründe«, in: Jürgen Müller/ Thomas Schauerte (Hg.), *Die gottlosen Maler von Nürnberg. Konvention und Subversion in der Druckgrafik der Beham-Brüder*, Ausst.-Kat. Albrecht-Dürer-Haus Nürnberg, Emsdetten 2011, S. 33–45.

Seiter, Wolf, »Bauernfest und Bauernkrieg. Überlegungen zur Ikonografie von Sebald Behams ›Großer Kirchweih‹ von 1535«, in: Jürgen Müller/Thomas Schauerte (Hg.), *Die gottlosen Maler von Nürnberg. Konvention und Subversion in der Druckgrafik der Beham-Brüder*, Ausst.-Kat. Albrecht-Dürer-Haus Nürnberg, Emsdetten 2011, S. 115–125.

Stewart, Alison, *Before Bruegel. Sebald Beham and the Origins of Peasant Festival Imagery*, Aldershot 2008.

Stewart, Alison, »Expelling from Top and Bottom. The Changing Role of Scatology in Images of Peasant Festivals from Albrecht Dürer to Pieter Bruegel«, in: *Faculty Publications and Creative Activity, School of Art, Art History and Design* 3, 2004, https://digitalcommons.unl.edu/artfacpub/3.

Stridbeck, Carl Gustaf, *Bruegelstudien. Untersuchungen zu den ikonologischen Problemen bei Pieter Bruegel d. Ä. sowie dessen Beziehungen zum niederländischen Romanismus*, Stockholm 1956.

Tralles, Judith, »Luther, der Spalter«, in: Hole Rößler (Hg.), *Luthermania. Ansichten einer Kultfigur*, Ausst.-Kat. Herzog-August-Bibliothek Wolfenbüttel, Wiesbaden 2017, S. 235–237.

Warncke, Carsten-Peter, »Bildpropaganda der Reformationszeit«, in: Barbara Stollberg-Rilinger/Thomas Weißbrich (Hg.), *Die Bildlichkeit symbolischer Akte*, Münster 2010, S. 186–197.

Warnke, Martin, *Cranachs Luther. Entwürfe für ein Image*, Frankfurt am Main 1984.

Winkler, Willi, *Luther. Ein deutscher Rebell*, Berlin 2016.

Wirth, Jean, *Hieronymus Bosch: Der Garten der Lüste. Das Paradies als Utopie*, Frankfurt am Main 2000.

Zeunert, Susanne, *Bilder in Martin Luthers Tischreden. Argumente und Beispiele gegen die Laster Hochmut, Abgötterei und Betrug*, Diss., Univ. Trier 2019.

Invektive Verkörperungen: Luthers metonymischer Körper in antireformatorischen Invektiven

Marina Münkler

1. Einleitung: Invektive Verkörperungen

Als irreduzible Größe der personalen Identität ist der Körper mit den ihm zugeschriebenen und mit Bedeutung aufgeladenen Merkmalen nicht nur für physische Verletzungen, sondern auch für symbolische Kränkungen offen, die Affekte der Scham, Trauer, Wut etc. auslösen können. In der Geschichte und den Erscheinungsformen invektiver Kommunikation spielt der Körper deshalb eine zentrale Rolle. Er kann Ausgangs- wie Zielpunkt von Schmähungen und Herabsetzungen, Stigmatisierungen und Herabwürdigungen sein, und erweist sich darin als instrumentalisierbar zu Zwecken der Schmerzzufügung und Kränkung, der Demütigung und Beschämung, der physischen wie symbolischen Verletzung.

Welche Relevanz die Unterscheidung von physischer und symbolischer Verletzung hat, ist anhand der Frage, wie Sprechakte auf den Körper wirken, in den letzten Jahren umfänglich diskutiert worden.[1] Affekttheoretisch angeleitete Betrachtungen legen nahe, nicht nur von einer symbolischen, sondern auch von einer physischen Verletzungsmacht von Sprache auszugehen, und das nicht nur, weil somatische Reaktionen auf verletzende Sprechakte beobachtbar sind.[2] Ungeachtet dessen wird eine unmittelbare Gleichsetzung von physischer mit sprachlicher oder symbolischer Gewalt von verschiedenen Seiten abgelehnt, insbesondere mit Verweis drauf, dass die Gleichsetzung die Verletzungsmacht physischer Gewalt letztlich verharmlose.[3] Freilich bedarf es keiner solchen Gleichsetzung, um die Verlet-

---

1 Vgl. Scharloth 2018; Lobenstein-Reichmann 2012; Lobenstein-Reichmann 2009; Herrmann/Krämer/Kuch 2007 (darin insbesondere die Beiträge von Krämer, Kuch/Herrmann, Gehring und Loick); Butler 2006.
2 Gehring 2007; Eisenberger/Lieberman/Williams 2003.
3 Vgl. etwa von Trotha 1997, S. 13f.; siehe dazu die instruktive Diskussion bei Krämer 2010, bes. S. 26f.

zungsmacht von Sprache konstatieren zu können; sie zeigt sich vielfältig in Reaktionen der Scham, der Angst und der Gekränktheit.[4] Verletzend können sowohl ernsthafte als auch komische Sprechakte wirken; die behauptete oder unterstellte Komik von Sprechakten steht ihrer Vulneranz nicht entgegen. Wohl aber kann Komik verletzende Sprechakte unter Umständen camouflieren, legalisieren oder legitimieren: camouflieren, weil das Register des Komischen einen verletzenden Angriff zu verdecken vermag; legalisieren, weil das Register des Komischen als Lizenz für kränkende Sprechakte fungieren kann; legitimieren, insofern das Register des Komischen mit dem Anspruch genutzt werden kann, eine vollzogene Herabsetzung werde durch das gemeinsame Lachen aufgelöst.[5]

Verletzt werden kann der Körper nicht nur als physischer Körper, sondern auch als Körperbild. Als ikonischer, metaphorischer und metonymischer Körper kann er zum Ziel von Herabsetzungen und Schmähungen werden. Solche Herabsetzungen und Schmähungen, die mittels der Herabwürdigung des Körpers und seiner Bilder die soziale und symbolische Positionierung des jeweiligen Gegners treffen sollen, finden sich im Kontext der reformatorischen Auseinandersetzungen besonders häufig. Diese Häufung verweist auch auf die invektive Spannbreite der kontroverstheologischen Kommunikationen, die keineswegs nur kritisch oder polemisch auf die theologischen und institutionellen Positionen der je anderen Seite reagieren, sondern die Personen, die sie vertreteten, fundamental angreifen und dabei ihre körperliche Integrität in Texten und Bildern zur Zielscheibe machen.[6] Die Kombination von Text und Bild, die verschiedentlich in Flugschriften, insbesondere aber in Flugblättern eingesetzt wird, produziert einen intermedialen Raum wechselseitiger Verstärkung, in dem das Bild den Text nicht nur illustriert und der Text das Bild nicht nur erläutert oder kommentiert, sondern beide der Stigmatisierung der invektiv verkörperten Personen durch Verdichtung

---

4 Vgl. Ellerbrock/Koch/Müller-Mall/Münkler/Scharloth/Schrage/Schwerhoff 2017, S. 12f.; vgl. daneben Schwerhoff 2020.
5 Vgl. Kuipers 2015, die am Beispiel der Satire die unterschiedlichen Verletzungsaspekte und Reaktionsmöglichkeiten diskutiert; zur Ambiguität von Komik insbesondere in Bezug auf den Körper vgl. Wirth 2009, S. 328–332; zum Zusammenhang von Macht und Komik vgl. Kapitza 2017, bes. S. 134–136.
6 Der Begriff der Polemik als zentrale Gattung der Kontroverstheologie wird in der Forschung mitunter sehr breit ausgelegt, so dass unter Polemik nahezu alle herabsetzenden Sprech- und Bildakte rubriziert werden. Für eine engere Definition und Funktionszuweisung von Polemik vgl. Bremer 2005.

und Verdoppelung zuarbeiten.⁷ Zentrales Ziel solcher invektiven kommunikativen Modalitäten ist die Depossedierung, Desavouierung, Kompromittierung und Ridiküliserung der so angegriffenen Personen, die besonders dann gelingt, wenn sie durch die Verankerung im kommunikativen und kollektiven Gedächtnis als dauerhafte Stigmatisierung wirkt. Solche Stigmatisierungen adressieren neben der invektierten Person oder Gruppe stets ein Publikum, das derartige Schmähungen nicht einfach zur Kenntnis nehmen, sondern zur Partei werden soll, indem es die Stigmatisierten verlacht oder ächtet. Mit Nina-Maria Klug und Anja Lobenstein-Reichmann kann man hier von einer deontischen Qualität von Stigmatisierungen sprechen, insofern von den Schlagbildern eine Aufforderung zur Parteiergreifung ausgeht.⁸

Dabei geht es häufig nicht – und im Falle des reformatorischen Konflikts nicht in erster Linie – um die unmittelbare Verletzung und Vernichtung des physischen Körpers, wenngleich diese als Drohung gegen Luther spätestens seit der Veröffentlichung der Bannandrohungsbulle im Raum stand. Betrachtet man den in der Bannandrohungsbulle erfolgenden Verweis auf die »rechtgläubigen« deutschen Kaiser, deren »löbliche[n] Verordnungen« die »Vertreibung und Ausrottung von Ketzern aus ganz Deutschland bei den schwersten Strafen, auch des Verlusts von Ländern und Herrschaften, gegen diejenigen, die sie aufnehmen oder nicht vertreiben« vorgesehen hätten, so war die Isolation und die physische Vernichtung Luthers seit ihrer Ausfertigung als Drohung präsent und wurde nach der Verhängung der Reichsacht zu einer unmittelbaren Bedrohung seines Lebens.⁹ Der Sprechakt der Bann*androhung* nutzte den Verweis auf die physische Vernichtungsmacht der weltlichen Obrigkeit vielmehr als Me-

---

7 Zur Intermedialität des Flugblatts und ihrer Funktionen vgl. Messerli 2015; Klug 2012, S. 67–103. Nina-Maria Klug hat darüber hinaus in einem allgemeineren Ansatz zur Relation von Text und Bild versucht, die Textualität des Bildes zu analysieren, das selbst bereits eine Geschichte erzähle. Vgl. Klug 2013.
8 Vgl. Klug 2012, S. 223f.; Lobenstein-Reichmann 2012; dies., 2009. Den Terminus »Schlagbild« hat Aby Warburg im Zusammenhang mit Bildern Luthers im Kontext der prognostischen Literatur des 16. Jahrhunderts geprägt und damit die bessere Einprägsamkeit und internationale Verständlichkeit von proreformatorischen Bildern bezeichnet. Er hat in diesem Kontext auch von einer »Schlagbilderpolitik« gesprochen. Vgl. Warburg 1919, S. 35 u. S. 47. Michael Diers hat den Terminus wiederaufgenommen und terminologisch dahingehend geschärft, dass es sich bei Schlagbildern um solche Bilder handelt, die einen »gesteigerten Gefühlswert« haben und auf eine bestimmte Wirkung zielen. Vgl. Diers 1997, S. 7.
9 Die Bannandrohungsbulle wurde am 15. Juli 1520 in Rom ausgefertigt, die Verhängung der Reichsacht erfolgte am 29. Dezember desselben Jahres.

dium der Angsterzeugung, die den so Bedrohten zum Widerruf zwingen sollte. Freilich scheiterte dies im Falle Luthers, der die bei ausbleibendem Widerruf angedrohte physische Vernichtung in eine physische Vernichtung der Bannandrohungsbulle verwandelte, als er sie in einer spektakulären öffentlichen Aktion im Beisein zahlreicher – insbesondere studentischer – Anhänger vor dem Elstertor in Wittenberg verbrannte.[10] Luther gab dem Sprechakt der Bannandrohung einen Körper, indem er deren Medium zerstörte. De facto zerstörte er damit nicht mehr als den Träger eines in Rom erfolgten und dann übersetzten Sprechakts, womit er ihn keineswegs aus der Welt schaffen konnte. Aber er konnte seine Verachtung des päpstlichen Sprechakts, das Bestreiten von dessen Geltungsmacht und insbesondere seine eigene Angstlosigkeit dadurch ostentativ demonstrieren, dass er die Bulle körperlich nahm und ihren medialen Träger verbrannte.[11]

Schon zuvor hatte Luther bedingungslos auf Eskalation des Konflikts gesetzt und damit gezeigt, dass er sich nicht widerspruchslos den Degradierungszeremonien der Verhöre zu unterwerfen gedachte.[12] Vielmehr machte er seine Kritik an Papsttum und römischer Kirche zu einer öffentlichen Sache, indem er Flugschriften in deutscher Sprache publizierte, in denen er einen besonders invektiven Sprachgebrauch pflegte.[13] Luther verließ damit die Tradition des theologischen und humanistischen Disputs, dessen zum Teil durchaus hart geführte Debatten mit zahlreichen persönlichen Herabsetzungen in lateinischer Sprache und damit nur vor einem kleinen gebildeten Publikum stattfanden.[14] Die Möglichkeit dazu hatte ihm der Erfolg des Buchdrucks mit den zunehmend in deutscher Sprache verbreiteten Flugschriften eröffnet, der durch die Reformation seinerseits einen erheblichen Aufschwung erfuhr.[15] Solche Flugschriften waren häufig mit Illustrationen

---

10 Vgl. Kaufmann 2016, S. 115–144; Ders. 2009, S. 253–289.
11 Umgekehrt wurden an mehreren Orten Luther-Puppen verbrannt. Vgl. Scribner 1987, S. 327f.
12 Ich verwende den Begriff der Degradierungszeremonie im Anschluss an Harold Garfinkel. Garfinkel definiert den Akt der Status-Degradierung als »any communicative work between persons, whereby the public identity of an actor is transformed into something looked on as lower in the local scheme of social types […]«. Garfinkel 1956, S. 420.
13 Zu den invektiven Affordanzen der Kommunikationsform Flugschrift vgl. Dröse 2021 (i. E.).
14 Vgl. Helmrath 2010; Israel 2019; zum Vergleich zwischen Luther, Thomas Morus und Erasmus vgl. Furey 2005.
15 Zum Zusammenhang zwischen dem Erfolg der reformatorischen Ideen und der Medienrevolution des Buchdrucks vgl. Edwards 2005, S. 14–28; Hamm 1996, S. 137–166; Scribner 1994, S. 1–14.

versehen, die für invektive Kommunikation einen zusätzlichen Bildraum eröffneten.[16] Schon in den Anfängen der Reformation wurden sie von beiden Seiten genutzt – wenngleich von lutherischer Seite mit größerem Erfolg –, um einprägsame Schlagbilder zur Stigmatisierung der anderen Seite zu verbreiten.

In den reformatorischen Auseinandersetzungen dominierten damit *ad hominem*-Polemiken, die in erheblichen Teilen weniger in der Austragung theologischer Konflikte bestanden als vielmehr in der wechselseitigen persönlichen Diffamierung. Solche Diffamierungen zielten nicht zuletzt auf den Körper des Gegners und machten sich damit dessen doppelte Vulnerabilität zunutze. Da der Körper sowohl als Gefäß der Seele als auch als Sitz des Verstandes und der Vernunft betrachtet wurde, zielte seine Herabsetzung nicht nur auf ihn selbst, sondern auch auf das Denken und die Eigenschaften von Personen und ihrer Lehren. Als sichtbare und nicht abtrennbare Oberfläche und damit als irreduzibler Aspekt der Person war der menschliche Körper perfekt geeignet, als Träger von Stigmata zu fungieren. Diese Stigmata öffneten überdies einen ikonischen Raum, in dem Personen fest mit ihren Stigmatisierungen verbunden waren.

Damit bildeten die »Suggestion und Manipulationskraft von Körperbildern und -idealen« einen zentralen Aspekt wechselseitiger Schmähungen.[17] Metaphorische, metonymische und ikonische Herabsetzungen konnten den Körper nicht zuletzt deshalb zu einem bevorzugten Angriffspunkt machen, weil er in der religiösen Kommunikation als symbolischer Austragungsort des asymmetrischen Gegensatzes von Heiligem und Diabolischem, Gott und Teufel begriffen wurde. Diesem Gegensatz ordnete sich der Gegensatz von ›schön‹ und ›hässlich‹, ›wohlproportioniert‹ und ›grotesk‹, ›wohlriechend‹ und ›stinkend‹ zu. Körper und Körperbild konnten damit in zahlreichen Details als Zeichen von Heil oder Verdammnis markiert werden. Mit Körperbildern, -metonymien und -metaphern wurde zugleich der Gegensatz von offen und verborgen, sichtbar und unsichtbar invertiert, der in den wechselseitigen Anschuldigungen eine wichtige Rolle spielte. Was Körper und Habit sonst unter der Oberfläche des ›Normalen‹, ›Natürlichen‹ oder Sozialen verbargen, wurde in der ikonischen, metaphorischen oder metonymischen Transformation des Körpers, die den Menschen in ein Tier oder Monstrum verwandelten, offen sichtbar und zum Zeichen des Verborgenen.

---

16 Vgl. Schwitalla 2010; Scribner 1994, bes. S. 59–94.
17 Vgl. hierzu die Einleitung der Herausgeber in diesem Band, S. 11.

Der symbolische Körper konnte so unmittelbar auf die Person bezogen werden, deren Leib von den ihr zugewiesenen Körperbildern überschrieben wurde. Körperbilder und Körperbeschreibungen durchliefen damit die Schnittstellen der theologischen wie der im weiteren Sinne religiösen Diskurse, sie machten sinnfällig, um welche Art von Auseinandersetzung es nach Auffassung beider Seiten ging.

Herabsetzungen des Körpers können dabei durchaus ambig sein: einerseits können sie den geschmähten Körper durch seine symbolischen Überformungen stärker wirken lassen, als er es als menschlicher Körper ist;[18] andererseits können sie ihn schwächen, indem sie ihn durch Animalisierung enthumanisieren, ihn damit seiner Gottähnlichkeit berauben und symbolisch erniedrigen. Unter beiden Aspekten kann der Körper zur Verkörperung des Diabolischen werden, das sich sowohl in der Macht als auch in der Entwürdigung des Körpers ausdrücken kann.

Abb. 1: *Spottblatt auf Luthers Gegner (Thomas Murner als Kater, Hieronymus Emser als Bock, Leo X. als Löwe, Johannes Eck als Schwein u. Jakob Lemp als Hund)*, Flugblatt mit Typendruck, um 1521, Holzschnitt, 27 × 39,2 cm

Quelle: Lilje, Hanns: Martin Luther. En bildmonografi, Stockholm 1966, via Wikimedia Commons, https://upload.wikimedia.org/wikipedia/commons/5/57/Eck%2C_Lemp%2C_Leo_satire.jpg.

---

18 Vgl. dazu Roper 2012.

Die Auseinandersetzung darum, wer den rechten und wer den falschen Glauben verkörpert, wurde nicht zuletzt darin ausgetragen, dass beide Seiten ihre Gegner nicht nur als deviante Gotteslästerer und Teufelsbündler bezeichneten, sondern auch deren Körper stigmatisierten, ›vertierten‹ und als Objekt der Verunglimpfung nutzten. Luther wurde in der anti-evangelischen Polemik mit zahllosen Schimpfwörtern belegt und als diabolisch stigmatisiert. Im Wormser Edikt vom 8. Mai 1521 wurde er als »der böse veinde in gestalt eines menschen mit angenomer münchskutten««[19] diffamiert. Katholische Kontroverstheologen bezeichneten ihn als »*diabolus incarnatus*«, »Unflat«, »Schwein« und »*Lucifer Wittenbergensis*«, um nur einige Beispiele zu nennen.[20] Er selbst und seine Anhänger ›vertierten‹ wiederum ihre Gegner, so etwa Thomas Murner, dem Luthers Anhänger einen Katzenkopf andichteten, oder den humanistisch gebildeten Johannes Cochlaeus, den Luther in metonymischer Auslegung seines latinisierten Herkunftsnamens Wendelstein ›zur Schnecke machte‹.[21] Ein 1521 veröffentlichtes Spottbild zeigte die berühmtesten altgläubigen Kontroversisten der Zeit zusammen mit Papst Leo X. mit Tierköpfen (Abb. 1): Thomas Murner mit Katzenkopf, Hieronymus Emser mit dem Kopf eines Bocks, Leo X. mit dem eines Löwen, Johannes Eck mit Schweins- und Jakob Lemp mit Hundekopf. Umgekehrt bezeichnete Johannes Cochlaeus in seinem polemischen Traktat *Adversus Cucullatum Minotaurum Wittembergensem* von 1523 Luther als »*minotaurus cucullatus*«, als »kapuzentragenden Minotaurus«, das heißt als einen sich unter dem Mönchshabit verbergenden menschenfressenden Stier.[22] Diese Art der Charakterisierung einer Person durch ihre metaphorische oder metonymische Gleichsetzung mit einem Tier war in reformatorischen wie anti-reformatorischen Invektiven von Beginn an weit verbreitet. Dazu zählten nicht zuletzt apokalyptische Tiere, wie der siebenköpfige Drache oder biblische

---

19 Deutsche Reichstagsakten 1962, S. 648.
20 Vgl. Motta 2017; Burschel 2004; Kästner/Schütz 1998; Brückner/Gruppe 1974, S. 282–294.
21 Luther bezeichnete Cochlaeus erstmals in seiner in der Fastnachtszeit 1523 herausgegebenen satirischen lateinischen Flugschrift *Adversus armatum virum Cochlaeum*, die er als Reaktion auf dessen *De Gratia Sacramentorvm Liber Unus Ioan. Cochlei adversus assertionem Marti. Lutheri* veröffentlichte, als »lahme Schnecke« – in deutscher Sprache im ansonsten lateinischen Text. Vgl. Samuel-Scheyder 2009, S. 150–154.
22 Vgl. Motta 2017, S. 758; zu Cochlaeus und seinen Lutherkommentaren Bremer 2001 und Bremer 2011.

monstra, wie Leviathan und Behemoth, die zur Diffamierung der gegnerischen Partei genutzt wurden.[23]

Invektive Verkörperungen von Luthers symbolischem Körper nehmen in der antireformatorischen Polemik einen wichtigen Platz ein, weil sie nicht zuletzt das symbolische Potential des menschlichen Körpers als Gefäß des Heiligen oder aber des Unheiligen ikonisch verdichten sowie an biblische oder antike Bildmuster des Diabolischen und Bösen anknüpfen können. Diese sind in vielfältiger Verwendung bildlich wie metaphorisch reproduzierbar und dabei stets neu aufschließbar. Dabei geht es weniger um Luthers physischen Leib, der in den herabsetzenden Bildmustern gleichwohl eine wichtige Rolle spielt, sondern vor allem um seinen symbolischen Körper als – aus katholischer Sicht – Apostat und Begründer einer häretischen Lehre.[24]

Der Aufsatz untersucht das invektive Potential des als unheilig markierten Körpers an vier illustrierten Texten und ihren invektiven Sprech- und Bildakten gegen Luthers metonymischen Körper: An Thomas Murners 1522 bei Johann Grüninger in Straßburg erschienener Satire *Vom großen Lutherischen Narren*, an Johannes Cochlaeus' 1529 veröffentlichtem *Sibenköpffige[n] Martinus Lutherus*, an Johann Nas' 1570 publizierter anti-legendarischer *Quinta Centuria* sowie dem Flugblatt *Anatomia Lutheri*, die dem »Heiligen« Luther, zu dem ihn evangelische Flugschriften und hagiographische Erzählungen gemacht hatten, den »Unheiligen« Luther entgegensetzten.

---

23 Raphael Musaeus, *Murnarus Leviathan*, Straßburg: Johann Schott, 1521. Vgl. dazu Kaufmann 2018, S. 392–394.

24 Diesen Stigmatisierungen von Luthers symbolischem Körper stehen auf der reformatorischen Seite heroisierende Bild- und Erzählmuster gegenüber. Vgl. Kaufmann 2018, S. 270–333.

2. Invektive Verdopplung: Luther in Thomas Murners *Großem Lutherischem Narren*

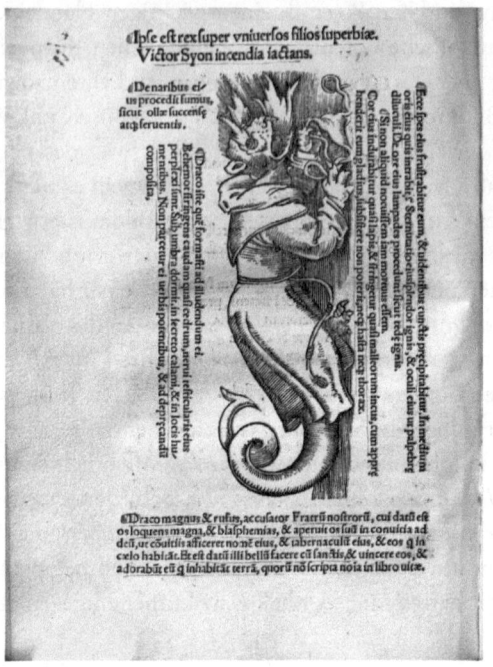

Abb. 2: Raphael Musaeus: *Murnarus Leviathan Vulgo dictus Geltnar oder Genß Prediger*, Straßburg: Johann Schott, um 1521, Staats- und Stadtbibliothek Augsburg, 4 Th H 1269

Quelle: Augsburg, Staats- und Stadtbibliothek, 4 Th H 1269, urn:nbn:de:bvb:12-bsb11226283–1.

Thomas Murner entwickelte sich schon sehr früh zu einem der entschiedensten Gegner Luthers und griff ihn in zahlreichen Schriften scharf an.[25] Umgekehrt musste er aber auch scharfe Invektiven von reformatorischer Seite hinnehmen.[26] Seine Name Murner wurde zu Murnar[r] verballhornt, sein Körper zunächst im Reformationsdialog *Karsthans* und danach in zahlreichen Abbildungen mit einem Katzenkopf versehen (Abb. 1), was ihn als närrischen, mur-

---

25 Zu Murners publizistischer Offensive gegen Luther in den frühen 1520er Jahren Kaufmann 2018, S. 376–400; Lienhard 1992.
26 Vgl. Worstbrock 2013, Sp. 341–346.

renden Kater stigmatisierte.[27] Eine unter dem Titel *Murnarus Leviathan* (ca. 1521) erschienene Straßburger Flugschrift zeigte ihn außerdem als auf dem Boden kriechenden, fauchenden Leviathan (Abb. 2). Über seine theriomorphe Herabsetzung von lutherischer Seite beklagte Murner sich einerseits wortreich, andererseits nutzte er die Herabsetzung seines eigenen Körpers für eine Invektive gegen Luther, die nicht zuletzt auf dessen Körper zielte.[28] Er übernahm dazu die von den Lutherischen in Umlauf gebrachte Verballhornung seines Namens als »Murnar«, »Mumar« oder »Mumarus«, »der murrende Narr« oder »die närrische Katze« und ihre ikonische Verdichtung als Mönch mit Katzenkopf, die sich innerhalb kurzer Zeit zu einem stabilen Stigma entwickelt hatte, und präsentierte sich selbst in seiner gegen Luther gerichteten Narrensatire *Von dem grossen Lutherischen Narren* (1522) als katzenköpfiger Mönch. Er bediente sich damit einer spezifischen, für seinen Status als Mönch und sein Amt als Prediger aber durchaus ungewöhnlichen und riskanten metainvektiven Anschlusskommunikation, indem er die Verspottung seiner Person und die theriomorphe Herabsetzung seines Körpers persiflierend und karnevalisierend übernahm.[29]

Narrensatiren hatte Murner in Anlehnung an Sebastian Brant schon vor der Reformation geschrieben, aber anders als Brant nutzte er die Satire nicht als Mittel der Selbsterkenntnis, sondern als Mittel der schmähenden Entlarvung einer in seinen Augen verworfenen Welt.[30] Seine Satiren entsprachen damit bereits vorreformatorisch nicht der – etwa von Erasmus vertretenen – Forderung nach Mäßigung, sondern zeichneten sich durch scharfe Invektiven aus.[31] Bei Murner verwandelte sich die Verlachung des Narren in dessen Beschwörung; Satire war für ihn weniger ein Mittel der Selbsterkenntnis als vielmehr eines der Teufelsaustreibung.[32] Im *Großen Lutherischen Narren* schrumpfte diese satirische Weltkritik auf den Verursacher der Weltverkehrung und allen Übels zusammen: Martin Luther.

---

27 Vgl. Gülpen 2002, S. 308–310; Langer 1991.
28 Das macht insbesondere der Prolog zum *Großen Lutherischen Narren* deutlich, in dem Murner seine Herabsetzung Luthers damit begründet, dass er sich für die erlittenen Schmähungen »buoch um buoch« rächen wolle.
29 Zum Begriff der metainvektiven Anschlusskommunikation vgl. Scharloth 2018; zur Karnevalisierung vgl. Bachtin 1987; zu Murners satirischem Verfahren Schutte 1972, bes. S. 29–39.
30 Vgl. Worstbrock 2013, Sp. 362f., Jarosch 2006, S. 265f.; ausführlich Könneker 1966, S. 133–207.
31 Erasmus hatte diese Forderung in der Vorrede zu seinem *Laus Stultitiae* (Lob der Torheit) erhoben. Vgl. Schillinger 2009, S. 86f.
32 Vgl. Münkler 2004, S. 94–96.

Abb. 3: Thomas Murner: *Von dem grossen Lutherischen Narren wie in doctor Murner beschworen hat*, Titelblatt, Straßburg: Johann Grüninger, 1522 [VD16 M 7088]

Quelle: Bayerische Staatsbibliothek München, Rar. 870, Tbl., urn:nbn:de:bvb:12-bsb00033099-0.

Abb. 4: Thomas Murner: *Von dem grossen Lutherischen Narren wie in doctor Murner beschworen hat*, O III r, Straßburg: Johann Grüninger, 1522 [VD16 M 7088]

Quelle: Bayerische Staatsbibliothek München, Rar. 870, O III r, urn:nbn:de:bvb:12-bsb00033099-0.

So, wie sein eigener Körper geschmäht worden war, zielte Murner nun auf Luthers Körper, den er dazu symbolisch verdoppelte.[33] Im *Großen Lutherischen Narren* erscheint Luther zwei Mal; einmal in der Gestalt des großen Lutherischen Narren (Abb. 3), der die Gesamtheit der lutherischen Irrlehren verkörpert, und einmal als die mit dem Namen Luther identifizierbare Person mit einem Hahnengesicht. Damit stehen sich gegenüber ein feister Mönch mit Narrenkappe, dessen Habit über seinem fetten Wanst zu platzen droht, und ein wohlproportionierter Ritter, der einen übergroßen Federschweif trägt, dessen Gesicht aber zu dem eines Hahns (Abb. 4) entstellt ist. Beide

---

33 Die Wirkung der Schrift war allerdings dadurch eingeschränkt, dass sie in Straßburg erschien und es den Lutheranern gelang, einen großen Teil der Druckausgabe einziehen und vernichten zu lassen. Vgl. Schillinger 2009, S. 84.

Abb. 5: Thomas Murner: *Von dem grossen Lutherischen Narren wie in doctor Murner beschworen hat*, B III v, Straßburg: Johann Grüninger, 1522 [VD16 M 7088]
Quelle: Bayerische Staatsbibliothek München, Rar. 870, B III v, urn:nbn:de:bvb:12-bsb00033099-0.

Bilder und textuelle Zuschreibungen folgen invektiven Mustern der symbolischen Transformation des Körpers ins Groteske.³⁴ Der groteske Körper ist hier, wie bei Murners eigener Animalisierung, nicht das Zeichen einer karnevalesken Lachkultur, sondern das einer invektiven Markierung des Körpers als Symbol für den Verlust der Ordnung.³⁵ Der Große Lutherische Narr fungiert als körperliche Metonymie der reformatorischen Bewegung und der ihr zugeschriebenen Macht und Dynamik, die freilich durch den Einschluss in Luthers Leib in dessen Schwächung und Lähmung invertiert wird.³⁶ Den Bil-

---

34 Die Vorstellung und Funktion des grotesken Körpers hat Michail Bachtin im Anschluss an Gustav Schneegans beschrieben. Vgl. Bachtin 1987, bes. S. 345–364.
35 Vgl. zu den Bildern und ihrer Funktion im *Großen Lutherischen Narren* Poloni 1995.
36 Vgl. Könneker 1991, S. 140–145.

dern kommt dabei eine besondere Funktion zu, denn sie repräsentieren nicht nur mimetisch, was der Text sagt, sondern entwickeln eine eigene Dynamik der Ridikülisierung: Weil er ob seiner Feistheit nicht mehr gehen kann, wird er in einem Schlitten herumgefahren oder sitzt mühsam mit aufgeschwollenem Bauch in ein Badefass eingezwängt, wo er mit hilflos bittendem Blick dem sehr viel kleineren, aber überlegenen Murnarr ausgeliefert ist (Abb. 5). Was die Bilder zeigen, wiederholt der Text, indem er den Großen Lutherischen Narren selbst erklären lässt, warum er so »groß« (dick/feist) ist:

> DArumb ich aber bin so groß
> Muoß ich dir sagen text vnd gloß
> Jch bin vergebens nit geschwollen
> Vil narren haben in mich gehollen
> Vnd sein fast [sehr] vil in mir vergraben
> Die kein namen wollen haben
> Die alle sein in mir verborgen.
> Vnd ligen darin on alle sorgen.[37]

Während die in ihm verborgenen Narren sorgenfrei sind, erweist sich der Große Lutherische Narr als zwar riesenhafter, aber überaus ängstlicher Narr, der die kleinen Narren, mit denen er schwanger geht, nicht schnell genug loswerden kann, damit diese an den Pranger gestellt werden und nicht er selbst:

> Ich bin von grosen narren schwanger.
> Wolt got, sie stünden an dem branger
> Oder legen in dem mer,
> Das ich ir doch nur ledig wer![38]

Um ihn aus seiner misslichen Lage zu befreien, beschwört Murner den großen Narren und holt die kleinen Narren aus ihm heraus (Abb. 5). Aus allen seinen Körperteilen kommen Narren heraus, die teilweise als bestimmte Personen oder Gruppen bzw. Verkörperungen bestimmter Positionen lesbar sind: Die *fünfzehn buntsgnossen*, die als gefräßig und faul charakterisiert werden, kommen aus dem aufgedunsenen Bauch des großen Narren. Sie entsprechen Johann Eberlins von Günzburg *fünfzehn buntgnossen*.[39] Michael Stifel und die dem Bundschuh anhängenden Bauern entspringen sei-

---

37 Murner 2014, V. 333–340.
38 Murner 2014, V. 771–774.
39 Zu den XV Bundesgenossen vgl. Kaufmann 2018, S. 400–418, zu Eberlin von Günzburg vgl. Peter 1984.

nem Stiefel,[40] die Laien, die sich von Luthers Worten haben einlullen lassen, werden aus den Ohren herausgezogen, aus seinem Kopf kommen die gebildeten theologischen und humanistischen Anhänger der Reformation. Jeder einzelne seiner Körperteile beherbergt eigene Narren (*ist eigner narren vol*; V.599). Luthers Lehren und seine Anhänger gehen in der Verkörperung des Großen Lutherischen Narren auf, der mit seinem aufgedunsenen Leib und dem übergroßen Kopf zu Luthers metonymischem Körper wird. Er verkörpert damit einerseits Luthers Fähigkeit, eine Anhängerschaft zu erringen, andererseits aber auch seine Schuld an sämtlichen Aufstandsbewegungen der Zeit.[41] Dass Luther sich schon früh von den Bauernaufständen distanziert hat, verkehrt Murner ironisch in das Leiden, das ihm sein vollgestopfter Leib verursacht. Die Breite der reformatorischen Bewegung, die von Bauern und Handwerkern bis zu Mönchen, Scholaren und Gelehrten reicht, kommt metonymisch im Körper des Großen Lutherischen Narren als feiste Geschwollenheit zur Erscheinung. Der Erfolg einer breiten und publizistisch extrem dynamischen Bewegung, der die katholischen Kontroverstheologen zunächst weitgehend hilflos gegenüberstanden, verwandelt sich in den Körper eines aufgeblähten Narren, der sich selbst nicht zu helfen weiß.

Ist bis dahin die Satire auf den Großen Lutherischen Narren weitgehend als invektive Narrenrevue konzipiert, so ändert sich dies mit der Verdoppelung Luthers in der Gestalt des gleichnamigen Kriegshauptmanns, der die Sturmtruppen des Großen Lutherischen Narren anführt. Diese verwüsten im Zeichen des Bundschuhs das Land und plündern Kirchen und Klöster. Zeichnet sich der Große Lutherische Narr durch seine Riesenhaftigkeit und seine unmäßige Beleibtheit aus, so ist der Hauptmann Luther ein wohlproportionierter Ritter in eleganter Rüstung, die mit einem großen Federschweif geschmückt ist. Dieser Federschweif verweist auf das, was den Ritter eigentlich kennzeichnet, nämlich das theriomorphe Gesicht eines Hahns, der ihn zum eitlen Gockel vereindeutigt (Abb. 4). Sein Kopf ist zugleich von einer Mönchstonsur bekrönt, die ihn als entlaufenen Mönch ausweist.

---

40 Zu Michael Stifel vgl. Jentsch 1989. Stifel antwortete auf *den Großen Lutherischen Narren* mit der Schmähschrift: *Antwort Michel Styfels uff Doctor Thomas Murmars murnarrische Phantasey. Mit einer kurtzen beschreibung des glaubens Christi darzu von Kayserlicher oberkeit*, Wittenberg 1523.
41 Vgl. Schutte 1972, S. 60–66.

Wenn Luther als Verkörperung des eitlen Gockels persönlich erscheint, wird sein Körper durch die theriomorphe Verkehrung nicht weniger geschmäht als mit dem Großen Lutherischen Narren, der in erster Linie als Verkörperung seiner ›Irrlehren‹ fungiert, wobei ihm aber seine Menschennatur nicht genommen wird. Der eitle Hauptmann mit dem Gockelgesicht wird dagegen zur symbolischen Vertierung der Person, zum grotesken Körper, dem das menschliche Antlitz und somit die Gottesebenbildlichkeit genommen ist. Murner kopiert damit seine eigene Animalisierung und überträgt sie auf Luther, den er damit in gleicher Weise herabsetzt wie er sich selbst herabgesetzt sieht. Während Murners Herabsetzung darauf zielte, ihn als ungebildet und närrisch zu stigmatisieren, schmäht er Luther als eitlen und überheblichen Kriegstreiber. In den beiden komplementären Körperbildern, dem des Großen Narren und dem des eitlen Gockels, wird Luthers Körper metonymisch zum Träger einer illegitimen Bewegung, die Krieg und Verwüstung bringt.

Mit der metonymischen Verdoppelung des Reformators als *dapfer han* dehnt sich die Schmähung auf andere Aspekte aus, die freilich die theriomorphe Entstellung Luthers, die nur in einem Bild zu sehen ist, verschwinden lassen: Als Hauptmann, der mit seinen Truppen das Land verwüstet, Klöster und Kirchen zerstört, hat Luther in allen späteren Abbildungen ein menschliches Gesicht. In der sich anschließend entfaltenden satirischen Erzählung spielt die Animalisierung Luthers keine Rolle mehr. Das bedeutet nicht, dass seine Herabsetzung damit aufgehoben würde. Sie verschiebt sich vielmehr auf seine nun plötzlich in Erscheinung tretende Tochter Adelheid, deren von der Krätze entstellter stinkender Leib an seine Stelle tritt. Weil es Luther nicht gelingt, die von Murner verteidigte Bastion des Glaubens zu erobern, verspricht er ihm die Hand seiner Tochter. Dieser lässt sich darauf überraschenderweise ein und so kommt es zur Hochzeit, durch die Luther zum Schwiegervater Murners zu werden scheint. Die riskante Wendung, sich selbst als diskreditierbarer Protagonist einzubinden, verweist auf die grundsätzliche Ambiguität des von Murner angewendeten satirischen Verfahrens. Er kann es nur dadurch vor dem vollständigen Umkippen in eine Mönchssatire bewahren, in der er sich selbst nicht weniger als Luther der invektiven Verspottung preisgibt, dass er die Ehe noch vor dem Vollzug in der Hochzeitsnacht mit wüsten Beschimpfungen beendet, nachdem Adelheid ihm ihren »grind« offenbart hat:[42]

---

42 Barbara Könneker, 1966, S. 201, hat den Grind als »Zeichen der tief um sich greifenden Fäulnis und Verderbnis, die mit der Inthronisierung des Protestantismus von der ganzen Welt Besitz zu ergreifen droht«, gedeutet. Vgl. Könneker 1966, S. 201.

WOl vß in tusent tüffel namen
Die vnß hie beid ie trugen zamen
Du ode münchhur oder sack
Wol vß das dich der dunner schlack
Bistu des luthers schones kindt
Vnd hast ein solchen wiesten grindt
Das die kamer stinckt daruon
Vnd darffst mir auch zu bet her gon
Wol vß / wol vß mach dich hin fer
Das ich dich sehe nimermer
Wa ich dich find muß ich dirs sagen
Jch wolt al lenden dir abschlagen
Du oder wust murmeierin
Du grintbutz nim dirs nit in sin
Dein lebtag an mein seit zu ligen
Leg dich zun suwen in die stigen.[43]

Auf Luthers Vorhaltungen hin, er dürfe seine Tochter nicht so schlecht behandeln, steigert Murner seine Beschimpfungen noch und rechtfertigt sich damit, dass Luther das Sakrament der Ehe negiert habe:

Laß mich mit lieb das rat ich dir
Vnd halt mir nit dein dochter für
Jch wird sunst sein dein ewig findt
Der vnflat hat doch solchen grindt
Wer das nur schmackt das im geschwindt
Der tüffel hol dich mit dem kindt
So hastu geleret auch noch me
Kein sacrament sol sein die ee
Jst es dan kein sacrament
So hab ich dich doch nit geschent
Sich mogen huren buben scheiden
Wan das gefellet inen beiden
Wan mich das sacrament nit bindt
So schiß ich dir wol vff dein kindt
Der wüste wust hat doch den grindt
Dicker dan ein suw hat spindt
Ja dicker dan ein mor hat speck
Nim den wüst heb dich hinweg.[44]

---

43 Murner 2014, V. 4270–4285.
44 Murner 2014, V. 4298–4315.

Der Körper der Tochter und ihre Krankheit, die ansteckende, entstellende und stinkende Krätze, verkörpern metonymisch Luthers Krankheit: seine ansteckenden Irrlehren, seine Verkehrung der katholischen Lehre vom Sakrament der Ehe und seine Wendung gegen die heiligende monastische Keuschheit, die im Körper des Heiligen als Wohlgeruch duftet, hier aber zum Gestank der unheiligen Krankheit geworden ist.

Am Ende kommen beide Verkörperungen Luthers als Anführer der reformatorischen Bewegung zu Tode: Luther verweigert die Sakramente, stirbt ohne Reue und wird im »Scheißhaus« versenkt, während der Große Lutherische Narr nach dem Empfang der Sakramente verstirbt und ein christliches Begräbnis erhält. Murners satirische Schmähung von Luthers Körper endet so in dessen symbolischer Vernichtung, die ihr Ziel, seine soziale Vernichtung, freilich nicht zu erreichen vermag. Luthers Anhängern gelingt es in Straßburg, nahezu die gesamte Druckauflage einziehen zu lassen und mit ihrer Verbreitung auch ihre Wirksamkeit zu verhindern.[45]

3. Steigerung ins Apokalyptische: Johannes Cochlaeus' *Sieben Köpffe Martini Luthers*

1529 veröffentlichte der katholische Theologe Johannes Cochlaeus, der 1528 als Nachfolger Hieronymus Emsers Hofkaplan Georgs von Sachsen in Dresden geworden war, seine invektive Schrift *Sieben Köpffe Martini Luthers*, die wenig später unter dem Titel *Septiceps Lutheri* auch in lateinischer Sprache erschien.[46]

Das von Hans Brosamer entworfene Titelblatt (Abb. 6) zeigt den kräftigen Körper des Reformators im Mönchshabit, ein aufgeschlagenes Buch (Brevier?) in den Händen, mit sieben von Schulter zu Schulter reichenden kleinen Köpfen, von denen jeder mit einem Schriftfeld erläutert wird: Doctor – Martinus – Luther – Ecclesiast – Schwermer – Visitator – Barrabas.

---

[45] Vgl. Worstbrock, Sp. 350.
[46] Zu Johannes Cochlaeus vgl. Samuel-Scheyder 2009; Bremer 2005, bes. S. 42–45. Nach wie vor wichtig für Cochlaeus' Lutherbild und seinem Einfluss im 16. Jahrhundert: Herte 1943. Zur Druckgeschichte des Siebenköpfigen Luther vgl. Bartrum 1995, Nr. 182.

Abb. 6: Hans Brosamer: *Martin Luther Siebenkopf*, Titelblatt zu: Johannes Cochlaeus: *Sieben Köpffe Martini Luthers Vom Hochwirdigen Sacrament des Altars*, Holzschnitt, 4°, Leipzig: Valentin Schumann, 1529, Herzog August Bibliothek Wolfenbüttel, A: 190.16 Theol. (8)
Quelle: Herzog August Bibliothek Wolfenbüttel.

Von links nach rechts wachsen sieben Köpfe aus Luthers Hals und Schultern heraus: Der *Doctor* trägt einen Doktorhut, *Martinus* eine Mönchskapuze, *Luther* einen Turban, der ihn als »Türcken« entlarven soll, der *Ecclesiast* ein Barett (Kopfbedeckung eines Geistlichen), der *Visitator* eine Bischofsmütze, während der *Schwärmer* einen krausen Haarschopf hat, um den Hummeln herumfliegen, und *Barrabas* schließlich hat wild abstehende Haare und eine neben seinem Kopf auf Luthers Schulter liegende gezackte Keule. Der Aufrührer *Barrabas*, der sich nach dem neutestamentlichen Bericht bei Markus (15,7) und Lukas (23,19) des Mordes schuldig gemacht hat, ist die entschiedenste Steigerung dieses schmähenden Bildprogramms. Er ist zugleich erneut eine metonymische Verkörperung von Luthers Anhängerschaft, denn das »verblendete« Volk verlangte seine Freilassung, während es die Hinrichtung von Jesus Christus forderte.

Die sieben Köpfe symbolisieren die Zerrissenheit seiner Lehre und deren innere Widersprüche: Luther, das sagt die Deformation seines Kopfes, kann seinen Geist nicht zusammenhalten, in ihm herrschen Widersprüche und Aufruhr und die von ihm selbst denunzierten Anhänger der reformatorischen Bewegung, wie etwa die ›Schwärmer‹, sind der Teilung seines Kopfes entsprungen, die aus der Abspaltung von der ›wahren‹ Kirche resultiert. Mit seinem aufgespaltenen Kopf wird Luther zur Verkörperung des Schismatikers, des Häretikers, des Apostaten.

Cochlaeus erläuterte das Bild denn auch mit dem Hinweis auf die Abspaltung, die mit Luthers Abkehr von der Papstkirche beginnt, in Streit mündet und in einer Unordnung gipfelt, die als neue Ordnung gelten soll:

Nu mercke hie das vrteil Gottes: Luther hat sich geteilt vnd abgsondert. Erstlich von gemeyner Kirche des Babsts / Darnach von Schuldoctoren / Zum dritten von Concilien / Zum vierten von den alten heyligen lerern / Zum funften von etzlichen buchern der heyligen Schrift / Zum sechsten von seynen eygnen gsellen vnd anhangern / zum siebenten von sich selbs in Sieben köpffe / deren ieglicher wil recht haben / das wol zu verwundern ist / wi er sein selbst so offt vnd gröblich vergessen mag / Es ist aber die straffe Gotes / Ro. 1 vnd 2 Timo 3. Vnter welchen köpffen gemeynicklich dise vnterscheid ab zu mercken ist / daz der Doctor vnd Martinus nicht so ferr von der kirchen abe weichen als die andern vier / Vnter welchen Luther ludert seinem rechten namen nach / Ecclesiastes predigt was der pöfel gern hört / Schwirmer der predigt wider sich vnd andere / nach dem yhn die stoltzen oder zornigen hummeln stechen / Barrabas der wil mit der keuln dran / Zu letzt kommet der Visitator / als ein newr official / ein newe ordnung nach der alten weyß zu machen.[47]

Drei der Köpfe verweisen auf Luthers Rolle als religiöser Lehrer und Unterweiser: Der *Ecclesiast* und der *Schwärmer* werden von Cochlaeus als Prediger herabgesetzt, die gegen andere hetzen und dem »pöfel« nach dem Mund reden, der Visitator steht für den illegitimen Versuch, eine neue Ordnung zu etablieren.[48]

Das Motiv des Titelblatts spielt aber nicht nur mit der Zerrissenheit Luthers und seiner Anhänger, es identifizierte nicht nur einen seiner Köpfe mit einem Mörder und Aufrührer, sondern arbeitet auch mit der symbolischen Herabsetzung Luthers als dem siebenköpfigen Tier der Apokalypse, für die es über die Siebenzahl den Assoziationsraum öffnet. Cochlaeus muss dazu den zentralen

---

47 Cochlaeus 1529, Bl A 2r.
48 Cochlaeus könnte bei seiner Kritik am Visitator Luther nicht nur diesen selbst, sondern auch Philipp Melanchthon und dessen 1528 erschienene homiletische Schrift *Unterricht der Visitatoren* im Blick gehabt haben, die den Anfang evangelischer Homiletik bildete.

Bezug des siebenköpfigen Luther auf den siebenköpfigen Drachen der Apokalypse (Apoc 12,3), der am Ende der Zeiten erscheinen soll, in seiner Erläuterung nicht explizit machen, denn der siebenköpfige apokalyptische Drache war zu dieser Zeit so verbreitet, dass er die Assoziation voraussetzen konnte, zumal dieser auch in der anti-römischen Polemik der Reformatoren eine zentrale Rolle spielte, wenn sie den Papst mit dem Drachen gleichsetzten.[49]

So hatte Lucas Cranach zu Luthers Übersetzung der Offenbarung im Septembertestament von 1522 eine Illustration gefertigt, die den siebenköpfigen Drachen zeigte.[50] Die auf ihm reitende Hure Babylon trägt die Papsttiara und macht damit den Bezug des invektiven Bildmusters auf das Papsttum eindeutig.

Von daher war die Verknüpfung von Luthers sieben Köpfen mit denen des Drachens allzu naheliegend, als dass sie nicht gewirkt hätte. Cochlaeus nutzte die sieben Köpfe aber nicht nur für die ikonische Verdichtung Luthers zum siebenköpfigen Tier der Apokalypse, sondern auch als Ordnungsprinzip für den Text. Er zitierte Textstellen aus verschiedenen Schriften Luthers, anhand derer er zu beweisen suchte, dass Luther sich mit seinen verschiedenen Aussagen zum Sakrament des Abendmahls in heillose Widersprüche verwickelt habe. Die einzelnen Zitate eröffnete er jeweils mit einem der mit Großbuchstaben hervorgehobenen sieben Namen Luthers: *Doctor, Martinus, Luther, Ecclesiastus, Schwermer, Barrabas, Visitator*. In der zugehörigen Randglosse vermerkte er jeweils, welchen von Luthers Texten er zitiert, wobei er sich auf Texte von 1519/1520 konzentriert, die von der »Babylonischen Gefangenschaft«, verschiedenen Sermones, wie dem »Sermon von der Bereitung zum Sterben« und dem »Sermon von dem hochwürdigen Sakrament des heiligen wahren Leichnams Christi« bis zu Luthers Briefen reichten. In dazwischen geschobenen und mit »Cocleus« überschriebenen kurzen kommentierenden Kapiteln ordnet er die zitierten Aussagen dann für den Herzog ein. Cochlaeus bedient sich also unterschiedlicher transtextueller Verfahren: des intertextuellen Zitats, der paratextuellen Einordnung sowie des Kommentars, um den siebenköpfigen Luther neben dem Bild auch textuell zur Erscheinung zu bringen und damit argumentativ zu bekämpfen. Das Bild entfaltete in diesem Fall freilich eine andere invektive Dynamik als der Text: Während das Bild Luther mit der Anspielung auf das siebenköpfige Tier der Apokalypse diabolisierte, zitierte der Text zwar als widersprüchlich lesbare Äußerungen Luthers, die Cochlaeus polemisch kommentierte, aber das gewählte inter- und metatextuelle Verfahren blieb gegenüber dem Bild blass.

---

49 Mit Oelke 1992, S. 263, lässt sich dies als eine Diabolisierung Luthers verstehen.
50 Vgl. Stöcklein 2019, S. 96–100.

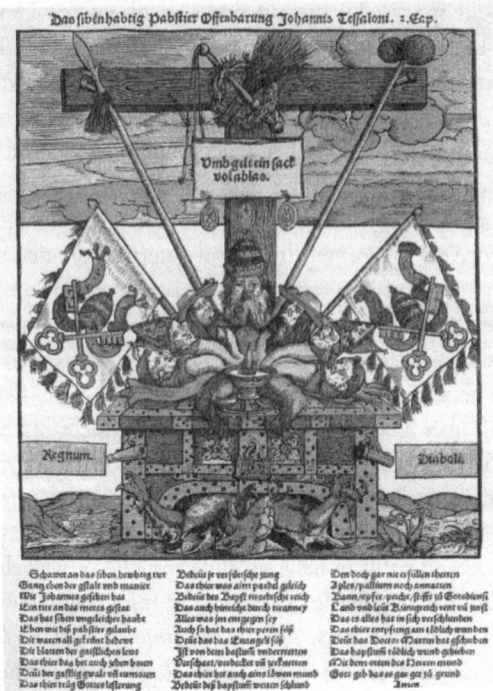

Abb. 7: *Das Sibenhabtig Pabstier*, Flugblatt gegen den Ablass, Holzschnitt, um 1530
Quelle: Hofmann, Werner (Hg.), *Köpfe der Lutherzeit*, Ausst.-Kat. Hamburger Kunsthalle, München 1983, Kat. 122, S. 271.

Das zeigt sich auch in der invektiven Anschlusskommunikation, die das Bild ausgelöst hat. Wie die meisten Invektiven der frühen Reformation blieb der *siebenköpfige Luther* nicht unbeantwortet. Die evangelische Seite reagierte zeitnah mit einem Flugblatt, auf dessen Bild sie dem siebenköpfigen Luther das *sibenhabtig Pabsttier* entgegensetzte (Abb. 7).[51] Das Flugblatt reagierte nicht auf den Text und die invektiven kontroverstheologischen Verfahren der selektiven Zitation und deren Kommentierung, sondern auf das Bild und setzte unter unmittelbarem Bezug auf die Johannesapokalypse an die Stelle Luthers den Papst und die römische Kirchenhierarchie, die als geldgierige Heilsverkäufer dargestellt wurden: Aus einer als Altar fungierenden Geldkiste wachsen auf Drachenhälsen sieben Köpfe heraus, von Außen nach

---

51 Vgl. Oelke 1992, S. 264f.

Abb. 8: Johannes Nas: *Qvinta Centvria, Das ist / Das Fünfft Hundert / der Euangelischen warheit / darin[n] mit fleis beschriben wirdt / der gantz handel / anfang / lebens vnd todts / des thewren Manns / D. Martin Luthers*, Bl. 351r, Ingolstadt: Alexander Weißenhorn, Samuel Weißenhorn, 1570

Quelle: Bayerische Staatsbibliothek München, Polem. 1936–5, Bl. 351r, urn:nbn:de:bvb:12-bsb10194302-3.

Innen je zwei Mönchsköpfe, zwei Bischöfsköpfe, zwei Kardinalsköpfe und in der Mitte ein Papstkopf. Unten kriecht aus dem Altar des Mammons, neben dem links und rechts *Regnum Diaboli* geschrieben steht, der Teufel heraus. An dem Kreuz hinter dem Altar sind die Marterwerkzeuge Christi und ein Ablassbrief mit der Aufschrift «Umb gelt ein sack vol ablas» angeheftet. Das Flugblatt bleibt mit seiner Antwort auf den siebenköpfigen Luther innerhalb des apokalyptischen Bildrahmens, verschiebt die Schmähung aber auf den Ablass und die ikonisch verdichtete ›Geldgier‹ der kirchlichen Amtsträger. Das damit aufgerufene Erzählmuster gehört zu jenen Grundnarrativen der reformatorischen Bewegung, die nicht auf theologische Fragen, sondern auf Fragen der Heilsvermittlung bezogen waren.

Unbeschadet dessen nahm die katholische Seite den *siebenköpfigen Luther* wieder auf, wobei sich in der katholischen Anschlusskommunikation zeigt, dass im anti-lutherischen Schrifttum nicht nur das Bild, sondern auch der Text Wirksamkeit entfalten konnte.[52] Johann Nas übernahm das Bild des siebenköpfigen Luther (Abb. 8) in seine *Quinta Centuria* und erläuterte es als Ausdruck von Luthers Widersprüchen, wie bereits Cochlaeus sie zum Ausdruck gebracht habe:

> So hats auch Herr Doctor Cocleus nit vbel bedacht / der disen Fastnachtslaruen / sieben koepff für einen gemacht / vnnd eines yetwedern namen vnd eigenschafft erklärt / fast in allen seinen schrifften zuo finden. Also das er inn einem yetzwedern namhafften artickel / sibnerley meynung vnd gründ gehabt / daher ern hat malen vnd schneiden lassen / wie vngefähr allhie ein gegenwurff zuo sehen.[53]

Die Abbildung orientiert sich eng an Brosamers Holzschnitt bei Cochlaeus, setzt aber dennoch eigene Akzente. In dem bei Nas eingefügten Bild sind die Köpfe deutlich dichter zusammengedrängt und größer als in der Vorlage. Die Abkürzungen der Bildumschrift D – M – L – E – S – V – B verweisen auf die ausgeschriebenen Wörter bei Cochlaeus: Doctor – Martin – Luter – Ecclesiast – Schwermer – Visitirer – Barrabas. Anders als bei Cochlaeus ist das Bild des Ecclesiasten bei Nas ein eindeutig identifizierbares Lutherporträt, an dessen Kopf die Haare schon so abstehen wie bei dem ›Schwärmer‹ und bei Barrabas. Im Unterschied zu Cochlaeus verzichtet Johannes Nas im Text aber darauf, an Luthers Schriften dessen Selbstwidersprüche aufzuzeigen, sondern fügt zahlreiche diffamierende Äußerungen über die Deutungen der Luther zugewiesenen sieben Bezeichnungen aus anderen katholischen Schriften ein, die er lateinisch zitiert.[54]

---

52 Der *siebenköpfige Luther* entwickelte sich aber nicht zu einem stabilen Bildmuster, das Luthers Körper mit der Apokalypse verknüpfte und den Streit, den er nach römisch-katholischer Auffassung in die Welt gebracht hatte, mit dem heraufziehenden Ende dieser Welt identifizierte.
53 Nas, *Quinta Centuria*, Bl. 350v–351r.
54 Nas, *Quinta Centuria* Bl. 351r–352v. Zu Nas' *Centuria* vgl. Walker 2000, bes. S. 13–27.

4. Schmähliche Zerlegung: Johann Nas' Entlarvung des unheiligen Luther und die *Anatomia Lutheri*

Anders als Cochlaeus und Murner gehörte der franziskanische Prediger Johann Nas nicht mehr wirklich zu den Zeitgenossen Martin Luthers. Als Luther 1546 starb, war Nas zwölf Jahre alt. Aber nachdem er 1552 in den Franziskanerorden eingetreten, 1557 zum katholischen Priester geweiht worden war und anschließend in Ingolstadt theologische Vorlesungen gehört hatte, setzte er sich mit zunehmender Intensität mit den von ihm in einem seiner zahlreichen Wortspiele als »evangelos« gebrandmarkten evangelischen ›Irrlehren‹ auseinander, die von den Anhängern Luthers in der sich ausbildenden evangelischen Konfession verbreitet wurden. Nach seiner Auffassung gefährdeten sie die wahre Lehre der Heiligen Kirche, das Seelenheil der Gläubigen und die Ordnung der Welt.[55] Insbesondere empörte sich Nas über die Herabsetzung der Heiligen und der Legenden bei den Lutheranern, die gleichzeitig das Leben und Sterben des ›Teufelsbündlers‹ Luther im hagiographischen Muster erzählten. Zwar nannten die evangelischen Anhänger Luthers ihre eigenen hagiographischen Erzählungen nicht mehr Legenden – das wurde durch die von Luther geprägte Verballhornung »Lügende« verhindert –, sondern »Historien«, aber sie schufen doch eine evangelische Heiligentradition von Märtyrern und Bekennern, in deren Zentrum Luther stand.[56]

Die Vorstellung von Luther als heiligem Bekenner war unter den Anhängern Luthers rasch entstanden. Schon seit den frühen 1520er Jahren gab es eine Tendenz zur Heiligung Luthers, die in heroisierenden Mustern seinen Kampf gegen die Papstkirche erzählte und ihn gemäß der Ikonographie des asketischen Heiligen abbildete.[57]

---

55 Nas' Invektiven gegen Luther als Person und gegen die Evangelischen, die er stets als *evangelos* diskreditierte, fallen in die Zeit nach dem Tridentinum, in der die katholische Seite erkennbar in die Offensive ging und deutlich mehr Flugschriften und Flugblätter herausbrachte als in der frühen Phase der Reformation. Vgl. dazu Klug 2012, S. 16f.
56 Zur Herabsetzung des legendarischen Erzählens durch die invektive Metagattung der »Lügende« vgl. Münkler 2015; Sablotny 2019.
57 Vgl. Kaufmann 2018, bes. S. 285–297.

Abb. 9: Cranach-Werkstatt: *Martin Luther als Augustinermönch vor einer Nische*, Frontispiz zu Martin Luther: *De Captivitate Babylonica ecclesiae praeludium*, Straßburg: Johann Schott, 1520, Herzog August Bibliothek Wolfenbüttel, A: 98 Theol. (3) [VD 16 L 4186]

Quelle: © *Herzog August Bibliothek Wolfenbüttel http://diglib.hab.de/drucke/98-theol-3s/start. htm?image=00002.*

Abb. 10: Hans Baldung Grien: *Martin Luther als Augustinermönch*, Holzschnitt, 15,5 × 11,4 cm, in: Martin Luther: *XXVII. Predig newlich uszgangen Anno XXIII*, Straßburg: Johann Schott 1523, o. P. [vor Bl. a r]. HAB: A: 151.12 Theol. (1)

Quelle: © *Herzog August Bibliothek Wolfenbüttel.*

So wird aus einem Porträt in der Erstausgabe von Luthers lateinischer Schrift *De captivitate babilonica ecclesiae* (Abb. 9) relativ bald ein Lutherporträt mit Heiligem Geist und Heiligenschein. Die Bildvorlage zeigt Luther mit energischen und kraftvollen Gesichtszügen als tonsurierten Mönch in der Kutte und mit aufgeschlagener Bibel. Hans Baldung gen. Grien nahm diese Ikonographie auf, zeigte aber einen sehr viel schlankeren Luther mit eingefallenen Wangen, Gloriole und dem über seinem Kopf schwebenden Heiligen Geist (Abb. 10). Auf diese Darstellung des heiligen Luther reagiert Johann Nas in seiner *Quinta Centuria* mit einer Parodie des Bildes, indem er einen feisten Luther mit groben Gesichtszügen zeigte, dessen Gloriole als der Schein

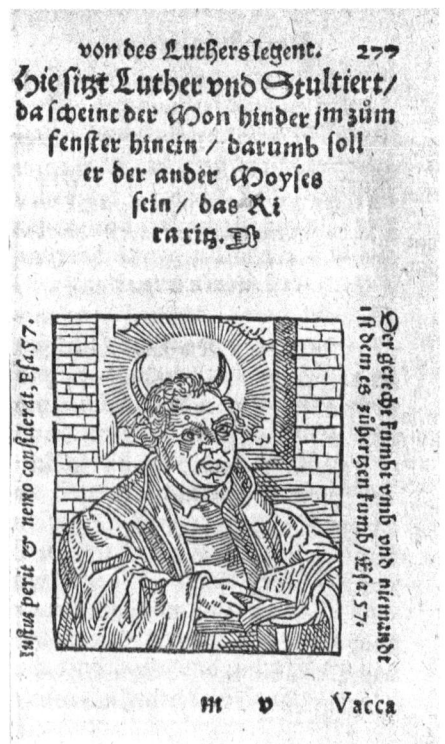

Abb. 11: Cyriacus Spangenberg: *Hier sitzt Luther und stultiert*, Holzschnitt, 8°, in: Johannes Nas: *Quinta Centuria, Bl. 277r.*, Ingolstadt: Alexander Weißenhorn, Samuel Weißenhorn, 1570 [VD16 N 105]

Quelle: *Herzog August Bibliothek Wolfenbüttel.*

des sichelförmigen Mondes entlarvt wird, der nur auf den ersten Blick wie ein Heiligenschein wirkt und aus dem hinter ihm stehenden Mond Hörner macht. Damit wird parodistisch auf die Ikonographie des hörnertragenden »Moses« angespielt (Abb. 11):

Nicht nur mit diesem Bild, sondern insgesamt bezog sich Nas in seiner *Quinta Centuria* auf die protestantische ›Legendenbildung‹ um den »Heiligen Luther«.[58] Dass die protestantische Hagiographie mit anderen Heiligkeitszuschreibungen und Erzählmustern arbeitete und die evangelische Hei-

---

58 Zu Nas vgl. Spinks 2009.

Abb. 12: Johannes Nas: *Qvinta Centvria, Das ist / Das Fünfft Hundert / der Euangelischen warheit / darin[n] mit fleis beschriben wirdt / der gantz handel / anfang / lebens vnd todts / des thewren Manns / D. Martin Luthers, Bl. 496v*, Ingolstadt: Alexander Weißenhorn, Samuel Weißenhorn, 1570, (zuvor schon einmal in der *Quarta Centuria*, [Bl. A, Vorsatzblatt, ohne Zählung]

Quelle: Bayerische Staatsbibliothek München, Polem. 1936–5, Bl. 496v, urn:nbn:de:bvb: 12-bsb10194302-3.

ligenverehrung bestimmte Rituale und insbesondere die Reliquienverehrung hinter sich gelassen hatte, ignorierte Nas nicht nur, sondern dementierte sie mit einem Bild, das die Zerteilung von Luthers Körper durch die Anhänger der Reformation und der unterschiedlichen ›evangelosen Secten‹ darstellte. Das Bild (Abb. 12) zeigt den physiognomisch gut erkennbaren, aufrecht sitzenden Luther mit offenen Augen und einem Strick um den Hals. Um ihn herum sind berühmte Vertreter der evangelischen Konfessionen versammelt, die seinen Leib zerteilen und in grotesker Weise verehren. Ein Arm und ein Bein sind ihm bereits abgehackt worden und liegen in einem Korb unterhalb des Tisches. In der Mitte des Bauches wird er von zwei Personen mit einer großen Säge auseinander gesägt, sein linker Arm wird ihm an der Schulter gerade von einem Barettträger mit einem großen Beil abgehackt. In einem unterhalb des Tisches stehenden Bottich liegen der in der Mitte des Oberarms abgetrennte Arm und das in der Mitte des Oberschenkels abgetrennte Bein. Aus dem Oberschenkelstump rinnt das Blut heraus, das ein Mann mit einem Kelch in seiner rechten Hand auffängt, während er aus einem anderen Kelch in seiner linken trinkt.

Beschrieben ist das Bild mit dem Hinweis, es zeige,

wie die Nachfolger des Luthers / den ellenden Ketzer zuohacken / vnnd die jhn am meysten loben woellen / die thuon jhm den groesten schaden. Die Schmidischen Eberlein woellen mit jhrem verstreichen den Luther thailen / segen jhn entzwey / Caluinus sticht jhm das hertz ab / Zwingel hawet jhm darm ab /Jilliricus lecket jhms Rauchloch / Gallung hat das beste doch / so kumbt der grimmig Grap mit seinen Raben auch zum Schelmen / Aurifabel hat ein gantzen Korb voll Brocken vom Luther zuosammen geraspelt / wie solchs dise figur anzeiget.[59]

---

[59] Nas 1570, Bl. 496r.

Abb. 13: *ANATOMIA M. LVTHERI. EXPLICATIO HVIVS TYPI PER IACOBVM VITELLIVM*, um 1567, Kunstsammlungen der Veste Coburg, Inv.-Nr. I,355,1a

Quelle: Oelke, Harry: *Die Konfessionsbildung des 16. Jahrhunderts im Spiegel illustrierter Flugblätter*, Berlin [u. a.] 1992, Abb. 30.

Ein ähnliches Bild ist auch in einem von Nas herausgebrachten Flugblatt separat erschienen.[60] Seine Bildvorlage ist jedoch nicht die Abbildung in der *Quinta Centuria*, sondern ein lateinisches Flugblatt mit dem *Anatomia Lutheri* (Abb. 13). Hier wird Luther liegend gezeigt, aber er wird in derselben Weise von seinen Anhängern grob und schmählich zerteilt.[61] Der im Titel hervorgehobene Bezug auf die *Anatomia* und das räumliche Setting verweisen auf eine zu diesem Zeitpunkt relativ junge medizinische Praxis, die sich seit dem Beginn des 16. Jahrhunderts zunehmend etablierte. Freilich galt die Sektion nicht als ehrenhafte Behandlung eines Leichnams. Den Anatomen wurden deshalb hingerichtete Straftäter zur Verfügung gestellt, die in der Regel vor Publikum in einem anatomischen Theater seziert wurden.[62] Wenn die *Anatomia* die Sektion von Luthers Leichnam zeigte, machte sie ihn damit quasi automatisch zum verurteilten Straftäter und Verdammten.

Nas übernahm diese Darstellung in ein eigenes Flugblatt, das er mit einem von ihm verfassten deutschsprachigen Text unter dem Titel *Sihe wie das ellend Lutherthumb, durch seine aigne verfechter, gemartert, Anatomiert, gemetzget, zerhackt, zerschnitten, gesotten, gebraten, und letztlich gantz auffgefressen wirdt* wenig später herausbringt (Abb. 14). Die Häufung der Verben markiert eine spezifische Modalität sprachlicher invektiver Verfahren: Durch Iteration vieler Vokabeln für ein und denselben Vorgang wird dieser symbolisch gesteigert und als besonders skandalös ausgewiesen.

---

60 Vgl. Harms/Rattay 1983, S. 60f.; siehe daneben Oelke 1996, S. 149–200.
61 Lyndal Roper hat darauf hingewiesen, dass Luther hier und bei Cochlaeus nicht, wie sonst üblich, als feist, sondern mit einem schlanken Körper gezeigt wird. Vgl. Roper 2012, S. 23.
62 Carlino 2011, bes. S. 130–133.

Abb. 14: Johannes Nas / T. K.: *Sihe wie das ellend Lutherthumb, durch seine aigne verfechter, gemartert, Anatomiert, gemetzget, zerhackt, zerschnitten, gesotten, gebraten, und letztlich gantz auffgefressen wirdt, Offenbarung der straff und außgang Lutherischer schwermerey*, Ingolstadt: Alexander Weißenhorn, Samuel Weißenhorn, 1568

Quelle: Bayerische Staatsbibliothek München, Einbl. III,52, urn:nbn:de:bvb:12-bsb00099503-2.

In der *Anatomia Lutheri* wie in Nas' Flugblatt *Sihe wie das ellend Lutherthumb* (Abb. 14) findet die Sektion Luthers nicht in einem Raum statt, der als anatomisches Theater fungieren könnte, und sein Korpus wird nicht kunstvoll von einem gelehrten Anatomen seziert, sondern durch mehrere Personen, die den Leichnam zerteilen und zerstückeln. In dem Raum, in dem die Sektion stattfindet, herrscht vollständige Ruhe; kein Publikum drängt sich neugierig heran, wie dies in den anatomischen Theatern der Zeit üblich war. Als Publikum der Sektion fungieren die imaginierten Betrachter der beiden Flugblätter, die so zu Zeugen der Sektion werden.

Auffällig ist außerdem, dass neben die Szenen der Zerstückelung auch Bilder der Verehrung des Leichnams treten, die freilich als Zeichen der Pervertierung zu deuten sind: Matthias Flacius Illyricus küsst Luthers Anus, Gallung leckt seinen großen Fußzeh. Der Anuskuss ist ein typisches Bildzeichen der Teufelsverehrung und der Besiegelung eines Teufelspakts. Die Symbolik des so gemarterten *Corpus* entfaltet sich auf der Grenze zwischen anatomischer Zerlegung und Reliquienbeschaffung durch die Anhänger des Toten, die sich in den Besitz der Überreste des als heilig betrachteten Körpers bringen wollen.

Wie in Nas' *Centuria* sind die Luther zerteilenden handelnden Personen gut zu erkennen und zudem von Cyriacus Spangenberg, der die *Anatomia Lutheri* in einer Predigt beschrieben hat, eindeutig identifiziert worden:

Hie muß ich noch eines Stücks gedenken, das sich neulicher Zeit dieses Jahr hat zugetragen. Da sich die verstockten Papisten an des Luthers Lehre nicht rächen noch der abbrechen können, greifen sie seine Person mit Schandgemälden an, wie denn die Säu-Papisten zu Ingolstadt den Luther bloß und nackend auf einem Schlachttisch gemalet und herum falsche und rechtschaffene Lehrer gestellet: da stehet Calvinus und stößet ihm einen Spieß durchs Herz, Zwingli haut den Kopf ab, Viretus erwürgt ihn mit einem Strang. Doctor Jacobus Andreä und Doctor Eberus schneiden ihn mitten mit einer Säge von einander, geben das Oberteil den Sacramentirern und das andere lassen sie den Unseren, Philippus [i. e. Melanchthon] stehet auch dabei und siehet dem Handel zu. Mich haben sie häßlich genugsam gemalet: als ob ich dem Luther den linken Schenkel abfressen wollte. Der gut alt Herr Sarcerius seliger, desgleichen der Herr Gallus und Illyricus sind schimpflich genug daneben gebildet mit giftigen, greulichen, gotteslästerlichen Versen, damit die gottlosen besessenen Leute ihre Thorheit an Tag geben. Es hat sie zum Teil wohl gereuet, hättens gerne unterdrückt; aber es ist nunmehr heraus und ihnen selbst zu schanden weiter kommen, dann sie nunmehr gern sehen.[63]

---

63 Zit. nach: Oelke 1996, S. 165.

Abb. 15: Johann Fischart/Tobias Stimmer: *Der Barfüser Secten und Kuttenstreit, Anzuzaigen die Römisch ainigkait*, [Straßburg], 1577

Quelle: Bayerische Staatsbibliothek München, Einbl. XI,55, urn:nbn:de:bvb:12-bsb00098913-2.

Auf diese doppelte Deutbarkeit als anatomische Zerlegung und Reliquienbeschaffung reagierten Johann Fischart und Thomas Stimmer mit einem Flugblatt, das den Titel *Der Barfüsser Secten- und Kuttenstreit* (Abb. 15) trägt. Es zeigt im Bild, wie der »Heilige« Franziskus nach seinem Tod von den sich um seine Reliquien balgenden und prügelnden Ordensbrüdern verstümmelt, zerstückelt und zerrissen wird.[64] Dass der Leichnam keineswegs einen heiligen Duft verströmt, wie in der katholischen Heiligenverehrung behauptet, zeigt der rechts abgebildete Mönch, der sich angeekelt vom Gestank des verwesenden Leichnams die Nase zuhält. Die Herabsetzung des Körpers erfolgt in beiden Bildprogrammen nicht über eine symbolische Ikonographie des Körpers, sondern über dessen postmortale Zerstückelung, die zugleich seine symbolische Vernichtung bildet.

5. Schluss: Der Körper des Unheiligen

Die Ikonographie von Luthers Körper in den antilutherischen Schriften seiner katholischen Gegner bearbeitet zwei entscheidende Punkte der von Luther angeführten reformatorischen Bewegung: ihren unaufhaltsamen Erfolg und die Verehrung ihres Begründers. Beide kulminieren in der Stigmatisierung von Luthers Körper. Während Murner versucht, den Erfolg der reformatorischen Bewegung im Bild des Großen Lutherischen Narren als Einheit von Kriegslüsternheit, niederträchtiger Feindsetzungspolitik und Zerstörungslust zu kennzeichen, arbeiten Cochlaeus und im Anschluss an ihn Johann Nas mit der ikonischen Präsenation ihrer Spaltung, die in Luthers Körper zugleich aufgehoben und verdichtet wird. Nas überschreibt das Bild und damit die Imagination des Heiligen außerdem durch das Bild und die Imagination des ›Unheiligen‹ und des Diabolischen und präsentiert die Zerteilung von Luthers Körper durch seine Anhänger als stellvertretende Vernichtung seiner körperlichen Integrität wie der ihm zugeschriebenen Heiligkeit. Zugleich arbeitet er im Anschluss an Cochlaeus an einem Narrativ der Spaltung, das nicht nur Luthers Abfall von der in seinen Augen ›wahren‹ Kirche markiert, sondern die Gespaltenheit der reformatorischen Bewegung in der Zerteilung von Luthers Körper symbolisiert. Luthers zerrissener Körper steht damit metonymisch für die Zerrissenheit der reformatorischen

---

64 Fischart, Johann/Stimmer, Tobias: Der Barfüser Secten und Kuttenstreit, Anzuzaigen die Römisch ainigkait, [Straßburg], 1577 [BSB-Einblatt-ID: BSBEinblB300001103].

Bewegung, aus der gegenbildlich die Imagination der wahren, der ›katholischen‹ Kirche zur Erscheinung gebracht werden soll. Das freilich weist die Imaginationen der Vernichtung von Luthers Körper als Insignien einer Niederlage aus, die symbolisch ausagiert, was realiter nicht gelang: Luther und die Reformation wieder aus der Welt zu schaffen.

Literatur

Primärtexte

[Cochlaeus, Johannes:] ADVERSVS || CVCVLLATVM MINOTAV||rum Vuittenbergensem, Io. Cochlae-||us de sacramentorum gratia, iterum.|| Criminationes ..., Köln 1523 [VD16 C 4240].
[Cochlaeus, Johannes:] Sieben Köpffe Martini Luthers. Vom hochwürdigen Sacrament des Altars/Durch Doctor J. Cocleus, Leipzig: Schumann, Valentin, 1529 [HAB Wolfenbüttel, PURL: http://diglib.hab.de/drucke/190-16-theol-8s/start. htm?image=00004].
Deutsche Reichstagsakten, Jüngere Reihe, Bd. 2, Gotha 1899, Nachdruck Göttingen 1962.
[Fischart, Johann/Stimmer, Tobias:] Der Barfüser Secten und Kuttenstreit, Anzuzaigen die Römisch ainigkait, [Straßburg], 1577 [BSB-Einblatt-ID: BSBEinblB300001103] [https://daten.digitale-sammlungen.de/~db/0009/bsb00098913/images/].
Thomas Murner: Von dem grossen Lutherischen Narren (1522). Herausgegeben, übersetzt und kommentiert von Thomas Neukirchen, Heidelberg 2014.
[Nas, Iohann:] Sihe wie das ellend Luthertumb/durch seine aigne verfechter/gemartert/Anatomiert/gemetzget/zerhackt/zerschnitten/gesotten/gebraten/vnd letztlich gantz aufgefressen wirdt. Offenbarung der Straff vnd außgang Lutherischer schwernerey/in Reymen gestelt durch F.J.N., Ingolstadt [https://bildsuche.digitale-sammlungen.de/index.html?c=viewer&l=en&bandnummer=bsb 00099503&pimage=3&v=2p&nav=] [urn:nbn:de:bvb:12-bsb00099503-2].
Vesalius, Andreas: De humani corporis fabrica libri septem. – Basel: Oporinus, 1543/ 1555.
Vesalius, Andreas: The fabric of the human body/ed. by Daniel H. Garrison ... – Basel: Karger, 2014.
[Iacobus Vitellius:] Anatomia M. Lvtheri. Explicatio hvivs Typi per iaycobum vitellium [Permalink: https://www.bavarikon.de/object/bav:KVC-LUT-00000000000 22968].

Sekundärliteratur

Bachtin, Michail: *Rabelais und seine Welt. Volkskultur als Gegenkultur*, Frankfurt am Main 1987.
Bartrum, G.: *German Renaissance Prints. Exhibition Catalogue, British Museum*, London 1995.
Bremer, Kai: *Religionsstreitigkeiten. Volkssprachliche Kontroversen zwischen altgläubigen und evangelischen Theologen im 16. Jahrhundert*, Tübingen 2005.
Bremer, Kai: »Im Spannungsfeld von Historie, Kommentar und Kontroverstheologie: das Geschichtswerk des Johannes Cochlaeus«, in: *Jahrbuch für Internationale Germanistik*, 33, 2001, S. 221–235.
Bremer, Kai: »Der Kommentar als Steinbruch. Zum Verhältnis von ›Commentarius‹, ›Historia‹ und Polemik am Beispiel der Lutherkommentare des Johannes Cochlaeus, in: Frank Bezner/Kirsten Mahlke (Hg.), *Zwischen Wissen und Politik. Archäologie und Genealogie frühneuzeitlicher Vergangenheitskonstruktionen*, Heidelberg 2011 S. 293–309.
Burschel, Peter: »Das Monster. Katholische Luther-Imagination im 16. Jahrhundert«, in: Hans Medick/Peer Schmidt (Hg.), *Luther zwischen den Kulturen. Zeitgenossenschaft – Weltwirkung*, Göttingen 2004, S. 33–48.
Butler, Judith: *Hass spricht. Zur Politik des Performativen*, Frankfurt am Main 2006.
Brückner, Wolfgang/Gruppe, Annemarie: »Luther als Gestalt der Sage«, in: Wolfgang Brückner (Hg.), *Volkserzählung und Reformation. Ein Handbuch zur Tradierung und Funktion von Erzählstoffen und Erzählliteratur*, Berlin 1974, S. 261–294.
Carlino, Andrea: »Leichenzergliederung als soziales Drama im Europa der Frühen Neuzeit«, in: Helmar Schramm/Ludger Schwarte/Jan Lazardzig (Hg.), *Spuren der Avantgarde: Theatrum Anatomicum. Frühe Neuzeit und Moderne im Kulturvergleich*, Berlin/New York 2011, S. 129–146.
Diers, Michael: Schlagbilder. Zur politischen Ikonographie der Gegenwart, Frankfurt am Main 1997.
Dröse, Albrecht: »Invektive Affordanzen der Kommunikationsform Flugschrift«, in: Sablotny, Antje/Münkler, Marina/Dröse, Albrecht (Hg.), *Invektive Gattungen. Formen und Medien der Herabsetzung*. Sonderheft der Kulturwissenschaftlichen Zeitschrift 2021 (im Druck).
Edwards, Mark L.: *Printing, Propaganda and Martin Luther*, Minneapolis 2005.
Eisenberger, Naomi I./Lieberman, Matthew D./Williams, Kipling D.: »Does rejection hurt? An fMRI study of social exclusion«, in: *Science*, 302, 2003, S. 290–292.
Ellerbrock, Dagmar/Koch, Lars/Müller-Mall, Sabine/Münkler, Marina/Scharloth, Joachim/Schrage, Dominik/Schwerhoff, Gerd: »Invektivität – Perspektiven eines neuen Forschungsprogramms in den Kultur- und Sozialwissenschaften«, in: *Kulturwissenschaftliche Zeitschrift* 1, 2017, S. 2–24.
Garfinkel, Harold: »Conditions of Successful Degradation Ceremonies«, in: *American Journal of Sociology*, 61/5, 1956, S. 420–424.
Furey, Constance: »Invective and Discernment in Martin Luther, D. Erasmus, and Thomas More«, in: *Harvard Theological Review* 98/4, 2005, S. 469–488.

Gehring, Petra: »Über die Körperkraft von Sprache«, in: Steffen Kitty Herrmann/Sybille Krämer/Hannes Kuch (Hg.), *Verletzende Worte. Die Grammatik sprachlicher Missachtung*, Bielefeld 2007, S. 211–228.

Gülpen, Ilonka van: *Der deutsche Humanismus und die frühe Reformations-Propaganda 1520–1526: Das Lutherporträt im Dienst der Bildpublizistik*, Hildesheim u. a. 2002.

Harms, Wolfgang/Rattay, Beate: *Illustrierte Flugblätter aus den Jahrhunderten der Reformation und der Glaubenskämpfe*, Coburg 1983.

Hamm, Berndt: »Die Reformation als Medienereignis«, in: *Jahrbuch für biblische Theologie* 11, 1996, S. 137–166.

Helmrath, Johannes: »Streitkultur. Die ›Invektive‹ bei den italienischen Humanisten«, in: Marc Laureys/Roswitha Simon (Hg.), *Die Kunst des Streitens. Inszenierung, Formen und Funktionen öffentlichen Streits in historischer Perspektive*, Göttingen 2010, S. 259–294.

Herte, Adolf: *Das katholische Lutherbild im Bann der Lutherkommentare des Cochlaeus: Von der Mitte des 16. bis zur Mitte des 18. Jahrhunderts*, Bd. 1, Münster 1943.

Israel, Uwe: »›Defensio‹ oder die Kunst des Invektierens im oberrheinischen Humanismus«, in: Zeitschrift für Historische Forschung, 49, 2019, S. 407–441.

Jarosch, Dirk: *Thomas Murners satirische Schreibart. Studien aus thematischer, formaler und stilistischer Perspektive*, Hamburg 2006.

Jentsch, Werner: »Michael Stiefel – Mathematiker und Mitstreiter Martin Luthers«, in: *Esslinger Studien*, 28, 1989, S. 25–50.

Kästner, Hannes/Schütz, Eva: »Gottesbote oder Lügenprophet? Bemerkungen zur Genese und den Entwicklungstendenzen der konträren Lutherbilder in der Frühzeit der Reformation«, in: André Schnyder u. a. (Hg.), *»Ist mir getroumet mîn leben?« Vom Träumen und vom Anderssein. Festschrift für Karl-Ernst Geith*, Göppingen 1998, S. 49–66.

Kapitza, Arne: »Komik, Gesellschaft und Politik«, in: With, Uwe (Hg.), *Komik: Ein interdisziplinäres Handbuch*, Stuttgart 2017, S. 134–146.

Kaufmann, Thomas: *Der Anfang der Reformation*, 2. durchgesehene und korrigierte Auflage, Tübingen 2018.

Kaufmann, Thomas: *Erlöste und Verdammte. Eine Geschichte der Reformation*, München 2016.

Kaufmann, Thomas: *Geschichte der Reformation*, Frankfurt am Main/Leipzig 2009.

Klug, Nina-Maria: *Das konfessionelle Flugblatt 1563–1580. Eine Studie zur historischen Semiotik und Textanalyse*, Berlin/Boston 2012.

Klug, Nina-Maria: »Bild und Sprache im Kampf um konfessionelle ›Wahrhafftigkeit‹: Das illustrierte Flugblatt als semiotisch komplexe Textallianz des 16. Jahrhunderts«, in: Jörg Meier/Arne Ziegler (Hg.), *Kontinuitäten und Neuerungen in Textsorten- und Textalliantztraditionen vom 13. bis 18. Jahrhundert*, Berlin 2014, S. 185–214.

Klug, Nina-Maria: »Bilder als Texte. Methoden einer semiotischen Erweiterung angewandter Diskursanalyse«, in: Kersten Sven Roth/Carmen Spiegel (Hg.), *Angewandte Diskurslinguistik: Felder, Probleme, Perspektiven*, Berlin 2013, S. 163–188.

Könneker, Barbara: *Wesen und Wandlung der Narrenidee im Zeitalter des Humanismus*, Wiesbaden 1966.

Könneker, Barbara: *Satire im 16. Jahrhundert. Epoche – Werke – Wirkung*, München 1991.

Kuipers, Gislinde: »Satire and dignity«, in: Meijer Dree, Marijke/de Leeuw, Sonja (Hg.), *The Power of Satire*, Amsterdam 2015, S. 19–32.

Krämer, Sybille: »Humane Dimensionen sprachlicher Gewalt oder: Warum symbolische und körperliche Gewalt wohl zu unterscheiden sind«, in: Koch, Elke/Krämer, Sybille (Hg.), *Gewalt in der Sprache. Rhetoriken verletztenden Sprechens*, München 2010, S. 21–42.

Horst Langer: »›Karsthans‹. Wirkungsstrategie, Werkgestalt und Rezeption eines Reformationsdialogs«, in: *Zeitschrift für Germanistik* 1 (1991), S. 28–36.

Lienhard, Marc: »Les pamphlets anti-lutheriens de Thomas Murner«, in: Robert Sauzet (Hg.), *Les frontieres religieuses en Europe du XVe au XVIe siècle*, Paris 1992, S. 97–107.

Lobenstein-Reichmann, Anja: »Sprachgeschichte als Gewaltgeschichte. Ein Forschungsprogramm«, in: Jochen Bär/Marcus Müller (Hg.), *Geschichte der Sprache – Sprache der Geschichte. Probleme und Perspektiven der historischen Sprachwissenschaft des Deutschen. Oskar Reichmann zum 75. Geburtstag*, Berlin/Boston 2012, S. 127–158.

Lobenstein-Reichmann, Anja: »Stigma. Semiotik der Diskriminierung«, in: Wolf-Andreas Liebert/Horst Schwinn (Hg.), *Mit Bezug auf Sprache. Festschrift für Rainer Wimmer*, Tübingen 2009, S. 249–271.

Mandressi, Raffael: »Zergliederungstechniken und Darstellungstaktiken. Instrumente, Verfahren und Denkformen im *Theatrum anatomicum* der Frühen Neuzeit«, in: Helmar Schramm/Ludger Schwarte/Jan Lazardzig (Hg.), *Spuren der Avantgarde: Theatrum Anatomicum. Frühe Neuzeit und Moderne im Kulturvergleich*, Berlin/New York 2011, S. 54–74.

Messerli, Alfred: »Intermedialität«, in: Messerli, Alfred/Schilling, Michael (Hg.), *Die Intermedialität des Flugblatts in der Frühen Neuzeit*, Stuttgart 2015, S. 9–24.

Motta, Franco: »Die Gefangennahme des Minotaurus. Das Lutherbild der katholischen Kontroverstheologie«, in: Alberto Melloni u. a. (Hg.), *Martin Luther. Ein Christ zwischen Reformen und Moderne*, Teilband 1, Berlin/Boston 2017, S. 747–774.

Münkler, Marina: »Legende/Lügende. Die protestantische Polemik gegen die katholische Legende und Luthers Lügend von St. Johanne Chrysostomo«, in: Gerd Schwerhoff/Eric Piltz (Hg.), *Gottlosigkeit und Eigensinn. Religiöse Devianz im konfessionellen Zeitalter*, Berlin 2015 (Beiheft zur Zeitschrift für Historische Forschung, 51), S. 121–147.

Münkler, Marina: »Volkssprachlicher Früh- und Hochhumanismus«, in: Werner Röcke/Marina Münkler (Hg.) *Hansers Sozialgeschichte der deutschen Literatur. Band 1: Die Literatur des 15. und 16. Jahrhunderts*, München 2004, S. 77–96.

Oelke, Harry: *Die Konfessionsbildung des 16. Jahrhunderts im Spiegel illustrierter Flugblätter*, Berlin/New York 1992.

Oelke, Harry: »Konfessionelle Bildpropaganda des späten 16. Jahrhunderts: Die Nas-Fischart-Kontroverse 1568/71«, in: *Archiv für Reformationsgeschichte. Internationale Zeitschrift zur Erforschung der Reformation und ihrer Weltwirkungen*, Nr. 87, 1996, S. 149–200.

Poloni, Bernard: »L'Image et sa fonction dans le *Grand Fol Lutherien* de Thomas Murner«, in: *Etudes Germaniques* 50,3 (1995), S. 491–508.

Rößler, Hole (Hg.), *Luthermania. Ansichten einer Kultfigur*, Herzog August Bibliothek Wolfenbüttel 2017.

Roper, Lyndal: *Der feiste Doktor. Luther, sein Körper und seine Biographen*, Göttingen 2012.

Sablotny, Antje: »Metalegende. Die protestantische Lügende als invektive Metagattung«, in: *Beiträge zur mediävistischen Erzählforschung*, 2, 2019, S. 148–200.

Samuel-Scheyder, Monique: *Johannes Cochlaeus aus Wendelstein. Ein Humanistenleben in der Herausforderung seiner Zeit*, Mainz 2009.

Scharloth, Joachim: »Sprachliche Gewalt und soziale Ordnung: Metainvektive Debatten als Medium der Politik«, in: Klinker, Fabian / Scharloth, Joachim / Szczęk, Joanna (Hg.), *Sprachliche Gewalt. Formen und Effekte von Pejorisierung, verbaler Aggression und Hassrede*, Stuttgart 2018, S. 7–28.

Schillinger, Jean: »Narr und Narrheit in der konfessionellen Polemik: Thomas Murners ›Großer Lutherischer Narr‹«, in: Schillinger, Jean (Hg.), *Der Narr in der deutschen Literatur im Mittelalter und der Frühen Neuzeit*, Bern/Berlin u. a., S. 83–102.

Schutte, Jürgen: »*Schympff red*«. *Formen frühbürgerlicher Agitation in Thomas Murners »Großem Lutherischen Narren« (1522)*, Stuttgart 1973.

Schwerhoff, Gerd: »Invektivität und Geschichtswissenschaft Konstellationen der Herabsetzung in historischer Perspektive – ein Forschungskonzept«, in: *Historische Zeitschrift* 311, 2020, S. 1–36.

Schwitalla, Johannes: »Brutalität und Schamverletzung in öffentlichen Polemiken des 16. Jahrhunderts«, in: Krämer/Koch (Hg.) *Gewalt in der Sprache. Rhetoriken verletzenden Sprechens*, München 2010, S. 97–123.

Scribner, Robert W.: *For the Sake of the Simple Folk. Popular Propaganda for the German Reformation*, 2. Aufl. Oxford 1994.

Scribner, Robert W.: »Incombustible Luther: The Image of the Reformer in Early Modern Germany«, in: *Popular Culture and Popular Movements*, London 1987, S. 323–354.

Stöcklein, Heike: *Illustrierte Offenbarung. Holzschnittillustrationen der Johannes-Apokalypse in deutschen Bibeln*, Leipzig 2019.

Trotha, Trutz von: »Zur Soziologie der Gewalt«, in: Ders. (Hg.), *Soziologie der Gewalt*, Opladen u. a. 1997, S. 9–56.

Walker, Richard Ernest: *The Uses of Polemic. The »Centuriae« of Johannes Nas*, Göppingen 2000.

Wirth, Uwe: »Ambiguität im Kontext von Witz und Komik«, in: Berndt, Frauke/ Kammer, Stephan (Hg.), *Amphibolie – Ambiguität – Ambivalenz. Modelle und Erscheinungsformen von Zweiwertigkeit*, Würzburg 2009, S. 321–332.

Worstbrock, Franz Josef: »Murner, Thomas«, in: *Deutscher Humanismus 1480–1520. Verfasserlexikon*, hg. von Franz Josef Worstbrock, Bd. 2, Berlin u. a. 2013, Sp. 299–368.

Der Körper der Mächtigen

Die zwei Körper des Reichspräsidenten: Körperlichkeit, Schmähung und Öffentlichkeit in der Weimarer Republik

Silke Fehlemann

In der Weimarer Republik zeige sich »eine Gesellschaft, die unsere Ängste und Hoffnungen teilte und deren eigene Phantasien und Phobien uns doch ein irritierendes Zerrbild unserer Alltagsnormalität entgegenhalten«[1], so formulierte es der Historiker Detlef Peukert schon in den ausgehenden 1980er Jahren. Diese Einschätzung bleibt auch nach Jahrzehnten erstaunlich aktuell. In den Diskussionen um die Republik, die sowohl aufgrund von Gedenkkonjunkturen als auch vor dem Hintergrund des anwachsenden Rechtspopulismus zur Zeit wieder sehr lebhaft verlaufen, lassen sich zwei gegenläufige Fragen aus der Flut der Veröffentlichungen zum 100-jährigen Gründungsjubiläum herausarbeiten: Zum einen wird nach den Potentialen der Republik und nach ihren vernachlässigten Möglichkeitsräumen gefragt; zum anderen wird Weimar als (warnendes) Beispiel einer sterbenden Demokratie untersucht.[2]

Dabei beschäftigen sich zahlreiche neue Publikationen mit der Frage, ob die Republik unvergleichlich heftig von Gewalt geprägt gewesen sei.[3] Tim B. Müller ist der Ansicht, dass die Gesellschaft der Weimarer Republik nicht gewaltbereiter oder gewalttätiger war als diejenige anderer zeitgenössischer Staaten,[4] während Mark Jones die Republik aus Gewalt entstanden

---

1 Peukert 1987, S. 272. Die vorliegenden Ausführungen sind Teilergebnisse eines Forschungsprojektes zu »Invektiven als emotionale Mobilisierung in der Weimarer Republik im Übergang zum Nationalsozialismus«, welches unter der Leitung von Dagmar Ellerbrock an der TU Dresden im SFB 1285 »Invektivität. Konstellationen und Dynamiken der Herabsetzung« situiert ist.
2 Levitsky/Ziblat 2018; Wirsching u. a. 2018; Dreyer/Braune 2016.
3 Als Auswahl: Jones 2017. Jones sieht die gewalttätige Niederschlagung der Revolution von 1918/19 als eine wichtige Ursache für den Aufstieg der rechten Gewalt während der Republik. Vgl. dazu deutlich abwägender: Schumann 2001; Vgl. auch Hikel 2011; Barth 2003; Siemens 2013; Weinhauer/Ellerbrock 2013; Reichardt 2002; Elsbach 2019; Kailitz 2017; Sabrow 1994.
4 Müller/Wirsching 2016; Vgl. auch die »Rehabilitation« der Weimarer Demokratie bei Müller 2014.

und durch sie geprägt sieht.⁵ Die Frage nach der Gewalt verstellt zuweilen den Blick auf Phänomene, die etwas weniger spektakulär sind, aber mitunter nicht weniger destruktiv wirken können: Hetze, Schmähreden und Beleidigungen gegen die Demokratie und gegen die demokratischen Politiker. Gegenwärtige Erfahrungen mit destruktiven Formen der Hetze haben dazu geführt, dass im Bundestag kürzlich ein Gesetzentwurf angenommen wurde, in dem ein besserer Schutz für Politiker:innen, insbesondere auf der lokalen Ebene vorgesehen ist, um mit den zuweilen heftigen Beleidigungen, Bedrohungen und Verleumdungen umzugehen.⁶

Obwohl in den Memoiren zahlreicher Politiker und Künstler der späten 1920er Jahre ebenfalls deutlich betont wird, dass Hetz- und Schmähkampagnen zu den schwerwiegenden Belastungen der Republik gehörten,⁷ sind in der Forschung die konkreten Formen und Ausprägungen der Beleidigungs- und Schmähreden als solche bislang noch vergleichsweise wenig in den Blick genommen worden.⁸ Eine systematische Analyse von Hass und Hetze steht in historischer Perspektive noch aus.⁹ Aus der Sicht der Invektivitätsforschung wird das Desiderat offenbar und der Blick richtet sich auf Modus und Form von herabsetzenden Konstellationen und auf die Rolle der Anschlusskommunikation nach Schmähungen.¹⁰ Es ist durchaus möglich, dass die nachhaltige Zerstörung der Weimarer Republik leiser daher kam und deutlich früher begann als es die lauten Saal- und Straßenschlachten der letzten Jahre der Republik zunächst erscheinen lassen. Dabei ist die körperhistorische Perspektive von besonderem Interesse, um das volle Ausmaß des verletzenden Potentials

---

5 Jones 2017, S. 13
6 BT-Drucksache 19/17741 Gesetzentwurf zur Bekämpfung des Rechtsextremismus und der Hasskriminalität, angenommen am 18. Juni 2020. Zum Zeitpunkt der Abfassung des Beitrages war das Gesetz noch nicht vom Bundespräsidenten unterschrieben worden. https://www.tagesschau.de/investigativ/ndr-wdr/hasskriminalitaet-gesetz-101.html (letzter Aufruf 18.09.2020). Vgl. zur aktuellen Situation in den Kommunalverwaltungen: Ehrhardt 2019. Die Zahlen sind im Jahr 2020 noch einmal angestiegen: Vgl. dazu Clement 2021.
7 Zum Beispiel Braun 1940, S. 237; Grzesinski, 2001, S. 219f. Löbe 1958, S. 180.
8 Die Antisemitismusforschung ist dabei als Ausnahme zu nennen: Explizit für die Weimarer Republik: Vgl. dazu Hecht 2005; Walter 1999; Autorinnenkollektiv 2017. Die gesamte neuere Forschung zum Antisemitismus aufzuführen würde hier den Rahmen sprengen: Einen guten Einstieg bieten die Veröffentlichungen des Zentrums für Antisemitismusforschung in Berlin, hier besonders etwa das Jahrbuch für Antisemitismusforschung 24, 2015, welches »Die Radikalisierung des Antisemitismus im Ersten Weltkrieg und in der Weimarer Republik« thematisiert. Vgl. Benz/Bergmann 2008–2015; Benz 2015.
9 Vgl. Wirsching 2020.
10 Vgl. dazu auch: Schwerhoff 2020 und Ellerbrock u. a. 2018.

verbaler Hetze zu erfassen. Im Folgenden wird deshalb die Frage des Zusammenhangs zwischen öffentlicher Hetze und körperlichen Aspekten in doppelter Weise beleuchtet. Zum einen wird nach dem Körperbezug der Hetze gefragt, zum anderen nach den somatischen Effekten verbaler Hetze. Dabei wird davon ausgegangen, dass die Vorstellung einer zweifachen Körperlichkeit der Herrschenden, wie sie Ernst Kantorowicz anhand des sakralen und realen Körpers des Königs beschrieben hat, sich auch für andere politische Zusammenhänge weiterentwickeln lässt.[11] Vor allem die Philosophin Sybille Krämer hat diese Rahmung weitergedacht und eine Doppelkörperlichkeit beschrieben, die den sozialen Körper und die physische Substanz jedes einzelnen Individuums thematisiert, eine Verbindung, die erstmals durch den Eigennamen konstituiert wird.[12] Judith Butler machte nicht nur darauf aufmerksam, über welch große Verletzungsmacht Sprache an sich verfügt, sondern sie stellte auch heraus, dass die juristische Behandlung einer verbalen Schmähung die historische Rahmung des Wortes nicht erfassen kann, dass ihre rechtliche Behandlung immer auch die Gefahr der Verletzungswiederholung in sich birgt und die Nicht-Anerkennung einer subjektiv empfundenen Beleidigung ein großes neues Verletzungspotential mit sich bringe.[13] Somit können auch die Gerichtsverfahren potentiell invektiv wirken. Durch die Verbindung dieser theoretischen Ansätze kann auch die besonders exponierte Lage der politisch Tätigen adäquat erfasst werden. Vor dem Hintergrund dieser Erkenntnisse sollen im folgenden Schmähungen von Weimarer Politikern untersucht und nachfolgende Beleidigungsprozesse analysiert werden. Dabei wird der der Blick von den großen spektakulären Verleumdungsverfahren hin zu den lokalen Auseinandersetzungen gerichtet, um die Zerstörungseffekte vor Ort in den Blick zu nehmen.

1. Hass, Hetze und der Politikerkörper

Die Weimarer Republik erschien zahlreichen Zeitgenossen als politische Kampfarena, wie es der scharf beobachtende Zeichner Georg Grosz in seiner Autobiographie aus dem Jahre 1946 im Rückblick formulierte: »Überall

---

11 Kantorowicz 1957.
12 Krämer 2005; vgl. dazu auch Schwerhoff 2020, S. 5f. und 17.
13 Butler 2006, S. 27–31, 81f. und 105.

erschollen Hassgesänge. Alle wurden gehasst: die Juden, die Kapitalisten, die Junker, die Kommunisten, das Militär, die Hausbesitzer, die Arbeiter, die Arbeitslosen, die Schwarze Reichswehr, die Kontrollkommission, die Politiker, die Warenhäuser und nochmals die Juden. Es war eine Orgie der Verhetzung«.[14] Oder wie es ein damaliger Zentrumspolitiker etwas zurückhaltender kritisierte: »Leider vermißt man heutigentags im politischen Kampfe die noble Gesinnung bei manchen, und an ihre Stelle sind Schimpfereien und Verleumdungen getreten. Insbesondere sind die führenden politischen Beamten fast Tag um Tag Verdächtigungen ausgesetzt, ohne daß sie sich dagegen in der richtigen Weise zur Wehr setzen können.«[15]

Diese invektive Stimmungslage war zugleich durchdrungen von einem fast obsessiven Bezug auf den menschlichen Körper, der schichten- und milieuübergreifend zu finden war. Angekündigt hatte sich diese Hinwendung zum Körper schon im ausgehenden 19. Jahrhundert, nun aber kamen neue Visualisierungsmöglichkeiten in den Medien durch den Aufschwung von illustrierten Magazinen und Zeitungen sowie durch die Potentiale des Films hinzu.[16] Durch den Aufstieg der Naturwissenschaften, der Bakteriologie und schließlich der Rassenhygiene wurde die Vision eines durch und durch leistungsfähigen Körpers zunehmend dominant. Die Vorstellung von einem reibungslos funktionierenden Organismus wurde in unzähligen Gesundheitsausstellungen eingeübt.[17] Diese Idealisierung des heilen Körpers stand in einem scharfen Gegensatz zu der sichtbaren Fragilität des menschlichen Körpers, die in den zwanziger Jahren durch Kriegsinvalide und Gefallenendenkmäler in jedem kleinen Ort deutlich wurde, wobei die sozialen Folgen einer verheerenden Pandemie wie der »spanischen Grippe« bislang in der Gesellschaftsgeschichte der Weimarer Republik vergleichsweise wenig aufgearbeitet worden sind.[18] Körperlichkeit erscheint aber im Rückblick als ein grundlegender Bezugspunkt einer durch Krieg und Krankheit verunsicherten Gesellschaft.

Schaut man sich die Lebenserwartung der führenden Politiker der Weimarer Republik an, dann kann aus körperhistorischer Perspektive zugespitzt

---

14 Grosz 1974 [1946], S. 143.
15 Peter Schaeven, in: *Niederrheinische Volkszeitung* 21. November 1931, Nr. 319, hier zugleich: Landesarchiv NRW, Gerichte Rep. 17 Landgericht und Staatsanwaltschaft Düsseldorf, Nr. 354, Bl. 10.
16 Rössler 2011; Leiskau 2016; Cowan/Sicks 2005; Paul 1990. Es würde hier jetzt zu weit führen, alle Forschungsarbeiten zu Visualisierung und Körperlichkeit in den 1920er Jahren anzuführen. Stellvertretend für die etwas ältere Forschung Siemens 2007.
17 Weinert 2017.
18 Kienitz 2008; Löffelbein 2013.

behauptet werden, dass die Republik auch an den vorzeitigen Todesfällen ihrer Politiker zu Grunde gegangen ist. Die bekanntesten Politiker der Weimarer Republik wurden selten älter als 55 Jahre, obwohl die durchschnittliche Lebenserwartung bei Männern in dieser Schicht seinerzeit bei über 70 Jahren lag.[19] Es ist wohl kaum möglich, in der historischen Betrachtung nachzuweisen, dass es – abgesehen vom Attentat – eine eindeutige Verbindung zwischen Hetze und dem vorzeitigen Tod von Politikern gab. Aber gerade vor dem Hintergrund der aktuellen Diskussion der Gefährdung von Politiker:innen durch rechtsextreme Hetze und Gewalt, ist es doch durchaus von aktuellem Belang, diesen möglichen Zusammenhang einmal näher zu beleuchten.

Die Angriffe auf Volksvertreter waren heftig und eskalierten brutal.[20] Die Attentate auf Matthias Erzberger, Philipp Scheidemann, Walther Rathenau, Kurt Eisner und Karl Gareis sind bekannt. Philipp Scheidemann entkam bei einem Säureanschlag im Jahr 1922 nur knapp dem Tod, die anderen wurden ermordet. Aber auch Friedrich Ebert und Gustav Stresemann starben früh.

Den ersten Reichspräsidenten, Friedrich Ebert, traf die Wucht der Hetze schon beim Amtsantritt. Das berühmte Badehosenfoto führte zu einer heftigen und andauernden Schmähkampagne.[21] Frisch vereidigt lernte die Bevölkerung ihren Reichspräsidenten, der noch nicht vom Volk, sondern von der Nationalversammlung gewählt worden war, in der damals noch ungewohnten Badehose kennen. Das Bild wurde in der Folge in zahlreichen Varianten in herabsetzender Absicht präsentiert und entwickelte eine eigene ikonische Tradition, wie etwa die Darstellung des späteren Außenministers Stresemann deutlich macht, der in einer anderen Karikatur einige Jahre später ebenfalls abfällig in Badekleidung präsentiert wurde.[22] Ebert blieb während seiner Amtszeit das Ziel ständiger Angriffe.[23] Die Beleidigungen kamen keineswegs nur von ganz rechts oder ganz links, sondern auch demokratische Journalisten gingen recht unbedarft mit persönlicher und unsachlicher Kritik um. So machten auch linksliberale Journalisten und Autoren sich über republikanische Politiker lustig. Der »Typ Ebert« war zeitgenössisch das Schimpfwort oder der Code, für alles, was linke Intellektuelle an Weimarer Politikern

---

19 Vgl. dazu ausführlich: Langewand 2016, S. 179. Auch wenn die Frage der Schmähung nicht im Vordergrund dieses Werkes steht, so bildet es doch eine Fundgrube für den Aspekt der körperlichen Auswirkungen von Beleidigungen und Herabsetzungen.
20 Vgl. allgemein: Wirsching/Eder 2008.
21 Albrecht 2002.
22 Karikatur von Gustav Stresemann und Wilhelm Marx im Badeanzug, in: *Simplississimus* 31 Jg. 12. Juli 1926 (Titelblatt) und die Beispiele in: Sonnabend 2010.
23 Mühlhausen 2006, S. 911ff.

störte. Langweilig, bieder, ohne Eleganz und höhere Bildung, schienen ihnen republikanische Politiker »Vulgärdemokraten« zu sein.[24] Der »Ebertismus« wurde wahlweise als welke Pflanze oder als tödliche Krankheit verstanden.[25] Am meisten traf Ebert allerdings der Vorwurf des »Novemberverbrechers« aus dem rechten Milieu. Eine wegen eines Beleidigungsprozesses verschleppte Blinddarmentzündung trieb ihn schließlich in den Tod.[26] Angesichts dessen kritisierte der preußische Ministerpräsident Otto Braun die »Miasmen der Schmähung und Verleumdung, die jetzt unser öffentliches Leben verpesten […]«.[27] Auch Otto Braun selbst litt heftig körperlich unter den Schmähkampagnen gegen seine Person, die ihn an seine äußerste Belastungsgrenze geführt haben.[28] Sein Innenminister Carl Severing war zwischenzeitlich durch ständige Verunglimpfungen so erschöpft, dass er nach längerer Krankheit 1926 den preußischen Ministerpräsidenten darum bat, zurücktreten zu dürfen.[29]

Auch Gustav Stresemann, schon lange gesundheitlich angeschlagen, nahm seinen drohenden Erschöpfungstod als Folge der Hetze gegen seine Person wahr. »Stresemann, verwese man« skandierten seine rechten Gegner seit 1925.[30] Im gleichen Jahr wurden auch Attentatspläne gegen ihn bekannt. Stresemann war, als er im Jahr 1929 starb, schwer krank, sein Ableben kann sicherlich auf zahlreiche Faktoren zurückgeführt werden und es soll hier auch nicht darum gehen, in der Rückschau medizinische Diagnosen zu hinterfragen. Doch er selbst sah einen deutlichen Zusammenhang zwischen einer erneuten Schmähkampagne – im Gefolge des Young-Plans – und seiner Gesundheit: Er machte 1929 deutlich: »Wenn ich jetzt sterben sollte … dann sollten Sie wissen, daß ich von meinen Gegnern vergiftet worden bin. Man kann nämlich einen Menschen auch ohne physische Mittel vergiften.«[31]

Auch wenn diese Wahrnehmung äußerst subjektiv war, berichten seine Biographen von einer schlimmen Angst vor Attentaten und von verfolgungs-

---

24 Münzner 2017, S. 158–160.
25 Vgl. die Zitate in: Wehrlin 1920, S. 1. Von den »tödlichen Bazillen des Ebertismus« sprach Leopold Schwarzschild auch Jahre später noch, in: Wehrlin/Wesemann 2005, S. 230.
26 Mühlhausen 2018, S. 153: »Ohne Zweifel hatte die Hetzkampagne zu seinem frühen Tod im Alter von 54 Jahren beigetragen.«
27 Zit. nach Langewand 2016, S. 211.
28 Langewand 2016, S. 217–237; Braun 1940; Schulze 1981, S. 711f.
29 Braun 1940, S. 237. Im Jahr 1928 wurde Severing aber schließlich als Reichsinnenminister und später nochmals als preußischer Innenminister politisch tätig.
30 Reinthal/Riederer/Schuster 2009, S. 42.
31 Löwenstein 1952, S. 9.

wahnartigem Misstrauen gegenüber seinen Kollegen; das waren Phänomene, die die pathologische Wirkung der ständigen Hetze deutlich zeigten.[32] Schließlich wurde sogar seine Erkrankung für Anfeindungen instrumentalisiert. So warfen die NSDAP-Abgeordneten dem schwerkranken Stresemann vor, das »sei das Selbstmitleid eines feigen Außenpolitikers, der Krankheit markiere«.[33] Solche Unterstellungen führten unter anderem dazu, dass Stresemann sich immer wieder vollständig übernahm. Auch sein Tod schützte ihn nicht vor massiven Beleidigungen: »In einer öffentlichen Versammlung im Münchner Bürgerbräukeller im Oktober 1929 führte der Nationalsozialist Julius Streicher aus: ›Man darf sich nicht über den frühen Tod Stresemanns wundern, denn bei einem so guten Leben, wie es Stresemann geführt hat, kommt der Tod immer früher. Die Kopfbildung Stresemanns ist der Schlüssel zu seinem Handeln. Das Mongolengesicht hat die Verschlagenheit offen kundgetan, er wird jetzt als großer Europäer bezeichnet, aber das ist gleichbedeutend mit Verräter und Werkzeug der Juden. [...] Erzberger und Rathenau sind nicht ermordet, sondern getötet worden. Die Täter sind keine Mörder, sondern ganze Kerle.‹«[34]

Die prominenten Beispiele Friedrich Ebert, Gustav Stresemann, Otto Braun und Carl Severing können darauf verweisen, dass öffentliche Hetze und Schmähung, dass verbale Angriffe auch ohne direkte Gewalt auf die Körper der Angegriffenen wirken, sie krank machen. Hetze war nicht nur eine mögliche Vorstufe zum Attentat, sondern wirkte auch für sich pathologisch. Dabei waren Schmähungen oftmals körperbezogen, was ein spezifisches Verletzungspotential beinhaltete, denn die körperliche Erscheinung ist weitgehend unveränderbar und dieser Kritik kann nicht argumentativ begegnet werden. Das sogenannte »Ohrfeigengesicht« Erzbergers, das »Mongolengesicht« Stresemanns, Rathenau als »Judensau«, Ebert als »dickes Schwein« oder Gustav Noske als »Affe« stellten häufige Beleidigungen dar.[35] Die Schmähungen bezogen sich auf die Gestalt oder Herkunft der Politiker, nahmen Tiervergleiche vor und schädigten diese physisch in einer Weise, die offenbar potentiell ein ganzes Spektrum von körperlichen Schädigungen hervorrufen oder verstärken konnte, von vergleichsweise harmlosen Angst- und Verfolgungszuständen bis hin zu schweren Erkrankungen. Manche Politiker fanden nach einiger Zeit eine verdrängende Umgangs-

---

32 Pohl 2015, S. 57–62.
33 Pohl 2015, S. 60.
34 Severing 1960 [1929], S. 284f.
35 Albrecht 2002, S. 103; Sonnabend 2010; Speitkamp 2010, S. 25–76.

weise mit persönlichen Beleidigungen. So ließ sich der Reichswehrminister Otto Gessler persönliche Beleidigungen von seinen Mitarbeitern nur alle vierzehn Tage vorlegen.³⁶

Die Inanspruchnahme der Politikerkörper wurde auch in der politischen Ikonographie immer deutlicher: Vor allem die extremen Parteien visualisierten deftige körperbezogene Schmähungen auf ihren Wahlplakaten und Flugblättern. Hier wurde gestoßen, getreten, geschossen und aufgehängt.³⁷ Mit aggressiven oder kriegerischen Illustrationen wurde an die ikonographische Tradition der Kriegspropaganda angeknüpft und der Wahlkampf als »Krieg« gedeutet. Die Fortführung des häufig zitierten »Krieges in den Köpfen« wurde so auch illustrativ wirkmächtig. Zahlreiche Wahlkampfplakate zeugen von einem herabsetzenden aggressiven Stil, von dem sich in den letzten Jahren der Republik schließlich auch die Sozialdemokratie und das Zentrum anstecken ließen, die beide bis zum Ende der zwanziger Jahre noch mit betont positiven und wenig aggressiven Inhalten Wahlkampf gemacht hatten. Zum Ende der Weimarer Republik waren die Körper der Politiker nun endgültig als Austragungsfläche gewalttätiger politischer Auseinandersetzungen markiert.³⁸ Politiker standen als Repräsentanten der Republik im öffentlichen Raum, sie stellten in vielfacher Weise ihre symbolische Verkörperung dar. Mit Beleidigungen und Schmähungen wurden sie qua Funktion angegriffen, doch getroffen und verletzt wurde auch ihre biologische Substanz.

Häufig wehrten sich die Betroffenen, indem sie Beleidiger anzeigten oder diese wurden im Rahmen des Republikschutzgesetzes verfolgt.³⁹ Aber hier zeigte sich ein grundsätzliches Problem: Die Verfahren wirkten wie ein Bumerang auch vor dem Hintergrund der politischen Haltung und wirtschaftlichen Lage der Justiz.⁴⁰ Nach 1918 bekamen zunächst die Prozessen von Matthias Erzberger und Friedrich Ebert gegen ihre Beleidiger besondere öffentliche Aufmerksamkeit. In beiden Beispielen war die Beleidigung vom Gericht zwar geahndet worden, gerade im Falle Erzbergers bedeutete der Prozess aber die öffentliche Diskussion seiner angeblichen Verfehlungen. Die persönliche Ehre der beiden Politiker, ihr öffentliches Ansehen wurde durch

---

36 Gessler 1958, S. 413.
37 Vgl. die Montage von John Heartfield mit Weimarer Politikern am Galgen; vgl. das Titelblatt: *Die rote Fahne*, Jg. 11, Nr. 118, 1928, und Beispiele für Wahlplakate in: Fehlemann 2020.
38 Schulz 2004, S. 59–68.
39 Vgl. Jasper 1963.
40 Vgl. dazu Angermund 1990.

diese Prozesse schwer beschädigt, im Falle Erzbergers wirkte der Prozess sicherlich mobilisierend in Richtung Attentat.[41] In Kenntnis der persönlich destruktiven Wirkung dieser Schmähungen und nachfolgender Gerichtsverhandlungen, setzte vor allem die DNVP immer wieder spektakuläre Beleidigungen ganz gezielt ein. Sie nahm das Risiko von Gerichtsprozessen ganz bewusst in Kauf. Mit den Beleidigungen sollte das angeblich korrupte, verräterische und »jüdische« System von Weimar »Gesicht und Namen« bekommen.[42] Die jeweils nachfolgenden Prozesse wurden nicht nur in Kauf genommen, sondern sie wurden bewusst eingeplant und durch Spendengelder finanziert. Wenn die Opfer sich dann auf juristischem Wege wehrten, spekulierten ihre Gegner ganz offensichtlich darauf, dass die während des Beleidigungsprozesses erhobenen Fakten von der Presse ausgebreitet wurden und dass von den erhobenen Vorwürfen langfristige Gerüchte überleben würden.

2. Neue Medien?

Die zahlreichen Beleidigungsprozesse erhielten ihre besondere und in mancher Hinsicht auch neue Qualität durch die Berichterstattung in den Medien, deren Zahl und Gattungen sich in den zwanziger Jahren noch einmal erheblich veränderten. Schon vor dem Ersten Weltkrieg waren Skandale und Beleidigungsprozesse von den Zeitungen aufgegriffen worden. Nun zeigte sich zudem ein Strukturwandel in der Medienlandschaft. Mit dem Aufschwung der illustrierten Zeitung kam gerade der körperbezogenen Beleidigung eine neue Qualität zu, da Bilder von Politikern und von ihren Körpern in neuer Weise verbreitet werden konnten und auf diese Weise zu einem öffentlichen Blick auf ihre Gestalt einluden.[43]

Drei Faktoren waren in diesem Zusammenhang entscheidend, zum einen die Aufhebung der Zensur in der Weimarer Reichsverfassung (Art. 118), eine Entwicklung, die möglicherweise dazu beitrug, dass ein dementsprechend angepasster Verhaltenskodex der Journalisten erst noch verhandelt

---

41 Vgl. dazu Albrecht 2002, S. 84 und 89, Domeier 2015; Sabrow 1994, zu Erzberger S. 17–55.
42 Malinowski 1996, S. 48; Bernd 2004, S. 139–143.
43 Zu Visualisierungsstrategien in der Weimarer Republik Rössler 2011; Leiskau 2016; Paul 1990; Dussel 2012.

und eingeübt werden musste.⁴⁴ Hinzu kam ein umfangreicher Ausbau der Zeitungslandschaft: In den zwanziger Jahren befand sich das Zeitungswesen auf seinem Höhepunkt. Jede Kleinstadt verfügte über mehrere Lokalblätter, manche Zeitungen erschienen bis zu viermal am Tag.⁴⁵ Als dritter Verstärkungsfaktor kann das Einüben des Medienkonsums während des Krieges gesehen werden: Vier Jahre lang hatten die Menschen Nachrichten regelrecht verschlungen, es war buchstäblich um Leben und Tod gegangen, nach dem Krieg blieb die »Nachrichtensucht« bestehen.⁴⁶

Diese drei Faktoren hatten einen erheblichen Einfluss auf die Medienkultur der Weimarer Republik, die vielfältig, buntschillernd und modern erschien. Hatte das Zeitungswesen während des 19. Jahrhunderts erheblich zu einer Demokratisierung beigetragen, bewirkte die zunehmende Ausdifferenzierung und Milieubindung der Zeitungen und Zeitschriften in der Republik nun auch eine Fragmentarisierung. Viele Zeitungsjournalisten der Weimarer Republik schrieben gegen den Kompromiss, für ihr jeweiliges Milieu und bestätigten so immer wieder die jeweils eigene Meinung ihrer Leser.⁴⁷ Dabei spielten Beleidigungen und Beleidigungsverfahren eine wichtige Rolle. Schon 1925 schrieb der demokratische Jurist Nikolaus Schierloh: »Wohl in keiner Zeit haben Beleidigungsprozesse von so großer tatsächlicher und rechtlicher Bedeutung stattgefunden. Kaum jemals ist dem einzelnen Staatsbürger das Wirken der Presse mit so krasser Deutlichkeit vor Augen geführt worden wie in den letzten Jahren.«⁴⁸

Zahlreiche Zeitungen und Zeitschriften nutzten Schmähungen und Herabsetzungen, um die Aufmerksamkeit ihrer Leser zu bekommen, aber es gab innerhalb der Medienlandschaft doch erhebliche Unterschiede. An den rechten und linken Rändern war eine kampfbereite Sprache durchaus verbreitet und die Kampfmetaphern wurden schon beim Blick auf die Titel offenbar: Kommunistische Zeitungen oder Zeitschriften hießen »Der Knüppel« oder »Die rote Front«, die nationalsozialistischen Beispiele bekanntlich »Angriff« und »Stürmer« oder »Neue Front«.

Für nationalsozialistische Blätter, die sogenannte Gau-Presse, entwickelte sich die Schmähung nach 1925 zum Lebenselixier. Nach und nach wurden lokale und regionale Blätter neugegründet oder aufgekauft, die dann vor Ort

---

44 Albrecht 2002, S. 41–44; vgl. Petersen 1995.
45 Schilling 2011.
46 Vgl. zum Beispiel Haffner 2000, S. 25.
47 Fulda 2006.
48 Schierloh 1925, S. 1.

oder in der Region als NS-Presseorgane fungierten.⁴⁹ Dabei sollten sie dem Machtausbau der jeweiligen Gauleiter dienen, sie waren oftmals nicht an Nachrichtendienste angeschlossen und verfügten nur über ein geringes Kapital.⁵⁰ Diese strukturellen Schwächen trugen dazu bei, dass diese kleinen, eigentlich nicht sehr bedeutenden Blätter sich auf Hetzkampagnen konzentrierten. Sie nutzten die Hetze als Mobilisierungsinstrument verbunden mit einer gezielten Destabilisierung lokaler Öffentlichkeiten. Die NS-Presse hat die Schmähkampagnen keinesfalls erfunden, sie radikalisierte sie aber erheblich und setzte sie bis auf die unterste lokale Ebene systematisch ein. Sie trug die Hetze in die Provinz und in die Städte und richtete sie gegen Lokalpolitiker von SPD und Zentrum sowie gegen lokal bekannte Honoratioren mit jüdischem Hintergrund. Gerade in der lokalen Struktur, wo ein hoher Bekanntschaftsgrad untereinander bestand, besaß diese Strategie ein erhebliches erodierendes und destruktives Potential. Anhand einiger repräsentativer Beispiele aus dem Rhein-Ruhr-Gebiet sollen diese Vorgehensweise und ihre Auswirkungen im Folgenden herausgearbeitet werden. Auf der Mikroebene lassen sich die individuellen Verläufe zwischen Beleidigungsoffensiven, Betroffenheit der Opfer und ihrer körperlichen Unversehrtheit noch einmal deutlicher darstellen, auch wenn sich der ursächliche Zusammenhang zwischen Schmähkampagne und Erkrankung statistisch in historischer Perspektive nur sehr begrenzt zeigen lässt.

So gab es im Rhein-Ruhr-Gebiet seit 1925 zahlreiche nationalsozialistische Zeitungsgründungen, einige wurden durchaus einflussreich, wie etwa der »Westdeutsche Beobachter«, der alle Möglichkeiten der Verleumdung nutzte und zwischenzeitlich auch verboten wurde.⁵¹ Andere erschienen nur in sehr geringer Auflage, maximal einmal wöchentlich, konnten aber durch Lügen, Schmähungen und Beleidigungen vor Ort durchaus heftige Turbulenzen und Ärger entfachen. Das gilt etwa für die sogenannte »Neue Front« in Essen, deren Leitung Josef Terboven (Gauleiter von Essen) innehatte und für die der örtliche NS-Reichstagsabgeordnete Josef Wagner (Gauleiter Westfalen-Süd ab 1928) und der NS-Reichstagsabgeordnete Karl Kaufmann (Gauleiter von Rheinland-Nord bis 1929) offenbar als Redakteure bzw. als Autoren wirkten.⁵² Neben der Düsseldorfer »Volksparole« gab es unter ande-

---

49 Vgl. die immer noch hilfreiche Darstellung bei Stein 1987; Wahl 2013; Führer 2008; Longerich 2013 und weiterführend Frei/Schmitz 1999.
50 Hüttenberger 1969, S. 61f.
51 Zu seiner Biographie vgl. Bernard/Müller 2017, S. 155–190.
52 Offenbar schrieben die beiden für Terboven, bzw. wurden bei Beleidigungsklagen als Autoren angegeben, wobei es laut Peter Hüttenberger zahlreiche Konflikte zwischen den

rem noch den »Oberbergischen Boten« in Gummersbach, der von dem späteren NS-Arbeitsfrontleiter Robert Ley geführt wurde.[53] Ein ganz typisches Beispiel stellte die Hetzkampagne gegen den Bochumer Oberbürgermeister Otto Ruer dar. Er gilt bis heute als ein einflussreicher Kommunalpolitiker, der Bochums Aufbau zur Großstadt entscheidend vorangetrieben hat. Ruer stammte aus einer jüdischen Familie, war jedoch schon nach seiner Geburt 1879 protestantisch getauft worden. Unter verschiedenen Anschuldigungen wurde er am 13. März 1933 des Amtes enthoben, daraufhin floh Otto Ruer nach Berlin, wo er schnell verhaftet und schließlich ins Amtsgefängnis zurück nach Bochum gebracht wurde. Direkt nach seiner kurzfristigen Haftentlassung am 11. Mai kam Ruer frei und floh wiederum nach Berlin, wo er – laut seiner Ehefrau aufgrund von »Nervenzerrüttung« durch die Verfolgung der Nationalsozialisten – schließlich eine Überdosis Veronaltabletten zu sich nahm und nach tagelanger Bewusstlosigkeit am 29. Juli 1933 starb.[54] Der Suizid Otto Ruers muss auch vor dem Hintergrund der vorausgegangenen, jahrelang andauernden Schmähkampagne gesehen werden. Ruer diente zum Zeitpunkt seines Todes nicht erst seit einigen Wochen als Zielscheibe massiver Angriffe, sondern diese Entwicklung war seit mindestens vier Jahren zunehmend eskaliert.

Durch die »Neue Front« wurde Ruer seit 1928 verschwenderische Amtsführung und Korruption unterstellt. Das große repräsentative neue Rathaus in Bochum, dessen Bau Ruer unterstützt hatte, wurde kritisiert und nebulöse Korruptionsvorwürfe wurden nicht ausgelassen.[55] Ruers jüdische Gattin wurde in einem Artikel, der angeblich von Karl Kaufmann verfasst war, mit der Überschrift »Der Diktator von Bochum« verunglimpft. So wurde der OB rhetorisch gefragt: »Ist es wahr, Herr Oberbürgermeister, dass Ihre liebwerte echt ›deutsche‹ Gattin, Alice geb. Lessing, […] bei Besichtigung des just fertiggewordenen ›Repräsentationsraumes‹ die Abnahme einer Tapetenbahn verlangte, weil der Tapezierer diese mit seiner Hand zufällig angetippt hat?«[56] In diesem Stil ging es weiter. Unterstellungen, Gerüchte, üble Nachrede wurden aufgegriffen: »Sagen Sie einmal, geehrter Herr Ruer, wie oft

---

dreien gegeben hat, die sich auch auf unterschiedliche Zeitungsgründungen bezogen, vgl. Hüttenberger 1969, S. 62; zu Karl Kaufmann vgl. Bajohr 1995, S. 267–295.
53 Schmelser 1989.
54 Vgl. dazu Plieg 2013, S. 214–247.
55 Abschrift aus »Die Neue Front«, Nr. 14 vom 5. Oktober 1928 in: Landesarchiv NRW, Gerichte Rep. 105, Nr. 110.
56 Abschrift aus »Die Neue Front«, Nr. 13 vom 28. September 1928 in: Landesarchiv NRW, Gerichte Rep. 105, Nr. 110.

fahren Sie eigentlich im Jahr in dienstlichen Angelegenheiten nach der schönen Schweiz? Man redet da dunkle Sachen! In Ihrem eigenen Interesse liege es, da völlig klaren Bescheid zu erteilen, damit die bösen Lästermäuler endlich gestopft werden.« In einem anderen Artikel wurde behauptet, dass Otto Ruer sich im Ersten Weltkrieg vor dem Kriegsdienst »gedrückt« habe, eine häufige Unterstellung in den 1920er Jahren. Die antisemitische Hetze stand in diesen Artikeln nicht im Vordergrund, Ruers jüdische Vergangenheit wurde aber häufiger aufgegriffen und darauf verwiesen, dass Ruer evangelisch getauft sei und dass ja allgemein bekannt sei, »dass ein getaufter Neger kein Neger mehr ist«.[57] Einer der angeblichen Verfasser der Artikel, Josef Wagner, war als radikaler Hetzer bekannt.[58] Unter anderem war er schon 1927 in ein Beleidigungsverfahren mit dem preußischen Ministerpräsidenten Otto Braun verwickelt.[59] Wagner war geübt in Verschleppungstaktik und verschob Gerichts- und Untersuchungstermine mit Verweisen auf sein politisches Amt. Dabei konnte er seine Immunität als Reichstagsabgeordneter sehr lange geltend machen.[60] Es bleibt insofern offen, ob Wagner und Kaufmann tatsächlich die Verfasser der Artikel gegen Ruer waren oder als Abgeordnete nur angegeben wurden, um die Verfahren zu verschleppen.[61]

57 Landesarchiv NRW, Gerichte Rep. 105, Nr. 110, Abschrift: Art. »Führerköpfe«, in: Die Neue Front (Essen) vom 11. Januar 1929, Nr. 2, Bl.3.
58 »Er [Josef Wagner S. F.] tritt seit zwei Jahren als Referent in öffentlichen Versammlungen auf und benimmt sich hierbei sehr radikal. Die Art seines Auftretens muss als provozierend bezeichnet werden.« Landesarchiv NRW, Gerichte Rep. 105, Nr. 115, beglaubigte Abschrift eines Berichtes des Polizeipräsidenten in Bochum, vom 27. November 1928, Bl. 19. Nach der Pleite der »Neuen Front« gründete und leitete Wagner seit 1930 die nationalsozialistischen Zeitungen »Westfalenwacht« und »Rote Erde« und war in zahlreiche Gerichtsverfahren verstrickt: zum Beispiel Landesarchiv NRW, Gerichte Rep. 105 Landgericht und Staatsanwaltschaft Essen, Nr. 107 Schreiben des Oberstaatsanwaltes in Essen an den Preussischen Justizminister vom 20. November 1931.
59 Landesarchiv NRW, Gerichte Rep. 105 Landgericht und Staatsanwaltschaft Essen, Nr. 115, beglaubigte Abschrift eines Berichtes des Polizeipräsidenten in Bochum, vom 27. November 1928, Bl. 19.
60 Dies war keinesfalls ein Einzelfall: 1931 lagen dem Landtag 131 Anträge auf Immunitätsaufhebung vor: 209 nationalsozialistische und 65 kommunistische Abgeordnete waren betroffen, vgl. Braun 1940, S. 324. Joseph Goebbels hatte diese Strategie in einem Artikel im Angriff empfohlen, als es um seine Hetzattacken gegen den stellvertretenden Berliner Polizeipräsidenten Bernhard Weiss ging: »Ich bin kein Mitglied des Reichstags. Ich bin ein IdI. Ein IdF. Ein Inhaber der Immunität, ein Inhaber der Freifahrtkarte«. Vgl. Longerich 2010, S. 112.
61 Vgl. Verfahren gegen Joseph Wagner am 12. August 1930, in: Landesarchiv NRW, Gerichte Rep. 105 Landgericht und Staatsanwaltschaft Essen, Nr. 115, Bl. 5. »Es wird zu berücksichtigen sein, daß ›die neue Front‹, wie auch die oben bezeichneten Strafverfah-

Obwohl Otto Ruer sich immer wieder nach dem Gang der Verfahren erkundigte und sich darüber hinaus auch persönlich dafür einsetzte, dass der Reichstag die Aufhebung der Immunität Wagners beschleunigte, zog sich das Verfahren gegen Wagner über eineinhalb Jahre in die Länge. Die Briefe aus dem dienstlichen Nachlass Otto Ruers im Stadtarchiv Bochum zeigen die große persönliche Betroffenheit des Bochumer Oberbürgermeisters und seine häufigen Nachfragen bei der Staatsanwaltschaft nach dem Fortgang des Verfahrens.[62] Besonders perfide war die Unterstellung in der NS-Presse, dass Ruer nicht wagen würde, gegen die Behauptungen Klage zu erheben, wohl wissend, dass die Verfahren entsprechend lange dauern würden.[63] Vor diesem Hintergrund wirkt die Taktik, den Gerichtstermin immer wieder zu verschleppen, besonders destruktiv.

Das erste Urteil im Spätsommer 1930 gegen den früheren »Junglehrer« und NSDAP-Reichstagsabgeordneten Joseph Wagner war vergleichsweise sehr milde (100 Reichsmark Geldstrafe wegen übler Nachrede § 186 StGB).[64] Die Strafsumme wurde auch nicht bezahlt.[65] Selbst nach dem Besuch eines Gerichtsvollziehers, der das Haus des Reichstagsabgeordneten unverrichteter Dinge wieder verlassen musste, wurde die Strafgebühr nicht beglichen. Im Oktober 1931 wurde Wagner eine Ratenzahlung der Summe zugestanden.[66] Hinzu kam, dass Wagner wesentliche Elemente seiner Beleidigungsstrafe, nämlich die Veröffentlichung des Urteils in der »Neuen Front« bzw. in ihrer Nachfolgerin der »National-Zeitung« nicht durchführte, da dies im nationalsozialistischen Milieu einen Kotau vor Ruer bedeutet hätte. Damit war eine Wiederherstellung der persönlichen Ehre des Opfers, ein wesentliches Ziel von Beleidigungsverfahren, nicht möglich.[67]

---

ren und die übrigen dort noch anhängigen Verfahren erweisen dürften, sich systematisch von ersten Tage ihres Erscheinens an die Immunität der ihr nahestehenden Abgeordneten zunutze macht. und diese als verantwortliche Redakteure in der Zeitung bezeichnet, um sich auf diese Weise der strafrechtlichen Verantwortung für die fortgesetzten strafbaren Handlungen zu entziehen.«

62 Plieg 2013, S. 210f.
63 Ebd.
64 Landesarchiv NRW, Gerichte Rep. 105 Landgericht und Staatsanwaltschaft Essen, Nr. 107: Urteil des Schöffengerichts III in Essen vom 19. September 1930 (nicht paginiert).
65 Landesarchiv NRW, Gerichte Rep. 105 Landgericht und Staatsanwaltschaft Essen, Nr. 107, Bl. 25.
66 Landesarchiv NRW, Gerichte Rep. 105 Landgericht und Staatsanwaltschaft Essen, Nr. 107, Bl. 27, 29 und 31.
67 Landesarchiv NRW, Gerichte Rep. 105 Landgericht und Staatsanwaltschaft Essen, Nr. 107: Schreiben des Oberstaatsanwaltes in Essen an den Preußischen Justizminister vom 20. November 1931 (nicht paginiert).

Im Jahr 1932 kam es zu einer weiteren Verhandlung nach Berufungen von beiden Seiten, es blieb aber bei der Strafe von 100 Reichsmark für eine persönlich beleidigende und antisemitische Artikelserie.[68] Auch Karl Kaufmann, der ebenfalls an der Schmähkampagne mit Artikeln beteiligt war, hatte alles getan, um sein Verfahren zu verschleppen. Krankmeldungen, angeblich unaufschiebbare Reisen, die Position als Abgeordneter wurde ausgenutzt, soweit es ging.[69] Für Otto Ruer, der in den Verfahren als Nebenkläger auftrat,[70] und dessen Familie bedeutete dies über viereinhalb Jahre persönliche Verleumdungen und Verhetzungen verbunden mit aufreibenden Beleidigungsprozessen, die letztlich zu einem sehr mageren Ergebnis führten. Bis zur Machtübernahme der Nationalsozialisten stand Ruer immer wieder unter Beschuss und Anfang 1933 wurde ihm abermals Machtmissbrauch, Korruption und schlechte Amtsführung vorgeworfen. In seiner Verschwendungssucht würde er sogar Konrad Adenauer noch übertreffen, so einer der Vorwürfe, der noch einmal darauf verweist, dass der Kölner Oberbürgermeister unter ähnlichen Rufmordkampagnen zu leiden hatte.[71] Ruer war nur einer von zahlreichen Oberbürgermeistern, die seit Jahren verleumdet wurden: »Das Charakterbild dieses Mannes ist typisch für die Kennzeichnung eines verfassungstreuen Oberbürgermeisters neudeutscher Prägung. Ob ein solcher auf Kosten der steuerzahlenden Mitbürger seinen Macht- und Finanzgelüsten fröhnender Oberbürgermeister nun Dr. Ruer heisst oder Dr. Adenauer in Köln oder Dr. Boeß in Berlin, das alles ist nebensächlich. Hauptsache ist nur, daß sie streng republikanisch, streng dawesfreundlich, schwarz-rot-gold sind. Sie alle sind natürlich entweder selbst Juden, oder mit Jüdinnen verheiratet, oder mit jüdischen Bankiers in engster Geschäftsverbindung liiert (Adenauer und Hagen-Levi!).«[72]

---

68 Landesarchiv NRW, Gerichte Rep. 105 Landgericht und Staatsanwaltschaft Essen, Nr. 107: Urteil der III. Großen Strafkammer des Landgerichts in Essen vom 18. Februar 1931.
69 Vgl. die gesammelte Korrespondenz in: Landesarchiv NRW, Gerichte Rep. 105 Landgericht und Staatsanwaltschaft Essen, Nr. 109 und 110.
70 Landesarchiv NRW Gerichte Rep. 105 Landgericht und Staatsanwaltschaft Essen, Nr. 107: Schreiben des Oberbürgermeisters an das erweiterte Schöffengericht in Essen vom 10. September 1030.
71 Plieg 2013, S. 230f.
72 Landesarchiv NRW, Gerichte Rep. 105, Landgericht und Staatsanwaltschaft Essen Nr. 115, Bl. 3: Abschrift: Art. »Führerköpfe«, in: Die Neue Front (Essen) vom 11. Januar 1929, Nr. 2. Die Nationalsozialisten konnten bei ihren Hetzkampagnen in manchen Fällen davon profitieren, dass lokale innerparteilichen Streitigkeiten bestanden, vgl. dazu Mecking 2003, S. 62 und 102–104.

Ruer stellt ein repräsentatives Beispiel eines kommunalen Politikers dar, der nach jahrelangen Lügen und persönlichen Unterstellungen sich im Jahr 1933 am Ende seiner körperlichen und mentalen Belastungsgrenze befand. Josef Hammes, ein Zentrumsmann und Bürgermeister im kleinen oberbergischen Ort Morsbach, wurde im »Oberbergischen Boten« angegriffen. Robert Ley, der Leiter des Blattes, galt als Hetzer ohnegleichen. Morsbach stand unter besonderer Beobachtung, war es doch der Ort im Oberbergischen, an dem die Nationalsozialisten besonders schlecht abschnitten und das Zentrum sehr stark war.[73] So richten sich die Angriffe seit September 1929 gegen das Zentrumsmitglied Hammes: Er wäre der »unfähigste Bürgermeister des Deutschen Reiches«, er wurde der Korruption und des Amtsmissbrauchs beschuldigt, alles nachgewiesen unwahre Behauptungen.[74] Die Kampagnen gingen wiederum über Jahre. Hammes ließ sich dennoch bis zur Machtübernahme nicht einschüchtern, er riss öffentlich Hitlerbilder herunter, boykottierte NS-freundliche Geschäfte und kritisiert die Nationalsozialisten. Er klagte auch gegen die Unterstellungen und die zuständigen Redakteure und Verfasser wurden in diesem Fall auch wegen schwerer Beleidigung verurteilt, aber auch hier zog sich das Verfahren über zwei Jahre hin und die Beleidigungen hörten auch danach nicht auf.[75] Währenddessen stand ihm die bürgerliche Lokalpresse zur Seite, er konnte dort in Gegendarstellungen einiges richtigstellen. Und dennoch erkrankte Hammes schließlich 1930 schwer, während die Schmähkampagnen gegen ihn weiterliefen, er musste schließlich für mehrere Wochen zur Kur. Auch dies führte keineswegs zur Mäßigung, im Gegenteil, der »Oberbergischen Bote« unterstellte daraufhin, Hammes sei wegen unlauterer Amtsführung suspendiert worden.[76] Im Gegensatz zu den beiden anderen hier präsentierten Beispielen hat Josef Hammes knapp überlebt, trotz eines Herzanfalls 1933 beim Überfall der SA in seinem Haus.

Körperliche und psychische Auswirkungen hatte die Hetze auch bei dem Essener Lokalpolitiker und jüdischen Rechtsanwalt Fritz Levy. Als SPD-Mitglied hatte er 1919 als juristischer Berater des Arbeiter- und Soldatenrates in Essen gearbeitet und fungierte schließlich für kurze Zeit als Polizeipräsident von Essen. Danach wurde er Stadtverordneter und Beigeordneter des Kul-

---

73 Vgl. dazu auch Dick 1999, S. 23–28.
74 Landesarchiv NRW, Gerichte Rep. 2 Landgericht und Staatsanwaltschaft Bonn Nr. 234: Anklageschrift vom 25. November 1930 gegen Fritz Marrenbach u. a.
75 Landesarchiv NRW Gerichte Rep. 2 Landgericht und Staatsanwaltschaft Bonn Nr. 234: Urteil des Schöffengerichts Bonn vom 21. September 1931.
76 Dick 1999, S. 24.

turdezernats in Essen.[77] Während der zwanziger Jahre verteidigte Fritz Levy häufig auch für die »Rote Hilfe«, einen Rechtshilfeverein, der Arbeiter oder Gewerkschafter in politischen Prozessen unterstützte und in der Weimarer Republik auf Spendenbasis arbeitete.[78] Ihm und seiner Familie ging es aufgrund seiner juristischen Fähigkeiten als Verteidiger trotzdem finanziell sehr gut. Seine Frau Frida Levy war eine engagierte »Frauenrechtlerin« und Pazifistin, das Paar hatte vier Kinder, beide verfolgten den kulturellen und intellektuellen Austausch mit Zeitgenossen, führten in Essen ein offenes Haus mit vielen Kontakten zu Künstlern, Schriftstellern und Politikern. Die Familie besaß also durchaus eine lokale und regionale Prominenz.

Wiederum waren es Josef Wagner und Josef Terboven, die Levys Reputation durch Artikel in der schon erwähnten »Neuen Front« regelmäßig angriffen. Die Artikel zogen das ganze Register von Beleidigung und Bedrohung: »Traurig ist es, daß ein solcher Mann in der deutschen Anwaltschaft immer noch geduldet wird. Aber auch für Sie, Herr Dr. Levi [sic!], wird der Zeitpunkt kommen, an dem Sie nicht mehr Raub und Mord roter Banditen mit mehr oder minder grossem Erfolge vor neudeutschen Gerichten zu verteidigen haben werden. Dann werden Sie sicher vor einem deutschen Volksgericht für ihre Taten zu verantworten haben! Über das Urteil, das hier gefällt worden wird, besteht kein Zweifel! [...] Zum Schluß – Herr Dr. Levi [sic!] – noch eins: Sie sind von uns genau erkannt, wissen Sie, was das heißt!!? – Und was wir hier meinen??«[79] Anders als bei Otto Ruer, der bis 1933 verbal verhetzt wurde, waren die Grenzen zwischen verbalen und körperlichen Attacken in diesem Fall nicht klar definiert: Fritz Levy wurde eindeutig physisch bedroht und mit der Veröffentlichung seiner Privatadresse der körperlichen Verfolgung anheim gegeben.[80] Das entsprechende Exemplar der »Neuen Front« wurde als vermeintliche Probenummer auf dem Rüttenscheider Platz an vorbeilaufende Passanten kostenlos verteilt,[81] so dass die Adressangabe samt Verleumdungen nicht nur an NS-freundliche Leser ging.[82] Die Person Fritz Levy wurde ge-

---

77 Hülskemper-Niemann 2018, S. 27f.
78 Schneider/Schwarz/Schwarz 2002, S. 192f.
79 Landesarchiv NRW, Gerichte Rep. 105 Landgericht und Staatsanwaltschaft Essen, Nr. 115: Strafantrag vom 24. Mai 1929 gegen die »die neue Front« vom 19. April 1929, Bl. 1–6.
80 Landesarchiv NRW, Gerichte Rep. 105, Landgericht und Staatsanwaltschaft Essen Nr. 115: Abschriften der Artikel in der Neuen Front vom 13. Juli 1928, Nr. 2, 27. Juli 1928 Nr. 4, 7. Sept. 1928, Nr. 10 und 21. Sept. 1928, Nr. 12.
81 Hülskemper-Niemann 2018, S. 29.
82 Das war kein Einzelfall, in anderen Fällen wurden die Schmähartikel an den Schaufensterscheiben NS-freundlicher Geschäfte ausgehangen, vgl. beispielsweise das Be-

nutzt, um antisemitische und antirepublikanische Propaganda vor Ort zu betreiben und Angst unter prominenten Gegnern der NSDAP zu schüren. Die Folgen ließen nicht lange auf sich warten: So berichtet Levys Rechtsanwalt 1929: »Das Schild des Antragstellers an der Gartentür seines Privathauses wird fortwährend zerschlagen und kann überhaupt nicht in gebrauchsfähigem Zustand erhalten werden. Vor einigen Wochen ist die Haustür des Antragstellers von oben bis unten in geradezu unerhörter Weise mit Menschenkot beschmiert worden. Es wurde dann geschellt; als der Antragsteller herauskam, erhoben die Täter ein Hohngelächter und liefen davon. Die Täter können nur in den durch die Schreibweise der neuen Front verhetzten nationalsozialistischen Kreisen gesucht werden.«[83]

Auch Levy wehrte sich mit verschiedenen Beleidigungsverfahren. Er selbst und seine gesamte Familie waren durch diese Schmähungen betroffen. Der Name des Verlegers der »Neuen Front«, Josef Terboven, war im Hause Levy ein »Schreckgespenst«, wie die Nachkommen noch Jahrzehnte später berichteten.[84] Alle Fälle machen deutlich, dass Beleidigungsverfahren keineswegs nebenbei geführt wurden, sondern dass diese Vorgänge höchst sensible Gesprächsthemen in den betroffenen Familien darstellten und dass es einer erheblichen emotionalen Anstrengung bedurfte, ein Beleidigungsverfahren durchzustehen.

Die Strafverfolgung des Redakteurs Josef Wagner stellte sich wiederum als äußerst schwierig heraus, wiederholt wurde die Abgeordnetenimmunität als Schutzschild benutzt, mit Terminverschiebungen und Krankschreibungen führte Wagner das Gericht erneut an der Nase herum.[85] Im Urteil nach Berufung vom 12. August 1930 wurde Josef Wagner frei gesprochen, weil der Verleger und Schriftleiter der »Neuen Front« Terboven nun seine Äußerung modifiziert und behauptet hatte, selbst für die spezielle Sondernummer der Zeitung (welche umsonst verteilt wurde) zuständig gewesen zu sein, wäh-

---

leidigungsverfahren des Krawattenfabrikanten Herbert Hertz in: Landesarchiv NRW, Gerichte Rep. 9 Landgericht und Staatsanwaltschaft Köln Nr. 81+82 (Handakte) und Westdeutscher Beobachter 1926, Jg. 2, Nr. 40.

83 Landesarchiv NRW, Gerichte Rep. 0105, Landgericht und Staatsanwaltschaft Essen, Nr. 115, und Strafantrag des Rechtsanwaltes Fritz Levy vom 24. Mai 1929 gegen die »Neue Front« vom 19. April 1929, Bl. 1–6; Urteil gegen Josef Wagner vom 12. August 1930, Bl. 119–120.

84 Vgl. Hülskemper-Niemann 2018, S. 30. Vgl. Herz/Levy 1980, S. 201–203 und Schmalhausen 1994.

85 Vgl. den gesamten Vorgang in: Landesarchiv NRW, Gerichte Rep. 105 Landgericht und Staatsanwaltschaft Essen Nr. 115.

rend Wagner durch seine Tätigkeit als Gauleiter und Reichstagsabgeordneter viel zu beschäftigt gewesen sei. Die Rechtsanwälte von Levy beantragten eine erneute Revision.[86] Der Freispruch wurde vom Reichsgericht kassiert und der Fall an die Strafkammer des Landgerichts Bochum zurückverwiesen, wo Wagner vor Gericht gar nicht erst erschien. Schließlich erfolgte 1932 eine vollständige Strafaufhebung mit Aussicht auf das bevorstehende Amnestiegesetz vom 20. Dezember 1932. Nach jahrelangen belastenden juristischen Auseinandersetzungen hatte sich die Taktik Terbovens und Wagners ausgezahlt.[87]

Fritz Levy war am 27. Februar 1933 eines der ersten Opfer in Essen, das in »Schutzhaft« genommen wurde, er war zu diesem Zeitpunkt schon so schwer krank, dass er nach elf Tagen wieder entlassen wurde und seine Söhne statt seiner in »Sippenhaft« genommen wurden, drei Jahre später starb Fritz Levy mit 62 Jahren. Während der Haftzeit hatten die Nationalsozialisten weiterhin öffentlich über ihn und seine Frau gespottet.[88]

Auch in diesem Fall war der Gesundheitszustand bereits bei der Machtübernahme erheblich angegriffen, die Familie Levy hatte fast fünf Jahre Hetze hinter sich gebracht und seitdem versucht, sich – weitgehend erfolglos – gerichtlich gegen Beleidigung, Bedrohung und Verfolgung zu wehren. Der Fall Levy ist typisch für die Mischung von antisemitischer und politischer Hetze. Geschmäht und verhetzt wurden sowohl nicht-jüdische als auch jüdische Politiker, politische Spitzenbeamte und Honoratioren. Dennoch radikalisierten sich die Schmähkampagnen gegen Juden entlang körperbezogener Aspekte ganz deutlich. Während den nichtjüdischen Politikern Amtsmissbrauch, Korruption oder Verschwendungssucht vorgeworfen wurde, wurden jüdischen Vertretern zusätzlich Angriffe auf »Deutsche«, sexuelle Belästigung oder Gewalt vorgeworfen und körperbezogene antisemitische Stereotype beschworen, die darauf ausgerichtet waren, Ekel zu erzeugen.[89] Ebenso wie im Stürmer wurden – oftmals sexuell konnotierte – Greuelgeschichten über »brutale« jüdische Bürger (zumeist Geschäftsleute) erzählt: Sie würden Pas-

---

86 Landesarchiv NRW, Gerichte Rep. 0105, Landgericht und Staatsanwaltschaft Essen Nr. 115 Verfügung des Oberstaatsanwaltes vom 26. Juli 1929, Bl. 36.
87 Vgl. auch die Vorgänge in Landesarchiv NRW, Gerichte Rep. 105 Landgericht und Staatsanwaltschaft Essen Nr. 115; Landesarchiv NRW, Gerichte Rep. 105 Landgericht und Staatsanwaltschaft Essen Nr. 116, Bl. 2, 42 und 104.
88 Hülskemper-Niemann 2018, S. 36f.
89 Das habe ich anderer Stelle ausführlicher behandelt: Fehlemann 2021; Pzryrembel 2013, hier S. 538: »Wohl aber ist das Herstellen, Wiederholen und Einüben von Feindgefühlen (wie des Ekels) gegenüber den Juden ein charakteristisches Signum des Antisemitismus an der Wende zum 20. Jahrhundert.«

santen mit ihrem Auto totfahren, sie betrieben sadomasochistische Bordelle, missbrauchten Kinder, verbreiteten Krankheiten durch unsaubere Lebensführung usw.[90] Diese Schauer- und Greuelmärchen wurden mit Namen, teilweise mit Adresse, der entsprechenden Personen veröffentlicht, teilweise wurden die Personen frei erfunden, teilweise waren es stadtbekannte Honoratioren.[91] Die Absicht hinter diesen verhetzenden Lügen hatte Hitler selbst deutlich gemacht, als er schrieb: »dass in der Größe der Lüge immer ein gewisser Faktor des Geglaubtwerdens liegt [...], da die breite Masse eines Volkes mithin bei der primitiven Einfalt ihres Gemütes einer großen Lüge leichter zum Opfer fällt als einer kleinen, [...] daher auch von der frechsten Lüge immer noch etwas übrig und hängen bleiben wird«.[92] Diese Schmähkampagnen konnten das Leben alteingesessener jüdischer Familien schon zerstören, lange bevor die nationalsozialistische Verfolgung konkret einsetzte.

Die drei hier beschriebenen Fälle, von denen zwei tödlich endeten, ohne dass die Opfer im juristischen Sinne getötet oder ermordet worden sind, lassen sich mühelos erweitern. Dass andauernde Beleidigungen und im Hintergrund laufende Gerichtsprozesse, persönliche Angriffe auf Wohnsitz und Familie extrem belastend und zermürbend gewirkt haben müssen, wird auch in den Selbstzeugnissen jeweils gespiegelt. Hier kann die resignative Äußerung des Krefelder Polizeipräsidenten Elfes angeführt werden, der in ähnlicher Weise wie die hier ausführlicher präsentierten Fälle von den örtlichen Nationalsozialisten geschmäht wurde: »Meine persönlichen Beobachtungen und Erfahrungen lassen es jedoch nicht ratsam erscheinen, vor einem preussischen Gericht den Schutz der persönlichen Ehre zu suchen. Ich habe deshalb nicht vor, in einer solchen Sache je wieder ein Gericht in Anspruch zu nehmen [...]«[93]. In einem anderen Schreiben schildert er seine Eindrücke aus dem Gerichtssaal:

---

90 Vgl. zum Beispiel die »Notzuchtversuche des Juden Heumann«, in: *Westdeutscher Beobachter* vom 15. Januar 1928 und »Der Schweinestall«, in: *Westdeutscher Beobachter* vom 31. Juli 1927. Zum Themenkomplex Frietsch/Herkommer 2009; von Braun 1995.
91 Vgl. beispielsweise das Beleidigungsverfahren des Krawattenfabrikanten Herbert Hertz in: Landesarchiv NRW, Gerichte Rep. 9: Landgericht und Staatsanwaltschaft Köln Nr. 81+82 (Handakte) und Westdeutscher Beobachter 1926, Jg. 2, Nr. 40; die Hetze gegen die die Fleischerei »Katz-Rosenthal« bei Vieten 2017 und die erfundenen Personen in den Artikeln »Das Stachelschwein und die Postbeamten«, in: *Westdeutscher Beobachter* vom 14. Februar 1926 und »Frechener Hausputz«, *Westdeutscher Beobachter* vom 3. Juli 1927.
92 Hitler 1942 [1925/26], S. 252f.
93 Landesarchiv NRW, Gerichte Rep. 0017, Nr. 354 Elfes an Oberstaatsanwaltschaft am 4. Juli 1932, Bl. 69.

Stundenlang mußte ich die schamlosesten Reden eines Parteiagitators und seines Advokaten über mich ergehen lassen, die [...] unter den freundlichen Augen des Gerichtes die entferntesten und haltlosesten Dinge an den Haaren herbeiziehen konnten, um meine persönliche und amtliche Ehre und damit – was ja der eigentliche Zweck war – das Ansehen des Staates herabzuwürdigen.
Er habe sich geschworen: »Nie wieder!«[94]

3. Zusammenfassung

Die brutale Schmähung bekannter demokratischer Politiker hatte zunächst vor allem die DNVP als gezielte Strategie zur Aushöhlung und Zerstörung der Republik genutzt. Zahlreiche prominente demokratische Politiker hatten psychisch und physisch unter ständigen Verunglimpfungen zu leiden und nicht wenige Hetzkampagnen endeten in Attentaten oder Attentatsversuchen. Die völkische und nationalsozialistische Propaganda setzte diese Strategie systematisch bis auf die unterste lokale Ebene ein. Hetze stellte vor allem in den frühen Jahren ein zentrales Werkzeug des Aufstiegs der NSDAP dar. Diese Perspektive macht aber auch deutlich, dass die Wahlerfolge der Nationalsozialisten keineswegs der alleinige Indikator für ihre Wirkung waren. Vielmehr beruhten ihre langfristigen Effekte auch auf der zerstörerischen und zugleich mobilisierenden Wirkung durch Hetzkampagnen vor Ort.

Lange Zeit wurden die niedrigen Auflagenzahlen der ersten Jahre als Beweis dafür gesehen, dass die NS-Gaupresse kaum öffentlichen Einfluss erringen konnte.[95] Es ist aber noch einmal ein neuer Blick auf die Distribution der jeweils schmähenden Artikel zu werfen. In den Akten zu den Gerichtsverfahren zeigte sich, dass die diffamierenden Artikel in NS-freundlichen Geschäften ausgehangen wurden oder auf lokalen öffentlichen Plätzen als »Probenummern« verteilt wurden. Damit erreichten die Schmähkampagnen, die dann über Gerüchte und Skandalisierungen weitergetragen wurden, vermutlich die gesamte Stadtgesellschaft. Die Destabilisierungseffekte, die durch eine solche Hetz- und Schmähkampagne erzeugt wurden, müssen hoch eingeschätzt werden, selbst wenn ein großer Teil der Bewohner:innen den Behauptungen zunächst kaum Glauben schenkte.

---

94 Landesarchiv NRW, Gerichte Rep. 902, Nr. 42,1, hier zitiert nach Esser 1990, S. 99.
95 Vgl. den Überblick über die Forschung bei Wahl 2013, S. 126.

Der Zusammenhang zwischen Körper und Invektivität zeigt sich hier auf zweifache Weise. Zunächst in der Doppelkörperlichkeit von Politikern, die in ihrer politischen und öffentlichen Funktion angegriffen wurden und in vielen Fällen mit ihrer individuellen Gesundheit, aber auch mit ihrem Leben dafür bezahlen mussten. Zum anderen in der Art und Weise, wie die Beleidigungen auf den Körper Bezug nahmen, durch abwertende Tiervergleiche oder unter Bezugnahme auf körperliche Schwächen wie Größe oder Umfang. Diese abwertende Körperdarstellung wurde in den NS-Presseorganen schon weit vor der Machtergreifung erheblich radikalisiert und polarisiert. Während neue abwertende Sinnesregime zur Wahrnehmung von jüdischen Körpern entworfen wurden, blieb es bei nichtjüdischen Personen vorwiegend bei moralisch konnotierten Schmähungen.

Für die betroffenen Repräsentativorgane und Honoratioren der jeweiligen Stadt, haben diese Kampagnen massiv beunruhigend und belastend gewirkt und – diese Einschätzung kann wohl begründet formuliert werden – auch erhebliche pathologische Auswirkungen besessen. In den hinterlassenen Selbstzeugnissen der Betroffenen oder ihrer Nachkommen wird im Einzelfall die Bedeutung der Schmähung für die gesamte betroffene Familie deutlich. Die Anschlusskommunikation über diese Schmähartikel in der städtischen Öffentlichkeit und vor Gericht konnte die Wirkung der Hetze erheblich verstärken und dieser Effekt wurde von den häufig sehr kleinen NS-Presseerzeugnissen ganz klar strategisch genutzt. Dabei wurden die Instrumente des Rechtsstaates in kalkulierter Weise missbraucht, wie etwa Pressefreiheit, Persönlichkeits- und Rechtschutz sowie die Abgeordnetenimmunität. Verantwortliche Redakteure dieser Zeitungen waren Reichs- oder Landtagsabgeordnete, die ihre Immunität zunächst vor einem Beleidigungsprozess schützte.

Der hohe persönliche Aufwand und die Kosten, die die verantwortlichen Redakteure und Autoren auf sich nahmen (Aufhebung der Immunität, lange Prozesse, Kosten der Beleidigungsstrafen usw.) sprechen dafür, dass die lokale Destabilisierung ein wichtiges Ziel der Mobilisierung war, die Absurdität der Vorwürfe und ihr hoher Grad an Verlogenheit sprechen dafür, dass es dabei nicht um inhaltliche Aspekte ging. Es ging um Zermürbung und Bedrohung, in diese Richtung wirkten auch die Angabe der Adresse und die Einbeziehung der Ehepartner in die jeweiligen Hetzartikel. Für die (noch) nicht betroffenen Lokalpolitiker und kommunalen Beamten haben diese Kampagnen als Warnung und Drohung fungiert. So konnte vor Ort ein Klima der Angst geschaffen werden, in dem offenbar weniger mutige kritische Stimmen frühzeitig zum Verstummen gebracht wurden.

Versteht man die Beleidigungsverfahren als einen Teil der Anschlusskommunikation, so wird deutlich, dass die radikale Schmähung im öffentlichen Raum letztlich zu wenig sanktioniert wurde, obwohl die Betroffenen zunächst durchaus auf die Justiz vertraut hatten. Die durch die Beleidiger verschleppten Verfahren, deren Beschleunigung eine disziplinierte, personalstarke und engagierte Justiz erfordert hätten, die häufigen Amnestien, die mühsam erreichte Strafen wieder aufhoben, trugen erheblich dazu bei, dass die Beleidigungen gegen kommunale Politiker und politische Beamte und Honoratioren zermürbend und auch krankmachend wirkten.

Als Nachbemerkung kann aus gegebenem Anlass formuliert werden: Es bleibt das Dilemma, dass politisch Tätige samt ihren Familien ein repräsentatives Amt verkörpern. Sie werden aber nicht nur bei Attentaten, sondern auch bei verbalen Verletzungen körperlich geschädigt. Der Blick auf den Zusammenhang zwischen Körper und invektivem Geschehen in der Weimarer Republik kann auch die Aufmerksamkeit dafür schärfen, dass dem Gesundheits- und Persönlichkeitsschutz der politisch Tätigen und ihrer Familien bis auf die lokale Ebene eine große Bedeutung zukommen muss. Dieser Schutz kann nur begrenzt juristisch und polizeilich durchgeführt werden, er stellt vor allem eine Aufgabe der politischen Bildung dar, welche die Öffentlichkeit für diese Zusammenhänge sensibilisieren kann. Eine solidarische Neu-Rahmung und die gemeinsame Abwehr von verbalen persönlichen Beleidigungen sowie das Erkennen ihrer spezifischen Gefährlichkeit stellen hier den wirksamsten Schutz dar.

Literatur

Albrecht, Nils H., *Die Macht einer Verleumdungskampagne. Antidemokratische Agitationen der Presse und Justiz gegen die Weimarer Republik und ihre Reichspräsidenten Friedrich Ebert vom Badebild bis zum Magdeburger Prozess*, Bremen 2002.
Angermund, Ralph, *Deutsche Richterschaft 1933–1945. Krisenerfahrung, Illusionen, politische Rechtsprechung, Instrumentalisierung*, Frankfurt am Main 1990.
Anonym, »Frechener Hausputz«, in: *Westdeutscher Beobachter* vom 3. Juli 1927.
Anonym, »Der Schweinestall«, in: *Westdeutscher Beobachter* vom 31. Juli 1927.
Anonym, »Notzuchtversuche des Juden Heumann«, in: *Westdeutscher Beobachter* vom 15. Januar 1928.
Anonym, »Das Stachelschwein und die Postbeamten«, in: *Westdeutscher Beobachter* vom 14. Februar 1926.

Autorinnenkollektiv, *Hetze und Terror gegen Jüdinnen und Juden in Deutschland von 1929 bis Januar 1933. Eine Analyse im Spiegel der C.V.–Zeitung*, Organ des Centralvereins deutscher Staatsbürger jüdischen Glaubens, Offenbach 2017.

Bajohr, Frank, »Gauleiter in Hamburg. Zur Person und Tätigkeit Karl Kaufmanns«, in: *Vierteljahreshefte für Zeitgeschichte* 43 (1995), S. 267–295.

Barth, Boris, *Dolchstoßlegenden und politische Desintegration. Das Trauma der deutschen Niederlage im Ersten Weltkrieg 1914–1933*, Düsseldorf 2003.

Benz, Wolfgang, *Antisemitismus. Präsenz und Tradition eines Ressentiments*, Schwalbach im Taunus 2015.

Benz, Wolfgang, in Zusammenarbeit mit Werner Bergmann u. a. (Hg.), *Handbuch des Antisemitismus. Judenfeindschaft in Geschichte und Gegenwart*, Berlin 2008–2015.

Bernard, Birgit/Müller, Jürgen, »Peter Winkelnkemper, Oberbürgermeister der Stadt Köln 1941 – 1944 – biographische Annäherungen an einen NS-Funktionär«, in: *Geschichte in Köln*, Jg. 64, H. 1, 2017, S. 155–190.

Bernd, Hans-Dieter, *Die Beseitigung der Weimarer Republik auf »legalem« Weg. Die Funktion des Antisemitismus in der Agitation der Führungsschicht der DNVP*, Hagen/Fernuniversität 2004.

Braun, Christina von, »Antisemitische Stereotype und Sexualphantasien«, in: Jüdisches Museum der Stadt Wien (Hg.), *Die Macht der Bilder. Antisemitische Vorurteile und Mythen*, Wien 1995, S. 180–191.

Braun, Otto, *Von Weimar zu Hitler*, 2. Aufl., New York 1940.

BT-Drucksache 19/17741 Gesetzentwurf zur Bekämpfung des Rechtsextremismus und der Hasskriminalität, angenommen am 18. Juni 2020.

Butler, Judith, *Haß spricht – Zur Politik des Performativen*, Frankfurt am Main 2006.

Clement, Kai, Politiker und Virologen bedroht, in: Tagesschau vom 06.02.2021 (https://www.tagesschau.de/inland/innenpolitik/corona-bka-hasskriminalitaet-101.html).

Cowan, Michael/Sicks, Kai Marcel (Hg.) *Leibhaftige Moderne, Körper in Kunst und Massenmedien 1918–1933*, Bielefeld 2005.

Dick, Volker, »Der Sturz des Morsbacher Bürgermeisters Josef Hammes im Frühjahr 1933«, in: *Romerike Berge, Zeitschrift für das Bergische Land*, Jg. 49, H. 1, 1999, S. 23–28.

Domeier, Norman, »Helfferich, Karl«, in: Kurt Groenewold u. a. (Hg.), *Lexikon der Politischen Strafprozesse*: http://www.lexikon-der-politischen-strafprozesse.de/glossar/helfferich-karl/#more-168.

Dreyer, Michael/Braune, Andreas (Hg.), *Weimar als Herausforderung. Die Weimarer Republik und die Demokratie im 21. Jahrhundert*, Wien 2016.

Ehrhardt, Christian, Hasswelle: Kommunalpolitik – Aus Hetze werden Taten, in: Kommunal 25. Juni 2019 (https://kommunal.de/hasswelle-alle-Zahlen)

Ellerbrock, Dagmar u. a., »Invektivität – Perspektiven eines neuen Forschungsprogramms in den Kultur- und Sozialwissenschaften«, in: *Kulturwissenschaftliche Zeitschrift*, Jg. 2, H. 1, 2018, S. 2–24.

Elsbach, Sebastian, *Das Reichsbanner Schwarz-Rot-Gold. Republikschutz und politische Gewalt in der Weimarer Republik*, Stuttgart 1919.

Esser, Albert, *Wilhelm Elfes 1884–1969. Arbeiterführer und Politiker*, Mainz 1990.

Fehlemann, Silke, »Hassen mit allen Sinnen. Sensorische Mobilisierung in der Weimarer Republik«, in: *Werkstatt Geschichte*, Jg. 83 (2021), S. 49–67.

Fehlemann, Silke, *Der Modus der Unversöhnlichkeit. Wahlplakate in der Weimarer Republik*, https://www.slub-dresden.de/ueber-uns/buchmuseum/ausstellungen-fuehrungen/archiv-der-ausstellungen/ausstellungen-2020/schmaehung-provokation-stigma-medien-und-formen-der-herabsetzung/schmaehgemeinschaften-feindbilder/der-modus-der-unversoehnlichkeit-wahlplakate-in-der-weimarer-republik/.

Frei, Norbert/Schmitz, Johannes, *Journalismus im Dritten Reich*, 3. überarb. Aufl., München 1999.

Frietsch, Elke/Herkommer, Christina (Hg.), *Nationalsozialismus und Geschlecht. Zur Politisierung und Ästhetisierung von Körper, »Rasse« und Sexualität im »Dritten Reich« und nach 1945*, Bielefeld 2009.

Führer, Karl Christian, »Politische Kultur und Journalismus. Tageszeitungen als politische Akteure in der Krise der Weimarer Republik«, in: *Jahrbuch für Kommunikationsgeschichte*, Jg. 10, 2008, S. 26–51.

Fulda, Bernhard, »Die Politik der ›Unpolitischen‹, Boulevard- und Massenpresse in den 20er und 30er Jahren«, in: Bösch, Frank/Frei, Norbert, *Medialisierung und Demokratie im 20. Jahrhundert*, Göttingen 2006, S. 48–72.

Gessler, Otto, *Reichswehrpolitik in der Weimarer Zeit*, hg. von Kurt Sendtner, Stuttgart 1958.

Grosz, George, *Ein kleines Ja und ein großes Nein. Sein Leben von ihm selbst erzählt*, Hamburg 1974, (amerikanische Erstausgabe, New York 1946).

Grzesinski, Albert, *Im Kampf um die deutsche Republik. Erinnerungen eines Sozialdemokraten*, hg. von Eberhard Kolb, München 2001.

Haffner, Sebastian, *Geschichte eines Deutschen. Die Erinnerungen 1914–1933*, München 2000.

Hecht, Cornelia, *Deutsche Juden und Antisemitismus in der Weimarer Republik*, Bonn 2003.

Herz, Hanna/Levy, Bertold, »Dr. Friedrich Levy, Rechtsanwalt, Mitglied des Arbeiter- und Soldatenrates, Beigeordneter und Polizeipräsident in Essen«, in: Hermann Schröter, *Geschichte und Schicksal der Essener Juden*, Essen 1980, S. 201–203.

Hikel, Christine, »Unsichere Republik? Terrorismus und politischer Mord in der Weimarer Republik und der BRD«, in: Alexander Spencer u. a. (Hg.), *Terrorismusforschung in Deutschland. Zeitschrift für Außen und Sicherheitspolitik*, Sonderheft 1, 2011, S. 125–149.

Hitler, Adolf, *Mein Kampf*, Bd. 1, 855. Aufl., München 1942 [1925/6].

Hülskemper-Niemann, Ludger, *Für Frieden und Gerechtigkeit. Frida und Fritz Levy und ihre Kinder – zwei Essener Biographien* (Donnerstagshefte 12, hg. von der Alten Synagoge Essen), Essen 2018.

Hüttenberger, Peter, *Die Gauleiter. Studie zum Wandel des Machtgefüges in der NSDAP*, Stuttgart 1969.

Jasper, Gottfried, *Der Schutz der Republik. Studien zur staatlichen Sicherung der Demokratie in der Weimarer Republik 1922–1930*, Tübingen 1963.

Jones, Mark, *Am Anfang war Gewalt. Die deutsche Revolution 1918/19 und der Beginn der Weimarer Republik*, Berlin 2017 (engl. Originalausgabe: Founding Weimar. Violence and the German Revolution, Cambridge 2016).

Kailitz, Steffen (Hg.), *Nach dem »Großen Krieg«. Vom Triumph zum Desaster der Demokratie 1918/19 bis 1939*, Göttingen 2017.

Kantorowiczs, Ernst, *The King's Two Bodies. A Study in Mediaeval Political Theology*, Princeton 1957.

Kienitz, Sabine, *Beschädigte Helden. Kriegsinvalidität und Körperbilder 1914–1923*, Paderborn 2008.

Krämer, Sibylle, »Gewalt der Sprache – Sprache der Gewalt«, in: https://www.bmfsfj.de/blob/93966/06e12f8ed3e66c8265a13f833916e5a2/gewalt-der-sprache-sprache-der-gewalt-data.pdf.

Langewand, Knut, *Die kranke Republik. Körper- und Krankheitsmetaphern in politischen Diskursen der Weimarer Republik*, Frankfurt am Main u. a. 2016.

Leiskau, Katja u. a. (Hg.), *Deutsche illustrierte Presse. Journalismus und visuelle Kultur in der Weimarer Republik*, Baden-Baden, 2016.

Levitsky, Steven/Ziblat, Daniel, *How Democracies Die*, New York 2018.

Löbe, Paul, *Der Weg war lang. Lebenserinnerungen von Paul Löbe*, Berlin 1954.

Löffelbein, Nils, *Ehrenbürger der Nation. Die Kriegsbeschädigten des Ersten Weltkriegs in Politik und Propaganda des Nationalsozialismus*, Essen 2013.

Longerich, Peter, *Joseph Göbbels. Biographie*, München 2010.

Longerich, Peter, »Joseph Goebbels und seine Pressepolitik im Geflecht der NS-Institutionen«, in: Stiftung Topographie des Terrors (Hg.), *Zwischen den Zeilen. Zeitungspresse als NS-Machtinstrument* [Begleitkatalog zur gleichnamigen Ausstellung], Berlin 2003, S. 16–24.

Löwenstein, Hubertus zu, *Stresemann. Das deutsche Schicksal im Spiegel seines Lebens*, Frankfurt am Main 1952.

Malinowski, Stephan, »Politische Skandale als Zerrspiegel der Demokratie. Die Fälle Barmat und Sklarek im Kalkül der Weimarer Rechten«, in: *Jahrbuch für Antisemitismusforschung*, Jg. 5, 1996, S. 46–65.

Mecking, Sabine, »*Immer treu und redlich«. Kommunalbeamte zwischen Kaiserreich und Bundesrepublik*, Essen 2003.

Mühlhausen, Walter, *Friedrich Ebert 1871–1925. Reichspräsident der Weimarer Republik*, Bonn 2006.

Mühlhausen, Walter, *Friedrich Ebert*, Bonn 2018.

Müller, Tim B./Wirsching, Andreas, »Hatte Weimar eine Chance?«, Diskussion, in: ZEIT Geschichte Nr. 3, 23. August 2016.

Müller, Tim B., *Nach dem Ersten Weltkrieg. Lebensversuche moderner Demokratien*, Hamburg 2014.

Münzner, Daniel, »Kurt Hiller – Ein linksrepublikanischer Feind der Weimarer Republik«, in: Andreas Braune/Michael Dreyer (Hg.), *Republikanischer Alltag. Die Weimarer Demokratie und die Suche nach Normalität*, Göttingen 2017, S. 151–165.

Paul, Gerhard, *Aufstand der Bilder. Die NS-Propaganda vor 1933*, Bonn 1990.

Petersen, Klaus, *Zensur in der Weimarer Republik*, Stuttgart/Weimar 1995.

Peukert, Detlev J. K., *Die Weimarer Republik: Krisenjahre der Klassischen Moderne*, Frankfurt am Main 1987.

Plieg, Ernst Albrecht, *Dr. Otto Ruer. Oberbürgermeister von Bochum*, Berlin 2013.

Pohl, Karl Heinrich, *Gustav Stresemann, Biographie eines Grenzgängers*, Göttingen 2015.

Pzryrembel, Alexandra, »Ambivalente Gefühle. Sexualität und Antisemitismus während des Nationalsozialismus«, in: *Geschichte und Gesellschaft* 39, 4, 2013, S. 527–554.

Reichardt, Sven, *Faschistische Kampfbünde. Gewalt und Gemeinschaft im italienischen Squadrismus und in der deutschen SA*, Köln u. a. 2002 .

Reinthal, Angela/Riederer, Günter/Schuster, Jörg, »Einleitung«, in: Kessler, Harry Graf, *Das Tagebuch 1880–1937*, Bd. 8: 1923–26, hg. von dens., Stuttgart 2009, S. 9–46.

Rössler, Patrick, »1928: Wie das Neue Sehen in die Illustrierten kam. ›Maxl Knips‹, Sasha Stone, ›Das illustrierte Blatt‹ und die Bildermagazine der Weimarer Republik«, in: *Fotogeschichte*, Jg. 31, 2011, Nr. 121, S. 45–60.

Sabrow, Martin, *Der Rathenaumord. Rekonstruktion einer Verschwörung gegen die Weimarer Republik*, München 1994.

Schierloh, Nikolaus, *Die Beleidigung in den §§ 185, 186, 187 RStGB und die Wahrnehmung berechtigter Interessen mit besonderer Berücksichtigung der Presse*, Brelau 1925.

Schilling, Karsten, *Das zerstörte Erbe. Berliner Zeitungen in der Weimarer Republik*, 2011.

Schmalhausen, Bernd, *Schicksale jüdischer Juristen aus Essen 1933–1945*, Bottrop 1994.

Schmelser, Robert, *Robert Ley. Hitlers Mann an der »Arbeitsfront«. Eine Biographie*, Paderborn 1989 (engl. Originalausgabe 1988).

Schneider, Heinz-Jürgen/Schwarz, Erika/Schwarz, Joseph, *Die Rechtsanwälte der Roten Hilfe Deutschlands. Politische Strafverteidiger in der Weimarer Republik. Geschichte und Biographien*, Bonn 2002.

Schulz, Petra Maria, *Ästhetisierung von Gewalt in der Weimarer Republik*, Münster 2004.

Schumann, Dirk, *Politische Gewalt in der Weimarer Republik 1918–1933. Kampf um die Straße und Furcht vor dem Bürgerkrieg*, Essen 2001.

Schwerhoff, Gerd, »Invektivität und Geschichtswissenschaft. Konstellationen der Herabsetzung in historischer Perspektive. Ein Forschungskonzept«, in: *Historische Zeitschrift*, Jg. 320, 2020, S. 1–36.

Severing, Carl, »Denkschrift des Reichsinnenministers, Dezember 1929«, in: Gotthard Jasper, »Dokumentation. Zur innenpolitischen Lage Deutschlands«, in: *Vierteljahreshefte für Zeitgeschichte* 8,3 (1960), S. 280–289.

Siemens, Daniel, *Sturmabteilung. Die Geschichte der SA*, München 2017.

Siemens, Daniel, »Von Marmorleibern und Maschinenmenschen. Neue Literatur zu Körpergeschichte in Deutschland zwischen 1900–1936«, in: *Archiv für Sozialgeschichte*, Jg. 47, 2007, S. 639–682.

Sonnabend, Gaby (Hg.), *Darüber lacht die Republik. Friedrich Ebert und »seine« Reichskanzler in der Karikatur*, Heidelberg 2010.

Speitkamp, Wilfried, *Ohrfeige, Duell und Ehrenmord. Eine Geschichte der Ehre*, Stuttgart 2010, S. 25–76.

Stein, Peter, *Die NS-Gaupresse 1925–1933. Forschungsbericht – Quellenkritik – Neue Bestandsaufnahme*, München u. a. 1987.

Vieten, Michael, »*Ich halte Euch fest und ihr lasst mich nicht los!« Katz-Rosenthal, Ehrenstrasse 86 Köln*, Berlin 2017.

Wahl, Hans Rudolf, »Die illustrierte NS-Wochenzeitung ›Der SA-Mann‹ 1932–1934: Ein Beitrag zur Ästhetik des SA-Faschismus«, in: *Jahrbuch für Kommunikationsgeschichte*, Jg. 15, 2013, S. 123–138.

Walter, Dirk, *Antisemitische Kriminalität und Gewalt. Judenfeindschaft in der Weimarer Republik*, Bonn 1999.

Wehrlin, Thomas, »Aus einem Briefe an den Kronprinzen«, in: *Das Tage-Buch*, Jg. 1, H. 3, 1920, S. 1–3.

Wehrlin, Thomas/Wesemann, Andreas P., *Chronik eines Untergangs. Deutschland 1924–1939. Die Beiträge Leopolds Schwarzschilds in »Das Tage-Buch« und »Das Neue Tagebuch«*, Michigan 2005.

Weinert, Sebastian, *Der Körper im Blick. Gesundheitsausstellungen vom späten Kaiserreich bis zum Nationalsozialismus*, Berlin 2017.

Weinhauer, Klaus/Ellerbrock, Dagmar, »Perspektiven auf Gewalt in europäischen Städten seit dem 19. Jahrhundert«, in: Dies. (Hg.), *Stadt, Raum und Gewalt* = Informationen zur modernen Stadtgeschichte: Themenheft 2/2013.

Wenge, Nicola, *Integration und Ausgrenzung in der städtischen Gesellschaft. Eine jüdisch-nichtjüdische Beziehungsgeschichte Kölns 1918–1933*, Mainz 2005.

Wirsching, Andreas/Eder, Jürgen (Hg.), *Vernunftrepublikanismus in der Weimarer Republik. Politik, Literatur, Wissenschaft*, Stuttgart 2008.

Wirsching, Andreas u. a. (Hg.), *Weimarer Verhältnisse? Historische Lektionen für unsere Demokratie*, Ditzingen 2018.

Wirsching, Andreas, »Die Hasspropaganda ist zurück«, in: *Die Zeit* vom 06.02.2020.

Körperbilder/Bildkörper herabsetzen: Formeln des Schmähens von Machthabenden in aktuellen Protestbewegungen

Kerstin Schankweiler

Das Schmähen der Körper von Herrschenden gehört von jeher zum Repertoire politischer Protestbewegungen. Es drückt eine geteilte Verachtung gegenüber den Machthabenden aus und erfüllt eine ermächtigende wie gemeinschaftsbildende Funktion. Dabei spielen Bilder eine wichtige Rolle, sie werden genutzt, um zu kritisieren, zu demütigen und zu verletzen. Grundsätzlich kann man dabei drei Dimensionen unterscheiden: Bilder können Instrumente des Schmähens sein, Bilder können aber auch selbst geschmäht werden und Bilder können wiederum selbst schmähen, also eine invektive Handlungsmacht entwickeln. Die drei Ebenen schließen sich dabei nicht aus, sondern überschneiden sich vielmehr und stehen in wechselseitigem Bezug zueinander.

Im Folgenden wird zwei weit verbreiteten Formeln und Gesten der Herabsetzung in Bezug auf Machthaber nachgegangen, nämlich der Darstellung von Machthabern als Tiere und dem sogenannten *Defacing*, also dem Verunstalten oder Zerstören der Bildnisse von Machthabenden,[1] bis hin zum Denkmalsturz als eine der zentralen ikonoklastischen Praktiken des Protests. Ausgangspunkt für die Fallbeispiele sind jeweils zeitgenössische Protestbewegungen auf dem afrikanischen Kontinent, die Aufstände in Ägypten ab 2011 und die Studierendenproteste in Südafrika 2015, die unter dem Hashtag #RhodesMustFall bekannt geworden sind. Für beide Bewegungen spielten die Sozialen Medien im Hinblick auf die Mobilisierung, Koordination und internationale Sichtbarkeit eine zentrale Rolle – wie dies heute in politischen Protesten auch generell der Fall ist.[2] Ich werde jedoch weniger Bildpraktiken in den Sozialen Medien fokussieren, als dass die neuen visuellen Ökonomien im Social Web eher die Folie bilden, vor der ich meine Fallbeispiele entwickele. Meine bildtheoretischen Überlegungen am Ende des Textes werden

---

1 Zum *Defacing* in aktuellen Protestkulturen, insbesondere in Ägypten, siehe De Raedt 2015.
2 Schankweiler 2019.

zeigen, dass die neuen Logiken der Bildökonomien auch Auswirkungen auf Praktiken der Herabsetzung durch Bilder und von Bildern jenseits des Netzes haben. Proteste können zunächst als wichtige Arenen des Invektiven verstanden werden. Sowohl die destruktiven als auch die produktiven Potenziale von Invektiven werden in politischen Umbruchsituationen besonders gut sichtbar, wenn einerseits die Kritik und Destabilisierung einer alten Ordnung und andererseits die Stabilisierung einer neuen Ordnung vorangetrieben wird.[3] Invektive Bildproteste – wie das bildliche Schmähen von Machthabenden oder der Angriff auf Denkmäler – können dabei geradezu den Motor von Protestbewegungen bilden. Durch die Zirkulation emotionalisierender Schmähbilder werden gemeinsame Feindbilder und Affektgemeinschaften etabliert, auch wenn diese nur temporär existieren.

1. Machthabende als Tiere

Tiervergleiche sind ein fester Bestandteil der politischen Ikonografie, wie Wolfgang Brückle herausgestellt hat.[4] Die Darstellung von Machthabenden als Tiere ist dabei zunächst nicht per se eine invektive Bildpraxis. Der Teriomorphismus ist in vielen Kulturen, gerade auch auf dem afrikanischen Kontinent, verbreitet und bezeichnet die Darstellung von Gottheiten und Menschen als Tiere. Die Gestalt von Gottheiten oder Pharaonen im alten Ägypten zum Beispiel wurde an bestimmte Tiere geknüpft. Das bekannteste Beispiel ist sicherlich die Sphinx von Giseh, die den bestatteten Pharao mit dem Körper eines Löwen darstellt, oder Horus als menschliche Gestalt mit dem Kopf eines Falken. Herrschende in Afrika wurden mit mächtigen und kraftvollen Raubtieren assoziiert und insbesondere im Bereich der höfischen Kunst und Heraldik als solche dargestellt.[5] Hierbei handelt es sich zum einen um Tiere, mit denen positive Eigenschaften assoziiert werden, zum anderen sind dies im Falle der Herrschenden meist selbstgewählte Symbole und keine Fremdzuschreibungen.

---

3 Vgl. Konzeptgruppe »Invektivität« 2017.
4 Brückle 2014.
5 In Blier 1998 finden sich zahlreiche Beispiele.

Invektiv wird diese Bildpraxis dann, wenn Machthabende als Tiere dargestellt werden, die weniger schmeichelhaft sind, also nicht mit Würde, Macht und Kraft assoziiert werden.

Bereits seit den 1990er Jahren wurde der damalige ägyptische Präsident Husni Mubarak in Sprichwörtern und Witzen als Kuh verspottet und erhielt im Volk den Spitznamen »La Vache qui rit«, nach einer französischen Marke für Schmelzkäse, die ab den 1970er Jahren nach Ägypten importiert wurde. Mit der »lachenden Kuh« wurde auf Mubaraks ständiges breites Lächeln, aber auch auf seine ländliche Herkunft angespielt. Der Vergleich mit der lachenden Kuh ließ ihn einfältig und unfähig zur Ernsthaftigkeit erscheinen.[6] Eine Häme war außerdem, dass der Präsident ausgerechnet mit einem Importprodukt aus dem Ausland in Zusammenhang gebracht wurde: »it linked him particularly to a soft, gooey processed foreign cheese in contrast to the firmer white cheese of Egypt«, wie es auf einem Blog beschrieben ist.[7]

Abb. 1: Adham Bakry: *La Vache qui rit*, Aufkleber, 2010

Quelle: https://suzeeinthecity.wordpress.com/2011/09/13/graffiti-in-cairo-whos-afraid-of-the-big-bad-cow/, Zugriff am 26.11.2020.

---

6 Der Name Mubarak bedeutet ›der Gesegnete‹ oder ›gesegnet‹ (Baraka = Glück), besitzt aber auch eine Nähe zu ›die Kuh‹ (auf Arabisch *al-baqr*).
7 Peterson 2012.

Abb. 2: *La Vache qui rit MUUH Barak*, Protestschild während einer Demonstration in Kairo, 2011

Quelle: Hamdy, B./Karl, D. (Hg.), *Walls of Freedom. Street Art of the Egyptian Revolution*, Berlin 2014, Abb. 3, S. 39.

Abb. 3: Carlos Latuff: *Mubarak La Vache*, Karikatur 2011

Quelle: *https://commons.wikimedia.org/wiki/File:Police_Day_Mubarak_La_Vache_qui_rit_25 Jan2011_2.gif*, Carlos Latuff, Public domain, via Wikimedia Commons.

Im Jahre 2010 gestaltete der Designer Adham Bakry einen Aufkleber auf der Basis des Logos von »La Vache qui rit« (Abb. 1). Der Kopf der lachenden Kuh war darauf durchgestrichen, und jeder verstand sofort: Es ging um die Präsidentschaftswahlen, die kurz bevorstanden, und um ein »Nein« zu Mubarak.[8] (Mubarak gewann die Wahl haushoch, es war jedoch von Wahlbetrug die Rede.) Kurz darauf, nämlich im Januar 2011, war der sogenannte Arabische Frühling auch in Ägypten angekommen und Aufstände begannen. Protestierende auf dem Tahrir-Platz in Kairo nahmen das Motiv von »La Vache qui rit« auf und forderten »Dégage« – also »Hau ab!, Zieh Leine!« (Abb. 2) Der bekannte Karikaturist Carlos Latuff gestaltete eine anthropomorphisierte Version der Kuh mit Mubaraks Konterfei (Abb. 3). Dieser Cartoon wurde während der Straßenproteste aufgegriffen und zirkulierte in den Sozialen Medien. Der gehörnte Präsident mit Kuhohren kneift ein Auge zu und trägt an den Ohren anstatt der bekannten runden Schmelzkäsepackung die Flaggen der USA und Israels. Dies bezieht sich auf damals kursierende geheime

---

8 Vgl. Kapps 2016.

Mitteilungen, nach denen Israel und die USA die Unterstützung von Mubarak verfolgten.⁹

Es ist nicht verwunderlich, dass die sehr offensichtliche Herabsetzung des Präsidenten unter Verwendung seines Konterfeis erst in dem Moment der Revolution auftauchen konnte, ja erst in dieser Umbruchsituation öffentlich zeigbar wurde. War die Kritik an Mubarak etwa mit dem Aufkleber der Kuh noch wesentlich stärker symbolisch vermittelt und deshalb auch verdeckter, subversiver – man hätte zu jeder Zeit behaupten können, es sei ja nur eine Kuh oder eine Käsemarke, die hier durchkreuzt wurde – so konnte im Zuge der Revolution plötzlich viel offenkundiger kritisiert und geschmäht werden. Diese Art der Verschiebung zeigt sich auch in anderen Bereichen. Interessant für den Zusammengang der visuellen Kultur und Fragen der Sichtbarkeit ist etwa, dass vor der Revolution Fotografieren im öffentlichen Raum praktisch nicht möglich war, so berichteten es mir vor allem Künstlerinnen und Künstler.¹⁰ Während der Revolution jedoch erlangte die Handykamera eine Omnipräsenz mit dem Ergebnis eines neuen Bildaktivismus der Bürgerinnen und Bürger, der an Praktiken der *sousveillance* anschließt – also der Beobachtung der Staatsgewalt »von unten«, im Gegensatz zur Überwachung (*surveillance*).¹¹

Während es also im repressiven Regime viel zu gefährlich ist, den Körper des Präsidenten oder besser das Bild seines Körpers öffentlich herabzusetzen, eröffnete die politische Umbruchsituation die kurze Möglichkeit dazu und wurde offensiv genutzt. Einerseits war der Machthaber und das System, für das er steht, in dieser Situation bereits offensichtlich geschwächt, andererseits bedeutete allein die Tatsache, dass solche Bilder möglich wurden, eine zusätzliche Schwächung der Macht.

Nachdem Mubarak auf den massiven Druck hin am 11. Februar 2011 zurückgetreten war, richteten sich die invektiven Bildproteste auf den neuen Präsidenten Mohammed Mursi, der durch freie Wahlen im Juni 2012 sein Amt erhielt, gegen den sich aber schon bald neue Massenproteste formierten. Mursi wurde im Zuge dessen als Krake dargestellt, besonders prominent in einem bekannten Graffiti in Kairo an einer Mauer des Präsi-

---

9 https://www.focus.de/politik/weitere-meldungen/israel-usa-und-europa-sollen-mubarak-unterstuetzen_aid_595318.html, Zugriff am 7.11.2019.
10 Ich danke insbesondere den Künster:innen Lara Baladi, Huda Lutfi und Mohamed Abla für den Austausch.
11 Mann, Nolan, Wellman 2003.

Abb. 4: *Präsident Mohammed Mursi als Krake*, Graffiti in Kairo, an einer Mauer des Präsidentenpalastes, 2012
Quelle: © picture alliance/REUTERS | AMR ABDALLAH DALSH.

dentenpalastes, und zwar als Mischwesen, halb Mensch, halb Tier. Dieses Graffiti wurde zu einem beliebten Fotomotiv und zirkulierte in den Sozialen Medien (Abb. 4).

Politiker:innen oder auch ganze Staaten als Kraken darzustellen, hat in der politischen Ikonografie Tradition. Frederick W. Roses »A Serio-Comic Map of Europe« von 1900 etwa ist eine Karte Europas mit Karikaturen der Länder, dominiert von einem Oktopus mit dem Gesicht des russischen Zaren Nikolaus II. Gib Crockett hat für den Washington Star am 27. April 1965 Ho Chi Minh als Krake dargestellt, dem die USA die Tentakel abschneidet, und in der »Palestinian daily Al Hayat Al Jadida« erschien im Jahr 2003 eine Karikatur mit der USA als Krake, die Saddam Hussein die Arme ausreißt, die für seine beiden getöteten Söhne Uday and Qusay stehen. Bis heute kursieren im Internet antisemitische Memes, in denen jüdische Personen in Machtpositionen als Kraken dargestellt werden, die mit ihren Tentakeln die Welt im Griff halten und die Fantasie einer »jüdischen Verschwörung« befördern.[12] Die Krake wird assoziiert mit einem expansiven Verhalten,

---

12 Hornuff 2020, S. 36.

Abb. 5: Lara Baladi: *Be Realistic, Ask for the Impossible*, Multimediainstallation (Detail), Ausstellung »Affect Me. Social Media Images in Art«, KAI 10|Arthena Foundation, Düsseldorf, 2017
Quelle: © Lara Baladi, Foto: Alexandra Höner.

mit Machtsucht und feindlichem Übergriff, deshalb werden die derart karikierten Mächte oftmals in Kombination mit Landkarten dargestellt.

Das Motiv der Krake wurde auch in einem Kunstprojekt der libanesisch-ägyptischen Künstlerin Lara Baladi aufgegriffen. Baladi verfolgt mit »Vox Populi«[13] ein fortlaufendes digitales Archivierungsprojekt, das sich den Revolutions-Bildern ›des Volkes‹ widmet und dem politischen Leitgedanken »Archiving as an Act of Resistance«[14] folgt. Aus diesem Bildarchiv speisen sich ihre Video- und Multimedia-Installationen seit 2013. Als Herzstück von Vox Populi arbeitet die Künstlerin an einer interaktiven Timeline der Ägyptischen Revolution, die sie in mehreren Multimedia-Installationen entwickelt hat. Eine dieser Installationen trägt den Titel

---

13 http://tahrirarchives.com/.
14 Baldi 2016.

»Be Realistic, Ask for the Impossible«, die für die Ausstellung »Affect Me – Social Media Images in Art« (KAI 10 | Arthena Foundation, Düsseldorf, 11.11.2017–10.03.2018) entstanden ist.¹⁵ »Be Realistic, Ask for the Impossible« ist in der Ägyptischen Revolution 2011 und ihren Folgen verankert. Die künstlerische Arbeit inszeniert eine Zeitleiste der Ereignisse im Ausstellungsraum und knüpft Zusammenhänge zwischen dem sogenannten Arabischen Frühling und anderen globalen sozialen Bewegungen, ihrem jeweiligen Motivkanon und ihren Bildpolitiken. Auf einer der gestalteten Wände, die den Zeitabschnitt Juni 2012 bis Juli 2013 darstellt, also die Zeit der kurzen Präsidentschaft Mohammed Mursis, prangt eine riesige Krake, in Anlehnung an das berühmte, weiter oben genannte Graffiti (Abb. 5). Daneben werden Fragen von Feminismus und Körperpolitiken in Ägypten und der politische Backlash unter Mursi in vielen Teilen der Gesellschaft thematisiert, vor allem im Bereich der Frauenrechte. Die farblose Mursi-Krake, die von kleineren Quallen umgeben ist, ist mit Zeitungsberichten über Angriffe auf Frauen, Vergewaltigungen und erzwungene »Virginity Tests« gespickt. Ein Bericht weist explizit auf die Verschlechterung der Situation für Frauen unter der Regierung von Mursi hin und titelt »Egyptian Women: They were doing better under Mubarak«. Die Krake ist vor einer nackten Frauenfigur angebracht, die das skandalträchtige Plakat zu Andy Warhols Film »Chelsea Girls« (1966) adaptiert. Zwischen den weit gespreizten Beinen befindet sich eine kleine Tür, der Oberkörper ist mit Fenstern versehen, in die jeweils ikonische Frauenfiguren eingesetzt wurden. Darunter befindet sich auch eine Superheldin mit blauem BH, ebenfalls ein bekanntes Graffiti in Kairo, das auf eine während der Proteste misshandelte und entblößte Frau zurückgeht, die zur Protestikone avancierte, aber auch zum Symbol der Gewalt gegen Frauen.¹⁶

Streetart erfuhr zwar während der Revolution eine neue Präsenz und ungeheure Konjunktur,¹⁷ wobei insbesondere Graffitis der hemmungslosen Schmähung von Machthabern dienten, wie die Darstellung Mursis als Krake exemplarisch zeigt. Doch schon kurze Zeit nach den Massenprotesten wurden die Graffitis von offizieller Seite übermalt und die neu erwachte Szene kam wieder völlig zum Erliegen, wie mir ein Graffitikünstler in Kairo frus-

---

15 Höner, Schankweiler u. a. (Hg.) 2017.
16 Siehe Hafez 2014.
17 Davon zeugen auch eine ganze Reihe von Publikationen, die kurze Zeit nach den Protesten in Ägypten erschienen, z. B. Gröndahl 2012; Gowaily, Boraie 2012; Hamdy, Karl (Hg.) 2014.

triert berichtete.[18] Wie schon unter Mubarak sind politische Graffitis heute undenkbar. Vor dem Hintergrund, dass die Revolutionsgraffitis längst nicht mehr existieren, ist ihre Bewahrung in digitalen Bildarchiven, wie jenem von Lara Baladi, von besonderer Relevanz.

Schmähbilder, so kann man festhalten, sind also auch ein Indikator für Freiheit und die Möglichkeit zum Widerstand. Viele Künstler:innen können aktuell nicht mehr in Ägypten arbeiten, sondern befinden sich im Exil in Europa oder den USA.

2. *Defacing* und Denkmalsturz

Abb. 6: Am 15. März 2015 hüllten Aktivist:innen die Statue von Cecil Rhodes auf dem UCT Campus in schwarze Plastikfolie, Fotografie
Quelle: © *Getty Images, Foto: Rodger Bosch.*

---

18 Das Gespräch fand während eines Forschungsaufenthaltes in Kairo im Mai 2016 statt. Der Künstler möchte nicht namentlich genannt werden.

Abb. 7: Sethembile Msezane: *Chapungu – The Day Rhodes Fell*, Performance in Kapstadt anlässlich der Demontage der Statue von Cecil Rhodes, 9. April 2015
Quelle: © Getty Images, Foto: Charlie Shoemaker.

Einen anderen Fall der Herabsetzung von Machthabenden und ihrer Bilder kann man am Beispiel der Studierendenproteste in Südafrika nachzeichnen. Beginnend mit dem Bergarbeiter-Streik im Sommer 2012, der von der Polizei blutig niedergeschlagen wurde und als Marikana-Massaker in die Geschichte Südafrikas einging, folgte seit 2015 eine Welle von sich beständig ausweitenden studentischen und zivilgesellschaftlichen Protesten, die mit Hashtags wie #RhodesMustFall, #FeesMustFall und #ZumaMustFall einhergingen und die nachwirkenden Folgen des Kolonialismus, den anhaltenden Rassismus nach Ende des Apartheid-Regimes sowie die zunehmende Korruption und Selbstbereicherung der Eliten anprangerten.[19] Bekannt wurden insbesondere die ikonoklastischen Angriffe auf die Statue des britischen Kolonialisten Cecil John Rhodes (1853–1902) auf dem Campus der Universität von Kapstadt, die von Studierenden zum Symbol der Unterdrückung und des Imperialismus sowie für die nicht erfolgte De-Kolonisierung (nicht nur) der Universitäten in Südafrika stand. Die Statue wurde folglich zum Objekt der Schmähung: Über

---

19 Marschall 2017; Nyamnjoh 2016; Taghavi 2017.

ihr wurde ein Eimer mit Exkrementen ausgeschüttet, sie wurde mit Farbe bemalt und in schwarze Müllsäcke eingehüllt (Abb. 6). Die Bilder dieser ikonoklastischen Aktionen, die als *Defacing* beschrieben werden können, verbreiteten sich schnell über die Sozialen Medien und nach drei Wochen der Proteste und auf massiven Druck der Studierenden hin wurde das Denkmal von der Universitätsleitung in Kapstadt demontiert (Abb. 7). Die Demontage wurde regelrecht zu einem Festival, sie wurde frenetisch gefeiert und von hunderten von Handykameras in Bildzeugnissen festgehalten und später unter anderem auf Facebook, Instagram und Twitter geteilt. Während der Demontage wurde die Statue von den Aktivist:innen, die auf die Ladefläche des Krans geklettert waren, geschlagen und getreten. Die Künstlerin Sethembile Msezane führte anlässlich des Denkmalsturzes – oder besser des »Uplifting« – eine Performance auf, die dem Bild der Herabsetzung des britischen Imperialisten eine Geste des Empowerments einer Schwarzen Südafrikanerin gegenüberstellte. Sie verkörperte hier Chapungu, den heraldischen Vogel Simbabwes. Der Nachbarstaat Südafrikas ist aus der britischen Kolonie Südrhodesien hervorgegangen, die nach eben jenem Cecil Rhodes benannt war, weil er um 1890 die Gebiete unter die Herrschaft des British Empire gebracht hatte. Außerdem hatte Rhodes eine der berühmten Steinskulpturen des »Zimbabwe Bird« in seinen Besitz gebracht, worauf die Künstlerin sich hier bezieht.[20]

Bruno Latour und andere haben zurecht darauf hingewiesen, dass das Wort »Ikonoklasmus«, das das Zerstören von Bildern bezeichnet, insofern missverständlich oder zumindest unvollständig sei, dass jedes zerstörte Bildnis zur gleichen Zeit ein neues hervorbringt.[21] In diesem Fall brachte die Demontage tatsächlich hunderte von neuen Bildern hervor, aufgenommen von den omnipräsenten Handykameras in den Händen der Anwesenden. Das »Publikum« schaute nicht passiv zu, sondern es produzierte permanent neue Bildzeugnisse. Dieser neue Bildaktivismus, der in sämtlichen aktuellen Protesten zu beobachten ist und zu dem auch mit den Bildern verbundene Praktiken wie das Hochladen, Liken, Teilen und Kommentieren gehören, ist als konstitutiver Teil von Invektiven zu verstehen.

Doch auch die Spuren und Überreste zerstörter Bilder, die entstandenen Leerstellen oder der Ersatz kreieren Nach-Bilder, die von Zerstörung und Konflikten zeugen und häufig symbolisch machtvoller werden als das Bildnis vor der Zerstörung. So wurde auch nach der Demontage der Rhodes-Statue der leere Sockel weiterhin von Protestierenden »bespielt«. Es

---

20 Msezane 2015.
21 Latour 2002.

wurden etwa symbolträchtige Objekte darauf gestellt; die Rhodes-Figur wurde aber auch als Schatten auf den Boden gesprayt und dadurch als abwesendes Bildnis wieder sichtbar gemacht, als Symbol des langen Schattens der Geschichte.

Die Proteste, Akte von Vandalismus, Ikonoklasmus und Bildzensur erlangten durch die Kommunikation in den Sozialen Medien zusätzliche Aufmerksamkeit. Mit den Sozialen Medien hatten die Studierenden zum ersten Mal in der Geschichte Südafrikas eine Plattform, um ihre Forderungen publik zu machen und Bildzeugnisse ihrer Aktionen zu verbreiten, wie Tobias Wendl analysiert hat.[22] Die unter dem Stichwort »Fallism« zusammengefassten Protestbewegungen schärften das Bewusstsein für die Dringlichkeit der verschleppten Sozialreformen ebenso wie für die Effizienz der Sozialen Medien im Dienste einer Selbstermächtigung von unten. Sie offenbarten aber auch eine ganze Kaskade von invektiven Bildprotesten, die sich nach der Figur des Kolonialisten Rhodes auch gegen den damaligen Präsidenten von Südafrika, Jacob Zuma richteten, verbunden mit dem Hashtag #ZumaMustFall. Im Februar 2018 dankte Zuma bekanntermaßen auf den zunehmenden Druck hin ab.

3. Körperbilder/Bildkörper herabsetzen

Fünf Jahre nach der Demontage der Rhodes-Statue erreichten Denkmalstürze von als rassistisch erachteten Statuen im öffentlichen Raum weltweit einen neuen Höhepunkt, nachdem der schwarze US-Amerikaner George Floyd am 25. Mai 2020 von der Polizei getötet worden war.[23] Die beiden hier vorgestellten Fallbeispiele aus Ägypten und Südafrika stehen exemplarisch für eine visuelle Protestkultur der Invektivität, die es einerseits zu historisieren gilt, deren neue Ausprägungen und Entwicklungen in Zeiten der Sozialen Medien andererseits nachgegangen werden muss. Dabei fällt auf, dass vielfach auf gängige Bildformeln der Invektiven – Tiervergleiche, *Defacing* oder Denkmalsturz – zurückgegriffen wird, die generell ein wichtiges Element von visuellen Protestkulturen darstellen. Diese Bildformeln als wiederkehrende und wiedererkennbare Formalisierungen und Verdichtungen des Schmähens von

---

22 Wendl 2019.
23 Vgl. Atuire 2020.

Machthabenden bilden ein Bildrepertoire, das immer wieder aufgeführt werden kann und erst noch kartographiert werden müsste.

Eine Frage dürfte dabei zentral sein, nämlich die, wogegen sich die invektiven Bildproteste eigentlich richten? Wenn Bilder von Machthabenden geschmäht werden, wer oder was wird dann symbolisch herabgesetzt? Prominent hat der Kunsthistoriker Horst Bredekamp in seinem Buch »Der Bildakt« darüber geschrieben, inwiefern die Geschichte der Kunst beziehungsweise des Bildes davon durchdrungen sei, dass Körper und Bild als wechselseitig austauschbar erachtet würden. Darauf gründet er sein Konzept des »substitutiven Bildaktes«. Schmähbilder werden dabei als eine besonders eindrucksvolle Praxis identifiziert, weil sie, so Bredekamp, »immer wieder in Verhältnissen sozialer Asymmetrie Verwendung fand« und das Bild sozial mindergestellten Personen oder Institutionen ein wirksames Mittel liefere, um die Asymmetrie zum eigenen Vorteil umzupolen.[24] Wenn also Bildnisse geschmäht werden, dann werden im Sinne des substitutiven Bildaktes die dargestellten Personen geschmäht.

Bei Rhodes liegt der Fall offensichtlich anders. Zwar könnte man auch hier meinen, die am Bildnis vollführten Akte, das Bewerfen mit Fäkalien, das Schlagen und Treten, gelte eigentlich der Person. Allerdings werden, auch darauf weist Bredekamp hin, Bilder auch als Bilder herabgesetzt. Wenn die Rhodes-Skulptur etwa in Müllsäcke gehüllt wird, dann geht es vor allem um die Macht der Sichtbarkeit. Denn Rhodes, der ja nicht mehr lebt, ist längst zum Bild seiner selbst geworden. Hier muss der substitutive »Bildakt« also insofern erweitert werden, als dass hier Bildpolitiken und damit verbundene Erinnerungspraktiken Südafrikas attackiert werden, und nicht Rhodes als Person. Trotzdem sind die Schmähakte so eindrucksvoll und vielleicht auch so enthemmt, weil sie dem Bild eines physischen Körpers gelten.

Hier scheint sich die Logik des subsitutiven Bildaktes verschoben zu haben: Nicht das Bild ist Instrument der Schmähung eines Menschen, der Körper wird hier eher zum Instrument für das Schmähen der Bilder und damit verbundener Politiken. Wir haben es also mit einem Bildkörper zu tun, mit der materiellen Präsenz eines Bildes, das einen Körper darstellt. In diesem sind Körperpolitiken und Bildpolitiken auf das Engste miteinander verschmolzen.

Die beiden Künstlerinnen Lara Baldi und Sethembile Msezane führen auch nicht von ungefähr im Kontext der Schmähbilder männlicher Machthaber weibliche Körperpolitiken ins Feld. Bei Baladi ist dies insbesondere auf den Einfluss der Muslimbruderschaft unter Präsident Mursi zurückzuführen,

---

24 Bredekamp 2015, S. 201.

der zu einer Einschränkung der Frauenrechte geführt hat. Bei Msezane ergibt sich der Bezug zu einer weiblichen Körperpolitik aus der Geschichte des Kolonialismus und Rassismus in Südafrika, für die die andauernde Präsenz der Körper weißer männlicher Kolonialisten im öffentlichen Raum ein Symbol ist. Die Herabsetzung hegemonialer Körper, Körperbilder und Bildkörper ermöglicht anderen Körpern stärkere Sichtbarkeit zu erlangen. Invektivität wird auf dieser Ebene zu einer Praxis der Hervorbringung von Bildern der Ermächtigung.

Literatur

Atuire, Caesar Alimsinya, »Black Lives Matter and the Removal of Racist Statues. Perspectives of an African«, in: *21: Inquiries into Art, History, and the Visual. Beiträge zur Kunstgeschichte und visuellen Kultur*, Jg. 1, Nr. 2, 2020, S. 449–467.

Baldi, Lara, »Archiving a Revolution in the Digital Age, Archiving as an Act of Resistance«, in: *Ibraaz*, 28.07.2016, http://www.ibraaz.org/essays/163/.

Blier, Suzanne Preston, *Royal Arts of Africa: The Majesty of Form*, London 1998.

Bredekamp, Horst, *Der Bildakt*, Berlin 2015.

Brückle, Wolfgang, »Tiervergleich«, in: Uwe Fleckner (Hg.), *Politische Ikonographie. Ein Handbuch*, Bd. 2, München 2014, S. 428–438.

De Raedt, Nele, »Defacing«, in: Aesthetics of Resistance, Pictorial Glossary, *The Nomos of Images*, 3 December 2015, URL: http://nomoi.hypotheses.org/261.

Gröndahl, Mia, *Revolution graffiti. Street art of the new Egypt*, Cairo 2012.

Hafez, Sherine: »Bodies That Protest: The Girl in the Blue Bra, Sexuality, and State Violence in Revolutionary Egypt«, in: *Signs: Journal of Women in Culture and Society*, 2014, Jg. 40, H. 1, S. 20–28.

Hamdy, Basma/Karl, Don aka Stone (Hg.), *Walls of Freedom. Street Art of the Egyptian Revolution*, Berlin 2014.

Höner, Julia/Schankweiler, Kerstin / KAI 10 | Arthena Foundation, Düsseldorf/ Sonderforschungsbereich 1171 Affective Societies, Freie Universität Berlin (Hg.), *Affect Me. Social Media Images in Art*, Ausst.-Kat., KAI 10 | Arthena Foundation, Düsseldorf, 11.11.2017–10.03.2018, Leipzig 2017.

Hornuff, Daniel, *Hassbilder*, Berlin 2020.

Gowaily, Maya/Boraie, Sherif u. a., *al-Ǧudrān taḥtuf: ġrāfītī aṯ-ṯaura al-miṣrīya = Wall talk: graffiti of the Egyptian revolution*, Kairo 2012.

Kapps, Caram, »#MeMu's: La Vache qui Rit (Adham Bakry, 2010)«, https://casramk.blogspot.com/2016/01/memus-la-vache-qui-rit-adham-bakry-2010.html, 13.01.2016, Zugriff am 26.11.2020.

Konzeptgruppe »Invektivität« (Dagmar Ellerbrock, Lars Koch, Sabine Müller-Mall u. a.), Invektivität – Perspektiven eines neuen Forschungsprogramms in den Kultur- und Sozialwissenschaften«, in: *Kulturwissenschaftliche Zeitschrift*, Jg. 2, 1, 2017, S. 2–24.

Latour, Bruno, »What is iconoclash? Or is there a world beyond the image wars?«, in: Bruno Latour/Peter Weibel (Hg.), *Iconoclash: Beyond the Image Wars in Science, Religion, and Art*, Cambridge 2002, S. 14–37.

Mann, Steve/Nolan, Jason/Wellman, Barry: »Sousveillance. Inventing and Using Wearable Computing Devices for Data Collection in Surveillance Environments«, in: *Surveillance & Society*, Jg. 1/3, 2003, S. 331–355.

Marschall, Sabine, »Targeting Statues: Monument ›Vandalism‹ as an Expression of Sociopolitical Protest in South Africa«, in: *African Studies Review*, Jg. 60, H. 3, 2017, S. 203–219.

Msezane, Sethembile, »Sethembile Msezane performs at the fall of the Cecil Rhodes statue, 9 April 2015«, Interview von Erica Buist, in: *The Guardian*, 15.5.2015, https://www.theguardian.com/artanddesign/2015/may/15/sethembile-msezane-cecil-rhodes-statue-cape-town-south-africa.

Nyamnjoh, Francis B., *#RhodesMustFall: Nibbling at Resilient Colonialism in South Africa*, Oxford: African Books Collective 2016.

Peterson, Mark Allen, »Telling Mubarak Jokes«, https://connectedincairo.com/2012/04/07/telling-mubarak-jokes/, 7.4.2012.

Schankweiler, Kerstin, *Bildproteste*, Berlin 2019.

Taghavi, Doreh, *Exploring Fallism: Student Protests and the Decolonization of Education in South Africa*, Kölner Ethnologische Beiträge, Jg. 48, 2017.

Wendl, Tobias, »From Cape Town to Timbuktu. Iconoclastic Testimonies in the Age of Social Media«, in: Kerstin Schankweiler, Verena Straub, Tobias Wendl (Hg.), *Images Testimonies. Witnessing in Times of Social Media*, London 2019, S. 167–182.

Körper und Geschlecht

Vom Kampfgeist der Vulva in der Kunst seit den 1960er Jahren

Bettina Uppenkamp

»Elle fait voir… Et quoi? chose terrible.«
Jean de La Fontaine: Le Diable de Papefiguière (1762)

Abb. 1: VALIE EXPORT: *Aktionshose: Genitalpanik*, 1969, Siebdruck auf Papier, Foto: Peter Hassmann

Quelle: © VALIE EXPORT und Sammlung Verbund Wien/VG Bildkunst, Bonn 2021.

VALIE EXPORTs *Aktionshose: Genitalpanik* gehört mittlerweile zu den Ikonen der frühen, um 1970 im Kontext der Bürgerrechts- und Emanzipationsbewegungen der 1960er Jahre aufbrechenden feministischen Kunstbewegung in Europa (Abb. 1). Der von Kari Bauer 1969 angefertigte Siebdruck zeigt die österreichische Aktions- und Medienkünstlerin mit gespreizten Beinen auf einer Bank vor einer Hauswand sitzend mit zu einer wilden Mähne auftoupierten Haaren, bekleidet mit einer glänzend schwarzen Lacklederbluse und einer Jeans, in die im Schritt ein Loch geschnitten ist. Mit entschlossen-finsterem Gesichtsausdruck konfrontiert EXPORT die Betrachterinnen und Betrachter des Bildes mit ihrem Blick und dem Anblick ihres entblößten Genitalbereichs. In ihren Händen hält sie eine Maschinenpistole. Der Finger liegt am Abzug.[1]

Der Siebdruck, der mit dem in Versalien geschriebenen Namen gestempelt ist, den die Künstlerin zu ihrem Markenzeichen entwickelt hat,[2] beruht auf einer Aktionsfotografie, hervorgegangen aus der Zusammenarbeit mit dem Fotografen Peter Hassmann. Es existieren mehrere Varianten des Motivs; einige zeigen die Künstlerin nicht sitzend, sondern breitbeinig stehend vor dem Haus; auf weiteren posiert sie in vergleichbar offensiven und militant wirkenden Körperhaltungen in einem Innenraum – eine der ersten Fotoperformances in der Nachkriegskunst.[3]

Die Bilder stehen in einem engen Zusammenhang mit zwei Aktionen, die VALIE EXPORT einige Monate vor Entstehung der Fotoserie unter den Titeln *Genitalpanik I* und *Genitalpanik II* in den Münchener Augusta Lichtspielen durchgeführt hat. Die Aktionen bestanden darin, dass die Künstlerin mit der ausgeschnittenen Jeanshose sich durch die Sitzreihen im Kino drängte und ihr Genitalbereich sich dabei auf Gesichtshöhe der Zuschauer befand. »Aktion genitalpanik geplant: an stelle einer vorführung sollte ich mich mit entblösster fut (aus der hose ausgeschnitten) durch die zuschauerreihen drängen, ergo fut und nase in gleicher höhe, indirekter sexueller kon-

---

1 Das Waffenmodell lässt sich ebenso identifizieren wie die Jeansmarke. Es handelte sich um eine Jeans der Firma Mustang und bei der Waffe um eine Maschinenpistole der amerikanischen Firma Thompson, Modell M1928A1 von 1928. Beide Requisiten für die Aktionsfotos sind heute in der Kunsthalle Bregenz ausgestellt.

2 Der Name VALIE EXPORT wird von der Künstlerin, mit bürgerlichem Namen Waltraud Höllinger, 1967 als künstlerisches Konzept und Logo erfunden und etabliert. Vgl. die Fotoarbeit *VALIE EXPORT – SMART EXPORT. Selbstporträt: Transfer Identity* von 1970. Siehe auch *VALIE EXPORT. Mediale Anagramme*, hg. von der Neuen Gesellschaft für Bildende Kunst (NGBK) in Kooperation mit der Akademie der Künste, Berlin 2003, S. 208.

3 Widrich 2010, S. 167.

takt mit dem publikum.«⁴ So fasste VALIE EXPORT im Nachhinein die Planung für die Aktion bündig zusammen.

Entgegen mancherorts zu lesender Erzählung handelte es sich bei den Augusta Lichtspielen nicht um ein ausgesprochenes Porno-Kino, sondern Ende der 1960er Jahre vielmehr um ein Arthouse-Kino, in dem mehrfach provozierende künstlerische Aktionen stattgefunden haben.⁵ So waren die Augusta Lichtspiele zum Beispiel 1968 Schauplatz für das erste europäische Treffen der unabhängigen Filmemacher,⁶ bei dem Peter Weibel, der damalige Partner VALIE EXPORTs, eine Rede über das *Expanded Cinema* hielt. Während seiner Ansprache, die von Filmprojektionen auf eine mit Aluminium präparierte Leinwand begleitet wurde, schossen VALIE EXPORT und andere beteiligte Künstler mit Feuerwerkskörpern auf diese Leinwand, zündeten Rauchkörper und andere pyrotechnische Artikel,»knallten« – so Peter Weibel – »den Saal voll, zischten los auf das Publikum, das hinter allem Möglichen Deckung suchte, die Türen aufriss und auf die Straße flüchtete«.⁷ Auch die *Aktionshose* sorgte für die Flucht zumindest eines Teils der Kinobesucher, obwohl VALIE EXPORT bei der Kinoaktion keine Maschinenpistole im Anschlag hatte.

»Panik« verursachte die nahe Konfrontation mit der Leibhaftigkeit des weiblichen Genitals, dessen Anblick in der Bilderwelt der 1960er Jahre weitgehend dem voyeuristischen wie oft verschämten Blick auf pornografische Darstellungen in Magazinen oder aber im Pornokino vorbehalten war, also als Repräsentation in einem gleichermaßen tabuisierten wie auch in umsteckten Grenzen von Jugendschutz und Zensur kultivierten Bereich.⁸ In der Geschichte der sogenannten Hochkunst ist bekanntlich in dieser Hinsicht wenig zu sehen. Kaum etwas hält der Kanon der Kunstgeschichte bereit, wenn die Frage nach der Darstellung des weiblichen Geschlechtsorgans gestellt wird. Die bis weit in das 20. Jahrhundert hineinreichende Konvention, diesen Körperteil im weiblichen Akt zu negieren, wird in der Kunstgeschichte nur sehr selten überhaupt benannt. Die Darstellung, respektive Nichtdarstellung des weiblichen Genitals harrt noch seiner kunstgeschicht-

---

4 *Wien. Bildkompendium Wiener Aktionismus und Film* 1970, S. 290.
5 Robinson 2014, S. 85.
6 Als einzige Frau gehörte VALIE EXPORT zu den Gründungsmitgliedern der avantgardistischen *Austrian Filmmakers Cooperative*.
7 *Wien. Bildkompendium Wiener Aktionismus und Film* 1970, S. 259.
8 Zur Kulturgeschichte der Tabuisierung der Vulva aus feministischer Perspektive Sanyal 2009.

lichen Aufarbeitung.⁹ Die Darstellung des männlichen Geschlechtsteils hingegen ist, von sehr prüden Zeiten einmal abgesehen, sogar gerade in jenen Kunstrichtungen eine Selbstverständlichkeit, die sich klassisch nennen: Man denke nur an die antiken Athleten, Helden und Götter, welche die archäologischen Museen und Gipssammlungen bevölkern, ebenso wie an die großen Skulpturen der Renaissance oder des Klassizismus im 18. Jahrhundert.

Wenn VALIE EXPORT die Kinozuschauer also im geradezu wörtlichen Sinn mit der Nase auf das Körperteil stieß, welches in der Regel in der Bilderwelt des Kinos ebenso kunstvoll verheimlicht wie es in anderen künstlerischen Bereichen verleugnet wird, war dieses ein drastischer Angriff auf die gewohnten Blickregime.¹⁰ Drastik in der Kunst lässt sich beschreiben als das Phänomen einer »verstörenden Minimierung von Distanz« mit einer aggressiven Wirkung, die auf Taktilität, also auf Nähe, auf Berührung zielt, allerdings nicht im Sinne einer zärtlich-intimen Berührung, sondern die auf einer physisch spürbaren Durchbrechung der »Sicherheitszone« beruht.¹¹ VALIE EXPORTs Aktion ist in ihrer leibhaftigen Drastik ein eklatantes Beispiel dafür, dass der weibliche Körper – häufig Medium und Zeichen nicht nur für alles Mögliche, sondern insbesondere für die Schaubedürfnisse heterosexuell-männlich codierter Blicke und Wünsche – als Mittel zur Einschüchterung und Entlarvung inszeniert wird und damit tradierte geschlechtsspezifische Zuweisungen an den männlich oder weiblich identifizierten Körper, Zuweisungen von aktiv versus passiv, erleidend oder angriffslustig, zurückgewiesen werden. In dem Siebdruck *Aktionshose: Genitalpanik* wird die Angriffslust der Kino-Aktion, die in der körperlich konfrontativ ausgetragenen Verletzung einer Tabuzone lag, durch die Kombination von Blick und entblößtem Geschlecht mit der in Anschlag gebrachten Schusswaffe kompensiert.

---

9 Eine Ausnahme von der Regel des kunstgeschichtlichen Schweigens über das weibliche Geschlechtsorgan ist etwa der von Sophie Lehmann verfasste und in dem von Claudia Benthien und Christoph Wulf herausgegebene Band *Körperteile. Eine kulturelle Anatomie* veröffentlichte Aufsatz über »Das unsichtbare Geschlecht. Zu einem abwesenden Teil des weiblichen Körpers«. In Oldenburg entsteht derzeit eine kunstgeschichtliche Dissertation, die Repräsentationen der Vulva in der Kunst seit den 1960er Jahren gewidmet ist mit einem Schwerpunkt auf Werken osteuropäischer und insbesondere polnischer Künstlerinnen. Vorläufige Überlegungen zu diesem Material wurden von Renata Kutinka, der Verfasserin, bereits publiziert. Vgl. Kutinka 2017.

10 Der Begriff des Blickregimes geht zurück auf die Konzeption des »gaze«, wie sie die feministische Filmkritikerin und Kunsthistorikerin Kaja Silverman im Gegensatz zum »look« entwickelt hat. Vgl. Silverman 1996 sowie dies. 1997. Als Blickregime seien in diesem Sinne jene jeweils historisch spezifischen Strukturen verstanden welche, materiell und sozial, das Feld des Visuellen regeln und regulieren.

11 Giurato 2016, S. 11.

Abb. 2: *Sheela-Na-Gig*, 12. Jahrhundert, Kilpeck, St. Mary and St. David
*Quelle: https://de.wikivoyage.org/wiki/Datei:Sheela-na-gig,_Kilpeck_Church.jpg (08.02.2021)
Public domain (CC BY-SA 4.0).*

In der Geschichte der europäischen Kultur und Kunst ist die Tabuisierung der Vulva zwar die Norm, aber doch keineswegs total. Fast wie Ahninnen der von EXPORT initiierten *Genitalpanik* erscheinen einige romanische Figuren, in denen ein petrifizierender Blick und die Ostentation des weiblichen Genitals als furchterregender Schlund mit einander verkoppelt sind. Solche Figuren, Sheela-Na-Gig genannt, gibt es vor allem in Irland, aber vereinzelt auch in England, in Frankreich und an Kirchen auf der Iberischen Halbinsel vor allem entlang der alten Pilgerwege nach Santiago de Compostela. Ein besonders eindrucksvolles Beispiel für diesen Figurentypus findet sich an einem Kragstein an der Kirche St. Mary and St. David aus dem 12. Jahrhundert im englischen Kilpeck (Abb. 2), wo ein Wesen mit großen starrenden Augen, ein Kopffüßler fast, unter seinen kleinen gespreizten Beinen hindurch mit beiden Händen seine Vulva aufreißt. Herkunft, Identität und Bedeutung der Sheela-Na-Gigs sind nicht letztgültig aufgeklärt.[12] Manche sehen in diesen

---

12 Zusammenfassend zur Forschungslage Freitag 2004. Zu den konkurrierenden Deutungen des Namens Sheela-Na-Gig und der Bedeutung der Figuren siehe auch Sanyal 2009, S. 56–61.

Figuren die Erbinnen einer alten, machtvollen keltischen Göttin. Plausibel, wenngleich nicht bewiesen, klingt die Hypothese, dass sie an den Kirchen, an denen solche Figuren angebracht sind, eine apotropäische Bedeutung haben und das Dämonische abwehren sollten, den in Giebelfeldern oder auf Antefixen dargestellten Gorgonen der Antike darin vergleichbar.[13] Dass die Entblößung und Weisung der Vulva eine Waffe, selbst gegen den Teufel, sein kann, ist als literarisches Motiv noch im aufgeklärten 18. Jahrhundert in die Fabel vom Teufel von Papefiguière des Jean de La Fontaine eingegangen, 1762 publiziert und von Charles Eisen illustriert (Abb. 3). Zahlreiche historische Beispiele dafür, dass die Vulva als Schreckmittel taugte, und ihre Präsentation dazu dienen kann, feindliche Mächte einzuschüchtern oder aber das Gegenüber zu beleidigen und herabzusetzen, hat Hans Peter Dürr in seiner Untersuchung über Obszönität und Gewalt zusammengetragen.[14]

Wie in den mittelalterlichen Sheela-Na-Gigs scheinen zwei antike Bildtopoi auch noch 1969 in VALIE EXPORTs *Aktionshose: Genitalpanik* nachzuklingen: der Blick der schlangenhaarigen Gorgone Medusa, der denjenigen, den dieser Blick trifft, in eine Schreckstarre versetzt, und das Bild der geschlechts-bleckenden Baubo, in der mythologischen Überlieferung und im Hinblick auf ihre Kultbedeutung eng mit der Göttin Demeter verknüpft. Als im 19. Jahrhundert bei Ausgrabungen in Priene in einem Demeter-Heiligtum etliche Baubo-Figurinen gefunden wurden, mit gespreizten Beinen hockend dargestellte Gestalten, die auf ihre Vulva hinweisen, wurden diese als Amulette und Glücksbringer gedeutet.[15]

Wenn der Philosoph Peter Sloterdijk in seinen Frankfurter Vorlesungen *Zur Welt kommen – Zur Sprache kommen* 1988 schreibt: »Baubo heißt Möse, sie ist das weibliche Geschlechtsorgan im unverschämtesten Grad, das sich dem Männervolk für einen kurzen vergeblichen Einblick höhnisch entgegenstreckt«,[16] reagiert er empfindlich auf das invektive Potential der ostentativen Geste des Geschlechtsweisens. Am mythologisch überlieferten Sinn der

---

13 Ob die Ostentation von Genitalien, nicht nur der Sheelas, sondern auch männlicher Geschlechtsblecker, an Kapitellen und auf Kragsteinen mittelalterlicher Kirchen darüber hinaus, wie Monika Gesell in Anlehnung an die Untersuchungen von Claudio Lange zur Deutung von Obszönität in der romanischen Bauskulptur meint, eine Verhöhnung Andersgläubiger impliziere, und zwar insbesondere auch die Verhöhnung alter keltischer Gottheiten, deren Macht im obszönen Bild sich gegen sie selbst richte, muss hier dahin gestellt bleiben. Vgl. Gesell 2001, S. 207; Lange 2004.
14 Dürr 1993, S. 82–91 und S. 105–119.
15 Rumscheid 2006, zu den Baubo-Figurinen vor allem S. 220–223.
16 Sloterdijk 1988, S. 84.

Abb. 3: Charles Eisen: Illustration zu *Le Diable de Papefiguière* in Jean de La Fontaine: *Contes et nouvelles en vers*, Amsterdam 1762
Quelle: *https://archive.org/details/talesnovelsinver02lafoiala (gemeinfrei)*.

antiken Baubo-Figur geht seine gekränkt klingende Bemerkung allerdings vorbei, denn Ziel der enthüllenden Geste der Baubo war nicht etwa die Verhöhnung von Männern, sondern die Erheiterung der tottraurigen Demeter, der Göttin des Getreides und des Ackerbaus. Bezeugt ist Baubo als Figur in der orphischen Demetersage, überliefert durch frühchristliche Quellen, etwa bei Clemens von Alexandria, Eusebius von Caesarea und Arnobius.[17] Folgendes wird dort erzählt: Die Göttin Demeter war traurig, da ihre Tochter Persephone vom Gott der Unterwelt entführt worden war, und die Mutter sie nicht wiederfinden konnte. Die Verzweiflung der Göttin hatte zur Folge, dass auf der Erde die Ernte ausfiel und die Menschen hungern mussten. Selbst die anderen Götter konnten nicht helfen. Da traf Demeter auf Baubo,

---

17 Rotstein 2010, S. 176.

die versuchte die Göttin aufzuheitern, indem sie ihre Scham depilierte und ihren Rock vor Demeter hob und ihre Vulva entblößte. Bei Clemens von Alexandria, der die Orphika zitiert, heißt es: »Nachdem Baubo gesprochen hatte, hob sie ihren Peplos und zeigte, was an ihrem Körper am obzönsten war.«[18] Demeter musste darüber lachen und wurde von der durch Baubos Geste ausgelösten Heiterkeit so getröstet, dass sie ihrer Bestimmung wieder nachkommen und der Vegetationszyklus auf der Erde wieder in Gang kommen konnte. Eine analoge Version des Mythos vom Raub der Kore, der Trostlosigkeit ihrer Mutter Demeter und schließlich deren erlösender Erheiterung ist auch durch den weit älteren Homerischen Demeter-Hymnus überliefert, datiert um ca. 600 vor unserer Zeitrechnung, und ebenfalls mehrfach literarisch bearbeitet. Hier ist es Iambe, welcher es gelingt, die Göttin zum Lachen zu bringen, und zwar mittels obszöner Scherze.[19] Als obszön gelten vor allem Scherze mit expliziter und die sozialen Regeln verletzender Referenz auf tabuisierte Körperteile und Vorgänge. Aufgrund der Analogie der überlieferten Begebenheiten geht die Forschung überwiegend von einer Identität der beiden Figuren Baubo und Iambe aus, wobei Baubo vor allem von ritueller Bedeutung, Iambe hingegen wesentlich eine literarische Figur ist, in der sich die scherzhaft-spöttische Rede verkörpert, und mit ihrem Namen verbindet sich der Jambus als Versmaß vor allem für Schmähgedichte und Schimpfreden.[20] Während also Iambe mit sprachlicher Obszönität assoziiert ist, ist der obszöne Scherz der Baubo visueller Natur. In dem Maß, wie Inventivität sich nicht nur als Schmährede auf den Körper des Geschmähten richten kann, sondern der Körper selbst gestisch und bildlich zur rhetorischen Figur wird, tritt VALIE EXPORT mit ihrer *Aktionshose Genitalpanik* als legitime Erbin von Baubo/Iambe auf.

Sie war 1969 jedoch nicht die erste, die zu dieser Zeit in einer künstlerischen Aktion ihr Geschlecht entblößte. Das Zeige- und Darstellungstabu für die Vulva wurde spätestens seit den 1960er Jahren von Künstlerinnen angegriffen, die nicht länger akzeptieren wollten, dass das Geschlecht des Genies wie auch das Geschlecht der Schönheit vordringlich männlich

---

18 Zitiert nach Devereux, S. 27. Die Untersuchung Devereux' ist der Versuch, gestützt unter anderem auf kunsthistorisches Material, kulturvergleichend einen ethno-psychoanalytischen Zugang zum Phänomen des weiblichen Genitalweisens zu finden und dieses zu erklären. Kritisch zu Devereux' Anliegen einer »Rehabilitation« der Vulva Rohde-Dachser 1991, S. 246–256.
19 Vgl. hierzu und zur literarischen Überlieferung: Rotstein 2010, S. 167–176.
20 Zum Verhältnis von Iambe und Jambos vgl. ebd., S. 180–182.

gedacht werden. Im Impetus der Emanzipation von hergebrachten Frauenrollen und Bildern von Weiblichkeit wurde und wird in der Kunst auch das weibliche Genital darstellbar. Dies kann in einem ostentativen und aggressiven Kampfgeist, wie bei VALIE EXPORT, geschehen oder aber auch auf eher symbolische Art und Weise – *durch die Blume* –,[21] wie in den Gemälden der Amerikanerin Judy Chicago aus den 1970er Jahren, die zum Beispiel mit einem *Rejection Quintett,* einer Serie von Gemälden, auf denen, nur leicht abstrahiert aber unverkennbar bunte vulva-artige Formen zu sehen sind, auf die Zurückweisung ihrer Gemälde durch ihre künstlerischen Lehrer reagierte.

Schon 1965 war die japanisch-amerikanische Künstlerin Shegeko Kubota auf einem Fluxus-Festival ohne Unterwäsche aufgetreten und hatte mit einem in ihrem Geschlecht fixierten Pinsel in einer Performance Vagina-Paintings mit menstruations-blutroter Farbe produziert, deutlich erkennbar eine Replik auf die virile Inszenierung der Arbeit von Jackson Pollock in den Fotografien und dem gleichnamigen Film von Hans Namuth.[22] Etwa zehn Jahre später als Kubota trat auch Carolee Schneemann nackt in einer Performance auf, zu deren Ende sie eine Papierrolle aus ihrer Vagina herauszog, von der sie dem konsternierten Publikum einen Text vorlas, der sich gegen die Diskriminierung von Frauen in der Kunstwelt richtete.[23] Sowohl die Aktion Kubotas wie auch die von Carolee Schneemann zielten darauf, inständig deutlich werden zu lassen, dass künstlerische Kreativität und Genie keineswegs nur in einem männlichen Körper beheimatet sein, sondern, hier geradezu wortwörtlich, auch aus dem weiblichen Geschlecht hervorgehen können.

Haben diese Performances vor allem polemischen Charakter, der darauf zielt, die geschlechtsspezifische Benachteiligung von Frauen in der Kunstwelt offenzulegen, und stellen sie zugleich eine Weigerung dar, die Frauen dort traditionell zugewiesenen Rollen des Models oder der Muse zu spielen, mehrten sich in den 1970er Jahren Positionen vor allem in den USA aber auch in Europa, die weniger die mit der weiblichen Position verbundenen Defizite und den Anspruch auf weibliche Künstlerschaft durch Kritik am Männlichkeitswahn in damals noch provozierenden Formen inszenierten, sondern sich durch eine positive Identifikation mit der Differenz auszeichneten. Hier taucht die Ge-

---

21 *Durch die Blume* ist der Titel ihrer Autobiografie, in der Judy Chicago über ihre Kämpfe um Anerkennung berichtet. Vgl. Chicago 1984.
22 Zu den feministischen Positionen in der Performancekunst Withers 1994; Goldberg 1998, S. 129–146.
23 Kubitza 2002; siehe auch Schneider 1997.

Abb. 4 Mary Beth Edelson: *Jumpin' Jack: Sheela's Delight*, 1973, schwarze und weiße Tusche auf Silbergelatineabzug
Quelle: © Mary Beth Edelson und Sammlung Verbund Wien.

schlechtsbleckerin Sheela-Na-Gig aus Kilpeck in all ihrer Vieldeutigkeit wieder auf, bei Mary Beth Edelson zum Beispiel gekreuzt mit der Künstlerin selbst in einer Geste, die an die mächtige, schwarze hinduistische Todesgöttin Kali erinnert (Abb. 4). Beth Edelson, auch feministische Aktivistin und in der Bürgerrechtsbewegung aktiv, hatte sich zu Beginn der 1970er an der feministischen neopaganistischen Göttinnenbewegung orientiert.[24] Sie bezieht sich in ihrem Werk auf die Theorie der durch C. G. Jung propagierten Lehre von sogenannten Archetypen, neben verschiedenen Inkarnationen der Großen Göttin auch auf Figuren der Kriegerin und der Trickser, die sie in rituellen Perfomances anruft und die für sie im Kontrast zu Frauenfiguren patriarchalischer Gesellschaften stehen. Aber nicht nur für Mary Beth Edelson war die Sheela-Na-Gig ein positiver Bezugspunkt wenig sanftmütiger weiblicher Macht, deren Unterpfand die Potenz ihres Geschlechtes bildete. Auch andere Künstlerinnen, wie etwa Nancy Spero, haben sich immer wieder auf diese Figur bezogen.[25]

---

24 Zur Faszination an den Mythen großer Göttinnen als Bezugspunkt und Vehikel eines spirituell und teils auch ökologisch orientierten Feminismus Orenstein 1994, S. 174–189. Siehe auch den Luzerner Ausstellungskatalog *Lebenszeichen. Altes Wissen in der zeitgenössischen Kunst; Ancient Knowledge in Contemporary Art = Signs of Life* 2010.
25 Zum Werk Nancy Speros Lyon 2010.

Abb. 5: Judy Chicago: *The Dinner Party*, 1974–1976, mixed media, Brooklyn Museum of Art, Foto: Donald Woodman

Quelle: https://www.britannica.com/topic/The-Dinner-Party-by-Chicago#/media/1/1345501/130115 (08.02.2021) Public domain (CC BY-SA 4.0).

Für eine positive Identifikation mit der Differenz kann auch Judy Chicago stehen. Sie gehört zu den einflussreichsten und bekanntesten, und zugleich unter Feministinnen umstrittensten, Künstlerinnen der 1970er Jahre. Regelrecht berühmt wurde sie mit dem ehrgeizigen Projekt der so genannten *Dinner Party*, einer Art Gesamtkunstwerk (Abb. 5). Mit der *Dinner Party* geht es um Aneignung und Bewusstmachung von Frauengeschichte und gleichzeitig darum, eine spezifisch weibliche Formensprache zu entwickeln, die aus den Lebensbedingungen und der Körperlichkeit von Frauen abgeleitet sei und eine Alternative zur männlich, phallisch dominierten Symbolwelt traditioneller Kunst entwirft – um das Projekt einer weiblichen Ästhetik.[26]

---

26 Die *Dinner Party* entstand zwischen 1974 und 1979 unter der zum großen Teil ehrenamtlichen Mitarbeit von ca. 400 Frauen als eine Art feministisches Manifest. Trotz zum Teil schlechter Ausstellungsbedingungen war es in den USA eines der meistbesuchten zeitgenössischen Kunstwerke. In Deutschland war die *Dinner Party* aufgrund jahrelangen Engagements von vielen Frauen 1987 in der Frankfurter Schirn Kunsthalle zu sehen.

Das Werk präsentiert sich als Environment, also als künstlerisch gestaltetes, multimediales, Raumensemble. Im Zentrum eines abgedunkelten Ausstellungsraumes steht ein monumentaler Tisch in Form eines gleichseitigen Dreiecks, der mit Tischtüchern in kostbarer Weißstickerei bedeckt ist. Punktstrahler beleuchten insgesamt 39 Gedecke, bestehend aus einer Platzdecke, einem Keramikteller, einem Pokal und Besteck. Jedes dieser Gedecke repräsentiert eine weibliche Person der Geschichte, von der Urgöttin bis hin zu Georgia O'Keefe. Die Namen dieser historischen oder auch mythologischen Frauenfiguren sind mit Goldstickerei auf die Platzdeckchen gestickt und die Decken außerdem mit Bildern und Symbolen versehen, die sich auf die repräsentierte Frau beziehen und darüber hinaus, soweit möglich, in der jeweils angemessenen historischen Handarbeitstechnik gefertigt. Die Teller werden mit zunehmender historischer Nähe der Repräsentierten immer plastischer. Der Tisch der Dinner Party steht auf einem Sockel aus perlmuttfarbenen Keramikfliesen, in die die Namen weiterer 1000 Frauen eingraviert sind. Zu diesem Ensemble gehört außerdem ein historisches Kompendium, das über Leben und Wirken all dieser Frauen Auskunft gibt. Insgesamt nimmt die *Dinner Party* vielfältig Bezug auf tradierte Symbolik und versucht sie neu, versucht sie »weiblich« zu füllen. So spielt die Dreiecksform auf die göttliche Trinität an. Die dreizehn Personen an jeder Tischseite referieren auf das Abendmahl und ersetzen diese Kultur stiftende Männerversammlung durch Frauen. Die Beleuchtung gibt dem Ganzen eine sakrale Atmosphäre. Die Materialien und Techniken nehmen weibliche Kulturtechniken, wie Keramik und Nadelarbeit, affirmativ auf und deuten diese nicht als Ausdruck erzwungener Beschränkungen, sondern als Medien genuin weiblicher, schöpferischer Ausdrucksmöglichkeiten. Die Form der Teller soll der patriarchalen, phallischen Symbolik explizit eine aus dem weiblichen Geschlecht abgeleitete Symbolik entgegensetzen.

Wurde die *Dinner Party* in den USA der 1970er Jahre von Feministinnen noch mit fast ungeteilter Begeisterung aufgenommen, wurde sie bei ihrer Präsentation zehn Jahre später in Deutschland zu einem Gegenstand heftiger Auseinandersetzung, die sich vor allem an diesen Tellern festmachte. Von den einen als Feier des weiblichen Beitrags zur Geschichte bejubelt, tappte Chicago mit ihrer Arbeit für andere in die Falle eines die Geschlechterdifferenzen und Hierarchien zementierenden Essentialismus und strandete mit den künstlerischen Verfahren und dem ästhetischen Konzept einer weiblichen Ästhetik im Kitsch sentimentaler Verklärung geschlechtsspezifischer Stereotypen. Das elaborierte Argument der Gegnerinnen besagte, dass Chicago, in bester Absicht zwar, alle Frauen gleich gemacht habe und dies in einem letztlich patriarchalen Deutungsmuster, das Frauen einmal mehr auf ihre Geschlechtlichkeit reduziere.[27] Die Überzeugung, dass die Bezugnahme auf und die Auseinandersetzung mit Geschichte, und dass die historischen Erfahrungen mit der hierarchisch konzipierten Differenz zwischen den Geschlechtern in der künstlerischen Praxis eine wirksame Praxis gesellschaftlicher Emanzipation sein könne, wurde für die frühen 1970er Jahre exemplarisch auch von VALIE EXPORT in ihrem *manifest zu der ausstellung MAGNA (arbeitstitel frauenkunst), einer ausstellung, an der nur frauen teinehmen geschrieben im märz 1972* formuliert.[28] Dort heißt es in Großbuchstaben: »DIE GESCHICHTE DER FRAU IST DIE GESCHICHTE DES MANNES, denn der mann hat für mann und frau das bild der frau bestimmt.« Das Manifest endet mit den Sätzen:

die kunst kann ein medium unserer selbstbestimmung sein, und diese bringt der kunst neue werte. diese werte werden durch den kulturellen zeichenprozeß die wirklichkeit verändern, einer anpassung an die weiblichen bedürfnisse entgegen. DIE ZUKUNFT DER FRAU WIRD DIE GESCHICHTE DER FRAU SEIN.[29]

Dem Körper erkennt EXPORT in dieser Emanzipationsgeschichte eine zentrale Funktion zu. Er ist für sie der Ort, an dem die Unterdrückungsgeschichte Wirklichkeit geworden ist. Über ihren Körper wird die Frau Element der »sozialen Grammatik des männlichen Begehrens« heißt es in ihrer Schrift *Das Reale und sein Double der Körper* aus dem Jahr 1987. »Die Frau ist von Bildern bedeckt, von Projektionen, von Codes.«[30] Die Vernarbung dieser Projektionen und Codes auf dem Körper und deren unauflösliche Verbindung mit dem Körper zu einer dauerhaften Markierung ist Thema der *Body Sign Action*, einer Aktion, die wie die *Genitalpanik* auch in ein fotografisches Bild umgesetzt worden ist. Die Fotografie zeigt den Unterkörper

---

27 Zur widersprüchlichen Rezeption der *Dinner Party* Jones 1996; in apologetischer Sicht auf das Kunstwerk Stein 1994, S. 226–245, bes. S. 226–230. Weitere Kritikpunkte bezogen sich auf die Auswahl der Frauen, die erwählt wurden, an der Tafel zu sitzen, vor allem für die Moderne vornehmlich bekannte Frauen des angelsächsischen Kulturkreises, also vor allem Frauen aus der weißen Mittel- und Oberschicht. Außerdem saßen in der imaginären Tafelrunde zum Beispiel Inquisitionsopfer neben Figuren wie Isabella von Kastilien, einer spanischen Herrscherin, die von der Inquisition reichlich Gebrauch gemacht hatte.
28 Das Manifest ist wiederabgedruckt in dem Ausstellungskatalog *Oh boy, it's a girl! Feminismen in der Kunst* 1994, S. 34.
29 Ebd.
30 Valie Export 1987.

der Künstlerin. Der Bildausschnitt endet mit dem oberen Bildrand knapp oberhalb der offenbar rasierten Scham, am unteren Rand oberhalb der Knie. Auf der so exponierten Schwellung des Oberschenkels prangt eine Tätowierung in schwarz und rot, die einem Strumpfband nachgebildet ist, einem Straps, wie er heute vor allem nur noch im Sexgeschäft Verwendung findet, für die Künstlerin gleichermaßen ein »Symbol verdrängter Sexualität« wie ein »Zeichen einer vergangenen Versklavung«.[31] Dort, wo sich der Verschluss des Strumpfbandes findet, sind zwei schwarze Striche zu sehen, die den Saum eines Strumpfes andeuten. Die Illusion eines realen Bekleidungsstückes wird durch Falten im Gewebe markierende kleine weitere Strichlein in die Haut verstärkt, die zweite Haut, das sexualisierte Bekleidungsstück, und die Hautoberfläche des Körpers fallen visuell in eins. Der Körper wird zu einem künstlerischen Medium, in dem die eingefleischten Stereotypen geschlechtlicher Differenz gleichermaßen artikuliert wie die »unhinterfragten Übereinkünfte in Bezug auf die Repräsentationssysteme« aufgedeckt und attackiert werden.[32]

VALIE EXPORTs *Genitalpanik*-Aktionen standen als *Expanded Cinema* in einem engen Zusammenhang mit einer anderen ihrer Aktionen, dem 1968 aufgeführten *Tapp und Tastkino*, bei dem sich die Künstlerin mit einer Lockenperücke und einem Kasten um ihre Brust durch den öffentlichen Raum bewegte, während Peter Weibel mit einem Megafon zum Besuch des Kinos aufforderte. Der Kinobesuch bestand darin, dass der Besucher oder auch die Besucherin unter den Augen der Passanten durch einen Vorhang in den Kasten griff und für 30 Sekunden die Brüste der Künstlerin betasten konnte, während sie ihm oder ihr fest in die Augen sah. Die Programmatik zu dieser Aufführung liest sich drastisch:

[...] die obszönität und freimütigkeit der die vorführung des tapp- und tastfilms begleitenden reden intensivieren den schmerz des Verhaltenskonflikts und die herausforderung an den staat [...] in der betriebsamkeit der motorisierten leichname, in der automatie entfremdeten lebens entfaltet das tapp und tastkino seine kraft, erweckt leichname zum leben. dann und dort bedeutet parrhesie und pornografie die befreiung der verstümmelten individuen [...].[33]

---

31 *VALIE EXPORT. Dokumentations-Ausstellung des österreichischen Beitrags zur Biennale Venedig 1980* 1980, S. 46.
32 Eiblmayr 2003, S. 107–112.
33 *Wien. Bildkompendium Wiener Aktionismus und Film* 1970, S. 261. Siehe auch Heinrich 2020, S. 104–107.

Allzu viele Besucherinnen hatte das Kino nicht auf Anhieb. Es sorgte aber für Skandal, in Wien kam es bei der Aufführung zu Publikumstumulten. Für die unabhängigen Filmemacher, die sich 1968 in den Augusta-Lichtspielen versammelt hatten, war, wie es Peter Weibel in seiner Ansprache formulierte:

[d]ie Filmindustrie [...] die staatliche Organisation, die jene Bilder der Welt liefert, die dem Bild des Staates entsprechen. Indem Film sich der Bildersprache entschlägt, bietet er nicht länger ein staatliches Bild der Welt, sondern verändert die Welt. *Expanded Cinema* ist in der gegenwärtigen Phase der radikale Entschluss, mit der Wirklichkeit aufzuräumen und mit der Sprache, die jene kommuniziert wie konstruiert. *Expanded Cinema* ist eine definitorische Erweiterung der Scala der optischen Phänomene. *Expanded Cinema* ist ein Aufstand gegen die Unterhaltungsindustrie als Reflex der Ausbeutung.[34]

Nicht zuletzt ist es im Tapp und Tastkino die Umkehrung der Blickbeziehung, die die in der Unterhaltungsindustrie üblichen Positionen von Subjekt und Objekt untergräbt und die Frage aufwirft, wer wen angreift.

1975 veröffentlichte Laura Mulvey ihren auch der Kunstgeschichte stark rezipierten Aufsatz *Visual Pleasure and Narrative Cinema* in der Zeitschrift *Screen*.[35] Mulvey analysiert hier unter Rückgriff auf die Psychoanalyse das Blickverhältnis zwischen den Geschlechtern im illusionistischen Hollywood-Kino als das von der Frau als passivem Bild und Spektakel und dem Mann als aktivem Träger des Blicks. In ihrer psychoanalytischen Lesart gewährt das Kino eine zweifache Befriedigung, die der skopophilen Lust an der Betrachtung einer anderen Person, in der Regel der weibliche Star, als erotisches Objekt und Befriedigung der Ich-Libido durch die narzisstische Identifikation mit dem omnipotenten, da blickmächtigen, männlichen Protagonisten. Die weibliche Gestalt im Film wird in dieser Konstellation zum Schaustück und zu einem Zeichen, welches nicht mehr »Frau« bezeichnet, sondern männliches Begehren sowie, da die Frau in der psychoanalytischen Theorie darüber hinaus Kastration verkörpert, jene männlichen Verlustängste, die in der phallischen Fetischisierung der weiblichen Figur beschwichtigt werden. Dabei operiert das Mainstream-Kino immer wieder mit dem Aussetzen der Erzählung zugunsten einer fragmentierenden und fetischisierenden Nahaufnahme auf Gesicht und Körper des weiblichen Stars. VALIE EXPORT zeigt in ihrer Aktionshose ein Körperfragment, das

---

34 Wien. *Bildkompendium Wiener Aktionismus und Film* 1970, S. 259.
35 Mulvey 1975.

im Hollywood-Kino nie zu sehen ist, sondern ständig substituiert und also gleichermaßen thematisiert wie verleugnet wird, und sie verleiht der weiblichen Figur eine die skopophile Lust am fetischisierten weiblichen Körper entlarvende Blickmacht.

Im Reenactment der *Aktionshose: Genitalpanik* durch die Performance-Künstlerin Marina Abramović im New Yorker Guggenheim-Museum im Jahr 2005 ist die invektive Potenz der Aktion ebenso zusammen geschrumpft, wie das kritische Potential der Vulva-Teller von Judy Chicago spätestens dann zu Grunde gegangen ist, als die Künstlerin sich bereit erklärt hat, durch die Firma *Prospekt New York* eine, für jedermann mit dem nötigen Kleingeld, erwerbliche Kollektion erstellen zu lassen.

Literatur

Broude, Norma/Garrard, Mary D. (Hg.), *The Power of Feminist Art. The American Movement of 1970s, History and Impact*, New York 1994.
Chicago, Judy, *Durch die Blume. Meine Kämpfe als Künstlerin*, Reinbek bei Hamburg 1984.
Devereux, Georges, *Baubo. Die mythische Vulva*, Frankfurt am Main 1981.
Dürr, Hans Peter, *Obszönität und Gewalt. Der Mythos vom Zivilisationsprozess*, Frankfurt am Main 1993.
Eiblmayr, Silvia: »Split Reality, Facing a Family, Body Sign Aktion. Drei frühe Arbeiten von VALIE EXPORT«, in: *VALIE EXPORT. Mediale Anagramme*, hg. von Neue Gesellschaft für Bildende Kunst, Berlin 2003.
Freitag, Barbara, *Sheela-na-Gigs. Unravelling an Enigma*, New York 2004.
Gesell, Monika, *Die Bedeutung der Baubo. Kulturgeschichtliche Studien zur Repräsentation des weiblichen Genitales*, Frankfurt am Main 2001.
Giurato, Davide, »Aktualität des Drastischen«, in: Davide Giuriato/Eckhard Schumacher (Hg.), *Drastik: Ästhetik – Genealogien – Gegenwartskultur*, Paderborn 2016, S. 7–22.
Goldberg, Roselee, *Performance. Live Art since 1960*, New York 1998.
Heinrich, Hanna, *Ästhetik der Autonomie. Philosophie der Performance-Kunst*, Berlin 2020.
Jones, Amelia (Hg.), *Sexual Politics. Judy Chicagos Dinner Party in Feminist Art History*, Berkeley/Los Angeles/London 1996.
Kubitza, Anette, *Fluxus – Flirt – Feminismus. Carolee Schneemanns Körperkunst und die Avantgarde*, Berlin 2002.
Lange, Claudio, *Der nackte Freind. Anti-Islam in der romanischen Kunst*, Berlin 2004.

Lebenszeichen. Altes Wissen in der zeitgenössischen Kunst; Ancient Knowledge in Contemporary Art = Signs of Life, hg. Peter Fischer/ Brigitt Bürgi (Hg.), Heidelberg 2010.
Lyon, Christopher, *Nancy Spero. The Work*, München/Berlin/London/New York 2010.
Mulvey, Laura, »Visual Pleasure and Narrative Cinema«, in: *Screen*, Bd. 16.3, 1975, S. 6–18.
Oh boy, it's a girl! Feminismen in der Kunst, Kunstverein München/Kunstraum Wien 1994.
Orenstein, Gloria Feman, »Recovering her Story. Feminist Artists Reclaim the Great Godess«, in: Broude/ Garrard 1994, S. 174–189.
Renata Kutinka, »Das un_sichtbare Geschlecht? Überlegungen zu künstlerischen Repräsentationen von weiblichen Genitalien und ihren Kontexten«, in: *Genderstudies. Zeitschrift des interdisziplinären Zentrums für Geschlechterforschung der Universität Bern*, Nr. 31, 2017, letzter Zugriff: 04.11.2020, https://www.izfg.unibe. ch/unibe/portal/center_generell/title_fak_ueberg/izfg/content/e85925/e85991/e90007/e598891/genderstudies_HS17_ger.pdf.
Robinson, Hilary, »Actionmyth, Historypanic: The Entry of VALIE EXPORT's Aktionshose: Genitalpanik into Art History«, in: *n.paradoxa*, Bd. 32, 2014, S. 85.
Rohde-Dachser, Christa, *Expedition in den dunklen Kontinent. Weiblichkeit im Diskurs der Psychoanalyse*, Berlin/Heidelberg 1991.
Rotstein, Andrea, *The Idea of Iambos*, Oxford 2010.
Rumscheid, Frank, *Die figürlichen Terrakotten von Priene. Fundkontexte, Ikonographie und Funktion in Wohnhäusern und Heiligtümern im Licht antiker Parallelbefunde*, Wiesbaden 2006.
Sanyal, Mithu M., *Vulva. Die Enthüllung des unsichtbaren Geschlechts*, Berlin 2009.
Schneider, Rebecca, *The explicit Body in Performance*, London 1997.
Silverman, Kaja, »Dem Blickregime beggnen«, in: Christian Kravagna (Hg.), *Perspektive Blick. Kritik der visuellen Kultur*, Berlin 1997, S. 41–64.
Silverman, Kaja, *The Threshold of the Visible World*, New York/London 1996.
Sloterdijk, Peter, *Zur Welt kommen – Zur Sprache kommen. Frankfurter Vorlesungen*, Frankfurt am Main 1988.
Stein, Judith E., »Collaboration«, in: Broude/Garrard 1994, S. 226–245.
Valie Export, *Das Reale und sein Double: Der Körper*, Bern 1987.
VALIE EXPORT. Dokumentations-Ausstellung des österreichischen Beitrags zur Biennale Venedig 1980, Wien 1980.
Widrich, Mechthild, »VALIE EXPORT. Körperkino«, in: Gabriele Schor (Hg.), *Feministische Avantgarde. Kunst der 1970er Jahre aus der Sammlung Verbund, Wien*, München/London/New York 2010.
Wien. Bildkompendium Wiener Aktionismus und Film, hg. v. Peter Weibel unter Mitarbeit von VALIE EXPORT, Frankfurt am Main 1970.
Withers, Josephine, »Feminist Performance Art. Performing, Discovering, Transforming Ourselves«, in: Broude/Garrard 1994, S. 158–173.

Von *What Not to Wear* bis *Queer Eye:* Zur invektiven Produktion gegenderter Körper im Makeover TV

Katja Kanzler

In einer beliebig herausgegriffenen Episode der dritten Staffel der Reality-Serie *What Not to Wear* (*WNtW*) geht es um die Kandidatin Amy.[1] Amy wird als junge Anwältin vorgestellt, die sich im Gefolge einer schweren Krankheit hat ›gehenlassen‹ und den Dress Code ihres Berufsstands immer wieder verletzt: Sie trägt Sweatshirts und sportliche Hosen zur Arbeit, bequeme Schuhe, und in ihrem Kleiderschrank hängen primär Jeans und XL-Sport Jerseys. Amy sieht nicht aus wie eine Anwältin, betont die Erzählung der Episode, und sie macht sich auf eine Weise keine Gedanken um ihre Kleiderwahl, die als beunruhigend eingeordnet wird: Mit Amy stimmt etwas nicht, so die Unterstellung der Erzählinstanz, auch wenn sie sich äußerlich zufrieden und fröhlich gibt, und es gilt herauszufinden, was ihr Problem ist und dieses zu lösen.

Wie immer in *WNtW* dreht sich die Handlung der Episode also darum, wie aus der vorgeblich unansehnlichen und unglücklichen Amy eine vorgeblich attraktive und glückliche Frau wird. Die Serie ist ein Makeover-Format: Sie lief von 2003 bis 2013 auf dem US-amerikanischen Spartenkanal TLC und ist damit eine der langlebigsten und erfolgreichsten Makeover-Serien im US-amerikanischen Fernsehen. Sowohl inhaltlich als auch formal reflektiert *WNtW* die typischen Konventionen dieses formelhaften Genres: Jede Episode stellt eine Makeover-Kandidatin in den Mittelpunkt (bis auf wenige Ausnahmen sind die Kandidat*innen alles Frauen). Die Kandidat*innen bewerben sich in der Regel nicht selbst sondern werden nominiert von Freund*innen oder Familienmitgliedern, die der Meinung sind, dass die Kandidatin sich schlecht kleidet. Der erste Akt jeder Folge etabliert diese vorgeblichen Defizite in der Kleiderwahl, zum einen indem er die Nominator*innen zu Wort kommen lässt, die ausführen, was alles schlecht an der Körperinszenierung der Kandidatin ist. In der Amy-Episode sind dies u. a. Kolleginnen, die davon berichten, wie Amys Erscheinungsbild im Arbeits-

---

[1] Hakimi et al. 2005.

umfeld verspottet wird: »We actually used to make fun of her, asking her whether she was a lawyer or a skateboarding messenger.« Zum anderen zeigen die Episoden Videomaterial der Kandidatin – angeblich heimliche Aufnahmen oder auch, wie in dieser Folge, Aufnahmen, die zustande kamen, indem der Kandidatin vorgegaukelt wurde, dass sie an einer Marketingumfrage teilnimmt; und dieses Material ist so hergestellt und kuratiert, dass es die vorgeblichen Defizite möglichst plastisch herausstellt. Diese Videoaufnahmen werden dann noch bissig kommentiert von zwei Menschen, Stacy London and Clinton Kelly, den *hosts* der Serie, die als Expert*innen im Bereich des Stylings inszeniert werden. Im zweiten Akt der Folge wird die Kandidatin mit diesen Videoaufnahmen und den Äußerungen ihrer Nominator*innen konfrontiert. Anschließend wird sie in einen dreidimensionalen Spiegelraum gesteckt, in dem sie mit Bildern ihrer äußeren Erscheinung bombardiert wird, die sie gerade gelernt hat als defizitär zu lesen. Dieser Moment markiert typischerweise einen Wendepunkt in den Narrativen der Serie: Die Kandidatin sieht ein, dass ihre Kleiderwahl ›schlecht‹ ist und sich ändern muss. Amy beispielsweise formuliert, sie habe begriffen, dass ihre äußere Erscheinung grässlich sei: »I knew I didn't look great, but I didn't think I looked like [Pause] an abomination.« Sie nimmt Rat und Hilfe der beiden Expert*innen an und die verbleibenden Akte erzählen, wie sie es lernt, ›richtige‹ Entscheidungen in ihrer Kleiderwahl zu treffen und dadurch zu einem rundum glücklicheren Menschen wird.

Im Folgenden möchte ich *WNtW* nutzen, um in einem ersten Schritt zu skizzieren, wie und wo das Makeover Genre Körper in einem invektiven Modus inszeniert und sich dabei an der Produktion von Gender abarbeitet. Ich werde hier einigermaßen kursorisch vorgehen, da die Genderpolitik des Makeover Fernsehens schon außerordentlich gut beforscht ist[2] und es mir hauptsächlich darum geht, diese Ansätze mit Blick auf die Dynamiken des *invective mode* im Genre zu pointieren.[3] Der Begriff *invective mode* ist aus der literatur- und kulturwissenschaftlichen Genretheorie entwickelt und bezeichnet das offene und wandlungsfähige Repertoire narrativer, dra-

---

2 Vgl. zum Beispiel Biressi/Nunn 2005; Kavka/Weber 2017; Oulette/Hay 2008; Skeggs/Wood 2005; Weber 2009 und 2014. Im Folgenden beziehe ich mich insbesondere auf Weber 2009, da dies für die hier vorliegende Thematik in vieler Hinsicht die grundlegende Studie ist.
3 In diesem ersten Teil referiere ich auch in starken Maße auf die laufenden Arbeiten von Anne Krenz im amerikanistischen Teilprojekt des SFB 1285, die sich in einer Fallstudie zu *WNtW* mit den formalen Dynamiken des Makeover Genre beschäftigt.

maturgischer und (bild-)sprachlicher Mittel, mit deren Hilfe mediale Artefakte Herabsetzung darstellen bzw. performieren. Wie andere *modes* auch ist der *invective mode* in der Lage, sich in historisch und medial lokalen Genres – wie der Makeover-Show des Reality-TV – zu sedimentieren. Gleichzeitig ist er nie auf solche einzelnen Genres begrenzt und stellt vielmehr ein Bindeglied zwischen verschiedenen Genreformationen, einschließlich genreverschiebender und -mixender Praktiken, dar.[4] Ein erstes Anliegen dieses Beitrags ist es somit deutlich zu machen, in welcher Weise ein solcher *invective mode* die Produktion gegenderter Körper im Makeover-Genre ermöglicht und konfiguriert. In einem zweiten Schritt will ich dann fragen, was mit der invektiven Herstellung gegenderter Körper geschieht, wenn die Konventionen des Makeover-TV in Bewegung geraten. Genau das lässt sich nämlich in jüngster Zeit beobachten: Das Genre, das sich vor einigen Jahren fast totgelaufen zu haben schien, erlebt seit kurzem eine erstaunliche Renaissance, insbesondere nachdem es die Streaming-Anbieter des Post-TV für sich entdeckt haben. Und ich will am Beispiel der Serie *Queer Eye* schauen, ob und mit welchen genderpolitischen Effekten sich die Invektivlogik des Genres dort verschiebt.

1. *What Not to Wear*

Das Makeover Genre dreht sich – wie die Gattungsbezeichnung schon anzeigt – um Transformationserzählungen: Erzählungen von der Transformation eines als defizitär inszenierten Selbst in ein ›normgerechtes‹ Selbst. Dieses Selbst wird dabei in der Regel durch ein äußeres, ein verkörpertes Selbst dargestellt, hinter dem sich, so betonen Makeover-Formate immer wieder, eine tieferliegende Innerlichkeit verbirgt, die unmittelbar mit den sichtbaren Manifestationen des Körpers verbunden ist. *WNtW* gehört zu denjenigen Makeover-Formaten, die sich dabei mit dem leiblichen Körper beschäftigen: hier geht es um die Körperpraktik der Kleiderwahl und des Styling, in anderen Formaten um die ›Optimierung‹ des physischen Körpers, zum Beispiel durch Gewichtsverlust oder durch plastische Chirurgie.[5] Wiederum andere Formate erzählen von der ›Optimierung‹ von Häusern, Autos, Haustie-

---

[4] Zu den hier referenzierten Grundannahmen der Genretheorie siehe Fowler 1982. Für eine ausführlichere Konzeptuierung des *invective mode* sei auf Kanzler 2021 verwiesen.

[5] Vgl. zum Beispiel *The Biggest Loser* (2004–2016; 2020), *Extreme Makeover* (2002–2016), *The Swan* (2004).

ren, Unternehmen oder Erziehungsmethoden[6] und behandeln diese Objekte und Praktiken dabei als symbolische Erweiterungen und Ausdrucksformen eines jeweils individualisierten Selbst. Für die Genrelogik des Makeover ist es erstaunlich egal, ob sich ein Format mit dem leiblichen oder solchen symbolischen Körpern beschäftigt: Die Erzählungen betonen immer wieder, bei den Transformationen gehe es nicht um die Erfüllung einer externen Norm sondern um das expressive Nach-Außen-Tragen eines vorgeblich authentischen Kerns, der im verleiblichten Selbst ruht – um eine Expressivität, die regelmäßig als quasi-unternehmerisches *self-making*, als »self-enterprising«[7] geframt wird.

In ihrem Fokus auf Kleiderwahl und Styling verficht die Serie *WNtW*, wie alle Makeover Formate, dabei tatsächlich ein höchst normatives Verständnis dieser Körperpraktiken. Wie schon der Serientitel deutlich signalisiert, gibt es in der Welt von *WNtW* absolut ›gute‹ und ›schlechte‹, ›richtige‹ und ›falsche‹ Wege sich zu kleiden. In dieser normativen Ausrichtung spielt Gender eine zentrale Rolle und fungiert regelmäßig als Fundament weiterer, intersektional eingespielter Körpernormen. An *WNtW* lässt sehr gut beobachten, was Brenda Weber in ihrer einflussreichen Studie über das Makeover-Genre als ganzes schreibt: »Across makeover programming, transformations are largely concerned with writing gender normativity onto primarily female bodies, and [...] gender is here an umbrella term that imports ›normative‹ values of race, ethnicity, and class.«[8] So werden Kandidatinnen in *WNtW* regelmäßig dafür geschmäht und getadelt, sich nicht ›feminin genug‹ zu kleiden. In diesem Kritikpunkt stecken eine ganze Reihe normativer Genderkonzepte: die Vorstellung, dass Kleidung dazu da ist, eine im Körper immanente Geschlechteridentität expressiv nach außen zu kommunizieren; die Vorstellung, dass die zentrale Rolle weiblicher Körper darin besteht, ornamental zu sein und den männlichen Blick auf sich zu ziehen; genderspezifische Schönheitsideale, die einerseits rassifiziert (dominante Schönheitsideale sind tendenziell an weiße Körper gebunden) und andererseits von *class* inflektiert sind (›richtige‹ Kleiderwahl in *WNtW* bedeutet immer ›angemessene‹ Kleiderwahl – angemessen für den sozialen Stand und geprägt von einer bürgerlichen Zurückhaltung, die zu offenherzige und aufreizende Kleidung meidet). Diese sehr traditionellen Weiblichkeitsvorstellungen, die eine Serie

---

6 Vgl. zum Beispiel *Pimp My Ride* (2004–2007), *Extreme Makeover: Home Edition* (2003–2012; 2020).
7 Oulette/Hay 2008, S. 101.
8 Weber 2009, S. 168.

wie *WNtW* propagiert, zeigen sich auch plastisch in den post-Makeover-Körperinszenierungen, die von den Expert*innen dann schließlich gelobt werden: Amy beispielsweise wird geschätzt und bewundert, wenn sie zum Ende der oben genannten Episode Röcke, Kleider und hochhackige Schuhe trägt statt der genderambigen Basketballshirts, mit denen sie sich zu Beginn zeigte. Neben solchen sehr traditionellen Weiblichkeitsnormen verfechten Makeover-Formate wie *WNtW* dabei eine Vorstellungen von Gender als etwas Eindeutigem und Natürlichem. Wie Weber es formuliert: »Across the makeover genre, rule number one mandates that there be no gender ambiguity. Female bodies must look and behave according to the terms of conventional femininity«[9]. Die klassischen Makeover-Formate vertreten – anders als es sich vielleicht vermuten lässt – eben kein performatives Verständnis von Gender als etwas, das durch (Körper)Praktiken hergestellt wird und somit potentiell wandelbar und fluide ist. Statt dessen behandeln sie Gender als eine Identität, die im jeweiligen Körper essentiell eingeschrieben ist und darauf wartet, expressiv nach außen getragen zu werden. Viele der Kandidatinnen in *WNtW* berichten zu Episodenbeginn von einer inneren Krise oder Unzufriedenheit; bei Amy erfüllt der Verweis auf ihre schwere Krankheit diese Funktion. Diese Krise wird im Laufe des Episodennarrativs regelmäßig darauf enggeführt, dass das Äußere der Kandidatinnen nicht zu ihrem Inneren passe – dass sie ihre ›wahre‹ Identität nicht leben. In *WNtW* wird diese ›wahre‹ Identität fast ausnahmslos als eindeutig, cis-gender und unbedingt heterosexuell weiblich unterstellt: Die innere Krise oder Unzufriedenheit der Kandidatin wird auf eine Blockade im Ausdruck ihrer ›Weiblichkeit‹ zurückgeführt und schließlich über ein Style-Makeover wegtherapiert. In Webers Worten:

> As depicted through the makeover's narrative, the transformation process offers women a confirmed, stable, and permanent sense of their gendered identity. Such affirmations are depicted not only as positive, but also as a tremendous relief. [...] On tv makeovers, a woman can change but only to become ›truly‹ who she already is.[10]

Diese gendernormative Ausrichtung des Makeover-Genres ist fest in seiner narrativen Struktur verankert. In dieser Struktur verschränken sich, was ich als Erziehungs-, Therapie- und Urteilsnarrativ bezeichnen möchte: ein Urteilsnarrativ, in dem der Normverstoß der Kandidatin als solcher markiert und invektiv geahndet wird; ein Erziehungsnarrativ, das inszeniert, wie der

---

9 Ebd. S. 128.
10 Ebd. S. 129–130.

Kandidatin ihre vorgeblichen Normverstöße zunächst unklar oder egal sind und sie dazu gebracht werden muss, ihr Verhalten als Normverstoß zu begreifen und ändern zu wollen; und ein Therapienarrativ, weil die vorgeblich defizitären Körperpraktiken in der narrativen Logik des Genres Ausdruck eines tieferliegenden Problems sind, das es zu finden und zu therapieren gilt. In all diesen miteinander verwobenen Narrativstrukturen spielt der *invective mode* eine wichtige Rolle: Er realisiert sich insbesondere über eine »pedagogy of shame«[11] – eine Pädagogik der Beschämung, in der sich Erziehungs-, Therapie- und Urteilsnarrativ kreuzen, und die in den formelhaften Konventionen des Genres zentral eingeschrieben ist. Sie ist erstens eingeschrieben in der gattungsspezifischen Figurenkonstellation, die ein invektiv bespieltes Beurteilungs- und Reformszenario etabliert. Den Makeover-Subjekten werden dabei Figuren gegenübergestellt, die sich als Richter und Zeugen beschreiben lassen – in *WNtW* fungieren die beiden Style-Expert*innen als Richter- und die Nominator*innen als Zeugenfiguren. Dieses Beurteilungsszenario sorgt für eine nachdrücklich ungleiche Verteilung von Diskursmacht, in der die Urteile der Expert*innen mit unangefochtener Autorität ausgestattet sind, während die Kandidatinnen ebenso unhinterfragbar als Beschuldigte, als Delinquentinnen positioniert werden. Gleichzeitig zieht dieses Szenario eine Verbalisierungsebene in die Episodenerzählungen ein, der eine wichtige Autorisierungsfunktion für die Invektivdynamiken der Serie zukommt: Die Richter- und Zeugenfiguren heben die Schmähung der Kandidatinnen immer wieder ins Wort und legitimieren als Figuren mit quasi-juridischer Autorität so auch die auktoriale Herabsetzung, die das Material durch seine dramaturgische und bildsprachliche Behandlung der Makeover-Subjekte performiert.

Auf dieser auktorialen Ebene finden sich weitere Inszenierungselemente, über die sich der *invective mode* im Genre realisiert. Wie bereits angedeutet realisiert er sich in der Dramaturgie der Serie, die einen Bogen spannt von Tadel zu Lob, von Abwertung und Geringschätzung der ursprünglichen Körperpraktiken der Kandidatin zur ausdrücklichen Wertschätzung der Körperinszenierung, die am Ende des Makeovers steht. Weiterhin sind die Settings der Makeover Show vom *invective mode* gezeichnet. Besonders plastisch zeigt sich das in dem dreidimensionalen Spiegelraum, mit dem *WNtW* arbeitet. Bespielt als Ort für Beschämungsrituale und Lektionen in der Internalisierung von Scham, verquicken sich in ihm auf geradezu idealtypische Weise

---

11 Weber/Tice 2009, n.pg.

das ›policing and shaming‹, das in zahlreichen Studien als zentrale Technik der Biopolitik beschrieben worden ist[12]: Der *360-degree mirror* verräumlicht eine panoptische Überwachung, die auf invektive (Selbst-)Disziplinierung ausgerichtet ist – eine Disziplinierung per Scham, deren Internalisierung im Spiegelraum eingeübt wird. Nicht von ungefähr erinnert der Spiegelraum mit seiner unbarmherzigen Ausleuchtung dabei an die Umkleidekabinen im Einzelhandel, werden die Körperpraktiken, um die es in der Serie geht, doch sehr deutlich zu Konsumentscheidungen in Beziehung gesetzt. Die Lektionen, die die Beschämungspädagogik von *WNtW* zu vermitteln sucht, sind buchstäblich Shopping-Lektionen: Kandidatinnen, die sich auf das Format einlassen, bekommen einen bestimmten Geldbetrag und den Auftrag, diesen für ›richtige‹ Kleidung auszugeben. Das *self-making*, von dem die Serie erzählt, realisiert sich über Konsumpraktiken.

Schließlich ist auch der Wendepunkt in den Transformationsnarrativen des Genres invektiv codiert – der Moment, in dem die Kandidatinnen Art und Ausmaß ihrer vorgeblichen Defizite begreifen und ihre tieferliegenden ›Probleme‹ konfrontieren. Dieser Wendepunkt wird typischerweise als Spektakel der Scham[13] inszeniert: Die ›Erkenntnis‹ der Kandidatinnen und ihre Internalisierung des Normhorizonts, der ihrer ›Erziehung‹ zu Grunde liegt, wird sichtbar über manifeste Zeichen der Scham auf ihren Körpern, die die Kamera in oft lange verharrenden *close-ups* einfängt. Der ›money shot‹ des Makeover TV ist die Kandidatin, die in Tränen ausbricht oder anderweitig ihre Scham zum Ausdruck bringt. Solche Momente erfüllen einerseits eine wichtige narrative Funktion im Genre, motivieren sie doch den Umschlagpunkt der Transformationserzählung von einer ›erzieherischen‹ Schmähung der Kandidatin zur Validierung und Wertschätzung ihrer reformierten Körperpraktiken. Gleichzeitig gehen solche Momente der ausgestellten Scham über diese narrative Funktion hinaus und fungieren als Spektakel – als ereignishafte, auf sich selbst verweisende und oftmals von einer Logik des Exzesses gekennzeichnete Bewegtbildpraktiken,[14] die ein wichtiger Baustein in der auf Vergnügen ausgerichteten Affektstruktur des Genres sind. Was diese Spekta-

---

12 Vgl. zum Beispiel Inckle 2010. Für eine Diskussion der disziplinarischen Logik im Reality TV vgl. Palmer 2003.
13 Der Begriff »spectacle of shame« wird auch von Palmer benutzt, der damit ein größeres Argument über die gouvernementalistischen Implikationen des Reality TV macht. Vgl. Palmer 2003, S. 145 ff.
14 Zum Konzept des Spektakels vgl. zum Beispiel Mulvey (1975) und Bukatmann (2006).

kel dem impliziten Publikum[15] anbieten, lässt sich als Vergnügen der Verachtung (*pleasure of contempt*) beschreiben: Es ist ein Vergnügen, das sich aus der empfundenen Distanz der Zuschauerin zum Makeover-Subjekt speist – aus dem guten Gefühl, nicht so zu sein wie die Kandidatin in der Episode, und aus der Validierung der eigenen empfundenen Normgerechtigkeit.

Im Sinne eines Zwischenfazits sei an dieser Stelle festgehalten, dass *WNtW* – als Makeover-Format, das die klassische Genreformel umsetzt – dazu tendiert, nachdrücklich traditionelle Gendernormen zu artikulieren, und zwar traditionell in ihren essentialistischen, heteronormativen, genderbinären Grundannahmen und in ihrer Ausrichtung auf Weiblichkeit als markiertes und zu disziplinierendes Geschlecht. Die Normativität dieser Gendernormen wird über eine Reihe von invektiven Mitteln, die auf verschiedenen Ebenen der Inszenierung operieren, markiert und in den Transformationserzählungen des Genres immer wieder durchgesetzt. Invektivität und Gendernormativität sind im Genre aufs engste miteinander verquickt.

2. Queer Eye

Die Serie *Queer Eye (QE)*[16] scheint nun mit vielen dieser Dynamiken zu brechen. Sie ist Vorreiter einer Renaissance des Makeover Formats im Post-TV der Streaminganbieter: *QE* ist eine Netflix-Eigenproduktion, die seit 2018 läuft und Teil des äußerst erfolgreichen Einstiegs dieses Anbieters im Reality-Markt ist.[17] Die kulturelle Logik dieses Post-TV, das das ursprüngliche Medium und viele Konventionen des Fernsehens hinter sich gelassen hat,

---

15 Der Begriff ›implizites Publikum‹ bezeichnet – analog zu Wolfgang Isers Begriff des impliziten Lesers (Iser 1972) – die vom Material konstruierte ›ideale‹ Rezipient*innenposition. Meine Benutzung des Begriffs anerkennt ausdrücklich, dass populärkulturelles Material wie die hier besprochenen Serie vielschichtige, auch widersprüchliche Bedeutungs- und Vergnügensangebote macht. Dennoch, so würde ich argumentieren, privilegiert das Material bestimmte Lesarten, die sich mit der Position des impliziten Publikums beschreiben lassen.
16 Collins 2018.
17 Neben *QE* hat sich Netflix insbesondere mit dem Makeover Format *Tidying Up with Marie Kondo* (2019), das etwa zeitgleich veröffentlicht wurde, im Bereich des Reality Programming positioniert. Daneben sind eine Reihe weiterer erfolgreicher Produktionen entstanden, die auch anderen Reality-Genres als dem Makeover zuzurechnen sind, wie beispielsweise *Nailed It!* (2018), *Love Is Blind* (2020), *The Circle* (2020) oder *Say I Do* (2020).

kann mit dem Begriff der *gentrification* beschrieben werden:[18] Post-TV-Formate greifen regelmäßig Fernsehgenres auf, die als besonders ›plebejisch‹ konnotiert sind, und adaptieren diese für ein um soziale Distinktion bemühtes Publikum. Genau das lässt sich auch in *QE* beobachten: Die Serie ruft einerseits die Konventionen des Makeover auf geradezu zitathafte Weise auf, distanziert sich aber gleichzeitig von ihnen. Auch in *QE* geht es um Transformationen der leiblichen und symbolischen Körper von Kandidat*innen: Ein Team aus fünf Experten, die der Serientitel als *queer* identifiziert, moderieren jeweils eine Rundum-Transformation ihrer Kandidat*innen, bei der es um deren Kleiderwahl, Styling, Essgewohnheiten, Wohnungen und Lifestyle geht. Auch hier wird ein narrativer Bogen gespannt von einem zunächst als defizitär inszenierten Selbst der Kandidat*innen zu einem schlussendlich optimierten Selbst. Auch hier wird das Expertentum der als »Fab 5« titulierten *hosts* über eine herausgehobene Diskursmacht markiert, in der sich juridische, didaktische und therapeutische Kompetenzzuschreibungen überlagern. Und auch dieses Format verquickt seine Transformationserzählungen mit Spektakeln des affektgezeichneten Körpers – obgleich die primäre Affektstruktur sich hier nicht um Beschämung dreht. Bei allem Aufruf der Genreformal macht *QE* nämlich sehr deutlich, dass es die Konventionen des Markeover Genres dehnen oder gar brechen möchte. Nicht von ungefähr trug die Serie ihrer zweiten Staffel den sehr deutlichen Untertitel »More than a Makeover«. Und ihre – per Selbstbeschreibung betonte – Dynamik des Aufrufs und Bruchs von Genrekonventionen wird dadurch noch zusätzlich akzentuiert, dass es sich bei der Serie um ein *reboot*, und eine Neuinterpretation, eines früheren Formats handelt, *Queer Eye for the Straight Guy*, das 2003 bis 2007 auf dem Sender Bravo lief.

Zwei Momente dieses betonten Konventionsbruchs möchte ich ein wenig näher betrachten. Erstens bricht *QE* mit der Art von Gendernorm und Gendernormativität, die ein von der Genreformel gezeichnetes Format wie *WNtW* artikuliert hat, und diese andere Genderpolitik stellt die Serie ausdrücklich als ihr eigenes Distinktionsmerkmal aus. In *QE* wird Gender betontermaßen als fluide in seiner Beziehung zu biologischem Geschlecht, zur Richtung sexuellen Begehrens und zu expressiven Körperpraktiken dargestellt. Dies zeigt sich im sorgfältig kuratierten Ensemble der bisher aufge-

---

18 Vgl. Hassler-Forest 2014, dessen Argumentation über das Post-Network Fernsehen für das Post-TV adaptiert werden kann. Für eine Diskussion der (durchaus invektiv ausgetragenen) Distinktionsarbeit in (Selbst-)Beschreibungen des post-televisuellen Anbieters Netflix vgl. Kanzler 2020.

tretenen Makeover-Subjekte, das eine Vielfalt von Genderidentitäten repräsentiert, deren intersektionale Flexion durch weitere Differenzaspekte (Rassifizierung, soziale Schicht, Urbanität vs. Ruralität etc.) zusätzlich betont wird. Das optimierte Selbst, auf das die Episodenerzählungen hinarbeiten, ist nicht mehr von der einen, als natürlich unterstellten Gendernorm organisiert – die Modelle dessen, was als ›richtige‹ und ›gute‹ Form des Selbstausdrucks gilt, vervielfältigen sich. Diese Vervielfältigung zeigt sich auch im Ensemble der Expertenfiguren, die ebenfalls eine gewisse Spannbreite intersektionaler und queerer Identitätsentwürfe repräsentieren, und diese Vielfalt immer wieder ins Wort heben: Die einzelnen Mitglieder der Fab 5 identifizieren sich als schwule Männer und als *non-binary*, als Afro-Amerikaner, als polnisch- und pakistanisch-stämmig, als *poor white*, als Vater, als Ehemann und über weitere Diversitätsaspekte.

Neben dieser Abkehr von der einen naturalisierten Gendernorm ist der zweite Konventionsbruch, der sich in QE beobachten lässt, eine – zumindest auf der Textoberfläche festzustellende – Abkehr von der invektiven Poetik, die *WNtW* kennzeichnet: Statt mit einer Pädagogik der Beschämung will die Serie ihre Kandidat*innen mit Anerkennung und Empathie verändern. Und auch hier ist QE ganz selbstreflexiv und betont diese eigene Pädagogik der Wertschätzung als Distinktionsmerkmal. Dies zeigt sich sehr deutlich in den Interaktionen zwischen Experten und Kandidat*innen, die das Serienmaterial inszeniert: Die Kandidat*innen tragen in der Serie die Bezeichnung »heroes« und werden von den Experten mit Komplimenten und anderen Äußerungen der Wertschätzung überhäuft – gerade die Anfangspassagen der Serienepisoden, in denen die Fab 5 auf die Kandidat*innen treffen, lassen sich häufig fast als *love bombing* lesen. Die Pädagogik der Wertschätzung, die die Serie vorantreibt, wird dabei nachdrücklich sentimental inszeniert: Die Erzählung stellt immer wieder die Strapazen und das ›heldenhafte‹ Leiden der Kandidat*innen in den Mittelpunkt, die ihre leiblichen und symbolischen Körper auf verschiedene Weise zeichnet, und lädt das implizite Publikum zu Mitgefühl ein. Dieses Mitgefühl wird exemplarisch vorgeführt von den Fab 5, die regelmäßig Tränen für und mit den Kandidat*innen vergießen. Szenen des gemeinsamen Weinens, in die das implizite Publikum qua sentimentaler Ansprache eingeladen wird, gehören zu den Schlüsselszenen von QE. Ihr Vergnügensangebot ist das des sprichwörtlichen *good cry*, den Robyn Warhol in ihrer einflussreichen Studie zur Affektstruktur sentimentaler Populärkultur beschrieben hat: ein Vergnügen der empathischen Nähe und Gemeinschaft zwischen textimmanenten Figuren und außertextlichen

Rezipient*innen sowie der performativen Validierung intensiver Gefühle, die in sich selbst markante Gendersignaturen tragen.[19] *QE* erzählt die Transformation seiner Kandidat*innen primär als Heilung erlittener Verletzungen statt als invektiv induzierte Erziehung. Diese andere Ausrichtung der Serie schlägt sich auch in einer Reihe von Paratexten nieder, in denen Zuschauer*innen oder Kritiker*innen hervorheben, wie sehr sich *QE* von einem ›regulären‹ Reality TV unterscheidet, das implizit als invektiv definiert wird. So schreibt beispielsweise Lucas Mann in der Zeitschrift *Paris Review*, die Serie projiziere »a world in which every single inhabitant is hysterically kind (or at least open to improvement toward kindness), in which every moment comes extracharged with a message of love and progress. I realize I've been seeking out this experience a lot lately«.[20] Oder Jen Chaney im Web-Magazin *Vulture*:

> It's obvious the makers of *Queer Eye* want viewers to think to themselves, »Wow, we really need a show like this right now.« But the thing is, we really do need a show like this right now. *Queer Eye* is fun, uplifting and, as long as social media is avoided while watching it, capable of persuading viewers that it's possible for the extremely sharp divides in this country to be bridged.[21]

In ihren Anspielungen darauf, wie zeitgemäß *QE* sei, führen solche Lobpreisungen der Serie einen stillschweigenden Vergleichs- und Fluchtpunkt mit sich, und das ist natürlich Donald Trump – als ikonischer Vertreter eines invektiven Reality-TV sowie die von ihm als Präsident betriebene Politik der kulturellen Spaltung. Die bemüht nicht-invektive Selbstinszenierung der Serie ist somit zu verstehen als Reaktion auf die invektive Tradition des Makeover-Genres und deren Verschränkungen mit der politischen Kultur des Trump'schen Populismus. Medienökonomisch lässt sich dieser *anti-invective turn* als Inversionsstrategie in der Überbietungsdynamik der seriellen Populärkultur[22] lesen – während das Makeover-Genre lange und in vielen Formaten in eine Steigerung von inszenatorischer Herabsetzung investierte, setzt sich das post-televisuelle *QE* über eine Umkehr dieser Steigerungslogik ab.

Bei allen distinktionsstrategischen Brüchen mit der Genretradition sind jedoch auch einige bezeichnende Kontinuitäten festzustellen. Diese haben viel mit den Konventionen des Makeover zu tun, die auch *QE* weiter nutzt.

---

19 Warhol 2003, S. 30–34; 41–50.
20 Mann 2018, n.pg.
21 Chaney 2018, n.pg.
22 Vgl. Sudmann/Kelleter 2014.

So müssen auch hier die Körperpraktiken der Kandidat*innen als zunächst defizitär dargestellt werden, um ein Transformationsnarrativ motivieren zu können: Über die Darstellung heroisch erlittener Strapazen und Leiden, die die Serie wie angesprochen betont, lassen sich therapeutische Interventionen am Inneren, nicht aber am Körperäußeren der Kandidat*innen motivieren. Dafür braucht es eine Markierung der leiblichen und symbolischen Körperpraktiken als »unangemessen« – »in/appropriate« ist hierbei das Attribut, das die Serie bevorzugt nutzt. Auch wenn es die Serienerzählung nicht gern zugibt, führt sie so doch eine Reihe von normativen Körpervorstellungen mit sich. Und wie auch in den älteren Serien werden diese Normvorstellungen typischerweise über Probleme im Innenleben der Kandidat*innen autorisiert – die Körperpraktiken der Kandidat*innen müssten geändert werden, weil es ihnen damit nicht gut gehe, so die Erzählung. Mangelnde *self-care* und *self-confidence* sind dabei häufig wiederkehrende Motive – also eine mangelhafte Pflege des Selbst, die sich in einem wenig gepflegten Äußeren niederschlägt, aber von einer Krise im Inneren ausgeht. *QE* führt damit die Korrelation von Körperäußerem und Innerem weiter, mit der schon frühere Makeover-Formate gearbeitet haben, und perpetuiert damit auch die Vorstellung eines essentiellen Identitätskerns, der expressiv nach außen getragen werden muss. Die Identitäten, die die Serie in ihren Kandidat*innen anerkennt und per Makeover expressiv werden lässt, sind vielfältiger als in *WNtW*, aber für den einzelnen Menschen dann doch stabil und damit so gar nicht *queer*. Auch in *QE* geht es darum, dass die Kandidat*innen zu dem werden, was sie schon immer waren, aber aufgrund verschiedener Zwänge oder Verletzungen bisher nicht nach außen tragen konnten.[23] Diesen ›authentischen‹ Identitätskern nach außen zu tragen wird in der Serie nicht nur als Voraussetzung für die individuelle Heilung und Erfüllung der Kandidat*innen behandelt, sondern geradezu als Bürgerpflicht: Mit dem Expressivmachen ihres inneren ›Kerns‹ werden die Kandidat*innen zu besseren Eltern oder Partner*innen, zu wertvolleren Mitgliedern der Gemeinschaft und – das betont die Erzählung ganz besonders – zu eigenständigen, für sich

---

23 Lovelock diagonistiziert ähnliche Dynamiken in Reality-Formaten, die sich mit Transgender Transitionen beschäftigen. Er argumentiert, dass die zeitgenössische Populärkultur Transgender les- und konsumierbar macht, indem sie auf das etablierte Motiv des ›authentischen‹ Identitätskerns rekurriert, und damit eine Normvorstellung von Transgender Identität zirkuliert, die vielen Ansätzen der LGBTQ+ Selbstbeschreibung und Politik entgegensteht. Lovelock 2017.

selbst sorgenden und erfolgreichen Unternehmer*innen. Auch in *QE* fungiert Selbstperformanz immer wieder als vielfältig vermarktbare Ware.

Resümierend lässt sich festhalten, dass ein invektiver Sprech- und Darstellungsmodus – ein *invective mode* – die Genrekonventionen des Makeover-TV in erheblichem Maße prägt und dessen Artikulation von Körpernormen konfiguriert. Wie am Format *WNtW* exemplarisch gezeigt, fokussiert der normative Blick des Genres auf intersektional flektierte Gendernormen, die sich in *WNtW* in essentialistischen, genderbinären und heteronormativen Vorstellungen von Weiblichkeit manifestieren sowie in der seriell immer wieder betonten Darstellung von Weiblichkeit als zu disziplinierendem Geschlecht. Im sich gerade neu formierenden Makeover des Post-TV kommen diese Konventionen in Bewegung. Im wiederum exemplarisch betrachteten Format *QE* wird diese Mobilisierung zentriert vom Erbe des *invective mode*, der in den Genrekonventionen eingeschrieben ist und an dem sich das Format per Inversion, in Form einer sentimentalen Pädagogik der Wertschätzung, abarbeitet. Die genrekonstitutive Invektivlogik hinterlässt so markante Spuren im Material, einerseits als selbstreflexiv betonte *present absence* und andererseits in den Spuren der Körpernormativität, die sich auch hier finden. Während sich die Vorstellungen dessen, was ›richtige‹ Formen des gegenderten Selbstausdrucks sind, in *QE* nachdrücklich vervielfältigen, bleibt doch die grundsätzlich normative Sensibilität des Genres in der Serie bestehen. Sie zeigt sich insbesondere im Mandat der expressiven Selbstperformanz, das *QE* mit anderen, auch traditionelleren Makeover Formaten verbindet.

Literatur

Biressi, Anita/Nunn, Heather, *Reality TV: Realism and Revelation*, London 2005.
Bukatman, Scott, »Spectacle, Attractions and Visual Pleasure«, in: Wanda Strauven (Hg.), *The Cinema of Attractions Reloaded*, Amsterdam 2006, S. 71–82.
Chaney, Jen, »Queer Eye Gets a Netflix Makeover (and It Still Works, Honey)«, in: *Vulture*, 6. Februar 2018, n.pg.
Collins, David (Creator), *Queer Eye*, Netflix, 2018.
Fowler, Alastaire, *Kinds of Literature: An Introduction to the Theory of Genres and Modes*, Cambridge 1982.
Hakimi, Elli, et al. (Produzenten), »Amy«, *What Not to Wear*, TLC, 2005.
Hassler-Forest, Dan, »Game of Thrones: Quality Television and the Cultural Logic of Gentrification«, in: *TV/Series*, Jg. 6, 2014, n.pg.

Inckle, Kay, »Bent: Non-Normative Embodiment as Lived Intersectionality«, in: Yvette Taylor/Sally Hines/Mark E. Casey (Hg.), *Theorizing Intersectionality and Sexuality: Genders and Sexuality in the Social Sciences*, London 2010, S. 255–272.

Iser, Wolfgang, *The Implied Reader: Patterns of Communication in Prose Fiction from Bunyan to Beckett*, Baltimore 1972.

Kanzler, Katja, »Invective Form in Popular Media Culture: Genre – Mode – Afforcance«, in: Antje Sablotny/Marina Münkler/Albrecht Dröse (Hg.), *Invektive Gattungen* 2021, Sonderheft der Kulturwissenschaftlichen Zeitschrift 2021 (im Druck).

Kanzler, Katja, »Conspicuous Contempt: On the Invective Performativity of Taste in Popular Culture.«, in: Astrid Böger/Susanne Rohr/Florian Sedlmeier (Hg.), *American Culture as Popular Culture*, Heidelberg (im Erscheinen, 2020).

Kavka, Misha/Weber, Brenda R., »Introduction: Transnational Gender Cultures and Reality TV«, in: *European Journal of Cultural Studies*, Jg. 20, 2017, H. 1, S. 3–9.

Lovelock, Michael, »Call me Caitlyn: Making and Making Over the ›Authentic‹ Transgender Body in Anglo-American Popular Culture«, in: *Journal of Gender Studies*, Jg. 26, 2017, H. 6, S. 675–687.

Mann, Lucas, »A Gentler Reality TV«, in: *The Paris Review*, 8. Mai 2018, n.pg.

Mulvey, Laura, »Visual Pleasure and Narrative Cinema«, in: *Screen*, Jg. 16, 1975, H. 3, S. 6–18.

Oulette, Laurie/Hay, James, *Better Living through Reality TV*, Malden 2008.

Palmer, Gareth, *Discipline and Liberty: Television and Governance*, Manchester 2003.

Skeggs, Beverly/Wood, Helen, *Reacting to Reality Television: Performance, Audience, Value*, London 2012.

Sudmann, Andreas/Kelleter, Frank, »Die Dynamik serieller Überbietung: Amerikanische Fernsehserien und das Konzept des Quality-TV«, in: Frank Kelleter (Hg.), *Populäre Serialität: Narration – Evolution – Distinktion*, Bielefeld 2014.

Warhol, Robyn R., *Having a Good Cry: Effeminate Feelings and Pop-Culture Forms*, Columbus 2003.

Weber, Brenda R., *Makeover TV: Selfhood, Citizenship, and Celebrity*, Durham 2009.

Weber, Brenda R. (Hg.), *Reality Gendervision: Sexuality and Gender on Transatlantic Reality Television*, Durham 2014.

Weber, Brenda R./Tice, Karen W., »Are You Finally Comfortable in Your Own Skin? Raced and Classed Imperatives for Somatic/Spiritual Salvation in *The Swan*«, in: *Genders*, Jg. 49, 2009, n.pg.

Der pathologisierte Körper

Symptom, Deutung und Krankheitszeichen: Zum Zusammenhang zwischen medizinischer Diagnostik und Stigmatisierung

Heiner Fangerau

Im August 2019 richtete die AfD-Bundestagsfraktion eine »Kleine Anfrage« an die Bundesregierung. Ausgangspunkt dieser Anfrage war die Feststellung der AfD, dass nach Zeitreihen der Deutschen Rentenversicherung »der Anteil psychischer Erkrankungen (psychiatrischer Diagnosen) als Ursache für den Neuzugang in Erwerbsminderungsrente zunehmend an Bedeutung« gewinne. Die Frage 14 zielte darauf ab, welche »volkswirtschaftlichen Verluste […] nach Schätzungen der Bundesregierung durch die nicht genutzten Erwerbspotentiale von Menschen mit psychischen Erkrankungen (psychiatrischen Diagnose) […] verbunden« seien.[1]

Diese Frage nach den volkswirtschaftlichen Kosten, die durch vermeintlich defizitäre Arbeitsleistungen einer Gruppe von Menschen mit einer Diagnose verursacht würden, hat es in sich. Sie zielt auf einen Wertkonflikt zwischen dem Individuum und der Gemeinschaft, indem sie sich gleichzeitig wissenschaftlich objektiv kleidet: Unmittelbar nach dem aktuellen Stand medizinischen Wissens getroffene persönliche Zuschreibungen werden hier mit dem wirtschaftlichen Interesse einer ganzen Gesellschaft verbunden. Gleichzeitig appelliert die Anfrage an Emotionen wie das Gefühl der Ungerechtigkeit bei denen, die meinen, dass sie unter den nicht genutzten Potentialen litten.[2] Eine andere Emotion, nämlich Mitleid mit den Betroffenen wird durch scheinbare Sachlichkeit verdeckt. Zusätzliche Brisanz bekommt die Anfrage, wenn sie gespiegelt wird an Aussagen von Politikern und Politikerinnen der AfD, in denen medizinische Terminologie als Quellcorpus für politische Metaphern genutzt wird. Ist hier die Rede davon, dass die »Geisteskrankheit« des Gender-Mainstreaming überwunden werden müsse,[3] so drängt sich zumindest in Kombination mit der Kleinen Anfrage der Ein-

---

1 BT-Drucks. 1912218, S. 3.
2 Über Ungerechtigkeit als Gefühl siehe Shklar 1992.
3 Kemper 2016, S. 59, 86, 92, 110f.

druck auf, dass unter dem Mantel medizinischer Deutung eine sehr weit gefasste Gesellschaftspolitik betrieben werden soll.

Hier lauert ein Potenzial der Ausgrenzung, Abwertung, Beleidigung und des Hohns, das auch deshalb so gefährlich erscheint, weil es medizinische Kategorien und den Umgang mit Krankheit zum Gegenstand einer Frage nach dem Wert eines Menschen – im ökonomischen aber auch politischen Sinne – macht. Eine solche Kopplung ist in der deutschen Geschichte nicht unbekannt. Die nationalsozialistische Politik trieb sie mit der Ermordung von Menschen, die eine psychiatrische Diagnose erhalten hatten, im Rahmen der sogenannten Euthanasie auf die Spitze.

In diesem Beitrag soll aber nicht auf die Medizin im Nationalsozialismus eingegangen werden. Vielmehr soll mit Blick auf das frühe 20. Jahrhundert das Ausgrenzungs- und Erniedrigungs-Potenzial der medizinischen Diagnostik thematisiert werden, das ihr in nahezu paradoxer Weise konzeptionell und sprachlich innewohnt. Dieses Potenzial liegt vor allem darin begründet, dass die Medizin als unbedingt relationale, das heißt auf menschliche Beziehungen wirkende Disziplin in ihrer Diagnostik und Therapie fast nie eine Person alleine adressiert, sondern meistens auch weitere Kreise in ihre Überlegungen, Handlungen oder Folgenabschätzung einbezieht. Mit Bezug auf Sinne und Sinnerfahrungen in der Diagnostik steht dabei die These im Zentrum, dass die Erweiterung der Sinne, derer sich Ärzte bei der Diagnostik bedienten, und der Ersatz der Sinne durch technische Diagnosemittel zwar zu einer Objektivierung der Befunde und Entsubjektivierung des diagnostischen Urteils geführt haben, nicht aber, wie vielfach angenommen, durch Verwissenschaftlichung das Ausgrenzungspotential medizinischer Befunde gemildert haben.

Der Beitrag greift zurück auf eine Debatte um die Rolle der Sinne innerhalb der Diagnostik (als Kunst der Diagnoseerhebung).[4] Diese werden in der bisherigen Historisierung der Sinne in der Medizin als konstitutives Element der ärztlichen Praxis spätestens seit dem ausgehenden 19. Jahrhundert gesehen. Hier setzte sich die mittels der Sinne erfolgende physikalische Untersuchung als Teil der klinischen Diagnostik durch (wobei die Sinne in der Chirurgie auch schon davor eine zentrale Rolle spielten).[5] Als spannungsgeladen wird dabei das Verhältnis zwischen subjektiver Zeichenwahrnehmung mit-

---

[4] Das Folgende habe ich mit leicht anderen Schwerpunktsetzungen auch schon an anderen Orten vorgestellt: Siehe Fangerau/Martin 2015, Fangerau 2021, Martin/Fangerau 2020, S. 23–33.
[5] Nicolson 1993, S. 818.

tels der Sinne und dem Anspruch, objektive Bedeutung vermitteln zu wollen, gesehen, ein Problem, das sich in der Sinnesgeschichte auch in anderen Zusammenhängen gestellt hat.[6] Stanley Reiser hat geschlussfolgert, dass genau diese Spannung dazu führte, dass im 20. Jahrhundert neue quantifizierende selbstregistrierende Methoden wie die Elektrokardiographie und bereits existierende wie die Fiebermessung eine Konjunktur erlebten. Die technischen Diagnosemethoden boten dabei nicht nur einer Erweiterung der Sinne, sondern auch einen Zeitgewinn, weil Datenerhebung und Interpretation nun unabhängig voneinander und auch nicht innerhalb des Fühlens und Denkens einer Person allein erfolgen mussten.[7] Nicht zuletzt wirkten sie in der Technikeuphorie des 20. Jahrhunderts objektiver und damit wissenschaftskompatibler als die subjektiven qualitativ orientieren natürlichen Sinne, wie die Befürworter des Einsatzes technischer Diagnoseinstrumente nicht müde wurden zu betonen. Die Interpretation aber blieb ein subjektiver hermeneutischer Akt, in dem die Sinne auch im 20. Jahrhundert als Körperwissen im doppelten Sinne (Wissen über den anderen Körper und inkorporiertes Wissen) nicht vollständig an Bedeutung verloren.[8] Neben ihrer instrumentellen Funktion wurde auch ihre soziale Bedeutung unterstrichen, bot doch die Fähigkeit, mittels der Sinne Krankheit zu erkennen, den Ärzten ein Distinktionsmerkmal.[9]

Ausgehend von dieser ambivalenten Bewertung der Sinne in der medizinischen Diagnostik soll im Beitrag geschildert werden, wie soziale und relationale Kategorien nahezu axiomatisch an diagnostisch genutzte medizinische Zeichen gekoppelt wurden, ein Prozess, der zwar schon um 1900 in seiner ethischen Dimension erfasst, aber erst ab den 1960er Jahren vor allem in der Stigmaforschung umfassend reflektiert wurde. Avant la lettre wurde um 1900 (wie immer wieder auch vorher in der Medizingeschichte) diskutiert, dass (diagnostisch zu nutzende) Krankheitszeichen von moralischen Kategorien zu trennen seien. Exemplarisch wird hier die ethische Position des Arztes Albert Moll herangezogen, der ärztliche Moral dezidiert als moralisches Gefühl begreifen wollte und explizit diagnostische Ratio, die auf Sinneserhebungen rekurrierte von moralischen Emotionen befreit sehen wollte. Diese Forderung ging für ihn in beide Richtungen, Kranke sollten einerseits nicht herabgewürdigt werden, andererseits kritisierte er auch Mitleid mit Erkrank-

---
6 Jay 2011.
7 Reiser 1993.
8 Leder 1990.
9 Evans 1993, Martin/Fangerau 2007, S. 98.

ten als eher hinderlich. Kühle Ratio sei im Umgang mit Kranken wichtiger als lähmendes Mitleid.[10] Die sich in Hinblick auf Stigmatisierungsprozesse ergebende Spannung zwischen rationeller Diagnostik und Phänomenen der nosologischen Herabsetzung soll im Beitrag untersucht und diskutiert werden, inwiefern der Diagnostik an sich ein problematisches stigmatisierendes Potenzial innewohnt, oder welcher Zutaten es bedarf, medizinische Kategorien pejorativ aufzuladen.

1. Diagnostik – fünf Sinne und Technik

Die Diagnose als eines der Grundkonzepte der Medizin hat in der Geschichte einige Bedeutungsverschiebungen erlebt. Im Wesentlichen stehen sich zwei Konzepte gegenüber, die miteinander den Bezugspunkt des Krankheitserkennens teilen. Während mit der Diagnose im einen Sinne Krankheitsprozesse im Allgemeinen gemeint sind, die sich unabhängig vom jeweiligen Patienten in der Person manifestieren und die Benennung eines Leidens ermöglichen, bezieht sich die zweite Bedeutung enger auf das Individuum und meint hier den ganzen Prozess des Erkennens und Deutens von Krankheitszeichen.[11]

Im 19. Jahrhundert erlebte das Erkennen von Krankheiten sowohl in seiner Konzeption als auch in der tatsächlichen Praxis eine zentrale Verschiebung. Die bis dahin geübte Semiotik, die Zeichenlehre, die vornehmlich »gesund« und »krank« voneinander unterscheiden wollte, wurde abgelöst durch ein Denken in Krankheitsklassifikationen. Für den Arzt ergab sich hier die Aufgabe, individuelle Krankheitszeichen eines Patienten mit einer generalisierten Ordnung der Zeichen in Einklang zu bringen. Die systematisch geordneten Zeichen wiederum mussten in eine jeweils gültige Nosologie, das heißt einen Krankheitskatalog, eingefügt werden.[12] Mit anderen Worten: Eine bestimmte Symptomkonstellation sollte eindeutig und in der Begründung zwingend mit einem Krankheitsbild assoziiert werden.

Den Ausgangspunkt für diese Idee bildeten die Hinwendung zu systematischer klinischer Beobachtung vieler Patienten in großen Krankenhäusern

---

10 Moll 1902, S. 61f.
11 Nicolson 1993, S. 801; Galdston 1941, S. 382.
12 Siehe zu diesem Komplex u. a. Eich, 1986; Wieland 1975; Hess 1993.

und die Korrelation von diagnostischen Befunden mit postmortalen Untersuchungen.[13] So wurde die bis dahin geübte Fokussierung auf eine Theorie der Krankheitszeichen zunehmend durch diagnostische Befundkonstellationen und numerische Ansätze abgelöst. In der Praxis ging diese Ablösung mit einer drastischen Zunahme an neuen technischen Diagnoseverfahren einher, die als »physikalische Diagnostik« Furore machten.[14] Dieser grundsätzliche Wandel von der Semiotik zur Diagnostik und die begleitende »methodische Erweiterung« hatte sich schon im 18. Jahrhundert angedeutet, als in der Praxis der Symptomdeutung Ärzte zunehmend versuchten, Krankheiten rational objektiv zu benennen und zu erkennen.[15] Johann Wichmann etwa stellte schon 1794 die Diagnostik als »neue Wissenschaft« der Semiotik gegenüber. Seiner Ansicht nach diente die Diagnostik dazu, »bekannte und ähnliche Krankheiten […] von einander« zu unterscheiden, während die Semiotik die Aufgabe habe, Krankheit allgemein zu erkennen.[16] Eine leicht andere Definition wählten 1803 Burdach und Leune in ihrer *Realbibliothek der Heilkunde*. Für sie war die Diagnostik im Gegensatz zur »allgemeinen Semiotik«, die Krankheit im Grundsatz (ihren Grad, ihre Heftigkeit, ihre Gefährlichkeit) erkennen sollte, eine »spezielle Semiotik«, die als »Vergleichung und Zusammenstellung verschiedener Symptome zu einem Ganzen« zum Zweck der Erkennung »der Gattung und Art der vorhandenen Krankheit«[17] zu verstehen sei. Dieses Verständnis scheint sich in den folgenden Jahren durchgesetzt zu haben. 76 Jahre später hieß es in einem Lehrbuch zur Diagnostik der Inneren Krankheiten nur noch relativ lapidar, dass die Diagnose die Feststellung der (einen, definierten) Krankheit bei einem Patienten sei.[18]

Die Protagonisten waren sich darüber im Klaren, dass eine sich stetig verschiebende Krankheitsklassifikation als Bezugspunkt der Diagnostik einen unsicheren Grund darstellte. Daher bemühten sie sich im ersten Drittel des 19. Jahrhunderts darum, Symptome und Zeichen voneinander zu differenzieren, um pathologische Phänomene und Körpererscheinungen von deren Deutung im Sinne eines Krankheitszeichens zu unterscheiden.[19] Als

---

13 Foucault 1973; Risse 1987, S. 139.
14 Eckart 1996.
15 Rudolph 1978, p. 269f.
16 Wichmann 1794, S. 6; vgl. hierzu und zur Rezeption Wichmanns Hess 1993, S. 87ff.
17 Burdach/Leune 1803, S. 93f.
18 Frühauf 1879, S. 48.
19 King 1982, S. 131ff.

Zeichen galt ein mit Bedeutung aufgeladenes Symptom. Das auf (pathologischen) Körperfunktionen oder -strukturen basierende Symptom war so »einfache Sensation, die nur durch eine besondere Operation des Geistes [...] zum Zeichen wird«.[20] Somit wurde das individuelle Symptom erst zum Zeichen, wenn es vom ärztlichen Betrachter im Hinblick auf seine Bedeutung für eine Krankheit und in Bezug auf seinen Wert für die Unterscheidung von Krankheiten beurteilt worden war.[21]

Die Frage nach der Sicherheit und dem Wert der erhobenen Zeichen für eine Diagnose spielte entsprechend in der Literatur eine nicht unerhebliche Rolle. Gegen Ende des 19. Jahrhunderts war den Sinnen bei der Zeichenerhebung das absolute Primat vor zum Beispiel logischem Folgern eingeräumt worden. Der Jenenser Professor Christian Gottfried Gruner (1744–1815) hielt apodiktisch fest: »Alle Zeichen werden durch die Sinne, oder durch Nachdenken, oder durch Muthmaßung erlangt. Die erstern sind die gewöhnlichsten und zulässigsten, die andern die Schlussfolgen aus dem vorigen, die letztern zwar brauch- und anwendbar, aber nur in zweifelhaften Fällen erlaubt«.[22] Der Hallenser Arzt Kurt Sprengel (1766–1833) räumte »natürlichen« Zeichen einen höheren Wert ein als »künstlichen« Zeichen und schob damit ebenfalls unmittelbar wahrnehmbare Symptome in den Vordergrund. Unter künstlichen Zeichen wurden solche verstanden, die anders als mit Sinnen wahrnehmbare Zeichen eine technische oder chemische Intervention voraussetzten.[23] Am Ende der Skala standen Zeichen, die »bloß der Kranke« wahrnehme.[24] Der Semiotiker Ferdinand Danz (1770–1793) vertrat gar die Meinung, daß der Arzt sich »nie auf die Erzählung des Kranken oder anderer Personen verlassen« solle, sondern auf die eigene Untersuchung mittels der »fünf Sinne, besonders aber, und in den meisten Fällen das Gefühl in den Fingerspitzen«.[25]

---

20 Meissner/Schmidt 1830–1834, S. 199.
21 Diese schon um 1830 eingebürgerte Differenzierung scheint sich jedoch um 1900 wieder zu verwischt zu haben. In Eulenburgs *Realencyclopädie der gesammten Heilkunde* werden Symptom und Krankheitszeichen synonym gebraucht. Gleichzeitig wird im Prozess der Diagnostik die Sinnzuschreibung als dem Symptombegriff inhärent betrachtet, wenn etwa der Autor des Lemmas »Symptom« notiert: »Die Diagnose ist also immer ein Schluss, beruhend auf Abwägung aller einzelnen Symptome« (Eulenburg 1900, S. 623).
22 Gruner 1794, S. 9.
23 Sprengel 1801, S. 7. Siehe Sebastian 1819, S. 10.
24 Sprengel 1801, S. 4ff., 19ff.
25 Danz 1793, S. 7.

Ärzte entwickelten auf dieser Basis eine ganze Reihe von Zeicheneinteilungen, wie eindrücklich ein mit »Eintheilung der Krankheitserscheinungen« übertiteltes Kapitel von Adolf Moser (geb. 1810) unterstreicht, der 1845 im Rahmen einer von ihm herausgegebenen *Encyklopädie der medicinischen Wissenschaften* einen umfassenden eigenen Band zur *medicinische[n] Diagnostik und Semiotik* vorlegte. Auch er führt explizit die fünf Sinne als Differenzkriterium für Krankheitserscheinungen an und erwähnt das inzwischen von René Laennec (1781-1826) in die Diagnostik eingebrachte Stethoskop als den Hörsinn unterstützendes künstliches Zeichen. Anders als noch für Sprengel waren für Moser Künstlichkeit und Authentizitäts- sowie Wahrheitsanspruch kein Widerspruch. Im Gegenteil wurde die technische Zeichenerhebung auf der einen Seite als legitime Ausdehnung der Sinne und auf der anderen Seite als von sich aus evidente und objektive, vom Untersucher in Teilen abgelöste Zeichenproduktion verstanden. Moser lieferte entsprechend eine Liste von Instrumenten und Reagenzien, die seiner Meinung nach zum diagnostischen Inventar beispielsweise eines Krankenhauses gehören sollten.[26]

»Dem Werth nach« unterschied Moser zum Beispiel »wahre, hinreichende, gewisse, und falsche, nicht zureichende, ungewisse, trügerische Zeichen«.[27] Alle vom Arzt zu erhebenden Symptome bezeichnete Moser als objektive Zeichen, denen er weniger nützliche subjektive Zeichen gegenüberstellte, die nur vom Patienten selbst empfunden würden.[28] Sein Zeitgenosse Carl Ernst Bock stellte hierzu – ähnlich wie schon Danz – in seinem Lehrbuch der Diagnostik von 1853 relativ lapidar fest: »Nur die objectiven, hauptsächlich durch die sogenannte physicalische Diagnostik, durch Besichtigen (Inspection), Befühlen (Palpation), Messen (Mensuration), Beklopfen (Percussion) und Behorchen (Auscultation), durch chemische und microscopische Untersuchungen wahrzunehmenden Symptome haben für den Arzt einen diagnostischen Werth«.[29]

Erst 30 Jahre später findet sich eine Würdigung der »subjektiven Angaben des Kranken«, deren lange Vernachlässigung »glücklicherweise« überwunden sei. Vielmehr sei die Trennung in objektive und subjektive Wahrnehmungen überhaupt unzutreffend, da ja auch die »einfachen oder bewaffneten Sinne« des Arztes subjektiv sei.[30] Diese Sinne aber – darin waren sich die Autoren im

---

26 Moser 1845, S. 67–70.
27 Moser 1845, S. 7.
28 Zum Beispiel Moser 1845, S. 14, S. 73.
29 Bock 1853, S. 6.
30 Baas 1883, S. 2.

19. Jahrhundert einig – bedurften der Schulung und Übung. So wie das Ohr des Musikers oder das Auge des Optikers, das Farben differenzieren solle, so gebe es »ein medicinisches Sehen, Hören, Fühlen«, das trainiert werden müsse.[31] »Können« sei die Voraussetzung für diagnostische Kunst.[32]

Im Laufe des 19. Jahrhunderts verstärkte sich der Trend, individuelle Sinne, durch apparative Diagnostiken ersetzen zu wollen, die am Ende sichtbare Kurven, Grafiken und Bilder produzieren sollten. Diese Visualisierungen konnten nicht nur konserviert, sondern auch interindividuell betrachtet und ausgewertet werden. Sie erschienen den Zeitgenossen somit objektiver als die Aussage einzelner Untersucher. Lehrbücher verwenden ab den 1880er Jahren viel Platz und Worte vor allem für die technischen Untersuchungsverfahren. Beispiele bieten hier die vielfachen Versuche der Pulsschreibung (Sphygmographie) oder auch der Herztonschreibung. Die Idee bestand darin, die Diagnostik unabhängig zu machen von den schon von Baas notierten subjektiven Sinneseindrücken der Ärzte.[33] Darüber hinaus diente die instrumentarisch unterstützte Diagnostik der Erweiterung der Sinne. Beispielsweise konnten mithilfe von Kurven zeitlupenartig schnell folgende akustische oder Bewegungsphänomene auf Papier gebannt und sichtbar gemacht werden.[34] Der Siegeszug der technischen Diagnostik ging dabei so umfassend vonstatten, dass in den 1930er Jahren immer wieder eine Rückbesinnung auch auf die Sinne eingefordert wurde.[35]

2. Stigmata

Diagnostische Zeichen blieben dabei allerdings – unabhängig ob mittels Sinnen oder Technik erhoben – innerhalb des Konzeptes der Diagnostik notwendigerweise an nosologische, das heißt die jeweilige Krankheitslehre betreffende, Kategorien gekoppelt. Diese wiederum boten einen Anschlusspunkt für soziale Erfahrungen und moralische Dimensionen, die aus der persönlichen Diagnose ein Urteil mit sozialen Folgen werden ließen. Nicht nur die Sozial-, Berufs-, und Familienanamnese, sondern auch die Deutung

---

31 Moser 1845, S. 9, Baas 1883, S. 2.
32 Neusser 1893, S. 6
33 Martin/Fangerau 2007, Evans 1993.
34 Lommel 1938, S. 1675.
35 Lommel 1938, S. 1675; Korns 1939, S. 65; Risak 1937, S. VII.

bestimmter Zeichen konstruierte und rekonstruierte gleichzeitig soziale Erfahrungen und moralische Bewertungen der Diagnostizierenden.

Schon um 1900 wurden Zeichen, die halfen, dem Zustand eines Patienten einen Namen zu geben, das heißt seine individuelle Krankheit im Katalog der zum jeweiligen Zeitpunkt klassifizierten Krankheiten zu verorten, mitunter als Stigmata bezeichnet. Oft fiel der Begriff in medizinischer Literatur im Zusammenhang mit der Diagnose der Hysterie oder auch ab ca. den 1920er Jahren in Verbindung mit für degenerativ gehaltenen Leiden. Unter Stigmatisierung wiederum verstanden theologisch orientierte Zeitgenossen noch in den 1920ern eher das Auftreten von Wundmalen, die den Wunden Christi am Kreuz glichen.[36]

Der Soziologe Erving Goffman prägte 1963 den Begriff des Stigmas entscheidend um, indem er ihn auf seine griechischen Wurzeln zurückführte. Die Griechen, so Goffman, hätten als Stigma einen »Verweis auf körperliche Zeichen« benannt, »die dazu bestimmt waren, etwas Ungewöhnliches oder Schlechtes über den moralischen Zustand des Zeichenträgers zu offenbaren«. Er wiederum nutzte das Wort nun, um Attribute, die dazu taugten, eine Person herabzumindern und zu diskreditieren, zu bezeichnen. Er machte dabei im Wesentlichen drei Typen von Stigmata aus: Körperabnormalitäten, Makel, die mit Charakterschwäche assoziiert würden, und gruppenbezogene Stereotypen, die sich auf zum Beispiel religiöse, herkunftsbezogene oder klassenbezogene Merkmale richteten.[37]

Es liegt auf der Hand, dass zumindest einige der über eine Diagnose vergebenen Krankheitslabels dazu taugen, in eine der drei Stigmatypen im Sinne Goffmans zu fallen, indem sie die Träger diskreditieren. Historische Beispiele für Stigmatisierungen durch Krankheitsfeststellung reichen weiter zurück als die eben geschilderte Etablierung der Diagnostik. Geschlechtskrankheiten, psychische Leiden oder die Lepra gehören in diese Reihe. Gerade die bis in die frühe Neuzeit geübte Lepraschau, bei der Verdächtige von einem Ärztegremium begutachtet wurden, diente dem expliziten Ausschluss aus der Gemeinschaft, denn im Falle der Feststellung wurden die Betroffenen des – wie es damals hieß – »Aussatzes« aus den Städten entfernt und/ oder asyliert.[38] Oftmals mussten sie eine Rassel als Erkennungsmerkmal tragen und damit schon auf die Entfernung auf sich aufmerksam machen – so wurde auch das Geräusch zum Stigma neben der körperlichen Erscheinung.

36 Thurston 1921.
37 Goffman 1963.
38 Dross 2010.

Im Rückblick auf das im 19. Jahrhundert etablierte Konzept der Diagnose zeigt sich nun aber, wie gerade medizinische Diagnosen das Feld der medizinisch motivierten Diskreditierung und Abwertung nicht nur durch Rationalisierungsprozesse verringern, sondern eben auch erweitern konnten. Dabei ist es paradox, dass gerade mit dem Wahrheitsanspruch der angeblich wertfrei erhobenen medizinischen Diagnose das Diskreditierungspotential in manchen Bereichen sogar anstieg. Dieses Phänomen fußte auf dem Wahrheitsanspruch, den die neue Diagnostik mit sich brachte und die eben mehr als eine ärztliche Interpretation mit ungewisser Sicherheit sein wollte: Hatte ein Kranker eine Diagnose erhalten, so war diese wahr. Genau damit aber waren die Diagnose und ihre innewohnenden sozialen und moralischen Assoziationen in den Augen der gegebenenfalls Diskreditierenden eben nicht löschbar oder aufzuheben – es sei denn durch eine erfolgreiche Therapie. Oftmals mischten sich – das zeigt der Blick in diagnostische Lehrbücher – dabei auch noch wertbezogene diskreditierende Prämissen mit dem medizinischen Zeichendeutungsinventar.

So wird etwa in einem Lehrbuch zur *Physikalischen Diagnostik und deren Anwendung in der Medicin* von 1849 im Zusammenhang mit den mittels Inspektion zu erhebenden Zeichen unter anderem ein »Säufer-Habitus« von dem des »Onanisten« unterschieden. Die Charakterschwäche, die in der Namensgebung zu Tage tritt, wird als durch Symptome erkenn- und deutbar geschildert und die folgende Diagnose wird zum Stigma. So heißt es hier etwa über den Weinsäufer, er sei erkennbar an der »Röthe des Gesichtes […] und Kupferröthe auf der Nase, die dadurch ungeheuren Umfang erlangen kann«. Der Blick aber zeuge »von reger Geistestätigkeit«. Der Branntweintrinker hingegen sehe »schmutzig-bleich« aus und habe einen nichtssagenden und unsteten Blick. Die Biersäufer wiederum habe ein »schwammiges, aufgedunsenes Aussehen« und sei nicht selten fett. Der Onanist zuletzt gebe sich »durch unstäten schleppenden Gang und Mangel an Sicherheit in der Haltung, Schwindel, Herzklopfen, Blässe des Gesichtes und der Lippen und matten Blick aus den mit braunen Hofe umgebenen Augen zu erkennen«. Der einmal erkannte Onanist aber kommt aus der diagnostischen Diskreditierungsfalle nicht heraus, selbst wenn er die genannten Zeichen nicht aufweist, denn, so lautet der abschließende Satz, es gebe »andererseits […] Onanisten, die sich eines blühenden Aussehens erfreuen«.[39]

Die Diagnostik führt – wie diese Beispiele zeigen sollen – zunächst zur Etikettierung im Sinne der Reduktion einer Person auf ihre Diagnose. Ent-

---

39 Von Gaal 1849, S. 30.

scheidend ist dabei nicht das Kranksein, sondern eben die Benennung der individuellen Krankheit. Die Zeichen, die zur Diagnoseetikettierung führen, können einen Prozess der Stereotypisierung nach sich ziehen, denn ist die Diagnose einmal gestellt, führt jede weitere Zeichenerhebung zur Verstärkung der Diagnose im Zuge einer »self fulfilling prophecy« – es sei denn die neuen Zeichen sind so abweichend, dass eine Differentialdiagnostik notwendig wird. In manchen Fällen können dann soziale Exklusion und Diskriminierung folgen, wenn etwa eine Angst vor Ansteckung besteht oder die jeweilige Diagnose mit Charakterfehlern assoziiert ist.[40]

3. Ethik

Dieses schädliche Potential und die selbstverstärkende Resonanz der diagnostischen Handlung sind schon lange vor Goffman erkannt und auch von Ärzten diskutiert worden. Dabei bemühten sie sich seit der Aufklärung intensiv, eigentlich die Diagnose von der moralischen Bewertung eines Menschen zu emanzipieren. Genau dieses Ansinnen trieb u. a. die oben angedeutete Technisierung der Sinne voran.

Der Arzt Albert Moll hatte 1902 ein fast 700 Seiten starkes Buch zur *Ärztlichen Ethik* vorgelegt, in dem er versuchte, zu allen möglichen standesethischen Fragen der (deutschen) Ärzteschaft seiner Zeit Stellung zu nehmen. Auch er griff dabei den Diskurs um die Entmoralisierung von Krankheit auf. Zum diskriminierenden Umgang mit der Diagnose »Hysterie« hielt er zum Beispiel fest: »Wer hysterische und andere funktionelle Beschwerden mit höhnischem Lächeln abtut, handelt ebenso unverständig, wie jene Leute früherer Zeiten, die die Krankheit als eine Schmach und Schande betrachteten«.

Zur Selbstverstärkung der Diagnostik und ihrer Zeichen wiederum notierte er:

Die Thatsache, dass eine Gruppe Hysterischer sehr verlogen ist, wurde verallgemeinert, und man vergaß, dass viele hysterische Frauen es in Bezug auf Wahrheitsliebe mit manchem nicht hysterischen Manne aufnehmen können. Je mehr sich nun dieses Zerrbild der Hysterie in den Köpfen der Aerzte festsetzte, um so mehr wurde auch das Krankheitsbild ausgedehnt, und allerlei Symptome, für die man keine Erklärung fand, wurden als hysterische bezeichnet, und mit einer Variante wurde die

---

40 Link/Phelan 2001.

alte Genusregel umgewandelt: was man nicht definieren kann, das sieht man als hysterisch an. Die Hysterischen waren genügend kompromittiert, den Arzt zu entlasten, der bei der Therapie keinen Erfolg hatte.[41]

Dem Schutz von Patienten vor der Diskriminierung durch oder in Folge einer Diagnostik sollte schon seit alten Zeiten die Norm der Schweigepflicht dienen. Mit dieser Figur allerdings ist die Frage der Macht verbunden, zu bestimmen, wer diskreditieren kann und wer diskreditiert wird. Der Patient, der den Arzt selbst bezahlte, hatte um 1900 zum Beispiel eher Einfluss auf Wahrung der Schweigepflicht als ein Patient, der darauf angewiesen war, dass zum Beispiel eine Krankenkasse Leistungen übernahm, die zu diesem Zweck die zur Behandlung führende Diagnose erfahren wollte. Dieses Ungleichgewicht entlang von Klassen- und Geschlechterkategorien thematisierte Moll und vertrat hier die Auffassung, dass der Arzt der »Krankenkasse die Diagnose und unter Umständen weitere Einzelheiten über die Erkrankung mitzuteilen« habe, weil er im Zweifel (vor dem Hintergrund der damaligen Rechtslage) mit dieser einen Vertrag geschlossen habe. Zwar läge diese Weitergabe im Interesse der Patienten, wenn diesen dadurch das Krankengeld gesichert werden könne. Aber Moll sah auch das Dilemma, dass es Fälle gebe, in denen »eine schwere Schädigung des Klienten dadurch bewirkt wird«, weil manche Krankenkassen kein Krankengeld zahlten, »wenn sich der Patient die Krankheit durch eigene Schuld zugezogen hat (durch Trunksucht, sexuelle Ausschweifungen, Teilnahme an einer Schlägerei)«.[42]

In dieser letzten Formulierung findet sich nun Molls emanzipatorischem Anspruch zum Trotz implizit die Haltung wieder, dass es Schuld an eigener Krankheit geben könne. So kann sich selbst dieser Arzt, der an anderer Stelle selbst eine von theologischer Moral freie Diagnostik fordert,[43] nicht befreien von der impliziten Kopplung von Stigma und einzelnen Diagnosen. In ähnlich ambivalenter Weise nutzt Moll das Beispiel der Mastdarmuntersuchung bei einem »verkommenen Proletarier«, um zu beschreiben, dass Ekel und Standesunterschiede nicht dazu führen sollten, eine »unstandesgemässe Behandlung« abzulehnen: Während er gegen Stigmatisierung und Ungleichheit eintritt, bemüht er Beispiele, die ihrerseits Standes-, Geschlechter- oder andere zum Teil an die Diagnose gebundene Stereotypen aufgreifen.[44] Entsprechend schlägt er zwar einerseits eine Entmoralisierung von Krankheit vor,

---

41 Moll 1902, S. 94.
42 Moll 1902, S. 98.
43 Moll 1902, S. 10.
44 Moll 1902, S. 274f.

konkret allerdings weist er eher auf Maßnahmen zum Verschweigen einer Diagnose hin (besonders bei Geschlechtskrankheiten), die heute unter den Datenschutz fielen, wie zum Beispiel den Verzicht auf die Publikation von Patientennamen, die Unkenntlichmachung von Patienten auf Abbildungen oder die Entfernung von Krankenblättern am Bettrandende.[45] Besondere Gefahr sah er für Patienten, sobald die individuelle Gesundheit Fragen der öffentlichen Gesundheit berührte. Seine Ausführungen hierzu ähneln einem Katalog der drei von Goffman formulierten Stigmatypen. Als Einfallstor für Herabwertung des einzelnen nennt er die »Preisgabe der Nächstenliebe zu Gunsten des Egoismus und die Beruhigung des Volkes durch übertriebene Aengstlichkeit«. Wörtlich hält er fest: »Wir wissen, dass manche Leute gegen gewisse Kranke und Unglückliche Spott üben, gegen Stotterer, Bucklige, Impotente, Schwerhörige und andere. Wer das Unglück hatte, geisteskrank zu sein, wird auch von ›Aufgeklärten‹ mitunter ebenso gemieden, wie der Verbrecher. […] Hinzu kommt, dass einige Krankheiten den Patienten auf Grund alter Traditionen in seiner öffentlichen Ehre zu schädigen geeignet sind«.[46]

Nicht zuletzt spricht er auch die Rückwirkung der Herabwürdigung und des Stigmas auf die Kranken selbst an, wenn er etwa betont, dass Fragen nach dem Zeichen der Erblichkeit für bestimmte Diagnosen nur vorsichtig gestellt werden dürften, da Patienten sonst schon ohne abschließende Diagnose eine Unheilbarkeit ihres Leidens annähmen und daher auf die Behandlung verzichteten.[47]

4. Schluss

Die Hinwendung der Medizin zur modernen Diagnostik sollte der Klarheit der Benennung (und Behandlung) spezifischer individueller Leiden dienen. Patienten sollten mit ihrer Erkrankung statt in grobe Krankheitsklassen in möglichst klar differenzierbare Subgruppen von Krankheiten eingeordnet werden. Diese Ausdifferenzierung trug aber nicht – wie manche gehofft hatten – dazu bei, dass Krankheit weniger zur Herabwürdigung von Personen

---

45 Moll 1902, S. 92ff., S. 111f.
46 Moll 1902, S. 424.
47 Moll 1902. S. 19.

genutzt wurde. Eher wurde das Ziel der Herabwürdigung konkreter. Der Arzt Albert Moll fasste 1902 das Herabwürdigungspotential in seiner *Ärztlichen Ethik* zusammen, aber im Versuch gegen dieses vorzugehen, offenbarte er selbst eigene Stereotypisierungen, die Goffman später als Stigmata beschrieb. Gerade diese hier bei Moll aufscheinende Ambivalenz zeigt deutlich, wie die diagnostische Zeichenerhebung zwar versuchte, Zeichen zu definieren, die medizinisch-wissenschaftlich und frei von sozialen oder moralischen Bewertungen sein sollten, gleichzeitig aber selbst soziale Stereotypen und moralische Prädispositionen perpetuierte oder neu hervorbrachte.

Aus soziologischer und psychiatrischer Perspektive scheinen Fremdgefährdung (durch Ansteckung oder Gewalt), Unberechenbarkeit, Wunsch nach Distanz, das Fehlen einer Therapie und angenommene persönliche Schuld an der diagnostizierten Erkrankung die Bereitschaft zur Diskreditierung einer Person zu erhöhen. In diesen Fällen ist die Diagnose damit nicht nur eine Krankheitsbezeichnung, sondern sie kann für die Betroffenen zur herabwürdigenden Diskriminierung werden. »Schuld« an einer Diagnose wird heute eher mit Charakterschwäche und Verhalten verbunden. Aber auch Vererbung kann selbst- und fremdstigmatisierend mit Schuld assoziiert werden, wenn sie generationenübergreifend als Erbschuld begriffen wird. Als Triebfedern der Stigmatisierung benennt die heutige Stigmaforschung u. a. ökonomische Interessen, den Versuch, über Abwertung eines Anderen das eigene Selbstwertgefühl zu steigern und den Wunsch nach Systemstabilisierung.[48] Die mit der neuen Diagnostik einhergehende wertende Erhebung von Zeichen wurde so in ihrer Interpretation in der doppelten Wortbedeutung aufgehoben: Die neuen Zeichen transportierten das Potenzial der Herabsetzung von Betroffenen, wenn sie gesellschaftliche Stereotypisierungen stützten oder neu konstituierten.

Einige psychiatrische Diagnosen wie Depression, Schizophrenie oder bipolare Störung gehörten (wie auch Moll bemerkte) im 20. Jahrhundert und gehören auch heute noch zu den Diagnosen mit dem höchsten Ehrkränkungs-, Entwertungs- und Erniedrigungspotential, weil sich in ihnen viele der genannten Stigmatisierungsmerkmale manifestieren.[49] Wenn nun – wie es die eingangs zitierte Kleine Anfrage der AfD Fraktion nahelegt – in der Politik wieder der volkswirtschaftliche Wert von Menschen mit Hilfe von Diagnosen bestimmt werden soll, medizinische Taxonomien und ökonomi-

---

48 Link/Phelan 2001; Rüsch/Angermeyer/Corrigan 2005; Rolfes/Bittner/Sonar/Weber/Fangerau 2019.
49 Schomerus/Matschinger/Angermeyer 2006.

sche Taxonomien also miteinander verschränkt werden, dann taugen gerade psychiatrische Diagnosen bei einer solchen Entwicklung wieder verstärkt dazu, zu diffamieren, zu missachten und zu erniedrigen.

Mit Blick auf die angekündigte Gesundheitspolitik der Nationalsozialisten prophezeite der SPD-Abgeordnete Arzt Julius Moses in der Zeitschrift »Der Kassenarzt« im Jahr 1932:

Im nationalsozialistischen ›Dritten Reich‹ hätte also der Arzt folgende Sendung, um ein ›neues, edles Menschentum‹ zu schaffen: Geheilt werden nur die Heilbaren! Die Unheilbaren aber sind ›Ballastexistenzen‹, ›Menschenschund‹, ›lebensunwert‹ und ›unproduktiv‹. Sie müssen zerstört und vernichtet werden.[50]

Wenige Jahre später dienten medizinische Diagnosen genau dem Zweck, Menschen in dieser Art zu entwerten. Es ist zu hoffen, dass diese erschreckende historische Erfahrung dazu beiträgt, für die Zukunft darauf zu achten, dass medizinische Diagnosen nicht wieder als Invektiven taugen.

Literatur

Baas, J. Hermann, *Medicinische Diagnostik mit besonderer Berücksichtigung der Differentialdiagnostik*, Stuttgart 1883.

Bock, Carl Ernst, *Lehrbuch der pathologischen Anatomie und Diagnostik, Bd. 2: Lehrbuch der Diagnostik mit Rücksicht auf Pathologie und Therapie*, Leipzig 1853.

Burdach, Karl Friedrich/Leune, Johann Carl Friedrich, *Realbibliothek der Heilkunst*, Leipzig 1803.

Danz, Ferdinand Georg, *Semiotic oder Handbuch der allgemeinen Zeichenlehre zum Gebrauche für angehende Wundärzte*, Leipzig 1793.

Deutscher Bundestag, *Kleine Anfrage der Abgeordneten René Springer, Jörg Schneider, Martin Sichert, Jürgen Pohl und der Fraktion der AfD*, Bundestag Drucksache 19/12218, 2019, http://dip21.bundestag.de/dip21/btd/19/122/1912218.pdf (09.11.2019).

Dross, Fritz, »Vom zuverlässigen Urteilen. Ärztliche Autorität, reichsstädtische Ordnung und der Verlust ›armer Glieder Christi‹ in der Nürnberger Sondersiechenschau«, in: *Medizin, Gesellschaft und Geschichte*, Jg. 29, 2010, S. 9–46.

Eckart, Wolfgang U., »Und setzet eure Worte nicht auf Schrauben«. Medizinische Semiotik vom Ende des 18. bis zum Beginn des 20. Jahrhunderts – Gegenstand und Forschung«, in: *Berichte zur Wissenschaftsgeschichte*, Jg. 19, H. 1, 1996, S. 1–18.

Eich, Wolfgang, *Medizinische Semiotik (1750–1850)*, Freiburg i. Br. 1986.

---

50 Moses 1932.

Eulenburg, Albert (Hg.), *Real-Encyclopädie der gesammten Heilkunde. Medicinisch-Chirurgisches Handwörterbuch für Praktische Aerzte. Abteilung 23*, 3., gänzlich umgearbeitete Auflage, Berlin/Wien 1900.

Evans, Hughes, »Losing Touch: The Controversy over the Introduction of Blood Pressure Instruments into Medicine«, in: *Technology and Culture*, Jg. 34, H. 4, 1993, Special Issue: Biomedical and Behavioral Technology, S. 784–807.

Fangerau, Heiner, »Krankheitszeichen und Stigma: Die Differenzierung der ärztlichen Sinne in der Diagnostik des 19. Jahrhunderts und ihre sozialen Folgen«, in: Werkstatt Geschichte, H. 83, 2021, S. 37–48.

Fangerau, Heiner/Martin, Michael, »Medizinische Diagnostik und das Problem der Darstellung: Methoden der Evidenzerzeugung«, in: *Angewandte Philosophie. Eine internationale Zeitschrift*, Jg. 1, 2015, Themenheft: Medizinische Erkenntnistheorie, hg. von Ludger Jansen/Jörg Hardy, S. 38–68.

Foucault, Michel, *Die Geburt der Klinik. Eine Archäologie des ärztlichen Blicks*, München 1973.

Frühauf, H., *Diagnostik der inneren Krankheiten. Mit besonderer Berücksichtigung der microskopischen und chemischen Analyse der Se- und Excrete. Bearbeitet für Kliniker und Aerzte*, Berlin 1879.

Gustav von Gaal, *Physikalische Diagnostik und deren Anwendung in der Medicin, Chirurgie, Oculistik, Otiatrik und Geburtshilfe*, Wien 1849.

Galdston, Iago, »Diagnosis in historical perspective«, in: *Bulletin of the History of Medicine* Jg. 9, H. 4, 1941, S. 367–384.

Goffman, Erving, *Stigma: Notes on the management of spoiled identity*, London 1963

Gruner, Christian Gottfried, *Physiologische und pathologische Zeichenlehre zum Gebrauche akademischer Vorlesungen*, Jena 1794.

Hess, Volker, *Von der semiotischen zur diagnostischen Medizin: Die Entstehung der klinischen Methode zwischen 1750 und 1850*, Husum 1993.

Jay, Martin, »Realm of the Senses: An Introduction«, in: *The American Historical Review*, Jg. 116, H. 2, 2011, S. 307–315.

Kemper, Andreas, »…Die neurotische Phase überwinden, in der wir uns seit siebzig Jahren befinden«. Zur Differenz von Konservativismus und Faschismus am Beispiel der »historischen Mission« Björn Höckes (AfD), überarbeitete und erweiterte Version der ursprünglichen Online-Publikation der Rosa-Luxemburg-Stiftung Thüringen, Weimar 2016, https://th.rosalux.de/fileadmin/ls_thueringen/dokumente/publikationen/RLS-HeftMissionHoecke-Feb16.pdf (15.08.2020).

King, Lester S., *Medical Thinking. A Historical Preface*, Princeton, NJ 1982.

Korns, Horace Marshall, »A brief history of physical diagnosis«, in: *Annals of medical history*, Jg. 1, 1939, S. 50–67.

Link, Bruce G./ Phelan, Jo C., »Conceptualizing Stigma«, in: *Annual Review of Sociology*, Jg. 27, 2001, S. 363–385.

Leder, Drew, »Clinical interpretation: The hermeneutics of medicine«, *Theoretical Medicine*, Jg. 11, 1990, S. 9–24.

Lommel, Felix, »Der praktische Arzt und seine fünf Sinne«, in: *Deutsche Medizinische Wochenschrift*, Jg. 64, 1938, S. 1673–1677.

Martin, Michael/Fangerau, Heiner, »Listening to the Heart's Power: Designing Blood Pressure Measurement«, in: *ICON: Journal of the International Organization for the History of Technology*, Jg. 13, 2007, S. 86–104.

Martin, Michael/Fangerau, Heiner, *Evidenzen der Bilder. Visualisierungsstrategien in der medizinischen Diagnostik um 1900*, Stuttgart 2020 (im Druck).

Meissner, Friedrich Ludwig/Schmidt, Carl Christian (Hg.), *Encyclopädie der medicinischen Wissenschaften, nach dem Dictionnaire de Médecine frei bearbeitet und mit nöthigen Zusätzen versehen*, Bd. 13, Leipzig 1834.

Moll, Albert, *Ärztliche Ethik: Die Pflichten eines Arztes in allen Beziehungen seiner Thätigkeit*, Stuttgart 1902.

Moser, Adolf, *Die medicinische Diagnostik und Semiotik, oder die Lehre von der Erforschung und der Bedeutung der Krankheitserscheinungen bei den innern Krankheiten des Menschen*, Leipzig 1845.

Moses, Julius, »Der Kampf gegen das ›Dritte Reich‹ – ein Kampf für die Volksgesundheit!«, in: *Der Kassenarzt*, Jg. 9, H. 5, 27.02.1932, S. 1–4.

Neusser, Edmund, *Über Diagnostik und Therapie in der Inneren Medicin*, Wien/Leipzig 1893.

Nicolson, Malcolm, »The Art of Diagnosis: Medicine and the Five Senses«, in: William F. Bynum/Roy Porter (Hg.), *Companion Encyclopedia of the History of Medicine*, Bd. 2, London/New York 1993, S. 801–825.

Reiser, Stanley, »Technology and the Senses in twentieth-century medicine«, in: Bynum, William (Hg.), *Medicine and the five senses*, Cambridge [u. a.] 1993, S. 262–273.

Risak, Erwin, *Der Klinische Blick*, Wien 1937.

Risse, Guenter B., »A Shift in Medical Epistemology: Clinical Diagnosis, 1770–1828«, in: Kawakita. Yosio (Hg.), *History of Diagnostics. Proceedings of the 9th International Symposium on the Comparative History of Medicine – East and West*, Osaka 1987, S. 115–147.

Rolfes, Vasilija/Bittner, Uta/Sonar, Arne/Weber, Karsten/Fangerau, Heiner, »Stigmatisierung übergewichtiger und adipöser Patient*innen in der digitalisierten Medizin – ein Problemaufriss aus menschenrechtlicher Perspektive«, in: Hack, Caroline/Bergemann, Lutz/Bielefeldt, Heiner/Frewer, Andreas (Hg.), *Menschenrechte im Gesundheitswesen: Vom Krankenhaus zur Landesebene*, Würzburg 2019, S. 121–143.

Rudolph, Gerhard, »Diagnostik und Semeiotik in der französischen Medizin des 18. und frühen 19. Jahrhunderts«, in: Habrich, Christa/Marguth, Frank/Wolf, Jörn-Henning (Hg.), *Medizinische Diagnostik in Geschichte und Gegenwart. Festschrift für Heinz Goerke*, München 1978, S. 269–282.

Rüsch, Nicolas/Angermeyer, Matthias C./Corrigan, Patrick W., »Mental illness stigma: Concepts, consequences, and initiatives to reduce stigma«, in: *European Psychiatry*, Jg. 20, H. 8, 2005, S. 529–539.

Schomerus, Georg/Matschinger, Herbert/Angermeyer, Matthias C., »Preferences of the public regarding cutbacks in expenditure for patient care. Are there indications of discrimination against those with mental disorders?«, in: *Social Psychiatry and Psychiatric Epidemiology*, Jg. 41, 2006, S. 369–377.

Sebastian, Jakob Christian, *Grundriss der allgemeinen pathologischen Zeichenlehre für angehende Ärzte und Wundärzte. Zum Gebrauch bey seinen Vorlesungen entworfen*, Darmstadt 1819.

Shklar, Judith N., *Über Ungerechtigkeit. Erkundungen zu einem moralischen Gefühl*, Rotbuch, Berlin 1992.

Sprengel, Kurt, *Handbuch der Semiotik*, Halle 1801.

Thurston, Herbert, »The phenomena of stigmatization«, Proceedings of the Society for Psychical Research Jg. 32, H. 53,1921, S. 179–208.

Wichmann, Johann Ernst, *Ideen zur Diagnostik. Beobachtenden Aerzten mitgetheilet*, Hannover 1794.

Wieland, Wolfgang, *Diagnose. Überlegungen zur Medizintheorie*, Berlin/New York 1975.

Autorinnen und Autoren

Prof. Dr. Jonas Bens (Freie Universität Berlin)
Prof. Dr. Hartmut Böhme (Humboldt-Universität zu Berlin)
Dr. Albrecht Dröse (Technische Universität Dresden)
Prof. Dr. Heiner Fangerau (Universität Düsseldorf)
Priv.-Doz. Dr. Silke Fehlemann (Technische Universtität Dresden)
Prof. Dr. Uwe Israel (Technische Universität Dresden)
Prof. Dr. Christian Jaser (Universität Klagenfurt)
Prof. Dr. Katja Kanzler (Universität Leipzig)
Josefine Kroll M.A. (Technische Universität Dresden)
Prof. Dr. Jan Meister (Universität Bern)
Prof. Dr. Jürgen Müller (Technische Universität Dresden)
Prof. Dr. Marina Münkler (Technische Universität Dresden)
Dr. Antje Sablotny (Technische Universität Dresden)
Prof. Dr. Kerstin Schankweiler (Technische Universität Dresden)
Frank Schmidt M.A. (Technische Universität Dresden)
Dr. Christoph Schwameis (Technische Universität Dresden)
Prof. Dr. Bettina Uppenkamp (Hochschule für bildende Künste Hamburg)